THE
대한민국 TEPS 대표강사 Joseph Kim의
TOP in
TEPS
950
실전편
독 READING 해
By Joseph Kim

랭기지플러스

THE TOP in TEPS 950 독해 실전편

초판 발행	2010년 6월 10일
초판 4쇄	2018년 4월 12일
저자	죠셉 킴
펴낸이	엄태상
책임 편집	이효리, 장은혜, 김효은, 양승주
디자인	이건화
제작	조성근, 전태준
마케팅	이승욱, 오원택, 전한나, 왕성석
온라인 마케팅	김마선, 유근혜, 김제이
경영지원	마정인, 최윤진, 김예원, 양희운, 박효정
펴낸곳	랭기지플러스
주소	서울시 종로구 자하문로 300 시사빌딩
주문 및 교재 문의	1588-1582
팩스	(02)3671-0500
홈페이지	http://www.sisabooks.com
이메일	sisabooks@naver.com
등록일자	2000년 8월 17일
등록번호	제 1-2718호
ISBN	978-89-5518-890-5

대한민국 TEPS 대표강사 Joseph Kim의
THE TOP in TEPS
950
실전편
독 READING 해

대한민국 대표 공인 영어시험 TEPS를 준비하는 수험자들을 위해 국내 어학교육의 핵심 역할을 하고있는 랭귀지 플러스와 대한민국 대표 TEPS 강사 죠셉킴이 오랜시간의 노력과 연구를 통해 단기간 안에 최대 점수를 올려놓을수 있는 텝스 학습교재 시리즈 – The TOP in TEPS 시리즈 12권을 출간하게 되었습니다.

The TOP in TEPS 시리즈 12권은 단순한 참고서들이 아니라 처음으로 텝스를 시작하는 학생들을 위한 입문 시리즈 4권, 800점 이상을 목표로 하는 중급레벨 학생들을 위한 기본 시리즈 4권, 그리고 실제 시험장과 같은 환경에서 본인의 실력을 최종 점검할 수 있는 실전 시리즈 4권으로 구성된 시리즈입니다.

본 교재의 출간 목표는 역대 기출문제를 99% 활용하여 실전 테스트를 통해 실질적인 전략을 키워서 가장 빠른 시간 안에 점수를 획득할 수 있게 하는 것이고, 서울대 언어교육원의 출제 경향의 토대 위에서 실전 레벨의 수준으로 가장 양질의 문제들만을 엄선했다고 자부하는 바입니다. 본 시리즈를 통해 '이것이 바로 TEPS다!'라는 것을 느끼실 수 있으실 것이며, 본 시리즈의 구성에 따라 지속적인 학습을 하면서 990점 만점의 꿈을 키워가시기 바랍니다.

최근 TEPS가 많이 어려워졌고, 이런 상황에서 고득점을 위해서는 모의고사를 스스로 많이 풀어서 문제 푸는 능력과 시간 활용 능력을 키우는 것이 상당히 중요합니다. 특히 TEPS는 다른 시험들과 다른 점들이 많기 때문에 모의고사를 보지 않고 곧바로 시험장으로 향할 경우 예상치 못한 상황들 때문에 많이 당황할 수 있으므로 각별히 유의해야 합니다.

본 시리즈는 실제로 TEPS를 수험생들과 함께 보며 문제 유형을 100% 정확히 파악하고 있는 현직 TEPS 전문강사가 집필했다는 점에서 양질의 TEPS 문제집에 갈급한 수험자들에게 좋은 학습 길잡이가 될 수 있으리라고 믿습니다. 아무쪼록 이 문제집들을 통해서 좋은 결과 얻으시길 바랍니다.

이 책이 나오기까지 정말 많은 기도와 격려로 가장 큰 힘이 되어준 아내, 그리고 나의 모든 것 되신 좋으신 하나님께 이 책을 바칩니다.

2010년 6월
서초동에서
Joseph Kim

CONTENTS

01 실제 시험과 동일한 구성

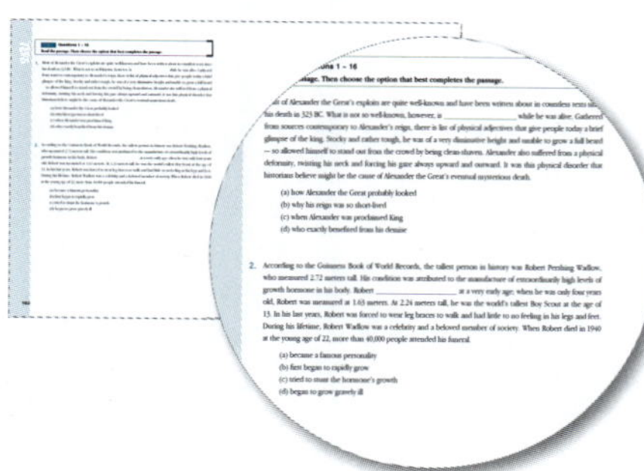

실제 TEPS와 동일한 구성으로 실전 감각을 높여드립니다.

시간의 부족함을 호소하는 학습자들을 위하여 영역별 모의고사로 구성하였습니다.

8회분의 **Half test**를 통해서 시간을 안배하는 연습을 한 후에, 4회분의 **Actual test**를 통해서 최종 점검을 할 수 있도록 하였습니다.

02 출제 원리에 근거한 모의고사

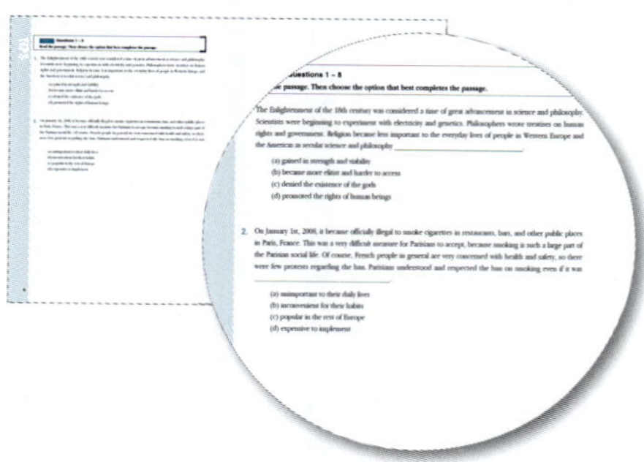

다년간 TEPS 강의만을 고집해온 **Joseph Kim** 강사의 TEPS 노하우를 모의고사 문제에 최대한 반영하였습니다. 난이도가 변화하고 있는 TEPS에서, 최신 경향의 문제들로 고득점에 도전할 수 있게 해드립니다.

03 Joseph Kim의 TEPS 독해공식 공개

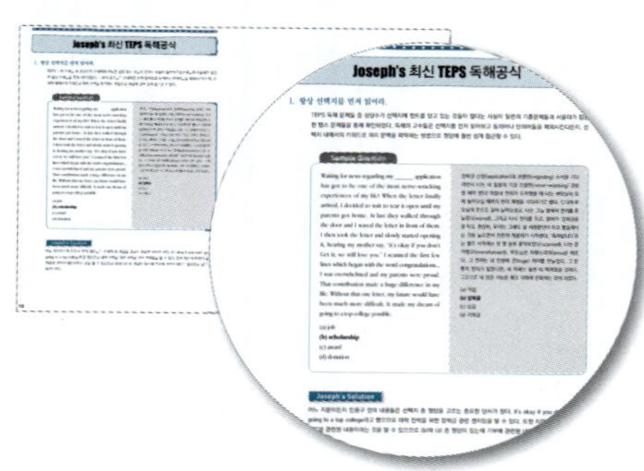

무조건 많은 문제를 푸는 것이 고득점의 비법이 아닙니다. Joseph Kim강사가 다년간의 강의와 출제 원리의 분석을 통하여 제시하는 생생한 TEPS 독해공식을 제공합니다. 어렵다고만 느껴지는 TEPS 독해의 비법을 한번 만나보세요!

04 상세하고 친절한 해설 제시

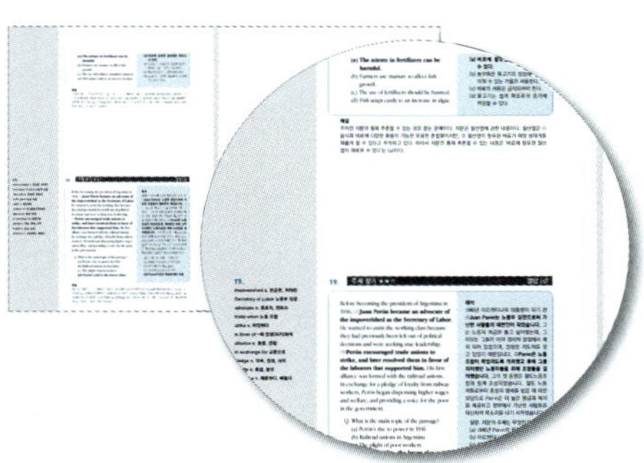

각 문제마다 출제 원리에 근거한 상세한 해설을 제시하였습니다. TEPS 전문 강사의 다년간의 현장 경험이 그대로 해설에 들어가 있기 때문에 TEPS 독해 영역으로 어려움을 겪어온 수험자들에게 큰 힘이 될 것이라 확신합니다.

05 Joseph Kim의 효과적인 독해 학습법 공개

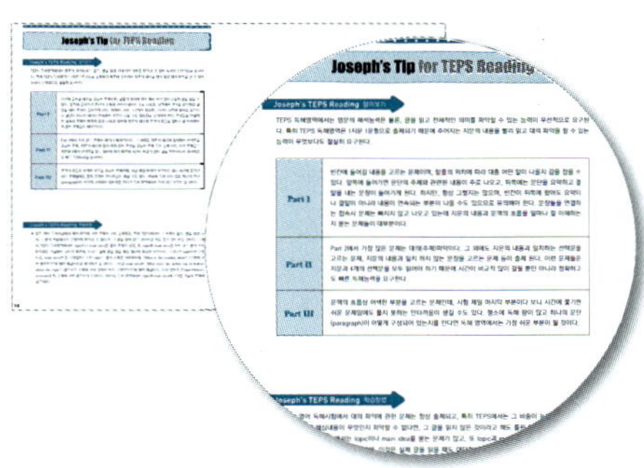

최근 변화하고 있는 TEPS 독해영역에 따라 그에 대비하여 학습법도 달라져야 합니다. 독해영역 고득점 목표를 위한 Joseph Kim의 효과적인 독해 학습법을 공개합니다.

Joseph's TEPS Reading 알아보기

TEPS 독해영역에서는 영문의 해석능력은 물론, 글을 읽고 전체적인 의미를 파악할 수 있는 능력이 우선적으로 요구된다. 특히 TEPS 독해영역은 1지문 1문항으로 출제되기 때문에 주어지는 지문의 내용을 빨리 읽고 대의 파악을 할 수 있는 능력이 무엇보다도 절실히 요구된다.

Part I	빈칸에 들어갈 내용을 고르는 문제이며, 빈칸의 위치에 따라 어떤 내용이 나올지 감을 잡을 수 있다. 앞쪽에 들어가면 문단의 주제와 관련된 내용이 주로 나오고, 뒤쪽에는 문단을 요약하고 결론을 짓는 문장이 들어가게 된다. 하지만, 항상 그렇지는 않으며, 빈칸이 뒤쪽에 위치하였을지라도 요약이나 결말이 아니라 이어지는 내용이 들어가야 하는 경우도 있기 때문에 유의해야 한다. 문장들을 연결하는 접속사 문제는 매번 출제되고 있으며 지문의 내용과 문맥의 흐름을 얼마나 잘 이해하는지 묻는 문제들이 대부분이다.
Part II	Part 2에서 가장 많은 문항 수를 차지하는 문제유형은 대의(주제)파악이다. 그 외에도 지문의 내용과 일치하는 선택지를 고르는 문제, 지문의 내용과 일치 하지 않는 문장을 고르는 문제 등이 출제 된다. 이런 문제들은 지문과 4개의 선택문을 모두 읽은 후에 정답을 골라야 하기 때문에 시간이 비교적 많이 걸릴 뿐만 아니라 정확하고도 빠른 독해능력을 요구한다.
Part III	문맥의 흐름상 어색한 부분을 고르는 문제인데, 시험 제일 마지막 부분이다 보니 시간에 쫓기면 쉬운 문제임에도 풀지 못하는 안타까움이 생길 수도 있다. 평소에 독해량이 많고 하나의 문단(paragraph)이 어떻게 구성되어 있는지를 안다면 독해 영역에서는 가장 쉬운 부분이 될 것이다.

Joseph's TEPS Reading 학습방법

▶ 모든 영어 독해시험에서 대의 파악에 관한 문제는 항상 출제되는 문제유형이며, 특히 TEPS에서는 그 비중이 높다. 글을 읽고 나서 그 글의 핵심내용이 무엇인지 파악할 수 없다면, 그 글을 읽지 않은 것이라고 해도 틀린 말이 아니다. 그래서 TEPS 독해영역에서는 topic이나 main idea를 묻는 문제가 많고, 또 topic과 main idea를 아는 것은 글의 논리 파악과도 직결되는 것이기 때문에, 이것은 실제 글을 읽을 때도 대단히 중요한 부분이다. 그렇다면 topic이란 무엇이고, main idea란 무엇일까? 우선 topic은 글의 주제를 의미하는데, "What is the reading about? (무엇에 관한 글인가?)"에 대한 대답이라고 생각하면 될 것이다. 그리고 main idea는 "What does the author say or believe about the topic? (글쓴이가 주제에 관해 말하는 바가 무엇인가?)"에 대한 대답이다. 다시 말하면, [Topic+Writer's assertion] 즉, 주제에 관한 글쓴이의 주장이다. 따라서 독해 영역에서는 topic과 main idea에 주의를 기울이며 문제에 접근하자!

▶ 최근 시험에서는 지나치게 전문적인 학술문 보다는 잡지에서 볼 수 있는 학술적인 내용과 실생활에서 자주 보게 되는 지문들이 많이 출제된다. 주로 광고문안, 신문이나 잡지의 기사, 시사적인 내용, 편지, 컴퓨터 지시문, 인문 사회에 관련된 내용들이 많다.

내용면에서 본다면 실무적인 글이나, 신문기사와 같은 시사적인 내용의 글들이 자주 출제되기는 하지만, 논리적인 흐름에 입각한 비전문적 학술문도 많이 출제되는 편이다.

전체적인 TEPS 독해영역에서 고득점을 얻기 위해서는 많은 글을 읽고 각 문단의 주제를 파악하면서 문맥의 흐름을 정확하게 이해하려는 노력이 필요하다. 실용적인 어학 능력을 평가한다고 하면서도 수능시험의 형식을 취하고 있는 독해영역과, TIME지에서나 볼 수 있는 수준 있는 어휘가 자주 나온다는 것은 다독만큼 좋은 독해 학습은 없다는 것을 의미한다.

Joseph's 최신 TEPS 독해공식

1. 항상 선택지를 먼저 읽어라.

TEPS 독해 문제들 중 상당수가 선택지에 힌트를 담고 있는 것들이 많다는 사실이 일련의 기출 문제들과 서울대가 집필한 텝스 문제들을 통해 확인되었다. 독해의 고수들은 선택지를 먼저 읽어보고 동의어나 반의어들을 제외시킨다든지, 선택지 내에서의 키워드로 미리 문맥을 파악하는 방법으로 정답에 훨씬 쉽게 접근할 수 있다.

Sample Question

Waiting for news regarding my ___________ application has got to be one of the most nerve-wracking experiences of my life! When the letter finally arrived, I decided to wait to tear it open until my parents got home. At last they walked through the door and I waved the letter in front of them. I then took the letter and slowly started opening it, hearing my mother say, "it's okay if you don't Get it; we still love you." I scanned the first few lines which began with the word congratulations... I was overwhelmed and my parents were proud. That contribution made a huge difference in my life. Without that one letter, my future would have been much more difficult. It made my dream of going to a top college possible.

(a) job
(b) scholarship
(c) award
(d) donation

장학금 신청(application)과 관련한(regarding) 소식을 기다리면서 나는 내 일생의 가장 긴장된(nerve-wracking) 경험을 해야 했다! 마침내 편지가 도착했을 때 나는 부모님이 집에 돌아오실 때까지 편지 개봉을 기다리기로 했다. 드디어 부모님이 문으로 걸어 들어오셨고, 나는 그들 앞에서 편지를 흔들었다(waved). 그리고 나서 편지를 쥐고, 엄마가 '장학금을 못 타도 괜찮아, 우리는 그래도 널 사랑한단다'라고 말씀하시는 것을 들으면서 천천히 개봉하기 시작했다. '축하합니다'라는 말로 시작하는 첫 몇 줄을 훑어보았다(scanned). 나는 감격했고(overwhelmed), 부모님은 자랑스러워(proud) 하셨다. 그 편지는 내 인생에 큰(huge) 차이를 만들었다. 그 한 통의 편지가 없었다면, 내 미래는 훨씬 더 어려웠을 것이다. 그것으로 최고 대학에 진학하는 내꿈이 실현되었다.

(a) 직업
(b) 장학금
(c) 상금
(d) 기부금

Joseph's Solution

어느 지문이든지 인용구 안의 내용들은 선택지 중 정답을 고르는 중요한 단서가 된다. "It's okay if you don't get it. / going to a top college"라고 했으므로 대학 진학을 위한 장학금과 관련된 편지임을 알 수 있다. 또한 지문의 마지막 줄에서 학교와 관련된 내용이라는 것을 알 수 있으므로 (b)와 (d)가 가능한데 기부에 관련된 내용은 없으므로 정답은 (b)이다.

2. 주제문을 많이 묻는다.

Part 1 관련 문제들의 경우 빈칸의 위치가 중요하며, 빈칸이 지문의 위쪽에 위치해 있다는 것은 대부분 주제문을 묻는 문제로 보면 된다. 따라서 일단 빈칸이 들어간 문장과 그 다음 문장 정도까지만 읽은 후에 선택지를 보면 답을 찾을 수 있는 경우가 상당히 많으므로 지문 전체를 다 읽기 전에 답을 고르는 훈련을 하는 습관이 필요하다.

Sample Question

Dear Marie Caroline;

I would like to thank you and your team for your helpfulness and efficiency in assisting in ______________. All of your insight into the area was invaluable to us making our decision to buy. Also, the people in the main UK office were always very kind to us in answering our questions and very polite to talk with on the phone. Since we live in America, we were unsure how smoothly the process would go, but from the start, you made the process easy and we would be pleased to share with others. Once again, we would like to thank you with the utmost of appreciation.

With kind regards,
Rebecca Crane

(a) the sale of our former home
(b) selling our present home
(c) our move to the States
(d) the purchase of my property

Marie Caroline 귀하

귀하와 귀하의 팀에게 제 **부동산 매입**을 도우면서(assisting) 보여주신 도움(helpfulness)과 능률(efficiency)에 대해 감사 드리고 싶습니다. 그 지역에 대한 귀하의 식견(insight)은 우리가 매입 결정을 내리는 데 헤아릴 수 없을 만큼 귀중한(invaluable) 것이었습니다. 또한 영국 본부에 있는 사람들은 우리의 질문에 답하는 데 항상 매우 친절하였고 전화 통화에서도 매우 공손하였습니다. 우리가 미국에 살고 있기 때문에 우리는 이 절차(process)가 얼마나 매끄럽게(smoothly) 진행될 것인지 확신하지 못했으나 처음부터 귀하는 그 과정을 쉽게 만들어주었고, 우리는 이를 다른 사람들과 기꺼이(be pleased to) 공유하고 싶습니다. 다시 한번 최고의(utmost) 사의(appreciation)로 귀하에게 감사하고 싶습니다.

감사합니다.

Rebecca Crane

(a) 이전 집 판매
(b) 현재의 집 팔기
(c) 미국으로의 이사
(d) 부동산 매입

Joseph's Solution

빈칸이 들어간 첫 문장 다음에 이어지는 두 번째 문장만 잘 이해해도 그 이하 지문을 읽을 필요 없이 정답을 쉽게 고를 수 있는 문제이다. 두 번째 문장에서 'making our decision to buy' 라는 부분에서 '집을 판다는 내용이나 이사 가는 것은 아니라는 것'을 알 수 있다. 참고로 미국에 살고 있다(since we live in America)고 했으므로 (c)는 정답이 될 수 없다. 따라서 정답으로 적절한 것은 (d)이다.

3. 전체 지문을 함축하는 어구를 묻는다.

빈칸의 위치가 상단에 오는 유형 중에서 특히 처음 도입 부분부터 빈칸으로 시작하는 경우 앞으로 나올 지문 전체의 내용을 함축한 단어나 어구를 묻는 경우가 많다. 이런 경우 선택지에 등장하는 어휘들의 정확한 뉘앙스 파악이 중요하며 빈칸에 나올 단어와 뒤에 이어지는 지문에 등장하는 어휘간의 의미 연결도 중요하므로 각별히 유의하여 풀도록 한다.

Sample Question

_________________________which the body desires to be at. It is actually quite difficult to change one's Weight much higher or lower than the natural weight; and to compensate, the body changes its metabolism and increases or decreases the appetite in an effort to push the weight to the range it wants to be at. This announcement made by obesity researchers like Dr. Hillman and Dr. Leis, is so at variance with the mainstream belief regarding weight loss the mantra that all a person has to do is eat fewer calories and exercise more.

(a) Each person has the power to lose fat to obtain the ideal weight.

(b) Each person has a comfortable weight range.

(c) An obese person doesn't need to have a weight range.

(d) A skinny person has an over-weight range

모든 사람은 신체가 편안한(comfortable) 체중(weight) 범위를 가지고 있다. 자연적인 체중 범위보다 너무 높거나, 너무 낮게 체중을 변화시키기는 실제적으로 상당히 어렵다. 그리고 보완하기 위해, 신체가 추구하는 범위 내로 체중을 돌려 놓기 위해 신체는 신진대사(metabolism)를 바꾸어 식욕을 늘이거나 줄인다. Hillman 박사와 Leis 박사와 같은 비만(obesity) 연구가들의 이러한 발표는 체중 감량에 대한 일반적(mainstream) 인식(belief) 즉, 칼로리를 적게 섭취하고 더 많이 운동하기만 하면 된다는 주문(mantra)과는 어긋나는(at variance with) 것이다.

(a) 각자는 이상적인 체중을 얻기 위해 지방을 뺄 힘을 가지고 있다.

(b) 각자는 편안한 체중 범위를 가지고 있다.

(c) 비만인 사람은 체중 범위를 가질 필요가 없다.

(d) 마른 사람은 지나친 체중 범위를 가지고 있다.

Joseph's Solution

억지로 하지 않아도 모든 사람은 각자 자신의 적정한 체중 범위를 갖고 있고, 그렇지 않은 경우는 신진대사가 바뀌어서 자연히 체중이 조절된다는 내용이다. 전체 지문을 함축하는 어구는 통상 지문의 상단 첫 문장에 나오기 마련이다. (b)의 comfortable weight range는 지문 넷째 줄의 natural weight, 여섯째 줄의 weight to the range it wants to be at 등에서 반복되고 있다. 따라서 정답으로 가장 적절한 것은 (b)가 된다.

4. 모르는 단어는 주위 문맥으로 유추한다.

모르는 단어가 나와도 개의치 말고 앞뒤 문맥을 통해 의미를 유추하는 능력이 필요하다. 독해는 곧 어휘 실력이라는 말이 있을 정도로 어휘 실력은 독해에서 필수이지만, 진정한 독해의 고수란 모르는 단어에 당황하지 않고 문맥을 통해 유추를 잘 하는 사람들이라 할 수 있다.

Sample Question

Although the Idle Theory of Evolution is a slight variation on Darwin's Theory of natural selection, its tone and color are quite different. Idle Theory___________________ that Darwin invokes in Chapter III of Origin. For instance, it sees no reason to suppose that there is any war, any struggle for survival between the creatures, or for that matter very much competition. Instead, Idle Theory argues that in times of difficulty the creatures simply have to work harder. No war. No struggle. No competition.

(a) is a branch of natural selection
(b) principally accepts the war of nature
(c) builds upon the idea of animals competing for dominance
(d) primarily objects to the war of nature

게으름의 진화설(evolution)은 다원의 자연 선택설(selection)의 약간 다른 변종(variation)이긴 하지만 이것의 어조와 뉘앙스는 사뭇 다르다. 게으름 이론은 다원이 종의 기원 제3장에서 촉발시킨(invokes) **'자연의 전쟁'에 주로 반대한다.** 예를 들어, 생물체들 간에 생존을 위한 어떠한 전쟁이나 어떠한 투쟁(struggle) 또는 상당한 경쟁(competition)이라고 부를 만한 것이 있을 것이라고 볼 이유가 없다는 것이다. 그 대신 게으름 이론은 어려운 시기에 생물체들이 단순히 더 열심히 일해야 했을 것이라고 주장한다. 전쟁도 없고, 투쟁도 없고, 경쟁도 없다는 것이다.

(a) 자연 선택의 가지이다.
(b) 원론적으로 '자연의 전쟁'을 받아들인다.
(c) 동물들이 자기가 주도 종이 되려고 경쟁한다는 생각을 기반으로 한다.
(d) 자연의 전쟁에 주로 반대한다.

Joseph's Solution

다원의 진화설은 적자생존이다. 살아남기 위해 '자연의 전쟁'을 치뤄야 한다는 이론인데 이에 반해 다원의 진화설의 변종인 게으름의 진화설에서는 '더 열심히 일하라' 그러면, '전쟁도, 투쟁도, 경쟁도 없다'는 이론이다. 따라서 다원의 진화설의 핵심과 비교되는 게으름의 진화설의 요점인 (d)가 정답이다. 보통 선택지 중 반대의 의미를 가진 것들이 두 개가 보일 때는 그 두 개 중 하나가 정답이 되는 경우가 많다. 이 문제에서는 (b)와 (d) 중 하나가 정답인 것을 알 수 있다. 지문의 첫 문장에 등장하는 어휘들이 생소하다고 생각되어도, 다섯째 줄의 For instance 이하의 문장에서 내용을 자세히 설명해주므로 그 문장들을 통해 첫 문장과 빈칸이 들어간 두 번째 문장의 내용을 이해할 수 있다.

5. 연결사는 빈칸의 앞뒤를 잘 살피자!

빈칸이 중간에 등장하는 문제 유형들의 경우 대부분 빈칸의 앞 문장과 뒤에 이어지는 문장에 힌트가 대다수 등장하므로 결국 이 힌트들을 얼마나 잘 잡아낼 수 있느냐에 정답 여부가 달려 있다. 힌트들을 놓치지 않기 위해서는 주제별로 꾸준히 어휘 학습을 하는 것이 중요하다. 빈칸의 앞뒤 문장의 관계가 '인과관계, 역접, 대조, 순접' 인지를 빠르게 파악하여 정답을 고르는 훈련을 하자.

Sample Question

It is typical in most societies for there to be forms of courtesy and rules of etiquette that have developed over time so that people are able to live together peacefully. However, in most modern societies, _______________. For example, in some countries that were traditionally divided by the caste system, people are no longer forced to live with this separation. At one time, higher castes were the only ones allowed to wear fine clothing and jewels. They were also unable to share or accept food from lower castes. It was also customary that people from lower castes have to walk a certain distance away from higher caste citizens on the streets.

(a) rules of acceptable behavior are commonly respected
(b) conforming to these rules have become more common
(c) matters of etiquette have become more strict
(d) many traditionally accepted rules of behavior have been relaxed

사람들이 평화롭게 함께 살 수 있도록 대부분의 사회에는 시간을 거쳐(over time) 발달한 예의(courtesy) 형식이나 예절 규칙들이 있다. 하지만 대부분의 현대 사회에서는 **전통적으로 인정된 많은 행동(behavior) 규칙들이 느슨해졌다.** 예를 들면, 카스트 제도로 나뉘어졌던 몇몇 나라의 사람들은 더 이상 이렇게 분리되어 살아가도록 강요되지 않는다. 한때 높은 카스트들만이 좋은 옷을 입고 보석을 착용할 수 있었다. 그들은 또한 낮은 카스트들과 음식을 나누고 받을 수 없었다. 또한 낮은 카스트 출신 사람들은 길거리에서 높은 카스트들과 멀리 떨어져서 걸어야 했던 것이 관습이었다.

(a) 용인할 수 있는 행동 규칙은 보통 높이 평가된다.
(b) 이 규칙들을 따르는 것이 더 흔해지고 있다.
(c) 에티켓 문제는 더 엄격해지고 있다.
(d) 전통적으로 인정된 많은 행동 규칙들이 느슨해졌다.

Joseph's Solution

이 문제의 경우 상당히 대표적이면서도 정답에 대한 힌트가 충실히 제시된 유형이라고 할 수 있다. 먼저 빈칸이 들어간 문장 앞의 'forms of courtesy and rules of etiquette'와 'However'가 이끄는 문장의 빈칸은 대조되는 내용이 와야 하며 빈칸 뒤의 'For example' 이하 문장에서 'no longer forced to live with this separation' 부분에서 빈칸에 들어갈 어구의 힌트를 제시해준다. 따라서 정답은 '행동과 규칙들이 이전보다 느슨해졌다'는 내용의 (d)가 적절하다.

6. 의학, 과학 등 전문적 지문이 많다.

이전만큼은 아니지만 최근 TEPS에서도 의학이나 과학 관련 지문들이 상당히 많이 등장하는 편이다. 이 분야는 일단 어휘가 전문적인데다가 세부적인 사항을 묻는 경우가 많아서 평소에 주제별로 정리된 어휘집을 보는 것이 가장 도움이 되며 질문에서 무슨 사항을 답으로 원하는지를 빠르고 정확하게 파악해야 한다. 최근 지문들은 그리 어려운 어휘들은 등장하지 않으므로 큰 부담을 갖지 않아도 된다.

Sample Question

The twenty-four hour clock is no longer commonly used, except in the military and with respect to air travel. For the most part, people use a twelve-hour clock, specifying AM or PM. In the military, however, any confusion as to the time could have detrimental effects; therefore it is important to use a clear system. Using a twenty-four clock, 6 p.m. would be 18:00 hours, clearly not mistaken for 6 a.m., which would be 6:00 hours. Many airlines run on a twenty-four hour clock as well, to avoid mix-ups with flight arrival and departure times.

Q: Which of the following is correct according to the passage?

(a) The twenty-four hour clock is commonly used, except in the military.

(b) A twelve-hour clock is often used to avoid confusion between AM and PM.

(c) Using a twenty-four clock, 6 AM and 6 PM would be 18:00 hours.

(d) Using a twelve-hour clock can lead to confusion and misunderstandings.

24시간제 시계는 군대나 항공 여행 관련 분야를 제외하면(except) 더 이상 흔히(commonly) 사용되지 않는다. 대부분의 경우 사람들은 오전이나 오후를 명시한(specifying) 12시간제 시계를 사용한다. 그러나 군대에서는 시간에 관한 어떠한 혼동(confusion)도 해로운(detrimental) 효과를 미칠 수 있으므로 명확한 체계를 사용하는 것이 중요하다. 24시간제 시계를 사용하면 오후 6시는 18:00시가 되어 6:00시인 오전 6시와 헷갈릴 이유가 없어진다. 많은 항공기들 역시 항공편 도착이나 출발 시간의 혼동(mix-up)을 피하기(avoid) 위해 24시간제 시계에 맞춰 운항된다.

질문: 지문에 따르면 다음 중 옳은 것은?

(a) 24시간제 시계가 군대를 제외하고 흔히 사용된다.

(b) 12시간제 시계는 오전과 오후의 혼동을 피하기 위해 자주 사용된다.

(c) 24시간제 시계를 사용할 때 오전 6시와 오후 6시는 18:00가 된다.

(d) 12시간제 시계 사용은 혼동과 오해를 낳을 수 있다.

Joseph's Solution

각각의 보기의 내용을 본문과 비교해서 분석해보면 다음과 같다. (a) 24시간제 시계는 군대와 항공사에서 주로 사용된다. (b) 12시간제가 아니라 24시간제 시계의 특징이다. (c) 오전 6시는 6:00가 되고, 오후 6시가 18:00가 된다. (d) 24시간제가 혼동을 피할 수 있다고 했으므로 12시간제는 혼동을 일으킨다는 논리가 된다. 따라서 정답은 (d)가 된다.

7. 단락을 빨리 파악해야 한다.

TEPS 지문들은 서론, 본론, 결론이 전부 갖춰져서 등장하는 경우가 거의 없고 다양한 논문 및 읽기(reading) 자료들에서 일부를 발췌한 것들이 많다. 따라서 해당 문제에 등장한 지문의 단락이 미괄식인지, 두괄식인지, 주제문은 확실히 있는지 등을 정확히 파악하여 문제를 풀어야 한다.

The city of London is experiencing a complete lack of affordable housing. The city is increasingly becoming unaffordable to the working class, who must rely on the generosity of donations to keep local shelters functioning. Further, nearly 16% of the population is living only one paycheck away from losing their homes, or not being able to afford next month? Rent. The situation has reached a critical point where the government must step in and enforce regulations for land being allotted to affordable housing. Having a place to sleep should be a right, and not a privilege of the wealthy elite.

Q: Which of the following is the best title for the above passage?

(a) Plummeting Housing Costs

(b) Home design in London

(c) Problems of housing shortage in London

(d) Owning Vs. Renting

런던 시는 현재 적당한(affordable) 가격의 주택이 완전히 바닥난 상황이다. 런던은 가난한 근로자 계층(class)이 점차(increasingly) 살기 어려운 곳이 되어 가고 있는데, 이들은 지역사회의 보호시설(shelter)을 기능하도록 하기 위해 기부(donation)의 아량(generosity)에 의존해야만(rely on) 한다. 더욱이(further) 인구 중 거의(nearly) 16%는 매월 자신의 집을 잃을 위험에 처해 근근이 살아가거나 다음 달의 집세(rent)를 낼 형편이 안 되는 상태로 살고 있다. 상황은 정부가 반드시 개입하여(step in) 적당한 가격의 주택으로 토지가 배분되도록(allotted) 하는 규정(regulation)을 강화(enforce)하지 않으면 안 되는 심각한 지경에 이르렀다. 잠잘 곳을 갖는 것은 당연한 일이어야 하며, 부자 엘리트들만의 특권(privilege)이 되어서는 안 된다.

질문: 다음 중 윗글의 제목으로 가장 적절한 것은?

(a) 폭락하는 주택 가격

(b) 런던의 홈 디자인

(c) 런던의 주택 부족 문제

(d) 소유 대 임대

런던의 무주택 실정에 대한 내용으로, 정부가 개입하여 가난한 사람들을 위한 주택 정책을 마련해야 한다는 것이 주된 내용이다. 따라서 가난한 사람들의 실정인 "nearly 16% of the population is living only one paycheck away from losing their homes, or not being able to afford next month's rent."를 가장 적절히 표현한 (c)가 정답이 된다.

8. 지문에 나온 내용이 다르게 바뀌어 등장한다.

세부 내용 파악과 진위 내용 파악에서도 paraphrasing이 된 정답이 등장하는 경우가 많다. 따라서 지문에 등장한 어구들이 그대로 정답으로 나오는 경우는 LC Part 4에서는 좀 있다 해도 독해에서는 그리 흔하지 않다. 따라서 평소에 어휘 학습을 할 때 주제별 정리는 물론 동의어, 반의어 정리도 함께 하면서 준비하는 것이 바람직하다.

2007 appears to be the year to discuss global warming, its causes, and its consequences. While environmental activists have for years been preaching the dire effects of a warming planet, it seems that politicians have finally started to listen. Books such as George Monbiot's *Heat: How to Save the Planet from Burning-have been flying off of bookshelves.* Nearly everyone has something to say on the topic. History books will look back and mark this year as the time when mankind began to take responsibility for his impact on the planet. The question remains whether it is too late to undo the damage that has already been done.

Q: Which of the following is true according to the above passage?

  (a) In 2007, environmental activists began to see the impacts of global warming.

  (b) Politicians have been slow to react to the realities of a warming planet.

  (c) It is too late to undo the damage caused by decades of global warming.

  (d) George Monbiot has written a book arguing against fighting global warming.

2007년은 지구 온난화(warming)와 그 원인들, 그리고 그 결과(consequence)를 논의해야 하는 해로 보인다. 환경주의자들이 수년 동안(for years) 점차 뜨거워지고 있는 지구의 무시무시한(dire) 결과에 대해 호소해(preaching) 왔으나, 정치인(politician)들은 이제서야 귀를 기울이기 시작한 것 같다. George Monbiot의 〈열기: 지구가 불타는 것을 막는 방법〉과 같은 책들이 불티나게(flying off) 팔리고 있다. 거의 모든 이들이 이 주제에 대해 할 말을 갖고 있다. 역사책들은 과거를 돌아보고 이 해를 인류(mankind)가 자신들이 지구에 끼친 영향(impact)에 대해 책임을 지기(take responsibility) 시작한 해로 기록할 것이다. 그러나 이미 저질러진 피해(damage)를 되돌리기(undo)에 너무 늦었는가 하는 질문은 여전히 남아 있다(remain).

질문: 다음 중 윗글의 내용에 대해 사실인 것은?

(a) 2007년에 환경주의자들은 지구 온난화의 영향을 보기 시작했다.

(b) 정치인들은 더워지는 지구의 현실에 대해 늦게 반응했다.

(c) 수십 년간 지구 온난화로 야기된 피해를 되돌리는 것은 너무 늦다.

(d) George Monbiot은 지구 온난화 대처에 반대하는 주장을 펼친 책을 썼다.

(a)는 지문에 environmental activists have for years been preaching the dire effects of a warming planet으로 나와 있다. (b) it seems that politicians have finally started to listen이 정치인들이 늦게 지구 온난화에 대해 신경 쓰기 시작했다는 것을 알려준다. 따라서 'Finally started to listen'을 'slow to react'로 바꾸어서 언급하고 있는 (b)가 정답이다. (c)의 내용은 결론이 난 것이 아니라, 질문은 여전히 남아있다고 하였으므로 정답이 될 수 없다. (d) George Monbiot의 책은 온난화로부터 지구를 구하는 방법을 소개한 책이다.

9. 파트3의 경우 첫 문장이 무조건 주제문이다.

독해 Part 3는 문법 Part 4와 매우 유사하며, 문법 part 4의 경우 흐름은 맞지만 문법적으로 틀린 것을 고르는 유형이므로 첫 문장부터 선택지가 등장하지만 독해 Part 3의 경우 문법적으로는 모두 맞으나 전체적인 내용 흐름상 맞지 않는 것을 고르는 유형이므로 첫 문장이 아닌 두 번째 문장부터 선택지 (a)가 등장한다. 따라서 독해 Part 3를 풀 때는 첫 문장을 무조건 주제문으로 간주하고 그 다음에 이어지는 선택지 중 주제문과 맞지 않는 것을 고르면 된다.

Sample Question

The television program, Seinfeld, was on the air longer than any other show, and changed the way sitcoms are seen. (a) Seinfeld aired on NBC from 1989 to 1998, running for a total of nine seasons. (b) Set predominantly in an apartment in New York City, the show moved away from the traditional sitcom structure, and was focused around loose story lines. **(c) Many of the catchphrases from the show are still heard today, nearly ten years after the last episode.** (d) Many sitcoms since have tried to mimic the structure of Seinfeld.

Seinfeld이라는 텔레비전 프로는 어느 다른 프로보다 더 오래 방송되었으며 시트콤이 보여지는 방식을 바꿔 놓았다. (a) 1989년부터 1998년까지 NBC의 Seinfeld는 총 9개 시즌으로 방송되었다. (b) 뉴욕의 한 아파트가 주로 배경인 이 프로는 전통 시트콤 구조에서 벗어나서, 느슨한 스토리 라인에 초점이 맞춰졌다. **(c) 그 프로의 캐치프레이즈 중 다수는 마지막 에피소드 후 거의 9년이 지난 오늘날 아직도 회자된다.** (d) 그 후 많은 시트콤들이 이 프로의 구조를 모방하려고 애썼다.

Joseph's Solution

이 글의 주제는 첫 번째 문장으로 NBC의 장수 프로그램이었던 Seinfeld라는 시트콤에 대한 내용이다. 이 프로가 장수할 수 있었던 것은 전통 시트콤 구조와 달랐기 때문이라고 한다. (c)는 장수 방송의 결과로 아직도 사람들이 그 프로의 캐치프레이즈를 기억하고 있다고 볼 수 있지만, 본문의 핵심 내용인 "sitcom structure"와는 직접적인 관련이 없는 내용이며, 앞 뒤 문장 흐름과 맞지 않는다.

10. 글의 주제와 무관한 미운 오리를 찾아라!

문법 Part 4에서는 '수의 일치, 시제 일치, 태의 일치'를 많이 묻지만, 독해 Part 3에서는 '토픽의 불일치, 주제의 불일치, 어조(tone)의 불일치' 순으로 많이 물어보며 그 중에서도 토픽의 불일치가 가장 많이 등장한다. 따라서 첫 번째 주제 문장과 말하는 바가 다르면 그것이 답이므로 항상 주제 문장을 기준으로 비교하면서 지문을 읽어내려가자.

Sample Question

As the environment becomes a pressing concern, governments are creating incentives for people to find alternate modes of transportation. **(a) On average, large vehicles, such as SUVs put nearly twice as much carbon into the air as do smaller cars.** (b) Governments are offering tax breaks to anyone who takes the bus to work instead of driving. (c) Also, people who cycle or walk to work receive even greater tax deductions. (d) The incentive program is intended to discourage people from driving every day to the office.

환경이 심각한 우려가 되고 있기 때문에 정부는 교통수단의 대체 수단을 찾는 사람들을 위한 인센티브를 만들고 있다. **(a) SUV와 같은 대형차들은 소형차들보다 평균 거의 2배의 탄소를 공기 중으로 배출한다.** (b) 정부는 운전 대신 직장까지 버스를 타는 사람에게 세금 감면을 주고 있다. (c) 또한, 자전거를 타거나 걸어서 출근하는 사람들은 더 큰 세금 공제를 받는다. (d) 인센티브 프로그램은 사람들이 매일 직장까지 운전하지 말도록 하는 것이 목적이다.

Joseph's Solution

환경 문제를 해결하기 위한 정부의 대책으로 직장인들이 교통 수단을 자가 운전이 아닌 다른 것(버스, 지하철, 걷기)으로 할 경우 세금 감면의 인센티브를 주겠다는 내용이다. 차의 크기와 이산화탄소 배출량의 관계를 나타내는 (a)는 본문 흐름과 맞지 않기 때문에 정답으로 적절하다.

Doing something many times improves one's skill at it

Joseph: You're now typing thirty words per minute. Good for you! That's a big improvement!

Sarah: Thank you. If only I could stop making mistakes on those numbers!

Joseph: That's something you'll have to work on, but **practice makes perfect.** Eventually you'll be able to type the numbers just as accurately as you do the letters.

Sarah: Now that you mention it, I have been concentrating more on the letters. I think I'll focus my practice on the numbers for a while. With constant drill and repetition I should be able to type them perfectly.

Joseph: You'll increase your typing speed and proficiency, too. Just keep practicing. You can only get better!

◆ 대한민국 TEPS 최고 강사가 학원 커리큘럼에 맞게 구성한 12권의 LEVEL

대한민국 대표 텝스 강사 죠셉킴 선생님이 TEPS 관리위원회에서 출제한 11년간 정기시험을 철저히 분석, 최신 경향에 꼭 맞춘 문제만으로 교재를 만들고 커리큘럼을 구성했습니다.
모든 문제는 단순한 기출문제 변형이 아닌, 완전히 새로운 문제들로 구성하였습니다.
따라서 시중학원에서도 강사분들이 본 교재를 통해 무난히 고품격 TEPS 강의를 하실 수 있게 만들었습니다.

◆ 실전 감각을 키울 수 있습니다.

시중에 많은 문제집과 기출문제집이 있지만 본 교재는 현재 시행되고 있는 TEPS를 완벽하게 대비할 수 있게 정기시험 난이도에 맞췄습니다.
모든 문제는 기본에 충실하면서도 각 파트의 특성을 정확히 분석하여 TEPS 수험생들의 학습에 실질적인 보탬이 될 수 있도록 하였습니다. 실전과 똑같은 환경에서 모의 테스트를 치른다면 TEPS에 충분히 대비할 수 있습니다.

◆ 패턴이 아닌 핵심을 짚어주는 색다른 해설

많은 문제를 풀어서 유형에 익숙해지기보다는 문제 핵심에 대한 설명을 통해서 이것도 저것도 답이 될 수 있는 상황에서의 대처 능력을 키워야 합니다. 본 시리즈는 해당문제의 해법뿐만 아니라 그 문제와 관련된 다른 문제까지의 연계성을 통해 영문법 전체의 핵심을 파악할 수 있게 자세한 설명을 수록하였습니다.

●● TEPS를 알아보다!

TEPS는 Test of English Proficiency developed by Seoul National University의 약자로 서울대학교 언어교육원이 오랜 시간에 걸쳐 집중적인 연구를 통해 개발한 한국인의 실용 영어능력 평가시험이다. Proficiency는 '숙달도'라는 뜻으로서 그 사람의 영어 실력이 얼마나 몸에 배어 있고 익숙한가를 측정한다. 따라서 단순한 암기와 요령만으로 고득점을 얻을 수 있는 시험이 아니라 꾸준하게 폭넓은 학습을 통하여 영어에 대한 전체적인 이해력이 바탕이 되어야 하는 시험이다. 또한 TEPS는 한국인들의 살아 있는 영어 실력을 가장 효과적이고 정확하게 측정해주며, 변별력에 있어서 수험자의 정확한 실력 파악에 실제적인 도움이 된다. TEPS 성적표는 수험생의 영어 능력을 파트별로 세분화하여 평가, 첨삭하여 주기 때문에 수험자에게 있어 어느 부분이 강하고 약한지를 쉽게 파악할 수 있게 해줄 뿐만 아니라 효과적인 영어공부 방향을 제시해주기도 한다. TEPS는 다양하고 일반적인 영어능력을 평가하는 시험으로 서울대 진학뿐만 아니라 최근에는 신대원, 사관학교, 유학시험, 공무원시험, 인사고과 등 다양한 목적으로 사용되고 있다.

●● TEPS의 특징을 살펴보다!

✚ 편법과 눈속임이 통하지 않는 시험

개인의 어학능력은 결코 단기간에 급속도로 향상되지 않는다. 그럼에도 불구하고 실력배양은 아랑곳하지 않고 영어성적만을 올리기 위해 요령과 편법을 가르치는 교육기관이 현재 난무하고 있는 현실이다. TEPS는 수험자의 영어능력을 있는 그대로 정확하게 판단하기 위해 다양한 테스트 방법을 적용했다. 듣기시험에서 인쇄된 질문지를 주지 않고 방송으로 직접 들려주기 때문에 미리 문제를 보고 감을 잡는 편법과 요령이 통하지 않는다. 독해시험에서도 1지문 1문항 원칙을 지켜 한 문제의 답을 알면 그 뒤에 연결된 문제들의 답을 유추할 수 있는 가능성을 원천적으로 배제하였다.

✚ 속도화 시험

TEPS는 기존의 다른 시험에 비해 많은 지문을 주고 이를 짧은 시간 내에 이해하여 풀어낼 수 있는지를 측정하는 형태이다. 이는 실제 생활에서 활용할 수 없는 단순암기 위주의 영어가 아니라 완벽히 습득하여 자유롭게 구사할 수 있는 "살아있는" 영어실력을 평가하기 위한 것이다.

✚ 첨단 테스팅 기법 도입

TEPS는 첨단 어학능력 검증기법인 문항반응 이론 『IRT: Item Response Theory』를 도입했다. 문항반응 이론은 문항을 개발할 때 각 문항별로 1차 난이도를 정의하고 다시 시험 시행 후 전체 수험자들이 각각의 문항에 대해 맞고 틀린 것을 종합해 그 문항의 난이도를 2차로 재조정해 이를 근거로 다시 한 번 채점하여 성적을 산출하는 방식이다. 이 과정에서 최고점은 990점, 최하점은 10점으로 조정된다. 특히 문항반응 이론은 맞은 개수의 합을 총점으로 하는 고전적인 평가방식과는 달리, 각 문항의 난이도와 변별력에 대한 수험자의 반응 패턴을 근거로 영어 능력을 추정하는 확률이론이다. 결국 같은 개수의 정답을 맞추더라도 난이도가 높은 문제를 많이 맞춘 수험자가 좋은 점수를 취득하게 되어 있다. 문항반응 이론을 적용할 경우, 낮은 난이도의 문제를 많이 틀린 수험자가 높은 난이도의 문제를 맞출 경우 실력에 관계없이 추측(Guessing)이나 우연히 맞출 가능성이 높다고 판단하여 감점처리를 한다. 이러한 문항반응 이론은 가장 선진적인 검정방식으로서 TEPS는 이 이론에 기초한 국내 최초의 영어능력 평가시험이다.

● ● TEPS 시험 진행에 관한 사항 「서울대학교 TEPS 관리위원회 홈페이지 기준」

TEPS 정기시험은 주로 일요일에 시행되지만 매년 1월, 5월, 7월, 10월에는 토요일(오후 3시)에 시행된다. 매년 11월 중에 다음 해 응시 일정이 발표되는데 시험은 일요일의 경우, 오전 9시30분에 치르게 되며, 대개 9시까지 고사실에 입실하여야 한다. 오전 9시30분부터 치르는 일요일 시험이 진행되는 과정을 정리하면 다음과 같다.

AM 09:20	입실 완료
AM 09:30~09:50	답안지 오리엔테이션 「각종 기재사항 기재」
AM 09:50~10:00	10분간 휴식 「시험 중간에 휴식시간 없음」
AM 10:00~10:05	문제지 배포
AM 10:05	시험 시작
AM 12:25	시험 종료

※ 시험 당일 사정에 따라 분 단위로 조금씩 변동이 있을 수 있다.

✚ 시험 시간

영역	파트	내용	문항 수	시간	배점
청해 Listening Comprehension	Part I	질의 응답	15	55분	400점
	Part II	짧은 대화	15		
	Part III	긴 대화	15		
	Part IV	담화문	15		
문법 Grammar	Part I	구어체	20	55분	100점
	Part II	문어체	20		
	Part III	대화문	5		
	Part IV	담화문	5		
어휘 Vocabulary	Part I	구어체	25	15분	100점
	Part II	문어체	25		
독해 Reading Comprehension	Part I	빈칸 채우기	16	45분	400점
	Part II	내용 이해	21		
	Part III	흐름 찾기	3		
			200문항	140분	990점

인터넷 접수	www.teps.or.kr 접속 후 '온라인 접수'메뉴 이용 (사진파일, 응시료를 결제 할 신용카드 및 인터넷 뱅킹 계좌)
방문 접수	가까운 접수처 이용 (3×4cm 사진 한 장, 응시료) *일반 접수 응시료: 일반 33,000원 / 군인 17,000원 (대상: 현역 간부, 군무원, 육사 / 해사 / 간호사관 생도) *추가 접수 응시료: 일반 36,000원
정기 시험	연 12회

+ 환불규정

접수 후 개인적인 사정으로 시험에 응시할 수 없는 경우, 접수를 취소할 수 있다.
(차기 회차로 연기는 불가능함.)

+ 취소신청 방법

- 인터넷 취소신청: 회원만 가능하며 비회원은 회원가입 후 취소신청이 가능하다.
- 접수처 취소신청: 수험표와 신분증을 소지하고 가까운 접수처를 방문하여 취소신청을 할 수 있다.
             (접수처 취소는 TEPS 접수 취소만 가능)
- 시험별 취소 환불금

『정기접수자』
- 정기접수기간 내: 33,000원 환불
- 익일 ~ 1주: 23,000원 환불
- 익일 ~ 시험 전일 15시 (토요일 시험: 전일 24시): 11,000원 환불

『추가접수자』
- 추가접수기간 내: 36,000원 환불
- 익일 ~ 시험 전일 15시(토요일 시험: 전일 24시): 11,000원 환불

+ 성적 확인

정기시험의 성적은 시험일로부터 15일 이후 텝스 홈페이지(www.teps.or.kr)에서 확인이 가능하다. 정기시험 성적표는 시험일로부터 대략 20일 안에 우편으로 발송되고, 특별시험 성적표는 시험일로부터 7일 이내에 해당 기관이나 단체로 통보된다. 정기시험 응시자 중 텝스 성적표가 급히 필요한 사람은 텝스 사업본부(02- 886-3330)를 방문하여 성적표를 직접 수령해 갈 수 있다. 방문하여 성적표를 수령해 가고자 하는 경우 응시일로부터 12~13일이 지난 후 추가 수수료 2,000원과 신분증을 준비하여 방문하면 된다. 경우에 따라 성적 처리가 늦어지는 경우도 있으므로 방문 전에 성적표 수령 가능 여부를 전화로 확인하고 방문해야 한다.

✚ 시험 전날 점검 사항

TEPS는 보안이 철저히 유지되고 기출된 문제가 공개되지 않는다. TEPS시험을 여러 번 보다 보면 대략적으로 그 방향과 성격을 어느 정도 파악할 수 있을 것이다. 실제로 시험을 본 사람만이 정확히 어떤 문제가 나오는지 체감할 수 있다. 그러므로 실제 시험에 응시하여 어느 정도의 유형과 경향, 분위기 등을 체험해 보는 것이 도움이 된다. 하지만 여러 가지 사정으로 상황이 여의치 않을 경우 실제 출제경향에 맞춘 적중률 높은 실전문제를 가능한 한 많이 풀어는 것도 시간을 절약하고, 심리적인 부담감을 줄일 수 있는 한 방법이다. 실전문제를 풀 때는 실제 시험을 볼 때와 똑같은 긴장감과 똑같은 시간으로 집중하여 문제를 풀어야 한다. 오히려 실제 시험의 120% 정도의 긴장감과 120% 정도의 집중력으로 문제를 풀라고 권하고 싶다. 실제 시험에서는 더욱 더 긴장되고 예기치 않은 여러 변수가 작용할 수 있기 때문이다. 또한 청해 시험을 보는 동안은 "내가 어떤 방법으로 청취를 해야겠다"는 생각조차 잡념이 된다는 사실을 명심해야 한다. TEPS 청해는 어떠한 내용도 주어지지 않는다. 자칫하여 한 마디를 놓치게 되면 결국 그 문제뿐만 아니라 전반적인 시험에 영향을 끼치게 된다. 마음을 완전히 비우고 한 문제 한 문제에 대해 순간순간 정확한 판단을 하면서 최선을 다해 풀어야 할 것이다.

✚ 시험 당일

TEPS는 청해, 문법, 어휘, 독해 네 가지 영역으로 구성되어 있다. 시험은 청해 55분, 문법 25분, 어휘 15분, 독해 45분으로 진행된다. TEPS는 다른 영어시험과 달리 각 영역별로 주어진 시간에 그 영역의 문제만 풀도록 규정되어 있다. 정해진 시간 안에 정확하게 문제를 풀어내는 능력을 테스트하는 속도 시험이기 때문이다. 이 때문에 한 영역의 문제를 모두 끝냈다 하더라도 다른 영역의 문제를 풀 수 없다. 각 영역별 시간이 바뀔 때마다 방송이 나오고, 또 감독관이 칠판에 시간을 써놓기 때문에 수험생 본인이 시간 안배를 잘 해야 한다. 감독관 몰래 다른 영역의 시험을 풀어볼 수 있겠지만, 이 행위는 TEPS 규정에 따르면 명백한 부정행위이다. 참고할 것은 TEPS 시험 시 수정 테이프 사용이 가능하므로, 답안지를 바꾸지 않고 감독관에게 요청해 수정 테이프로 수정해도 아무런 문제가 없다.

시험에 들어가기 전 영문 이름, 주민등록번호, 주소 등 개인 신상에 관한 정보를 OCR 답안지에 입력할 때 실수하지 않도록 침착하고 정확하게 표기해야 한다. 만약 실수를 했을 경우에는 감독관에게 답안지를 바꾸어 달라고 요청하여 모든 정보를 새로 입력하면 된다. 실제 시험 전에는 모든 것이 불필요하게 긴장을 유발하는 요인이 될 수 있으므로 시험장에 여유 있게 도착하여 최상의 컨디션을 유지할 수 있도록 철저한 자기관리가 필요하다.

✚ 시간 안배

LC의 경우에는 TOEIC처럼 사진이나 문제가 미리 주어지지 않고 문자 그대로 들려주기만 하기 때문에 듣는 그 순간순간 내용포착을 잘 하는 것이 중요하다. 어휘의 경우 50문제를 15분에 풀어내야 하므로 한 문제당 15초 정도 이상을 할애하면 안 된다. 문법과 독해의 경우 뒤에 있는 문제부터 풀어나가는 것이 중요하다. 문법의 경우 50문제를 15분에 풀어내야 하므로 한 문제당 25초를 넘기면 안 된다. 특히 독해의 경우 38, 39, 40번 문제(파트 3)가 배점이 가장 높기 때문에 먼저 풀고, 그 다음 빈칸 채우기 형식의 파트 1(1-16번)을 푼 다음 파트 2(17-37)를 마지막으로 푸는 순서로 하는 것이 고득점을 얻을 수 있는 한 방법이다.

TEPS는 청해, 문법, 어휘, 독해 4개 영역에 걸쳐 총 200문항으로 구성되어 있으며 시험시간은 140분이다. 문항반응이론(IRT)에 따라 채점하기 때문에 전부 맞추어도 만점은 990점이고 모두 틀려도 10점은 나온다.

✚ 청해 (Listening Comprehension) 60문항

정확한 청해 능력을 측정하기 위하여 문제와 보기문항을 문제지에 인쇄하지 않고 들려줌으로써 자연스러운 의사소통의 인지과정을 최대한 반영하였다. 다양한 의사소통 기능(Communicative Functions)의 대화와 다양한 상황(공고, 방송, 일상 업무 상황, 대학 교양수준의 강의 등)을 이해하는 데 필요한 전반적인 청해력을 측정하기 위해 대화문(Dialogue)과 담화문(Monologue)의 소재를 균형 있게 다루었다.

PART 1 (15문항)

Choose the most appropriate response to the statement. (1-15)

M: Do you think you could turn down the volume on the television?

W: _______________________________________

   (a) I certainly didn't mean anything by it.
   (b) I can't believe that you turned down the offer.
   (c) I didn't realize it was disturbing you.
   (d) No, I don't think he'll mind at all.

해석
남: TV의 볼륨을 좀 내려주실 수 있으세요?
여: _______________________________________

(a) 전 분명히 아무런 뜻도 없었어요.
(b) 당신이 제 제안을 거절 했다니 믿을 수 없어요.
(c) 당신을 방해하고 있는지 몰랐어요.
(d) 아니요, 그는 개의치 않아 할 것 같아요.

Part 1은 질의응답 문제를 다루며 한 번만 들려준다. 내용 자체는 단순하고 기본적인 수준의 생활 영어 표현으로 구성되어 있지만 교과서적인 지식보다는 재빠른 상황 판단 능력을 요구한다. 따라서 이 파트에서는 속도 적응 능력뿐만 아니라 순발력 있는 상황판단 능력이 요구된다.

PART 2 (15문항)

Choose the most appropriate response to complete the conversation. (16-30)

W: Hello, I have an appointment with Dr. Summers.
M: OK. You must be Kate. I need you to fill out this form on your medical history.
W: All right. Here you go.
M: _______________________________________

   (a) Have you ever had these symptoms before?
   (b) I keep sneezing and my nose is runny all day.
   (c) Stay warm and drink plenty of water.
   (d) Please have a seat and the nurse will call your name soon.

해석
여: 안녕하세요, Summers선생님과 진료 예약을 했는데요.
남: 네, Kate 맞으시죠? 병력에 대해 이 양식을 작성해 주시겠어요?
여: 알겠어요. 여기 있어요.
남: _______________________________________

(a) 이런 증세가 이전에도 있었나요?
(b) 계속 재채기가 나고 하루 종일 콧물이 흘러요.
(c) 몸을 따뜻하게 하시고 물을 충분히 마시세요.
(d) 자리에 앉아 계시면 간호사가 곧 호명할 거예요.

Part 2는 짧은 대화 문제로서 두 사람이 A-B-A-B 순으로 보통 속도로 대화하는 형식이며, 소요 시간은 약 12초 전후로 짧게 구성되어 있다. Part 1과 마찬가지로 한 번만 들려주는 부분이다.

PART 3 (15문항)

Choose the option that best answers the question. (31-45)

W: Have you decided what you're going to buy for your mother's birthday?
M: Not yet. She's very picky, so it's very hard to shop for her.
W: Well, you'd better decide soon. You only have a week.
M: I'm thinking about getting her this vase she saw in the mall the other day.
W: That's a good idea. Since she already saw it, you know she will like it.
M: The only problem is, they're out of stock in the store and will have to special order it.
W: Oh. Will it get here in time?
M: They said it shouldn't take any longer than three days, but maybe I'll find something else.

Q: Which is correct according to the dialogue?
   (a) The man wants the gift to be a surprise.
   (b) The man isn't sure what he's going to buy.
   (c) The woman wants to buy the man a gift.
   (d) The vase will take a week to arrive.

해석

여: 엄마 생일 선물로 뭘 살지 결정했니?
남: 아직. 우리 엄마는 아주 까다롭거든 그래서 엄마 선물을 사는 건 아주 어려워.
여: 빨리 결정을 해야 할 거야. 일주일 밖에 안 남았잖아.
남: 지난 번에 엄마가 쇼핑 몰에서 본 꽃병을 살까 생각 중이야.
여: 그거 좋은 생각이네. 엄마가 보셨으니까 좋아하실 거라는 걸 알잖아.
남: 문제는 가게에 재고가 없어서 특별 주문을 해야 한다는 거야.
여: 그러면 제 시간에 도착할까?
남: 3일 이상은 안 걸릴 거라고 했는데, 아마도 다른 걸 찾아야겠지.

문제: 대화의 내용과 일치하는 것은?
(a) 남자는 선물이 깜짝 선물이 되길 바란다.
(b) 남자는 무엇을 살 지 잘 모른다.
(c) 여자는 남자에게 선물을 사 주고 싶어한다.
(d) 꽃병은 도착하는데 일주일이 걸릴 것이다.

Part 3는 앞의 두 파트에 비해 다소 긴 대화를 들려준다. 대화 부분과 질문을 들려준 뒤 다시 한 번 대화 부분을 들려주기 때문에 대화의 길이가 길어진 것에 비하여 많이 어렵다고 할 수 없다.

PART 4 (15문항)

Choose the option that best answers the question. (46-60)

Thanks for your interest in Happy Times Foods, a leading manufacturer of custom-made food products. Our main goal is to make sure you're always satisfied with our service and the selection we provide. We understand that the restaurant industry is highly competitive and that's why our premium breads, sauces, desserts, and other specialty items are prepared with you in mind. We even tailor our recipes and ingredients to your company's needs. So

해석

일류 주문 생산 식품 제조업체인 Happy Times Foods에 관심을 가져 주셔서 감사합니다. 저희의 주요 목표는 귀하께서 저희가 제공하는 서비스와 선택에 확실히 만족하도록 하는 것입니다. 저희는 식당 업계가 매우 경쟁이 심하다는 것을 알고 있기 때문에 저희의 고급 빵, 소스, 후식과 다른 별미 제품들은 귀하를 염두하여 준비되고 있습니다. 저희는 귀사의 필요에 맞도록 저희 조리법과 재료들을 맞춤 제공하기도 합니다. 귀사의 식당이 성공을 이루도록 Happy Times Foods에 한 번 기회를 주시면 어떨까요?

why not give Happy Times Foods a chance to make your eatery a success?

Q: What is the announcement about?
  (a) an inquiry about an order
  (b) a complaint about a product
  (c) a follow-up to a potential customer
  (d) a proposal for an advertisement

문제: 공지 사항은 무엇에 관한 내용인가?
(a) 주문에 대한 문의
(b) 제품에 대한 항의
(c) 잠재적 고객에 대한 권유
(d) 광고에 대한 제안

Part 4는 담화문을 다룬다. 영어권 나라에서 영어로 뉴스를 듣거나 강의를 들을 때와 비슷한 상황을 설정하여 얼마나 잘 이해하는지를 측정하는 부분이다. 이야기의 주제, 목적, 화제, 세부 사항 및 이를 근거로 한 추론의 문제들이 출제된다. 직청 직해 실력, 즉 들으면서 곧바로 내용을 이해할 수 있는지를 평가하는 부분이다.

✚ 문법 (Grammar) 50문항

밑줄 친 부분 중 오류를 식별하는 유형 등의 단편적이며 기계적인 문법지식 학습을 조장할 우려가 있는 분리식 시험 유형을 배제하고, 의미 있는 문맥을 근거로 오류를 식별하는 유형을 통하여 진정한 의사소통 능력의 바탕이 되는 살아 있는 문법, 어법능력을 문어체와 구어체를 통하여 측정한다.

PART 1 (20문항)

Choose the best answer for the blank. (1-20)

A: How was Felicia when you went to visit her yesterday?
B: I could tell she _________________ although she tried to pretend that everything was OK.

  (a) have cried
  (b) had been crying
  (c) was crying
  (d) would be crying

해석
A: 네가 어제 방문했을 때 Felicia는 어땠어?
B: 그녀는 모든 게 괜찮은 척 하려고 노력했지만 울고 있었다는 걸 알 수 있었어.

Part 1은 A, B 두 사람의 짧은 대화를 통해 전치사 표현력, 구문 이해력, 품사 이해도, 시제, 접속사 등 문법에 대한 이해력을 묻는 형태로 되어 있다. 주로 후자(B)의 대화에 빈칸이 있으며, 이에 적절한 표현을 고르는 형식의 문제이다.

PART 2 (20문항)

Choose the best answer for the blank. (21-40)

_________________ performed some of the most popular songs in the history of music, the Beatles are

해석
음악 역사상 가장 인기 있는 노래들을 연주했기 때문에 비틀즈는 여전히 세계에서 가장 유명한 밴드들 중의 하나이다.

still one of the most celebrated bands in the world.

(a) As
(b) Have
(c) Had
(d) Having

Part 2는 문어체 질문을 다룬다. 서술문 속의 빈칸을 채우는 문제로 총 20문항으로 구성된다. 이 파트에서는 문법 자체에 대한 이해도는 물론 구문에 대한 이해력이 중요하다.

PART 3 (5문항)

Identify the option that contains an awkward expression or an error in grammar. (41-45)

(a) A: I'm really bored. How about going out and seeing a movie or something?
(b) B: I don't know about that. Why do we always have to go out lately at night?
(c) A: Oh, come on. It's only 10:30 and the night is still young.
(d) B: Well, I guess it is Saturday and I feel kind of restless myself.

해석
(a) A: 정말 지루해. 나가서 영화를 보든지 하는 게 어때?
(b) B: 좋은 생각이 아닌 것 같아. 왜 꼭 밤 늦게 외출을 해야 하는데?
(c) A: 그러지 말고 가자. 이제 겨우 10시 30분이고 아직 이른 시간 이잖아.
(d) B: 하긴, 토요일이고 나도 잠이 안 오니까 괜찮겠지.

Answer
(b) lately → late

Part 3는 대화문에서 어법상 틀리거나 어색한 부분이 있는 문장을 고르는 문제로 구성된다. 이 영역 역시 문법뿐만 아니라 정확한 구문 파악, 회화 내용의 식별능력이 대단히 중요하다.

PART 4 (5문항)

Identify the option that contains an awkward expression or an error in grammar. (46-50)

(a) There is a widespread misconception that it is necessary to exercise for long periods of time every day in order to stay fit. **(b) Some people would be surprising to find that this is not necessarily the case.** (c) Many studies have shown that exercising for just thirty minutes a day, three times a week has significant health benefits. (d) The most important thing is to be faithful to a routine, rather than only hitting the gym sporadically.

해석
건강을 유지하기 위해서 매일 오랜 시간 동안 운동을 하는 것이 필요하다는 보편적인 오해가 있다. (b) 어떤 사람들은 이것이 사실이 아니라는 것을 알고 놀랄 것이다. (c) 많은 연구들에 의하면 하루에 30분 동안, 일주일에 세 번 운동을 하는 것이 상당한 건강상의 혜택이 있다는 것을 보여준다. (d) 가장 중요한 것은 어쩌다 한 번씩 체육관에 가는 것 보다는 꾸준한 일상을 유지하는 것이다.

Answer
(b) surprising → surprised

Part 4는 한 문단을 주고 그 가운데 문법적으로 틀리거나 어색한 문장을 고르는 다섯 문항으로 구성된다. 틀린 부분을 신속하게 골라야 하므로 속독 능력이 굉장히 중요하다.

문맥 없이 단순한 동의어 및 반의어를 선택하는 시험 유형을 배제하고 의미 있는 문맥을 근거로 가장 적절한 어휘를 선택하는 유형을 문어체와 구어체로 나누어 측정한다.

PART 1 (25문항)

Choose the best answer for the blank. (1-25)

A: So I hear the tightrope walker is performing here tonight.
B: Yeah, his name is "Amazing Sam" and he's going to walk between two ten-______________ buildings.

(a) story
(b) degree
(c) level
(d) layer

해석
A: 줄타기 꾼이 오늘 여기서 공연을 한다고 들었어.
B: 맞아. 그 사람의 이름은 "놀라운 Sam"인데 두 개의 10**층** 건물 사이를 걸을 거야.

Part 1은 구어체로 되어 있는 A, B의 대화 중 빈칸에 가장 적절한 단어를 고르는 25문항으로 구성된다. 단어의 단편적인 의미보다는 문맥에서 쓰인 상대적인 의미를 더 중요시 한다.

PART 2 (25문항)

Choose the best answer for the blank. (26-50)

After stealing money from the company over the past five years, the accountant was arrested on a charge of ______________ , and if convicted, he could face serious jail time.

(a) deception
(b) embezzlement
(c) entrapment
(d) transmission

해석
지난 5년 동안 회사로부터 돈을 훔치고 나서 회계사는 **횡령** 혐의로 구속되었고 만일 유죄 판결을 받을 경우에 심각한 실형을 받게 될 수도 있다.

Part 2는 하나 또는 두 개의 문장으로 구성된 글 속의 빈칸에 들어갈 가장 적당한 단어를 선택하는 문제로 구성되어 있다. 어휘를 학습할 때 한 개씩 단편적으로 암기하는 것보다는 하나의 표현으로, 즉 의미구로 알아 놓는 것이 15분이라는 제한된 시간 내에 어휘 시험을 정확히 푸는 데 많은 도움이 될 것이다.

✚ 독해 (Reading Comprehension) 50문항

교양 있는 수준의 글(신문, 잡지, 대학 교양과목 개론 등)과 실용적인 글(서신, 광고, 홍보, 지시문, 설명문, 도표, 양식 등)을 이해하는 데 요구되는 총체적인 독해력을 측정하기 위해서 실용문 및 비전문적 학술문과 같은 독해 지문의 소재를 균형 있게 다루었다.

PART 1 (16문항)

Read the passage. Then choose the option that best completes the passage. (1-16)

It's common knowledge that smoking, eating the wrong foods, and failing to get enough exercise are all contributors to poor health. But not many people truly understand that one of the most serious threats to well-being is stress. Medical professionals have known for years that stress can lead to serious physical and mental disorders. Research has shown that individuals who experience high levels of stress have high blood pressure, which affects cardiovascular health. In addition, stress not only worsens preexisting medical conditions, such as diabetes, but it may also suppress the body's ability to fight off illness. _________________ , it is important to understand the risks associated with life's pressures.

(a) Likewise
(b) In contrast
(c) Therefore
(d) However

해석

흡연과 나쁜 음식을 먹는 것, 그리고 충분한 운동을 하지 않는 것은 모두 건강을 해치는데 기여하는 요인들이라는 것은 상식이다. 그러나 건강에 가장 심각한 위협중의 하나는 스트레스라는 것을 진정으로 이해하는 사람들은 많지 않다. 의학 전문가들은 수 년 동안 스트레스가 심각한 신체적 정신적 장애를 일으킬 수 있다는 것을 알고 있었다. 연구에 의하면 높은 스트레스를 경험하는 사람들은 혈압이 높은 것으로 나타났는데 높은 혈압은 심장혈관 질환에 영향을 끼친다. 게다가 스트레스는 당뇨병과 같은 기존의 질병을 악화시킬 뿐만 아니라 질병을 물리치는 신체의 능력을 억제시킬 수도 있다. **그러므로** 삶의 압박감과 연관된 위험들을 이해하는 것이 중요하다.

(a) 이와 같이
(b) 대조적으로
(c) 그러므로
(d) 하지만

Part 1은 빈칸 넣기 유형이다. 한 단락의 글을 주고 그 안에 빈칸을 넣어 알맞은 표현을 고르는 16문항으로 구성된다. 글 전체의 흐름을 파악하여 문맥상 빈칸에 들어갈 내용을 찾는 문제이다.

PART 2 (21문항)

Read the passage. Then choose the option that best answers the question. (17-37)

Even if the rest of your body is lean and mean, researchers now say that extra fat around the middle often referred to as "love handles" increases the risk of early death. Just two inches of excess flesh around the waist increased the chance of dying sooner by thirteen to seventeen percent. While the link between fat around the middle and health problems is not a

해석

당신 몸이 군살 없고 말랐어도, 현재 연구자들은 흔히 "러브 핸들"이라고 불리는 허리 부분의 군살이 조기 사망의 위험을 증가시킨다고 주장한다. 허리 둘레가 평균보다 2인치 초과하는 것만으로도 일찍 사망할 가능성이 13에서 17퍼센트까지 증가한다. 허리 둘레의 지방과 건강 문제간의 관련성이 새로운 것은 아니지만 가장 최근의 연구는 의사들에게 단순히 일반적인 체질량 지수를 사용하는 것이 심장질환과 같은 건강상의 위험을 평가하는데 있어 꼭 최고의 방법은 아니

new one, the newest study gives doctors much more evidence that simply using the standard body mass index (BMI) is not necessarily the best way to assess health risks such as cardiovascular disease. In fact, the study showed that adults with a healthy BMI but larger than average waists were still candidates for early deaths.

Q: Which of the following can be inferred from the passage?

    (a) The group involved in the study was composed of male adults.
    (b) Cardiovascular disease does not just affect the overweight.
    (c) Doctors still need to study how body mass affects longevity.
    (d) Losing excess fat around your waist can add years to your life.

라는 많은 증거를 제공한다. 실제로 연구에 의하면 건강한 체질량 지수를 가졌지만 평균 이상의 허리 둘레를 가진 성인들이 여전히 조기 사망을 할 수 있는 후보자들이라는 것을 보여주었다.

문제: 지문의 내용에서 유추할 수 있는 것은?

(a) 연구에 참가한 집단은 남자 성인들로 구성되어 있었다.
(b) 심장 질환은 반드시 과체중인 사람에게만 발생하지 않는다.
(c) 의사들은 어떻게 체질량 지수가 수명에 영향을 끼치는지 연구할 필요가 있다.
(d) 허리 둘레의 과 지방을 없애는 것이 수명을 연장시킬 수 있다.

Part 2는 글의 내용 이해를 측정하는 문제로 21문항으로 구성되어 있다. 주제나 대의 혹은 전반적 논조 파악, 세부내용 파악, 논리적 추론 등이 있다.

PART 3 (3문항)

Read the passage. Then identify the option that does NOT belong. (38-40)

A breakthrough scientific discovery made in Germany may one day offer hope to millions of people affected by HIV. (a) Doctors say that a man who received a bone marrow transplant from a donor who had a genetic resistance to the virus appears to have been cured. **(b) HIV first came to the public's attention in the 1980s after French and American scientists discovered the infection.** (c) Although the patient's response to the transplant was highly unusual, doctors believe it may increase interest in gene therapy for the disease. (d) However, experts still maintain that to suggest that this case will lead to a cure would be a dangerous stretch.

해석
독일에서의 획기적인 과학적 발견은 HIV에 감염된 수백만명의 사람들에게 희망을 제공해 줄지도 모른다. (a) 의사들은 이 바이러스에 유전적인 항체를 지니고 있는 기부자로부터 골수 이식을 받은 한 남자가 완치된 것으로 보인다고 말한다. **(b) HIV는 1980년대 프랑스와 미국 과학자들이 감염을 발견한 후 대중의 이목을 받게 되었다.** (c) 이식에 대한 환자의 반응이 매우 특이하긴 했지만 의사들은 이것이 에이즈에 대한 유전자 치료법에 대한 관심을 증가시킬 것이라고 믿는다. (d) 그러나 전문가들은 여전히 이 경우가 치료법에 이르게 될 것이라고 주장하는 것은 위험하다는 입장을 고수한다.

Part 3는 한 문단의 글에서 내용의 흐름상 어색한 곳을 고르는 문제로 3문항으로 구성되어 있다. 전체 흐름을 파악하여 흐름상 필요 없는 내용을 고르는 문제이다. 이런 유형의 문제는 응집력 있는 영작문 실력을 간접적으로 측정한다.

등급	점수	영역	능력검정기준
1+급	901-990	전반	교양있는 원어민에 버금가는 정도로 의사소통이 가능하고 전문분야 업무에 대처할 수 있음.
	361-400	청해	교양있는 원어민에 버금가는 수준의 청해력
		독해	교양있는 원어민에 버금가는 수준의 독해력
	91-100	문법	교양있는 원어민에 버금가는 수준으로 내재화된 문법능력
		어휘	교양있는 원어민에 버금가는 수준으로 내재화된 어휘력
1급	801-900	전반	단기간 집중 교육을 받으면 대부분의 의사소통이 가능하고 전문분야 업무에 별 무리 없이 대처할 수 있음.
	321-360	청해 독해	다양한 상황의 수준 높은 내용을 별 무리 없이 이해할 수 있는 정도의 청해, 독해력
	81-90	문법 어휘	다양한 구문을 별 무리 없이 신속하게 이해할 수 있을 정도로 내재화된 문법, 어휘 능력
2+급	701-800	전반	단기간 집중 교육을 받으면 일반 분야업무를 큰 어려움 없이 수행할 수 있음.
	281-320	청해 독해	일반적 소재에 보통수준의 내용을 별 무리 없이 이해하는 정도의 청해력과 독해력
	71-80	문법 어휘	일반적인 구문을 별 무리 없이 이해하는 정도의 문법능력, 어휘력
2급	601-700	전반	중장기간 집중 교육을 받으면 일반분야 업무를 큰 어려움 없이 수행할 수 있음.
	241-280	청해 독해	일반적 상황에 보통수준의 내용을 대체로 이해하는 정도의 청해력과 독해력
	61-70	문법	일반적인 구문을 대체로 이해하는 정도의 문법 능력
		어휘	일반적인 표현을 대체로 이해하는 정도의 어휘력
3+급	501-600	전반	중장기간 집중 교육을 받으면 한정된 분야의 업무를 큰 어려움 없이 수행할 수 있음.
	201-240	청해	일반적 상황에 보통 수준의 내용을 다소 이해하는 정도의 청해력
		독해	일반적 소재에 보통 수준의 내용을 다소 이해하는 정도의 독해력
	51-60	문법	일반적인 구문에 대한 의미파악이 어느 정도 가능한 문법 능력
		어휘	일반적인 표현에 대한 의미파악이 어느 정도 가능한 어휘력
3급	401-500	전반	중장기간 집중 교육을 받으면 한정된 분야의 업무를 다소 미흡하지만 큰 지장없이 수행할 수 있음.
	161-200	청해 독해	일반적인 상황에 보통수준의 내용을 이해하기 다소 어려운 정도의 청해력과 독해력
	41-50	문법	일반적인 구문에 대한 신속한 의미파악이 다소 어려운 정도의 문법능력
		어휘	일반적인 표현에 대한 신속한 의미파악이 다소 어려운 정도의 어휘력
4+급	301-400 201-300	전반	장기간의 집중 교육을 받으면 한정된 분야의 업무를 대체로 어렵게 수행 할 수 있음.
5+급	101-200 10-100	전반	단편적인 지식만을 갖추고 있어 의사소통이 거의 불가능함.

● ● TEPS 관련시험 소개

1. i-TEPS (Integrated Test of English Proficiency developed by Seoul national University)

i-TEPS는 서울대학교 언어교육원에서 출제하고 서울대학교 TEPS관리위원회에서 주관, 시행하는 통합 영어능력평가 시험이다. i-TEPS는 별도로 시행되며 기존 TEPS와 TEPS-Speaking & Writing 시험은 현행과 같이 유지된다. 듣기, 읽기, 말하기, 쓰기 능력은 서로 밀접한 관계를 가진 요소로 듣기, 읽기 능력 혹은 말하기, 쓰기 능력의 측정만으로는 정확한 영어능력을 평가하기 어려우므로 i-TEPS는 유기적인 연관성을 지닌 이 네 가지 의사소통능력을 통합적으로 측정하여 수험자의 영어능력에 대한 정확한 평가를 하는 것을 목적으로 한다. i-TEPS는 국내 최고 권위의 영어능력평가로 듣기, 읽기 분야에서 탁월한 변별력을 인정받은 TEPS와 국내 최초 CBT방식의 영어 말하기, 쓰기 시험인 TEPS-Speaking & Writing의 성공 노하우를 바탕으로 개발되었다. 실전 영어능력을 보다 정밀하게 측정할 수 있도록 세분화된 채점 요소를 적용하고 있으며, 출제자와 채점자를 어학분야의 최고 전문가들로 선정하여 높은 신뢰도와 탁월한 변별력을 지니고 있다. 한번의 시험으로 듣기, 말하기, 읽기, 쓰기 능력을 종합적으로 평가함으로써 각각의 영역을 별도로 평가해야 하는 여타 시험과 비교하여도 응시료 부담이 적다. i-TEPS는 최소의 시간과 비용으로 수험자의 영어능력을 정확히 측정하는 효율성이 높은 시험이다.

i-TEPS는 Listening, Grammar & Vocabulary, Reading, Speaking, Writing의 5개 영역에 걸쳐 총 143문항으로 구성되어 있으며 시험시간은 약 2시간 45분이다. 총점은 각 영역의 점수를 합산하여 400점 만점으로 채점된다.

* i-TEPS 에 관한 더 자세한 정보는 TEPS 관리위원회 홈페이지 (www.teps.or.kr)에서 얻을 수 있다.

2. TEPS Speaking & Writing

TEPS-Speaking & Writing 은 서울대학교 언어교육원에서 출제하고 서울대학교 TEPS관리위원회가 주관, 시행하는 영어 말하기, 쓰기 시험이다. 대규모로 치러지는 영어능력검정에서 평가하기 어려운 말하기, 쓰기 능력을 보다 정밀하게 측정하기 위해 세분화된 채점 요소를 적용하고 있으며, 출제자와 채점자 모두 어학분야의 최고 전문가로 구성되어 탁월한 변별력을 지니고 있다. 보다 객관적인 채점을 위해 분석적 채점과 종합적 채점이 포함된 5 단계 채점체계와 문항별 채점방식을 채택하였다. TEPS-Speaking & Writing 은 컴퓨터 모니터를 통해 지문과 그림이 제시되면 수험자가 이에 대해 답변을 하는 CBT 방식으로 시행된다. 편리한 인터페이스와 화면구성을 개선하고 테스트의 전 과정을 자동화하여 수험자의 편의를 증대시켰다. 한국수출입은행, 외교통상부 등의 기관에서 신입사원 모집 및 해외파견직원 선발시험에 TEPS-Speaking & Writing을 채택하고 있다.

3. SNULT

SNULT는 Seoul National University Language Test의 약자로, 서울대학교 언어교육원에서 개발하여 TEPS 관리위원회에서 시행하는 시험이다. SNULT 정기시험은 7개 언어(영어, 일본어, 중국어, 프랑스어, 독일어, 스페인어, 러시아어)로 구성되어 있다. 완벽한 보안 속에서 해당 언어의 박사 학위를 소지한 연구원, 원어민, 교수 등 최고의 전문가들이 출제와 검토 후 녹음과 인쇄를 거쳐 시행하고 있으며, 지난 30여 년간의 시험 데이터와 성과를 바탕으로 한 신뢰도와 타당도가 매우 높은 시험이다.

근래에는 신입사원 선발과 각급 기관 단체의 직원 인사 고과를 위한 교육훈련, 성적평가 등의 용도로 어학능력 평가에 대한 요구가 증가하여 연간 200,000명 정도가 외국어 능력을 검정 받고 있다.

* i-TEPS 및 SNULT 에 관한 더 자세한 정보는 TEPS 관리위원회 홈페이지 (www.teps.or.kr)에서 얻을 수 있다.

전문강사가 알려드리는 변화하는 TEPS 시험의 올바른 이해

TEPS는 수험자의 영어능력을 있는 그대로 정확하게 판단하기 위해 다양한 테스트 방법을 적용했습니다. 예를 들어 듣기시험에서 인쇄된 질문지를 주지 않고 방송으로 직접 들려주기 때문에 미리 문제를 보고 감을 잡는 요령이 통하지 않으며 독해 시험도 1 지문 1 문항 원칙을 지켜 한 문제의 답을 알면 그 뒤에 연결된 문제들의 답을 유추할 수 있는 가능성을 원천적으로 배제했습니다.

TEPS의 채점기준은 상대평가이며 해당 시험의 난이도, 응시인원에 따라 채점기준이 달라질 수 있습니다. 작년 10월 부터 새로운 텝스시험인 i-TEPS가 시작되었는데, 기존 텝스시험과는 별도로 시행됩니다. 이 시험은 Intergrated Test of English Proficiency developed by Seoul National University의 약자로 듣기, 읽기, 말하기, 쓰기 능력을 종합적으로 측정하는 통합영어능력평가 시험입니다. i-TEPS는 영어능력평가로 듣기, 읽기 분야에서 탁월한 변별력을 인정받은 TEPS와 국내 최초 CBT방식의 영어 말하기, 쓰기 시험인 TEPS-Speaking & Writing 을 기본으로 구성이 되어있으며 기존의 TEPS와 TEPS - Speaking & Writing을 통합하여 한번에 보는 것이라고 생각하면 됩니다.

최근 들어 중고생들 사이에서 특히 TEPS에 대한 관심이 높아지면서 TEPS 인지도가 예전보다 크게 높아졌음을 느낄 수 있습니다. 하지만, 정작 TEPS가 어떤 의미를 가진 시험인지는 TEPS 학습자들 상당수가 올바로 이해하고 있지 못한 것이 현실입니다. 따라서 TEPS 공부를 TOEFL-TOEIC 공부할 때처럼 그냥 단어장 암기하고, 시중 참고서 한번 훑어보고, 실전모의고사 문제집 한 두권 풀어서 틀린 문제 정리하는 식으로 학습하면서, 거의 대부분의 학습자들이 몇 개월 동안 성적 향상이 되지 않아서 매우 스트레스를 받습니다. "지피지기(知彼知己)면 백전백승(百戰百勝)"이라고 했습니다. TEPS를 올바로 이해하는 것이 TEPS 고득점을 위한 첩경이 아닐 수 없습니다.

TEPS의 P는 proficiency이며, 이것은 "숙달"이라는 뜻입니다. proficiency와 상대적인 개념이 knowledge(지식)입니다. TOEFL-TOEIC처럼 지식을 측정하는 시험의 특징은 문제의 양은 적고 제한시간이 넉넉해서 충분히 사고(思考)할 시간을 주는 것입니다. 이에 비해, TEPS처럼 '숙달'을 측정하는 시험은 문제의 양은 많고 제한시간이 적어서 사고(思考)할 시간을 주지 않습니다. 따라서 TEPS는 제한시간 내에 모두 풀어야 하는 개념이 아니라, 제한시간 내에 얼마만큼 풀 수 있는가를 측정하는 시험인 것입니다. 이런 개념에 익숙지 않은 수험자들은 자신의 능력 범위를 넘어 TEPS의 모든 문제를 풀려고 무작정 서두르다가 문제를 다 풀지도 못하고 푼 문제마저도 틀리는 최악의 경우를 경험하게 됩니다. TEPS처럼 '숙달'을 측정하는 시험에서 과욕은 금물입니다. 풀 수 있는 만큼만 여유 있게 풀겠다는 마음가짐이 더 좋은 결과를 가져옵니다.

정형화된 문제와 반복 출제되는 문제들이 많아서 모의고사 문제풀이를 많이 할수록 유리한 TOEFL, TOEIC 시험들과는 달리 생활영어 및 시사영어 시험인 TEPS는 청해 속도가 TOEFL,TOEIC보다 2배 이상 빠르고, 시사영어를 다루는 시험답게 TEPS RC에서 다루는 주제는 '정치, 경제, 사회, 문화, 건강, 예술, 종교, 환경' 등 상당히 다양하고 포괄적입니다.

이러한 특징의 TEPS를 준비하는 데 있어서 가장 중요한 학습법은 다독입니다. 평소에 다양한 주제의 영어를 접한 사람들은 시험문제의 RC 지문 내용을 모두 읽지 않고도 첫 문장만 가지고 정답을 찾을 수 있는 문제들이 의외로 많기 때문에 시간이 전혀 모자라지 않습니다. 적어도 글을 빨리 읽을 수 있는 능력이 생기게 됩니다. 예를 들어, 지구 온난화와 이상 기온 문제, 국제 분쟁 상황이나 세계의 고대, 근대 역사등에 대해 평소에 영자신문의 시사적인 내용을 관심 있게 읽은 사람들은 그에 관한 독해 혹은 청해 문제를 아주 수월하게 풀 수 있습니다.

파트3,4의 경우 대화나 지문은 그리 어렵지 않은데 선택지에 등장하는 어휘가 난이도가 있어서 힘들게 푸는 문제도 등장했고 또 앞으로도 등장할것이기 때문에 평소에 어휘 공부를 틈틈이 해두는 것이 도움이 될 것입니다. 그리고 기존의 TOEIC이나 TOEFL시험에서 편법에 의존하지 않고 착실히 청해능력을 쌓아 온 응시자라면 크게 걱정할 수준은 아닐 것입니다.

내용면에 있어서 Listening을 공부할 때 지나치게 TEPS라는 시험에 얽매이지 말고, 꾸준히 관심을 갖고 착실하게 준비하면 충분히 고득점이 가능한 영역이 청해입니다. TOEIC이 실무 영어에 편중되어 있고, TOEFL이 학술 영어에 치중하고 있다는 한계를 극복하기 위해 TEPS가 개발되었다는 점을 상기하면서 학습에 임하면 좋은 효과를 거둘 수 있을 것입니다.

청해영역 에 대해서 살펴보면 Part I 에서 Part III 까지는 까다로운 관용표현들을 제외하면 큰 무리가 없다고 하겠으나 Part IV에 자주 등장하는 기사체의 문장에 까다로움을 느끼는 응시자들이 의외로 많은 것으로 보입니다. 이 Part는 특별한 준비 방법보다는 평소에 영자신문을 자주 접하고 빠른 속도로 의미를 생각하면서 읽는 훈련을 꾸준히 하면 좋은 성과를 얻을 수 있을 것입니다.

청해의 비법이란 다름이 아니라 모국어 화자가 말하는 속도에 버금가는 독해 속도를 연마하는 것입니다. 최소한 1분에 160자 정도를 읽고 이해할 수 있으면 여러분의 영어청취 정복은 시간문제라고 해도 과언이 아닙니다. 독해력이 뒷받침이 되지 않은 상태에서 한두 달, 또는 서너 달 만에 청해를 정복할 수 있다는 순진한 생각은 빨리 버리는 것이 좋을 것입니다.

문법영역 의 경우 50문제에 25분이 주어지므로 계산상으로는 문제당 25초를 쓸 수 있지만, 답을 기입하는 시간 등을 감안하면 한 문제를 약 20초 이내에 해결할 수 있어야 합니다.
따라서 문장의 구조를 분석하려 하기 보다는 직감적으로 표현의 옳고 그름을 파악할 수 있는 수준에 이르도록 노력해야 합니다. 또한 TEPS의 문법영역은 기존의 TOEIC이나 TOEFL과는 크게 다른 형식을 취하고 있습니다. 밑줄 친 부분의 오류 파악과 같은 문제는 출제되지 않는다는 점에 유의해야 합니다. 그렇다고 지금까지의 문법지식이 전혀 필요 없다는 것은 아니며, 상당부분 일치하기 때문에 단편적으로 알고 있었던 문법적 내용을 체계화 할 필요가 있습니다. 반드시 활용할 수 있는 문장과 연결해서 학습하도록 해야 합니다.

그리고 TEPS 문법영역에서는 반드시 실용문법에 숙달되어 있어야 좋은 점수를 기대할 수 있습니다. 여기서 실용문법이라고 하는 것은 독해는 물론 의사소통 능력에 직결되는 문법을 말합니다.

분야별로 보면 TEPS 문법영역에서 중요하게 다루어지는 내용 중 한 가지가 화법에 대한 이해문제입니다. 지금까지 치러진 TEPS시험에서 화법 문제가 빠진 적이 거의 없었습니다. 화법문제는 관용표현과 겹쳐서 출제가 되므로 평소에 청해나 어휘표현을 암기할 때 각 상황과 표현에 대한 명확한 이해가 필요합니다.

그리고 수동분사구문과 능동분사구문을 직감적으로 파악할 수 있는 수준에 도달하도록 많은 예문을 접하고, 능동적으로 활용해 보아야 합니다. 수동 구문에 대한 이해는 관계사와 더불어 영어를 공부하는 데 있어 가장 기본적인 사항이므로, 반드시 숙지하고 넘어가야 합니다.
다음으로 부정사, 동명사의 쓰임에도 눈여겨 볼 필요가 있습니다. 이 부분도 TEPS 문법영역에서 자주 출제되는데, 단편적으로 to부정사를 목적어로 취하는 동사 내지는 동명사를 목적어로 취하는 동사를 암기하기 보다는 다양한 표현을 접하면서 to부정사나 동명사가 나올 때마다 관심을 갖고 하나씩 익혀 나가는 것이 효과적입니다.

지금까지 치러진 일반 시험의 내용을 토대로 TEPS 문법영역의 문제의 성격을 분석해본 결과, 수동표현과 능동표현의 이해를 묻는 문제도 여러 형식으로 출제된 것으로 파악됩니다. 이 부분은 능동태와 수동태에 대한 이해를 철저히 한 다음, 준동사 구문에서도 이를 자유롭게 활용할 수 있느냐 하는 것이 관건이 됩니다.

어휘영역에서는 쉬운 단어에 특히 주목할 필요가 있습니다. 우리가 익숙하다고 주의를 기울이지 않지만, 실상은 정확한 쓰임을 몰라서 실수할 수 있는 단어들이 TEPS 어휘영역의 주요 출제 대상이 됩니다. 그리고 철자가 비슷한 단어들이나 모양이 비슷한 단어들을 구별하는 문제들도 매회 거의 빠지지 않고 출제되고 있습니다. 흔히 동의어라고 생각되지만, 쓰임이 각각 다른 단어들이 많이 있으므로, 양적인 면에서 너무 집착하지 말고 개별단어의 정확한 쓰임을 의미 있는 문장을 통해 착실히 익혀두는 습관이 필요합니다.

중고생들의 경우 가급적이면 예문이 풍부한 영영사전을 이용하는 것이 좋고, 이러한 실용영어능력에 추가하여 SAT나 TOEFL 수준의 어휘력으로 보강한다면 TEPS 어휘영역에서 큰 어려움은 없을 것입니다.

개인적인 목적이 있다면 모르겠지만, 몇 년이 가도 한 번 볼까 말까한 난해한 어휘를 공부하는데 더 이상 시간을 낭비하지 않는 것이 좋습니다. TEPS에서는 실제 영어에서 활용 빈도가 낮은 표현이나 구문은 출제를 꺼리는 경향이 있다는 점을 명심해 두기를 바랍니다.

지금까지 TEPS 어휘영역에서 출제된 단어의 수준은 기존의 다른 영어 시험들과 비교할 때 결코 어렵다고 할 수는 없으나, 한 문제당 주어지는 시간이 총 15초 밖에 안되므로 기본적으로 속도 감각이 뒷받침 되어야 좋은 점수를 얻을 수 있습니다. 신속한 문제 해결 능력을 위해서는 정확한 표현이 내재화되어 있어야 하므로, 쉬운 의미라고 하더라도 반복적으로 활용하는 습관이 중요합니다.

그리고 informal한 영어 표현들에도 익숙해져야 합니다. 여기서 informal이라는 말은 경의 없이 일반 구어체에서 빈번하게 사용되는 표현으로, 저속한 표현과는 다른 개념입니다.
문어체 표현과 관련해서는 기존의 다른 시험과 큰 차이를 나타내지 않고 있습니다.
TEPS 어휘영역에서는 문제를 빠른 속도로 해석하지 못하면 정답을 맞출 수 없습니다. 개별적인 단어의 뜻을 아는 것만으로는 부족합니다. 따라서 이 영역은 독해와 청해의 기초를 쌓는다는 마음으로 접근하기를 바랍니다.

독해영역 에서는 한 문제의 길이는 평균적으로 6~7줄 정도이고, 단어 수도 100단어를 넘지 않는 것이 보통입니다. 그렇지만 여기에 질문을 읽는 시간과 문제를 푸는 시간을 더한다면 기본적으로 1분에 200단어 이상을 소화해낼 수 있어야 합니다. 내용면에서 볼 때, 전문적인 학술문은 출제되지 않고 있는데, 앞으로도 이러한 경향은 지속되리라고 판단됩니다.

실무적인 내용의 문제로 상품판매, 예약편지, 광고 등을 소재로 한 것들이 있고, 시사적인 내용과 관련해서 유럽의 금융 관련 기사, UN의 위상 약화에 대해 언급한 글 등이 있습니다. 글의 수준은 영자신문을 무리 없이 읽을 수 있는 정도면 된다고 봅니다. 영자신문은 꼭 시사적인 내용에 익숙해진다는 차원보다는 일반적인 교양을 위해서도 가까이할 만합니다.

최근 독해영역에서는 정보를 전달하는 목적의 글이 자주 등장하는 편입니다. 하지만 명심하실 것은 회를 거듭하면서 한 분야에 치중된 내용의 출제는 가급적 피할 것으로 예상되기 때문에, 특정 분야의 글이나 문체에 편중된 독서를 하지 말고 가급적 다양한 내용의 글을 접하는 것이 좋습니다.

여전히 과학 및 의학 분야의 글도 꾸준히 등장하고 있으므로, 지구 이상기후나 인간 복제 등과 같은 시사성이 있는 내용들에도 관심을 가지고 읽어두면 도움이 되며, 상업적인 글의 한 부분도 3-4문제 정도 출제가 되고 있는데, 서식 자체에 대한 이해뿐만 아니라, 편지의 내용에 대한 것도 이해하고 있어야 원활하게 문제를 풀어 나갈 수 있습니다.

독해영역에서 좋은 점수를 얻으려면 글의 대의 파악 능력이 절대적으로 요구됩니다. 이를 위해서는, 영어로 된 책이나 신문 등을 읽을 때, Paragraph별로 요지를 파악해보는 연습을 하는 것이 좋습니다. 글을 읽고 내용을 요약할 수 없다면, 사실상 글을 제대로 읽었다고 할 수 없습니다. 대의 파악 능력 자체가 바로 독해능력이고, 실질적인 자신의 영어 실력인 것입니다.

아무쪼록 대한민국 제1의 출판사 랭귀지 플러스와 TEPS 1등 강사 저 죠셉 킴과 함께 최선을 다해서 최고의 결과를 얻으시길 바랍니다.

Joseph Kim

▶ 청해 Listening

청해시험의 경우 두 가지 정도 기존의 시험과 비교되는 다른 점이 있는데 첫째는, 화자들의 말하는 속도가 좀 빨라진 느낌이고, 둘째는 Part Ⅲ와 Part Ⅳ가 분량 면에서 좀 짧아졌다는 점이다. 따라서 문제의 유형이 반드시 동일하지 않을 수도 있으므로 어떤 내용이든 소화해 낼 수 있는 능력을 갖추는 것이 중요하다. 내용면에서는 길 묻기, 전화 통화, 공항의 안내방송 등 이전 시험에서 다루었던 내용과 큰 차이는 없다.

청해영역의 학습은 다른 영역에 비해 많은 시간과 노력이 요구되기 때문에 일단 조급한 마음을 갖지 말고 확실히 대비하는 것이 가장 중요하다. 청해를 처음 시작하는 사람들은 자연히 의미보다는 개별적인 소리에 정신을 집중하게 되는데, 이러한 단계에서 벗어나서 의미에 주의를 기울이는 수준에 이르면 청해가 재미있어질 것이다.

청해영역을 공부할 때 가장 나쁜 방법은 일방적으로 듣기만 하는 것인데, 반드시 큰 소리로 직접, 그리고 감정을 실어서 발음하는 연습을 꾸준히 하다보면 이것이 아주 효과적인 방법임을 스스로 깨닫게 될 것이다. 그리고 청해 실력을 기르기 위해서는 CD 나 MP3를 자주 듣고 따라하는 것도 중요하지만, 표현 자체를 모르면 소리가 들린다 하더라도 의미를 이해할 수 없으므로 유용한 표현과 구문을 평소에 많이 학습해 두어야 한다. 이러한 방법이 결과적으로 문법영역이나 어휘영역에도 많은 도움이 된다는 사실을 여러분 스스로 느낄 것이다.

●● 세부적인 청해분석과 공부법

1. Listening

청해 영역은 55분 동안 들려주는 문제를 들으면서 60문제를 공략해야하며, 정답표시에 주어지는 시간은 문제당 2~3초에 불과하다.

즉 Native Speaker의 음성은 1분당 150~200단어의 속도로 방송되며, 수험자는 그 내용을 들으면서 곧바로 해석하는 능력이 요구된다.

또한 청해영역은 문제지에 인쇄된 문구가 전혀 없으므로 청각에만 의존해야하며, 60문제 전체가 상황이 다르고 서로 아무런 관련도 없는 만큼 피로감도 대단히 크게 느끼게 될 것이다.

속도 적응력과 재빠른 판단을 요구하는 것은 회화문제와 설명문 문제에 모두 공통된다. 설명문 문제에 대비하는 가장 좋은 방법은 서로 관련이 없는 단문, 대화문, 설명문 등을 반복해서 듣는 부단한 연습이다.

회화 문제도 마찬가지이지만 또 하나 중요한 점은 영어의 음을 식별하는 능력이다.

예를 들면 'club/glove, coffee/copy, seat/sit' 등을 구분할 수 있는 능력을 길러야 하며, 이것은 발음과 청취 모두 해당되는 것이므로 훈련을 게을리하지 말아야한다.

회화문제와 설명문 문제 모두 영화, 뉴스해설, AFKN, 특집 프로그램을 적극적으로 활용하도록 하고, 특히 날짜나 숫자가 나오면 문제지 여백에 빠르게 메모해 두는 습관을 기르는 것이 좋다.

출제자의 의도를 미리 파악해서 예측해보는 것도 좋은 방법이다. 또한 중간에 모르는 단어나 표현이 나와도 당황하지말고, 계속해서 성우의 음성을 따라가면서 문맥 속에서 뜻을 유추해 전체의 뜻을 파악하도록 해야한다.

또한 지문에 나온 단어와 발음이 비슷한 단어가 있을 때는 무턱대고 반가운 마음에 답으로 고르지 말고, 다시 한번 생각해 보아야한다. 이러한 단어들은 혼동을 유발하기 위한 함정일 가능성이 크기 때문이다. 주의할 것은 단어들을 단독으로 익히는 것으로 끝내서는 안되고 이에 대한 기본 지식을 습득한 후에 문맥 속에서 그 의미를 파악하는일이 무엇보다 중요하다.

TEPS LC는 영어를 수동적으로만 학습하는 사람에게는 어렵게 느껴질 수 있다. 지금까지 우리는 생각하는 영어보다 받아들이는 영어에 익숙해왔기 때문이다. 모두가 적혀 있거나 흘러나오는 영어만 수동적으로 접하였고 영어를 사용할 일이 없었을뿐더러 적극적으로 활용하려 하지도 않았다. 사실 실생활에서 주고받는 대화에 정답이 있을까? 답이 한 두가지로 결판날 수 없는 상황이 많다는 것이 TEPS 청해시험의 요점이다. 그렇다면 어떻게 대비해야 할까? 여기에 대응하려면 문장을 대화 단위로 암기하는 것 외에는 다른 방법이 없다는 것이다. 이제부터는 한문장을 암기했다고 만족하지 말고 대화 가능한 대답을 모두 알아두어야 한다.

Part 1

1. 기본 정답 숙어, 표현들을 익힌다.
2. 절대로 답이 될 수 없는 것을 꼭 체크한다.
3. 제일 정답률이 낮은 파트로 문제 내용보다는 문제 의도를 파악하는 훈련이 필요하다.
4. 항상 나오는 상황과 표현들을 미리 숙지해야 한다.
5. 문제와 답을 항상 같이 외운다.

Part 2

1. 첫 문장에서 전체 흐름을 파악하고 듣는다.
2. 두 번째 화자의 어투로 답을 짐작한다. (긍정적 또는 부정적)
3. 세 번째 문장이 답의 80%를 좌우한다. (첫 문장을 이해해야 되는 문제들이 많다.)
4. 항상 나오는 상황표현들을 익혀 둔다.

Part 3

1. 상당수가 답을 결정하므로, 처음에 나오는 첫 두 문장을 놓치지 않는다.
2. 평소에 항상 듣고 난 후 대화의 Main Idea를 찾는 훈련을 한다.
3. 처음 들을 때는 하나하나 들으려고 하지 말고 전체내용의 핵심을 파악한다. 대화의 주인공이 누구인지 파악하고 그 화자의 말에 초점을 맞춘다.
4. 두 번째 들을 때는 중요한 내용은 메모를 한다.
5. 질문 유형은 Main idea 고르기, 사실부분 찾기, 의문사로 시작되는 질문, 화자의 어투, 유추하는 문제 등이 있다.

Part 4

1. 첫 한, 두 문장이 제일 중요하다.
2. 전체 내용을 파악하는 훈련을 평소에 한다.

3. 주제별 어휘를 습득한다.
4. 질문의 대부분은 핵심을 묻는다.
5. 자주 등장하는 내용에 익숙해 있어야 한다.

▶문법 Grammar

TEPS 의 문법영역은 전체 50문항으로 구성되어 있으며, 25분 내에 풀어야한다.

TEPS 문법공부는 기존의 정형화된 규범 문법이 아니라 어법을 공부하는 방향으로 접근해야 할 것이다. 배점은 100점으로 상대적으로 적은 점수이다. 그러나 고득점을 노리는 사람에게 있어서는 "승부처"라고 할 수 있을만큼 중요한 영역이다.

적절한 표현 고르기와 틀린 어법(문법)으로 된 구절 찾기로 구성되며, 난이도 1부터 난이도 5까지 있다.

난이도 2~3에 해당되는 문제가 가장많고, 난이도 1이나 5에 해당하는 문제는 상대적으로 적게 출제되지만 난이도가 높을수록 문제 배점이 높다는 것을 명심해야한다.
문법 문제에서는 역시 영어 문법에서 가장 중요하다고 할 수 있는 동사 중심의 문법 (부정사, 분사, 태, 어순, 수일치) 과 시제 문제가 중점을 이루고 있다.

그리고 선택지들은 우리나라 사람들이 특히 취약한 부분을 이용해 함정을 만들어 놓고 있다. 어떤 면에서 보면 기존의 외국에서 개발된 영어검정시험보다 더 익숙한 문법 문제들이라고 볼 수 있다. 그러나 시간이 아주 짧게 주어지기 때문에 충분히 생각을 하고 나서 푸는 기존 시험과 다르다는 점을 염두에 두어야한다. 따라서 문제를 읽어 나가면서 즉각적으로 답이 나올 수 있도록 많은 구문에 익숙해지는 훈련이 필요하다.

그리고 평소 글이나 표현등을 접할 때 그냥 눈으로 읽어 넘어가지 말고 몇 번씩 소리내어 읽어 입이나 귀에서 낯선 표현이 나왔을때 쉽게 찾을수 있도록 충분히 연습하면 좋다.

Part 1 구어체 (20문제)

Part 1은 전치사의 표현력, 구문이해, 품사의 이해도, 접속사 등에 대한 이해력을 묻는 형태로 구성되어 있다. 가장 적절한 표현을 넣는다는 것에 주의해야 한다. 답이 두 개가 될 수 있다고 생각이 될 때에는 가장 보편적이고 상식에 어긋나지 않는 것을 골라야 한다.

Part 2 구어체 (20문제)

1. 구문을 익히자!

Part 2는 하나의 문어체 문장 내의 빈칸을 채우는 문제로 구성되어 있다.
Part 2에서는 문법 자체에 대한 이해도는 물론 구문에 대한 이해력이 중요하다.

2. 다양한 표현을 익히자!

평소 신문이나, 뉴스 등 다양한 구문에 익숙해지는 것이 중요하다.

관용표현을 많이 알아두는 것도 큰 도움이 된다.

Part 3 긴 대화문에서 잘못된 어법 찾기 (5문제)

1. 동사에 유의하자!

A-B-A-B 로 이어지는 대화문 중 어법상 틀리거나 어색한 부분이 있는 문장을 고르는 문제이다.

잘못된 표현을 고르는 문제는 동사에 관한 것이 많이 나온다.

동사부터 주의 깊게 살피는 것이 답을 찾는데 포인트가 될 수 있다.

2. 문법 문제임을 잊지 말자!

어법이 틀린 부분을 찾다가 내용이 어색하다고 답으로 오인하지 말자.

그런 경우에는 특히 이 영역이 문법에 대해 묻고 있다는 점을 잊지말자.

Part 4 설명문에서 잘못된 문법찾기 (5문제)

1. 직독직해를 하자!

Part 3와 마찬가지로 5문제가 출제되는데 part 4는 한 문단을 주고 그 가운데 문법적으로 틀리거나 어색한 문장을 고르는 문제이다.

내용의 흐름을 전체적으로 정확히 이해하고 출제자의 의도를 파악하며 전체적으로 이해하면서 부분적인 정확성을 따져 보아야 한다.

●● 세부적인 학습법

1. 시제, 조동사, 수동태, 준동사(특히 분사), 명사, 전치사 부분을 중점적으로 공부한다.

문법 영역에서 주로 출제되는 내용은 '시제, 분사구문, 수동태, 문장의 형식(특히 5형식에서 목적보어 넣기), 조동사, 명사와 관사, 어순, 일치, 대명사'이다. 요즘은 '접속사, 관계사' 부분이 자주 출제된다.

2. Part 4는 수 일치, 시제 일치, 태를 중점적으로 살펴본다.

Part 4의 경우 그냥 지문을 해석하면서 읽어내려가지 말고 각각 선택지의 주어, 동사를 파악해서 수의 일치(주어와 동사의 단·복수 일치), 시제 일치(각 선택지들 간의 시제 흐름 일치), 태(능동태, 수동태)가 맞는지 살펴봐도 상당수 문제를 쉽게 해결할 수 있다.

3. Part 3, 4부터 푼다.

문법 Part 3, 4는 배점이 상당히 높다. 그러므로 문법영역을 풀 때 후반부 문제부터 푸는 것이 바람직하다. 참고로, 독해도 이와 같은 방법으로 문제를 풀어야 한다. 독해 Part 2, 3 또한 배점이 상당히 높은 파트임에도 불구하고, 많은 수험자들이 시간 부족으로 이 파트를 놓치고 있기 때문이다.

▶어휘 Vocabulary

어휘영역은 15분 내에 50문항을 풀도록 되어 있으며, 대화문에서 구문의 빈칸에 들어갈 단어를 선택하는 문제 25개와 1~2개의 문장으로 이루어진 짧은 글 속의 빈칸에 들어갈 단어를 선택하는 문제 25개로 구성되어 있다.

TEPS에서 어휘라 하면 다들 굉장히 어렵다고 생각하는 경우가 많다. 그래서 다른 어떤 시험보다 수준이 높을 거라고 생각하지만 절대 그렇지 않다. 단, 다른 시험과 공부하는 방법을 조금 다르게 접근해야 효과를 볼 수 있다.

우선, TEPS에는 어휘영역이 따로 있기는 하지만 다른 시험 준비를 하듯이 단어를 단순한 의미파악 위주로 공부해서는 별로 효과를 보지 못한다. 따로 공부하기보다는 우선 듣기에 나오는 표현에 익숙해져야 한다. 청해에서 출제되었던 표현들이 100% 어휘에 나온다고 생각하면 되는데, 단어 하나하나의 의미만을 보지말고 문장 전체를 외우면서 의미를 파악하는 게 효과적이다. 그러면 듣기표현에 익숙해지게 되어 단어의 쓰임새를 정확하게 파악할 수 있기 때문이다. 이미 알고 있는 단어임에도 불구하고 정확한 쓰임을 몰라서 실수할 수 있는 단어들이 TEPS 어휘영역의 주요 출제 대상이 되며 TEPS에서는 실제 영어에서 활용 빈도가 낮은 표현이나 구문은 출제되지 않는다는 것을 기억한다면, 듣기표현에 시간을 투자 하는 것이 언어영역에도 막대한 영향을 끼친다는 것을 알 수 있다.

또한 어휘의 양적인 면에 너무 연연하지 말고 개별 단어의 활용도에 초점을 두고, 문장을 통해 꼼꼼히 이해하는 습관이 필요하다. 예문이 풍부한 영영 사전을 이용하면 더 효과적일 수 있다. 문어체의 경우 어느 한 분야에 국한되지 않고, 시사, 문화, 과학 등 다양한 분야의 어휘가 나오므로, 각 주제별 어휘를 골고루 학습할 필요가 있다. 특히, 건강, 법과 관련된 어휘는 항상 출제되므로 외운 만큼 효과를 볼 수 있다. 실용영어 실력에 TOEFL 수준의 어휘력으로 공부해 간다면 큰 어려움이 없을 것이며, 거의 사용하지 않는 단어나 표현에 연연하지 않도록 하자. 독해를 통해서 어휘를 습득해 가는 것이 가장 기본이 되기 때문이다. 그리고 어휘공부를 위해 한두 권의 책에 너무 의존하거나 단기간에 끝내야 한다는 생각은 금물이다.

TEPS 어휘영역에서 가장 중요한 것은 빠른 속도로 문제를 정확히 푸는 것이다. 다른 시험과 비교할 때 TEPS 단어 수준은 결코 어렵지는 않지만 기본적으로 속도 감각이 뒷받침 되어야 좋은 점수를 얻을 수 있다. 그러기 위해서는 단어 하나하나의 의미파악보다는 독해와 청해의 기본을 쌓는다는 자세로 공부해야 한다. TEPS 어휘는 항상 아는 만큼 들리고, 아는 만큼 이해가 된다는 것을 명심해야 한다.

TEPS의 어휘영역은 단편적 의미보다는 문맥에 쓰인 상대적인 의미를 중요하게 여긴다. 따라서 평소 영문을 읽을때 단어의 사전적인 의미뿐만 아니라 뉘앙스, 구어 표현의 의미에도 주의를 기울이는 습관을 길러야한다.

또한 표현력 측정에도 역점을 두는 문제가 많이 나오므로 뉴스나 방송 스크립트를 많이 접하는 것도 좋다. 꾸준히 회화연습을 하면서 구문 속의 어휘 선택 감각을 기르는 것이 무엇보다 중요하다고 볼 수 있다.

▶독해 Reading

독해영역은 세 개 Part로 나누어지며, 청해영역과 마찬가지로 400점 만점이다.

Part I에서 16문항, Part II에서 21문항, Part III에서 3문항이 출제되며, 전체 40문항에 45분의 시간이 주어진다. 총점 400점을 차지하기 때문에 전체 TEPS시험에서 40%를 차지하고 있고 문법지식과 어휘 그리고 논리력을 요구하는 독해시험은 실제로 수험자들이 가장 어렵게 느끼는 영역 가운데 하나이다.

지문의 내용은 신문기사, 광고문, 도표와 같은 실용문을 비롯하여 다소 까다로운 학술문에 이르기까지 다양한 영역에서 출제된다. 일반적으로 자주 접할 수 있는 실용문에 가까울수록 저난이도의 문제이고, 전문적인 학술과 관련된 내용일수록 고난이도의 문제이다. 내용에 관계없이 구성되는 어휘나 문장구조에 따라 난이도가 구별되는 경우도 있다. 문장의 길이는 단문으로 분류될 수 있는 것은 많지 않고, 중문에 가까운 비교적 긴 내용도 많이 출제된다.

여타 영어시험이 비즈니스 상황이나 학교생활을 중심으로 출제되고 있는 것과 비교해 다양한 생활영어를 묻는 TEPS는 그만큼 시험에 출제되는 이슈가 다양하다고 할 수 있다. 신문, 잡지, 대학 교양과목 개론 등 시사적인 내용과 서신, 광고, 홍보, 지시문, 설명문, 도표, 양식 등 실용적인 글을 이해하는 데 요구되는 총체적인 독해력을 측정하기 위해서 실용문 및 비전문적 학술문과 같은 독해 지문의 소재를 균형있게 다루고 있다. 따라서 평소에 영문으로 쓰여진 다양한 읽을 거리를 접하는 것은 상당히 중요하다.

학교에서 배운 영어지식과 한국식 영어에서 많이 쓰이는 표현과 단어만으로는 해결되기 힘든 TEPS의 지문을 빨리 읽어 나가기 위해서는 영어 뉴스뿐 아니라 광고문, 설명문, 제품의 매뉴얼 등에 이르는 다양한 종류의 글에 관심을 갖고 눈여겨 볼 필요가 있다.

독해영역에서 최대의 관건은 지문 전체를 얼마나 빨리 읽고 이해할 수 있는 가이다. 1지문 1문항 원칙을 고수하고 있고, 중문 이상의 긴 지문이 주어지기 때문에 속독속해가 절실히 요구되는 부분이다. 문제 하나하나를 훑어 본다면 결코 단어가 난해하거나 문장구조가 어려운 것은 아니지만, 짧은 시간에 많은 문장을 이해해야 한다는 것이 부담이 된다.

독해 초보들에게는 기초 부터 차근차근 읽어 내려가는 정독정해를 당연히 권하지만 실상 TEPS시험에서 고득점을 얻기 위해서는 독해문제를 정독한다는 것은 시간낭비가 될 수 있다. 700점대 이상의 고득점을 원하는 수험자는 전체의 내용과 문제의 유형에 따라 지문을 한 눈 에 훑어 내려갈 수 있는 내공이 요구된다. 최소한 독해 시험 시간에 주어진 문제 40개를 다 풀기 위해서는 그것이 필수적이다.

이를 위해

1. 질문이 원하는 바를 파악하고
2. 질문에 대한 해답이 될 수 있는 지문의 부분을 찾아서 읽고
3. 질문과 상관 없는 지문의 군더더기는 과감히 skip 하고
4. 답변이 될 수 있는 선택지 한 두개 가운데서 정답을 찾아야 한다는 것

그러나 TEPS 초보가 시험 시간내에 40개의 문제를 완전히 커버한다는 것은 불가능하므로 500점대 이하의 입문

자들은 못 푸는 문제를 포기하더라도 의미를 제대로 이해하며 읽어 나가야 한다는 것을 잊지 말자.

독해영역은 비전문적인 학술문, 도표, 신문기사, 광고문 등 다양한 실용문을 읽고 내용을 올바로 파악했는지를 묻는 문제로 구성되어 있다.

TEPS의 독해영역이 기존시험과 차별되는 가장 중요한 점은 한 지문에 대하여 한 문제만을 묻는다는 것이다. 이것은 한 지문을 잘못 이해해도 한 문제만 틀리면 된다는 뜻이기도 하지만, 또 그만큼 많은 시간이 필요하다는 의미가 된다. 따라서 오래 읽고 생각하며 풀기보다는 읽어 내려가며 이해하고 바로 답을 고를 수 있어야한다. 각각의 지문은 비전문적인 학술문에서부터 도표, 신문기사, 광고문 등의 실용문까지 다양한 영역을 포함한다. 그리고 실제 생활에서 많이 쓰이는 내용일수록 저난이도에 속하고 학술적이거나 전문적인 내용일 경우에는 고난이도로 볼 수 있다.

또한 지문을 구성하는 어휘나 문장구조에 따라 난이도를 구별할 수 있다.

●● 파트별 고득점 전략 Part I

Part I은 [지문을 읽고 지문의 빈칸에 들어갈 내용 고르기] 형식으로 1번에서 16번까지가 이 유형에 속한다. 이 유형은 일반적인 독해시험에서 가장 흔히 볼 수 있는 형태로 수능, 고시, 대학원, 편-입학시험등에서도 자주 등장하는 형식이다. 빈칸에 들어갈 내용은 단어뿐만 아니라 구, 절, 연결어구(접속사나 부사)등 다양한 내용이 포함된다.

출제경향

16문항이 출제되며, 지문을 읽고 질문의 빈칸에 들어갈 적절한 어구를 선택하는 유형이다. Part I은 글의 흐름에 맞추어 단락을 완성할 수 있는 표현을 찾는 유형으로, 글의 전체적인 맥락에 대한 이해도를 측정한다. 이런 관점에서, 밑줄의 위치는 후반부에 있는 경우가 많다. 출제 유형별로 분류하면, 전체 문맥을 파악하는 유형이 주류를 이루고(1-14번 문항), 바로 앞뒤 문장과의 흐름이나 핵심적 어구와의 일관성 여부를 묻는 경우도 있다. (15, 16번 문항)

해결포인트

이 Part의 요점은 전체 내용의 대의파악 능력, 응집력, 이해능력의 측정에 있다. 단어들의 정확한 의미와 그 용례를 이해하는 것도 중요하지만 무엇보다 문장 전체를 이해하는 능력이 최우선의 관건이 된다. 문장에서 빈칸을 완성하는 문제를 해결하는데 있어서 가장 중요한 것은 먼저 글의 대의를 파악하면서 빈칸이 있는 부분까지 빨리 읽고, 빈칸이 들어 있는 문장과 앞뒤 문장을 정확히 읽어 전체의 의미 안에서 부분적인 내용을 이해하는 방법으로 접근해야 한다는 것이다.

고득점 비법

1. 보기를 먼저 읽고 지문을 읽어라!
2. 지문을 읽을 때는 먼저 글의 대의를 파악하면서 빈칸이 있는 부분까지 빨리 읽고, 빈칸이 들어있는 문장과 앞뒤 문장을 정확히 읽어, 전체 대의 속에서 부분적 논리를 완성하는 방법으로 접근한다.
3. 선택지가 짧을 경우 선택지 먼저 읽고 지문 읽는다. 만약에 선택지가 길다면 지문 먼저 읽는다.

4. 첫 문장 읽고, 빈칸 읽고 답을 선택한다. 그래도 아리송하면 마지막 문장 한번 더 읽고 답을 선택한다. 그리고 지문 중간에 But, Whereas, Although, However, Yet S+V가 있는 지 확인한다.

5. 괄호 대원칙 – 괄호가 있으면 괄호를 포함한 문장이 중요하다 .(괄호 안에서 더 설명해주기 때문에) 그 문장에 답의 힌트가 있을 가능성이 높다.

6. 소거법을 이용하여, 답이 아닌 것부터 제외시켜 가면서 정답으로 좁혀가는 방법으로 문제를 푸는 것도 한 방법이다.

7. dash(–)가 한번 나오면 답일 확률이 높고 dash(–)가 두 번 나오면 별로 중요하지 않다.

8. surely, quite a ___ , promptly, new, likewise, like(~와 마찬가지로)를 잘 살펴본다.

9. 관계사는 엄청 중요하다. 다시 설명해주기 때문에 답의 힌트가 될 가능성이 높다.

10. 지문에 의문문 있으면 그 의문문에 답이 될 수 있는 내용이 선택지에서 답이 될 수 있다.

● ● 파트별 고득점 전략 Part II

Part II는 [지문을 읽고 질문에 가장 적절한 내용 고르기] 형식으로, 17번에서 37번까지 21문항이 출제된다. 독해 전체 40문항 중에서 절반이 넘는 비중을 차지하고 있으므로 독해영역에서는 이 Part의 문제 유형에 특히 많은 관심을 가져야 한다. 주어진 지문의 내용을 완전히 이해해야만 문제의 내용에 답할 수 있기 때문에 문제를 먼저 읽어보고 지문을 보는 것도 문제 풀이의 한 방법이 된다.

출제경향

지문을 읽고 질문에 대한 가장 적절한 답변의 선택지를 고르는 유형으로, 21문항이 출제된다. 질문의 종류에 따른 출제 유형을 살펴보면, 세부 내용 파악 문제가 가장 많고, 그 다음 대의 파악 문제가 5~8문제, 그리고 추론 문제가 3~5문제 정도 출제되고 있다. 최근에는 지문의 길이가 점점 짧아지고 난이도가 상대적으로 쉬워지는 경향이 있다.

해결포인트

이 Part에서 다루고 있는 글의 내용은 세부내용 파악(진위 파악), 내용과 관련한 추론 문제, 글의 대의 파악, 적당한 제목 고르기 등이 주를 이루며 도표, 상업서한, 광고문 등의 형식도 종종 출제되고 있다. 이 Part를 접근할 때는 글의 첫 부분에 오는 주제문에서 핵심어구와 대의를 추론해 보고 연차적으로 문장을 읽어 나가면서 글을 요약하고 추가되는 정보를 입수하는 방식이 좋다. 동시에 획득한 각각의 정보를 서로 연관시켜 글 속에 내포된 의미를 파악해 낸다면 좋은 점수를 기대할 수 있을 것이다.

고득점 비법

1. 먼저 문제를 읽고 문제가 요구하는 관점에서 지문을 읽어 답을 구하는 방법으로 시간을 단축하는 능력을 키우자.

2. 지문을 읽을 때 첫 문장에 주목하라.

3. 평소 다독과 속독 훈련을 꾸준히 한다.

4. which, what를 제외한 who, where, why, how를 포함한 Question은 지문에서 주제로 언급되기 때문에 절대로 틀리면 안 된다.

5. 광고는 미괄식이므로 뒤쪽을 자세히 보고 특히 광고 끝에 괄호가 있으면 그 괄호 안이 답이 될 확률이 높다.

6. 지문에 all, every, only, never가 나오면 답일 확률이 높고, 단 선택지에 나오면 오답일 확률이 높다.

7. 세부내용 문제에 연도가 언급되었으면 자세하게 읽어야 한다.

8. 추론 문제에서 지문에 결론이 없으면 선택지에서 결론을 찾아주면 되고, 지문에 결론이 나와 있으면 선택지에서 결론보다 좀 upgrade된 문장을 찾는다.

9. 추론 문제에서는 제 2 또는 제 3의 인물을 잘 파악해야 한다.

10. ' A then B, A soon B, A into B'와 같은 표현은 변화를 암시한다.

● ● 파트별 고득점 전략 Part III

독해영역의 마지막 부분인 Part III는 [지문을 읽고 문맥상 어색한 내용 고르기] 형식으로 38번에서 40번까지 총 3문제가 출제된다. 문제의 형태는 문법영역의 Part IV와 비슷하다고 보면 된다. 이어지는 문장 중에서 전체적인 대의에서 내용상 벗어나는 것을 고르는 문제이다.

출제경향

지문을 읽고 문맥상 어색한 내용을 고르는 유형으로, 3문항이 출제된다. 글의 일관성을 파악하는 논리적 추론 능력이 주된 측정 포인트이다. Part I이나 II에서 적절한 시간 안배를 해두지 않아서, Part III에서 그냥 찍고 말아야 하는 안타까운 경우가 종종 있다. 이 Part는 오랜 시간동안 긴장 상태로 문제를 풀다가, 집중력이 흐트러지는 마지막 부분에 등장한다는 점에서, 평소에 글의 흐름이나 문맥을 따라잡는 독해 훈련을 게을리 했을 경우, 매우 힘들게 느껴질 수 있는 부분이다.

해결포인트

이 Part는 전체 독해영역에서 차지하는 문항수 자체는 적지만, 독해문제 하나에 대한 배점이 높다는 점을 생각하면 결코 간과해서는 안 될 부분이다. 이 Part에서는 글의 응집, 즉 일관성(coherence)을 파악하는 논리적 추론 능력이 주된 측정 point라고 할 수 있다. 따라서 주어진 글에 대해 집중력을 가지고 문맥 사이의 연결 고리를 생각하면서 접근하는 것이 좋다. 조심할 것은 전체 지문의 내용과 반대되는 문장을 찾는 단순한 문제만 출제되는 것이 아니라는 점이다. 전체적으로 세부사항을 이야기하고 있는 지문일 경우에는 같은 내용이라도 포괄적인 내용을 이야기하다가 세부적인 내용이 나오면 흐름이 어색해지기 때문이다.

고득점 비법

1. 두괄식이므로 첫 문장을 정독한다.

2. 문제가 점점 쉬워지고있다.

3. 글의 전체적인 어조를 파악하라.

4. 주어, 시제, 어감이 갑자기 바뀌는 부분에 유의하라.

5. 끝까지 읽고 답을 고르자.

6. 평소 독해 공부를 할 때 구문 분석이나 문법적 이해보다는, 글의 논리전개와 대의 파악 쪽으로 많은 연습을 해두자.

마지막으로 TEPS 독해를 준비하는 수험생을 위해 반드시 숙지해야할 시험당일 유의사항으로 글을 마무리 하고자 한다.

1. 어려운 문제는 과감하게 포기하자.

독해영역의 문제를 앞에서부터 순서대로 풀다보면 시간이 모자라 Part III는 제대로 읽어보지도 못하고 놓치는 경우가 종종있다. 좋은 점수를 얻기 위해서는 각 Part별로 문제를 골고루 푸는 것이 중요하지만 어차피 시간이 부족하다면 쉬운 문제와, 쉽게 풀 수 있지만 배점이 높은 문제는 놓치지 말고 풀어야 하므로 가능하다면 Part III → Part I → Part II의 순서대로 문제를 풀어나가도록 하고, 스스로 생각해도 너무 어려운 문제는 과감하게 포기하는 것도 전략이다.

2. 당황해서 실수하는 일이 없도록 하자.

전체 40문제를 45분 안에 풀어야 한다. 답안지에 표시하는 시간을 빼고 계산해보면 1문항에 60초라는 시간이 주어진다. 따라서 시험 종료 10분전이라는 안내방송이 나오더라도 10문제를 풀 수 있다는 계산이 나온다. 마지막 10분을 잘 이용해서 당황하지 말고 침착하게 대응하여 실수하는 일이 없도록 하자.

3. 답안지를 바꾸지 말자.

답안지를 바꾸어 다시 표기하는 데 5분에서 10분 정도의 시간이 소요된다. 그 시간이면 5~10문제를 풀 수 있다. 답안지 자체를 바꾸어야 할 만큼 큰 실수나 표시가 난 경우가 아니라면 미리 수정테잎을 준비해 수정하는 것이 좋고, 처음부터 답안지 작성을 잘 하는 것이 더 좋다는 것은 말할 필요도 없을 것이다.

[본 계명들은 The TOP in TEPS 독자들을 위해 최근 TEPS 를 보실 때 필요한 시험계명을 8개로 요약 분석 한 것입니다. 시험보시는 당일날 꼭! 읽고 들어가시기 바랍니다.]

1. 시험당일 한 시간정도 일찍 도착하세요. 도착해서 마음을 진정시킨 후 평소 공부했던 교재와 정리노트로 그동안 공부해온 내용들을 차분하게 정리하세요.
   청해 Part 1,2는 한번만 들려주고 발음 혼동문제나 단어 하나를 가지고 오류를 묻는 문제가 많기 때문에 당일 컨디션이 의외로 시험에 큰 영향을 줍니다. 그리고 화장실은 꼭 휴식시간에 갔다 오세요.^^

2. 청해의 경우 청해 Part 1,2를 들을 때 절대로 받아 적지 마세요. 들려주는 시간이 평균 5초 정도이기 때문에 그거 적다가 다음 문제를 놓칠 수 있습니다.
   청해 Part 1의 경우 '처음 나오는 의문사'와 '시제', '인칭'을 빠르게 포착해서 상황 판단을 해야 합니다. 그러면서 상황에 맞는 가능한 답을 머리 속에서 그려내야 합니다. 이것이 가능하기 위해서는 평소에 다양한 표현들을 딕테이션하는 훈련이 필요합니다.

3. Part 3의 경우 아직까지 수험생들이 청해 파트에서 가장 쉽게 생각하는 파트입니다. 두 번 들려주고 대화 내용이 일상회화라서 쉬운 생활 영어책들로 준비하면 대부분 쉽게 맞출 수 있습니다. Part 3의 경우 처음 들을 때 중요한 정보(숫자, 사람이름, 약속시간, 전개되는 사실)를 시험지에 적어야 합니다.
   만일, 대화의 토픽을 묻거나, 두 사람의 관계를 묻는 문제가 나온다면 두 번째 들을 때 도입 부분만 제대로 들으셔도 답을 고르기가 편합니다.

4. Part 4는 주제문 파악, 진위문제, 추론 문제 등이 등장하며, 보도문이 상당수를 차지합니다. 이 파트를 제대로 준비하려면 기초 CNN교재로 중요 토픽을 파악하는 훈련이 중요합니다. 이 파트는 처음 들을 때 지문이 보도문인지, 논문발표인지, 일기문인지, 편지인지 등을 파악하면서, 숫자 등 중요 정보가 나오면 시험지에 받아 적다가, 두 번째 들려줄 때 해당 질문에 맞춰서 들으면서 답에 접근해야 합니다. 평소에 한국 신문이나 영자 신문을 읽고 배경 지식에 대한 사전 지식을 알고 있어야 합니다. 혹시라도 영어 소설은 공부하지 마세요. 소설은 TEPS에 안 나옵니다.

5. Part 3,4 문제에서 선택지를 들을 때에는 확신이 서지 않더라도 시간을 끌지 말고 결정하세요. 긴 대화나 지문은 두 번 들려주지만 선택지는 오로지 남자 음성으로 한번만 들려주고 문제를 듣고 답을 표시하는 시간이 2,3초밖에 없으므로, 지체하지 말고 답을 결정해야 합니다. 우물쭈물하는 사이에 다음 문제는 이미 시작합니다. 초보자들은 미련이 많고 고수들은 과감합니다.

6. 어휘파트의 경우 청해에 나왔던 단어나 표현이 다시 나오는 경우가 많습니다. TEPS 어휘 파트를 다른 시험 준비하듯이 단순한 단어 의미파악 위주로 준비하면 큰 코 다칩니다. 한 문장안에서 그 어휘가 어떤 의미로 쓰였는가를 묻는 문제들이 주류를 이루기 때문에 평소에 공부할 때에도 단어 하나하나 보다는 문장 단위로 암기해야 합니다. 시험을 볼 때도 그냥 빈칸과 선택지 단어들만 보고 섣부르게 답을 유

추하지 말고 문장 전체의 의미파악을 한 다음 선택지를 보기 바랍니다. TEPS 어휘 파트에서는 쉬운 단어에 특히 주목할 필요가 있습니다. 우리가 익숙하다고 주의를 기울이지 않지만, 실상은 정확한 쓰임을 몰라서 실수할 수 있는 단어들이 TEPS 어휘영역의 주요 출제대상이 됩니다. 그리고 철자가 비슷한 단어들이나 모양이 비슷한 단어들을 구별하는 문제들도 매회 거의 빠지지 않고 출제되고 있습니다. 흔히 동의어라고 생각되지만, 쓰임이 각각 다른 단어들이 많이 있으므로, 양적인 면에 너무 집착하지 말고 개별 단어의 정확한 쓰임을 의미 있는 문장을 통해 착실히 익혀 두는 습관이 필요합니다. 이때 가급적이면 예문이 풍부한 영영사전을 이용하는 것이 좋습니다.

7. 문법의 경우 항상 나오는 문법을 중점적으로 다루면 그것이 시험에 많이 나옵니다. 주로 출제되는 내용은 시제, 분사구문, 수동태, 문장의 형식(특히 5형식에서 목적보어 집어넣기), 조동사, 명사와 관사, 어순, 일치, 대명사입니다. 요즘은 접속사, 관계사 부분이 자주 출제됩니다. 항상 출제되는 시제, 조동사, 수동태, 준동사(특히 분사), 명사, 전치사 부분은 중점적으로 공부하세요. Part 4의 경우 그냥 독해하지 말고 각각 선택지의 주어, 동사를 파악해서 수의 일치(주어와 동사의 단수 복수 일치), 시제 일치(각 선택자들 간의 시제 흐름 일치), 태의 일치(능동태, 수동태)가 맞는지만 확인해도 상당수 문제를 풀 수 있습니다. 문법의 경우 시험 당일 오답노트를 갖고 와서 훑어보시면 많은 도움이 됩니다.

8. TEPS 독해 파트에서 고득점을 받으려면 많은 글을 읽고 각 문단의 주제를 파악하면서 문단의 흐름을 정확하게 이해하려는 노력이 필요합니다. 비즈니스를 다루는 TOEIC과는 수준이 다른, 다소 어려운 부분이 TEPS의 독해 파트입니다. 다독만큼 좋은 독해 학습은 없습니다. 주제문은 보통 문단 앞부분에 있습니다. 항상 명심할 것이 TEPS 독해 문제를 풀 때 가장 먼저 선택지를 읽어서 이 문제가 무엇을 물어보는지를 파악한 다음 지문을 두 번 읽습니다. 처음 읽을 때에는 이 지문이 무엇인지 빠르게 파악하고 (공고인지, 편지인지, 비전문 설명문인지) 동시에 지문 중 역접의 접속어(But, However, Nevertheless)가 있는지 파악해야 합니다. 만일 있다면, 그 역접의 접속어 주변에 항상 답이 있기 때문입니다. 두 번째 읽을 때는 선택지와 처음 읽었을 때 얻은 정보를 근거로 답이 아닌 것을 머릿 속에서 소거해가며 읽어나가서 답에 접근합니다.

The TOP in TEPS

Reading Comprehension

정답 & 해설

Part I ~ III

1 **(a)**		2 **(b)**	
3 **(d)**		4 **(d)**	
5 **(a)**		6 **(c)**	
7 **(d)**		8 **(d)**	
9 **(b)**		10 **(a)**	
11 **(b)**		12 **(b)**	
13 **(b)**		14 **(d)**	
15 **(d)**		16 **(b)**	
17 **(c)**		18 **(d)**	
19 **(b)**		20 **(c)**	

1.

enlightenment n. 계몽주의

genetics n. 유전학

treatise n. 논문

secular a. 세속적인

viability n. 가능성

2.

ban n. 금지

implement v. 시행하다

Part I

1.   빈칸완성 – 인과관계 ★★☆   정답 (a)

The Enlightenment of the 18th century was considered a time of great advancement in science and philosophy. ①**Scientists were beginning to experiment with electricity and genetics.** ②**Philosophers wrote treatises on human rights and government.** ③**Religion became less important** to the everyday lives of people in Western Europe and the Americas as secular science and philosophy

_______________.

(a) **gained in strength and viability**
(b) became more elitist and harder to access
(c) denied the existence of the gods
(d) promoted the rights of human beings

해석
18세기 계몽주의는 과학과 철학에 있어 거대한 진보의 시기로 여겨졌습니다. ① 과학자들은 전기와 유전학을 연구하기 시작했습니다. ②철학자들은 인간의 권리와 정부에 관한 논문을 작성했습니다. ③서부유럽의 사람들과 미국인들의 일상 생활에 세속적인 과학과 철학이 <u>힘과 가능성을 얻었고, 종교는 덜 중요해졌습니다.</u>

(a) 힘과 가능성을 얻었고
(b) 더 엘리트주의적이고 접근하기 어려워졌고
(c) 신의 존재를 부정했고
(d) 인간의 권리를 촉진시켰고

해설
빈칸의 위치가 지문의 마지막이므로 전체 내용을 통해서 빈칸에 들어가기에 적절한 내용을 골라야 한다. ①과학자들은 전기와 유전학 연구를 시작했고, ②철학자들은 논문을 통해 인간의 권리를 주장했다는 내용이다. 따라서 ③종교가 덜 중요해 진 것에 반하여, 과학과 철학이 힘을 얻었다는 내용이 되어야 문맥상 자연스럽기 때문에 (a)가 정답이다.

2.   빈칸완성 – 내용 이해 ★☆☆   정답 (b)

On January 1st, 2008, it became officially illegal to smoke cigarettes in restaurants, bars, and other public places in Paris, France. ①This was a very difficult measure for Parisians to accept, **because smoking is such a large part of the Parisian social life.** ②Of course, French people in general are very concerned with health and safety, **so there were few protests regarding the ban.** Parisians understood and respected the ban on smoking even if it was

_______________.

(a) unimportant to their daily lives
(b) inconvenient for their habits
(c) popular in the rest of Europe
(d) expensive to implement

해석
2008년 1월 1일 부터 프랑스 파리의 레스토랑과 바, 그리고 다른 공공장소에서 흡연하는 것이 공식적으로 불법이 되었습니다. ①흡연이 파리 사람들의 사회 생활에서 큰 부분을 차지하고 있기 때문에 이러한 금지는 받아들이기에 매우 어려운 조치였습니다. ②물론 프랑스 사람들은 일반적으로 건강과 안전에 대해 매우 염려하고 있어서 **이러한 금지에 대한 저항은 거의 없었습니다.** 파리 거주민들은 그것이 <u>자신들의 습관에 불편을 끼칠</u>지라도 흡연에 대한 금지를 이해하고, 존중하였습니다.

(a) 자신의 일상 생활에 중요하지 않을
(b) 자신들의 습관에 불편을 끼칠
(c) 유럽의 나머지 국가에 인기가 있을
(d) 시행하기에 비용이 많이 들

지문의 내용을 전반적으로 이해하여 빈칸에 들어가기에 적절한 내용을 골라야 한다. 지문은 프랑스 파리의 공공장소 금연 조치시행에 관한 내용이다. ①파리 사람들의 생활에 흡연이 큰 부분을 차지하고 있어 받아들여지기 힘들었지만 ②전체적으로 금연 금지에 대한 반대는 거의 없었다고 이야기하고 있다. 따라서 파리 사람들은 금지발표를 존중했다는 문장에서 'even if (그럼에도 불구하고)'의 양보 절에 들어가는 말은 '생활 습관에 불편을 끼치다'는 내용의 (b)가 가장 적절하다.

3.

bet n. 방법

status n. 상황

in a snap 곧, 당장

in a timely manner
　　빠른 시기에, 적시에

3. 빈칸 완성 – 광고목적 ★☆☆　　　　　정답 (d)

With over a decade of experience in wireless communications, OmniNet is your best bet for

__________________.

①We have millions of users worldwide who **rely on us to access their data and connect with friends and coworkers every day.** ② **We can help you update your status on all the major social networks,** read and post blogs on any site, and, of course, check your voicemail, text messages, and email in a snap!

　(a) taking control of the Internet
　(b) becoming popular with friends
　(c) getting your work done in a timely manner
　(d) staying connected to your resources

해석
10년 이상의 무선 통신 경험을 가진 OmniNet은 <u>인간관계 유지하기</u>를 위한 가장 좋은 방법입니다. ①저희는 전세계에 걸쳐 매일 자신의 데이터에 접속하고, 친구들이나 회사 동료들과 매일 연락하는 수백만 명의 사용자를 보유하고 있습니다. ②저희는 여러분들이 모든 주요한 사회적 관계에 대해 가장 최신 정보를 얻고, 웹사이트 블로그의 글을 읽고 게시하는 것뿐만 아니라 음성 메일, 문자 메시지, 이메일을 바로 확인할 수 있도록 도와드립니다.

(a) 인터넷을 통제하기
(b) 친구들 사이에서 인기 얻기
(c) 적절한 시기에 일을 끝내기
(d) 인간관계 유지하기

OmniNet이 제공하는 다양한 장점에 대한 광고글이다. OmniNet은 고객들이 ①데이터에 접속하고, 사람들과 연락하며 ②지인들에 대한 최신 상황을 지속적으로 업데이트 하는데 도움을 준다고 설명하고 있다. 빈칸에는 ①과 ②의 설명을 포괄할 수 있는 OmniNet의 목적이 들어가야 하므로 '인간관계 연결 유지를 위해'라는 (d)가 가장 적절하다.

4.

international a. 국제적인

involve v. 포함하다, 연루시키다

participate v. 참가하다, 참여하다

all-expenses-paid a. 비용이 지불된

destination n. 목적지, 도착지

stipend n. 봉급

previously adv. 이전의

further information 추가 정보

4. 빈칸 완성 – 편지의 목적 ★☆☆　　　　　정답 (d)

Dear Teachers,
The Office of International Student Affairs is currently looking for __________________.
①**All of these programs involve international travel with a group of 10-12 students, and many require knowledge of a foreign language.** ②**Teachers who participate will receive an all-expenses-paid trip to the international destination, as well as a stipend.** We have established a forum on the Office's teacher Website where you can discuss the experience with teachers who have previously worked in these programs. Please contact our Office for further information.

Sincerely,
Dr. Joanne Smith
Director, Office of International Student Affairs, Gleeson University

해석
선생님들에게,
국제 학생과 사무소에서는 현재 <u>학생 대상의 여름 프로그램을 진행 할 자원봉사자들</u>을 모집하고 있습니다. ①이 프로그램에는 10~12명으로 구성된 그룹과 함께 하는 세계 여행이 포함되어 있으며, 모든 지원자들은 외국어에 대한 지식이 필요합니다. ②참여하는 선생님들에게는 봉급 이외에 모든 비용이 지불된 목적지로의 여행이 제공됩니다. 이전에 이 프로그램에 참여했던 교사들과 경험을 교류할 수 있도록 사무국의 교사 웹사이트에서 포럼이 진행 중입니다. 더 자세한 정보가 필요하시면 저희 사물실로 연락주시길 바랍니다.

Gleeson 대학교, 국제 학생과 사무소 소장
Joanne Smith 박사 드림

(a) linguists to help translate documents
(b) students to participate in summer programs
(c) Web developers to work on a forum site
(d) volunteers to lead summer programs for students

(a) 문서 번역을 도와주기 위한 언어학자들
(b) 여름 프로그램에 참석하기 위한 학생들
(c) 포럼 사이트에서 일할 웹 개발자들
(d) 학생 대상의 여름 프로그램을 진행할 자원 봉사자들

해설

국제 학생과 사무소에서 진행하는 여름 프로그램의 자원봉사자를 모집하는 공고문이다. 지문에서 ① 프로그램의 내용과 지원요건, ②프로그램 참여자에게 주는 혜택을 설명하고 있다. 빈칸에는 '학생 그룹을 인솔하여 세계 여행을 할 선생님'이라는 뒤의 내용을 포괄하는 모집 분야가 무엇인지 찾아야 한다. 따라서 '여름 프로그램을 이끌어갈 자원 봉사자'라는 (d)가 정답으로 가장 적절하다.

5.

develop v. 발전시키다, 개발하다
bring about 도달하다, 도출하다
explicitly adv. 분명히, 명백하게
educator n. 교육자, 교육학자
ineffective a. 비효율적인
facilitate v. 용이하게 하다, 가능하게 하다
interaction n. 상호작용, 소통

5. 빈칸완성 – 글의 흐름 파악 ★★★   정답 (a)

The Greek philosopher Socrates developed a way of teaching that is now known as the Socratic Method. To put it very simply, ① **the Socratic Method requires teachers to question students until a correct answer is brought about, without explicitly teaching students.** The method is used most often in law schools, where students are required to read cases before class, and then answer questions from their professors. ② Many educators believe this is **an ineffective way to teach students,** as it does not facilitate exchanges between students, but instead

_____________.

(a) **focuses solely on teacher-student interaction**
(b) prevents students from learning voluntarily
(c) requires students to rely on their knowledge
(d) emphasizes reading more than necessary

해석

그리스의 철학자 소크라테스는 오늘날 소크라테스식 문답법으로 알려진 교육의 방식을 개발하였습니다. 간단하게 말하자면 ①소크라테스식 문답법은 교사들로 하여금 직접적으로 학생들을 가르치지 않고, 정답이 나올 때까지 학생들에게 질문을 하는 방식을 뜻합니다. 이러한 방법은 법과 대학에서 가장 자주 사용되는데, 법과 대학 학생들은 수업 전에 판례를 읽고 교수의 질문에 답해야 합니다. ②많은 교육학자들은 이 방법이 학생들간의 정보 교환을 용이하게 하지 않는 대신 <u>교사와 학생간의 상호작용에만 집중하게</u> 만들기 때문에 **학생들을 가르치는 데 비효과적인 방법**이라고 믿고 있습니다.

(a) **교사와 학생간의 상호작용에만 집중하게**
(b) 학생들이 자발적으로 배우지 못하게
(c) 학생들이 자신의 지식에 의존하도록
(d) 필요 이상으로 더 많이 읽기를 강조하게

해설

그리스 철학자 소크라테스의 문답법에 대한 내용이다. 지문에서 소크라테스식 문답법은 ①직접적으로 학생들을 가르치지 않고 질문을 통해 학생들에게 정답을 유도하는 방식으로, ② 많은 교육학자들은 학생들을 가르치는 방식으로 비효과적이라고 주장한다고 설명하고 있다. 빈칸에는 '비효과적인 방식'의 이유가 들어가야 한다. 소크라테스식 문답법은 학생과 교사간의 정보교환을 통해 진행되는 교육방식이므로, 빈칸에는 '교사와 학생간의 상호작용에만 집중하게 한다'는 (a)가 가장 적절하다.

course credit 이수 학점

institution n. 단체, 기관

auspicious a. 상서로운

trustworthy a. 신뢰할 만한

debunk v. 틀렸음을 드러내다(밝히다)

diploma mill 학위 남발 대학, 삼류 대학

civil servant 공무원

phony a. 가짜의

accredited a. 승인 받은

---

6. 빈칸 완성 – 인과관계 ★★☆ 정답 (c)

In recent years, universities have begun to offer e-learning or online education for students so that they can earn degrees or course credits without having to attend classes on campus. ① **However, not all online learning institutions are as auspicious or trustworthy as they may seem.** In order to debunk the online learning centers that call themselves universities but are actually more accurately called "diploma mills", various professors, journalists, and other civil servants have enrolled their pets in online courses. The result is that there are many cats and dogs with phony PhDs, and many online "universities" with a lot of explaining to do. ② **Students should always make sure they are following courses from an accredited learning institution** when they enroll in online learning, or risk losing their diplomas when ___________________________ .

(a) grades they get are too low
(b) journalists investigate the school
(c) learning center is found to be false
(d) online learning is made illegal

해석

최근 몇 년 동안 대학들이 학생들을 위한 e-러닝 또는 온라인 교육을 제공하기 시작하면서 캠퍼스 교실 수업에 참석하지 않고도 학위나 이수 학점을 받을 수 있게 되었습니다. ①그렇지만 **모든 온라인 교육 단체가 보이는 것만큼 상서롭거나 신뢰할만하지는 않습니다.** 자칭 대학교라고 부르지만 좀 더 명확히 말해서 사실 "학위 남발의 삼류 대학"인 온라인 교육 센터들이 허위라는 점을 밝히기 위해 다양한 교수들과 기자들, 그리고 공무원들은 자신들의 애완동물을 온라인 과정에 등록시켰습니다. 그 결과 많은 고양이들과 개들이 가짜 박사학위를 갖게 되었고 수많은 온라인 "대학교"들은 해명해야 할 것들이 많아졌습니다. ②**학생들이 온라인 교육을 등록할 때에는 대학교들이 승인 받은 교육 기관에서 언급된 과정들인지 항상 분명히 해야 하며,** 그렇지 않을 경우 __교육 센터가 가짜로 판명되었을__ 때 학위를 잃게 되는 위험을 감수해야 합니다.

(a) 자신들이 너무 낮은 점수를 받을
(b) 기자들이 학교를 조사할
(c) 교육 센터가 가짜로 판명되었을
(d) 온라인 교육이 불법이 될

해설

지문은 '허위 온라인 교육 센터'에 대한 내용이다. ①온라인 교육 단체 모두가 신뢰할만한 것은 아니며, ②온라인 등록 시 교육기관의 과정을 따르고 있는 지 확인해야 한다고 주의를 주고 있다. 빈칸에는 어떠한 경우에 '학위를 잃을 위험을 감수해야 하는지' 그 이유가 이어지는 것이 적절하므로 '교육 센터가 가짜로 판명될 때'라는 (c)가 정답이다.

---

novella n. 중편 소설

enduring a. 지속되는

defeat n. 패배

apprentice n. 견습생

marlin n. 청 새치

opponent n. 상대 (=adversary)

subdue v. 진압하다

---

7. 빈칸 완성 – 글의 주제 ★★☆ 정답 (d)

Ernest Hemingway's novella The *Old Man and the Sea* is a story about enduring defeat and death and finding honor in the struggle. ①The main character, Santiago, **is an old fisherman in Cuba who has not caught any fish in 84 days. The people in his village find him to be unlucky** and his apprentice, Manolin, is forbidden by his parents to fish with Santiago for fear of catching the bad luck. Finally, Santiago sails far into the Gulf where he believes the biggest fish are, and hooks a marlin, an enormous opponent with which he struggles for several days. Even after subduing the giant fish, Santiago's troubles are not over — the sea is full of sharks that eat Santiago's catch until only

해석

Ernest Hemingway의 중편소설인 「노인과 바다」는 지속되는 패배와 죽음, 그리고 투쟁 끝에 명예를 찾는다는 내용입니다. ①주인공인 Santiago는 **84일 동안 단 한 마리의 생선도 잡지 못한 쿠바의 늙은 어부입니다.** 마을 사람들은 그가 운이 없다고 생각했고 그의 제자 Manolin은 자식에게 불운이 올까 두려워하는 부모님 때문에 그와 함께 고기를 잡으러 가지 못하게 됩니다. 결국 Santiago는 가장 큰 생선이 있을 거라고 믿고 있는 걸프 만으로 멀리 출항하게 되고, 여러 날 동안 고군분투하여 거대한 상대인 청 새치를 잡습니다. 이 거대한 생선을 진압한 후에도 Santiago의

---

the skeleton remains. ②Still, upon seeing the skeleton when Santiago returns to shore, **his fellow villagers acknowledge his catch and honor his struggle,** and Manolin promises to fish with him again. ③**Even though Santiago did not get to sell the marlin and make a fortune off its flesh, he gained honor** by enduring ___________________.

   (a) many years of difficult training
   (b) the hateful remarks from his fellow villagers
   (c) the bad weather and storms out at sea
   (d) a struggle with such a worthy adversary

역경은 끝나지 않습니다. 바다는 상어로 가득했고, Santiago가 잡은 생선을 뼈만 남을 때까지 먹어 치웁니다. ②그러나, Santiago가 해안으로 돌아왔을 때 **마을 사람들은 생선의 뼈를 보자마자 그가 무엇을 잡았는지 알았고 그의 노고를 치하했으며,** Manolin은 그와 함께 다시 생선을 잡으러 가기로 약속합니다. ③**비록 Santiago는 청 새치를 팔아 큰 돈을 벌지는 못했지만, 그는 가치 있는 상대와 함께한 싸움을 견뎌냄으로써 명예를 얻었습니다.**

(a) 어려운 훈련을 받은 많은 시간들
(b) 그의 마을 사람들로부터 증오의 말들
(c) 바다에서의 나쁜 날씨와 폭우
(d) 가치 있는 상대와 함께한 싸움

해설

Ernest Hemingway의 소설 '노인과 바다'에 대한 내용이다. ①Santiago는 84일 동안 고기를 잡지 못한 불운의 어부지만, ②다시 해안에 돌아왔을 때 앙상한 뼈만 남아있음에도 불구하고 그가 거대한 생선을 잡았음을 알게 된 마을 사람들로부터 칭송을 받게 되었다고 설명하고 있다. ③에서는 '노인과 바다'의 주제를 설명하고 있으므로, Santiago가 견뎌낸 어려움을 묘사하는 내용이 들어가는 것이 자연스럽다. 따라서 '가치 있는 상대와의 싸움'이라는 (d)가 정답이다.

8.

preschool n. 유치원

prohibitively adv. 엄청나게

interactive a. 상호작용의

---

8. **빈칸 완성 – 연결어 ★★☆** 정답 (d)

Preschool is an important part of a child's education. ①**Studies have shown that children who attend interactive preschools rather than simple day care centers learn how to read faster, succeed better at social interaction, and have an easier time in elementary school. Even at the young age of three or four, children are establishing learning habits that will follow them for the rest of their lives.** _________, ②in many areas, good preschools are either unavailable or prohibitively expensive, so **many parents choose not to send their children to preschool at all.**

   (a) Besides
   (b) Furthermore
   (c) Accordingly
   (d) However

해석

유치원은 어린이 교육에 중요한 부분 입니다. ①논문들을 보면 단순한 보육센터보다 상호작용을 하는 유치원에 다니는 아이들이 더 빨리 읽고, 사회적 상호작용에 있어 더 성공을 잘하며 초등학교에서 더 용이한 시간을 보낸다고 밝히고 있습니다. 3-4세의 어린 나이에도 어린이들은 자신의 남은 평생 동안 따라다닐 학습 습관을 갖게됩니다. 그러나, ② 많은 지역에서 좋은 유치원은 이용이 불가능하거나 엄청나게 비싸기 때문에 많은 부모님들은 결코 자녀들을 유치원에 보낼 수 없다는 결정을 하게 됩니다.

(a) 게다가
(b) 뿐만 아니라
(c) 따라서
(d) 그러나

해설

어린이 교육에 있어 '유치원의 중요성'에 관한 내용이다. 유치원은 어린이 교육에 중요하다는 말을 시작으로 ①유치원 교육이 단순 보육센터 교육보다 좋은 이유에 대해 설명한 뒤 ②유치원에 자녀를 보낼 수 없는 이유를 덧붙이고 있다. 내용상 ①과 ②는 역접의 관계에 있기 때문에, 빈칸에는 'However'가 들어가는 것이 적절하다.

9.

be incapable of 불가능하다

pen n. 우리

stray cat 도둑 고양이

cuddly a. 꼭 껴안고 싶은

9. 　**제목 찾기 ★★☆**　　　　　　　　　　**정답 (b)**

Cats have a reputation for being cold pets that are incapable of being loyal to their masters. My grandfather, for instance, always maintained that he preferred dogs to cats. He always had dogs, mostly hunting breeds that lived outside in pens, but ①**he said he would never have a cat.** When my grandfather got older, though, a stray cat started visiting him in the evenings when he sat on the porch and ②**eventually jumped on his lap. From then on, my grandfather would sit with the cat in his lap for several hours a night, stroking its fur and talking to it. ③He'd even leave food and milk out for the cat during the day.** I think that cat changed my grandfather's opinions on the species, although he never did let the cat inside.

Q: Which of the following is the best title for the story?
(a) Cuddly Cats and Kittens
(b) A Sudden Change of Heart
(c) Are Cats the Best Pets?
(d) My Grandfather's Dog

해석

고양이는 주인에게 충성을 다하는 것이 불가능한 냉정한 동물이라는 명성을 가지고 있습니다. 예를 들어 제 할아버지는 항상 고양이보다는 개를 선호했습니다. 할아버지는 보통 개를, 그 중에서도 주로 집 밖의 우리에 사는 사냥개 종류를 길렀습니다만 ①**고양이는 절대로 기르지 않겠다고 말씀하셨습니다.** 그렇기는 했지만 할아버지가 더 연세 드셨을 때 할아버지가 현관에 앉아 있던 저녁마다 도둑고양이 한 마리가 찾아오기 시작했고 ②**결국에는 할아버지의 무릎으로 뛰어 올라앉았습니다. 그 이후로 할아버지는 고양이를 무릎에 앉힌 채 털을 쓰다듬고 고양이에게 말을 거시면서 밤에 몇 시간씩 앉아계시곤했습니다. ③할아버지는 심지어 낮에도 고양이를 위한 음식과 우유를 내다 놓기도 했습니다.** 저는 할아버지가 고양이를 집안에 결코 들여놓지는 않았지만, 그 고양이가 고양이에 대한 할아버지의 생각을 바꾸어 놓았다고 생각합니다.

질문: 이야기의 제목으로 가장 어울리는 것은?
(a) 꼭 껴안기 좋은 성인 고양이와 아기 고양이
(b) 갑작스러운 심경의 변화
(c) 고양이가 최고의 애완동물일까?
(d) 할아버지의 개

해설

지문의 제목을 묻는 문제이다. 글쓴이의 할아버지는 ①고양이를 절대로 기르지 않을 거라고 이야기했지만 ②길 잃은 고양이가 할아버지를 찾아오기 시작하면서, 익숙해지고 ③나중에는 낮에도 고양이 음식을 챙겨주었다고 이야기하고 있다. 전체적인 내용을 보면 개를 선호하던 할아버지가 고양이를 받아들이는 변화된 모습에 관한 내용이다. 따라서 글의 제목으로 할아버지의 '갑작스러운 심경 변화'가 가장 적절하다.

10.

vigorous a. 활기찬

sedentary a. 주로 앉아서 하는, 몸을 많이 움직이지 않는

coronary a. 관상 동맥

preventable a. 예방 가능한

10. 　**주제 찾기 ★★☆**　　　　　　　　　　**정답 (a)**

To prevent heart disease, even in a person genetically predisposed to these illnesses, doctors recommend a diet rich in green, leafy vegetables, and at least one hour of vigorous exercise a day. ①**In spite of how simple this advice sounds, many people find it extremely difficult to live by these rules. ②The high availability of inexpensive, processed foods and new jobs that require workers to sit down for eight hours a day** both make it much easier to live a sedentary

해석

유전적으로 심장병에 잘 걸리는 사람일지라도, 의사들은 병을 예방하기 위해 잎 많은 녹색 채소를 충분히 먹는 식습관과 함께, 하루에 최소 한 시간만이라도 활기찬 운동을 하도록 권하고 있습니다. ①**이 조언이 간단하게 들림에도 불구하고, 많은 사람들은 이러한 원칙에 따라 사는 일이 극도로 어렵다고 생각합니다. ②값싼 가공식품의 높은 이용도와 하루 8시간 동안 앉아서 근무해야 하는 새로운 직업**들은 모두 활동적이고 건강한 삶보다는

lifestyle than an active, healthy one. ③**This
is why coronary illnesses are the leading
cause of death in most of the world today.**

Q: Which of the following best summarizes the
passage?
  **(a) Although preventable, many people
  still die of heart disease.**
  (b) Processed foods are convenient, but
  cost more than other foods.
  (c) Many people want to work in jobs that
  allow them to exercise.
  (d) It is hard to avoid heart disease if it's in
  your genes.

주로 앉아서 지내는 삶이 훨씬 더 쉬워지
도록 만들었습니다. ③이러한 이유가 오
늘 날 전세계적으로 심장질환을 주요 사
망요인으로 이끄는 원인이 됩니다.

질문: 지문을 가장 잘 요약한 것은?
  **(a) 예방 가능한 질병임에도 불구하고
  많은 사람들은 여전히 심장병으로
  사망한다.**
  (b) 가공식품은 편리하지만 일반 음식
  들보다 더 비싸다.
  (c) 많은 사람들은 운동을 할 수 있는
  직장에서 일하고 싶어한다.
  (d) 유전적으로 잘 걸리는 사람이라면
  심장병을 피하는 일이 어렵다.

해설

지문을 가장 잘 요약한 것을 묻고 있으므로 글의 주제와 관련된 문제이다. 지문의 내용을 보면 ①심장
병 예방에 대한 의사의 간단한 조언들에도 불구하고 사람들은 이러한 원칙에 따라 살지 못하는데, 그
이유는 ②현대인의 생활 습관 때문이며, ③이 때문에 심장병으로 인한 사망률이 전 세계적으로 여전히
높다고 설명하고 있다. 따라서 전체적인 내용 요약으로 가장 적절한 것은 '예방 가능한 질병이지만, 여
전히 사망 원인이 되고 있다'는 (a)이다.

11.

jam-packed a. 몹시 분비는, 초만원의
take control of 지배하다, 장악하다
wherein adv. 어떤 점에서, 어디에서
cluttered a. 어수선한
prioritize v. 우선 순위를 매기다
keep your mind clear of 정신 똑바
로 차리다, 깨끗이 잊다

11. 대의 파악 ★★☆   정답 (b)

If you're like most people, your day is jam-
packed with work, social activities, and family
expectations from morning to midnight, and
you probably find that you never seem to get
everything done. ①**The Get Things Done
time management system may be the
ideal way for you to take control of your
time** and actually get things done, just like its
name suggests. ②Developed by consultant
David Allen of Ojai, California in the 1980s,
the GTD method **requires you to create a
written organization system** wherein you
group all of your tasks, projects, and ideas, and
update the system every week. ③The idea is
to keep your mind clear of the cluttered, crisis-
style scheduling and prioritizing you probably
do all day long, **and make room for more
creativity and relaxation.**

Q: What is this passage mainly about?
  (a) Learning to deal with crises in your life
  as they arise.
  **(b) Learning a new method to help
  manage your time.**
  (c) Learning how to cope with new job
  responsibility.
  (d) Learning to balance social activities with
  family time.

해석

당신이 보통의 사람과 같다면 당신의 하
루는 아침부터 밤까지 일, 사교활동, 가
족간의 기대들로 빽빽이 채워져 있고 아
마도 당신은 모든 일을 완벽하게 하지
못한다는 것을 발견하게 됩니다. ①Get
Things Done 시간관리 시스템은 여러
분의 시간을 통제하고, 이름이 제시하는
것처럼 실제로 모든 것이 완료될 수 있
도록 하는 이상적인 방식이 될 것입니
다. ②1980년대 캘리포니아 Ojai에서 컨
설턴트 David Allen에 의해 개발된 GTD
방식은 여러분으로 하여금 모든 업무와
프로젝트, 아이디어를 분류하는 점에서
**문서화된 조직 시스템을 만들도록 요청
하며,** 이 시스템은 매주 갱신됩니다. ③
이 아이디어는 어수선한 방식으로 일정
짜는 일과 온 종일 우선 순위 매기는 일
을 마음 속에서 깨끗이 정리하게 하고,
**창의력과 휴식을 위한 여유를 만들어 줍
니다.**

질문: 지문의 주제는 무엇인가?
  (a) 자신의 삶에서 위기가 생기는 대
  로 처리하는 방법을 배우기
  **(b) 자신의 시간을 관리하는 새로운
  방법 배우기**
  (c) 새로운 직장에서 맡은 일을 처리하
  는 방법 배우기
  (d) 가족과의 시간과 사교 활동의 균형
  을 유지하는 것 배우기

12.

microwave n. 마이크로파, 극초단파
electromagnetic waves 전자파
heat v. 뜨겁게 만들다, 뜨거워지다

12. 내용 일치 ★★★   정답 (b)

Microwave oven technology wasn't always used to cook food. During World War II, microwaves, which are electromagnetic waves, ①**were used by the British in their radar system to detect enemy planes. ②In 1945, an engineer named Percy Spencer accidentally discovered that microwaves could heat food.** He was standing in front of a radar machine when he noticed that the microwaves had melted a chocolate bar that was in his pocket.

Q: Which of the following is true according to the passage?
(a) Microwaves were originally used as military weapons.
(b) Electromagnetic waves can be used to find enemy planes.
(c) Microwave ovens were later found to have military applications.
(d) A chef accidentally discovered the cooking ability of microwaves.

해석
마이크로파 오븐 기술은 항상 음식을 요리하는데 사용되지는 않았습니다. 제2차 세계대전 기간 동안 전자파인 마이크로파는 영국군에 의해 ①적군의 비행기를 탐지하기 위한 전파탐지기 시스템에서 사용되었습니다. ②1945년 Percy Spencer라는 이름의 기술자는 우연히 마이크로파가 음식을 뜨겁게 만들 수 있다는 사실을 발견했습니다. 마이크로파가 주머니에 있던 초콜릿 바를 녹였다는 것을 깨달았을 때 그는 전파탐지기 기계 앞에 서 있었습니다.

질문: 지문의 내용과 일치하는 것은?
(a) 마이크로파는 원래 군사적 무기로 사용되었다.
(b) 전자파는 적군의 비행기를 찾기 위해 사용될 수 있다.
(c) 마이크로파 오븐은 나중에 군사적 응용을 할 수 있음이 밝혀 졌다.
(d) 요리사는 우연히 마이크로파의 요리 능력을 발견했다.

해설
지문의 내용과 일치하는 것을 묻는 문제이다. 전반적으로 전자레인지에 대해 이야기하고 있는데, 음식 요리에 활용되기 이전에, ①적군을 찾기 위한 전파탐지기 시스템에 사용되었고 ②우연히 음식 요리에 이용할 수 있음을 발견했다고 설명하고 있다. 따라서 주어진 보기 중에서 내용과 일치하는 것은 (b)의 '적군 비행기를 찾는 데 사용되었던 전자파'이다.

13.

void a. 무효의, 법적 효력이 없는
submerge v. 잠수 하다, 물 속에 넣다
be subjected to ~을 받다, 당하다

13. 대의 파악 ★★☆   정답 (b)

We would like to congratulate you on your purchase and let you know that your new phone is covered under a limited warranty for two years. ①If you should have any problems with your TripaPhone during this period, simply return it to a TripaPhone Service Center and **we will either repair your phone or give you a new one.** ②Please note that your TripaPhone

해석
구입해주신 것을 축하 드리며, 새로운 전화기는 2년 동안 제한된 품질 보증 하에 보상해 드림을 알려드립니다. ① 만약 이 기간 동안 TripaPhone에 문제가 생기실 경우 TripaPhone 서비스 센터로 전화기를 보내주세요. 그러면 **저희가 전화기를 수리하거나 새로운 제품으로 보내드리겠습니다.** ②만약 전화기

warranty is void if the phone is completely submerged in liquid, **and we cannot repair or replace phones that have been subjected to liquid damage.**

Q: What is this passage about?
   (a) The benefits of owning a new cell phone
   (b) The return or replacement policy of a phone
   (c) Common problems with cell phone repairs
   (d) Why you should avoid liquid damage to phones

가 액체 속에 완전히 빠졌다면 고객의 TripaPhone 품질보증서는 효력이 없으며, 액체로 인한 손상일 경우 수리나 교환을 해드릴 수 없음을 유의해주시기 바랍니다.

질문: 지문은 무엇에 관한 것인가?
(a) 새로운 핸드폰을 소유하는 혜택
(b) 전화기의 반품 또는 교환 정책
(c) 핸드폰 수리에 대한 일반적인 문제들
(d) 액체로 인한 전화기의 손상을 피해야 하는 이유

해설

지문의 목적을 묻는 대의 파악 문제이다. 전반적인 내용은 전화기의 품질보증서의 내용을 다루고 있으며 ①보증기한 2년 안에 고장이 날 시에는 수리 또는 교환해준다는 내용과 함께, ②액체로 인한 고장일 경우에는 수리 및 교환이 불가능하다고 설명하고 있다. 따라서 전반적인 지문의 내용으로 '전화기의 반품 및 교환 정책'이라는 (b)가 가장 적절하다.

14.

scrutiny n. 정밀 조사, 철저한 검토

discern v. 파악하다

by touch 손으로 더듬어서

release(go, put) into circulation 유통되다

dip n. 하락(감소)

14. 제목 찾기 ★★☆   정답 (d)

①**The United States Treasury recently has come under scrutiny from certain human rights organizations that deal with the rights of blind people.** The U.S. is one of few countries in the world whose currency does not match the size of a bill or coin to its worth. ②**This makes it difficult for blind people to discern the worth of their money by touch.** In response to the recent scrutiny, U.S. Treasury officials have designed U.S. coins and bills that match size with value, but have not yet announced plans to release these bills into circulation.

Q: Which of the following is the best title for this article?
   (a) U.S. Currency Dips in Value
   (b) Problems With Human Rights Organizations
   (c) U.S. Treasury Decides Size Matters in Currency
   (d) Advocates for the Blind Criticize U.S. Currency

해석

①최근 미국 재무성은 시각 장애인들의 권리를 다루는 특정 인권단체들로부터 정밀 조사를 받았습니다. 미국은 지폐나 동전의 크기와 가치를 일치시키지 않는 전 세계에 몇 안 되는 국가 중 하나입니다. ②이는 시각 장애인들이 촉각을 통해 돈의 가치를 파악하기 어렵게 만들고 있습니다. 최근의 철저한 검토를 바탕으로 미국 재무성 관직자들은 미국 동전과 지폐의 가치에 맞게 크기를 일치시키도록 기획했지만 이러한 지폐를 유통시키기 위한 계획에 대해서는 아직 발표하지 않았습니다.

질문: 지문의 제목으로 가장 적합한 것은?
(a) 미국 화폐의 가치 하락
(b) 인권 단체들과의 문제들
(c) 미국 재무성이 화폐의 크기 문제를 결정하다
(d) 미국화폐를 비판하는 시각 장애인들에 대한 옹호

해설

지문의 제목을 묻는 문제이다. ①미국 재무성이 시각장애인의 권리를 다루는 인권단체의 정밀 조사를 받아왔다는 말을 시작으로, ②미국 화폐가 시각장애인들이 인지하기에 어렵도록 가치와 크기의 비례가 이루어지지 않았다고 지적하고 있다. 따라서 지문의 제목으로 (d)가 가장 적절하다.

sought-after a. 인기 있는

economic hardship 경제적 어려움

performance n. 실적, 성과

notoriously adv. 악명 높게

bureaucratic a. 관료주의적인

---

15. 세부 사항 ★★☆   정답 (d)

①**Government jobs are highly sought-after positions for various reasons.** Hundreds of applicants may apply for one single job with the city or the state, and although it may take months to choose the right candidate, ② **the selected applicant will enjoy a long career with plenty of benefits, regardless of economic hardship or their own performance.** It is a notoriously difficult and highly bureaucratic process both to hire and fire anyone in the government sector, which is one reason job security in any government job is extremely high.

Q: Which of the following is a reason jobs in government are so popular?
(a) There are many options for advancement in government jobs.
(b) It is a bureaucratic process and wages are competitive.
(c) Government jobs provide benefits like childcare services.
(d) You're sure to have a long career regardless of performance.

해석
①공무원 직은 다양한 이유로 인해 매우 인기 있는 일자리입니다. 수백 명의 지원자들은 도시나 주에 관계된 일자리 한 곳에 지원하며, 비록 적당한 입사지원자를 선택하는 데 수 개월이 걸릴지는 모르지만 ②선택된 지원자는 경제적인 어려움이나 자신의 실적에 상관없이 많은 혜택을 제공하는 장기적인 직업을 누릴 수 있을 것입니다. 정부 기관에서 직원을 고용하거나 해고하는 것은 모두 어렵기로 악명이 높으며, 또한 매우 관료주의적인 처리과정이기 때문에 이는 공무원 직업의 안정성이 극도로 높은 이유가 됩니다.

질문: 다음 중 공무원 직이 매우 인기가 좋은 이유는?
(a) 정부기관의 직장에서 승진을 하는 데는 다양한 선택사항이 존재한다.
(b) 그것은 관료주의적인 처리 과정이며 임금이 타 직종에 뒤지지 않는다.
(c) 공무원직은 육아 서비스와 같은 혜택을 제공한다.
(d) 실적과 관계없이 장기적인 직장생활이 보장된다.

해설
공무원 직이 인기 있는 이유를 묻는 세부 사항 문제이다. 지문의 내용을 보면 ①공무원 직은 인기가 좋다는 말을 시작으로 ②공무원 직이 경제적 어려움이나 실적에 관계없이 장기적인 직업의 혜택을 누린다고 설명하고 있다. 따라서 공무원 직이 매우 인기가 좋은 이유는 '실적과 관계없이 장기적인 직장생활을 보장받는다'라고 설명한 (d)가 가장 적절하다.

16.

credit A with B B를 A의 공이라고 믿다(말하다)

thinker n. 사상가

hold A in esteem A를 (매우) 존경하다

---

16. 세부 사항 ★★★   정답 (b)

Benjamin Franklin is an important and well-loved historical figure, and not just in his American homeland. ① It may surprise you to know that **Franklin was highly admired in the court of France before the American Revolution,** and many historians credit Franklin with winning the French king's financial support for the war. ② **Franklin was also an inventor, scientist, and philosopher, and he is especially remembered for being a pioneer in human rights, who freed his own slaves later in life.** Even today, the French hold Franklin in esteem with their important thinkers like Voltaire and Rousseau.

Q: Why is Benjamin Franklin important according to the passage?

해석
Benjamin Franklin은 역사적으로 중요하면서도 많은 사랑을 받은 인물이며, 이는 그의 고국 미국에서만이 아닙니다. ①미국혁명 이전에 Franklin은 프랑스의 궁중에서 크게 존경을 받았으며, 많은 역사학자들은 Franklin 덕분에 프랑스의 왕으로부터 전쟁에 대한 재정적 지원을 받을 수 있었다고 말합니다. ②Franklin은 또한 발명가이자 과학자 그리고 철학자였으며 특히 인생 만년에 자신의 노예들을 자유롭게 풀어준 인권의 선구자로 기억되고 있습니다. 심지어 오늘날에도 프랑스인들은 Voltaire와 Rousseau와 같은 프랑스의 주요한 사상가로 Franklin를 매우 존경하고 있습니다.

질문: 지문에 따르면, Benjamin Franklin이 중요한 이유는?

(a) His inventions and philosophies impressed all of Europe.

(b) He was a pioneer in philosophy and human rights.

(c) He was admirable before the American Revolution.

(d) He helped make slavery illegal in the United States.

(a) 그의 발명품과 철학은 모든 유럽인들을 감명시켰다.

(b) 그는 철학과 인권의 선구자였다.

(c) 그는 미국 혁명 이전에 존경 받았다.

(d) 그는 미국의 노예정책을 불법적인 것으로 만드는 데 도움을 주었다.

해설

지문의 내용을 통해 알 수 있는 내용을 묻는 세부 사항 문제이다. ①Franklin은 프랑스 궁중에서 크게 존경을 받았고, ②현재에도 발명가, 과학자, 철학자, 인권 선구자이자 사상가로서 존경 받고 있다고 설명하고 있다. 따라서 Benjamin Franklin이 중요한 이유는 '그는 철학과 인권의 선구자였다'라는 내용의 (b)가 가장 적절하다. 미국 혁명 이전에 Franklin이 프랑스 궁정에서 존경 받은 이유에 대해서는 지문에서 언급되지 않았다.

17.

formal dance 정식 무도회

thoughtful a. 사려 깊은

stylish a. 멋진, 세련된

generous a. 관대한, 후한

17.　내용 일치 ★☆☆　　　　　　　　정답 (c)

Dear Aunt Martha,
Thank you very much for the gold chain you sent for my birthday. ①**I have been looking for a simple necklace to wear to my high school's formal dance next weekend,** and your present has ended my search. The necklace goes perfectly with my new dress, and it is the perfect length to wear with any of my best clothes. ②**I am very glad to have such a thoughtful, stylish aunt!** I hope everything is going well in North Carolina. Please give my love to Uncle Russell.

Love,
Cynthia

Q: Which of the following is correct about Cynthia according to the letter?
(a) She wanted a gold necklace to wear to her birthday party.
(b) She wants her Aunt Martha to come to her party.
(c) She believes her Aunt Martha is a generous person.
(d) She is going to a formal dance in North Carolina.

해석

Martha 이모에게,
제 생일 선물로 보내주신 금 목걸이가 너무 감사해요. ①**다음 주말에 있을 제 고등학교 정식 무도회에 하고 갈 단순한 디자인의 목걸이를 찾고 있었는데,** 이모의 선물 덕에 그만 찾아도 되겠네요. 목걸이는 제 새 드레스에 완벽하게 잘 어울리고, 제가 좋아하는 어떤 옷에도 걸칠 수 있을 만큼 완벽한 길이에요. ②**저는 정말 사려 깊고 스타일 멋진 이모가 있어서 너무 좋아요!** North Carolina에 모든 일이 다 잘되길 바래요. Russell 이모부에게도 제 안부 전해주세요.

사랑을 담아,
Cynthia 올림

질문: Cynthia에 대한 내용으로 사실인 것은?
(a) 그녀는 생일 파티에 금 목걸이를 하고 싶었다.
(b) 그녀는 Martha 이모가 자신의 파티에 오기를 원한다.
(c) 그녀는 Martha 이모가 관대한 사람이라고 생각한다.
(d) 그녀는 North Carolina에서 열리는 정식 무도회에 갈 것이다.

해설

지문의 내용과 일치하는 것을 묻는 문제이다. 편지에서 Cynthia는 이모가 보내준 금 목걸이에 대한 감사를 표하고 있다. 글쓴이는 ①다음 주말 고등학교 무도회 참석 때 하고 갈 목걸이를 찾고 있었는데, 이모의 금 목걸이가 완벽한 선물이며 ②사려 깊은 이모가 있어 행복하다고 이야기하고 있다. 따라서 Cynthia에 대한 내용으로 지문에서 언급된 사실은 'Martha 이모가 관대한 사람이라고 생각한다'는 (c)이다.

18.

grant n. 보조금

be earmarked for 결정되다, 배정
   되다

facilitate v. 용이하게 하다

self-sufficiency n. 자급 자족

agricultural entity 농업 독립체

18. 　내용 일치 ★★☆　　　　　　정답 (d)

①The African Women Working Project is currently accepting applications for its new work grants, funded by contributions from a private donor. ②These grants have been earmarked for companies, industries, and employers who are ready to help women in Africa learn important skills that can facilitate self-sufficiency and increased safety. Special consideration will be given to health organizations, the sanitation industry, agricultural entities, and any company that is devoted to the well-being of women around the world.

Q: Which of the following is correct about the grants?
(a) They are available for African women who want to work.
(b) They are funded by an African corporation.
(c) They are meant to help African men be self-sufficient.
(d) They are meant for companies who are looking to help African women.

해석

①아프리카 여성 근로 프로젝트는 현재 어느 개인 기부자의 헌신으로 모금된 새 업무 보조금에 대한 신청을 접수하고 있습니다. ②이 보조금은 자급 자족과 증가된 안전을 도모할 수 있는 주요 기술을 익힐 수 있도록 **아프리카 여성들을 도울 준비가 된 회사와 산업단체, 그리고 고용주들에게 지급되었습니다.** 특별 고려 대상으로는 보건 기구, 위생 산업, 농업관련 업체와 전세계에 걸쳐 여성의 안위에 헌신한 기업들이 있습니다.

질문: 보조금에 관한 내용으로 일치하는 것은?
(a) 보조금은 일하고 싶어하는 아프리카의 여성들에게 지급된다.
(b) 보조금은 아프리카의 기업에 의해 기금이 마련된다.
(c) 보조금은 아프리카 남성들이 자급 자족할 수 있도록 돕는 것을 의미한다.
(d) 보조금은 아프리카 여성들을 돕고자 하는 기업들을 위한 것이다.

해설

지문의 내용과 일치하는 것을 묻는 문제이다. 전반적인 내용은 아프리카 여성 근로 프로젝트에 대한 것으로 ①현재 아프리카 여성 근로 프로젝트는 한 개인 기부자가 기부한 보조금 지원을 받을 업체를 모집하고 있으며, ②보조금은 아프리카 여성들을 도울 준비가 된 회사와, 산업단체, 그리고 고용주들에게 주어져왔다고 취지를 설명하고 있다. 따라서 보조금에 대한 내용으로 일치하는 것은 '아프리카 여성들을 돕고자 하는 기업들을 위한 것'이라는 (d)이다.

Part III

19.

holistic a. 전체론의

treatment n. 치료, 처치

popularity n. 인기

diabetes n. 당뇨병

distract A from B
   A를 B로 부터 집중이 안되게 하다

19. 　일관성 ★★☆　　　　　　　정답 (b)

Holistic treatments have increased in popularity over the past few decades. (a) Many people with serious illnesses such as cancer or diabetes now turn to doctors who treat them via nutrition and lifestyle changes, rather than simple drugs. **(b) Chinese medicine has a long tradition of using herbs, teas, exercises and massage to treat illnesses.** (c) For weight loss, food allergies, and nutritional issues, holistic medicine is often ideal. (d) However, many doctors worry that holistic medicine distracts patients from life-saving treatment in the most serious cases of illness.

해석

전체론적 치료법은 지난 수십 년에 걸쳐 점점 더 많은 인기를 얻어왔습니다. (a) 암이나 당뇨병과 같은 심각한 질병을 앓고 있는 많은 사람들은 이제 단순한 약보다는 영양소와 생활방식의 변화를 통해 이들을 치료하는 의사들에게 돌아가고 있습니다. **(b) 한약은 허브, 차, 운동과 마사지를 사용하여 병을 치료하는 오랜 전통을 가지고 있습니다.** (c) 전체론적 치료법은 종종 체중감소, 음식 알레르기와 영양학적 문제에 가장 이상적입니다. (d) 그렇지만, 많은 의사들은 전체론적 의학이 가장 심각한 질병의 경우 생명을 구하는 치료법으로부터 환자들을 멀리하게 만든다고 걱정하고 있습니다.

해설
주어진 글을 읽고 흐름상 어색한 문장을 고르는 문제이다. 이 글은 전체론적 치료법에 대한 내용으로, 전체론적 치료법이 수십 년간 인기를 얻어왔다는 내용을 시작으로 (a) 많은 사람들이 약보다는 영양소와 생활방식을 통해 치료하는 전체론적 치료법을 받고 있으며 (c) 체중 감소, 음식 알레르기 등에는 전체론적 치료법이 알맞은 방식이지만 (d) 일부 의사들은 이를 우려하고 있다는 내용으로 이어지고 있다. 하지만 '한약의 치료법에 대한 전통'을 이야기한 (b)는 내용의 흐름상 어색하므로 (b)가 정답이다.

20.

disturbing a. 충격적인, 불안감을 주는

console n. 제어반, 콘솔

gory a. 유혈과 폭력이 난무하는

20. 일관성 ★★☆   정답 (c)

Some children's advocates believe the video gaming industry does not do enough to protect children from experiencing violent and disturbing videogames. (a) It is true that most video game consoles today provide parents with controls to lock their children out of adult-themed games. (b) Still, children's advocates argue that many parents either don't understand the controls or don't bother to use them. **(c) The highest-selling video game of all time includes gun violence and gory, bloody imagery of war.** (d) According to these advocates, the videogame industry should stop producing violent games, as children will play them with or without parental permission.

해석
일부 어린이들의 옹호자들은 아이들이 폭력적이고 불안감을 주는 비디오 게임을 경험하지 않도록 보호하는 일에 비디오 게임산업이 충분한 조치를 취하고 있지 않다고 믿습니다. (a) 요즘 대다수의 비디오 게임 콘솔들은 부모들로 하여금 어른을 대상으로 한 게임에 아이들이 접근하지 못하도록 통제할 수 있게 만들어진 것은 사실입니다. (b) 여전히, 어린이들의 옹호자들은 많은 부모님들이 이 제어기능을 이해하지 못하거나 그 기능을 사용하려는 수고를 하지 않는다고 주장합니다. **(c) 항상 가장 잘 판매되고 있는 비디오 게임에는 총 싸움이나, 폭력이 난무하며 피비린내 나는 전쟁의 형상화를 포함하고 있습니다.** (d) 이 옹호자들은 부모의 허락이 있든 없든 간에 어린이들은 이러한 게임을 할 것이기 때문에 비디오 게임 산업은 폭력적인 게임의 생산을 중단해야 한다고 주장합니다.

해설
주어진 글을 읽고 흐름상 어색한 문장을 고르는 문제이다. 아이들이 폭력적인 비디오 게임으로부터 충분한 보호 조치를 받지 못하고 있다는 내용이 초반에 언급되었다. 이어지는 내용을 보면 (a) 비디오 게임 콘솔이 아이들의 접근을 막을 수 있게 하지만, (b) 많은 부모님들이 이 기능을 제대로 활용하지 않기 때문에 (d) 비디오 산업에서 폭력적인 게임의 생산 자체를 중단해야 한다고 주장하는 순서대로 이야기가 진행되어야 한다. 인기 있는 비디오에 유혈낭자의 폭력 장면이 나온다는 (c)는 전체적인 흐름상 어울리지 않는다.

Part I ~ III	
1 (b)	2 (b)
3 (d)	4 (b)
5 (c)	6 (a)
7 (b)	8 (c)
9 (d)	10 (c)
11 (a)	12 (b)
13 (d)	14 (a)
15 (b)	16 (c)
17 (c)	18 (d)
19 (a)	20 (c)

Part I

1.

regularly adv. 정기적으로, 규칙적
　으로

close-knit a. 긴밀히 맺어진, 굳게
　단결된

2.

biting criticism 날카로운 비판

bourgeoisie n. 부르주아, 자본가 계급

hypocrisy n. 위선

satire n. 풍자

moralist n. 도덕 주의자, 윤리학자

ire n. 분노, 노여움

monarch n. 군주

aristocrat n. 귀족

court n. 궁중

entertainment n. 여흥

1.　빈칸완성 – 전후 관계 파악 ★★☆　　　　정답 (b)

①In many societies, it is traditional for extended family members to live together, or close to each other. This means that grandparents, aunts, uncles, cousins, and everyone else see each other regularly and help each other with typical tasks. In some areas it is becoming common for children ＿＿＿＿＿＿＿＿＿＿＿＿＿＿＿＿＿, which means that ②it is increasingly rare to see the large extended family unit that was once so common. Many people believe that this lack of close-knit extended families can be blamed for increases in crime and other problems in modern society.

(a) to take jobs when they are very young
(b) to move far away from their parents in adulthood
(c) to move out of the house at a young age
(d) to have their own children much later in life

해석
①많은 사회에서 대가족 구성원들이 함께 살거나 또는 서로 가까이에 사는 것은 전통적인 일입니다. 이 말은 조부모, 고모, 삼촌, 사촌 그리고 모든 다른 사람들이 정기적으로 서로 만나며, 일상적인 일을 서로 돕는 것을 의미합니다. 일부 지역에서는 어린이들이 **성인이 되어 부모님으로부터 멀리 떠나는 것이** 일반적인 일이 되고 있으며, ②이는 한 때는 너무 평범했던 대가족 단위를 보는 일이 점차 드물어지고 있다는 것을 의미합니다. 많은 사람들은 긴밀히 맺어진 대가족이 줄어드는 것이 현대 사회의 범죄 증가나 다른 문제들의 원인이 된다고 믿습니다.

(a) 매우 어린 나이에 직업을 갖는 것
(b) 성인이 되면 부모님으로부터 멀리 떠나게 되는 것
(c) 어린 나이에 집을 떠나는 것
(d) 훨씬 더 나이가 들어 자신의 아이를 갖는 것

해설
빈칸의 앞뒤 내용을 파악하여 빈칸에 들어가기에 적절한 내용을 묻는 문제이다. ①많은 사회에서는 대가족 구성원이 함께 사는 것이 전통적인 일이었는데, ②일부 지역에서는 대규모 가족단위를 보는 것이 점차 드물어지고 있다고 설명하고 있다. 따라서 빈칸에는 대가족 단위에서 볼 수 없는 특징에 대해 설명하는 내용이 들어가는 것이 적절하므로 '성인이 되어 부모님으로부터 멀리 떠나는 것'이라는 (b)가 정답이다.

2.　빈칸완성 – 인과관계 ★★☆　　　　정답 (b)

The 17th century French playwright Molière is best known for his biting criticism of the French middle class, or bourgeoisie, and his satires about the hypocrisy of the leaders of the Catholic Church. These satires often brought Molière the ire of the church leaders and moralists, and ①**he was greatly and often violently criticized by those he satirized.** ②**Nevertheless, his plays made the monarchs and aristocrats of his time laugh and eventually landed him the position as the writer of court entertainments for King Louis XIV.** As a result, Molière

＿＿＿＿＿＿＿＿＿＿＿＿＿.

해석
17세기 프랑스의 극작가 Molière은 프랑스 중상층 또는 부르주아에 대한 날카로운 비판과 가톨릭 교회의 지도자들이 지닌 위선에 관한 풍자로 가장 잘 알려져 있습니다. 이러한 풍자로 인해 Molière는 종종 교회 지도자들과 윤리학자의 노여움을 샀고, ①그는 자신이 풍자한 사람들에 의해 심하게, 때로는 맹렬히 비난 받았습니다. ②그럼에도 불구하고, 그의 연극은 동시대의 군주와 귀족들을 웃게 만들었고 나중에는 루이 14세를 위한 궁중 여흥 작가 직에 임명되었습니다. 그 결과 Molière는 **당대의 가장 극심한 비평에도 잘 보호받았습니다.**

(a) received criticism from royalty and bourgeoisie alike

(b) was well-protected from even the worst critics of his time

(c) never had to worry about being paid for his work

(d) respected by critics and fans alike

(a) 왕족과 부르주아로부터 똑같이 비난을 받았습니다.

(b) 당대의 가장 극심한 비평에도 잘 보호받았습니다.

(c) 결코 자신의 작품에 대한 돈을 받는 일에 걱정할 필요가 없었습니다.

(d) 비평가와 팬들로부터 동일하게 존경을 받았습니다.

해설

지문은 프랑스의 극작가 Molière에 대한 내용이다. 그는 ①자신이 풍자한 사람들로부터 심한 비난을 받았는데 ②그럼에도 불구하고 왕족을 즐겁게 만들고, 결국 궁중 여흥 작가로 임명되었다고 설명하고 있다. 빈칸에는 왕과 고위 귀족으로부터 인기를 얻음으로 인한 결과가 들어가는 것이 지문의 흐름상 자연스럽다. 따라서 주어진 보기 중에서 '극심한 비평에도 잘 보호받았다'는 (b)가 적절하다.

3.

be required to ~이 필요하다

training session 훈련 과정, 연수 과정

launch n. 출시, 개시

---

3. 빈칸완성 – 내용 파악 ★★★　　　　정답 (d)

①**Dexterity is the new members-only section** of the Dexter Typing Company's web site. Anyone in a job that is Level II or higher is required to complete the Dexterity Employee Portal training session. This quick training session teaches employees about our latest sales and marketing efforts, ②**specifically the new web platform for clients,** and can be completed during office hours or at home, thanks to our convenient and secure member log in. Simply use your DTP email address and password to log in at www.dtp.com/dexterity. ③ **Soon our clients and customers will be able to use the new web platform as well,** so we want all of our employees, especially our sales people and customer service representatives,

______________________________.

(a) to advertise a new employee training section

(b) to help us design an upgrade to the program

(c) to sell the program to our new clients and customers

(d) to understand the program before its public launch

해석

①**Dexterity는** Dexter Typing Company 웹사이트의 새 회원을 위한 전용 공간입니다. Level II 또는 그 이상의 직책을 가진 사람이라면 Dexterity Employee Portal 훈련 과정을 완료해야 합니다. 이 빠른 훈련과정은 직원들에게 최근 판매 수치와 마케팅노력, ②**특히 의뢰인을 위한 새로운 웹 플랫폼**에 대해 교육하며, 편리하면서도 안전한 회원 로그인 덕분에 근무시간이나 집에서 완료할 수 있습니다. DTP 이 메일 주소와 암호를 사용하여 www.dtp.com/dexterity에 접속하세요. ③**저희 의뢰인들과 고객들 또한 곧 새로운 웹 플랫폼을 사용할 수 있게 될 것입니다.** 따라서, 우리의 모든 직원들, 그 중에서도 영업직과 고객 서비스 담당자들은 **공식적인 출시 이전에 프로그램을 이해하기 바랍니다.**

(a) 새로운 직원 훈련 섹션을 광고하기

(b) 우리가 프로그램에 대한 업그레이드를 계획할 수 있도록 도움을 주기

(c) 새로운 의뢰인과 고객들에게 프로그램을 판매하기

(d) 공식적으로 출시되기 전에 프로그램을 이해 하기

해설

지문은 Dexterity에 대한 내용으로, ①Dexter Typing Company 웹사이트의 새 회원을 위한 공간이며 ②본 훈련과정은 직원을 대상으로 한 새로운 웹 플랫폼에 대한 교육이고, ③곧 고객들이 새로운 웹 플랫폼을 사용하게 될 것이라고 설명하고 있다. 따라서 Dexterity가 아직 시장에 정식 출시되지 않은 제품으로 이번 교육은 직원을 대상으로 한 사전 교육임을 알 수 있다. 따라서 빈칸에 적절한 내용은 '출시 되기 이전 프로그램을 이해하기 위해'라는 (d)이다.

be dismayed 경악하다
fulfilling a. 성취감을 주는
subscriber n. 구독자
editorials section 사설 부분

4. 빈칸완성 – 요점 파악 ★★★　　정답 (b)

Many readers were dismayed when the publishers and editors of the Hudson City Times decided to _________________ this year. ①The publishers explained **that in spite of their efforts to increase advertising sales, the costs of printing the newspaper and maintaining the online portion were never covered by these sales.** ②**The publishers and editors** claim that they will make purchasing the newspaper even more fulfilling for the community **by partnering with local businesses to offer discounts to subscribers, and by expanding online content for readers.**

(a) cease running an editorials section
(b) raise the price of the newspaper
(c) cut the page count of the paper in half
(d) cease production of the print newspaper

해석

Hudson City Times의 출판사와 편집자들이 올해 <u>신문의 가격을 올리기</u>로 결정했을 때 많은 독자들은 경악했습니다. ①출판업자들은 광고 판매 증가를 위한 노력에도 불구하고 광고 판매로 신문 인쇄비용과 온라인 사업 유지비용을 충당할 수 없었다고 설명했습니다. ②출판사들과 편집자들은 구독자들에게 할인을 제공하기 위해 지역 사업주들과 협조하고, 독자들을 위한 온라인 콘텐츠를 확대함으로써 신문을 구독하는 일에 훨씬 더 만족감을 줄 수 있도록 하겠다고 약속하고 있습니다.

(a) 사설 부분 운영을 중단하기
(b) 신문의 가격을 올리기
(c) 신문의 페이지 총수를 반으로 줄이기
(d) 인쇄물 신문의 생산을 중단하기

해설

지문은 Hudson City Times 신문에 대한 내용이다. Hudson City Times의 어떤 말이 신문 독자를 경악하게 만들었는지 그 이유에 대한 내용이 빈칸에 들어가는 것이 지문의 흐름상 자연스럽다. ①광고 판매 증가 노력에도 필요한 자금을 충당할 수 없었으며 ②앞으로 독자들을 위한 콘텐츠 확대 및 할인을 제공하겠다고 약속하고 있으므로, 자금 충당을 위한 Hudson City Times의 조치가 빈칸에 적절한 내용이다. 따라서 '신문 가격 올리기'라는 (b)가 정답이다.

5.

chemotherapy n. 화학요법
radiation therapy 방사선 치료

5. 빈칸완성 – 편지의 목적 ★★☆　　정답 (c)

Dear Jim and Nancy,
Thank you for your recent letter. I appreciate your _________________. ①I would like you to know that **she is doing very well now.** ②After several months of chemotherapy, the doctors have told us that **they can find no trace of the cancer in any other part of her body.** She'll have to continue taking certain medications, but she won't need radiation therapy or more chemo. Needless to say, we are all thrilled. ③Again, I appreciate your letter and **I hope that this news settles any questions you may have had.** Thank you for thinking of our family.

Yours truly,
Lydia

(a) interest in learning about cancer
(b) inquiries regarding chemotherapy

해석

Jim과 Nancy에게,
최근 편지 잘 받아보았어요. **저희 어머니의 건강에 대한 두 분의 염려**에 감사 말씀 드려요. ①어머니께서 매우 잘 계시다는 것을 알려드리고 싶습니다. ②몇 달간의 화학요법 후 의사선생님들께서는 저희에게 **어머니의 몸 어디에서도 암의 흔적을 찾을 수 없다고 말씀하셨어요.** 어머니는 약물을 계속 복용해야겠지만, 방사선 치료나 더 이상의 화학요법은 필요하지 않으실 거에요. 말할 필요도 없겠지만, 저희는 모두 정말 기뻐하고 있습니다. ③다시 한번 편지 감사 드리고, **이러한 소식으로 인해 혹시 갖고 계셨던 어떠한 궁금증이라도 해결 되셨기를 바래요.** 저희 가족을 염려해주셔서 감사합니다.

진심을 담아,
Lydia가

(a) 암 공부에 대한 관심
(b) 화학요법에 대한 궁금증

(c) **concern regarding my mother's health**

(d) understanding during this difficult time

해설

지문은 Jim과 Nancy에게 보내는 Lydia의 감사 편지이다. 편지에서 글쓴이는 ①어머니가 건강하게 잘 계시며 ②어떠한 암의 흔적도 찾을 수 없다는 의사의 소견 내용과 함께, ③편지로 인해 궁금하신 점이 모두 해결되었으면 좋겠다고 마무리하고 있다. 즉, Jim과 Nancy의 어머니 안부에 대한 편지에 답장을 보내고 있음을 알 수 있다. 따라서 빈칸에 적절한 내용은 (c)이다.

6.

in response to ~에 응답하여
put together 준비하다, 만들다
endowment n. 기부(금)

6. **빈칸완성 – 중심 내용 ★★☆**　　　　정답 (a)

In response to requests from parents regarding __________________ at the Del Marina Academy, our office of financial aid has put together a report summarizing the reasoning behind the changes. ①The report includes a history of our great high school, as well as **notes about our investments and the state of the school's endowment.** ②**You will also find summaries of what each department has been doing over the past year, and predictions about what we will be able to do in the coming years.** ③We believe that **your participation in and complete understanding of your child's education is as important as the education itself,** and will be mailing this report free of charge to every student's household next week.

(a) **the recent increase in tuition costs**
(b) the changes in staff hiring procedures
(c) the upgrades to curriculum and books
(d) the new construction projects

해석

Del Marina Academy의 **최근 등록금 인상**에 대한 학부모들의 물음에 응답으로, 저희 재정 지원 사무소는 변화의 배후에 있는 이유를 요약한 보고서를 준비했습니다. ①보고서에는 **학교의 투자금에 대한 기록과 기부금** 상태뿐만 아니라, 훌륭한 우리 고등학교의 역사를 포함하고 있습니다. ②여러분은 또한 지난 해부터 각 부서가 해온 일들의 요약 내용과 내년에 무엇을 할 수 있을 지에 대한 예상안을 찾아보실 수 있습니다. ③우리는 여러분의 참여와 자녀 교육에 대한 온전한 이해가 교육 그 자체만큼이나 중요하다는 점을 믿으며, 이 보고서를 모든 학생들의 가정으로 다음 주에 무료 발송할 것입니다.

(a) 최근 등록금 인상
(b) 직원 고용 절차에서의 변화
(c) 커리큘럼과 도서에서의 개선
(d) 새로운 건설 기획안들

해설

지문은 학부모들의 궁금증에 답변을 하기 위해 재정 지원 사무소에서 준비한 보고서의 내용이다. 보고서에는 ①학교 투자금과 기부금에 대한 기록과 ②각 부서가 작년에 한 일의 내역과 내년 예산안에 관한 내용을 담고 있다고 밝히고 있다. ③학부모의 참여와 협조가 필요하다고 이야기하고 있다. 따라서 이를 모두 포함할 수 있는 내용으로 '등록금 인상'이라는 (a)가 가장 적절하다.

7.

cystic fibrosis 낭포성 섬유종
mucus n. 점액
digestive tract 소화계
build-up n. 증가
inhale v. 들이마시다
concentrated a. 농축된
administer v. 제공하다

7. **빈칸완성 – 인과관계 ★★★**　　　　정답 (b)

①**Cystic fibrosis is a genetic illness that causes an increase in mucus production in the lungs and digestive tracts of patients.** There is no cure for cystic fibrosis, but patients can find relief from the mucus build-up in their lungs __________________.

해석

①낭포성 섬유종은 환자의 폐와 소화계 속에 점액 증가를 유발하는 유전적인 질병입니다. 낭포성 섬유종에 대한 치료법은 없지만 환자들은 **호흡치료와 들이마시는 약물을 통해** 폐 속 점액 증가를 완화할 수 있습니다. ②최근 의사들은 서

②Recently, doctors have found that **cystic fibrosis patients who surf tend to have healthier lungs than those who do not.** ③The reason this is so, doctors believe, is **because the surfing patients inhale salt water, which lines the lungs and helps the patient to expel more mucus when coughing.** Thus, doctors decided to start administering highly concentrated salt water for cystic fibrosis patients to inhale every day, in order to receive the same benefits without going surfing.

(a) by participating in vigorous exercise and by surfing
(b) through breathing treatments and inhaled medicines
(c) by eating proper foods and drinking plenty of water
(d) by drinking salt water on a daily basis

핑을 하는 낭포성 섬유종 환자들은 그렇지 않은 환자보다 더 건강한 폐를 갖는 경향이 있다고 밝혔습니다. ③의사들은 이러한 주장의 이유로 서핑을 하는 환자들은 소금물을 들이마시게 되는데, 들이마신 소금물이 폐로 연결되어 있어 환자가 기침을 할 때 더 많은 점액을 내뱉도록 도와주기 때문이라고 설명하고 있습니다. 그래서 의사들은 서핑 하러 가지 않으면서도 이러한 이점을 얻을 수 있도록 낭포성 섬유종 환자들이 매일 들이마실 수 있는 고농축 식염수를 제공하기로 결정했습니다.

(a) 격렬한 운동에 참여하고 서핑을 함으로써
(b) 호흡치료와 들이마시는 약물을 통해
(c) 적절한 음식을 먹고 많은 양의 물을 마심으로써
(d) 매일 같이 소금 물을 마심으로써

지문은 낭포성 섬유종에 대한 내용이다. ①낭포성 섬유종은 폐와 소화계 속에 점액 증가를 유발시키는 유전적 질병이라는 말을 시작으로, ②최근 서핑을 하는 낭포성 섬유종 환자들이 그렇지 않은 환자보다 건강한 폐를 가지고 있으며 ③그렇게 믿는 이유는 '서핑' 그 자체 때문이 아니라 '소금물을 들이마시고 기침을 통해 점액을 내뱉기 때문'이라고 설명하고 있다. 빈칸에는 폐 속 점액 증가를 완화시키는 치료법이 들어가는 것이 앞의 내용과 자연스럽게 연결된다. 따라서 '치료와 숨으로 들이마시는 약'이 가장 적절하다.

8.

continental U.S. 미국 본토
occupied a. 사용 중인
pathway n. 경로, 통로
specify v. 명시하다

8. 빈칸완성 – 연결어 ★★★　　　　　정답 (c)

①Founded in 1610, **Santa Fe, New Mexico is considered by some to be the oldest capital city in the United States.** Santa Fe is home to the oldest continuously occupied government building built by Europeans that is still standing in the continental U.S. Santa Fe was also an important trading city and pathway to western territories even before New Mexico was part of the U.S. ____________, ②**there are American cities that were established before Santa Fe, and New Mexico was not officially part of the U.S. until 1919,** ③**so it is important to specify that Santa Fe is the oldest capitol city in the U.S.,** rather than simply the oldest city in the country.

(a) And
(b) Likewise
(c) Still
(d) Moreover

①1610년에 건설된 New Mexico의 Santa Fe가 미국에서 몇몇 사람들에 의해 가장 오래된 수도로 여겨집니다. Santa Fe는 지속적으로 사용되어온 가장 오래된 정부 건물이 있는 곳이며, 미국 본토에서 여전히 건재하고 있는 유럽인들에 의해 건설된 것입니다. 또한 Santa Fe는 New Mexico가 미국의 일부이기 이전부터 중요한 무역 도시이자, 서양으로 가는 통로였습니다. <u>그럼에도 불구하고,</u> ②Santa Fe 이전에 구축된 미국 도시들이 있으며 New Mexico는 1919년에서야 공식적으로 미국의 영토가 되었습니다. ③그래서, Santa Fe가 나라에서 단순히 가장 오래된 도시라는 것보다는 미국의 가장 오래된 주 의회 의사당이 있는 도시라는 점을 명시하는 것이 중요합니다.

(a) 그리고
(b) 또한
(c) 그럼에도 불구하고
(d) 더욱이

지문은 Santa Fe에 대한 이야기이다. ①몇몇 사람들은 1610년에 건설된 Santa Fe를 가장 오래된 수도로 여기고 있으나 ②그보다 전에 구축된 도시들도 있고, 1991년까지 Santa Fe가 포함된 New Mexico는 공식적으로 미국 영토가 아니었기 때문에 ③단순히 가장 오래된 도시라기 보다는 가장 오래된 주 의회 의사당이 있는 도시라는 것이 더 정확하다고 설명하고 있다. 빈칸 이전의 근거가 있음에도, Santa Fe는 가장 오래된 도시가 아니라고 말하고 있으므로, 빈칸에는 '양보 절'을 이끄는 접속사가 적절하다. 따라서 (c)가 정답이다

Part II

9.

strain v. 한계에 이르게 하다, 안간힘을 쓰다

to say the least 조금도 과장하지 않고

partition n. 분할

technically adv. 엄밀히 따지면 (말하면)

respectively adv. 각각, 제각기

9.　내용 일치 ★★★　　　정답 (d)

Indo-Pakistani relations have been strained, to say the least, since both countries gained independence from Britain in 1947. ①Under British rule, from the late 18th century on, **both India and Pakistan were actually considered the same territory.** In the early part of the 20th century, various politicians and religious leaders recognized that the majority of the population of India practiced Hinduism, while there was a Muslim minority in the northwest region of the country. Thus, ②**after World War II ended, treatises were drawn up to produce the Partition of India, which officially created the independent nations of India and Pakistan,** technically called the Republic of India and the Islamist Republic of Pakistan respectively.

Q: Which of the following is correct according to the passage?
(a) People in India and Pakistan are members of the same religion.
(b) The British decided to separate India from Pakistan in the 18th century.
(c) India and Pakistan have been at war since the end of World War II.
(d) Pakistan became a country when India gained independence from Britain.

해석

인도−파키스탄 관계는 조금도 과장 없이 말해서, 두 나라가 1947년 영국으로부터 독립한 이후 긴장 상태를 유지해왔습니다. ①영국의 지배하에 있던 18세기 후반 이후로 계속 **인도와 파키스탄은 사실 같은 영토로 여겨졌습니다.** 20세기 초반에 다양한 정치가들과 종교 지도자들은 인도 국민의 대부분이 힌두교를 믿는 반면 북서지역에는 소수의 회교도인들이 거주하고 있다는 사실을 알게 되었습니다. 그리하여 ②**제2차 세계대전이 종료된 후, 조약을 통해 인도의 분할이 이루어졌고, 이로 인해 공식적으로 인도와 파키스탄 독립국이,** 엄밀히 말하자면 인도 공화국과 파키스탄 이슬람교도 공화국이 각각 생겨났습니다.

질문: 지문의 내용과 일치하는 것은?
(a) 인도와 파키스탄의 사람들은 같은 종교를 믿는다.
(b) 영국은 18세기에 인도를 파키스탄으로부터 분리시키기로 결심했다.
(c) 인도와 파키스탄은 제2차 세계대전이 끝난 이후로 계속 전쟁상태이다.
(d) 파키스탄은 인도가 영국으로부터 독립을 이루었을 때 하나의 국가가 되었다.

해설

지문의 내용과 일치하는 것을 묻는 문제이다. 지문은 '인도−파키스탄'의 관계에 대해 이야기하고 있다. ①영국 점령 시절에는 인도와 파키스탄이 하나의 국가로 여겨졌으나, 종교적 차이로 인해 ②2차 세계 대전 이후 인도 분할을 계기로 인도와 파키스탄 독립국가가 각각 탄생했다고 설명하고 있다. 따라서 지문의 내용과 일치하는 것은 (d)이다.

archaeologist n. 고고학자

artery n. 동맥

calcification n. 석회화, 경화

hardening of the arteries 동맥 경화증

sedentary lifestyle 오래 앉아 있는 생활 방식

---

10. 세부 사항 ★★★   정답 (c)

①**Recently, archaeologists were surprised to find that heart disease is not necessarily as modern a problem as many had originally thought.** By using a CT scanning machine on 22 mummies at the National Museum of Antiquities in Cairo, researchers were able to study the hearts, arteries, or both in 16 of the mummies. ②**They were surprised to find that 9 out of the 16 mummies showed signs of calcification or hardening of the arteries, a major health concern today that is attributed to the increase in sedentary lifestyles around the globe.** Now scientists are looking at heart disease as a part of the broader history of humanity rather than as a relatively new concern.

Q: Why were the scientists surprised by their findings?
(a) Because evidence of heart disease disappears in corpses after a hundred years.
(b) Because the CT scanner doesn't usually pick up enough detail to show heart disease.
(c) Because heart disease is thought to be caused by modern lifestyle choices.
(d) Because Egyptians are not historically known to have heart disease.

해석
①고고학자들은 최근에 기본적으로 많은 사람들이 생각하고 있는 것처럼 심장병이 반드시 현대의 문제만은 아니라는 사실을 발견하고 놀랐습니다. 카이로의 국립 고대 미술관에 있는 22개의 미라를 CT 스캐닝 기계를 사용하여 확인한 결과, 연구원들은 16개 구의 미라에서 심장이나 동맥, 또는 두 가지 모두를 연구 할 수 있었습니다. ②연구원들은 16개의 미라 중 9구에서 석회화 또는 동맥 경화증의 증상을 발견하고 놀랐는데, 이것은 오늘 날 주요 건강문제로서 전 세계적으로 장기간 앉아서 생활하는 습관이 증가함에 따라 생겨났다고 여겨지고 있는 질병입니다. 이제 과학자들은 비교적 새로 생긴 근심 거리로써가 아니라 전 인류의 더 광범위한 역사의 일부로 심장병을 바라보고 있습니다.

질문: 과학자들이 자신의 발견에 놀란 이유는 무엇인가?
(a) 백 년 후 심장병의 증거가 시체 안에서 사라지기 때문에
(b) CT 스캐너는 심장병 확인을 위해 일반적으로 충분한 세부 내용을 집어내지 못하기 때문에
(c) 심장병은 현대 생활 방식으로 인해 유발된다고 생각되었기 때문에
(d) 역사적으로 이집트 사람들은 심장병을 가지고 있다는 것을 몰랐기 때문에

해설
지문에서 과학자들이 자신의 발견에 놀란 이유를 묻는 문제이다. ①고고학자들이 심장병이 현대인의 문제만은 아니었다는 사실을 발견하고 놀랐다는 내용을 시작으로 ②발견한 미라의 과반수에서 오늘날의 최대 건강 문제인 동맥 경화의 증상을 발견하여 놀랐다고 이야기하고 있다. 따라서 과학자들이 발견에서 놀란 이유로 '심장병이 현대 생활 방식으로 인해 유발된다고 생각되었기 때문에'라는 (c)가 가장 적절하다.

---

house v. 보관(소장)하다

traditionally adv. 전통적으로

---

11. 내용 일치 ★☆☆   정답 (a)

Western Europe is home to many very famous art museums that contain some of the most treasured paintings, sculptures, and other pieces of art, both ancient and modern. The Uffizi Gallery in Florence, Italy, is home to Boticelli's famous painting *The Birth of Venus.* In Amsterdam, Holland, the Rijksmuseum, or national museum, houses the works of

해석
서부 유럽은 고대와 근대 모두에 걸쳐 대단히 귀중한 그림과 조각품, 그리고 여타의 예술 작품들을 보유하고 있는 상당히 유명한 미술 박물관들이 많이 있는 곳입니다. 이탈리아 플로렌스의 Uffizi 갤러리에는 Boticelli의 유명한 그림인 The Birth of Venus가 있습니다. 네덜란드 암스테르담의 Rijksmuseum 또는 국립

many Renaissance-era Dutch artists, such as Rembrandt and Vermeer. Perhaps the most famous of these museums is ①**the Louvre in Paris, France, which is where DaVinci's extremely famous painting *La Joconde, or The Mona Lisa*,** traditionally rests.

Q: Which of the following is correct according to the passage?

(a) The Louvre is home to one of the world's most famous paintings.

(b) The Rijksmuseum only showcases Dutch paintings.

(c) All of Boticelli's works are shown in the Uffizi Galleries.

(d) The Mona Lisa can be found at the Uffizi Galleries in Florence.

미술관에는 Rembrandt와 Vermeer 같은 르네상스 시대의 많은 네덜란드 예술가들의 작품들이 소장되어 있습니다. 아마도 이 가운데 가장 유명한 박물관은 ①프랑스 파리의 Louvre인데, 이 곳은 Da Vinci의 극도로 유명한 작품인 La Joconde, 즉 The Mona Lisa가 역사적으로 휴식을 취하고 있습니다.

질문: 지문의 내용과 일치하는 것은?
(a) Louvre에는 세계에서 가장 유명한 그림들 중 하나가 보관되어 있다.
(b) Rijksmuseum는 네덜란드 그림들 전시만 한다.
(c) Boticelli의 모든 작품들이 Uffizi 갤러리에 있다.
(d) Mona Lisa는 플로렌스의 Uffizi 갤러리에서 관람할 수 있다.

해설

지문의 내용과 일치하는 것을 묻는 문제이다. 지문과 내용을 보면 서부유럽의 미술 박물관들에 귀중한 작품들이 많이 있다는 말을 시작으로, 다양한 유명 박물관의 소장품에 대해 이야기하고 있다. 마지막에서 Louvre에는 Da Vinci의 La Joconde, 즉 The Mona Lisa가 전시되어 있다고 설명하고 있으므로 지문 내용과 일치하는 것은 (a)이다. 'The Mona Lisa'의 프랑스식 제목인 'La Joconde'가 'or'로 연결되어 있어서 2개의 작품이라고 생각하지 않도록 주의해야한다.

12.

federally-run
  a. 연방정부가 운영하는
mental institution 정신 보호시설
schizophrenic n. 정신 분열증 환자
bipolar a. 조울증의
manic-depressive disorders
  조울증
incarceration n. 투옥, 감금

12. **내용 일치 ★★☆** **정답 (b)**

①In the past 30 or 40 years, **federally-run mental institutions and hospitals have closed their doors to patients due to a lack of funding**. Now, instead of getting proper treatment or help, many mentally ill people, particularly schizophrenic people and those suffering from bipolar or manic-depressive disorders, are left to their own devices in society. ②Sadly, many mentally ill patients who have reached adulthood **are incapable of caring for themselves, or do not have resources such as a fully devoted family to take care of them.** ③Thus, the rates of homelessness and incarceration of the mentally ill are both extremely high, **and it can be said that mental institutions run by the government have been replaced by prisons.**

Q: Which of the following is correct according to the passage?
(a) Federally-run mental institutions deal with many homeless people.

해석
①지난 30~40년간 **연방정부가 운영하는 정신 보호시설과 병원들은 자금 부족으로 인해 문을 닫았습니다.** 정신질환을 앓고 있는 많은 사람들 중에서도 특히 정신 분열증이나 조울증 환자들은 이제 적합한 치료와 도움을 받는 대신 사회에서 홀로 남겨지게 되었습니다. ②안타깝게도 성인이 된 많은 정신질환 환자들은 **스스로를 돌볼 능력이 없거나, 자신들을 돌봐주는데 완전히 헌신해줄 가족과 같은 의지할 곳이 없습니다.** ③그래서 정신 질환 환자들이 노숙자가 되거나 감금되는 비율이 모두 극도로 높으며, **정부 운영의 정신 보호시설이 감옥으로 대체되었다고 말할 수도 있습니다.**

질문: 지문의 내용과 일치하는 것은?
(a) 연방정부가 운영하는 정신 보호시설은 많은 노숙자들을 담당하고 있다.

(b) **Many mentally ill people go to prison because there are few other options.**
(c) Schizophrenic people are better served in prison than in mental institutions.
(d) Mentally ill people should be allowed to make their own life decisions.

(b) 많은 정신 질환 환자들은 다른 선택 사항이 없기 때문에 감옥으로 가고 있다.
(c) 정신 분열증 환자들은 정신 보호시설보다 감옥에서 더 잘 처우되고 있다.
(d) 정신 질환을 앓고 있는 사람들은 자기 자신의 삶에 대한 결정을 내릴 수 있도록 허용되어야 한다.

해설
지문의 내용과 일치하는 것을 묻는 문제이다. ①정부가 운영하는 정신 보호시설과 병원들은 재정악화로 인해 문을 닫았고, ②성인이 된 정신질환 환자들은 스스로를 돌볼 능력이 없거나, 돌봐줄 사람이 없어서 ③노숙자가 되거나 감옥에 감금되고 있다. 따라서 지문의 내용과 일치하는 것은 (b)이다.

13.

go out of business 폐업하다
liquidate v. 청산하다, 정리하다
inventory n. 재고
sheet music 한 장의 악보로 발행되는 음악
unbeatably a. 타의 추종을 불허하는
folk music 민속 음악

13. 내용 일치 ★☆☆   정답 (d)

The Lester Music Superstore is going out of business, and we must liquidate our entire inventory! ①**Choose from dozens of guitars, pianos, and woodwind instruments at less than half the usual price!** ②And don't forget the sheet music — **find thousands of copies of your favorite music,** from classical to jazz, and from opera to rock or pop, **all at unbeatably low prices.** But hurry; this sale ends Saturday.

Q: Which of the following is correct about the advertisement?
(a) The Lester Music Superstore sells jazz, classical, opera, rock, and pop albums.
(b) The regular price of musical instruments is half that of other stores.
(c) The Lester Music Superstore does not sell sheet music for folk music.
(d) During the sale, customers can buy a guitar for less than half-price.

해석
Lester Music Superstore는 폐업 정리 중입니다. 그래서 저희는 모든 재고를 처리해야 합니다! ①수십 개의 기타, 피아노, 목관악기를 정가의 반도 안 되는 가격으로 골라가세요! ②그리고 악보도 잊지 마세요. 클래식에서 재즈까지, 오페라에서 록이나 팝에 이르기까지 수천 장의 좋아하는 음악 악보를 더 이상 저렴할 수 없는 가격으로 찾아보세요. 단 토요일에 할인 판매는 종료되오니 서두르세요.

질문: 광고에 대한 내용과 일치하는 것은?
(a) Lester Music Superstore는 재즈, 클래식, 오페라, 록, 팝 앨범을 판매한다.
(b) 악기의 정가는 보통 다른 가게의 절반이다.
(c) Lester Music Superstore는 민속 음악의 악보를 판매하고 있지 않다.
(d) 할인 기간 동안 고객들은 절반 이하의 가격으로 기타를 살 수 있다.

해설
지문의 내용과 일치하는 것을 묻는 문제이다. 지문은 Lester Music Superstore의 폐업정리 세일에 대한 광고이다. ①현재 정가의 절반 이상 낮은 가격으로 악기를 판매하고 있으며, ②다양한 장르의 악보를 최저가에 판매한다고 홍보하고 있다. 따라서 광고의 내용과 일치하는 것은 '기타를 절반 이하에 살 수 있다'는 (d)이다. 정가는 다른 가게와 같으나 현재 절반 이하로 할인 판매하고 있으므로 (b)는 정답이 될 수 없다.

14.

intentionally a. 의도적으로

painkillers n. 진통제

misuse n. 오용, 남용 v. 오용하다

over-the-counter a. 처방전 없이 살
　　수 있는 (=non-prescription)

14.　내용 일치 ★★☆　　　　　　　　　정답 (a)

It is important for parents to know that many of their prescription drugs can be misused by children or teenagers, whether accidentally or intentionally. ①**Prescription medications should always be used exactly as prescribed and only by the person to whom they were prescribed.** ②**Even non-prescription drugs such as cough syrup or painkillers can cause serious harm or death when used incorrectly.** Not only is drug misuse illegal, but it's also extremely dangerous.

Q: Which of the following is correct according to the passage?
　(a) **Over-the-counter drugs can be as dangerous as prescriptions.**
　(b) Children and teenagers should be monitored when taking pills.
　(c) Parents should hide their medications from their children.
　(d) Parents should avoid giving adult medications to children.

해석

본인의 처방약들 가운데 상당한 양이 우연이든 고의적이든 어린이들이나 십대 청소년에 의해 오용될 수 있음을 부모님들은 알아야 합니다. ①처방약은 항상 처방된 그대로, 처방전을 받은 사람만 복용해야 합니다. ②기침용 시럽이나 진통제와 같이 처방전 없이 구입할 수 있는 약일지라도 잘못 사용할 경우 심각한 피해나 죽음을 초래할 수 있습니다. 약물 오용은 불법일 뿐만 아니라 극도로 위험한 일이기도 합니다.

질문: 지문의 내용과 일치하는 것은?
(a) 처방전 없이 살 수 있는 약들은 처방전이 필요한 약만큼이나 위험하다.
(b) 어린이들과 십대 청소년들이 약을 복용할 때는 주의 깊게 관찰받아야 한다.
(c) 부모들은 자신의 약을 어린이들로부터 숨겨야 한다.
(d) 부모들은 어른이 먹는 약을 어린이들에게 주지 말아야 한다.

해설

지문의 내용과 일치하는 것을 묻는 문제이다. 지문의 내용을 보면 ①처방약도 처방전 받은 사람만 처방된 대로 복용해야 하지만, ②처방전 없이 구입할 수 있는 약 또한 어린이들과 십대들에게 심각한 피해를 초래할 수 있다고 경고하고 있다. 따라서 주어진 보기 중에서 지문의 내용과 일치하는 것은 (a)이다

15.

anonymous a. 익명의, 무명의

needless to say 말할 필요도 없이

prioritize v. 우선 순위를 정하다

15.　추론 ★★☆　　　　　　　　　　　정답 (b)

While at the art fair this Saturday in the park, my daughter, Jeanine, fell in love with a particular sculpture. Unfortunately, when Jeanine asked if we could take the sculpture home, ①**I had to tell her that it would cost too much money.** ②**We went home in a pretty sad mood,** in spite of the wonderful afternoon we'd had. Sunday morning, somebody rang our doorbell and ran away, and when we opened the door, there was a box on the doorstep. The sculpture was inside with a small note. Apparently, one of our neighbors had seen us at the event and decided to give us an anonymous surprise. Needless to say, ③**both Jeanine and I were extremely pleased by the surprise.**

해석

금주 토요일, 공원에서 열린 미술 축제 기간에서 나의 딸 Jeanine은 어느 특별한 조각품과 사랑에 빠졌습니다. 안타깝게도 Jeanine이 그 조각품을 집에 가져갈 수 있는 지 물었을 때 ①저는 아이에게 조각품이 너무 비싸다는 사실을 이야기해 주어야 했습니다. 우리는 멋진 오후를 보냈음에도 불구하고, ②집에 돌아 올 때는 정말 우울한 기분이었습니다. 일요일 아침, 어떤 사람이 우리 집 현관 벨을 누르고 도망갔고, 문을 열어보았을 때는 현관에 상자 하나가 있었습니다. 그 조각품이 작은 쪽지와 함께 상자 안에 있었습니다. 분명히 이웃들 중 한 사람이 그 축제에서 우리를 보고, 익명의 깜짝 선물을 주기로 결정했나 봅니다. 말할 필요도 없이, ③Jeanine과 나는 그 깜짝 선물에 크게 즐거워했습니다.

Q: What can be inferred about the writer from the passage?
(a) He is unemployed and can't afford to buy a sculpture.
(b) He wanted the sculpture as much as Jeanine did.
(c) He expects people to take care of problems for him.
(d) He believes in prioritizing his needs in life.

질문: 지문에서 글쓴이에 대해 추론할 수 있는 것은?
(a) 그는 실업 상태이며, 조각품을 살 만한 돈이 없다.
(b) 그는 조각품을 Jeanine 만큼이나 갖고 싶어했다.
(c) 그는 그를 위해 사람들이 문제를 해결 해주길 기대했다.
(d) 그는 인생에서 필요한 것들의 우선순위를 정해야 함을 믿는다.

해설
지문을 통해 추론할 수 있는 것을 묻는 문제이다. 지문의 내용을 보면 ①조각품이 너무 비싸서 구매할 수 없다는 점을 딸에게 설명하고 ②둘 다 우울한 기분으로 집에 돌아왔는데, 조각품이 현관에 선물로 배달되어 ②둘 다 크게 즐거워했다고 설명하고 있다. 따라서 글쓴이에 대하여 주어진 지문의 내용으로 추론할 수 있는 것은 '딸인 Jeanine 만큼이나 조각품을 갖고 싶었다'는 (b)이다.

16.

pop culture 대중문화

explode v. 갑자기 활기를 띄다

in exchange for ~를 교환하는 대신

werewolf n. 늑대 인간

witchcraft n. 마녀

be incapable of ~ 할 수 없다

folklore n. 전통문화

---

16. **내용 일치 ★★☆** **정답 (c)**

①**Vampires seem to have exploded on the Western pop culture scene lately** as new movies and books about the mythical species come out almost every weekend, ②**but the idea of men and women who are cursed with unnatural hungers and a taste for blood is nothing new.** In the Caribbean, for instance, the myth of the Loogaroo, a woman who must give the Devil blood every night in exchange for magical powers, has been around since the 17th century. Historians believe the Loogaroo legend evolved based on French werewolf and vampire mythology mixed with the rich folklore of demons and witchcraft in the Voodoo religion of the Caribbean. ③**In spite of her long history, the Loogaroo is very similar to the vampires of today, as she hunts at night for her human prey and is incapable of surviving in the daylight.**

Q: Which of the following is true according to the passage?
(a) Modern-day vampire stories differ greatly from historical stories.
(b) Werewolves and vampires originated in the Voodoo religion of the Caribbean.
(c) Vampire stories have a long history and are not a totally modern concept.
(d) The Loogaroo existed before the French first arrived in the Caribbean.

해석
①뱀파이어라는 신화적인 존재를 다루는 영화와 책들이 거의 매 주말마다 쏟아져 나옴으로써 그들의 존재가 최근에 서양 대중문화에서 폭발적으로 퍼져나가는 것처럼 보입니다. ②그러나 비정상적인 굶주림과 피에 대한 기호를 타고난 남녀에 관한 아이디어는 전혀 새롭지 않습니다. 예를 들어 카리브해 지역에 Loogaroo 신화는 마법의 힘을 얻는 대가로 매일 밤 악마에게 피를 주어야만 하는 한 여자에 관한 내용으로 17세기 이후로 널리 알려져 왔습니다. 역사학자들은 카리브해의 악마와 마녀가 풍성하게 등장하는 부두교 전통문화와 프랑스의 늑대인간과 뱀파이어 이야기와 혼합되어 Loogaroo 전설이 진화했다고 생각합니다. ③Loogaroo 신화가 오랜 역사를 가지고 있지만, 밤에는 인간 먹이를 사냥하고 낮에는 생존할 수 없다는 점에서 Loogaroo 신화는 오늘 날의 뱀파이어와 매우 유사합니다.

질문: 지문의 내용과 일치하는 것은?
(a) 오늘 날의 뱀파이어 이야기는 역사적 이야기와는 크게 다르다.
(b) 늑대인간과 뱀파이어는 카리브해 지역의 부두교를 기원으로 한다.
(c) 뱀파이어 이야기는 오랜 역사를 가지고 있으며 완전히 근대적인 개념은 아니다.
(d) Loogaroo 신화는 프랑스인이 처음 카리브해에 도착하기 전에 존재했다.

17.

find n. 발견물
affordable a. 감당할 수 있는
harness v. 이용(활용)하다
haul v. 끌다
hydrogen n. 수소
colonize v. 식민지로 만들다
pay off 성공하다

17. 세부 사항 ★★★   정답 (c)

The recent discovery of ice on the moon is more than just an interesting scientific find based on years of research and tax-payer funding. ① **The very existence of this ice may actually make space travel even more affordable than ever before.** Because the moon has no plants, soil, or air, every visit to our planet's satellite has included extensive planning for bringing all the necessary resources along in the spaceship. Now, scientists believe they may be able to harness the ice on the moon to reduce the costs of hauling so much equipment so many millions of miles. ②**Not only will future astronauts possibly be able to bring less water with them on journey to the moon, but scientists may be able to harness the hydrogen in the ice to create more fuel for returning spacecraft.**

Q: Why is the scientists' discovery important?
(a) It means that humans may someday colonize the moon.
(b) It means tax-payers will no longer have to pay for space travel.
(c) It means space travel may someday be much less expensive.
(d) It means years of research finally paid off.

해석
최근 달 표면에서 얼음을 발견한 일은 수년간의 연구와 세금 납부자 기금을 기초로 한 그 어떤 흥미진진한 과학적 발견 그 이상의 의미를 지닙니다. ①얼음이 존재한다는 것은 그 어느 때보다 우주 여행을 훨씬 더 저렴하게 만들어 줄 수 있습니다. 달에는 식물이나 흙 또는 공기가 존재하지 않기 때문에 지구의 위성인 달을 방문한다는 것은 우주선에서 필요한 모든 자원들을 가져가기 위해 폭 넓은 계획을 세워야 한다는 것을 의미했습니다. 이제, 과학자들은 수백만 마일 동안 많은 물품을 끌고 가느라 들인 비용을 줄이기 위해 달 표면의 얼음을 활용할 수 있으리라 믿습니다. ②미래 우주 비행사들이 달까지의 여행에 물을 덜 가져갈 수 있을 뿐만 아니라, 과학자들은 돌아오는 우주선에 좀 더 많은 연료를 만들어 낼 수 있도록 얼음 속에 있는 수소를 이용할 수도 있을 것입니다.

질문: 과학자들의 발견이 중요한 이유는?
(a) 그것은 인간들이 언젠가 달을 식민지화 할지도 모른다는 것을 의미한다.
(b) 그것은 세금 납부자들이 우주 여행에 돈을 더 이상 지불하지 않아도 된다는 것을 의미한다.
(c) 그것은 우주 여행이 언젠가는 훨씬 덜 비싸질 수도 있다는 것을 의미한다.
(d) 그것은 수년간의 연구가 드디어 성공했다는 것을 의미한다.

해설
지문에서 언급된 과학자들의 발견이 중요한 이유를 묻는 문제이다. 최근 달표면에서 얼음을 발견했다는 내용을 시작으로, ①이를 통해 훨씬 더 저렴한 가격으로 우주여행이 가능해 질 것이며, ②달의 얼음을 이용하면 물을 가져가느라 들었던 비용을 절약할 수도 있고, 연료에 대한 비용도 줄일 수 있다고 설명하고 있다. 따라서 과학자들의 발견이 중요한 이유는 물의 발견으로 인해 '우주 여행 비용이 더 저렴해질 수 있기 때문'이라는 (c)이다.

18.

envision v. 마음 속에 그리다, 상상
　　하다

nuclear warhead 핵탄두

fatality n. 사망자, 치사율

detonate v. 폭발하다(시키다)

non-perishable a. 잘 부패하지 않
　　는, 보존할 수 있는

fallout n. 낙진

if necessary 필요하다면

18.　추론 ★★☆　　　　　　　정답 (d)

①**Although the Cold War is officially over,** nuclear war is still a frightening possibility. ② True, the Armageddon envisioned by scientists and civilians in the 1980s is no longer likely, but even a single nuclear warhead could **cause a large amount of damage and fatalities if detonated in a large city.** ③For this reason, **it is important for everyone, especially residents of large urban areas, to make and memorize a plan in case of nuclear emergency.** Always keep at least two weeks' worth of non-perishable food and water ready in a small bag, and know where you would go to escape the dangerous fallout. Basements or fallout shelters are ideal during a nuclear crisis, but experts say the ninth floor of a building will do just as well if necessary. It is also important to keep a battery-operated radio on hand, so that you can follow important instructions from officials as they become available.

Q: Which of the following would the writer most likely agree with?
　(a) There is no need for residents of rural areas to worry about nuclear weapons.
　(b) The end of the Cold War brought an end to the threat of nuclear war.
　(c) Governments should make an effort to prepare their citizens for nuclear war.
　(d) It is everyone's responsibility to be prepared for a nuclear disaster.

해석
①냉전이 공식적으로 끝났기는 했지만 핵전쟁은 여전히 무서운 가능성을 지니고 있습니다. ②사실, 1980년대 과학자와 시민들이 마음 속에 그렸던 대전쟁은 더 이상 일어날 것 같지 않지만, 단 하나의 핵탄두라도 대도시에서 폭발한다면 **상당 규모의 피해와 사상자를 일으킬 수 있습니다.** ③이러한 이유로 인해 **모든 사람들, 그 중에서도 큰 도시 지역에 살고 있는 사람들이라면 핵 비상사태를 대비하여 계획을 세우고 기억해두어야 합니다.** 항상 최소 2주 정도 보존이 가능한 음식과 물을 작은 가방에 준비해두고, 위험스러운 낙진을 피하기 위해서는 어디로 가야 하는지 알아두어야 합니다. 핵 위기 사태 동안, 지하실이나 방사성 낙진 대피소들이 이상적이기는 하지만 전문가들은 필요한 경우 건물의 9층도 그 만큼 좋은 장소라고 말합니다. 또한 배터리로 작동되는 라디오를 계속 소지한 채, 관계자들의 주요한 지시들을 따를 수 있도록 하는 것이 중요합니다.

질문: 글쓴이가 가장 동의할 것 같은 내용은?
　(a) 시골 지역의 거주민들은 핵 무기에 대해 걱정할 필요가 없다.
　(b) 냉전의 종말은 핵전쟁의 위협을 끝냈다.
　(c) 정부 기관들은 핵전쟁에 시민들이 준비를 할 수 있도록 노력해야 한다.
　(d) 핵 재앙에 준비하는 것은 모든 이의 책임이다.

해설
지문에서 글쓴이가 가장 동의할 것 같은 내용을 묻는 문제이다. 글쓴이는 글을 통해 핵전쟁 시 대피 요령에 대해 이야기하고 있다. ①냉전은 끝났지만 여전히 핵전쟁에 대한 가능성이 있으며, ②핵탄두로 인해 거대한 규모의 피해와 사망률을 일으킬 수 있다고 우려하고 있다. 특히 ③모든 사람들이 비상 사태에 대비해야 한다고 주장하고 있으므로, 내용 상 글쓴이가 가장 동의할 것 같은 것은 '핵 재앙에 준비하는 것은 모든 이의 책임이다'라는 (d)이다.

19.

dedicated a. 전념하는, 헌신적인

fulfilling a. 성취감을 주는

pastime n. 취미

compulsive a. 강박적인

fervor n. 열정

detrimental a. 해로운

high n. 최고 수준, 수치

fracture n. 골절

19.　추론 ★★★　　　　　　　정답 (a)

Marathon runners are known for being dedicated, healthy people who have invested their love of exercise into a competitive and fulfilling pastime. ①**However, many doctors compare the fervor some marathon runners have for their hobby to the desire that compulsive gamblers, drug addicts, or alcoholics have for theirs.**

해석
마라톤 주자들은 경쟁적이면서도 강박적인 취미에 운동에 대한 자신의 사랑을 투자하는 헌신적이면서도 건강한 사람들로 알려져 있습니다. ①그러나 많은 의사들은 일부 마라톤 주자들이 마라톤에 갖는 열정을 상습적 도박사, 약물 중독자, 알코올 중독자들이 그의 중독 대상에 가지는 열정과 유사하다고 주장합니다. 마라

Compulsive running may not sound as serious or as detrimental as other addictions a person can have, because after all, marathon runners are generally healthy people. ②Still, **doctors believe that some people can become addicted to the "runner's high" that is achieved after finishing a marathon,** particularly if the runner wins the race, and that these marathon addicts will continue to run, even if it threatens their health or well-being through fractures, stressed joints, or other dangers.

Q: What can be inferred about marathon runners based on the passage?
(a) **They may not be as healthy as they appear to be.**
(b) They are always healthier than the general population.
(c) They are highly dedicated to running no matter the cost.
(d) They are at far higher risk of injury than non-runners.

톤 주자들은 주로 건강한 사람들이기 때문에 상습적으로 달리기를 하는 것이 일반적인 중독상태만큼 심각하거나 해로운 것처럼 보이지는 않습니다. ②그러나, 의사들은 일부 사람들의 경우 "러너스 하이(달리는 동안의 절정감)"에 중독될 수 있는데, 이것은 마라톤이 끝난 후에 달성되는 것으로, 특히 선수가 경기에서 우승했을 때 골절이나 압력이 가해진 관절, 또는 여타의 위험으로 인해 자신의 건강과 안위가 위협을 받을 지라도 이러한 마라톤 중독으로 인해 계속해서 달리게 만든다고 설명하고 있습니다.

질문: 지문을 통해 마라톤 선수에 대해 추론할 수 있는 것은?
(a) 그들은 겉으로 보이는 것만큼 건강하지 않을 수도 있다.
(b) 그들은 항상 일반적인 사람들보다는 더 건강하다.
(c) 그들은 그 대가가 얼마이던지 간에 달리는 것에 매우 중독되어 있다.
(d) 그들은 달리기를 하지 않는 사람보다 더 높은 부상의 위험이 있다.

해설

지문을 통해 추론할 수 있는 것을 묻는 문제이다. 마라톤 주자들이 갖는 운동 중독에 대한 이야기이다. ①마라톤 주자의 운동에 대한 열정은, 일반인들의 해로운 중독과 마찬가지로 해로운데 ②이러한 중독으로 인해 마라톤 주자들은 건강과 안위가 위협을 받을 수 있는 상황에서도 계속해서 달리게 된다고 설명하고 있다. 따라서 마라톤 선수에 대해 추론할 수 있는 내용은 '겉으로 보이는 것만큼 건강하지 않을 수도 있다'라는 (a)가 적절하다.

Part III

20.

evolve v. 발달하다, 진전시키다
seemingly adv. 외견상, 겉으로 보기에
disparate a. 전혀 다른, 이질적인
etymology n. 어원 연구, 어원
borrow from ~로 부터 빌리다, 차용하다

20. 　일관성 ★★☆　　　　　　　　　　정답 (c)

English has evolved as a language by borrowing from various, seemingly disparate languages. (a) When researching English etymologies, you will find that many English words come directly from French. (b) Other languages that have influenced the English we speak today include German, Latin, Greek, and Anglo-Saxon. **(c) People who speak with an English accent are often considered more polite than those who do not.** (d) It is interesting to note that today many of those root languages now borrow from English.

해석

영어는 외견상 서로 전혀 다른 언어들을 차용함으로써 하나의 언어로 진화해 왔습니다. (a) 영어 어원을 조사하다 보면 많은 영어 단어들이 프랑스어에서 직접적으로 왔다는 사실을 알게 될 것입니다. (b) 오늘날 우리가 쓰는 영어에 영향을 준 언어들로는 독일어, 라틴어, 그리스어, 앵글로 색슨족의 언어가 있습니다. **(c) 영국 억양으로 이야기하는 사람들은 종종 그렇지 않은 사람들보다 더 정중하다고 여겨집니다.** (d) 오늘날 이 뿌리 언어들의 상당수가 영어에서 언어를 차용하고 있다는 사실은 흥미롭습니다.

해설

주어진 글을 읽고 흐름상 어색한 문장을 고르는 문제이다. 글은 영어가 다양한 언어로부터 차용된 언어라는 설명을 시작으로, (a)프랑스에서 여러 단어를 직접 차용하고 있고 (b)독일어, 라틴어, 그리스어, 앵글로 색슨족의 언어로부터도 영향을 받았는데, (d)요즘에는 오히려 이러한 뿌리 언어가 영어로부터 많은 것을 빌려오고 있다는 점이 흥미롭다고 설명하고 있다. 영국 억양에 대한 내용은 다른 부분에서 언급되지 않았으므로 (c)는 내용의 흐름상 어색하다.

Part I ~ III

1 **(a)**		2 **(b)**
3 **(c)**		4 **(b)**
5 **(b)**		6 **(d)**
7 **(d)**		8 **(c)**
9 **(d)**		10 **(b)**
11 **(a)**		12 **(c)**
13 **(b)**		14 **(a)**
15 **(a)**		16 **(a)**
17 **(d)**		18 **(b)**
19 **(d)**		20 **(c)**

1.

promotional a. 홍보(판촉)의

offer n. (짧은 기간 동안의) 할인

inclusive call 일체의 경비가 포함된
　전화

current a. 현재의, 지금의

termination n. 종료

mandatory a. 의무적인

2.

insect n. 곤충

migrate v. 이주하다

Part I

1.　빈칸완성 – 주제문 ★★★　　　　정답 (a)

Dear Mr. Palmer,
We are writing to inform you of ____________.
①**We can now offer you 350 minutes of inclusive call time each month for a reduced fee of $25, plus unlimited texts for an additional $10.** ②**The offer is available to all customers willing to extend their current contract period for an additional year from the current date of termination.** During the extended contract period you will still be able to upgrade your plan at any time for a pro-rated fee. For contract details and full details of the offer please contact the customer services at the number found on your last bill.

(a) **an exciting promotional offer**
(b) a mandatory change to your contract
(c) a reduction in the price of your plan
(d) recent payment activity on your account

해석
친애하는 Palmer 씨에게,
저희는 고객님께 **흥미로운 특별할인**에 대해 알려드리고자 편지를 씁니다. ①이제 저희는 고객님에게 추가 10달러로 무제한의 문자메시지 서비스에 25달러의 할인요금을 통해 매달 350분의 통화서비스를 제공할 수 있게 되었습니다. ②이 서비스는 현재의 계약이 종료되는 날로부터 추가 1년 동안 계약 기간을 연장하시는 모든 고객님들께 드리는 혜택입니다. 연장 계약 기간 동안 고객님께서는 언제든지 미리 계산된 요금으로 서비스를 업그레이드하실 수 있습니다. 계약에 대한 자세한 사항과 제공되는 서비스 내용의 전체적인 상세설명을 원하신다면 최종 요금 청구서에 적힌 전화번호를 통해 고객 서비스로 연락 주시기 바랍니다.

(a) **흥미로운 특별할인**
(b) 계약의 의무적인 변화
(c) 서비스의 가격에 대한 할인
(d) 계좌에 최근 납입 사항

해설
빈칸의 위치가 지문의 상단이므로 주제와 관련이 있는 내용이 들어가는 것이 적절하다. 주어진 지문은 편지 글이며, 글쓴이는 Palmer씨에게 ①25달러 상당의 할인요금과 350분의 통화를 제공하며, ②이는 1년 계약 연장 시 제공하는 혜택이라고 설명하고 있다. 따라서 편지를 쓴 목적이 들어가야 할 빈칸의 내용으로 '특별 할인'이라는 (a)가 가장 자연스럽다.

2.　빈칸완성 – 주제문 ★★☆　　　　정답 (b)

By far, one of the most unusual insects in the world is the Monarch Butterfly. Like many birds, Monarch Butterflies ________________. ①
Monarchs from the east and Midwest part of the United States fly as far south as Mexico to escape winter — a round trip of thousands of miles. Western Monarchs fly to forests along California's seacoast. ②**In spring, the females lay their eggs during their return journeys north,** and then die, leaving their newly hatched offspring to complete the trip for them.

(a) have adaptations for living in the cold

해석
지금까지 세계에서 가장 진귀한 곤충 중 하나는 모나크나비입니다. 다른 새들처럼 모나크나비는 **겨울에 남쪽으로 이동합니다.** ①미국의 동부와 중서부 지역에서 온 모나크나비는 겨울을 피하기 위해 수천 마일의 왕복 여행을 하며 멕시코까지나 먼 남쪽으로 날아갑니다. 서부의 모나크나비는 캘리포니아의 해안가를 따라 난 숲으로 날아갑니다. ②봄에 암컷 모나크나비는 북쪽에서 돌아오는 여행기간 동안 알을 나은 뒤 여행을 완료할 자손들이 새롭게 부화하도록 남겨두고 죽게 됩니다.

(a) 추위 속에서 살아가는데 적응력을 갖습니다.

(b) **migrate south for the winter**

(c) feed their young in remarkable ways

(d) show some strange mating behavior

(b) 겨울에 남쪽으로 이동합니다.

(c) 놀라운 방식으로 자신의 새끼들에게 먹이를 먹입니다.

(d) 일부 이상한 짝짓기 행위를 보입니다.

해설

지문은 모나크나비에 대한 내용으로 빈칸 뒤의 내용을 뒷받침할 수 있는 주제문을 묻는 문제이다. 모나크나비는 ①겨울을 피하기 위해 미국에서 멕시코나 먼 남쪽지역으로 이동하며, ②암컷 모나크나비는 봄에 북쪽에서 돌아온다고 설명하고 있다. 글을 통해 모나크나비는 겨울에 남쪽지방으로 이동한다는 것을 알 수 있다. 따라서 빈칸에는 지문을 바탕으로 새들과 같은 모나크나비의 특징이 들어가야 하므로, '겨울에 남쪽으로 이동한다'는 (b)의 내용이 적절하다.

3.

GDP per capita

　일인당 국민 소득

　　(=Gross Domestic Product)

issue v. 발표(공표)하다

3.　빈칸완성 – 주제문 ★★★　　　　　　　　　　정답 (c)

The International Monetary Fund (IMF) issues details every year of how much money countries generate per citizen, called gross domestic product per person (GDP per capita). ①**The 2008 list places Luxemburg at the top with a GDP per capita of \$113,044, which is 138% more than that of the United States.** ②**Many experts have pointed to the many advancements in the financial sector** as the main cause of the country's high GDP. These figures are a surprising reminder that _________ _________.

(a) the overall productivity of a country will depend on its GDP

(b) Luxemburg has the world's most profitable financial sector

(c) a country's productivity per person is not based on its size

(d) GDP is not a good measure of a countries size

해석

국제 통화 기금(IMF)은 각 국가가 일인당 국민 소득(GDP per capita)이라고 불리는 국민 한 사람당 생산해내는 돈이 얼마인지에 대한 자세한 사항을 매년 발표합니다. ①2008년 목록에서는 일인당 국민 소득이 113,044달러인 룩셈부르크가 1위를 기록했다고 발표했는데, 이 금액은 미국보다 138%나 더 많습니다. ②많은 전문가들은 룩셈부르크가 높은 GDP를 기록한 주 요인으로 재정적인 부분에서의 상당한 진보를 지목했습니다. 이러한 수치는 <u>한 나라의 일인당 생산성이 그 나라의 크기를 기본으로 하고 있는 것은 아니라는 것을</u> 놀랍게도 상기시켜주는 것이었습니다.

(a) 전체적인 한 나라의 생산성은 GDP에 의존하고 있는 것을

(b) 룩셈부르크는 세계에서 가장 수익성 있는 재정적인 요소를 가지고 있는 것을

(c) 한 나라의 일인당 생산성이 그 나라의 크기를 기본으로 하고 있는 것은 아니라는 것을

(d) GDP는 나라의 크기를 측정하는 좋은 방법이 아니라는 것을

해설

지문은 IMF에서 발표한 GDP에 관한 보고서 내용이다. 빈칸은 지문 앞의 내용을 포함하는 주제문을 골라야 한다. 국제 통화 기금(IMF)의 발표에 따르면 ①룩셈부르크가 제1의 GDP 생산국가이며, 이는 미국보다도 많은 소득이고, ②전문가들은 이 나라의 GDP 상승의 원인이 재정적 부분에서의 진보 때문이라고 설명하고 있다. 마지막 문장에는 수치가 놀라운 이유에 대한 내용이 들어가는 것이 자연스럽다. 빈칸에는 '한 나라의 일인당 생산성이 나라의 크기를 기본으로 하고 있지 않다'는 (c)가 적절하다.

4.

caregiver n. 돌봐주는 사람

census n. 인구 조사

guardian n. 후견인

4. 빈칸완성 – 주제문 ★★★   정답 (b)

Though most people think of a family as consisting of a mom and dad and their children, the family unit ________________.
①**Sometimes, and for many different reasons, grandparents can step in to provide care to their grandchildren.** ② According to the 2000 US census, **2.5 million households had grandparents** as guardians. The government even offers support to these families in much the same way as any other family, providing financial assistance through the welfare system. Also, children brought up by their grandparents are just as likely to succeed as when they are brought up by their parents.

(a) thrives best with as many children as possible

(b) usually consists more than two caregivers

(c) can be made up of grandparents and grandchildren

(d) is more accurately thought of without children at all

해석

대대수의 사람들은 가족이란 엄마와 아빠, 그리고 그들의 자녀로 구성된다고 생각하지만 가족 단위는 **보통 두 사람 이상의 돌봐주는 사람으로 구성되어 있습니다.** ①때로는, 그리고 많은 다른 이유로 인해 조부모들이 손자를 돌봐주는 일을 도울 수 있습니다. ②2000년도 미국 인구 조사에 따르면, **250만 가정에서는 조부모가 후견인으로 되어있습니다.** 정부는 심지어 여타의 다른 가족과 같은 방식으로 복지 체제를 통한 재정적인 지원을 제공하면서 이러한 가족을 지원하고 있습니다. 또한 조부모에 의해 양육되는 아이들은 부모들에 의해 양육될 때만큼이나 성공적으로 성장하고 있습니다.

(a) 최대한 많은 아이들과 함께 최대한 잘 번창하고 있습니다.

(b) 보통 두 사람 이상의 돌봐주는 사람으로 구성되어 있습니다.

(c) 조부모와 손자로 구성될 수 있습니다.

(d) 좀더 정확하게는 아이들 전혀 없는 것이라고 생각되고 있습니다.

해설

빈칸에 들어갈 수 있는 적절한 주제문을 묻는 문제이다. 지문은 대다수의 가족은 부모와 그들의 자녀로 구성되어 있지만, ①때로는 조부모가 손자들을 돌봐주기 위해 나서고 있고 ②조부모가 함께 살고 있는 가정이 250만 가정이나 된다는 미국의 인구조사 결과에 대해 이야기하고 있다. 따라서, 빈칸에는 '엄마와 아빠 두 사람 이상의 돌봐주는 사람이 가족 구성원에 포함된다'는 (b)가 적절하다.

5.

limited a. 제한된

statement n. 진술

outlining n. 개요

army general 육군 소장

in custody 구류되어, 감금되어

5. 빈칸완성 – 내용 파악 ★★☆   정답 (b)

①Nevada State Police have released a limited statement outlining **the contents of thirty-eight white envelopes found in the lobby of the Palms Place Hotel in Las Vegas last week.** ②**Along with fifty carets of uncut diamonds were photos of an unnamed, high ranking army general and some very rare and valuable 7th century papyrus paper from Egypt.** Though the police have two people in custody, it is not known ________________.

(a) if the hotel will sell the diamonds

(b) who the envelopes belong to

(c) how much the diamonds are worth

(d) what time the diamonds were found

해석

①Nevada주 경찰은 지난 주 Las Vegas의 Palms Place 호텔 로비에서 발견된 38개의 흰 봉투의 내용물에 대한 제한된 서술 개요를 발표했습니다. ②5캐럿의 가공 안된 다이아몬드와 함께 익명의 고위급 육군 소장의 사진과 이집트산 진귀하고 가치 있는 7세기 파피루스 종이가 들어있었습니다. 경찰은 2명을 감금하고 있지만, **봉투가 누구의 소유인지**에 대해서는 알려지지 않았습니다.

(a) 호텔이 다이아몬드를 판매할 것인지

(b) 봉투가 누구의 소유인지

(c) 다이아몬드의 가치가 얼마인지

(d) 다이아몬드가 언제 발견되었는지

6.

6. 빈칸완성 – 주제문 ★☆☆   정답 (d)

literary a. 문학의, 문학적인
trendsetter n. 유행의 선도자
radical a. 근본적인, 철저한
experiment n. 실험적인 행동 (생각)
strikingly adv. 두드러지게

The Irish author James Joyce was one of the greatest literary trendsetters of the 20th century. Some of his best-known works were the novels *Dubliners* and *Ulysses*, both of which contain ____________. ①**One of the techniques he developed was called "stream of consciousness," in which he ignored orderly sentence structure and attempted to reproduce the thoughts and feelings of a character.** ②**Although unusual, he is widely regarded as one of the most important writers in the English language.**

(a) plots that are similar in theme
(b) an extremely large number of pages
(c) strikingly realistic characters
(d) radical experiments in writing style

해석
아일랜드 출신 작가인 James Joyce는 20세기 문학적 유행의 선도자들 중 한 사람이었습니다. 그의 가장 잘 알려진 작품은 Dubliners와 Ulysses이고, 이 두 작품은 <u>문체에서 철저히 실험적인 생각</u>을 포함하고 있습니다. ①그가 개발시킨 기술 중 하나는 "의식의 흐름"이라고 불리는 것인데, 이러한 개념 안에서 그는 순서에 따른 문장 구조를 무시하고, 등장 인물의 생각과 감정을 재생산하려는 시도를 했습니다. ②평범하지는 않았지만, 그는 영어로 글을 쓴 가장 중요한 작가들 중 한 사람으로 폭넓게 인식되어 있습니다.

(a) 주제에서 유사성을 보이는 줄거리
(b) 극도로 많은 양의 페이지 수
(c) 놀라울 정도로 현실적인 등장인물들
(d) 문체에서 철저히 실험적인 생각

해설
지문은 James Joyce의 독특한 문학적 기술에 대한 내용으로, 빈칸은 이것을 뒷받침할 수 있는 주제문이 들어가기에 적절한 자리이다. 지문의 내용을 보면, ①그의 '의식의 흐름'은 등장인물의 생각과 감정을 재생산하는 시도였으며 ②그의 기술은 평범하지 않았지만 가장 중요한 작가들 중 한 사람으로 인정받고 있다고 설명하고 있다. 따라서 빈칸은 James Joyce의 Dubliners와 Ulysses에서 보여주는 문체의 특성이 들어가야 하므로, '문체에서 철저히 실험적인 생각'의 (d)가 적절하다.

7.

7. 빈칸완성 – 내용완성 ★☆☆   정답 (d)

hardy a. 내한성의
fabric n. 직물, 천
garment n. 의복, 옷

To ensure the maximum life from your garments, it is essential that all washing and drying instructions are followed according to ____________. ①**Linen and cotton, being hardier fabrics may be washed at higher temperatures and for longer washes. Wool, however, will shrink if washed in even slightly warm water and may also lose its shape if not dried carefully. Silk should ideally be dry cleaned and never washed with other fabrics.** ②**If you are unsure of how the fabric will react to the wash cycle, always check the tag.**

해석
옷의 수명을 극대화하기 위해 모든 세탁과 드라이 설명들은 반드시 <u>각 옷 안에 부착된 상품라벨</u>에 따라 처리해야 합니다. ①린넨과 면은 내한성의 직물이기 때문에 좀 더 높은 온도에서 좀 더 오랫동안 세탁해야 합니다. 그렇지만 울은 약간 따뜻한 물에서 세탁할지라도 줄어들을 수 있으며, 주의 깊게 말려주지 않았을 경우 형태가 변하기도 합니다. 실크는 드라이 클리닝을 하는 것이 이상적이며 절대로 다른 직물과 함께 세탁해서는 안됩니다. ②만약 직물이 세탁 작동 단계에 어떻게 반응할지 확신할 수 없다면, 항상 태그를 확인하세요.

(a) one simple guideline
(b) the color of the item
(c) how dirty the clothes are
(d) the label found inside each garment

(a) 하나의 단순한 안내문
(b) 옷의 색
(c) 옷이 얼마나 더러운지
(d) 각 옷 안에 부착된 상품라벨

해설
지문은 옷을 오래 간수하기 위한 조언에 대한 내용이다. ①린넨과 면에 대한 세탁 조언을 시작으로 울, 실크 등의 세탁물 처리법에 대해 이야기하고 있으며, ②세탁 방법에 대해 확신할 수 없으면 태그를 확인하라고 조언하고 있다. 빈칸에는 모든 세탁과 드라이에 대한 설명이 들어가야 내용의 흐름상 자연스럽다. 따라서 '각 옷 안에 부착된 상품라벨'의 (d)가 빈칸에 가장 적절하다.

---

radical a. 근본적인, 철저한

overhaul v. 점검(정비)하다

revolutionize v. 대변혁(혁신)을 일으키다

get about 걸어 다니다(move about), 여기저기 여행하다

set forth 출발하다

press conference 기자회견

household n. 가정

proportion n. 부분, (전체에서 차지하는) 비율

earmark v. 배정하다, 결정하다

8. **빈칸완성 – 연결어 ★★★**   정답 (c)

Tired of endless traffic jams and rising fuel costs? This week the government has announced a radical overhaul of the public transportation system that could revolutionize the way we all get about. ①**The bill set forth in a press conference last night would mean lower travel cost and less traffic on the roads for everyone.** ②**It is hoped that the bill will chiefly target middle to low-income households** where the use of a car accounts for such a large proportion of household income. ③________, **the government has earmarked around $350 billion to improve the transport system.**

(a) Meanwhile
(b) That is to say
(c) In light of this
(d) Otherwise

해석
끝이 없는 교통 체증과 계속해서 오르는 연료 가격에 지치셨나요? 이번 주 정부 기관은 우리 모두가 이용하는 길을 개혁할 대중교통수단 체제의 철저한 점검에 대해 발표했습니다. ①**지난 밤 기자회견에서 발표된 요금은 모든 사람들을 위해 교통비가 낮아지고, 교통체증이 줄어드는 것을 의미합니다.** ②**교통요금은 가정 수입의 상당부분을 자동차 관련 비용에 사용하는 중-저소득층 가정을 대상으로 합니다.** ③**이를 고려하여**, 정부는 대중교통 체제를 증진시키기 위해 약 3천5백억 달러의 예산을 배정해 왔습니다.

(a) 한편
(b) 다시 말해서
(c) 이를 고려하여
(d) 그렇지 않으면

해설
지문은 정부기관에서 발표한 대중교통수단 체제의 점검 발표에 대해 이야기이다. 정부의 대중교통수단에 대한 발표를 통해 ①여행경비가 낮아지고 교통체증이 줄어들 것을 의미하고, ②중 저소득층을 대상으로 하고 있으며 ③정부는 3천5백억 달러의 예산을 배정했다고 설명하고 있다. ③에서는 앞의 내용을 위해 예산한 내용을 이야기하고 있으므로, 빈칸에는 '이를 고려하여(이를 위해)'라는 (c)가 가장 적절하다.

Part II

symptom n. 증상, 징후

insomnia n. 불면증

muscle soreness 근육통

recovery capacity 회복 능력

cope with 대처하다

9. **주제 찾기 ★★★**   정답 (d)

Practice makes perfect, or so the saying goes. But experts have been warning of the dangers of overtraining for many years. ①**Symptoms include insomnia, depression and persistent muscle soreness.** ②**Overtraining can occur with anyone whose exercising is more intense than his or her recovery**

해석
'연습은 완벽함을 낳는다'와 같은 말과 유사한 격언들이 있습니다. 그렇지만 전문가들은 수년 동안 지나친 훈련의 위험성에 대해 경고해왔습니다. ①**증상으로는 불면증, 우울증과 지속적인 근육통이 있습니다.** ②**지나친 훈련이란 대처할 수 있는 운동회복 능력이상으로 강도 높게**

capacity can cope with. Treatment, however, is simple and effective. ③**By taking regular and more prolonged breaks the body soon recovers, sufferers are also likely to see a marked improvement in their overall training.**

    Q: What is the main topic of the passage?
- (a) Training without rest can increase strength.
- (b) Sports training causes depression and insomnia.
- (c) The treatments for overtraining are effective.
- **(d) Rest is an important part of improving training.**

훈련할 경우 일어날 수 있습니다. 그러나 치료법은 단순하면서도 효과적입니다. ③규칙적이면서 더 긴 시간 동안 휴식을 취하게 되면 신체는 빠르게 회복하며, 또한 통증을 겪고 있는 사람들은 전반적인 훈련에서 뚜렷한 개선을 확인할 수 있을 것입니다.

    질문: 지문의 주제는 무엇인가?
- (a) 휴식기간 없이 훈련하는 것은 근력을 강화시킬 수 있다.
- (b) 스포츠 훈련은 우울증과 불면증을 유발시킨다.
- (c) 과도한 훈련에 대한 치료법은 효과적이다.
- **(d) 휴식은 훈련을 개선하는 데 중요한 부분이다.**

해설

지문의 주제를 묻는 문제이다. 글쓴이는 전문가들의 과한 훈련에 대한 위험성의 경고를 시작으로, ① 과도한 훈련으로 불면증 등의 증상이 있을 수 있고, ②운동회복 능력 이상으로 훈련했을 경우 발생하는데, ③충분한 휴식을 통해 회복할 수 있다고 설명하고 있다. 따라서 지문의 주제는 '휴식은 훈련 결과를 개선하는 데 중요한 부분'이라는 (d)가 적절하다.

10.

thoroughly adv. 대단히, 완전히
unappreciated a. 인정받지 못하는
disconnect v. 연결을 끊다
personalize v. 개인의 필요에 맞추다

10.   대의 파악 ★★☆   정답 (b)

To Whom It May Concern,
I recently purchased a number of books using your online ordering service, totaling around $400. ①The listed delivery time stated that **I could expect the books in no more than ten working days, but three of the books did not arrive for four weeks.** ② **When I questioned your call center about this, I was made to feel thoroughly unappreciated as a customer** and told simply to wait for up to a month for the product. I then asked to speak to a manager but was told by the customer service representative that none were available and was then disconnected. ③ **I expect a personalized reply within 10 working days.**
Yours,
Rodger P. Smithe

    Q: What is the purpose of the letter?
- (a) To request a refund for the books ordered
- **(b) To complain about the level of service**
- (c) To request to talk to a manager
- (d) To request that books be sent faster

해석

담당자님께,
저는 최근에 온라인 주문 서비스를 통해 총 400달러 정도의 많은 책을 구입했습니다. ①게재되어 있는 배송 시간을 보면 저는 10일의 영업일 이내에 책을 받을 수 있을 거라고 예상했습니다. 그렇지만 주문한 책 중 3권이 4주 동안 배송되지 않았습니다. ②제가 고객 센터에 이 점을 문의했을 때 고객으로써 대단히 인정받지 못하는 느낌을 받았으며, 단순히 그 상품에 대해 한 달까지는 기다리라는 말만 들었습니다. 그러고나서 매니저와 통화를 요청했지만 고객센터 담당자는 아무도 가능하지 않다고 말하고, 연결이 끊겼습니다. ③10일의 영업일 안에 개별적인 응답을 바랍니다.
Rodger P. Smithe 드림

    질문: 편지의 목적은 무엇인가?
- (a) 주문한 책의 환불을 요청하기 위해
- **(b) 서비스의 수준에 대해 불평하기 위해**
- (c) 매니저와 이야기하기를 요청하기 위해
- (d) 책이 더 빨리 배송되기를 요청하기 위해

해설
주어진 편지의 목적을 묻는 문제이다. 편지를 쓴 글쓴이는 온라인 주문을 통해 상당량의 책을 주문했는데, ①고지되어있는 배송기간과는 달리 4주 동안 주문한 책 중 3권을 받지 못했으며, ②고객센터에 문의했으나, 불친절한 답변만 들어 화가 났으므로, ③10일안에 개별적인 응답을 보내달라고 요청하고 있다. 따라서 편지의 목적은 '서비스의 수준에 대해 불평하기 위해'라는 (b)가 된다.

11.

feature n. 특집 (기사/방송)

suggestion n. 제안, 제의, 의견

submission n. 제출, (의견의) 개진

---

11. **내용 일치 ★★☆**   정답 (a)

Starting March 29th, the company will be issuing eleven page monthly newsletters outlining current events and news. ①**We are currently taking suggestions for five articles or features that employees would like to see included.** ②**If you would like to write a piece, ensure it under 200 words and email it to human resources by February 28th.** Five of the best entries will be selected and winners will be given a $25 voucher for the staff cafeteria.

Q: Which of the following is correct according to the passage?
(a) **There is a word limit on submissions.**
(b) All employees will receive a $25 voucher.
(c) Articles must be submitted by February 27th.
(d) Each article should be eleven pages long.

해석

회사는 3월 9일부터 현재 진행되는 사건과 새로운 소식을 담은 11 페이지 분량의 월간 뉴스레터를 발행할 예정입니다. ① 저희는 현재 직원들이 보고 싶어할 것 같은 5건의 기사와 특집을 제안해둔 상태입니다. ②만약 기사를 작성하고 싶으시다면, 200단어 이하의 원고를 2월 28일까지 인사관리 팀으로 이메일 보내주시기 바랍니다. 최고의 입선작으로 5건이 선정되며 우승자들은 직원 식당에서 사용할 수 있는 25달러 상당의 상품권이 주어집니다.

질문: 지문의 내용과 일치하는 것은?
(a) 제출된 내용에는 단어의 제한이 있다.
(b) 모든 직원들은 25달러 상당의 상품권을 받게 된다.
(c) 기사는 2월 27일까지 제출되어야 한다.
(d) 각 기사는 11페이지 길이어야 한다.

해설

지문의 내용과 일치하는 것을 묻는 문제이다. 지문은 월간 뉴스레터의 발행에 대한 소식을 전하고 있다. ①현재 5건의 기사와 특집을 제안해둔 상태이며, ②기사를 쓰고 싶다면 200단어 이하의 원고를 작성해서 2월 28일까지 보내달라고 이야기하고 있다. 따라서, 지문의 내용과 일치하는 것은 '제출된 내용에는 단어의 제한이 있다'라는 (a)가 정답이다.

12.

microscopic a. 미세한, 현미경으로 봐야만 보이는

bacteria n. 박테리아, 세균

machinery n. 조직, 시스템, 기구

collectively adv. 집합적으로, 전체적으로

gear n. 기어

spin v. 돌다, 회전(선회)하다

concentration n. 집중

momentum n. 탄력(가속도)

biomechanical n. 생물(생체) 역학

drawback n. 결점, 문제점

promising a. 유망한, 조짐이 좋은

---

12. **내용 일치 ★★☆**   정답 (c)

Microscopic bacteria may someday move machinery. As surprising as this seems, several laboratories have produced experiments indicating that billions of swimming bacteria can work collectively to make a gear spin. ①**At high concentrations, these tiny organisms push against the teeth of the gear,** producing enough momentum to make it rotate. ②**While the potential for using this information to develop hybrid biomechanical machines is great,** the process is not yet perfect. One drawback is the fact that bacteria are alive, and therefore eventually die. Also, sometimes the

해석

언젠가는 미세한 박테리아가 기계를 움직일 지도 모릅니다. 보이는 것처럼 놀랍게도 수십억 마리의 수영하는 박테리아가 장치를 회전시키기 위해 집단적으로 움직일 수 있다고 주장하는 여러 연구실에서의 연구결과가 있었습니다. ①높은 집중력으로 이러한 작은 유기물체는 회전시킬 수 있을 만큼 충분한 탄력을 생산하면서 장치의 톱니를 밀게 됩니다. ② 하이브리드 생체 역학 기계를 발전시키는 데 이러한 정보를 사용할 가능성은 크지만 그 과정에 대해서는 아직 완벽하지 않습니다. 하나의 결점은 박테리아가 살

little creatures simply stop pushing. The findings are promising enough, however, that scientists will continue to try to perfect the process.

Q: According to the paragraph, which of the following is true?
(a) Just a few bacteria create plenty of mechanical power.
(b) Bacteria are an ideal power source because they do not require food.
(c) Bacteria may be used to power machines in the future.
(d) Bacteria are currently used to continuously power machinery.

아있기 때문에 결국에는 죽게 된다는 사실입니다. 또한 이 작은 생명체들은 종종 미는 것을 별 이유 없이 멈춘다는 점입니다. 그렇지만 이 연구 결과들은 과학자들이 그 과정을 완벽하게 만들기 위한 노력을 계속하게 할 만큼 충분한 가능성을 지니고 있습니다.

질문: 지문의 내용과 일치하는 것은?
(a) 그저 약간의 박테리아만으로 기계 동력을 만들어 낼 수 있다.
(b) 박테리아는 먹이를 필요로 하지 않기 때문에 이상적인 힘의 원천이 된다.
(c) 박테리아는 앞으로 기계에 동력을 제공하도록 사용될 가능성이 있다.
(d) 박테리아는 현재 지속적으로 기계에 동력을 제공하도록 이용되고 있다.

해설
지문의 내용과 일치하는 것을 묻는 문제이다. 지문은 박테리아를 활용하여 기계를 움직이게 할 수 있다는 말을 시작으로, ①하이브리드 생체역학 기계를 개발하는 데 이 정보를 사용할 수 있으며, 결점이 있기는 하지만 ②충분한 가능성이 있기에 과학자들은 이 분야를 계속해서 연구한다고 설명하고 있다. 따라서 지문의 내용과 일치하는 것은 '박테리아는 앞으로 기계에 동력을 제공하도록 사용될 가능성이 있다'라는 (c)이다.

13.

League of Nations 국제연맹 (the United Nations의 전신)

settle one's difference 의견 일치를 보다

at one point 한때, 어느 순간

arbitrate v. 중재하다

exist v. 존재(실재)하다

intention n. 의도, 목적

ensure v. 보장하다

obedience n. 순종, 복종

the last nail in the coffin 관에 박은 마지막 못 (최후의 쐐기를 박는 사건이나 일)

13. 　내용 일치 ★★★　　　　　　　　　정답 (b)

Upon the ending of World War I, the League of Nations was formed in the hope that the nations of the world would no longer resort to war to settle their differences. ①**The League, which consisted of 58 countries at one point,** existed to promote human welfare and arbitrate disagreements between countries, among other things. ②Although its intentions were worthy, **the League had no way to ensure obedience from any misbehaving country. ③This became unavoidably obvious when Germany pulled out of the League after** a conflict over human rights. That eventually brought about World War II, which proved to be the last nail in the coffin of the League of Nations.

Q: Which of the following is true of the League of Nations?
(a) It always consisted of every country in Europe.
(b) It had no power to compel countries to obey its decisions.

해석
제1차 대전이 끝난 직후, 전세계국가들은 국가간의 차이점에 대한 의견 일치를 위해 더 이상 전쟁이라는 최후의 방책을 택하지 말자는 의도로 국제연맹을 조성하였습니다. ①한 때 58개국으로 구성되었던 국제연맹은 다른 여러 가지 목적 중에서도 인류 복리 증진과 국가 간 갈등 중재를 위해 존재했습니다. ②비록 그 의도는 훌륭했으나, 국제연맹은 잘못된 행위를 저지른 국가로부터 복종을 이끌 수 있는 방법이 없었습니다. ③독일이 인권에 대한 갈등 후 국제연맹을 탈퇴했을 때 이점은 어쩔 수 없이 명백해 졌습니다. 결국 이 일이 국제연맹의 관에 박은 마지막 못이 되었음을 입증하며 제2차 세계 대전이 발발되었습니다.

질문: 국제연맹에 관한 내용 중 사실인 것은?
(a) 국제연맹은 항상 유럽에 있는 모든 나라로 구성되었다.
(b) 국제연맹은 국가들이 자신의 결정을 복종하게 만들도록 강요할 능력이 없었다.

(c) It successfully prevented any more wars
from taking place.
(d) One of its goals was to ensure the equal
distribution of wealth.

(c) 국제연맹은 성공적으로 더 이상의 전쟁이 일어나지 않도록 막았다.
(d) 국제연맹의 목적 중 하나는 부를 공평하게 분배하는 것이었다.

해설

지문의 내용과 일치하는 것을 묻는 문제이다. 국가간 의견 일치를 위해 조성된 국제연맹의 결성 이유를 언급하며, ①58개의 국가로 구성되었으며 ②설립의도는 훌륭했으나 잘못된 행동을 하는 국가를 복종하게 만들 방법이 없었고 ③독일이 국제연맹을 탈퇴했을 때 이에 대한 조치를 취할 수 없었다고 설명하고 있다. 따라서 국제 연맹에 대한 내용으로 사실인 것은 '국가들이 자신의 결정을 복종하게 만들도록 강요할 능력이 없었다'라는 (b)이다.

14.

evolutionarily adv. 점진적으로

sibling n. 형제 자매

rivalry n. 경쟁 (의식)

frustration n. 불만, 좌절감

ubiquitous a. 어디에나 있는, 아주 흔한

detrimental a. 해로운

motor neuron 운동 신경 세포

bicker v. (사소한 일로) 다투다

14.   주제 찾기 ★★☆   **정답 (a)**

In the wild, certain species of newborn birds have been known to kill their siblings. Evolutionarily, this is thought to ensure the survival of the strongest chick. But what about humans? ①**Eighty-two percent of the children in the western world are raised with at least one sibling.** Though sibling rivalry is far from ubiquitous, many families suffer great deals of stress and frustrations at the quarreling and competing of brothers and sisters. ②But research shows that far from being detrimental to individual personalities, the **bickering can sharpen motor neuron and social skills, better preparing the child for later life.**

Q: What is the passage mainly about?
   (a) **Sibling rivalry can help develop skills in individuals.**
   (b) Humans are a lot more similar to birds than we think.
   (c) There is a simple and efficient way to be a better sibling.
   (d) Living with a large family tends to be more successful.

해석

야생에서 새로 태어난 새들 중 어떤 종의 경우 자신의 형제자매를 죽이는 것으로 알려져 있습니다. 환경적으로 이러한 사실은 더 강한 새끼의 생존을 분명하게 한다고 여겨지고 있습니다. 그러나 인간의 경우에는 어떤가요? ①서양 어린이들 중 82%가 최소 한 명 이상의 형제들과 함께 자라납니다. 비록 형제 자매간의 경쟁이란 흔한 일은 아니지만, 많은 가족들은 형제 자매들간의 다툼과 경쟁으로 인해 상당량의 좌절감과 스트레스를 겪고 있습니다. ②그러나 연구에 따르면 사소한 일로 다투는 일은 개인의 성격에 나쁜 영향을 미치기 보다는 아이가 나중의 삶을 더 잘 준비하도록 만들어주고, 동시에 해로운 신경세포와 사회적 능력을 단련시켜준다고 합니다.

질문: 지문의 주제는 무엇인가?
   (a) 형제 자매간의 경쟁의식은 개인의 능력을 개발하는 데 도움이 될 수 있다.
   (b) 인간들은 우리가 생각하는 것보다 조류와 훨씬 많이 유사하다.
   (c) 더 나은 형제 자매가 되는데 단순하면서도 효과적인 방법이 있다.
   (d) 대가족과 함께 사는 삶은 좀 더 성공적인 경향이 있다

해설

지문의 주제를 묻는 문제이다. 환경적으로 더 강한 새끼의 생존을 위해 새들은 자신의 형제 자매를 죽인다는 내용을 시작으로 ①서양 어린이 중 82%가 형제 자매와 함께 자라며, ②형제 자매간의 사소한 싸움을 통해 추후의 삶을 더 잘 준비하게 만드는 등 긍정적인 효과가 있다고 주장하고 있다. 따라서 지문의 주제로 '형제 자매간의 경쟁의식은 개인의 능력 개발에 도움이 될 수 있다'라는 (a)가 가장 적절하다.

15.

dynamic a. 정력적인, 활발한

self-motivated a. 스스로 동기를 부
    여하는

outgoing a. 외향적인, 사교적인

challenging a. 도전적인

in-bound a. 들어오는, 귀항하는

monitor v. 감시하다

---

15. **세부사항 ★★☆** 정답 (a)

An exciting position has now come available at Ottman Brothers Stores. ①**We are looking for a dynamic, self-motivated individual** with at least three years experience working with the general public to work as a customer service representative in our Main St. branch. ②**The successful candidate will show an outgoing personality and love for challenging situations.** Duties include monitoring an in-bound phone line and personally ensuring that the correct member of staff deals with each complaint.

Q: What qualities should the successful candidate have?

  (a) They should enjoy challenges and have a sociable personality.
  (b) They should have experience on in-bound phone lines.
  (c) They should have an outgoing personality and love challenging people.
  (d) They must have worked as a customer service representative before.

해석

지금 Ottman Brothers Stores에는 흥미로운 일자리가 있습니다. ①저희 회사의 Main St. 지사에서는 최소 3년 이상 일반대중을 상대로 고객 서비스 담당 경력을 지닌 **역동적이고 자발적인 직원을 찾고 있습니다.** ②입사 합격자는 외향적인 성격과 도전적인 상황을 즐기는 사람이 될 것입니다. 업무는 인바운드 전화를 모니터링하고 적절한 직원이 불평사항을 잘 처리하는지 개별적으로 확인하는 일을 담당합니다.

질문: 성공적인 후보자가 갖춰야 할 요건은?

  (a) 그들은 도전을 즐기고 사교적인 성격을 가져야 한다.
  (b) 그들은 인바운드 전화를 경험해봤어야 한다.
  (c) 그들은 외향적인 성격을 가져야 하고, 도전적인 사람들을 좋아해야 한다.
  (d) 그들은 고객 서비스 담당자로써 근무한 경력이 있어야 한다.

해설

지문의 내용을 파악하여 세부 사항을 고르는 문제이다. 성공한 후보자가 가져야 할 특징으로 ①역동적이고, 스스로 동기를 부여할 줄 알아야 하며 ②외향적인 성격과 도전적인 상황을 즐기는 사람을 언급하고 있다. 따라서 주어진 보기 중에서 이러한 내용을 포함하고 있는 (a)가 정답이다.

16.

high-tech a. 첨단 기술의

pyrotechnician n. 불꽃 제조술사

electronic a. 전자의

grid n. 격자판

detonate v. 폭발하다

firework n. 폭죽

---

16. **내용 일치 ★★★** 정답 (a)

We've all attended firework displays and been dazzled by the bright, colorful lights. ①**But behind the scenes of many of the larger displays are hours of planning using high-tech equipment and expert knowledge. ②The displays are first planned using computer software,** which tells a pyrotechnician where each fireworks should be positioned. ③**The fireworks are then set up on an electronic grid, which can remotely detonate them at just the right moment.**

Q: According to the passage, which of the following is correct about fireworks?

  (a) Modern displays are very dependent on technology.

해석

우리 모두는 불꽃놀이에 참석하였고, 그 밝고 다채로운 불빛에 감탄했습니다. ① 그러나 더 큰 불꽃 놀이의 장면 뒤에는 최첨단 장비와 전문가 지식을 활용한 오랜 시간의 기획이 있습니다. ②불꽃 놀이는 우선 컴퓨터 소프트웨어를 활용하여 계획되는데, 이것은 어떤 불꽃을 어디에 설치할지 불꽃 제조술사에게 이야기해주는 프로그램입니다. ③폭죽은 전자 격자판 위에 설치되는 데 이것은 원거리에서 아주 정확한 순간에 폭발시킬 수 있는 장치입니다.

질문: 지문에서 폭죽에 대한 내용으로 일치하는 것은?

  (a) 현대적인 폭죽 디스플레이는 기술에 상당히 의존하고 있다.

(b) A computer is used to place the
fireworks in the correct position.
(c) Their colors are controlled by an
electronic grid.
(d) They are constructed by hand in
factories.

(b) 컴퓨터는 정확한 위치에 폭죽을 설치시키는 데 사용된다.
(c) 폭죽의 색은 전자 격자판에 의해 통제된다.
(d) 폭죽은 공장에서 손으로 만들어진다.

해설
지문의 내용과 일치하는 것을 묻는 문제이다. 지문의 내용을 보면 불꽃놀이는 ①첨단 장비와 전문가 지식을 기반으로 오랜 시간의 기획을 통해 이루어지며, ②컴퓨터 소프트웨어를 활용해 불꽃의 정확한 위치를 정하고, ③전자 격자판을 통해 불꽃을 원거리에서 정확한 시간에 폭발시킬 수 있다고 설명하고 있다. 따라서 폭죽에 대한 내용으로 일치하는 것은 '현대적인 폭죽 디스플레이는 기술에 상당히 의존하고 있다'의 (a)이다.

17.

defective a. 결함이 있는

repack v. 다시 포장하다

return transaction 반품 처리

17. 대의 파악 ★★★ 　　　　　　　　　　정답 (d)

Dear Mr. O'Connor,

①**Thank you for your recent help in arranging for the return of the defective modem that we purchased on January 14, 2009.** As you suggested, I will repack the modem in its original box and ship it by express mail using the return invoice that you just emailed to me. I'll ship the modem to your return facility at:

Return Department
ABC Computer Company
123 Main Street
Anytown, CA 00000-0000

②**Thank you again for your help in resolving this issue so quickly.** Please let me know if there is anything else I need to do at my end to complete the return transaction.

Q: What is the purpose of the letter?
(a) To make sure a record is accurate
(b) To ask for payment on account
(c) To thank the store for a good product
(d) To arrange the return of a product

해석
O'Connor 씨에게,
①저희가 2009년 1월 14일에 구매한 결함 있는 모뎀에 대한 최근의 반품 건 처리를 도와주신 데 대해 감사의 말씀 드립니다. 알려준 대로 저는 제품의 본 박스 안에 모뎀을 재포장하여 이메일로 제게 보내준 반품 신청서를 사용하여 특급 우편으로 물품을 배송할 예정입니다. 모뎀을 하단의 당신의 반품처리 주소로 보내겠습니다:
Return Department
ABC Computer Company
123 Main Street
Anytown, CA 00000-0000
②다시 한번 이번 문제를 매우 조속히 해결하도록 도와주셔서 감사합니다. 반품처리를 완료하는 데 더 해야 할 일이 있다면 알려주세요.

질문: 편지 글의 목적은?
(a) 기록이 정확하다는 점을 명시하기 위해
(b) 대금의 지불을 요청하려고
(c) 좋은 상품에 대해 가게에 감사를 표현하려고
(d) 상품의 반품을 처리하려고

해설
지문의 목적을 묻는 대의 파악 문제이다. 편지 글에서, ①반품처리를 도와줘서 고맙다는 인사말과 함께, ②다시 한번 도움에 대한 감사를 표하고 있다. 따라서 편지 글의 목적은 '상품의 반품을 처리하려고'라는 (d)가 가장 적절하다.

18.

Mediterranean a. 지중해의

primitively adv. 원시적으로, 소박하게

earthen a. 흙으로 된

relic n. 유물, 유적

18. 　세부사항 ★★☆ 　　　　　　　　　정답 (b)

Archaeologists believe they have found the remains of a 4,000-year-old stone doll on the Mediterranean island of Pantelleria, near Sicily. The doll's head was about 3 cm in size and has a primitively carved pair of eyes, a nose, mouth and curly hair. The doll was discovered amongst a tiny set of earthen cooking pans in the ruins of two huts at the site of a Bronze Age village. ①**The archaeologists who uncovered the relics originally thought the doll's head to be a religious symbol.** ②However, **based on the location of the discovery in the children's living quarters of the hut, the scientists now believe that head was part of an ancient toy that belonged to the girls that lived in the village some 4,000 years ago.**

Q: Why do the archaeologists believe the doll head was a toy?
  (a) It was found near the remains of a young girl.
  (b) It was discovered in the children's bedroom.
  (c) The village was known to be the home of many children.
  (d) The carvings on the head suggested it was a toy.

해석

고고학자들은 지중해 Sicily 근처에 있는 Pantelleria 섬에서 4천년 된 돌 인형의 유물을 발견했습니다. 이 석조 머리는 크기가 3센티 정도이고, 소박하게 조각된 두 개의 눈, 코, 입 그리고 곱슬거리는 머리카락을 가지고 있습니다. 인형은 청동기 시대의 마을이 있던 장소에서 2개의 오두막 유적지 안에 흙으로 된 요리용 프라이팬들 사이에서 발견되었습니다. ①유물을 발견한 고고학자들은 처음에 이 석조 머리가 종교적인 의미를 지녔다고 생각했습니다. ② 그러나 오두막의 아이들 거주하는 공간에서 발견된 점을 기반으로 과학자들은 이제 이 머리부분이 4000년 전에 마을에 살고 있던 여자 아이들이 소유했던 고대 인형의 일부라고 믿고 있습니다.

질문: 고고학자들이 그 인형 머리가 장난감이었다고 믿는 이유는?
  (a) 그것은 어린 소녀의 유물 근처에서 발견되었다.
  (b) 그것은 아이들의 침실에서 발견되었다.
  (c) 마을은 마을 어린이들의 집이었던 것으로 알려져 있다.
  (d) 머리의 조각들이 인형임을 알려주고 있다.

해설

지문의 내용을 바탕으로 고고학자들이 그 인형 머리가 장난감이었다고 믿는 이유를 묻는 세부사항 문제이다. 고고학자가 발견한 4천년 된 유물에 대해 ①처음에는 이 석조 인형의 머리가 종교적인 의미를 가졌다고 생각했으나, ②인형 머리가 아이들의 거주공간에서 발견되었기 때문에 여자 아이들이 소유했던 인형의 일부라고 믿고 있다고 설명하고 있다. 따라서 인형머리가 장난감이었다고 믿는 이유는 '아이들의 침실에서 발견되었기 때문'이라는 (b)가 가장 적절하다.

Part III

19.

three-dimensional a. 3차원의

representation n. 표현, 묘사

flower arranging n. 꽃꽂이

calligraphy n. 서예

papermaking n. 제지

19. 　일관성 ★★☆ 　　　　　　　　　정답 (d)

(a) Origami, or the art of paper folding, originated in Japan in the 6th century when Chinese monks carried paper to the Japanese islands. (b) The aim is to create accurate three-dimensional representations of objects by folding a square piece of paper, without making

해석

(a) 오리가미 또는 종이 접기는 중국 승려들이 일본 섬들에 종이를 가져왔을 때인 6세기 일본을 기원으로 하고 있습니다. (b) 오리가미의 목적은 사각형 종이를 자르거나 찢지 않고 접기를 통해 사물에 대한 정확한 3차원 묘사를 하기 위함

cuts or tears. (c) Though people who practice origami only use a few different types of folds, slight variations can create the most dramatic and exciting models. **(d) The Japanese enjoy many other crafts, including flower arranging, calligraphy and papermaking.**

이었습니다. (c) 오리가미를 연습한 사람들은 비록 접기의 다른 모양을 많이 사용하지만, 약간의 변형만으로 극적이면서도 흥미진진한 모형을 만들어 낼 수 있습니다. (d) 일본인들은 꽃꽂이, 서예, 제지 같은 많은 다른 공예를 즐기고 있습니다.

해설

주어진 글을 읽고 흐름상 어색한 문장을 고르는 문제이다. 지문은 '오리가미'에 대한 내용이다. (a)오리가미는 6세기를 기원으로 하고 있으며, (b)오리가미의 목적이 사물에 대한 정확한 3차원 묘사를 위한 것이었으며, (c)약간의 변형만으로도 오리가미를 통해 흥미진진한 모형을 만들어낼 수 있다고 설명하고 있다. (d)는 일본인이 즐겨 하는 다양한 취미생활에 대한 내용으로 글의 흐름상 어색하다. 따라서 (d)가 정답이다.

20.

regenerate v. 재건하다, 회생시키다

renewal n. 재개발

demolish v. 철거하다, 무너뜨리다

outskirt n. 변두리, 교외

20. 일관성 ★★★ 　　　　정답 (c)

(a) Regenerating urban areas, or urban renewal, began in the 19th century, though it didn't become popular until the 1940s. (b) It often meets with much opposition, as regenerative projects rebuild large areas of a city, sometimes forcing tenants from their homes and demolishing historic buildings. **(c) The outskirts of a city, where land is far cheaper, can also be used for new housing or commercial properties.** (d) Urban renewal, however, is an essential part of modernizing the city and using its space more efficiently.

해석

(a) 비록 1940년대까지는 인기가 없었지만 도시 지역의 재건 또는 도시 지역의 재개발은 19세기부터 시작되었습니다. (b) 넓은 도시의 지역을 개발하기 때문에 재개발 프로젝트는 종종 거주민들을 내쫓고 역사적인 건물을 파괴하는 것으로, 많은 반대에 부딪히곤 합니다. **(c) 또한 도시 외곽지역은 훨씬 땅값이 저렴한데, 새로운 주택이나 상업 지구로 사용될 수 있습니다.** (d) 그러나 도시 개발은 도시의 현대화와 좀 더 효율적인 공간사용을 위해 필수적입니다.

해설

주어진 글을 읽고 흐름상 어색한 문장을 고르는 문제이다. 글은 도시 재개발이 (a)19세기부터 시작되었으며, (b)종종 많은 반대에 부딪히기는 하지만, (d)도시 재개발은 좀 더 효율적인 공간활용을 위해 필수적이라고 설명하고 있다. 도시 외곽 지역의 개발 가능성에 대해 이야기하고 있는 (c)는 도시 재개발에 관한 내용과 무관하다. 따라서 (c)가 흐름상 어색한 문장이다.

Part I ~ III

1 (b)	2 (a)
3 (c)	4 (d)
5 (b)	6 (a)
7 (a)	8 (b)
9 (d)	10 (a)
11 (c)	12 (b)
13 (b)	14 (b)
15 (c)	16 (a)
17 (b)	18 (b)
19 (a)	20 (c)

1.

logical a. 논리적인, 필연적인

2.

resort to 기대다, 의지하다
incite v. 선동하다, 조장하다
stage v. 벌이다
demonstration n. 시위, 데모
regime n. 정권
insistence n. 고집, 주장, 강조
protester n. 시위자
undertake v. 착수하다
aggressive a. 공격적인
oppressor n. 압제자

Part I

1. 빈칸완성 – 인과관계 ★☆☆　　　　　　　　　정답 (b)

Imagine you live alone with a large dog called Daney and you go out to the store to buy him some dog treats. ①**You make sure you leave him in the hallway,** where his bed is and where he can't do any damage. ②When you come home **you find the kitchen is a mess with food everywhere and broken dishes on the floor.** It would be logical to assume that ________________.

(a) Daney prefers other brands of dog treats
(b) the door to the kitchen was left slightly open
(c) someone was in the kitchen all along and let Daney in
(d) Daney likes being in the hallway

해석
당신이 Daney라고 부르는 커다란 개와 단둘이 살고 있는데, 개 장난감을 사주기 위해 가게로 외출 나갔다고 상상해 봅시다. ① 아무 것도 망가뜨리지 못하도록 개 침대가 있는 복도에 그를 남겨두었음을 분명히 해 둡니다. ②집에 돌아왔을 때 당신은 부엌이 여기 저기 음식과 바닥 위의 깨진 접시로 난장판이 되어 있는 것을 발견합니다. 논리적으로 <u>부엌으로 난 문이 약간 열려 있었음을</u> 가정할 수 있습니다.

(a) Daney가 개 장난감의 다른 상표를 더 좋아함
(b) 부엌으로 난 문이 약간 열려 있었음
(c) 누군가가 부엌에 있었고 Daney를 들어오게 했음
(d) Daney는 복도에 있는 것을 좋아함

해설
빈칸의 위치가 지문의 하단에 위치하였고, 전반적인 내용을 파악하여 들어가기에 적절한 내용을 골라야 한다. 개 장난감을 사주기 위해 가게에 가면서 ①아무것도 망가뜨리지 못하게 복도에 개를 남겨두었는데, ②집에 돌아오니 부엌이 난장판이 되어 있음을 발견했다면, 논리적으로 '부엌으로 난 문이 약간 열려 있었다'는 (b)의 내용을 추론할 수 있다. 따라서 빈칸에 적절한 내용은 (b)이다.

2. 빈칸완성 – 주제문 ★★☆　　　　　　　　　정답 (a)

Mohandas Karamchand Gandhi was born in India in 1869. During his lifetime he successfully managed to bring about the independence of India from the British Empire without once resorting to or inciting violence. ①Though he staged a number of demonstrations against the British regime, **under Gandhi's insistence, protesters would not actively undertake any aggressive action,** though they would have to suffer brutal attacks from their oppressors. ②**Gandhi himself would fast for weeks on end as a symbolic gesture of protest** to the Indian people. He has come to symbolize how ________________.

해석
Mohandas Karamchand Gandhi는 1869년 인도에서 태어났습니다. 그는 일생 동안, 단 한번도 폭력에 의지하거나, 폭력을 선동하는 일 없이 대영 제국으로부터 인도의 독립을 성공적으로 달성했습니다. ①비록 그는 영국 정권에 대항하여 수많은 시위를 벌이며, 압제자로부터의 잔혹한 공격에 고통을 받아야 했음에도 불구하고 시위자들은 Gandhi의 주장에 어떠한 공격적인 행위도 적극적으로 시작하지 않았습니다. ②Gandhi 그 자신은 인도 사람들에게 저항의 상징적 모습으로써 수주 동안 쉬지 않고 단식을 감행했습니다. 그는 <u>평화로운 저항이 변화를 불러일으키는 데 가장 훌륭한 방법임을</u> 상징화하였습니다.

(a) **peaceful protest is the best way to bring about change**
(b) important India is in world history
(c) different India was in the past
(d) the British and Indians have integrated

(a) 평화로운 저항이 변화를 불러일으키는 데 가장 훌륭한 방법임을
(b) 인도가 세계 역사 속에서 중요한지
(c) 인도가 과거 속에서 다른지
(d) 영국과 인도인들이 융합했는지

해설
지문은 Gandhi에 대한 내용이며, 내용을 뒷받침 할 수 있는 주제문을 묻는 문제이다. 그는 인도의 독립을 위해 수많은 고통을 받아야 했지만, ①그의 지도하에 시위자들은 공격적인 행위를 적극적으로 시도하지 않았고, ②그는 단식을 통해 저항을 계속했다는 것을 언급하고 있다. 빈칸에는 Gandhi의 저항에 대한 특성이 들어가야 하므로 그가 '평화로운 저항이 변화를 불러일으키는 데 가장 훌륭한 방법'임을 상징화했다는 것이 가장 적절하다. 따라서 정답은 (a)이다.

3.

mystify v. 혼란스럽게 만들다
Indo-European a. 인도-유럽 어족의

3. 빈칸완성 – 논리적 흐름 ★★★ 정답 (c)

When most people hear the word 'mummy', they think of Ancient Egypt. ①**However, many other cultures also preserve corpses through mummification.** ②For instance, in Western China, **archaeologists have dug up several 4,000-year-old mummies that have distinctively un-Chinese facial features.** These mummies have mystified scientists for decades because ______________. ③ **Some believe they may be part of a lost Indo-European tribe that once lived in the Xinjiang region, where they were found.**

(a) they are very poorly preserved
(b) they are more than 4,000 years old
(c) **they appear to be of European origin**
(d) they have nothing in common with other mummies

해석
대다수의 사람들은 '미라'라는 단어를 들었을 때 고대 이집트를 떠올립니다. ① 그렇지만 다른 많은 문화권에도 역시 미라화를 통해 시체를 보존합니다. ②예를 들어 인류학자들은 중국의 서부지방에서 4000년 된 미라 여러구를 발굴했는데 이 미라들은 분명히 중국인답지 않은 얼굴 특색을 가지고 있었습니다. 미라들은 수십 년 동안 과학자들을 혼란스럽게 만들었는데 그 이유는 미라들이 유럽인을 기원으로 하고 있는 것으로 보이기 때문입니다. ③일부 학자들은 이 미라들이 한때 진시왕 시절 그들이 발견된 지역에서 거주했던 인도-유럽 어족의 일부인 것으로 믿고 있습니다.

(a) 미라들이 매우 형편없이 보존되었기
(b) 미라들이 4000년 이상이었기
(c) **미라들이 유럽인을 기원으로 하고 있는 것으로 보이기**
(d) 미라들이 다른 미라들과 공통점이 전혀 없었기

해설
지문은 '미라'에 대한 이야기로 논리적 흐름에 따라 빈칸에 들어가기에 적절한 내용을 묻고 있다. 고대 이집트뿐만 아니라 ①많은 문화에서도 미라화를 통해 시체를 보존했는데, ②중국에서 발견된 미라들은 전혀 중국인답지 않은 특색을 가지고 있으며, 이에 대해 ③일부 학자들은 그 미라들은 진시왕 시절 중국에서 거주했던 인도-유럽 어족의 일부일 것으로 추정하고 있다. 빈칸에는 중국에서 발견된 미라가 과학자들을 놀라게 한 이유가 들어가야 하므로, 뒤의 '인도-유럽 어족'이란 말로 유추할 수 있는 '미라들이 유럽인의 기원을 가진 것으로 보이기' 때문이라는 (c)가 가장 적절하다.

4.

coherent a. 일관성 있는, 논리 정연한

4. 빈칸완성 – 주제문 ★★★ 정답 (d)

Published novelist Robert Harris said in a recent newspaper article "Writing a novel — unlike operating a piece of heavy machinery — is not a skill that can be taught." Harris is suggesting

해석
출판 작가인 Robert Harris는 최근 뉴스 기사에서 "소설을 쓰는 것은 중장비기계를 운용하는 것과는 달리 가르칠 수 있는 기술이 아닙니다"라고 이야기했습니

that the writing process is naturally built into us from birth. ①**Yet it cannot be denied that we learn how to write and that our writing ability gets better over time and with practice. ②When we are children we struggle to remain coherent and to follow a plot, by the time we are adults, these skills come so naturally they seem to be innate.** Maybe Harris is suggesting that ________________________________.

(a) more authors should experiment with other styles
(b) writing is more difficult than many other tasks
(c) plots should be structured so that children can understand them
(d) the brilliance needed to become published is innate

다. Harris는 글 쓰는 과정이란 우리 안에 태어났을 때부터 자연적으로 만들어져 있는 것이라고 주장하고 있습니다. ①그러나 글 쓰는 방법을 배우고 연습을 하면 우리의 글쓰기 실력은 더 나아지는 것이라는 점을 부정할 수는 없습니다. ②우리가 아이였을 때는 논리 정연함을 유지하거나, 구성을 따라가는 데 어려움을 겪지만, 시간이 지나 어른이 되면 그 기술은 마치 천성인 것처럼 너무나 자연스럽게 익히게 됩니다. 아마도 Harris는 **출판하는데 필요했던 그 찬란함이 천성적이라고** 주장하는가 봅니다.

(a) 더 많은 글쓴이들이 자신의 문체를 실험해야 한다고
(b) 글쓰기는 다른 어느 책무보다 더 어렵다고
(c) 줄거리는 구조화되어야 해서 아이들이 그것을 이해할 수 있다고
(d) 출판하는데 필요했던 그 찬란함이 천성적이라고

해설

지문은 Robert Harris가 '소설 쓰는 것은 가르쳐서 배울 수 있는 기술이 아니다'라고 말했다는 내용을 시작으로, ①그러나 글쓰기 능력은 연습을 하면 나아지는 것이며, ②어른이 될수록 글이 논리정연해지고, 구성을 잘 따라갈 수 있다고 설명하고 있다. 따라서 빈칸에는 Harris가 주장한 내용에 대한 정리가 들어가야 하므로, '출판하는데 필요했던 그 찬란함이 천성적이라고'의 (d)가 가장 적절하다.

5.

searchable a. 검색이 가능한

law court 법정

aspect n. 분야

reduce v. 줄이다

generate v. 발생시키다, 만들어 내다

overrun v. 급속히 퍼지다

5. 　빈칸완성 – 인과관계 ★★☆　　　　　　　　　　정답 (b)

The following online database contains some 5 billion searchable documents from every legal proceeding brought before a law court in the last 125 years. ①**It is designed to help students and lawyers research legal aspects of almost any given situation. ②We strongly recommend the use of the advanced search facility, available by selecting the 'advanced search' text under the main search button. ③We ask that users provide as much information as possible before a search.** This will ________________________________. Ensure all fields are filled out with any and all information the case provides.

(a) ensure results are delivered faster
(b) reduce the number of results generated
(c) get broader, more generalized results
(d) guarantee the server is not overrun

해석

다음의 온라인 데이터베이스는 지난 125년간 법정에 제출된 모든 소송절차로부터 50억의 검색 가능한 문서를 포함하고 있습니다. ①이 데이터베이스는 학생들이나 변호사들이 대다수의 주어진 상황에 관한 합법적인 측면을 조사할 수 있도록 설계되었습니다. ②메인 검색버튼 아래 '향상된 검색'이라는 글자를 선택하여 더 향상된 검색 기능을 사용해 보시길 강력히 권합니다. ③검색을 하기 전에 사용자들이 최대한 많은 정보를 제공하시길 당부하는 바입니다. 이것은 **발생하는 검색 결과의 수를 줄여줄 것**입니다. 모든 분야들이 소송사건이 제공하는 모든 정보로 채워질 것을 확신합니다.

(a) 결과를 더 빨리 나타나게 할 것
(b) 발생하는 검색 결과의 수를 줄여줄 것
(c) 만들어진 결과가 더 넓고 더 많아질 것
(d) 서버가 급속히 퍼지지 않도록 보장할 것

6.

highway n. 고속도로, 공공 도로

parallel a. 평행한

property n. 부동산

impassioned a. 열정적인, 간절한

overuse v. 남용하다

disruption n. 지장

discontinue work 공사를 중지하다

address v. 고심하다

6.　빈칸완성 – 내용 완성 ★★★　　　　　정답 (a)

Dear Mr. Gillespie,
Thank you for taking the time to write and share with us your impassioned feelings on the recently started highway running parallel to your property. ① As you no doubt have read, **the new road will help 120,000 commuters avoid the overused roads in Neauville,** where the local residents have been protesting for some years. ② Though we understand your anger at the levels of noise and **disruption we cannot discontinue work on the road.** Had you raised your concerns at the planning stage of the project we would have ______________.

Yours sincerely,
Peter Mann
Director of City Planning

(a) been able to address them with more consideration
(b) submitted a formal complaint to the city
(c) sent an official review of your property's value
(d) suggest an alternate travel route

해석
Gillespie 씨께,
최근 귀하께서 자택과 평행으로 난 고속
도로가 시작된 점에 대한 열정적인 감
정들을 저희에게 공유하고 편지를 쓰시
느라 시간을 할애해주셔서 감사합니다.
① 분명히 읽으셨듯이, 새 도로는 12만
의 통근자들이 Neauville의 과다하게 사
용된 도로들을 이용하지 않아도 될 수
있게 도와줄 것이며, 과거의 이 도로들
은 수년 동안 현지 거주민들이 항의해오
던 것입니다. ② 비록 소음 수준에 대한
Gillespie씨의 화를 이해하지만, **저희는
공사를 중지할 수 없습니다.** 만약 이 프
로젝트의 기획단계에서 우려를 제기하
셨다면, 저희는 **좀 더 신중하게 고심할
수 있었을** 것입니다.

도시 계획팀 팀장
Peter Mann 드림

(a) 좀 더 신중하게 고심할 수 있었을 것
(b) 공적으로 도시에 불만사항을 제출했
을 것
(c) 귀하의 자산 가치에 대해 공식적인
검토를 보냈을 것
(d) 대안이 될 여행 도로를 제안했을 것

7.

subsequently adv. 나중에

enlarge v. 확대하다, 확장하다

photojournalism n. 사진 보도

7.　빈칸완성 – 주제문 ★☆☆　　　　　정답 (a)

National Geographic magazine has been published monthly since 1888. The magazine covers a broad variety of issues, becoming famous for its______________. ①**Color photography was not featured in the magazine until the early 20th century, when color magazines were still rare.** ② **In 1959, the magazine started to place small photos on the front cover,** which were subsequently enlarged to fit the entire page. ③

해석
1888년 이후 National Geographic 잡지
는 매달 발간되어 왔습니다. 이 잡지는
다양한 기사를 다루고 있으며 **기사 안에
사진 보도**로 인해 유명해졌습니다. ①컬
러 잡지가 매우 드물었던 초기 20세기까
지 이 잡지에 컬러 사진은 실리지 않았
습니다. ②이 잡지는 1959년에 앞 표지
에 작은 사진들을 싣기 시작했고, 그것
은 후에 페이지 전체에 맞도록 커졌습니
다. ③오늘날 이 잡지는 세계에서 높은

Today it is recognized as exhibiting some of the highest-quality photojournalism in the world.

(a) photographic coverage within articles
(b) articles on photography
(c) high-quality printing methods
(d) coverage of the natural world

가치를 지닌 사진 보도를 싣는 것으로 인정받고 있습니다.

(a) 기사 안에 사진 보도
(b) 사진보도에 대한 기사
(c) 고품질의 인쇄 방법
(d) 자연 세계에 대한 보도

해설
주어진 지문은 National Geographic 잡지에 관한 내용이다. ①컬러사진은 20세기까지 이 잡지에 실리지 않았으나 ②1959년부터 작은 사진을 표지에 싣기 시작하였고 ③오늘날 최고 가치의 사진보도로 인정받고 있다고 설명하고 있다. 따라서 잡지가 유명한 이유가 빈칸에 들어가야 하므로 '기사 안에 사진 보도'라는 (a)가 가장 적절하다.

8.

Federal discrimination laws 연방 차별 법

be in place 진행되다, 활성 상태이다

paraplegic n. 대마비(양측 하지 마비)환자

be grounds for ~하는 사유가 되다

bring a lawsuit 제소하다, 재판을 걸다

8. 빈칸완성 – 연결어 ★★☆　　　　정답 (b)

Federal discrimination laws have been in place for many years to ensure all citizens are treated as fairly as possible by employers. ① **The *Americans with Disabilities Act* of 1990 prohibits all forms of discrimination for people who are qualified to do a job, including mental and physical disability. ②Individuals must be able to prove they are qualified for the position. __________, ③there would be no grounds for a paraplegic to bring a lawsuit if turned down to be a firefighter.**

(a) In addition
(b) For example
(c) Nevertheless
(d) On the other hand

해석
모든 시민들이 고용주들로부터 가능한 한 공정하게 대우 받도록 하기 위해 수년 동안 연방 차별법이 시행되어 왔습니다. ①1990년 Americans with Disabilities Act는 정신적, 신체적인 장애를 포함하여 직업을 가질 수 있는 자격을 갖추고 있는 사람들을 위해 모든 형태의 차별을 금지하고 있습니다. ②개개인들은 자신이 그 직업에 자격이 있음을 증명해야만 합니다. 예를 들어, ③소방관이 되는 일을 거절 당했다면 양측 하지 마비 환자가 재판을 걸 어떠한 사유도 없을 것입니다.

(a) 게다가
(b) 예를 들어
(c) 그럼에도 불구하고
(d) 반면에

해설
지문은 연방 차별법에 의거 직장을 얻는 데 있어 장애인들에 대한 공정한 처우에 대한 이야기이다. ① Americans with Disabilities Act에 의해 장애인이 직장을 얻는 데 있어 모든 형태의 차별을 금지하고 있지만, ②개인은 자신이 그 직업에 자격이 있음을 증명해야 한다고 설명하고 있다. ③에서는 소방관 직업에 대해 양측 하지 마비 환자의 자원에 관한 예시가 언급되었다. 따라서 빈칸에 적절한 연결사는 '예를 들어'의 "For example"이다.

Part II

9.

puncture n. 구멍(상처)

parasite n. 기생충 같은 인간, 기생충

infection n. 감염, 전염병

9. 내용 일치 ★★☆　　　　정답 (d)

Scientists may have solved the mystery of how one Tyrannysaurous Rex died. Small, smooth holes in the jawbones of a T-Rex skeleton in Chicago have been a scientific mystery for years. ①**Some researchers believed, for example,**

해석
과학자들은 어쩌면 Tyrannysaurous Rex가 죽은 방식에 대한 미스터리를 해결했을 지도 모릅니다. 시카고에서 T-Rex 골격의 턱 뼈에 난 작고 매끄러운 구멍들은 수년 동안 과학적 미스터리

that the punctures resulted from the T-Rex fighting with other dinosaurs.** However, a new study hints that the tiny holes were caused by something much smaller than another dinosaur. ②**Researchers say the punctures might have come from infection by a tiny parasite that could very well have killed the great T-Rex.**

Q: Which of the following is correct according to the passage?
(a) The T-Rex died from fighting with other dinosaurs.
(b) All dinosaurs died from holes in their jaws.
(c) The holes were too small to have killed the T-Rex.
(d) The holes in the T-Rex's jaw were caused by a parasite.

였습니다. ①예를 들어 일부 연구자들은 이 구멍들은 T-Rex가 다른 공룡들하고 싸웠을 때 생긴 것이라는 점을 믿고 있습니다. 그러나 새로운 연구는 이 작은 구멍들이 또 다른 공룡보다 더 작은 무엇인가에 의해 생긴 것이라고 주장하고 있습니다. ②연구자들은 이 구멍들이 분명 거대한 T-Rex를 죽게 만든 작은 기생충에 의한 감염으로부터 생긴 것일지도 모른다고 이야기하고 있습니다.

질문: 지문의 내용과 일치하는 것은?
(a) T-Rex는 다른 공룡들과의 싸움으로 인해 죽었다.
(b) 모든 공룡들은 턱에 난 구멍으로 죽었다.
(c) 그 구멍은 너무 작아서 T-Rex를 죽일 수 없었다.
(d) T-Rex의 턱에 난 구멍들은 기생충에 의해 생긴 것이다.

해설
지문의 내용과 일치하는 것을 묻는 문제이다. 지문은 T-Rex의 턱뼈에 난 구멍에 관한 미스터리에 대해 이야기하고 있다. 턱뼈에 난 구멍에 대해 ①일부 연구자들은 T-Rex가 다른 공룡과의 싸움에서 얻은 상처라고 믿었지만 ②새로운 연구를 통해 작은 기생충의 감염 때문일 것으로 추측하고 있다. 따라서 주어진 보기 중에서 지문의 내용과 일치하는 것은 (d)이다.

10.

malignant neoplasm 악성 종양
uncontrollably adv. 걷잡을 수 없게
radiation n. 방사선
abnormality n. 기형, 이상
dormant a. 활동(성장)을 중단한
predisposition n. 성향, 경향

10. 내용 일치 ★★☆   정답 (a)

Cancer, or malignant neoplasm, occurs when groups of cells start to grow uncontrollably, destroying nearby cells and sometimes spreading to other parts of the body. It affects every age group, in every animal species, in every corner of the world. ①**In 2007 alone, cancer killed 7.6 million people worldwide: around 13% of all human deaths.** ②Though environmental factors like tobacco smoke, radiation and chemicals may cause this dangerous cell abnormality, **some cancers are caused genetically,** the cancer lying dormant in our DNA from birth.

Q: Which of the following is correct according to the passage?
(a) Over one in ten of all human deaths were cancer related in 2007.
(b) Cancer destroys the DNA of an affected person.
(c) More people died of cancer in 2007 than any other year.
(d) Most people with cancer have genetic predispositions toward it.

해석
세포 그룹이 걷잡을 수 없이 성장하면서 주변 세포를 파괴하고 때로는 신체의 다른 부분으로 퍼져 나가기 시작했을 때 암이나, 악성 종양이 생겨납니다. 이것은 전세계적으로 모든 종류의 동물들과 모든 연령대에 영향을 미칩니다. ①2007년 한해만 해도 암은 전세계적으로 760만의 사람들을 죽음에 이르게 했으며 이것은 전체 사망률의 약 13%에 달했습니다. ②담배 연기, 방사선, 화학물질과 같은 환경적인 요인이 이 위험한 세포 이상을 유발시킬 수도 있지만, **일부 암들은 유전적인 요인에 기인하며,** 이 암들은 태어날 때부터 우리 DNA 안에서 활동을 멈춘 채 기다리고 있습니다.

질문: 지문의 내용과 일치하는 것은?
(a) 2007년 전체 사망률의 1/10이상이 암과 연관이 있다.
(b) 암은 영향을 받은 사람의 DNA를 파괴한다.
(c) 다른 해에 비에 2007년에는 더 많은 사람들이 암으로 사망했다.
(d) 대다수의 암환자들은 유전학적인 기질을 가지고 있다.

11.

blowout sale 파격 세일

windbreaker n. 스포츠용 재킷의 일
　　종 (바람막이 점퍼)

11.　대의 파악 ★☆☆　　　　　정답 (c)

Dear Customer,
I am pleased to announce that our new winter supply of ski and snowboard gear is now available at Jim's Mountain Sports. ①In order to make room for these new products, **we are having a blowout sale, with up to 75% off of this year's fall stock. ②The sale will be happening this weekend and next weekend,** so be sure to stop in and ③**take advantage of the wonderful items on offer, including ladies hiking boots, men's cargo shorts, summer socks and windbreakers.**
We at Jim's Mountain Sports truly appreciate your business and we hope to see you this week!

Sincerely,
Jim Lovett
Owner, Jim's Mountain Sports

Q: What does the letter suggest customers do?
(a) Buy ski and snowboard equipment.
(b) Return hiking boots and men's cargo shorts.
(c) Purchase older items on sale.
(d) Wait until next year's supply arrives.

해석
고객 여러분께,
저는 Jim's Mountain Sports에서 신상 겨울 스키와 스노우보드 장비를 구매가 능하다는 점에 대해 알려드리게 되어 기쁘게 생각하는 바입니다. ①이 새 제품들을 위한 전시 공간마련을 위해 **저희들은 올 가을 제품에 대하여 75%까지 파격세일을 하고 있습니다. ②할인은 이번 주말과 다음 주말에 진행되며** 방문하셔서 ③**여성용 하이킹 부츠와 남성용 카고 반바지, 여름 양말과 바람막이 점퍼를 포함하여 저희가 제공하는 멋진 혜택을 얻으시길 바랍니다.** Jim's Mountain Sports는 진심으로 고객 여러분께 감사드리며, 이번 주에 만나 뵐 수 있기를 희망합니다!

Jim's Mountain Sports 대표
Jim Lovett 드림

질문: 편지에서 고객에게 제안하고 있는 것은?
(a) 스키와 스노우보드 장비를 구매하라.
(b) 하이킹 부츠와 남성용 카고 반바지를 반납하라.
(c) 할인 판매중인 조금 더 오래된 물품을 구매하라.
(d) 내년의 물품이 도착할 때까지 기다려라

해설
편지는 Jim's Mountain Sports의 할인 판매에 관한 편지 내용이다. 글쓴이는 신제품 구비를 위한 공간 확보를 위해 할인판매를 한다는 말을 시작으로 ①올 가을 제품에 있어 75%까지 할인하고, ②이번 주말과 다음 주말 동안 진행되며, ③다양한 남성과 여성 신발 및 의류에 대해 할인 판매하고 있음을 알려주고 있다. 따라서 편지에서 고객에게 제안하고 있는 내용으로 올바른 것은 '할인 판매중인 조금 더 오래된 물품을 구매하라'는 (c)이다.

12.

colossal a. 거대한, 엄청난

associate v. 연상하다, 어울리다

accomplishment n. 업적, 공적

sacrilege n. 신성 모독

punishable a. 처벌할 수 있는, ~형
　　에 처해질 수 있는

mathematically adv. 수학적으로

deface v. 외관을 훼손하다

12.　내용 일치 ★★★　　　　　정답 (b)

Working with the most primitive tools around 5,000 years ago, the Egyptians constructed colossal works of art and the largest architectural structures of the time. ①**However, it would be wrong to associate these great accomplishments with perfection.** ②As with

해석
약 5,000년 전에 가장 원시적인 도구를 가지고 일했던 이집트 사람들은 거대한 예술 작품과 당대에 가장 큰 건축학적 구조물을 만들었습니다. ①**그러나 이러한 위대한 업적을 완벽함과 결부하는 것은 잘못된 일입니다.** ②대다수의 종교에

most religions, the Egyptian Gods symbolized perfection, in sharp contrast with flawed humans. **Thus, imitating their perfection was an act of sacrilege and ultimately punishable by the gods.** ③Though the Pyramids appear mathematically perfect, **they were always defaced in some way with the removal of stones, thus ensuring the Gods were not displeased.**

Q: Which of the following is correct according to the passage?
(a) Egyptian architecture symbolized perfection.
(b) Egyptian works of art were purposely damaged.
(c) It is wrong to associate the Egyptian gods with perfection.
(d) The gods were often displeased with the Egyptians.

서 그랬던 것과 같이 결점투성이의 인간과 비교하여 이집트의 신들은 완벽함을 상징했습니다. 그래서 **신의 완벽함을 모방하는 것은 신성모독의 행위이며, 결국에는 신에 의해 벌을 받게 되는 일이었습니다.** ③비록 피라미드는 수학적으로 완벽해 보이지만, **이것들은 어떤 식으로든 항상 돌을 제거하는 방식을 통해 외관이 훼손시키면서, 신들이 피라미드들을 싫어하지 않음을 확신했습니다.**

질문: 지문의 내용과 일치하는 것은?
(a) 이집트 건축들은 완벽함을 상징했다.
(b) 이집트 예술 작품은 의도적으로 훼손되었다.
(c) 이집트 신이 완벽함과 어울리는 것은 잘못된 일이다.
(d) 신들은 종종 이집트 사람들에게 불쾌함을 느꼈다.

해설

지문의 내용과 일치하는 것을 묻는 문제이다. 지문은 5,000년 전 이집트 사람들의 예술과 건축 구조물에 대해 이야기하고 있다. ①그러나 이러한 위대한 업적은 완벽함과 결부시킬 수는 없는데, 왜냐하면 ②신의 상징인 완벽함을 모방하는 것은 신에 대한 모독이며, 벌을 받게 될 일이라고 믿었기 때문이며 ③피라미드를 훼손시킴으로써, 신이 싫어하지 않음을 확신했다고 설명하고 있다. 그러므로 지문의 내용과 일치하는 것은 '이집트 예술 작품은 의도적으로 훼손되었다'라는 (b)가 적절하다.

13.

food drive 음식 관련 물품을 기증하는 것

donation n. 기부금

13.   내용 일치 ★★☆   정답 (b)

Good afternoon, everyone. I'd like to take this opportunity to thank you for participating in the Wendell Neighborhood Association's food drive. ①**I'm happy to report that we have collected over two hundred food items, such as canned beans and frozen dinners.** ②**These items will be donated to Happy Hearts Food Bank** for use in their holiday meal program for the homeless. Furthermore, ③**donations amounting to two thousand dollars were made toward the Happy Hearts Food Bank,** which is five hundred and forty dollars more than was raised last year. Thank you all so much for your help. Your warm hearts and generous spirits are much appreciated this holiday season.

Q: Which of the following is correct according to the report?
(a) The Wendell Neighborhood Association collected two hundred dollars.
(b) The food items will be donated to Happy Hearts Food Bank.

해석

여러분, 좋은 오후입니다. 저는 Wendell Neighborhood Association의 푸드 드라이브에 참여해주신 여러분들께 감사의 말씀을 전할 기회를 갖게 되어 기쁩니다. ①**저는 콩 통조림과 냉동 식사와 같은 음식 관련 물품을 200개 이상 모집했다는 사실을 보도하게 되어 행복합니다.** ②**이 물품은 Happy Hearts Food Bank에 기증되어** 휴일 식사 프로그램에서 집 없는 사람들을 위해 사용될 예정입니다. 게다가 ③**2천 달러 상당의 기부금이 Happy Hearts Food Bank 앞으로 조성되었으며,** 이는 지난 해에 모금된 금액보다 540달러가 더 모아진 금액입니다. 여러분 모두의 도움에 감사 드립니다. 여러분의 따뜻한 마음과 관대한 영혼은 이번 연휴 기간 동안 많은 감사를 받게 될 것입니다.

질문: 다음 중 보고서의 내용과 일치하는 것은?
(a) Wendell Neighborhood Association은 200 달러를 모았다.
(b) 음식 물품은 Happy Hearts Food Bank에 기부될 것이다.

(c) Last year, the Association raised one
thousand five hundred dollars.
(d) The Wendell Neighborhood Association
only accepted money donations.

(c) 지난 해 Wendell Neighborhood Association은 1,500 달러를 모집했다.
(d) Wendell Neighborhood Association는 오직 현금으로 기부금을 받는다.

해설

지문의 내용과 일치하는 것을 묻는 문제이다. 지문은 Wendell Neighborhood Association의 푸드 드라이브의 참여 결과에 대한 감사와 보고의 내용이다. 푸드 드라이브 결과, ①음식관련 물품을 200개 이상 모집했고, ②물품은 Happy Hearts Food Bank에 기증될 것이며, ③2천 달러 상당의 기부금이 모금되었다고 보고하고 있다. 따라서 보고의 내용과 일치하는 것은 '음식 물품은 Happy Hearts Food Bank에 기부될 것이다.'라는 (b)이다.

14.

plaque n. 플라크, 치태

hygiene n. 위생

cavity n. 충치

14.   내용 일치 ★★★   정답 (b)

We're all told by dentists that brushing regularly fights bacteria that can harm our teeth, but what do these bacteria actually do? ①**It's actually a long process that begins with one relatively harmless bacterium. ②This type of bacteria attaches to teeth, not causing any harm to the teeth directly, but instead allowing other, more damaging types of bacteria to grow on the teeth. ③As more and more bacteria grow within plaque, damage to teeth increases, leading to cavities.** Dentists say that, with good oral hygiene, you can prevent the growth of both types of bacteria, keeping your teeth in good condition for life. In addition, scientists are looking for new ways to prevent the growth of bacteria.

Q: According to the passage, what is true of bacteria in the mouth?
(a) They cause harm to the teeth and gums.
(b) They are not all harmful to teeth.
(c) They lead to the growth of plaque.
(d) They make teeth weaker from the inside.

해석

우리는 치과 의사로부터 규칙적으로 치아를 닦는 일은 치아에 위험을 초래할 수 있는 박테리아를 없애준다는 말을 들어왔습니다만, 박테리아는 실제로 어떤 일을 할까요? ①**사실 이것은 비교적 해롭지 않은 박테리아에서 시작하는 장기적인 과정을 의미합니다. ②이러한 종류의 박테리아는 치아에 달라붙지만 치아에 직접적인 피해를 끼치지 않고 대신 더 위험한 종류의 다른 박테리아들이 치아에 자라날 수 있도록 허용합니다. ③박테리아가 치태 안에 더 많이 생겨나도록 충치를 일으키며 치아 손상을 가중시킵니다.** 치과 의사들이 말하는 바로는, 좋은 치아 위생을 유지한다면 평생 동안 좋은 치아 상태를 유지하면서도 두 종류의 박테리아 성장을 막을 수 있다고 합니다. 그뿐만 아니라, 과학자들은 박테리아 성장을 막는 새로운 방법을 찾고 있습니다.

질문: 입 속 박테리아에 관한 내용으로 일치하는 것은?
(a) 그들은 치아와 잇몸에 해를 입힌다.
(b) 그들은 모두 치아에 해로운 것은 아니다.
(c) 그들은 치태가 성장하도록 만든다.
(d) 그들은 입 내부로부터 치아를 더 약하게 만든다.

해설

지문의 내용과 일치하는 것을 묻는 문제이다. 지문은 박테리아가 치아에 미치는 영향에 관한 이야기이다. 박테리아는 두 가지 타입이 있고, ①비교적 해롭지 않은 박테리아가 있는데, ②이것은 직접적으로 치아에 해를 입히지 않지만 더 위험한 종류의 박테리아가 치아에서 자라날 수 있도록 하고, ③치태 안에 박테리아가 자랄수록 충치 손상이 가중된다고 설명하고 있다. 박테리아는 해로운 박테리아와 해롭지 않은 박테리아가 있으므로, 입 속 박테리아에 관한 내용으로 일치하는 것은 (b)이다.

15.

tough a. 힘든, 거친

durable a. 내구성이 있는, 오래가는

raw a. 가공되지 않은, 원자재의

uncut a. 자르지 않은

jigsaw n. 실톱

plain a. 분명한

sander n. 전기 사포

15. 대의 파악 ★★☆　　　　　　정답 (c)

You will need to wear tough, durable clothes and safety glasses, and you may also need gloves. The first consideration is safety. Make sure you do not operate any machinery without knowing exactly how it works. ①**Taking down raw, uncut wood from the racks can be dangerous, so seek help if needed.** ② **Cutting pieces to size can be done using the jigsaw,** then be smoothed using the plainer and finished using hand sanders. ③**Make sure familiarize yourself with all equipment instructions before using them.** Make sure you replace all equipment where you found it.

Q: Who are these instructions most likely intended for?
(a) A safety inspector
(b) A construction worker
(c) A carpenter
(d) An electrician

해석

여러분은 강하고 내구성이 있는 옷과 보호 안경을 입을 필요가 있으며, 어쩌면 장갑이 필요할 수도 있습니다. 첫 번째 고려사항은 안전입니다. 그것이 정확히 어떻게 작동하는 지 알지 못한 상태에서는 어떠한 기계도 작동하지 않도록 합니다. ①자르지 않은 원자재 나무를 선반대에서 끌어내리는 일은 위험할 수 있으니 필요하다면 도움을 요청합니다. ②크기 별로 조각을 자르는 것은 실톱을 사용해서 마무리 짓고, 그 다음엔 좀 더 평평한 것을 이용하여 부드럽게 가다듬은 후 전기 사포를 이용하여 마무리 짓습니다. ③모든 장비를 사용하기 전에 설명서에 익숙해지도록 해야 합니다. 모든 장비는 원래 있던 장소에 되돌려 놓도록 하세요.

질문: 이 안내서는 누구를 대상으로 한 것인가?
(a) 안전 점검자
(b) 건설 인부
(c) 목수
(d) 전기 기사

해설

안내문의 대상 독자를 묻는 대의 파악 문제이다. 지문은 나무를 자를 때의 주의사항에 대해 이야기하고 있다. ①원자재나무를 선반에서 끌어내릴 때는 위험할 수 있고, ②크기 별로 자를 때는 실톱을 사용하고, ③장비를 사용하기 전 설명서를 숙지할 것을 조언하고 있다. 지문은 나무를 다루는 방법에 관한 주의사항을 전달하고 있으므로 글의 대상으로는 (c)목수가 적절하다.

16.

picture v. 마음속에 그리다

function n. 기능

interaction n. 소통

anemic a. 활기 없는, 빈혈증의

establishment n. 기관, 시설

16. 추론 ★☆☆　　　　　　정답 (a)

When you picture a cafe, you likely think of a place that people go to drink coffee and perhaps sit with their laptop and browse the Internet. ①**However, in the past, coffeehouses had a far more important function. They were places of great social interaction, with people from countries all around the world meeting together for lively discussion.** ②**Ideas were shared among some of the greatest thinkers of their time,** including people who would later become famous authors. ③**Today, however, coffee shops are reduced to quiet, anemic establishments** where people remain in their own worlds, fearing to look away from their cups of coffee and acknowledge the people who surround them.

해석

카페를 떠올릴 때, 여러분은 사람들이 커피를 마시러 오고, 노트북과 함께 앉아서 인터넷을 하는 장소로 생각할 것 같습니다. ①그러나 과거의 커피점이란 훨씬 더 중요한 기능을 수행했습니다. 커피점은 활기찬 토론을 위하여 전 세계 모든 나라에서 서로를 만나려고 사람들이 오는 중요한 사회적 소통의 공간이었습니다. ②나중에 유명한 작가가 된 사람들을 포함해 당대의 위대한 사상가들 사이에서 아이디어들이 공유되었습니다. ③그러나 오늘날 커피점은 조용하고 활기 없는 장소가 되어, 이곳에서 사람들이 커피잔에서 시선 떼는 일과 주변의 사람들을 알아가는 일을 두려워하며 각자 자신만의 세상에 머물고 있습니다.

Q: Which statement best describes the writer's view toward coffeehouses?

(a) Today's version of the coffeehouse is far too unsociable.

(b) Coffee shops shouldn't allow people to use laptops.

(c) The coffee sold in most cafés is far too weak.

(d) Few people want to spend time in coffee shops anymore.

질문: 카페에 대한 글쓴이의 관점을 가장 잘 묘사한 것은?

(a) 오늘날 커피점의 모습은 훨씬 더 비사교적이다.

(b) 커피숍은 사람들로 하여금 노트북을 사용하지 못하도록 해야 한다.

(c) 대다수의 카페에서 판매되는 커피는 지나치게 연하다.

(d) 커피숍에서 시간을 보내고 싶어하는 사람은 더 이상 없다.

해설

지문의 내용을 통해서 알 수 있는 글쓴이의 커피점에 대한 관점을 묻는 문제이다. 전반적으로 커피점의 역할 변화에 대한 이야기이다. ①과거에 커피점에서는 활기찬 토론과 ②작가와 사상가들의 아이디어가 공유되었지만, ③오늘날의 커피점은 주변의 누구와도 알고 싶어하지 않는 활기 없는 장소가 되었다고 설명하고 있다. 따라서 커피점에 대한 글쓴이의 관점으로 적절한 것은 '요즘의 커피점은 훨씬 더 비사교적이다.'라는 (a)이다.

17.

presumption n. 추정(되는 것)

ancestor n. 조상, 선조

overturn v. 뒤집다

dub v. 별명을 붙이다

primate n. 영장류 (동물)

chimp n. 침팬지(=chimpanzee)

17.　추론 ★★★　　　　　　　　　　　정답 (b)

The recent discovery of the oldest known human ancestor, a small-brained, 110-pound female of the species Ardipithecus ramidus, has overturned a number of presumptions about our ancestors. 'Ardi', as the skeleton has been dubbed, lived 4.4 million years ago, a time when our ancestor was expected to be relatively close to our primate common ancestor. ①**Yet Ardi is not chimp-like, which makes it unlikely our common primate ancestor was either. ②Thus, it has been suggested that humans are not evolved chimps at all, despite their genetic similarity.**

Q: What will probably follow this passage?

(a) A discussion of other chimp species

(b) The likely course of evolution for chimps and humans

(c) An explanation of how the common primate ancestor was chimp-like

(d) A discussion of the genetic similarity between Ardi and her last ancestor

해석

인류 조상으로 가장 오래된 것으로 알려져 있는 최근 발견된 110 파운드의 작은 두뇌를 가진 Ardipithecus ramidus 인종의 이 여성으로 인해 우리 선조에 대한 많은 추정이 뒤집혔습니다. 'Ardi'라고 별명이 붙여진 이 뼈는 440만 년 전의 것이었는데 그 당시는 우리 선조가 영장류에 비교적 가까웠다고 여겨졌던 시기입니다. ① 그러나 Ardi는 침팬지처럼 생기지도 않았고, 우리의 일반적인 영장류 선조와도 비슷하지 않았습니다. ② 그리하여, 인류가 비록 유전적인 유사성을 가지고 있음에도 불구하고 침팬지로부터 진화된 것이 전혀 아니라는 것을 나타냅니다.

질문: 지문의 다음에 올 수 있는 내용은?

(a) 다른 침팬지 종에 대한 논쟁

(b) 침팬지와 인간의 그럴듯한 진화 과정

(c) 일반적인 영장류 선조가 침팬지와 어떻게 닮았는지에 관한 설명

(d) Ardi와 그녀의 마지막 선조 사이에 유전적 유사성에 관한 논쟁

해설

지문의 다음에 이어질 내용으로 추론할 수 있는 것을 묻는 문제이다. 지문은 최근 발견된 가장 오래된 인류의 조상에 관한 내용이다. 'Ardi'로 이름 붙여진 이 선조의 뼈는 ①일반적인 영장류 선조와 비슷하지 않으며 이점을 통해, ②비록 유전적 유사성을 가지고 있지만 침팬지로부터 인류가 유래된 것은 아니라는 점을 제시한다는 내용이다. 따라서 다음에 이어질 수 있는 내용으로는, '침팬지와 인간의 진화 과정에 대한 추정'이라는 (b)가 가장 적절하다.

18

chair v. 의장을 맡다

productive a. 결실 있는, 생산적인

impartial a. 공정한

overruled a. 뒤집힌, 기각되는

interject v. 말참견을 하다

overbearing a. 고압적인

attendee n. 참석자

dominate v. 지배(군림)하다

agenda n. 의제(안건)

take precedence over
　~에 우선하다

encouraging a. 고무적인

facilitate v. 가능하게 하다

hindrance n. 방해, 저해

18. 　추론 ★★★　　　　　　　　　　정답 (b)

Chairing a meeting may seem like an easy task, but the skills involved can make the difference between a productive group session and a complete waste of time. ①**Firstly, chairs should remain impartial;** meetings should be a chance for employees to air their views without the fear of being overruled. ②That said, **everyone in the meeting should get to speak and hence one should interject if an attendee becomes too overbearing.** Similarly, if one topic begins to dominate the agenda, the chair might suggest that the debate is continued at a later time.

Q: What can be inferred from the passage?
(a) The topic of a discussion should take precedence over the agenda.
(b) A neutral, firm and encouraging chair will facilitate a better meeting.
(c) Chairs should allow everyone to talk without hindrance.
(d) Meetings should be strictly limited to small sizes.

해석

회의의 의장직을 맡는다는 것은 쉬운 업무처럼 보이지만 여기에 필요한 기술들을 통해 생산적인 집단 회의와 완전한 시간 낭비 사이의 차이를 만들 수 있습니다. ①**우선, 의장은 공정성을 유지해야 합니다.** 즉, 회의는 직원들이 두려움이나 의견이 기각되는 것 없이 자신의 의견을 자유롭게 이야기할 수 있는 기회가 되어야 합니다. ②다시 말하면 **회의에 참석한 모든 사람들이 이야기를 해야 하고, 그 다음 참석자가 너무 고압적이다 싶은 경우라면 중간에 끼어들어야 합니다.** 단순히 하나의 주제로만 의제가 채워지기 시작하면 의장은 나중에 토론을 계속하자고 제안할 수도 있습니다.

질문: 지문을 통해 추론할 수 있는 것은?
(a) 토론 주제는 안건 전체보다 우선되어야 한다.
(b) 중립적이면서도 확고하고, 고무적인 의장은 더 나은 회의를 가능하게 한다.
(c) 의장은 방해 없이 모든 사람이 이야기할 수 있도록 허용해야 한다.
(d) 회의는 작은 규모로 엄격히 제한되어야 한다.

해설

지문을 통해 추론할 수 있는 것을 묻는 문제이다. 글은 회의의 의장직을 맡을 때 주의해야 할 점에 대한 내용이다. ①의장은 공정성을 유지해야 하며, ②모든 사람이 이야기를 시작해야 하고 참석자가 고압적으로 나올 때는 중간에서 끊어야 한다고 설명하고 있다. 따라서 지문을 통해 추론할 수 있는 내용은 '중립적이면서도 확고한 의장이 더 나은 회의를 가능하게 한다'는 (b)이다.

19.

considerable a. 상당한, 많은

endowment v. 기부(금)

allocate n. 할당하다

adequate a. 충분한(적절한)

implement v. 시행하다

underrepresented a. 불충분하게
　표시된

minority n. 소수

19. 　추론 ★★☆　　　　　　　　　　정답 (a)

Although Bill Gates became famous for being the head of the Microsoft Corporation and one of the richest men in the world, ①**most of his time now is spent helping millions of people through the Gates Foundation.** The charity spent and continues to spend a considerable amount of time and money researching where its huge endowment is best allocated. ②Based on a number of studies and reports, Bill and Melinda Gates decided that the **Foundation should target the growing difficulties developing countries face in providing adequate medical**

해석

Bill Gates는 Microsoft사의 대표이자 세계에서 가장 부자 중 한 명으로 유명해졌지만, ①**그는 현재 삶의 대부분을 Gates Foundation을 통해 수백만의 사람들을 돕는 일로 보내고 있습니다.** 이 자선은 대규모의 기부가 적절히 할당되는 곳을 찾느라 상당한 시간과 돈을 이미 소비했고 지금도 계속해서 소비하고 있습니다. ②많은 연구와 보고서를 기반으로, Bill과 Melinda Gates 부부는 **적절한 의학시설과 교육시설을 제공함으로써 개발도상국이 직면하고 있는 난점들을 재단의 목적으로 삼아야 한다고 정**

and educational facilities. ③This is implemented through underrepresented minority college scholarships, AIDS research, prevention and medication, and working in the third world to treat disease.

Q: What can be inferred from the passage?

(a) The Gates Foundation has donated money in many different fields.

(b) The Microsoft Corporation has helped improve many people's lives.

(c) It is necessary for charities to research where best to allocate donations.

(d) Studies are ineffective in showing how charities use money.

했습니다. ③이것은 불충분한 소수 대학 장학금과, AIDS 연구와 예방 및 치료를 통해, 그리고 제3세계의 질병치료를 위해 시행되고 있습니다.

질문: 지문을 통해 추론할 수 있는 것은?

(a) Gates Foundation은 각기 다른 많은 분야에 돈을 기부해왔다.

(b) Microsoft사는 많은 사람들의 삶을 개선 시키는데 도움을 주었다.

(c) 자선단체는 기부금을 어디에 할당해야 가장 좋을지 연구하는 것이 필요하다.

(d) 연구는 자선이 돈을 사용하는 방법을 보여주는 데 효과적이지 않다.

해설

지문을 통해 추론할 수 있는 것을 묻는 문제이다. 지문은 Bill Gates에 대한 내용으로, Bill과 Melinda Gates 부부는 ①Gates Foundation을 통해 수많은 사람들을 돕고 있으며, ②개발도상국에 적절한 의학시설과 교육시설을 제공하고 ③대학 장학금에서부터 질병치료에 이르기까지 다양한 지원을 하고 있다고 설명하고 있다. 따라서 지문을 통해 추론할 수 있는 것은 'Gates Foundation은 각기 다른 많은 분야에 돈을 기부해왔다'라는 (a)이다.

Part III

20.

distressing a. 괴로움을 주는, 고통스러운

classification n. 분류

diagnose v. 진단하다

schizophrenia n. 정신 분열병(증)

possession n. 소유, 소지

autism n. 자폐증

20. 일관성 ★★☆ 　　　　　　　　　　정답 (c)

(a) Autism affects around one or two people in every thousand, yet our understanding of this complex and often distressing condition has only received serious medical classification in the last seventy years. (b) Before Hans Asperger started using the term in lectures, autism was often diagnosed as a form of schizophrenia or even as possession by the Devil. **(c) Many sufferers of the condition are left undiagnosed.** (d) Though research continues into the causes of autism, no cure has yet been found.

해석

(a) 자폐증은 천 명 중에 한 두명의 사람들이 겪고 있지만 지난 70년간 심각한 의학적 유형으로 분리된 것을 제외하고 복잡하면서도 때로는 고통스러운 이 증상에 대해 밝혀진 것이 없습니다. (b) Hans Asperger가 강의에서 자폐증이라는 말을 사용하기 전까지 자폐증은 정신분열증이나 심지어는 악마에 의한 점령으로 진단받는 일이 종종 있었습니다. **(c) 자폐증을 겪고 있는 많은 환자들은 진단 미정의 상태로 남아있습니다.** (d) 비록 자폐의 경우에 대한 연구가 계속해서 진행되고 있지만 어떠한 치료법도 아직 발견되지 않았습니다.

해설

주어진 글을 읽고 흐름상 어색한 문장을 고르는 문제이다. (a) 자폐증은 지난 70년간 의학적 유형으로 분리된 것 이외에 밝혀진 사항이 없으며, (b) 과거에는 정신분열증이나 악마에 의한 점령으로 진단받은 일이 있었는데, (d) 비록 연구가 계속해서 진행되고 있지만 아직 치료법이 발견되지 않았다는 내용으로 자폐증에 대하여 설명하고 있다. 내용은 전체적으로 자폐증에 대해 아직 밝혀지지 않은 많은 것에 대해 이야기하고 있으나 (c)는 환자들의 진단 미정에 대해 말하고 있으므로 내용과 흐름상 어색하다.

Part I ~ III

1 **(d)**	2 **(d)**
3 **(b)**	4 **(c)**
5 **(b)**	6 **(d)**
7 **(d)**	8 **(b)**
9 **(b)**	10 **(c)**
11 **(d)**	12 **(c)**
13 **(a)**	14 **(c)**
15 **(a)**	16 **(d)**
17 **(d)**	18 **(c)**
19 **(a)**	20 **(d)**

1.

poster child 포스터에 나오는 아동

cite v. 예를 들다

dietician n. 영양사

document v. 서류로 입증하다

sodium n. 나트륨

overall a. 종합적인, 전체의

2.

guarantee v. 보장하다, 약속하다

stack v. 쌓이다, 포개지다

rotate v. 회전하다

surround v. 둘러싸다, 에워싸다

turbine n. 터빈

electricity n. 전기, 전력

Part I

1.　빈칸완성 – 내용 완성 ★★☆　　　　정답 (d)

Can consuming fast food actually lead to healthy weight loss? The American chain Taco Bell has become the second restaurant to launch an advertisement campaign touting the health benefits of regularly eating certain low-fat menu items. ①**It even cites a woman named Christine as the poster child for successfully losing 54 pounds over two years.** ②**Dieticians, however, remain reluctant to conclude that having any fast food as the majority of one's diet is truly beneficial for health and long-term fitness.** Despite some people's _____________, other factors, such as high sodium content, have an overall negative effect on the health of an individual.

(a) concerns about weight gain
(b) increased fast food consumption
(c) loyalty to certain restaurant chains
(d) documented weight loss

해석

패스트푸드를 섭취하는 일이 실제로 건강한 체중 감소를 이끌 수 있을까요? 미국의 체인점 Taco Bell은 '저지방 메뉴 품목을 주기적으로 먹게 되면 건강이라는 혜택을 얻을 수 있다'는 광고 캠페인을 시작한 2번째 레스토랑이 되었습니다. ①심지어, Christine이라는 이름의 여성을 포스터에 등장시켜 2년 넘게 54 파운드를 성공적으로 감량했다는 실례를 들고 있습니다. ②그러나 영양사들은 식생활의 대부분을 패스트푸드로 먹는 일이 건강이나 장기적인 몸매 관리에 도움이 된다는 결론을 내리는 데 주저하고 있습니다. 일부 사람들의 **입증된 체중 감량**에도 불구하고, 높은 염분 성분과 같은 어떤 요소의 경우 전반적으로 개인의 건강에 부정적인 영향을 미칩니다.

(a) 체중 증가에 대한 걱정
(b) 패스트푸드 섭취 증가
(c) 특정 레스토랑 체인점에 대한 충성
(d) 입증된 체중 감량

해설
빈칸은 지문의 내용을 바탕으로 논리적 흐름에 따라 빈칸에 들어가기에 적절한 내용을 묻는 문제이다. 미국 체인점 Taco Bell이 '저지방 메뉴를 정기적으로 먹으면 건강해질 수 있다'는 캠페인을 시작했다는 말에 이어 ①Christine이라는 여자를 통해 성공적인 예를 들고 있지만, ②영양사들은 이러한 캠페인이 도움이 된다는 사실을 인정하지 않는다고 밝히고 있다. Despite 절을 시작으로, 전반적으로 개인의 건강에 부정적인 영향을 미친다고 설명하고 있다. 따라서 빈 칸에 적절한 내용은 '(다양한 실례를 통한) 체중감량 입증에도 불구하고'라는 의미의 (d)이다.

2.　빈칸완성 – 주제문 ★★☆　　　　정답 (d)

A New York architect designed a building which guarantees that everyone inside ____________. ①**Inspired by a friend's claim of having the best view of New York from his apartment,** the architect created the Dynamic Tower. ②**Upon construction, it will be an 80-floor building, composed of separate levels stacked upon one another which rotate 360 degrees.** ③**The residents of each floor will independently control the rotation, allowing them to view the entirety of their outside surroundings whenever they choose.** Furthermore, wind turbines installed

해석

뉴욕의 한 건축가는 실내의 모든 사람들이 **아름다운 풍경을 즐기도록** 보장한 건물을 설계했습니다. ①한 친구가 자신의 아파트에서 뉴욕 최고의 풍경을 볼 수 있다고 주장한데 영감을 얻은 이 건축가는 Dynamic Tower를 창조했습니다. ②건축이 완성되면, 각 층이 서로 독립되어 360도 회전하는 80층 건물이 될 것입니다. ③각 층의 거주민들은 자신이 선택하면 언제라도 외부 배경을 전체적으로 관람할 수 있도록 독립적으로 회전을 통제할 수 있습니다. 게다가, 각 층 사이에 설치된 회전 터빈은 이 타워가 계속

between each floor will produce enough
electricity to keep the tower running, and may
generate enough to power nearby buildings,
so residents will enjoy the view and the energy
costs.

  (a) can control the temperature
  (b) is safe during a disaster
  (c) has enough privacy
  (d) enjoys a beautiful view

해서 돌아갈 수 있을 만큼 충분한 전력
을 생산해내고, 근처 건물들에 전력을
공급할 수 있을 만큼 전기를 생산하기
때문에, 거주민들은 멋진 전망과 함께
에너지 비용 절감도 누리실 수 있을 것
입니다.

  (a) 온도를 조정할 수 있도록
  (b) 재해에도 안전하도록
  (c) 사생활을 충분히 가질 수 있도록
  (d) 아름다운 풍경을 즐기도록

해설

지문은 뉴욕 건축가가 설계한 360도 회전 건축물에 대해 이야기하고 있다. 건축물은 ①친구에게서 영
감을 얻어 창조되었으며 ②360도 회전을 하고 ③언제라도 외부 배경을 전체적으로 관람할 수 있도록
회전을 통제할 수 있다고 설명하고 있다. 빈칸에는 건물의 특징이 들어가야 하므로, '아름다운 풍경을
즐길 수 있다'는 (d)가 가장 적절하다.

3.

cancerous growth 종양 (악성 종양)

surgery n. 수술

risky a. 위험한

tumor n. 종양

engulf v. 완전히 에워싸다, 휩싸다

tissue n. 조직

re-implant v. 재 이식하다

hospitalization n. 입원

chemotherapy n. 화학 요법

3. 빈칸완성 – 인과관계 ★☆☆   정답 (b)

①**Recently, a man with a life-threatening
cancerous growth spent 43 hours in
surgery in a final attempt to save his life.**
During the risky operation, doctors removed his
entire liver, as well as portions of other organs,
that had been engulfed in a ten-pound tumor.
Then, they carefully cut away the cancerous
tissue, and re-implanted it into the patient.
②Though the complicated procedure was
successful, **recovery will take a long time,
and the man's long-term survival is not
guaranteed.** Despite this, the patient said that
even if he only lives a few more years, the
__________ will have been worth it.

  (a) medication
  (b) surgery
  (c) hospitalization
  (d) chemotherapy

해석

①최근 생명을 위협하는 악성 종양을 가
진 한 남자가 생명을 구하기 위한 최후
의 시도로 43시간에 걸쳐 수술을 받았습
니다. 위험 천만한 수술 동안 의사들은
10파운드 무게의 종양 안에 완전히 감싸
져있던 다른 조직의 부분과 그의 간 전
체도 제거했습니다. 그 다음 의사들은
주의하여 암 조직을 떼어낸 뒤 환자의
몸 안에 간을 다시 이식했습니다. ②이
복잡한 과정은 성공적이었지만 **회복은
오랜 시간이 걸릴 것이며 이 환자의 장
기간에 걸친 생존 가능성은 보장되어 있
지 않습니다.** 그럼에도 불구하고 환자는
단지 몇 년만 살더라도, <u>수술</u>은 가치가
있었을 것이라고 말했습니다.

  (a) 약
  (b) 수술
  (c) 입원
  (d) 화학 요법

해설

지문은 악성 종양을 제거한 한 남자의 이야기이다. ①수술은 43시간이 걸렸고, ②회복이 오래 걸릴 것
이며 생존 가능성도 보장되어 있지 않다고 설명하고 있다. 그럼에도 불구하고 환자는 그럴만한 가치가
있었다고 밝히고 있으므로, 환자가 생명을 담보로 감행한 일이 빈칸에 들어가야 한다. 따라서 빈칸에
는 '수술'인 (b)가 가장 적절하다.

4.

state-of-the-art a. 최신의

out-of-date a. 구식의

landfill n. 쓰레기 매립지

thrift n. 절약, 검약

dispose of 처분하다

component n. 요소, 부품

4. 빈칸완성 – 인과관계 ★★★   정답 (c)

Developments in communication technology,
such as state-of-the-art cellular phones, allow
consumers to access information, but hidden
drawbacks exist, particularly when it comes to

해석

최신 휴대폰과 같은 의사소통 기술에서
의 발전은 고객들로 하여금 정보에 접근
할 수 있도록 했으나, 특히 구식의 상품
을 처분하는 데 있어 숨겨진 결점이 존

disposing of out-of-date products. ①**Discarded phones in landfills not only take up space, but also leak toxic chemicals into the environment. ②Since they contain such chemicals, not to mention loads of plastic, it is important to recycle them properly.** Some phone companies offer this service, so all the consumer needs to do is return the old phone. In other cases, thrift stores or non-profit organizations will accept the phones after the contacts have been deleted and any covers have been removed. When phones are disposed of in these manners, _________________________.

(a) thrift stores benefit by reselling them at a high profit
(b) cell phone companies are able to save money through the recycling process
(c) **consumers can be sure not to cause harm to the environment**
(d) the components can be taken out and reused in new products

재합니다. ①**쓰레기 매립지에 버려진 전화기는 공간을 차지할 뿐만 아니라 환경 속으로 독성 화학물질을 새어나가게 합니다. ②휴대폰들은 상당량의 플라스틱은 말할 것도 없이 이러한 화학물질을 포함하고 있기 때문에 적절히 재활용하는 것이 중요합니다.** 일부 휴대폰 회사들은 이러한 재활용 서비스를 제공하고 있고 소비자들이 할 일은 그저 낡은 휴대폰을 반납하는 일뿐입니다. 다른 경우에는 중고품 가게나 비영리 단체가 휴대폰 통신계약이 만기되고 커버가 제거된 휴대폰을 접수할 것입니다. 휴대폰이 이러한 방식으로 처분되었을 때 <u>소비자는 환경에 해를 입히지 않음을 분명히 할 수 있습니다.</u>

(a) 중고품 가게는 휴대품을 고가에 재판매 함으로써 혜택을 얻습니다.
(b) 휴대폰 회사는 재활용 처리과정을 통해 돈을 절약할 수 있습니다.
(c) **소비자는 환경에 해를 입히지 않음을 분명히 할 수 있습니다.**
(d) 부품들은 추출되어 새 제품에 재사용될 수 있습니다.

해설
지문은 휴대폰의 처분 방법에 대한 내용이다. ①쓰레기 매립지의 전화기는 공간을 차지할뿐만 아니라 독성 화학물질을 환경 속으로 내보내며, ②휴대폰 속에는 화학물질을 포함하고 있어 재활용이 중요하다고 설명하고 있다. 휴대폰을 적절하게 처분했을 때의 결과가 빈칸에 들어가야 하므로, '소비자는 분명히 환경에 해를 입히지 않을 수 있습니다'라는 (c)가 정답이다.

5.

seemingly adv. 외견상으로, 겉보기에는

realm n. 영역, 범위

reusable a. 재 사용할 수 있는

at a time 한번에, 따로 따로

suborbital a. 지구 등을 완전히 일주하지 않는, 궤도에 오르지 않은

untrained a. 훈련되어 있지 않은, 정식 교육을 받지 않은

civilian n. 민간인

get a sense 엿보다

at the controls of 조종하는

suspend v. 매달다, 걸다

gravitational a. 중력의

curvature n. 굽음

5. 빈칸완성 – 주제문 ★★☆　　　　　　　　정답 (b)

Dreams that seemingly belong in the realm of science fiction are coming true, as the world's first commercial spacecraft V. S. S. Enterprise indicates. ①**This reusable 18 meter long plane is designed to allow two pilots to take six passengers at a time into suborbital space. ②Though the flights will only last two and a half hours,** they will present the first opportunity for untrained civilians _________________________. For example, they will float suspended in air as gravitational pull decreases, and view Earth's curvature and clouds from far away. This type of travel will allow those individuals who can afford tickets to experience a unique space adventure for the first time in history.

(a) to sit at the controls of a space shuttle
(b) **to get a sense of what astronauts experience in space**

해석
세계 최초의 상업용 우주선인 V.S.S. Enterprise가 보여주는 것처럼 공상 과학에 나올 듯한 꿈들이 실현되고 있습니다. ①재사용이 가능한 18미터 길이의 이 우주선은 2명의 파일럿이 6명의 승객을 한번에 준궤도 공간으로 데려갈 수 있도록 설계되었습니다. ②비록 비행은 오직 2시간 30분동안 지속되지만, 훈련을 받지 않은 민간인들이 <u>우주에서 우주비행사들이 무엇을 경험하는 지 엿볼 수 있는</u> 첫 번째 기회를 제공하게 될 것입니다. 예를 들어 비행은 중력의 인력이 줄어듦에 따라 공기 속에서 떠다니면서 지구의 만곡과 구름을 멀리에서 바라볼 수 있을 것입니다. 이러한 종류의 여행은 역사상 최초로 독창적인 우주 여행을 경험하실 티켓을 구매할 수 있는 사람들에게 허용될 것입니다.

(a) 우주선을 앉아서 조종할 수 있는
(b) **우주에서 우주비행사들이 무엇을 경험하는 지 엿볼 수 있는**

(c) to get a picture of the moon up close
(d) to fly at speeds greater than any airplane can achieve

(c) 달의 사진을 가까이에서 찍을 수 있는
(d) 어떤 비행기보다 더 빠른 속도로 날 수 있는

해설

지문은 세계 최초 상업용 우주선에 관한 내용이다. 상업용 우주선인 V.S.S. Enterprise는 ①파일럿 2명과 승객 6명을 싣고 준궤도 우주여행을 할 수 있도록 설계되었고, ②비행은 2시간 30분 동안 지속된다고 설명하고 있다. 빈칸에는 민간인이 우주선에서 할 수 있는 것에 대한 내용이 들어가야 적절하므로 '우주에서 우주 비행사들이 무엇을 경험하는 지 엿볼 수 있는'이라는 (b)가 내용의 흐름상 가장 자연스럽다.

6.

comes into play 활동하기 시작하다

extract v. 추출하다, 뽑다

degrade v. 분해되다

remote a. 외진, 먼

destrucation n. 파괴, 파멸

suck up 빨아올리다

6. 빈칸완성 – 주제문 ★★☆ 　　　　　　　　**정답 (d)**

In Peru's Madre de Dios region, gold mining _________________ the Amazon Rainforest. Miners drive heavy machinery to dig up tons of earth containing bits of the precious metal. Then it is sucked up through hoses and sprayed on thick carpets which trap the gold. ①**A major pollutant comes into play here, as toxic mercury is used to extract the bits from the earth.** Up to 40 tons of the chemical end up in Peru's waterways each year as a result of this process. ②**Not only is the forest itself degraded with these practices, but the water quality in more remote areas decreases as well.** Unfortunately, all this effort and destruction actually yields very little gold.

(a) has some surprising benefits for
(b) brings people from far away to
(c) is of economic importance to
(d) presents a major threat to

해석

페루의 Madre de Dios 지역의 금광이 아마존 우림에 **커다란 위협을 하고 있습니다.** 소중한 금속을 함유하고 있는 수 톤의 땅을 파내기 위해 광부들은 중장비를 운전합니다. 그 다음 호스를 통해 빨아올린 후 황금을 걸러내는 두꺼운 카펫 위에 뿌려댑니다. ①**독성 수은을 사용하여 흙에서 황금을 추출하기 때문에 심각한 공해물질이 이곳에서 나와서 활동합니다.** 이 같은 처리과정을 통해 매년 40톤 정도의 화학물질이 페루의 수로로 들어오고 있습니다. ②**이로 인해 우림의 지질이 붕괴될 뿐만 아니라 먼 곳에 떨어져 있는 지역의 수질 또한 악화됩니다.** 안타깝게도 이 모든 노력과 파괴에도 불구하고 실제로는 황금이 거의 생산되지 않습니다.

(a) 놀라운 혜택을 주고 있습니다.
(b) 먼 곳에 있는 사람들을 끌어들이고 있습니다.
(c) 경제적으로 중요합니다.
(d) 커다란 위협을 하고 있습니다.

해설

지문은 페루의 Madre de Dios 지역의 금광이 아마존 우림에 미치는 영향에 대한 내용이다. ①독성 수은을 사용하여 황금을 추출하는데 ②이로 인해 우림의 지질이 붕괴될 뿐만 아니라 수질도 악화된다고 설명하고 있다. 빈칸에는 금광이 아마존 우림에 미치는 영향이 들어가야 하므로, '커다란 위협을 하고 있다'는 (d)가 적절하다.

7.

market v. (상품을) 내놓다, 광고하다

victim n. 피해자, 희생자

spark v. 촉발시키다, 유발하다

controversy n. 논란

bully v. 괴롭히다, 왕따시키다

intimidation n. 협박

contend v. 주장하다

7. 빈칸완성 – 논리적 흐름★★★ 　　　　　　　　**정답 (d)**

Voodoo magic has spread from its origins as an African religious tradition to popular consumer culture. Last spring, a canvas voodoo pencil case was sold in stores and marketed to children. ① The body-shaped case, **which came with a space to put a photo of victim, as well as**

해석

부두교 마법은 아프리카 종교적 전통의 기원에서 인기 있는 소비자 문화로 퍼져 나갔습니다. 지난 봄, 캔버스 천으로 된 부두교 필통이 시중 판매되었는데, 어린이들을 대상으로 시판되었습니다. ①신체모양의 필통은 **희생자의 사진을 넣을**

pins to stick into it, sparked a controversy between the company producing them and school teachers. ②**Educators contended that the pencil case would encourage such negative acts as bullying and intimidation among students.** On the other hand, the company maintained that the product was meant simply to be a fun toy ______________.

(a) that had important educational value
(b) instead of a serious religious object
(c) used to encourage cooperative play
(d) rather than a tool to hurt people with

수 있는 공간과 사진을 꼽을 수 있는 핀이 제공되었는데, 제조사와 학교 선생님들 간에 논란을 촉발시켰습니다. ②교육자들은 이 필통이 학생들 사이에 왕따와 협박과 같은 부정적 행위를 촉진시킬 것이라고 주장했습니다. 반면에 회사는 이 제품이 **사람을 다치게 하는 도구라기 보다는** 단순히 재미있는 장난감으로 의도된 것이라고 이야기하고 있습니다.

(a) 중요한 교육적 가치를 가지고 있는
(b) 진지한 종교적 물건 대신
(c) 협력적인 놀이를 조장하기 위해 사용되는
(d) 사람을 다치게 하는 도구라기 보다는

해설
지문은 부두교 필통의 판매에 대한 내용이다. 부두교 필통은 ①희생자의 사진을 끼워 넣을 공간과 핀을 제공하고 있으며, ②교육업계는 이에 대해 부정적인 영향을 우려하고 있다고 설명하고 있다. 'on the other hand'의 역접 접속사를 통해, 이러한 우려에 대한 회사의 항변이 이어지고 있고 빈칸에는 교육업계의 우려가 들어가야 하므로 '사람을 다치게 하는 도구가 아니다'라는 (d)가 가장 적절하다.

8.

considerable a. 상당한, 많은
range n. 다양성 v. 다양하다
comparable a. 비슷한, 비교할 만한
shed light on 해명하다, 설명하다

---

8. 빈칸완성 – 연결어 ★★★ 정답 (b)

The Gamburtsev Mountains in Antarctica present considerable challenges to scientists wishing to study them. ______________, ①**the entire mountain range is completely covered by polar ice.** The ice's depth ranges from just a few hundred meters to over 4,000. ②**Secondly, the climatic conditions are extreme,** as temperatures may fall below -80 C. ③**Thirdly, they're huge;** scientists estimate that their size is comparable to the Alps mountain range in Europe. Despite such difficulties, data collected from the Gamburtsevs will shed light on many scientific questions.

(a) Unfortunately
(b) First of all
(c) Surprisingly
(d) On the other hand

해석
남극대륙에 있는 Gamburtsev 산맥은 과학자들이 연구하고 싶어하는 많은 도전거리를 제공합니다. **첫 번째로,** ①산 전체가 빙하로 완전히 덮여 있습니다. 얼음의 깊이는 수백 미터에서 4천 미터가 넘는 것까지 다양합니다. ②**두 번째로, 기후적 조건이 극적이어서 기**온이 영하 80도 이하로 떨어질 수도 있습니다. ③**세 번째로, 산맥은 거대합니다.** 과학자들은 그 크기가 유럽의 알프스 산맥과 비교할만하다고 예상하고 있습니다. 이러한 어려움에도 불구하고 Gamburtsevs에서 모아지는 정보들은 많은 과학적 질문에 대해 설명해줄 것입니다.

(a) 안타깝게도
(b) 첫 번째로
(c) 놀랍게도
(d) 반면에

해설
지문은 남극대륙의 Gamburtsev 산맥에 대한 이야기이다. Gamburtsev 산맥이 과학자들의 흥미를 끄는 도전거리를 제공한다는 말을 시작으로 ①전체 산이 빙하로 완전히 덮여 있다는 말에 이어 ②기후 조건이 극적이며 ③크기가 거대하다라고 그 이유를 설명하고 있다. 'Secondly, Thirdly'라는 서수가 나오는 것을 보아 빈칸에는 '첫번째로'라는 말이 들어가야 한다. 따라서 (b)가 정답이다.

Part II

9.

autodidactic n. 독학자

take on ~를 고용(채용)하다

task-giver n. 일(과제)를 준 사람

evaluate performance 성과(성적)를 평가하다

conventional a. 관례적인

observation n. 관찰, 감시

9. 　내용 일치 ★★☆　　　　　　　　　　정답 (b)

The Montessori Method of education centers on autodidactic learning, in which ①**young children direct their own learning in a classroom shared with other students.** They do so at their own pace after choosing a subject matter that interests them. In this setting, ② **teachers take on the role of guides and observers, rather than task-givers.** To evaluate performance, students are not given tests. It is through observation of the children and their work that teachers determine the students' academic achievement.

Q: According to the passage, which of the following is true?
(a) Grades are important in the Montessori system.
(b) Montessori teachers do not give students conventional exams.
(c) Montessori students have higher standardized test scores.
(d) Montessori teachers give students less freedom than other teachers.

해석

몬테소리식 교육법이란 ①어린 아이들이 다른 학습자들과 공유하는 교실에서 자기 자신의 배움을 지휘한다는 점에서 독학자 학습에 중심을 두는 것입니다. 아이들은 자신의 흥미를 자극하는 과목의 주제를 선택한 후 자신만의 진도로 학습하게 됩니다. 이러한 환경 속에서 ②교사들은 과제를 제시하는 사람이라기 보다는 가이드와 관찰자의 역할을 합니다. 실력을 평가하기 위해 학생들에게 테스트를 주지 않습니다. 학생들에 대한 관찰과 이들의 학업 결과물을 통해 교사들은 학습자의 학업 성취를 결정합니다.

질문: 지문의 내용과 일치하는 것은?
(a) 등급은 몬테소리식 교육 체제에서 중요하다.
(b) 몬테소리 교육의 선생님들은 학생들에게 관례적인 시험을 주지 않는다.
(c) 몬테소리 교육의 학생들은 더 높은 수준의 표준화된 시험 점수를 받는다.
(d) 몬테소리 교육의 선생님들은 다른 선생님들보다 학생들에게 자유를 덜 준다.

해설

지문의 내용과 일치하는 것을 묻는 문제이다. 지문은 몬테소리식 교육법에 대해 ①아이들 스스로 자신의 학습을 지휘하는 교육방식이며 ②교사는 과제 제시보다는 관찰자와 가이드의 역할을 한다고 설명하고 있다. 따라서 지문의 내용과 일치하는 것은 '몬테소리 교육의 선생님들은 학생들에게 관례적인 시험을 제시하지 않는다.'라는 (b)이다.

10.

perennial a. 계속 반복되는

ornamental a. 장식용의, n. 장식품

heirloom n. 가보

nutritional a. 영양 있는

strain n. 부담, 중압(압박)감

pocketbook n. 재정 형편, 경제 사정

10. 　내용 일치 ★★☆　　　　　　　　　　정답 (c)

Are you still looking for the perfect holiday gift for the person on your list who has everything? Search no more, as The Growing Company offers a wide selection of pre-packaged seeds for planting pleasure. ①**Choose from colorful perennial and annual ornamental flowers, as well as heirloom varieties of nutritional fruits and vegetables.** ②To ease the strain on your pocketbook, **The Growing Company will even add one free seed packet of your choice for every three that you purchase!** This season, seeds are the gift that keeps giving.

해석

모든 것을 다 가지고 있는 사람을 위한 완벽한 휴일 선물을 찾고 있으신가요? Growing Company가 심는 즐거움을 위해 다양한 종류의 포장된 씨앗을 제공하오니 더 이상 선물을 찾지 마세요. ①영양소가 풍부한 과일과 채소의 다양한 구색뿐만 아니라 반복적으로 일년 내내 즐길 수 있는 색색의 장식용 꽃들에서 고르세요. ②재정적인 부담을 덜어드리기 위해 Growing Company는 3개 구입시 씨앗 한 통을 무료로 제공합니다! 올 시즌, 씨앗 선물은 계속해서 줄만한 선물이 될 것입니다.

Q: According to the advertisement, which of the following is true?
(a) The seeds will be shipped overnight.
(b) Seeds include planting instructions.
(c) Food-producing seeds are available.
(d) Each packet includes a free extra packet.

질문: 광고의 내용과 일치하는 것은?
(a) 씨앗은 밤새 배송될 것이다.
(b) 씨앗은 심는 방법에 대한 안내서를 포함하고 있다.
(c) 먹을 것을 생산하는 씨앗을 구매할 수 있다.
(d) 각 봉투는 추가적으로 무료 씨앗이 포함되어 있다.

해설

지문의 내용과 일치하는 것을 묻는 문제이다. Growing Company에서 제공하는 씨앗 포장 판매에 대한 내용으로 ①영양소가 풍부한 과일과 채소의 씨앗뿐만 아니라, 4계절 내내 즐길 수 있는 장식용 꽃도 판매하고 있으며 ②3개의 포장 씨앗을 구매할 경우 1개는 덤으로 제공한다고 설명하고 있다. 따라서 광고 내용과 일치하는 것은 '(채소와 과일의) 먹을 것을 생산하는 씨앗을 구매할 수 있다'는 (c)가 된다.

11.

out of reach 손이 닿지 않는 곳에
premier a. 최고의
paper-airplane n. 종이 비행기
precision n. 신중함, 정밀성, 정확성
patience n. 참을성

11. 내용 불일치 ★★★   **정답 (d)**

For Takuo Toda, the number 30 presents a goal just out of reach. ①**He is the world's premier paper-airplane flyer,** and ②**has been trying to beat his own record of 27.9 seconds** of flight time with a traditional origami plane folded from a single sheet of paper. ③**To send a paper plane flying for so long not only requires a carefully folded plane, but also a huge amount of throwing precision.** Throwing conditions, such as air moisture, make a difference as well. All his skill and practice make Toda quite confident that reaching his goal of a 30 second flight is but a matter of time and patience.

Q: According to the article, which of the following is NOT true?
(a) Traditional origami planes take skill to construct.
(b) Toda already holds the record for longest paper plane flight.
(c) The thrower's skill is not the only factor affecting flight time.
(d) Toda has sent a paper plane flying for 30 seconds.

해석

Takuo Toda에게 숫자 30은 손에 닿지 않는 목표를 상징합니다. ①그는 세계 최고의 종이비행기를 날리는 사람이며, ②종이 한장으로 전통적인 종이 접기 비행기를 통해 27.9초 동안 비행한 자신의 기록을 깨기 위해 노력하고 있습니다. ③오랫동안 종이 비행기를 날리기 위해서는 주의 깊게 접은 비행기뿐만 아니라 던지는 데에도 상당한 정확성이 필요합니다. 공기 중의 습도와 같이 던질 때의 조건들 또한 많은 차이를 만들어 냅니다. 그의 모든 기술과 연습은 Toda 씨가 30초 비행 목표를 달성하기란 그저 시간과 인내심의 문제일 뿐이라는 자신감을 갖도록 만들었습니다.

질문: 지문의 내용과 일치하지 않는 것은?
(a) 전통적인 종이 접기 비행기는 만드는 데 기술이 필요하다.
(b) Toda는 이미 가장 긴 종이 비행기 비행 시간에 대한 기록을 가지고 있다.
(c) 던지는 사람의 기술은 비행 시간에 영향을 미치는 유일한 요인은 아니다.
(d) Toda는 30초 동안 종이 비행기를 날렸었다.

해설

지문의 내용과 일치하지 않는 것을 묻는 문제이다. Takuo Toda에 관한 내용으로 ①Toda는 세계 최고의 종이비행기 날리기 기록을 가지고 있으며 ②그의 현재 최고 기록은 27.9초이며, ③종이비행기를 오래 날리기 위해서는 주의 깊게 접은 종이비행기와 정확성이 필요하다고 설명하고 있다. 따라서 '이미 30초 동안 종이비행기를 날렸다'는 (d)는 지문의 내용과 일치하지 않는다.

12.

12.

remain competitive 경쟁력을 유지
하다

invent v. 지어내다, 발명하다

struggle v. 몸부림치다

12. 주제 찾기 ★★☆　　　　　　정답 (c)

①**Cricket was invented by the British in the 16th century,** and had become the national sport within 200 years. As the British Empire expanded during this period, so did the sport, and by the mid-19th century international matches were being held. ②In last couple of decades, however, the British team, although remaining competitive, **has struggled to hold the top position, with international teams such as Pakistan, Australia and India taking the top places.**

Q: What is the main point of the passage?
  (a) Countries that invent a sport tend to be the best at it.
  (b) Cricket was the most-played sport in the former British Empire.
  (c) England is no longer the best cricket team.
  (d) It is important to be the best at sports.

해석

①크리켓은 16세기 영국에서 만들어졌는데, 200년 안에 국민 스포츠가 되었습니다. 대영제국이 이 시기 동안 영토확장을 했기 때문에, 이 스포츠도 함께 전파되었고, 19세기 중반에는 국제 경기도 벌어졌습니다. ②그러나 지난 20여 년간 영국 팀은 경쟁력을 유지하고 있기는 하지만 최고의 자리를 차지하고 있는 파키스탄, 호주, 인도 같은 국제 팀들과 함께 1위 자리를 잡기 위해 고군분투하고 있습니다.

질문: 지문의 주제는 무엇인가?
  (a) 운동을 개발한 나라들은 그 경기를 가장 잘하는 경향이 있다.
  (b) 크리켓은 전 대영 제국에서 가장 많이 경기하는 스포츠였다.
  (c) 영국은 더 이상 최고의 크리켓 팀이 아니다.
  (d) 운동에서 최고의 자리를 차지하는 것이 중요하다.

해설

지문의 주제를 묻는 문제이다. 크리켓에 관한 내용으로 ①크리켓은 영국에서 만들어졌지만, ②최고의 자리를 차지하기 위해 영국은 파키스탄, 호주, 인도와 경쟁하고 있다고 설명하고 있다. 따라서 지문의 주제는 '영국이 더 이상 최고의 크리켓 팀이 아니다'라는 (c)가 가장 적절하다.

13.

sneeze v. 재채기하다

psychological a. 정신(심리)적인

debilitate v. 심신을 약화시키다

13. 대의 파악 ★★★　　　　　　정답 (a)

My name is Kate Bradey, and I live in Washington State. ①**Last year I got a severe cold and since then, have been unable to control my sneezing. ②Some days are worse than others, and when it is really bad I sneeze around 15 times a minute.** Doctors are unsure why this is happening to me and have performed all kinds of tests to see what's wrong. They think it might be psychological, but since there is no sure way of determining that, I may never know why I sneeze so much. ③**It has been very debilitating, and even something as simple as eating can be really hard work.**

　Q: What is the main purpose of the passage?

해석

제 이름은 Kate Bradey이며, 워싱턴 주에 살고 있습니다. ①저는 작년에 심한 감기에 걸렸고 그때 이후로 재채기를 참을 수가 없게 되었습니다. ②어떤 날은 다른 때보다 더 심해져서, 정말 안 좋을 때는 1분에 15번 정도 재채기를 하기도 합니다. 의사 선생님들은 이런 일이 일어난 이유에 대해 확신하지 못하고 있고, 무엇이 잘못되었는지 알아내기 위해 온갖 종류의 테스트를 진행했었습니다. 선생님들은 재채기가 심리적인 문제일 수 있다고 했지만, 그것을 확정 지을 만한 확실한 방법은 없기 때문에, 왜 그렇게 심한 재채기를 하는 지 저는 결코 알 수 없을지도 모릅니다. ③재채기로 인해 심신이 매우 약화되고 있으며, 심지어 먹는 것과 같이 단순한 것조차 정말 어려운 것이 되어 버렸습니다.

질문: 지문의 목적은 무엇인가?

(a) **To give a personal account of an individual's sneezing problem**

(b) To warn of the dangers of getting a severe cold

(c) To announce that there are tests available for people who sneeze a lot

(d) To point out that sneezing problems are usually psychological

(a) 자신의 재채기 문제에 대해 개인적인 설명을 전하기 위해

(b) 심한 감기의 위험성에 대해 경고하기 위해

(c) 심하게 재채기를 하는 사람들을 위해 이용 가능한 테스트가 있다는 것을 알려주기 위해

(d) 재채기 문제는 일반적으로 심리적인 문제임을 지적하기 위해

해설

지문의 목적을 묻는 문제이다. 워싱턴의 Kate Bradey가 겪고 있는 재채기에 관한 내용으로 ①지난해, 심한 감기가 걸렸을 때부터 시작된 재채기는 ②심할 때는 1분에 15번이나 재채기를 하며, ③재채기 때문에 먹는 것도 힘들어 졌다며 자신의 증상에 대해 설명하고 있다. 따라서 지문의 목적은 재채기 문제에 대한 설명을 전하기 위함이라는 (a)가 가장 적절하다.

14.

heatstroke n. 열사병

cool v. 식히다, 차게 하다

alleviate v. 완화하다

drastic a. 과감한, 극단적인, 급격한

constrict v. 수축되다(하다), 조이다

trap v. 가두다

overheat v. 과열되다(하다)

regulate v. 조절(조정)하다

14. 내용 일치 ★★★　　　　　　　　　**정답 (c)**

While no one ever thinks that they'll be in a situation in which they might suffer from heatstroke, knowing what to do in such a situation can mean the difference between life and death. ①**It's a common belief that cooling the outside of the body as quickly as possible will alleviate heatstroke, but this does more harm than good.** When the skin encounters such a drastic change in temperature, blood vessels constrict, essentially trapping heat within the body. ②**Instead, scientists suggest cooling the palms of the hands.** When the body overheats, cooling the palms helps the body regulate its temperature, keeping you safe.

Q: Which of the following is true according to the article?

(a) Blood vessels naturally constrict when someone has heatstroke.

(b) The palms of the hands are most likely to overheat.

(c) **Pouring cold water on a person with heatstroke is harmful.**

(d) Heatstroke occurs when a person does not drink enough cold water.

해석

어떤 사람도 자신이 열사병으로 고통 받게 될 상황에 빠질 거라 생각하지 않지만, 이때 해야 할 일을 아는 것은 삶과 죽음의 차이를 의미할 수도 있습니다. ①최대한 빨리 신체 외부를 차갑게 식히면 열사병을 완화시킬 수 있다는 믿음이 일반적이기는 하지만, 여기에는 장점보다 해로운 점이 더 많습니다. 피부가 극단적인 온도 변화와 같은 상황을 접하게 되면, 신체 내부 온도를 효과적으로 유지하기 위해 혈관이 수축됩니다. ②그대신, 과학자들은 손바닥을 차갑게 식히라고 제안합니다. 신체 온도가 과열되었을 때는 손바닥을 차갑게 만드는 것이 신체로 하여금 안전을 유지하면서 체온을 조절하는 데 도움을 줍니다.

질문: 지문의 내용과 일치하는 것은?

(a) 사람이 일사병에 걸리면 혈관이 자연스럽게 수축된다.

(b) 손바닥은 과열되기 가장 쉽다.

(c) **열사병 걸린 사람의 몸에 차가운 물을 붓는 것은 해롭다.**

(d) 열사병은 사람이 찬 물을 충분히 마시지 않았을 때 일어난다.

해설

지문의 내용과 일치하는 것을 묻는 문제이다. 지문은 열사병에 걸렸을 때 해야 하는 적합한 조치에 관한 내용이다. ①가능한 한 빨리 신체외부를 차갑게 식혀야 한다는 믿음이 일반적이기는 하지만, 이것은 해로운 점이 더 많으므로 ②대신 신체온도가 과열되면 손바닥을 차갑게 하는 것이 좋다고 조언하고 있다. '열사병에 걸린 사람의 몸에 차가운 물을 붓는 것은 해롭다'라는 (c)가 지문과 일치하는 내용이므로 정답이다.

15.

pick-me-up n. 생기를 가져다 주는
　　것(약)

get a boost 고양시키다, 상승되다

protein n. 단백질

carbohydrate n. 탄수화물

15.　　내용 일치 ★★☆　　　　　　　　정답 (a)

Need a pick-me-up for those days you stay late at the office? Try Energy Plus protein bars! ① Like the name implies, **Energy Plus bars are packed with the nutrients you need to keep up your strength when you can't get a full meal. ②They offer flavors like Berry Blast, Chocolate Milkshake, and Vanilla Cream.** Each bar is packed with plenty of calcium and Vitamin C, as well as the perfect balance of protein and carbohydrates, so you're sure to get a boost. And did we mention each bar has just 150 calories? ③**Pick up a box of Energy Plus protein bars at your local grocery store today!**

Q: Which of the following is true of Energy Plus bars according to the advertisement?
　(a) They contain both protein and carbohydrates.
　(b) They can help people lose weight.
　(c) They are only available at select stores.
　(d) They are sold in over 150 flavors.

해석

요즘 사무실에서 늦게까지 일할 때 생기를 가져다 줄만한 것이 필요한가요? Energy Plus 단백질 바를 먹어 보세요! ①이름이 뜻하는 것처럼 Energy Plus 바에는 충분한 식사를 할 수 없을 때 근력유지를 하는데 필요한 영양분이 가득 들어있습니다. ②베리 블라스트, 초콜릿 밀크쉐이크, 바닐라 크림과 같은 맛을 제공합니다. 바에는 단백질과 탄수화물의 완벽환 균형뿐만 아니라 상당량의 칼슘과 비타민 C가 들어있어, 확실히 에너지를 부양시킬 것입니다. 그리고 바 하나가 겨우 150 칼로리밖에 안 된다는 사실을 말씀 드렸던가요? ③오늘 근처 식료품 가게에서 Energy Plus 단백질 바 한 박스를 구매하세요!

질문: 광고의 내용으로 보아 Energy Plus 바에 대해 사실인 것은?
　(a) 단백질과 탄수화물을 둘 다 함유하고 있다.
　(b) 체중감소에 도움이 된다.
　(c) 특정 가게에서만 구매할 수 있다.
　(d) 150가지 맛 이상으로 판매된다.

해설

지문의 내용과 일치하는 것을 묻는 문제이다. 지문은 Energy Plus 단백질 바의 광고 글이다. Energy Plus 단백질 바에는 ①공복 시 근력유지를 위한 영양분이 들어 있으며, ②베리 블라스트, 초콜릿 밀크쉐이크, 바닐라 크림의 3가지 맛이 있으며, ③동네 식료품 가게에서 쉽게 구입할 수 있다고 설명하고 있다. 따라서 Energy Plus 단백질 바에 대한 내용으로 사실인 것은 문장①에서 언급되었듯이, '단백질과 탄수화물을 둘 다 함유하고 있다'라는 (a)가 적절하다.

16.

modern-day a. 현대의

significantly adv. 상당히, 크게

restore v. 회복시키다

inhabit v. 거주하다, 서식하다

Governor's Palace 총독 청사

proximity n. 가까움(근접)

16.　　내용 일치 ★☆☆　　　　　　　　정답 (d)

Perhaps the best place for modern tourists to experience Mayan ruins is the site of Uxmal, located in modern-day Yucatan, Mexico. ① Uxmal offers some of the most significantly restored ruins in the world, **allowing visitors to see what the city might have been like during the time that it was inhabited.** Furthermore, ②**its proximity to other smaller sites such as Kabah and Sayil make it perfect for a day trip.** ③**Tourists to Uxmal will have the opportunity to experience the huge Governor's Palace, with twenty-four separate rooms and a beautiful courtyard.**

해석 현대 여행객들이 마야 유적지를 경험해 볼 수 있는 가장 최고의 장소는 아마도 지금의 Mexico의 Yucatan에 위치한 Uxmal일 것입니다. ①Uxmal은 이곳을 방문하는 사람들이 이 도시에 사람들이 거주했을 당시의 모습이 어땠는지 볼 수 있도록 세계에서 가장 많이 회복된 유적지를 제공하고 있습니다. 게다가 ② Kabah와 Sayil과 같은 더 작은 장소에 근접해 있어, 완벽한 당일 여행을 할 수 있습니다. ③Uxmal로 여행하는 여행객들은 24개의 개별 방과 아름다운 정원을 갖춘 거대한 총독 청사를 경험하실 기회를 갖게 되실 것입니다.

Q: Which of the following is true according to
the above passage?
(a) Parts of the ruins are still inhabited
today.
(b) Uxmal is the largest Mayan ruin site.
(c) There are 24 buildings in the Uxmal
ruins.
**(d) Uxmal is near other popular Mayan
ruins.**

질문: 지문의 내용과 일치하는 것은?
(a) 유적지의 일부에는 오늘날에도 여
전히 주민이 거주하고 있다.
(b) Uxmal은 마야 유적지 중 가장 크
다.
(c) Uxmal 유적지에는 24개의 건물이
있다.
**(d) Uxmal은 다른 유명한 마야 유적지
와 인접해 있다.**

해설
지문의 내용과 일치하는 것을 묻는 문제이다. 지문은 마야 유적지 Uxmal의 관광 안내이다. Uxmal은
①당시 사람들이 거주했던 모습을 그대로 재현해 두었고, ②다른 마야 유적지인 Kabah와 Sayil과 인
접해 있으며 ③24개의 방이 있는 총독 청사를 관람할 기회를 제공한다고 설명하고 있다. 따라서 지문
의 내용과 일치하는 것은 ②의 내용인 (d)이다.

17.

tirelessly adv. 지치지 않고

attentive a. 주의(귀)를 기울이는

generosity n. 너그러움

fortunate a. 운 좋은, 다행한

therapist n. 치료사, 치료 전문가

17.　추론 ★★☆　　　　　　　　　　　　　　정답 (d)

Dear Mr. Williams,
①**I am writing to thank you for
recommending your friend, Mrs. Doyle, to
me.** She tirelessly stayed on the phone with me
until I felt better, all while remaining gentle and
attentive. Such generosity is hard to find these
days. ②You are truly lucky to have Mrs. Doyle
as a friend, and **her patients are fortunate
to have a doctor who is so well trained
in counseling.** I hope you will pass on my
gratitude to her, and I thank you once again for
all of your help during this difficult time.

Sincerely,
Amy Daniels

Q: What can be inferred from the letter?
(a) Ms. Daniels still feels upset.
(b) Mrs. Doyle is a bad listener.
(c) Mr. Williams has never met Mrs. Doyle.
(d) Mrs. Doyle is a therapist.

해석
Williams 씨에게,
①**당신의 친구 Doyle씨를 추천해주신
데 대해 감사 말씀 전하려 편지를 드립
니다.** 그녀는 제 건강이 좋아질 때까지
친절하고 관심어린 태도를 항상 유지하
면서 지치지 않고 나와 통화해 주었습니
다. 이러한 관대함은 요즘 찾아보기 힘
든 것이었습니다. ② Doyle을 친구로 둔
당신은 진심으로 운이 좋은 사람이며,
**그녀의 환자들은 매우 훌륭한 상담 교육
을 받은 의사를 가진 점에 있어서 운이
좋다고 생각합니다.** 제 감사하는 마음을
그녀에게 전달해주시고, 이번 어려운 시
기 동안 모든 도움을 보여주신 데 대해
다시 한번 감사 드립니다.
Amy Daniels 올림

질문: 편지를 통해 추론할 수 있는 것
은?
(a) Daniels양은 여전히 화가 나있다.
(b) Doyle씨는 남의 말을 잘 들어주지
않는다.
(c) Williams씨는 Doyle씨를 한번도
만나본 적이 없다.
(d) Doyle씨는 치료사이다.

해설
지문을 통해 추론할 수 있는 것을 묻는 문제이다. 글은 Amy Daniels양이 Williams씨에게 보낸 감사
편지이다. ①친구 Doyle씨를 추천주어 감사하며 ②그녀의 환자들은 훌륭한 상담교육을 받은 의사선
생님을 알게 된 것에 감사해야 한다고 이야기함으로써, Doyle씨가 의사임을 짐작할 수 있다. 따라서
편지를 통해 추론할 수 있는 내용은, Dolye씨가 치료사라는 (d)의 내용이다.

18.

maternal a. 어머니 같은, 모성의

childbed fever 산욕열

birthing n. 출산, 분만

complication n. (상황을 더 복잡하
　게 만드는) 문제

unwittingly adv. 자신도 모르게

transport n. 수송

18.　제목 찾기 ★★★　　　　　　　　　　　　정답 (c)

Today, giving birth to a child still has its risks, but it is much safer than it was two centuries ago. ①**One major cause of maternal death was childbed fever.** Doctors would see one delivering mother after another without washing up between visits, and the result was that many bacteria were spread quickly. ②**Sadly, many women died not from birthing complications but from the disease that doctors were unwittingly transporting.** When the reason for all these deaths was found to be invisible organisms, some doctors still resisted cleaning up in between deliveries, costing even more lives. Eventually, the medical community recognized the importance of cleanliness and today the risks of childbed fever are far lower than they once were.

Q: Which of the following is the best title of the above passage?
(a) A History of Giving Birth
(b) The Importance of Washing Your Hands
(c) The Spread of Childbed Fever
(d) Family Life in the Eighteenth Century

해석
오늘 날에도 출산은 여전히 위험이 따르는 일이긴 하지만 2세기 전 보다는 훨씬 더 안전합니다. ①산모 사망의 주된 원인 중 하나는 산욕열입니다. 의사들은 출산과 출산 사이에 청소 과정 없이 산모의 분만을 진행함으로써 그 결과 많은 박테리아가 빠르게 퍼졌습니다. ②슬프게도 많은 여성들은 출산과정에서의 문제 때문이 아니라 의사가 자신도 모르게 퍼트리는 질병으로 인해 사망했습니다. 이러한 모든 죽음의 이유가 눈에 보이지 않는 유기체 때문이라는 것을 알아냈지만, 일부 의사들은 여전히 출산과 출산 과정 사이에서 청소를 하지 않았습니다. 결국 의학계는 청결의 중요성을 깨달았고, 오늘 날 산욕열의 위험성은 전보다 훨씬 낮아졌습니다.

질문: 주어진 지문의 제목으로 적합한 것은?
(a) 출산의 역사
(b) 손을 깨끗이 씻는 것의 중요성
(c) 산욕열의 확산
(d) 18세기 가족 생활

해설
지문의 제목을 묻는 문제이다. 지문은 2세기 전 출산이 위험했던 이유에 대해 이야기하고 있다. ①산모의 사망은 주로 산욕열로 인한 것이었으며, ②많은 여성들이 출산과정이 아니라 의사가 자기도 모르는 사이에 옮기는 박테리아로 인해 사망했다고 설명하고 있다. 따라서 지문의 제목으로 적절한 것은 '산욕열의 확산'이라는 (c)이다.

Part III

19.

acupuncture n. 침술

take notice 주의하다

intimidate v. (시키는 대로 하도록)
　겁을 주다

complementary a. 상호 보완적인

nausea n. 욕지기, 메스꺼움

chemotherapy n. 화학 요법

traumatic a. 정신적 외상을 초래할
　정도의, 대단히 충격적인

infertility n. 불임

19.　일관성 ★☆☆　　　　　　　　　　　　정답 (a)

Acupuncture is one of the most well-known methods of alternative medicine and doctors have taken notice, looking to apply this knowledge to more fields. **(a) Though it may be a little intimidating, acupuncture is generally not painful.** (b) The National Center for Complementary and Alternative Medicine has studied acupuncture and found that it can be useful for relieving nausea in chemotherapy patients. (c) Also, it may have positive effects in patients with post-traumatic stress disorder or infertility. (d) It is likely that more uses of acupuncture will be discovered in the years to come.

해석
침술요법은 대체의학에서 가장 잘 알려진 방법 중 하나이며, 의사들은 더 많은 분야로 이 지식을 적용하기 위한 방안을 찾기 위해 주의를 기울여 왔습니다. (a) 약간 겁이 나기도 하는 이 침술요법은 보통은 통증이 없습니다. (b) 대체의학을 위한 국제 센터는 침술을 연구해왔으며, 침술이 화학요법 치료를 받는 환자의 메스꺼움을 완화하는 데 활용될 수 있음을 발견했습니다. (c) 또한 정신적 외상 후 스트레스 장애 또는 불임 환자에게 긍정적인 효과를 줄 수 있습니다. (d) 앞으로 몇 년 후에는 더 많은 침술 요법의 활용들이 발견될 것입니다.

주어진 글을 읽고 흐름상 어색한 문장을 고르는 문제이다. 침술요법은 잘 알려진 대체의학이라는 말을 시작으로 (b) 침술요법은 화학 치료중인 환자의 메스꺼움을 완화시켜주는 효과가 있고, (c) 정신적 외상 후 스트레스 장애 및 불임환자에게 긍정적 효과가 있으며, (d) 향후 더 많은 활용분야가 발견될 것이라고 설명하고 있다. '침술요법은 겁나기는 하지만 아프지는 않다'는 (a)는 침술요법의 활용 분야에 대한 내용과는 어울리지 않는 문장이므로 정답은 (a)이다.

20.

potential a. 가능성이 있는, 잠재적인

employee n. 종업원, 고용인

job candidate 입사 지원자

punctuation n. 구두법

proof-reading n. 교정

correct a. 맞는, 정확한

mechanics n. 기술, 기법

pertinent a. 적절한, 관련 있는

confident a. 자신감 있는

cordial a. 화기 애애한, 다정한

---

20. 일관성 ★★☆   정답 (d)

Often, the first impression an employer gets of a potential employee comes from that person's resume. (a) Thus, job candidates should make sure their resumes represent their strengths and not their weaknesses. (b) Spelling, grammar, and punctuation errors can quickly give an employer a very bad impression. (c) In addition to proof-reading for correct mechanics, job candidates should make sure that their resumes highlight information that is pertinent to the specific job they are seeking. **(d) Finally, employees should be confident yet cordial in their interviews.**

해석

고용주는 입사 지원자에 대한 첫 인상을 이력서에서 얻습니다. (a) 그래서 입사 지원자들은 이력서가 자신의 약점이 아니라 장점을 부각시키고 있는 지 확인해야 합니다. (b) 철자, 문법, 구두법 오류는 고용주에게 매우 안 좋은 인상을 줄 수 있습니다. (c) 정확한 기술을 위해 교정 보는 것뿐만 아니라, 입사 지원자들은 찾고자 하는 특정한 직업에 관련된 적절한 정보를 이력서에 강조해야 합니다. **(d) 결국에는 직원들은 자신의 면접에서 자신감 있으면서도 다정한 모습을 보여야 합니다.**

주어진 글을 읽고 흐름상 어색한 문장을 고르는 문제이다. 고용주는 이력서를 통해 입사 지원자에 대한 첫인상을 얻는다는 말을 시작으로, 그러므로 (a) 이력서에 장점이 부각되어 있는지 확인하고, (b) 스펠링이나 문법 오류 등은 나쁜 인상을 줄 수 있으니 주의하며, (c) 직업에서 원하는 정보를 이력서에서 강조해야 한다고 조언하고 있다. 나머지 내용은 모두 이력서 작성시 주의사항에 관한 내용인데 (d)는 면접 시 유의점에 대한 내용이다. 따라서 흐름상 어색한 문장은 (d)이다.

Part I ~ III	
1 **(a)**	2 **(b)**
3 **(d)**	4 **(b)**
5 **(a)**	6 **(b)**
7 **(b)**	8 **(c)**
9 **(d)**	10 **(c)**
11 **(a)**	12 **(b)**
13 **(a)**	14 **(d)**
15 **(d)**	16 **(c)**
17 **(c)**	18 **(a)**
19 **(b)**	20 **(b)**

Part I

1.

loop v. 만들다(구부리다)

conducive a. ~에 좋은

familiarity n. 익숙함, 친근함

assign v. 맡기다, 배정하다

2.

delightful a. 정말 기분 좋은, 마음에 드는

bring out ~을 끌어내다

keep out(off) the cold 추위를 막다

1. 　빈칸완성 – 논리적 흐름 ★★★　　　　　정답 (a)

Some schools have adopted the educational system known as "looping", which allows a group of students to move up several grade levels while keeping the same teacher for more than a single academic year. ①**In theory, this long-term relationship creates an environment more conducive to learning.** During this time, teachers get to know students' learning styles, including strengths and weaknesses, and therefore teach more effectively. Students gain more familiarity with each other and develop a sense of community. ②**However, it is possible that a student might not get along with the assigned teacher.** Despite this type of circumstance, the practice of looping provides a situation _______________________.

(a) **in which very positive student-teacher relationships develop**
(b) which may lead to higher test scores, as some studies suggest
(c) which lets schools save money by hiring fewer teachers
(d) in which students learn to work together

해석

일부 학교에서는 "looping"이라고 알려진 교육 시스템을 적용해 왔는데, 이는 한 그룹의 학생들이 한 명의 교사와 일 년 이상의 기간 동안 높은 학년으로 올라가는 것을 허용하는 방식입니다. ①**이론적으로는 이러한 장기적인 관계형성은 배움에 좀 더 이로운 환경을 만들어 냅니다.** 이 기간 동안 선생님들은 학생들의 장점과 단점, 학습 스타일을 알게 되고, 그로 인해 더 효과적으로 가르칠 수 있게 됩니다. 학생들은 서로 간에 더 많은 친밀감을 갖게 되며, 사회성을 만들게 됩니다. ②**그러나 어떤 학생은 배정된 선생님과 잘 지내지 못할 가능성도 있습니다.** 이러한 환경에도 불구하고, looping 실행은 <u>학생과 교사의 매우 긍정적인 관계를 형성하는</u> 상황을 제공합니다.

(a) 학생과 교사의 매우 긍정적인 관계를 형성하는
(b) 일부 수업에서 제시한 바대로 더 높은 시험점수를 이끄는
(c) 학교들이 더 적은 교사를 고용함으로써 돈을 절약하게 하는
(d) 학생들이 함께 공부하는 것을 배우는

해설

논리적 흐름에 따라 빈칸에 들어가기에 적절한 것을 묻는 문제이다. 지문은 'looping'이라는 교육 시스템에 관한 이야기이다. 'looping'을 통해 ①학생과 교사간의 장기적 관계형성으로 인해 배움에 이로운 환경을 만들어 내지만, ② 학생이 배정된 선생님과 잘 지내지 못할 수도 있다는 우려가 있다. 내용상 '그럼에도 불구하고(despite)'라는 역접관계 접속사를 통해 looping이 제공하는 긍정적인 상황이 빈칸에 들어가야 하므로 looping의 장점인 '학생과 교사의 매우 긍정적인 관계를 형성하는'의 (a)가 적절하다.

2. 　빈칸완성 – 글의 목적 ★☆☆　　　　　정답 (b)

Dear Grandma,
①**It was lovely seeing you over the holidays.** _______________ I really appreciate the clothes you brought for me. ②**The cashmere sweater and matching socks you gave me are delightful.** I love how soft they are and enjoy wearing them after a long day of work. The scarf helps to keep out the cold winter wind, and I've been told that the green brings out the color of my eyes!
Thank you again for helping to keep me warm

해석

할머니께,
①**휴가 동안 할머니를 뵈어서 너무 좋았어요.** <u>선물 고맙습니다.</u> 할머니께서 사주신 옷들 정말로 감사해요. ②**할머니가 주신 캐시미어 스웨터와 그에 어울리는 양말은 정말 마음에 들어요.** 스웨터와 양말의 그 부드러운 느낌이 좋아요. 그리고 오랜시간 일한 뒤에 그것을 입는 것을 즐기고 있어요. 스카프는 추운 겨울 바람을 막아주는데다가 스카프의 녹색이 제 눈동자 색을 부각시킨다는 말을

this winter. I hope that Grandpa and the cat are doing well!

Love,
Your granddaughter Becky

(a) The candy you sent was great.
(b) Thank you for the gifts.
(c) It was great that you came.
(d) Christmas Eve was fun.

들었어요.
올 겨울 제가 따뜻하게 지낼 수 있도록 해주신 거 정말 감사 드려요. 할아버지와 고양이도 잘 지내길 바래요.

사랑을 담아,
할머니의 손녀 Becky 올림

(a) 보내주신 캔디 좋았어요.
(b) 선물 고맙습니다.
(c) 할머니께서 오셔서 기뻤어요.
(d) 크리스마스 이브는 즐거웠어요.

해설
지문은 할머니에게 보내는 손녀의 감사편지이다. ①휴가 때 할머니를 만나서 좋았다는 말을 시작으로 ②할머니가 사준 스웨터, 양말, 스카프에 대한 감사의 말이 이어지고 있다. 따라서 ②앞에는 옷 사준 것에 대한 감사의 말인 (b)가 들어가는 것이 자연스럽다.

3.

Saturn's moon 토성의 위성
fully-developed a. 충분히 발육한
body n. 물체, 천체
methane n. 메탄
condensation n. 물방울, 응결
precipitation n. 강수, 강수량
evaporation n. 증발, 발산
unmanned a. 무인의
hydrocarbon n. 탄화수소
cap v. 덮다

3. 빈칸완성 – 내용 완성 ★★☆　　　　**정답 (d)**

Saturn's moon Titan is the subject of much scientific interest, as it not only has a fully-developed atmosphere, but its surface is covered with _______________. ①**These bodies of water are fed by rivers which are a part of a methane cycle very similar to Earth's water cycle of evaporation, condensation, and precipitation.** ②In order to find out more about the lakes' chemistry, **NASA will send an unmanned boat to collect data from them sometime in the near future.**

(a) tall mountains capped in methane snow
(b) hundreds of large, round craters
(c) large icebergs similar to those on Earth
(d) huge lakes of chemicals called hydrocarbons

해석
토성의 위성인 Titan은 완전한 대기를 가지고 있을 뿐만 아니라, 그 표면은 **탄산수소라고 부르는 화학물질의 거대한 호수**로 뒤덮여 있기 때문에 많은 과학적 흥미거리를 지닌 주제입니다. ①이 물이 모여 있는 곳들은 강에 의해 채워지는데, 이 부분은 지구의 물의 증발, 응결, 강수로 이루어진 물 순환 체제와 매우 유사한 메탄 순환 체제의 일부입니다. ②호수의 화학물질에 대해 좀 더 알아내기 위해 NASA는 가까운 미래의 언젠가는 이 행성에 관한 정보를 수집하기 위해 무인 보트를 보낼 예정입니다.

(a) 메탄 눈으로 덮인 높은 산들
(b) 수백 개의 크고 둥근 분화구
(c) 지구의 그것과 유사한 거대한 빙하
(d) 탄산수소라고 부르는 화학물질의 거대한 호수

해설
지문은 토성의 위성인 Titan에 대한 내용이다. Titan 표면의 어떤 것 때문에 과학적으로 흥미로운 존재라고 설명하고 있는데, 이에 대해 ①이것의 물이 강에 의해 채워지고 지구의 물 순환과 유사한 메탄 순환체제이며, ②이 호수의 화학물질에 대한 연구가 조만간 NASA에 의해 이뤄질 것이라고 설명하고 있다. 따라서, Titan의 표면을 뒤덮고 있는 것은 '화학물질로 이뤄진 거대 호수'라는 점을 짐작할 수 있다. 따라서 (d)가 정답이다

4.

fascinate v. 마음을 사로잡다
mutualism n. 상호 부조론
burrow v. 굴을 파다
egg-laying a. 알을 낳는
simultaneously adv. 동시에
pollinate v. 가루받이하다
wasp n. 말벌
larvae n. 유충, 애벌레
fig n. 무화과
pollination n. 수분 (작용)

4. 빈칸완성 – 논리적 흐름 ★★☆　　　　**정답 (b)**

Fig trees present a fascinating example of mutualism, the process in which specific two organisms interact in ways that benefit both. The fig tree's unique flowers _______________. The female fig wasp finds a fig tree and burrows into the flower structure. ①Once inside, she inserts her egg-laying organ into the flower's reproductive organs, **laying eggs inside while**

해석
무화과 나무는 특정한 두 조직체가 서로에게 이로운 방식으로 상호작용하는 상호부조론의 훌륭한 실례가 됩니다. 무화과 나무의 독특한 꽃은 **가루받이하기 위해 특정 곤충이 필요합니다.** 암컷 무화과 말벌은 무화과 나무를 찾아와서 꽃 조직 안에 굴을 팝니다. ①일단 알을 낳는 기관을 꽃의 생산기관 안으로 삽입하

simultaneously pollinating the plant. ②
**The wasp larvae that hatch feed on the
plant tissue,** and eventually dig out of the fig to
continue their life cycle. ③**In the meantime,
the pollinated fig is able to produce its
seeds.** The fig tree depends on the wasp for
pollination, while the wasp larvae depend on it
for food.

   (a) need certain temperatures to survive
   **(b) require a specific insect to pollinate
      them**
   (c) are valued in Asia as a food source
   (d) provide a home for many insects

고 식물의 가루받이를 하는 것과 동시에
안쪽에 알을 낳습니다. ②부화한 말벌유
충은 식물 조직을 먹으면서 자라며, 결
국에는 자신의 생활 주기를 계속하기 위
해 무화과 밖으로 나옵니다. ③한편 가
루받이한 무화과는 그 씨앗을 생산할 수
있습니다. 말벌 유충이 먹이 때문에 무
화과 나무에 의존하는 반면 무화과 나무
는 가루받이를 위해 말벌에 의존합니다.

(a) 생존하기 위해 특정 온도가 필요합
   니다.
**(b) 가루받이하기 위해 특정 곤충이 필
   요합니다.**
(c) 식량 자원으로 아시아에서는 가치가
   있습니다.
(d) 많은 곤충들에게 집을 제공합니다.

해설
지문은 무화과 나무에 대한 내용으로 논리적 흐름에 따라 빈칸에 들어가기에 적절한 말을 묻는 문제이
다. ①암컷 무화과 말벌은 무화과 나무의 가루받이를 하는 것과 동시에 그 안에 알을 낳으며, ②부화한
유충은 무화과 조직을 먹고 자라고, ③가루받이 무화과는 무화과 말벌로 인해 씨앗을 생산함으로써 서
로 상부상조하는 과정을 설명하고 있다. 지문을 통해 무화과 나무의 특징이 빈칸에 들어가야 하므로,
'가루받이를 위해 무화과 말벌이 필요하다'는 (b)가 가장 적절하다.

5.

nuisance n. 골칫거리, 귀찮은 것
aforementioned a. 앞에서 언급한

---

5. **빈칸완성 – 주제문 ★★☆**   **정답 (a)**

In communities throughout the mid-western
United States, the growth of the deer population
has ________________________.
①**The high number of deer is a nuisance
to farmers because they eat crops, as well
as to ordinary citizens wishing to keep a
garden.** ②**Deer also cause problems when
they cross roads, as the animals and cars
frequently collide; the drivers then end
up with injuries and damaged vehicles.**
Because of these factors, some communities
have instituted deer population control
programs, in which trained hunters kill a certain
number of the animals in an effort to reduce the
incidence of the aforementioned problems.

   **(a) become a topic of great concern to
      various people**
   (b) decreased dramatically over the last few
      years
   (c) brought about laws to protect angry
      farmers
   (d) increased the opportunities for hunting

해석
미국 중서부 지역사회에서 사슴 수의 증
가는 <u>다양한 사람들에게 큰 걱정거리가
되고 있습니다.</u> ①사슴의 많은 수는 정
원을 지키고자 하는 평범한 주민들뿐만
아니라 사슴들이 곡식을 먹기 때문에 농
장주에게도 골칫거리입니다. ②또한 사
슴이 도로를 횡단하면서 차들과 자주 부
딪히고 이로 인해 운전사들이 부상을 당
하거나 차량 피해를 입기 때문에 문제가
되고 있습니다. 이러한 이유들로 인해
일부 지역에서는 사슴의 수를 제한하는
프로그램을 운영하고 있으며, 앞서 언급
한 문제들을 감소시키기 위한 노력으로
교육 받은 사냥꾼들이 특정 수의 동물들
을 죽이게 됩니다.

(a) 다양한 사람들에게 큰 걱정거리가
   되고 있습니다.
(b) 극적으로 지난 몇 년에 걸쳐 감소했
   습니다.
(c) 화난 농장주를 보호하기 위해 법을
   만들어냈습니다.
(d) 사냥의 기회를 높였습니다.

해설
지문은 미 중서부 지역의 사슴 수에 대한 내용이고, 빈칸은 뒤의 내용을 포함 할 수 있는 주제문이 들
어가야 한다. ①사슴 수가 증가한 것은 지역 주민과 농장주 모두에게 골칫거리이며, ②도로를 횡단하
는 사슴으로 인해 운전자 부상과 차량 파손의 위험이 있다고 설명하고 있다. 빈칸에는 사슴 수의 증가
로 인한 결과가 나와야 하므로, '사람들에게 걱정거리가 된다'는 (a)가 정답이다.

6.

trigeminal nerve 3차 신경(통)
receptiveness n. 수용성

6. 빈칸완성 – 주제문 ★★★　　　　정답 (b)

Chili peppers are a very common food all over the world, but eating even a small amount of them can cause the body to respond with watering eyes and sweating palms. ① **This happens as a result of the chemical capsaicin,** which is what makes chilies spicy. ②However, it turns out that not only do people **simply enjoy its spicy flavor,** but it actually ________________. ③This is because capsaicin excites the trigeminal nerve, which in turn **increases the body's receptiveness to the flavors of other food.** Perhaps it is this combination of pain and increased taste that leads to people all over enjoying chilies.

(a) creates the red color in chili peppers
(b) makes food taste better to those who consume it
(c) causes a variety of serious medical problems
(d) makes chilies useful in self-defense sprays

해석
전 세계적으로 칠리 고추는 가장 흔한 음식이지만 적은 양을 먹게 되더라도 우리의 신체에서는 눈물이 나고 손바닥에 땀이 나는 것과 같은 반응이 일어날 수 있습니다. ①이는 화학적 캡사이신으로 인한 결과인데 캡사이신으로 인해 칠리의 매운 맛이 납니다. ②그러나 캡사이신은 사람들로 하여금 단순히 매운 맛을 즐기게 만들 뿐만 아니라 실제로는 더 맛있는 음식을 맛볼 수 있게 만들어줍니다. ③그 이유는 캡사이신이 3차 신경을 자극하여 우리 몸이 다른 맛을 더 잘 인식하도록 만들기 때문입니다. 아마도 이러한 고통과 가중된 맛의 조합으로 인해 사람들이 칠리 고추를 즐기게 되는 것입니다.

(a) 칠리 고추의 빨간 색을 만들어 냅니다.
(b) 그것을 먹은 사람들에게 더 맛있는 음식을 맛보게 만들어줍니다.
(c) 여러 가지 심각한 의학적 문제를 만들어냅니다.
(d) 자기 방어 스프레이에서 칠리를 유용하게 만듭니다.

해설
지문은 칠리 고추에 관한 내용이며, 빈칸은 이러한 내용을 포괄할 수 있는 주제문이 들어가는 자리이다. 지문의 내용을 보면 ①칠리의 캡사이신 성분으로 인해 눈물과 땀과 같은 신체 반응이 나타나며 ②이것은 단순히 매운 맛을 즐기게 할 뿐 아니라 ③다른 음식의 맛을 더 잘 인식하도록 만든다고 설명하고 있습니다. 따라서 빈칸에는 ③의 내용을 정리하는 내용이 들어가야 하므로, '더 맛있는 음식을 맛볼 수 있게 만들다'라는 (b)가 적절하다.

7.

alternative n. 대안, 선택 가능한 것
misplace v. 제자리에 두지 않다
drastically adv. 급격히
flexible a. 신축성(융통성) 있는
unpolymerized a. 중합되지 않은
precision n. 정밀, 신중함
colorblindness n. 색맹
hinder v. 저해하다, 방해하다

7. 빈칸완성 – 인과관계 ★★☆　　　　정답 (b)

As most people age, their eyesight worsens considerably. Many see no alternative but to purchase eyeglasses, which may feel uncomfortable or risk getting misplaced. Fortunately, medical science has developed a new technology, designed to drastically improve vision without the use of glasses. ①**It comes in the form of a flexible lens made of unpolymerized silicone, which is surgically placed in the eye and mimics the function of the biological lens, making the eye focus.** ②**It can be adjusted with great precision, and gives patients perfect vision.** For those who can afford this expensive procedure, ________________.

해석
대부분의 사람들은 나이가 들수록 시력이 매우 나빠집니다. 불편하거나 제자리에 제대로 두지 못할 위험이 있을지라도 많은 사람들은 안경을 구입하는 것 외에 대안이 없습니다. 다행스럽게도 의학은 새로운 기술을 개발했는데 이 기술은 안경을 사용하지 않고 시력을 상당히 높일 수 있도록 설계되었습니다. ①이는 비중합 실리콘으로 만들어진 신축성이 좋은 렌즈의 형태인데, 수술로 눈에 삽입하여 초점을 맞춰 주면서 생물학적 렌즈의 기능을 모방하게 됩니다. ②그것은 상당한 정밀성으로 적용되며 환자들에게 완벽한 시야를 제공합니다. 이 값비싼 과정의 비용을 낼 수 있는 사람들에게는 <u>더 이상은 안경구매가 필수적이지 않게 될 것입니다.</u>

(a) colorblindness will no longer hinder their vision

(b) buying eyeglasses will no longer be necessary

(c) the lenses risk being rejected by the body

(d) further research may improve the procedure

(a) 색맹은 시야를 더 이상 저해하지 않을 것입니다

(b) 더 이상은 안경구매가 필수적이지 않게 될 것입니다

(c) 렌즈는 신체에 의해 거부 될 위험이 있습니다

(d) 더 많은 연구가 이 과정을 개선시킬지도 모릅니다

해설

지문은 시력 교정을 위한 비중합 실리콘 렌즈에 관해 이야기하고 있다. 비중합 실리콘 렌즈는 ①수술에 의해서 눈에 삽입하는 형태로 생물학적 렌즈의 기능을 모방하며, ②이를 통해 환자들은 완벽한 시야를 제공받는다고 설명하고 있다. 따라서 빈칸에는 이 비싼 과정의 비용을 낼 수 있는 사람의 혜택이 들어가야 하므로, '안경을 더 이상 필수적으로 구매하지 않아도 될 것'이라는 (b)가 정답이다.

8.

fad n. (일시적인) 유행

geological a. 지질학적

tremor n. (약간의) 떨림, 미진

first-hand n. 직접 얻은 (경험한)

supplemental a. 보충의, 추가의
  (=supplementary)

8. 빈칸완성 – 연결어 ★★☆ 　　　　정답 (c)

Things seeming to be merely popular fads can sometimes prove very useful, as the US Geological Survey's use of new social networking sites suggests. The agency has discovered that users of this social networking system send many messages seconds after experiencing the tremors of an earthquake. ①**These messages can supply immediate, useful, first-hand information on the effects and severity of an earthquake in an area. ____________, ②the scientists from the USGS understand that Tweets will not completely replace other scientific earthquake reporting methods.** Though a useful supplemental tool, the accuracy of the contents of messages sent from cell phones cannot be guaranteed.

(a) Similarly

(b) Furthermore

(c) On the other hand

(d) In fact

해석

미국 지질조사소(USGS)가 새로운 사회적 네트워킹 사이트의 사용에 대해 제시한 것과 같이 그저 일시적인 유행으로 보이는 것도 때로는 상당히 유용한 것일 수 있습니다. USGS는 이러한 사회적 네트워킹 시스템의 사용자들이 미약한 지진을 경험한 직후 이에 대한 메시지를 전달한 사실을 확인했습니다. ①사회적 네트워킹 사이트를 통한 메시지들은 이 지역에 미친 지진의 영향과 심각성에 대해 즉각적이고 유용하며 직접적인 경험을 제공할 수 있습니다. 반면, ②USGS의 과학자들은 트위트가 다른 과학적 지진 보도 방식을 완전히 대체하지는 않을 거라고 이해하고 있습니다. 비록 유용한 대체 도구가 될 수는 있겠지만 핸드폰으로 전송한 메시지의 내용이 정확성을 보장할 수는 없기 때문입니다.

(a) 유사하게

(b) 더욱이

(c) 반면

(d) 사실

해설

지문은 USGS의 사회적 네트워킹 사이트에 관한 내용이다. ①USGS는 사회적 네트워킹 사이트를 통해 지진 발생에 대한 정보를 즉각적이고 직접적인 경험을 전달할 수는 있지만, ②이러한 사이트를 통한 정보의 전달이 여타의 과학적 지진보도 방법을 완전히 대체하지는 않을 것이라고 설명하고 있다. 앞 뒤의 내용이 역접의 관계에 있으므로, 빈칸에 들어갈 적절한 내용은 (c)이다.

Part II

9.

cockroach n. 바퀴벌레

rocky a. 바위(암석)로 된, 바위(돌)투성이의

terrain n. 지형, 지역

nimble a. 빠른, 날렵한

navigate v. 길을 찾다, 방향을 읽다

9. 　제목 찾기 ★★☆　　　　정답 (d)

What could possibly make a scientist state that a cockroach is more biologically advanced than a human? ①**Some scientists believe that cockroaches do have one important advantage over humans: running. ②While humans typically have trouble running at full speed over rocky and unstable terrain, a cockroach is surprisingly nimble. ③ They have much faster reaction times than humans, can turn far more quickly, and instinctually react to obstacles and navigate them with ease.** In fact, a team of researchers is using cockroaches as a model for a new type of robot that will be able to run across rocky ground quickly and safely.

Q: Which of the following is the best title of the above article?
(a) The Clumsy Cockroach
(b) Tracing the Origins of Robots
(c) How Cockroaches Survive
(d) Running like Cockroaches

해석
어떠한 이유로 과학자들은 인간보다 바퀴벌레가 생물학적으로 더 진화했다고 말할 수 있게 되었을 까요? ①일부 과학자들은 바퀴벌레들이 인간보다 나은 중요한 이점으로 '달리기'를 가지고 있다고 믿고 있습니다. ②인간은 일반적으로 돌 많고 불안정한 지역에서 최대 속도로 달리는 데 어려움이 있지만, 바퀴벌레는 놀라울 정도로 빠릅니다. ③바퀴벌레들은 인간보다 반응 속도가 훨씬 더 빠르고 훨씬 더 빨리 돌아갈 수 있으며 본능적으로 장애물에 반응하고, 자신의 방향을 쉽게 찾을 수 있습니다. 사실 연구원들은 바퀴벌레를 새로운 로봇 형태의 모델로 활용하고 있는데, 이 로봇은 암석 투성이의 땅바닥을 빠르고 안전하게 달릴 수 있게 될 것입니다.

질문: 지문의 제목으로 가장 적당한 것은?
(a) 어설픈 바퀴벌레
(b) 로봇의 기원 따라가기
(c) 바퀴벌레가 생존한 방법
(d) 바퀴벌레처럼 달리기

해설
지문의 제목을 묻는 문제이다. 지문은 바퀴벌레의 '달리기'에 관한 이야기이다. ①과학자들은 바퀴벌레가 인간보다 더 나은 중요한 이점인 '달리기'를 가지고 있다는 말을 시작으로, 바퀴벌레는 ②돌 많고 불안정한 지형에서도 놀랄 정도로 빠르고, ③본능적으로 장애에 반응하며, 쉽게 자신의 방향을 찾을 수 있다고 설명하고 있다. 따라서 지문의 제목으로 적당한 것은 '바퀴벌레처럼 달리기'라는 (d)이다.

10.

component n. 요소, 부품

screw n. 나사(못)

reference v. 참고(참조) 표시를 하다

walkthrough n. 자세한 설명

meltdown n. 대폭락 사태

10. 　대의 파악 ★★☆　　　　정답 (c)

Next time you're experiencing computer trouble, consider reaching for your screwdriver before calling the local computer shop. ①**In many cases, minor computer problems such as a faulty DVD drive can be fixed easily, even by someone with minimal experience with computers.** ②Most of the time, replacing a computer component only requires removing a few screws and rearranging some cables, and plenty of walkthroughs **exist online for you to reference.** So while those hard drive meltdowns may be better left to the professionals, don't be afraid to experiment with fixing minor problems yourself.

해석
다음 번에 컴퓨터에 문제가 생기면, 가까운 컴퓨터 가게에 전화하기 전에 나사 돌리개를 찾도록 합니다. ①**많은 경우, 고장 난 DVD와 같이 사소한 컴퓨터 문제들은 컴퓨터에 최소한의 경험만 있는 사람일지라도 쉽게 수리될 수 있습니다.** ②대다수 경우, 컴퓨터 부품을 교체하는 것은 그저 몇 개의 나사를 제거하고 케이블을 교체하는 작업을 요하며, 자세한 설명들은 **인터넷에 참조할만한 것이 많이 있습니다.** 그래서 하드 드라이버가 녹은 일과 같은 것은 전문가에게 맡기는 것이 좋지만 사소한 문제들을 스스로 수리해보는 경험을 두려워하지 마세요.

Q: Which of the following best summarizes the
above passage?

(a) Broken DVD drives are one of the most
common computer problems.

(b) Taking computers to professional repair
shops is too expensive.

**(c) Some minor computer problems
are easier to fix than you think.**

(d) Purchasing computer parts locally is a
great way to save money.

질문: 지문에 대해 바르게 요약한 것은?

(a) 망가진 DVD 드라이버는 가장 일반적인 컴퓨터 문제 중 하나이다.

(b) 전문 수리 가게에 컴퓨터를 맡기는 것은 너무 비싸다.

(c) 일부 사소한 컴퓨터 문제는 생각보다 수리하기가 쉽다.

(d) 컴퓨터 부품을 지역에서 구매하는 것은 돈을 절약하는 좋은 방법이다.

해설

지문의 내용을 가장 잘 요약한 것을 묻는 문제이다. 지문은 컴퓨터에 문제가 발생했을 때의 대처 방법에 대하여 이야기하고 있다. ①사소한 컴퓨터 문제는 경험이 없어도 쉽게 수리될 수 있으며, ②온라인에 나온 설명 참조만으로도 수리가 된다고 설명하고 있다. 따라서 지문에 대한 바른 요약은 '일부 사소한 컴퓨터 문제는 생각보다 수리하기가 더 쉽다.'의 (c)가 가장 적절하다.

11.

broach v. (하기 힘든 이야기를) 꺼내다

concise a. 간결한

11. 대의 파악 ★★★   정답 (a)

In an office setting, disagreeing with a coworker
— or worse, a boss — can be difficult for
many people, but there are a few tips that
employees can use to get their opinions across
in a respectful manner. ①**First, choose only
important points to disagree about.** Making
a big deal out of the color of slide used in a
presentation is likely a battle that you don't need
to start. ②**Meanwhile issues related to your
ability to successfully perform your job or
your happiness and comfort in the office
should be broached.** When the time does
come to speak to someone about a problem,
just remember to be as positive and concise as
possible, focusing on the improvements you'd
like to see rather than your unhappiness.

Q: Which of the following best summarizes the
above passage?

**(a) Be careful when disagreeing with
your coworkers.**

(b) Successful presentations require large
teams.

(c) Always speak to your boss about
problems in private.

(d) You will be happier at work if you agree
with your coworkers.

해석

직장에서 동료-더 나쁘게는 상사와 의견이 일치하지 않을 때, 많은 사람들은 힘들 수 있지만 직원들이 존경하는 태도로 자신의 의견을 전달할 수 있는 몇 가지 방법이 있습니다. ①**우선 오직 반대하는데 중요한 요점만을 택합니다.** 프레젠테이션에 사용된 슬라이드 색상과 같은 문제는 시작할 필요가 없는 싸움입니다. ②**한편 직장 내 업무나 자신의 행복과 안위를 성공적으로 수행하기 위한 능력과 관련된 문제는 이야기해야 합니다.** 문제에 대해 누군가에게 이야기해야 할 시점이 되었다면 자신의 불행함보다는 문제의 개선에 초점을 맞추면서 최대한 긍정적이고 간결하게 해야 함을 기억하세요.

질문: 지문에 대해 바르게 요약한 것은?

(a) 동료와 의견 일치를 보지 못했을 경우에는 신중하라.

(b) 성공적인 프레젠테이션은 대규모의 팀이 필요하다.

(c) 문제에 대해 항상 자신의 상사와 개인적으로 이야기하라.

(d) 동료들과 의견이 일치된다면 직장에서 더 행복할 것이다.

해설

지문을 가장 잘 요약한 것을 묻는 문제이다. 글은 직장에서 동료나 상사와 의견이 일치하지 않을 때에 대한 조언이다. ①의견을 전달할 때는 중요한 요점만을 선택하고, ②자신의 업무와 안위에 관계된 문제는 반드시 거론하고 넘어가라고 조언하고 있다. 따라서 지문에 대한 바른 요약으로는 '의견 일치를 보지 못했을 때는 신중하게 대처하라'는 (a)이다.

12.

wreak v. (큰 피해 등을) 입히다

havoc n. 대파괴, 큰 혼란(피해)

do not take any chances 만전을
기하다

put into action 행동에 옮기다

evacuate v. 떠나다, 피난하다

rumbling n. 우르렁(웅웅, 웅성)거리
는 소리

eruption n. 분출

---

12. 대의 파악 ★★☆ 　　　　정답 (b)

Many know Mount Vesuvius as the volcano that erupted in 79 A.D., killing thousands in the Italian cities of Pompeii and Herculaneum. ① **Vesuvius is still active today, and it has the potential to wreak havoc once again.** ②**Italian officials do not want to take any chances when it comes to another serious eruption.** A plan is in place for evacuating citizens who live in the area immediately surrounding Vesuvius, yet the problem is knowing how to put that plan into action. ③ **Between the risks of not having enough warning time to evacuate and rumblings that don't lead to an eruption, there are no strict rules for when the area should be evacuated.**

Q: Which of the following best summarizes the above passage?
(a) The eruption of Vesuvius was the worst eruption in history.
(b) Mount Vesuvius still poses a threat to some Italian areas.
(c) Scientists disagree about how dangerous Vesuvius is.
(d) The area around Vesuvius was damaged by a recent eruption.

해석

Vesuvius 산은 기원후 79년에 폭발하여 이탈리아 Pompeii와 Herculaneum 도시들에서 수천 명의 인재들을 사망하게 만든 화산 산으로 알려져 있습니다. ① Vesuvius 산은 오늘날에도 여전히 활화산이며, 다시 한번 큰 피해를 끼칠 가능성이 있습니다. ②이탈리아 공직자들은 또 한번의 심각한 폭발에 대해 만전을 기하고 있습니다. 그 한가지 계획은 Vesuvius 산 인근에 거주하는 주민들을 즉각적으로 대피시키기 위한 장소에 있습니다. 그러나 문제는 이 계획을 어떻게 실행해야 할지 방법을 아는 일입니다. ③대피하기 위한 충분한 경고 시간이 없는 것과 화산폭발로 이어지지 않는 우르렁 거리는 소리 사이에 이 지역이 언제 피신해야 할지 명확한 규칙이 존재하지 않습니다.

질문: 지문에 대해 바르게 요약한 것은?
(a) Vesuvius 산의 화산 폭발은 역사상 가장 최악의 폭발이었다.
(b) Vesuvius 산은 여전히 몇몇의 이탈리아 지역에 위협이 되고 있다.
(c) Vesuvius 산이 얼마나 위험한지에 대해 과학자들은 동의하지 않고 있다.
(d) Vesuvius 산 인근 지역은 최근 화산 폭발에 의해 피해를 입었다.

해설

지문을 가장 잘 요약한 것을 묻는 문제이다. 글은 Vesuvius 화산 폭발에 대해 이야기하고 있다. Vesuvius 산은 ①여전히 활화산이며, 큰 피해를 입힐 가능성이 있고, ②이탈리아 정부는 이에 대해 만전을 기하고 있으나 ③피신 시기를 정확하게 결정하기 어려운 문제가 있다고 설명하고 있다. 따라서 지문에 대한 바른 요약은 'Vesuvius 산이 여전히 이탈리아의 위험요소'라는 (b)이다.

13.

despair v. 절망(체념)하다

specialize v. 전문적으로 다루다

---

13. 추론 ★☆☆ 　　　　정답 (a)

Have you given up trying to learn to dance? Despair no more! On Your Toes Dancing Academy ①**specializes in teaching people of all levels — even those who swear that they'll never learn to dance.** We are located in downtown Houston and ②**have many different class times to fit your busy schedule.** ③**Our instructors come from all different areas of dance, too, so you'll be sure to find the exact class that you want.** If

해석

댄스를 배우려다가 포기해본 적이 있나요? 더 이상 절망하지 마세요. On Your Toes 댄스 학원에서는 ①모든 수준의 사람들, 심지어 춤을 결코 배우지 않겠다고 다짐한 사람들을 교육하는 것을 전문으로 하고 있습니다. 학원은 Houston 시내에 위치하고 있으며 ②당신의 바쁜 스케줄에 맞춰 다양한 수업 시간을 갖추고 있습니다. ③학원의 강사들은 모든 다양한 댄스 분야를 가르치고 있으니,

you sign up for a three-month series this week, you can get your first lesson free. Come on in to On Your Toes today!

Q: Which of the following can be inferred from the advertisement?

(a) On Your Toes offers a variety of dance classes.

(b) On Your Toes is for those who want to be professional dancers.

(c) Discounts are offered to all new customers at On Your Toes.

(d) On Your Toes is a nationwide chain of dance schools.

자신이 원하는 바로 그 수업을 찾으실 수 있으실 것입니다. On Your Toes 댄스 학원에 오늘 방문하세요!

질문: 광고에서 추론할 수 있는 내용은?

(a) On Your Toes 댄스 학원은 다양한 댄스 수업들을 제공한다.

(b) On Your Toes 댄스 학원은 전문가 댄서가 되고자 하는 사람들을 위한 것이다.

(c) On Your Toes 댄스 학원에 등록하는 모든 사람에게 할인혜택이 제공된다.

(d) On Your Toes 댄스 학원은 전국에 걸쳐 있는 체인점의 하나이다.

해설

지문을 통해 추론할 수 있는 것을 묻는 문제이다. 지문은 On Your Toes 댄스 학원의 광고 내용이다. ①모든 수준의 학생을 대상으로 하고 있으며, ②다양한 수업 시간을 갖추고 있고, ③ 다양한 댄스 분야를 가르치고 있다고 설명하고 있으므로, 광고를 통해 추론할 수 있는 내용으로는 'On Your Toes 댄스 학원은 다양한 댄스 수업을 제공한다'라는 (a)가 가장 적절하다.

14.

genetics n. 유전학

sea-faring a. 항해의, 해양 관련업의

14.　　대의 파악 ★★☆　　　　　　　　정답 (d)

Tracing family history and genetics is a hobby of some people, and according to a recent study, many people's ancestries have become much clearer. ①**The study suggests that a very large proportion of people from Southern Europe and Northern Africa — as much as one in every seventeen people — have a direct genetic link to the Phoenicians.** Based on the history of the Phoenicians, this is unsurprising. ②**The Phoenicians were a power sea-faring culture that developed the first writing systems in its 1000-year history.** It seems like the culture left a lasting impression not only on history, but also on the present.

Q: Which of the following best summarizes the above article?

(a) Genetic testing allows people to trace their ancestry.

(b) The Phoenicians explored most of the world via the sea.

(c) There are many different methods of genetic testing.

(d) Many modern people descended from the Phoenicians.

해석

어떤 사람들은 가족사와 유전학을 추적하는 것을 취미로 가지고 있고, 최근 연구에 따르면 많은 사람들의 선조들이 훨씬 더 분명해지고 있다고 합니다. ①이 연구에서는 서유럽과 북아프리카에 걸쳐 대규모의 사람들이 – 17명 중 1명 정도가 – 페니키아인과 유전학적으로 직접 연결되어 있다고 밝히고 있습니다. 페니키아인들의 역사를 보면 이것은 놀라운 일이 아닙니다. ②페니키아인들은 그들의 1000년 역사 속에서 최초로 글쓰기 체제를 개발한 강력한 해양산업 문화를 가지고 있었습니다. 역사 속에서뿐만 아니라 현재에 이르기까지 그 문화가 지속되는 인상을 남기고 있는 것으로 보입니다.

질문: 위의 기사문에 대한 바른 요약은?

(a) 유전학적 테스트는 사람들이 자신의 선조를 찾을 수 있도록 만들어 준다.

(b) 페니키아인들은 바다를 통해 세계 대다수를 탐험했다.

(c) 유전학적 실험에는 많은 다양한 방식이 존재한다.

(d) 많은 현대의 사람들은 페니키아인들로부터 기원한다.

해설
지문을 가장 잘 요약한 것을 묻는 대의 파악 문제이다. 지문에서는 선조에 대한 규명이 훨씬 더 분명해 지고 있다는 말을 시작으로 ①서유럽에서 북아프리카까지 광범위한 규모로 페니키아인과 유전적으로 직접 연결되어 있으며, ②이는 페니키아인들이 1000년 해양산업 문화를 가지고 있기 때문이라고 짐작 하고 있다. 따라서 지문에 대한 바른 요약은 '많은 현대의 사람들은 페니키아인들로부터 기원한다'라 는 (d)이 가장 적절하다.

15.

snowflake n. 눈송이

depict v. 묘사하다, 그리다

triangular a. 삼각형의

---

15. 추론 ★★☆   정답 (d)

If most people were to draw a snowflake, it is unlikely that they'd depict it as being triangular in shape. Scientists have known for some time that triangular snowflakes exist, but they weren't sure how they formed until recently. The secret, according to one team of scientists, is in how the snowflake falls. **Most flakes have six sides and fall to the ground without a problem, but a small number of flakes may collide with small pieces of dust, changing how the flake falls.** As the wind blows against it and pushes more moisture into the flake, it will grow larger only on two sides, changing it into a triangular shape.

Q: Which of the following can be inferred from the above passage?
(a) People tend to draw snowflakes incorrectly.
(b) Scientists don't understand how snowflakes form.
(c) Most snowflakes have dust inside of them.
(d) Triangular snowflakes are very rare.

해석

대다수의 사람들은 눈송이를 그릴 때, 삼각형으로 그 모양을 그리는 것 같지는 않습니다. 과학자들은 때로는 삼각형 눈 이 존재한다는 점을 알고 있지만 아직까 지 눈이 어떤 형태를 갖고 있는지 확신 하지 못합니다. 어느 과학연구팀에 따르 면 그 비밀은 눈송이가 떨어지는 방법에 있다고 합니다. **대다수의 눈송이는 육각 형 모양을 하고 별문제 없이 땅으로 떨 어지지만, 소수의 눈송이들은 떨어지는 방식이 변하면서 작은 먼지들과 부딪히 게 됩니다.** 바람이 눈송이에 반대로 불 거나, 눈송이 속으로 더 많은 수분이 들 어가게 될 때, 눈송이들은 삼각형 모양 으로 바뀌면서 단 2면으로만 점점 더 커 지게 될 것입니다.

질문: 지문을 통해 추론할 수 있는 것 은?
(a) 사람들은 눈송이를 정확하지 않게 그리는 경향이 있다.
(b) 과학자들은 눈송이가 어떤 형태인 지 이해하지 못한다.
(c) 대다수의 눈송이는 그 안에 먼지를 포함하고 있다.
(d) 삼각형의 눈송이는 매우 드물다.

해설

지문을 통해 추론할 수 있는 것을 묻는 문제이다. 지문 전반적인 내용은 눈송이의 모양에 대한 이야기 이다. 과학자에 의하면 대다수의 눈송이는 6각형을 가지고 있지만, 적은 수의 눈송이들이 떨어지면서 삼각형 모양으로 바뀐다고 설명하고 있다. 따라서 지문을 통해 추론할 수 있는 내용은 '삼각형의 눈송 이는 매우 드물다'는 (d)이다.

16.

alleviate v. 완화하다

reach for 잡으려고 손을 내밀다

prevalence n. 널리 퍼짐, 유행, 보급

contaminate v. 오염시키다, 악영향 을 주다

ingest v. 삼키다

build up 만들어내다

resistance n. 저항

drug-resistant n. 약제 내성

strain n. (동식물 · 질병 등의) 종류

---

16. 추론 ★★☆   정답 (c)

When it comes to fighting the flu, many people reach for a variety of flu remedies to help alleviate their symptoms. ①**However, some of these medicines might actually increase the prevalence of flu.** A team of researchers found that three rivers in Asia were contaminated with the ingredients of one popular flu remedy. ② **Birds commonly ingest the flu remedies in the river water, and though they build up**

해석

감기와의 싸움에 있어서 대다수의 사람 들은 증상 완화를 위한 다양한 감기 치 료법을 찾습니다. ①그러나 이 약품들 중 일부는 실제로 감기 유행을 증가시킬 수도 있습니다. 한 연구단체에서는 아시 아의 세 강들이 어느 인기 있는 감기 치 료약 성분에 오염되었다고 밝혔습니다. ②주로 새들이 강물 속 감기 치료약을 삼키고, 비록 새들은 특정 감기에 대해

a resistance to some types of flu, it allows new, stronger flu strains to develop.** These strains are often resistant to typical flu remedies, meaning that as more rivers become polluted with flu remedies, we may start to see more drug-resistant flu strains.

Q: Which of the following can be inferred from the passage?
(a) Contamination of rivers with flu remedies cannot be stopped.
(b) Birds don't usually get infected with the flu.
(c) Flu remedies cannot fight all types of flu.
(d) People should stop taking all flu remedies.

내성이 생기지만 이 때문에 새로우면서도 더 강력한 감기 유형이 양산됩니다. 이러한 감기들은 종종 일반적인 감기 치료약에 내성이 있는데, 이 말은 감기 치료약으로 더 많은 강이 오염되고, 우리가 약에 대한 더 많은 내성을 보게 될 수도 있다는 의미입니다.

질문: 지문을 통해 추론할 수 있는 것은?
(a) 감기 약으로 인한 강의 오염은 멈출 수 없다.
(b) 새들은 보통 감기에 걸리지 않는다.
(c) 감기 치료약은 모든 감기의 종류를 치료할 수 없다.
(d) 사람들은 모든 감기 치료약을 복용하는 것을 중단해야 한다.

해설
지문을 통해 추론할 수 있는 것을 묻는 문제이다. 지문은 감기에 대한 치료법에 대해 이야기하고 있다. ①일부 약품으로 인해 오히려 감기 유행이 증가될 수 있는데, ②감기약으로 오염된 물을 마신 새를 통해 더 강력한 감기 유형이 만들어진다고 설명하고 있다. ①의 내용을 통해 '감기 치료약은 모든 감기의 종류를 치료할 수 없다'를 추론할 수 있으므로 정답은 (c)이다.

17.

note n. 음, 음표

drop by 잠깐 들르다

17. 추론 ★★☆   정답 (c)

You always wanted to learn to play the piano, so why wait? Get your instruction the right way with a professional teacher at Happy Note School of Music. Whatever your musical desire, Happy Note is here for you. ①**We offer classes in many different instruments at many different levels. ②For those on a budget, group classes start at just $15 a week. ③ We also offer one-on-one classes so you're sure to find a way to fit some music into your schedule.** Call us today, drop by and see us, or visit us online. And remember, always end on a happy note!

Q: Which of the following can be inferred from the advertisement?
(a) The school is offering a grand-opening special.
(b) Happy Note also sells new and used musical instruments.
(c) One-on-one lessons are more expensive than group lessons.
(d) Students are required to have some previous musical instruction.

해석
항상 피아노를 배우고 싶어했던 당신은 왜 기다리고 계신가요? Happy Note School of Music의 전문가 선생님과 함께 지금 당장 교육을 시작해보세요. 음악적 욕구가 무엇이든지 간에, Happy Note는 당신을 위해 이곳에 있습니다. ①저희는 다양한 수준에 맞춰 많은 다양한 악기에 대한 수업을 제공합니다. ②예산에 맞는 그룹 수업을 일주일에 단 돈 15달러면 시작하실 수 있습니다. ③저희는 또한 1:1 수업을 제공하여 자신의 일정에 맞게 음악을 적용할 수 있는 방법을 찾으실 수 있을 거라 확신합니다. 오늘 전화 주시거나, 직접 방문 및 온라인 방문을 해주세요. Happy note로 끝난다는 점 기억하세요!

질문: 광고를 통해 추론할 수 있는 것은?
(a) 학교는 오픈 기념 특별 할인을 제공한다.
(b) Happy Note는 새 제품과 중고 악기도 판매한다.
(c) 1:1 수업은 그룹 수업보다 더 비싸다.
(d) 학생들은 이전에 음악교육을 받은 사람이어야 한다.

18.

extra a. 추가의, 가외의

occurrence n. 발생, 존재, 나타남

18. 추론 ★★★ 정답 (a)

Approximately every three years, the world looks to the skies and observes a blue moon, though strangely, there's nothing blue about it. Instead, the term "blue moon" is used to refer to an extra occurrence of a full moon in a year. ①**While most years have twelve full moons that occur monthly, an extra full moon occurs every two to three years.** So, what causes this thirteenth full moon? ② **The calendar that we use doesn't perfectly match up with the cycle of the moon, which lasts for about 29.5 days. Because of this, there are occasionally two full moons in a single month.**

Q: Which of the following can be inferred from the article?
  (a) Most months experience one full moon.
  (b) Blue moons always happen in the same month.
  (c) The moon can sometimes appear to be blue.
  (d) Blue moons look larger than most full moons.

해석
약 3년에 한번씩 세계는 하늘을 바라보며 이상하게도 파란 색이 아닌데도 불구하고 '블루 문'을 관찰하게 됩니다. 대신 이 "블루 문"이라는 용어는 일년에 보름달이 추가로 나타났음을 언급하는 데 사용됩니다. ①대다수의 해에는 매달 나타나는 12개의 보름달이 있지만 2~3년마다 추가로 한번 더 보름달이 나타나게 됩니다. 그런데 13번째 보름달은 왜 나타나게 되는 것일까요? ②우리가 사용하는 달력은 달의 주기와 완벽하게 일치하지 않는데, 달의 주기는 29.5일 간 지속됩니다. 이러한 이유로 가끔씩 한 달에 2개의 보름달을 보게 됩니다.

질문: 지문을 통해 추론할 수 있는 것은?
  (a) 대개 한 달에 1개의 보름달이 뜬다.
  (b) 블루 문은 항상 같은 달에 나타난다.
  (c) 달은 때때로 파란색으로 보일 수 있다.
  (d) 블루 문은 대다수의 보름달보다 더 크게 보인다.

19.

fertility rate 출산율

implication n. 영향, 결과

disturb v. 방해하다

19. 추론 ★★☆ 정답 (b)

The fertility rate in many European countries is dropping. ①While many African countries have rates of four, five, six, or even seven births per woman, **Europe's rates fall under the population replacement rate of two births per woman.** The implications of this are disturbing: Adults are getting older every day and there may not be enough children to take care of the numerous senior citizens.

해석
많은 유럽 국가의 출산율이 떨어지고 있습니다. ①비록 많은 아프리카 국가에서 여성 일인당 4, 5, 6명, 또는 심지어 7명의 아이가 태어나고 있지만 유럽에서는 여성 1인당 2명 이하의 인구 대체율로 떨어지고 있습니다. 이로 인한 영향은 충격적입니다. 즉, 어른들은 매일 점점 더 늙어가지만, 많은 노년층을 보살 필 만한 자녀들이 없을지도 모른다는 것입

②**The problem is not just in Europe, either; the world rate is two and a half births per woman. ③If the numbers do not change soon, there may be a population crisis in many nations.**

Q: Which of the following can be inferred from the article?
  (a) Many European countries are trying to encourage larger families.
  (b) Some countries need to increase their birth rates.
  (c) People in European countries are living longer.
  (d) More families are deciding that having a baby is too much work.

니다. ②문제는 비단 유럽에만 국한되어 있지 않습니다. 전세계의 출산율은 여성 1인당 2.5명입니다. ③만약 이 수치가 조만간 바뀌지 않는다면, 많은 나라에서는 인구 위기를 겪게 될 것입니다.

질문: 기사를 통해 추론할 수 있는 것은?
  (a) 많은 유럽 국가들이 더 큰 규모의 가족을 권장하기 위해 노력하고 있다.
  (b) 일부 국가는 출산율을 증가시킬 필요가 있다.
  (c) 유럽 국가의 국민들은 더 오래 산다.
  (d) 더 많은 가족들이 아이 갖는 것은 너무 손이 많이 가는 일이라고 결정하고 있다.

해설
지문을 통해 추론할 수 있는 것을 묻는 문제이다. 지문은 유럽 여러 국가의 출산율 저하에 대해 이야기하고 있다. ①유럽의 인구 대체율은 1인당 2명 이하이며, ②이것은 비단 유럽의 일만은 아니라고 설명하고 있다. 따라서 ③이런 문제가 해결되지 않으면 많은 국가에서 인구 위기를 겪게 될 것이라고 이야기하고 있으므로, 지문을 통해 추론할 수 있는 내용은 '일부 국가는 출산율을 증가시킬 필요가 있다'라는 (b)이다.

Part III

20.

extra-curricular activity 방과 후 활동
disrupt v. 방해하다
shift n. 변화
hectic a. 정신없이 바쁜

20. 일관성 ★★☆   정답 (b)

Despite all the connections technology has brought about through cell phones and social networking websites, it can be difficult for families to stay connected because of today's busy schedules. (a) Often, children have extra-curricular activities which disrupt the dinner hour or fill up the weekends. **(b) Sometimes children's interests change, causing a shift in their activities.** (c) Or adults may find themselves working late or bringing home work which keeps them away from their families. (d) In spite of hectic schedules, it's important for families to take time to relax together.

해석
모든 인맥들이 기술로 인해 휴대폰과 사회적 네트워킹 웹사이트를 통해 연결되었음에도 불구하고, 현대의 바쁜 일정들로 인해 가족들이 계속해서 연락을 유지하는 것이 어려울 수 있습니다. (a)아이들은 방과후 활동을 하느라 종종 저녁 식사 시간을 방해 하거나 주말을 할애해야 합니다. (b)때때로 어린이들의 관심이 변하여, 그들의 활동에 변화를 가져옵니다. (c)어른들 또한 야근을 하거나 집으로 일거리를 가져옴으로써 가족들과 멀어지게 됩니다. (d)바쁜 일정에도 불구하고, 가족들과 함께 휴식을 취하기 위해 시간을 보내는 것은 중요합니다.

해설
주어진 글을 읽고 흐름상 어색한 문장을 고르는 문제이다. 오늘날 바쁜 일정을 통해 가족간 연락을 계속해서 취하는 것이 어렵다는 말을 시작으로, (a) 종종 방과후 활동으로 아이들은 저녁이나 주말을 할애하고, (c) 어른들은 야근 등의 직장일로 가족과 멀어지기 때문에, (d) 바쁜 일정에도 함께 휴식을 취하는 것이 중요하다고 조언하고 있다. '방과 후 활동으로 아이들의 관심이 바뀐다'는 (b)의 내용은 흐름과 전혀 관계 없는 내용이므로 흐름 상 어색한 문장은 (b)이다.

Part I ~ III

1 **(a)**	2 **(b)**
3 **(d)**	4 **(b)**
5 **(c)**	6 **(c)**
7 **(d)**	8 **(a)**
9 **(d)**	10 **(c)**
11 **(b)**	12 **(a)**
13 **(c)**	14 **(a)**
15 **(a)**	16 **(b)**
17 **(c)**	18 **(d)**
19 **(b)**	20 **(a)**

1.

miraculous a. 기적적인

astonishing a. 정말 놀라운, 믿기 힘든

construct v. 건설하다

dismiss v. 묵살하다, 일축하다

drag along 느릿느릿 나아가다

2.

asthma n. 천식

neurological a. 신경의, 신경학의

disorder n. 엉망, 어수선함

prevent v. 막다, 예방하다

contaminant n. 오염 물질

fern n. 양치 식물

allergen n. 알레르기 유발 항원

eliminate v. 없애다, 제거(삭제)하다

Part I

1. 　빈칸완성 – 주제문 ★★☆　　　　　　　　정답 (a)

As one of the Seven Wonders of the World, the Great Pyramid of Giza is often described as miraculous and astonishing. However, ＿＿＿＿＿＿＿ continue to add to its mystery and beauty. ①**Some have proposed that aliens from outer space either constructed the pyramid** or gave the ancient Egyptians some type of advanced technology that has been lost over time. ②**Most researchers dismiss any supernatural explanations and believe that such heavy blocks had to be dragged along very long distances.**

(a) theories about its construction
(b) new research into Egyptian culture
(c) the discovery of more Egyptian tools
(d) modern renovations and improvements

해석
세계 7대 불가사의 중 하나인 기자 피라미드는 종종 기적적이며 믿기 어렵다는 말고 묘사됩니다. 그러나 그 신비로움과 아름다움에 **건설에 관한 이론들이** 계속해서 더해지고 있습니다. ①**어떤 이론은** 우주의 외계인이 피라미드를 건설했거나 또는 이들이 고대 이집트인에게 오랜 시간이 흘러 분실된 진보된 기술을 가르쳐주었다고 제시해왔습니다. ②**대다수의** 연구자들은 초자연적인 설명에 대해서는 고려할 가치가 없다고 일축해버리고 있으며, 매우 긴 거리로부터 그 무거운 돌들을 끌고 와야 했다고 믿고 있습니다.

(a) 건설에 관한 이론들
(b) 이집트 문화에 대한 새로운 연구
(c) 더 많은 이집트 도구들의 발견
(d) 근대의 혁신과 진보

해설
지문은 기자 피라미드에 대해 이야기하고 있다. 건설에 대해 ①우주 외계인이 건설했다는 이론도 있지만 ②대다수의 연구자들은 무거운 돌이 멀리 떨어진 곳으로부터 끌려왔다고 설명하고 있다. ①에서부터 기자 피라미드의 건설방법에 대한 내용을 이야기하고 있으므로 빈칸에는 '건설에 대한 이론'이 들어가는 것이 적절하므로 (a)가 정답이다.

2. 　빈칸완성 – 내용 완성 ★★☆　　　　　　　정답 (b)

If you suffer from asthma, cancer, or some type of neurological disorder, the cause may be pollutants in your home. Many of these health issues were originally thought to be genetic and thus could not be prevented; however, new research indicates that there is a natural solution to illness prevention. ①**Contaminants in the air from plastics and household chemicals can be removed by indoor plants.** Certain plant species are better at ＿＿＿＿＿＿ than others. ②For example, **English ivy may work for reducing allergens while asparagus fern does not.**

(a) resisting household chemicals
(b) removing indoor pollutants

해석
천식, 암, 또는 신경질환의 한 종류를 앓고 있다면, 당신 집에서 나온 공해물질이 요인이 될 수 있습니다. 많은 건강 문제들이 원래 유전학적으로 생각되기도 하고 그 때문에 예방이 힘들다고 생각하지만, 새로운 연구를 통해 질병 예방에 대한 자연 치유책이 있다고 밝히고 있습니다. ①**플라스틱에서 나온 공기 중 오염물질과 집안 내 화학물질들은 실내에서 기르는 식물로 제거할 수 있습니다.** 어떤 식물은 다른 식물에 비해 **실내 오염물질을 제거하는데** 더 효과적입니다. ②예를 들어 **아스파라거스 양치식물이** 효과가 없는 반면 서양담쟁이덩굴은 알레르기 유발 항원을 제거하는 데 효과가 있습니다.

(a) 집안 내 화학물질에 대한 저항력을 기르는데
(b) 실내 오염물질을 제거하는데

(c) eliminating genetic changes
(d) increasing the beauty of your home

(c) 유전학적 변화를 제거하는데
(d) 집의 아름다움을 증진시키는데

해설

지문은 공해물질로 인한 질환의 예방에 대한 이야기이다. ①식물을 이용하여 플라스틱으로 인한 오염물질과 실내 화학물질은 제거될 수 있는데, ②예를 들어 서양담쟁이덩굴은 알레르기 유발 항원을 제거하는 데 효과가 있다고 설명하고 있다. 빈칸에는 다른 식물에 비해 특정식물이 지니는 효과적인 특징이 들어가야 하므로, '실내 오염물질을 제거하는데'라는 (b)가 정답으로 가장 적절하다.

3.

factory outlet store 공장 직영 할인 매장

obvious a. 분명한, 명백한

trendy a. 최신 유행의

bargain n. 싸게 사는 물건

selection n. 선택 가능한 것들(의 집합)

3. 빈칸완성 – 주제문 ★★★　　　　　정답 (d)

①Factory outlet stores, which offer goods sold to consumers directly from the manufacturer, **give customers the opportunity to save money and follow the seasons' popular trends.** If you prefer designer shoes and clothing, you might be impressed with the selection that is available. ②**You'll find the latest fashions from the runways of Paris and New York, as well as the best prices.** This makes factory outlet stores the obvious choice when you want to _______________.

(a) learn how to shop for trendy clothes
(b) do all your shopping in one place
(c) bargain hunt for unknown brands
(d) purchase the newest styles for less

해석

①공장 직영 할인 매장들은 제조사에서 바로 고객에게 판매될 상품을 제공하는 것으로, **고객에게 돈을 절약하면서도 계절 별 인기 있는 유행을 따를 수 있는 기회를 제공합니다.** 당신이 만약 디자이너 신발과 옷을 선호하신다면, 이용 가능한 선택품목들에 감명받으실지도 모릅니다. ②**여러분은 최고의 가격으로 파리와 뉴욕 패션쇼의 가장 최신 패션들을 발견하시게 될 것입니다.** 공장직영 할인 매장은 **적은 돈으로 최신 스타일을 구매하기를** 원할 때 당신이 선택할 수 있는 분명한 선택입니다.

(a) 유행하는 옷을 구매하는 방법을 배우기를
(b) 한 장소에서 모든 쇼핑을 하기를
(c) 알려지지 않은 상품 브랜드를 저렴하게 구매하기를
(d) 적은 돈으로 최신의 스타일을 구매하기를

해설

지문은 공장 직영 할인매장에 대해 이야기하고 있다. 공장 직영 할인매장에서, ①돈을 절약하면서도 인기 있는 유행을 따를 수 있는 옷을 구매할 수 있고, ②가장 최신 패션을 최고 가격으로 발견할 수 있다고 설명하고 있다. 따라서 빈칸에는 할인매장을 선택하는 이유에 대한 내용이 들어가야 하므로, '저렴한 가격으로 최신 스타일의 옷을 구매하고 싶을 때'라는 (d)가 정답이다.

4.

discard v. 버리다, 폐기하다

decor n. 장식, 무대 장치

susceptible a. 민감한

corrosion n. 부식

decay n. 부패, 부식

ornament n. 장식품

wear and tear 마모

minimize v. 최소화하다

anti-corrosion n. 부식 방지

solvent n. 용제, 용액

formaldehyde n. 포름알데히드

preservative n. 방부제

representative n. 대리인, 외판원

bureau n. 사무국

4. 빈칸완성 – 논리적 흐름 ★★☆　　　　　정답 (b)

TAIPEI — The popular fast food restaurant chain Noble Burger may have to discard an element its natural Japanese influenced décor and adopt new, more stable structures that are less susceptible to corrosion or decay. Frequently, the restaurants are ornamented with wood, which needs to be treated with chemicals to minimize wear and tear. ①However, a recent survey released by the Environmental Protection Bureau indicates that **the anti-corrosion solvents may be causing an increased level of formaldehyde,** a preservative that has been linked to cancer. ②Regardless, **there are no**

해석

TAIPEI – 인기 있는 패스트푸드 레스토랑 체인점 Noble Burger는 일본의 영향을 받은 자연적인 실내장식을 버리고, 부식과 부패에 덜 민감한 새로우면서도 더 안정적인 구조물을 채택해야 할 것입니다. 레스토랑들은 종종 나무장식으로 되어 있는데, 이 나무장식들은 마모를 최소화하기 위해 화학물질처리를 해야 합니다. ①그러나 환경보호 사무국에서 시행한 최근 설문조사에 따르면 **부패방지 용액은 암과 연관이 있는 방부제인 포름알데히드수치를 증가시킨다고 밝혔습니다.** ② 그럼에도 불구하고 **레스토**

laws that require restaurants to reduce the use of dangerous materials. According to a Noble Burger representative, the restaurant will protect its customers' health and ___________ .

(a) submit suggestions to the bureau
(b) choose alternate methods for treating wood
(c) remove all decorations, except the wood
(d) continue using formaldehyde in eating areas

랑에 이 위험물질의 사용을 줄이도록 권고할 어떠한 법도 존재하지 않습니다. Noble Burger 대변인에 따르면 레스토랑은 고객 건강을 보호하고 **목재 처리를 위한 대체 방안을 마련할 것**이라고 밝혔습니다.

(a) 사무국에 제안서를 제출할 것
(b) 목재 처리를 위한 대체 방안을 마련할 것
(c) 나무를 제외한 모든 장식품을 제거할 것
(d) 식사를 하는 장소에서 포름알데히드를 계속 사용할 것

해설
지문은 Noble Burger의 실내 장식 변화에 대한 내용이다. ①목재 실내장식에 사용되는 부패방지 용액은 암과 연관 있는 포름알데히드의 수치를 증가시킬 수 있으나 ②이에 대한 어떠한 법적 조치도 권고할 수 없다고 설명하고 있다. 빈칸에는 목재 방지 처리의 우려에 대한 Noble Burger의 대변인의 말이 들어가야 하므로, '목재 처리를 위한 대체 방안을 마련할 것'이라는 (b)가 가장 적절하다.

5.

lammergeyer n. 수염수리
vulture n. 독수리, 콘도르
grind v. 갈다, 빻다
define v. 규정하다, 분명히 밝히다
bulky a. 덩치가 큰
esophagus n. 식도
secrete v. 분비하다
enzymes n. 효소

5. 빈칸완성 – 논리적 흐름 ★★★　　　　　　　정답 (c)

One of the most unique characteristics of lammergeiers, a type of vulture, is its ability to eat and digest bones. ①Although they also eat meat, it was discovered that **lammergeiers prefer bone over soft animal remains.** In order to maintain such an unusual diet, they have a specialized digestive system that breaks down hard food. In most birds, the crop, which is a sac near the throat, and the stomach are used for grinding and storage; ②however, **in the lammergeier, there is no well defined crop** and ③**the stomach is not large enough to hold bulky bones.** Instead, the esophagus is responsible for ___________________ during digestion.

(a) softening tough meat
(b) absorbing nutrients
(c) storing big food items
(d) secreting enzymes

해석
독수리과인 수염수리의 가장 독특한 특징들 중 하나는, 뼈를 먹고 소화를 시키는 능력입니다. ①비록 수염수리가 고기를 먹기도 하지만, **그들은 부드러운 동물의 살보다는 뼈를 더 좋아하는 것으로 밝혀졌습니다.** 이 독특한 식습관을 유지하기 위해 수염수리들은 단단한 음식을 부수는 특화된 소화기 체제를 가지고 있습니다. 대다수의 새들에게는 목 근처에 모이주머니가 있고, 위장은 갈거나 저장하는 데 사용됩니다. ②그러나 **수염수리 안에는 잘 발달된 모이 주머니가 없고,** ③**위장은 덩치가 큰 뼈를 보관할 만큼 크지 않습니다.** 대신 식도는 소화를 하는 동안 **거대한 음식물을 저장하는** 역할을 합니다.

(a) 질긴 고기를 부드럽게 하는
(b) 영양분을 흡수하는
(c) 거대한 음식물을 저장하는
(d) 효소를 분비하는

해설
지문은 수염수리의 특징에 관한 내용이다. 수염수리는 ①부드러운 동물의 살보다 뼈를 선호하지만, ②보통 새들에게 있는 모이 주머니도 없고, ③위장도 크지 않다고 설명하고 있다. 대신 뼈를 선호하는 수염수리에게 맞는 식도의 특징이 빈칸에 들어가야 하므로 '거대한 음식물을 저장하는'이라는 (c)가 가장 적절하다.

6.

arthritis n. 관절염

stiffness n. 뻣뻣함, 완고함

improper a. 부적절한

---

6. 빈칸완성 – 주제문 ★★☆　　　　　　　정답 (c)

Some researchers believe that ____________ is a possible cause of arthritis in middle-aged men and women. ①**Although regular exercise is recommended for all adults, it does have its risks.** Even people of a healthy weight have commonly experienced knee injuries and stiffness after increasing their workout level. ②**Doctors suggest reducing high-impact exercises, such as running, and replacing them with swimming to prevent damage.**

 (a) a low-impact workout
 (b) improper swimming
 (c) increased physical activity
 (d) slow stretching after exercise

해석

일부 연구자들은 **증가된 신체 활동**이 중년 남성과 여성의 관절염을 유발시키는 원인일 가능이 있다고 믿고 있습니다. ①**비록 규칙적인 운동이 모든 성인에게 권장되고 있기는 하지만, 여기에는 위험성이 존재합니다.** 건강한 신체를 가진 사람일지라도 운동 수치를 증가시킨 후에는 흔하게 무릎 부상과 뻣뻣함을 경험하고 있습니다. ②**의사들은 달리기와 같은 높은 강도의 운동을 줄이는 대신 부상방지를 위해 수영을 하도록 권하고 있습니다.**

(a) 낮은 강도의 운동
(b) 적당하지 않은 수영
(c) 증가된 신체 활동
(d) 운동 후 천천히 스트레칭 하는 것

해설

지문은 관절염을 유발시키는 운동에 대한 이야기이다. ①정기적인 운동이 중요하지만 운동 수위를 높일 경우 건강한 사람일지라도 무릎 부상과 뻣뻣함을 경험하며, ②의사들은 부상을 막기 위해 수영을 권장하고 있다고 설명하고 있다. 지문에서 운동 수위를 높이는 것의 위험성에 대해 이야기하고 있으며 빈칸에는 중년 남성과 여성에게 관절염을 유발시키는 원인이 들어가야 하므로, '증가된 신체활동'이라는 (c)가 가장 적절하다.

7.

financial analyst 금융 분석가

tax accountant 세무사

high demand career 수요가 높은 직업

competitive salary 수준 높은 급여, 높은 연봉

legislation n. 제정법

---

7. 빈칸완성 – 논리적 흐름 ★★☆　　　　　　　정답 (d)

During a time of economic decline, finance and accounting careers are experiencing a rise. ① **Small companies that want to generate more income and save money are turning to financial analysts for help with their budgets and long term plans.** ②On the other hand, **businesses that already have large amounts of wealth and property may consult a tax accountant to guarantee that they are following government regulations.** If you are looking for a high demand career with a competitive salary, consider ____________ in the corporate world.

 (a) learning from experienced workers
 (b) starting your own large business
 (c) advising companies about legislation
 (d) becoming a financial professional

해석

경제 악화의 시기 동안 재정과 회계관련 직업은 봉급인상을 경험하고 있습니다. ①더 많은 수익을 얻고 돈을 절약하고자 하는 작은 회사들은 회사의 예산과 장기적 계획에 관한 도움 요청을 위하여 금융 분석가에게 의존합니다. ②반면 이미 상당량의 부와 재산을 축적한 사업인 경우 정부 규제를 따르고 있는 지 확인하기 위해 세무사의 도움을 구할 것입니다. 만약 좋은 급여와 수요가 높은 직업을 원하신다면 기업 세계에서 **재정전문가가 되는 것**을 고려해 보세요.

(a) 경험 있는 직장인들로부터 배우는 것
(b) 자기 자신의 대기업을 시작하는 것
(c) 제정법에 대해 기업에게 조언하는 것
(d) 재정전문가가 되는 것

해설

지문은 재정과 회계관련 직업이 경제 악화 시기에도 봉급인상을 경험하고 있는 이유에 대해 이야기하고 있다. ①작은 회사들은 예산과 장기적 계획을 위해 금융 분석가를 찾고, ②대기업들은 정부 규제를 따르고 있는지 확인하기 위해 세무사의 도움을 찾고 있다고 설명한다. 수준 높은 급여의 직업을 원하는 사람이라면 빈칸의 직업을 고려해보라고 이야기하고 있으므로, 빈칸에는 본문의 금융분석가와 세무사를 아우르는 '재정전문가'라는 (d)가 적절하다.

8.

autism n. 자폐증

developmental disorder 발달 장애

repetitive a. 반복적인

indicator n. 지표

misdiagnose v. 오진하다

<table>
<tr><td>**8.**</td><td>빈칸완성 – 연결어 ★★☆</td><td>정답 (a)</td></tr>
</table>

Children as young as 12 months old can show signs of autism, a developmental disorder. They may initially develop normally before their symptoms become visible. ①**Although autism is patterned differently in each individual, some common signs are sudden changes in social skills, loss of language function, and repetitive movements.** Some of the indicators may be misdiagnosed as normal childhood behaviors. ________, ②**the child may be trying to communicate a hidden message.**

   (a) Instead
   (b) Similarly
   (c) For example
   (d) Likewise

해석

12개월 정도 되는 어린 연령의 어린이들은 발달 장애인 자폐증의 조짐을 보일 수 있습니다. 처음 자폐증 증상을 보이기 전에는 이 시기의 아이들은 평범하게 성장합니다. ①비록 자폐증은 개인별로 다르게 나타나지만, 일반적으로 흔한 조짐으로는 사교술과 언어 기능의 상실, 반복적 행위에서의 갑작스런 변화가 있습니다. 이러한 지표들 중 일부는 평범한 아이의 행동으로 오진 받을 수도 있습니다. 대신, ②이 아이는 숨겨진 메시지를 전달하려고 노력할 것입니다.

   (a) 대신
   (b) 유사하게
   (c) 예를 들어
   (d) 또한

해설

지문은 아이들의 자폐증에 대한 이야기이다. 자폐증은 ①보통 사교술, 언어기능 상실, 반복적 행위에서의 갑작스러운 변화로 그 증상을 보이지만, 평범한 아이의 행동으로 오해 받을 수도 있으며 ②아이는 숨겨진 메시지를 전하려고 할 것이라고 설명하고 있다. ②는 자폐증 어린이가 두드러지고 일반적인 증상 대신, 숨겨진 메시지가 담긴 증상을 나타낼 수 있다는 내용이므로, 내용상 빈칸에 들어갈 말은 '대신'이라는 (a)가 가장 적절하다.

Part II

9.

earning n. 소득, 수입

potential n. 가능성

narrow v. 좁히다

complete v. 완료하다, 끝마치다

internship n. 인턴사원 근무 (기간)

in the long run 결국에는

<table>
<tr><td>**9.**</td><td>주제 찾기 ★★☆</td><td>정답 (d)</td></tr>
</table>

While it is important to study a subject that you enjoy, there are other factors that one must consider before choosing a major in college. It's important to understand your interests and skill level before making a decision. Your advisor may emphasize the personal aspects of choosing a major. ①**Yet, be sure not to neglect the practical point of view, such as earning potential and job availability.** ②**If you have narrowed your choices down to a few, then you should consider completing internships in those fields.** Finally, be sure you know exactly what you want out of life in the long run. In the end, remember that it's your decision and do not be afraid to be flexible.

   Q. What is the main topic of the passage?
     (a) Where to seek college advice
     (b) Different college internships
     (c) Making decisions in college
     (d) How to choose a college major

해석

즐길 수 있는 과목을 공부하는 것이 중요하긴 하지만 대학 전공을 선택하기 전에 반드시 고려해 보아야 할 요소들이 있습니다. 결정을 내리기 전에 자신의 흥미와 능력 수준을 이해하는 것이 중요합니다. 당신의 조언자는 전공을 선택하는 데 개인적인 성향을 강조할 것입니다. ①그렇지만 수입 가능성과 일자리 이용 가능성과 같이 실용적인 관점을 무시해서는 안됩니다. ② 만약 자신의 선택을 소수의 몇 가지로 좁혔다면, 그 다음은 그 분야의 인턴 사원 근무 과정을 마치는 것을 고려해보아야 합니다. 마침내 장기간 동안 자신이 하기를 원하는 것을 알게 되었음을 확신합니다. 결국 자신의 결정이었으며 융통성 있게 조정하는 일을 두려워하지 마세요.

   질문: 지문의 주제는 무엇인가?
     (a) 대학의 조언을 구하는 장소
     (b) 다른 대학의 인턴 사원 근무 과정
     (c) 대학에 대해 결정하기
     (d) 대학 전공을 선택하는 방법

10.

shed light on 새로운 정보를 주다, 해명(설명)하다

radiologist n. 방사선 전문의

prominent a. 중요한, 유명한

fight or flight response 투쟁 도피 반응

stimulus n. 자극제, 고무가 되는 것

indicator n. 지표

radiology n. 방사선학, 방사선 과학

trigger v. 촉발시키다

pain n. 아픔, 고통

10.　제목 찾기 ★★☆　　　　　　　　　정답 (c)

Men's and women's brains initiate different responses in dangerous situations, which may shed some light on biological differences between the genders. ①Radiologist Andrzej Urbanik's study shows that **men may have a more prominent "fight or flight response" that tells them to run or prepare for battle. In addition, men experienced more physical reactions,** such as increased sweating and faster heart rate. ②**On the other hand, women have a more emotional response that triggers pain.** The female participants would either cry or become upset when exposed to stimuli associated with danger. The responses were measured using MRI scans that showed which part of the brain was activated during a negative stimulus.

Q: What is the best title for the passage?
(a) Physical Indicators of Fight or Flight
(b) How Men and Women Communicate
(c) Gender Specific Responses to Danger
(d) Applications of Radiology in Medicine

해석
남자의 두뇌와 여자의 두뇌는 위험한 상황에 대해 각기 다른 반응을 보이는데, 이것은 두 성별간의 생물학적 차이점에 관한 몇 가지 사실을 밝히고 있습니다. ①방사선 전문의인 Andrzej Urbanik의 연구는 남성들은 좀 더 우월한 "투쟁 혹은 도피반응"을 가지고 있는데, 이는 남성들로 하여금 전쟁으로부터 도망가거나 전쟁을 준비하게 만든다고 말하고 있습니다. 게다가 남성들은 증가된 땀 분비와 더 빨라지는 심박율과 같은 더 많은 신체적인 반응을 경험했습니다. ② 반면에, 여성들은 고통을 촉발시키는 더 감성적인 반응을 갖습니다. 여성 참여자들은 위험과 관련된 자극에 노출되면 울거나 화를 냅니다. 이러한 반응은 MRI 스캔을 사용하여 측정되었는데, 부정적인 자극을 주는 동안 뇌의 일부가 활성화되는 것을 보여주었습니다.

질문: 주어진 지문의 제목은 무엇인가?
(a) 투쟁 혹은 도피반응의 신체적 지표
(b) 남성과 여성이 의사소통 하는 방법
(c) 위험에 대한 성별의 특정 반응
(d) 의학에서 방사선학의 적용

해설
지문의 제목을 묻는 문제이다. 지문은 위험한 상황에 대한 남자와 여자의 반응 차이에 대한 내용이다. 위험한 상황에 있어 ①남성은 '투쟁 혹은 도피반응'이 우월하고 신체적인 반응도 더 많은데 반해 ②여성은 감성적인 반응을 더 보이고 있다고 비교 설명하고 있다. 따라서 지문의 제목으로 적절한 것은 '위험에 대한 성별의 특정 반응들'이라는 (c)이다.

11.

preserve v. 지키다, 보호하다

trim v. 다듬다, 손질하다

indigo n. 남색

dye n. 염색

importation n. 수입

11.　제목 찾기 ★★☆　　　　　　　　　정답 (b)

Despite the variety of colors and materials available during the Elizabethan era in England, the rich and the poor were restricted to certain styles and fabrics based on social class. ① **These restrictions were enforced by the Sumptuary Laws** which were designed to ensure that the class system was preserved. ②**For example, only royalty and nobles**

해석
영국의 엘리자베스 여왕 시절에는 이용 가능한 색과 물질이 다양했음에도 불구하고, 사회 계급을 기준으로 부유한 사람과 가난한 사람은 특정 스타일과 옷감이 제한되어 있었습니다. ①이러한 제한은 윤리규제법령에 의해 시행되었는데, 윤리규제법령은 계급 시스템을 유지하기 위해 설계된 것입니다. ②예를 들어

could wear fur trimmed clothing; however the lowest ranking nobles were limited to fox fur. ③ Of course, **rare and valuable dyes, like indigo, were reserved for the king and queen.**

Q: What is the best title for the passage?
(a) Animal Fur — Fit for a King or Queen
(b) Enforcing Fashion: Sumptuary Laws
(c) Queen Elizabeth's Hold on England
(d) Governing the Importation of Dyes

왕족과 귀족만이 털로 가장자리를 장식한 옷을 입을 수 있었으며, 이보다 낮은 계급의 귀족들은 여우 털만으로 장식이 제한되어 있었습니다. ③ 물론 드물면서도 귀한 남색으로의 염색은 왕과 여왕에게만 국한되어 있었습니다.

질문: 주어진 지문의 제목으로 가장 적절한 것은?
(a) 왕과 여왕에게 적합한 동물의 털
(b) 강요된 패션: 윤리규제법령
(c) 엘리자베스의 영국 통치
(d) 염색의 수입을 통제하기

해설
지문의 제목을 묻는 문제이다. 지문은 엘리자베스 여왕 시절 색과 소재를 통해 신분을 구분했다는 사실에 대해 이야기하고 있다. ①윤리규제법령에 의해 사회계급에 따라 옷의 스타일과 옷감이 제한되어 있었는데, ②오직 왕족과 귀족만이 털 장식이 된 옷을 입을 수 있었고, ③남색은 왕과 왕비의 옷에만 사용되었다고 설명하고 있다. 따라서 지문의 제목으로 가장 적절한 것은 '강요된 패션: 윤리규제법령'라는 (b)이다.

12.

acquisition n. 습득

instruction n. 설명

baby talk 유아어

decipher v. 판독(해독)하다

pitch v. (소리, 음을 특정한 높이로) 내다

distinct a. 뚜렷한, 분명한

perception n. 지각, 자각

12.　주제 찾기 ★★★　　　　　　　　　정답 (a)

As much as parents would like to think that they are helping, direct instruction has very little effect on language acquisition among healthy infants. ①In fact, Infant-Directed Speech (IDS), better known as baby talk, **is responsible for teaching children how to decipher and learn from long, continuous streams of adult speech.** IDS is present in most cultures, and can be identified by a higher pitched voice. A child's parents may use this voice subconsciously in order to separate distinct sounds and assist the infant in comprehension. ②**Several studies indicate that IDS increases speech perception because infants interpret language in smaller segments.**

Q: What is the main idea of the passage?
(a) **IDS helps children learn to talk.**
(b) Adults adjust their voices to talk to babies.
(c) Parents can control when they use IDS.
(d) Adult speech is hard for children to understand.

해석
부모님들이 자신이 도움을 주고 있다고 생각하고 싶어 할수록 직접적인 설명은 건강한 신생아들의 언어 습득에 거의 영향을 미치지 않습니다. ①사실 유아어로 더 잘 알려져 있는 영아에게 하는 말(IDS)은 **아이들에게 길고 지속적인 어른 말의 흐름으로부터 판독하고 배우는 방법을 아이에게 가르쳐주는 역할을 합니다.** IDS는 대다수의 문화에서 나타나고 있고 보다 높은 어조로 나타나기도 합니다. 아이의 부모님들은 이러한 목소리를 영아의 이해를 돕고 소리를 구분하기 위해 무의식적으로 사용하기도 합니다. ② **여러 연구에서 영아들은 더 작은 단위로 언어를 번역하기 때문에 IDS는 언어 자각을 증가시킨다는 점을 밝히고 있습니다.**

질문: 주어진 지문의 주제는 무엇인가?
(a) **IDS는 아이들이 말하는 것을 배울 수 있도록 돕는다.**
(b) 성인들은 아이에게 말하기 위해 자신의 목소리를 조절한다.
(c) IDS를 사용할 때 부모들은 조정할 수 있다.
(d) 어른들의 말은 아이들이 이해하기가 어렵다.

해설
지문의 주제를 묻는 문제이다. 지문은 '유아에게 하는 말(IDS)'에 대해 설명하고 있다. ①IDS를 통해 아이로 하여금 어른의 말을 판독하고 배울 수 있게 하며, ②IDS가 아이의 언어자각을 증가시킨다고 지적하고 있다. 따라서 지문의 주제는 'IDS는 아이들이 말하는 것을 배울 수 있도록 돕는다'라는 (a)가 가장 적절하다.

specialization n. 특수(전문)화

appeal v. 관심(흥미)을 끌다, 매력적
  이다

representative a. 대표(전형)적인,
  사례가 되는

go out of business 폐업하다

13. 주제 찾기 ★★☆   정답 (c)

①Many magazines have unit specialization, which means **they are specifically designed to target a particular audience.** For example, some magazines created to appeal to adolescent girls with articles about fashion and boys. In these publications, advertisers try to promote products and ideas that are representative of the subscribers. ②**Nowadays, companies can reach an infinite amount of different audiences in a variety of specialized magazines, ranging from animal lovers to doctors.** ③**Most of the mass appeal magazines have gone out of business, which emphasizes the importance of having a specialty.**

Q: What is the passage about?
- (a) Magazines read by teenage girls
- (b) How to attract magazine readers
- **(c) How specialties are used in magazines**
- (d) The history of famous publications

해석

①많은 잡지사들은 분야별로 전문화 되어 있는데, 이것은 **잡지사들이 특정 고객을 대상으로 특별히 설계되었다는 것을 의미합니다.** 예를 들어 어떤 잡지들은 패션과 남성들에 대한 기사로 사춘기의 소녀들의 관심을 끌도록 만들어졌습니다. 이러한 출판 업계에서 광고주들은 구독자들을 대표하는 상품과 아이디어를 홍보하기 위해 노력합니다. ②**요즘 기업들은 특화된 잡지의 다양성 속에서 동물 애호가에서 의사들에 이르기까지 무궁무진한 다양한 관객에게 접촉할 수 있습니다.** ③**대중의 관심을 끄는 잡지의 대다수는 폐간 되었는데, 이것은 잡지가 전문성을 갖는 것에 대한 중요함을 강조하고 있습니다.**

질문: 지문은 무엇에 관한 내용인가?
- (a) 10대 소녀들에 의해 읽히는 잡지
- (b) 잡지 구독자의 관심을 이끄는 방법
- **(c) 잡지들의 전문성은 어떻게 이용되는가**
- (d) 유명한 출판사들의 역사

해설

지문의 주제를 묻는 문제이다. 지문은 잡지사의 대상 고객에 대한 내용이다. ①잡지는 특정 고객을 대상으로 특별히 설계되며, ②특화된 잡지의 다양성 속에서 다양한 관객에게 접촉할 수 있고 ③전문성을 갖지 못하면 폐간된다고 설명하고 있다. 지문은 잡지의 전문성을 강조하고 있으므로 지문의 주제로 '잡지에서 전문영역이 이용되는 방법'이라는 (c)가 가장 적절하다.

interact v. 상호 작용하다, 서로 영향
  을 끼치다

lick v. 핥다

excessively adv. 지나친, 과도한

approval n. 인정, 찬성

attention n. 주의(집중) ,주목

canine n. 개

groom v. (가죽 · 털 등을) 다듬다

14. 세부 사항 ★☆☆   정답 (a)

Dogs love interacting with their environment using their tongues as their guide. ①**If a dog licks a person excessively, they may be seeking approval or attention.** ②**Dogs can also use their tongues to sense others' hormones, determining their mood and stress levels.** During exchanges with other canines, a dog may calmly lick another dog's lips to show dominance. If a dog is licking itself, then in most cases it is simply grooming.

Q: According to the passage, what is the function of a dog's tongue?
- **(a) To explore and communicate**
- (b) To attack submissive dogs
- (c) To make others groom them
- (d) To look for places to play alone

해석

개들은 자신의 안내자로 혀를 사용하면서 주변환경과 소통하는 것을 좋아합니다. ①**만약 개가 사람을 극도로 핥는다면, 그것은 허락이나 인정을 받고자 하는 행위일 수 있습니다.** ②**개들은 다른 존재의 감정과 스트레스 수치를 판단하면서 혀를 사용하여 호르몬을 감지할 수 있습니다.** 다른 개들과 교류하는 동안 개는 영역을 보여주기 위해 다른 개의 입술을 차분하게 핥을 지도 모릅니다. 만약 개가 자기 자신을 핥고 있다면 대다수의 경우, 그것은 단순히 털을 다듬는 것입니다.

질문: 지문에 따르면, 개의 혀의 기능은 무엇인가?
- **(a) 탐색하고 의사소통하기**
- (b) 순종적인 개를 공격하기
- (c) 다른 개들이 자신의 털을 다듬게 만들기
- (d) 혼자 놀만한 장소 찾기

15.

Olympian a. 신과 같은, 위엄 있는

bloody a. 유혈이 낭자한

spear n. 창

throne n. 왕좌, 옥좌

gory a. 유혈의(=bloody)

defeat v. 패배시키다

15. ‖ 내용 일치 ★★★ ‖ 정답 (a)

The ancient Greeks believed that Ares, the son of Zeus and Hera, was the god of war and an Olympian. ①**He was often portrayed as a warrior carrying a bloody spear or sitting on a throne of human flesh.** Ares did not represent the wisdom and strategies of war like Athena, but rather the chaos and dangers of war. ②Although he was a gory symbol of strength and force, **he was often defeated in his battles with other gods.** His failures in war and his savage behavior made him the least favorite god among the other Olympians.

Q: Which of the following is correct about Ares?
(a) **He embodies the horrors of war.**
(b) He was the brother of Athena.
(c) He trained Greek soldiers for battle.
(d) His throne was painted with blood.

해석

고대 그리스인들은 Zeus와 Hera의 아들인 Ares가 전쟁의 신이며 신과 같은 존재라고 믿었습니다. ①그는 종종 유혈이 낭자한 창을 들거나 인간의 살로 된 옥좌 위에 앉아있는 전투사로 묘사됩니다. Ares는 Athena처럼 전쟁의 지혜나 전략을 대표하기보다는 전쟁의 혼란이나 위험을 상징했습니다. ②비록 그가 힘과 폭력에 대한 유혈의 상징이기는 했지만 **종종 전쟁에서 다른 신들에게 패배 당했습니다.** 전쟁에서의 패배와 그의 잔혹한 행위는 여러 신들 중에서 그를 가장 인기가 없는 신으로 만들었습니다.

질문: Ares에 관한 내용으로 일치하는 것은?
(a) **그는 전쟁의 공포를 상징한다.**
(b) 그는 Athena의 형제였다.
(c) 그는 전쟁을 위해 그리스 군사들을 훈련시켰다.
(d) 그의 왕좌는 유혈이 낭자했다.

해설

지문의 내용과 일치하는 것을 묻는 문제이다. 지문에서는 Ares에 대해 설명하고 있는데, Ares는 ①잔혹한 전투사의 모습으로 묘사되며, ②신과의 싸움에서 종종 패배했는데, 이러한 두 가지 이유로 인해 그를 인기 없는 신으로 만들었다. 따라서 Ares에 관한 내용으로 일치하는 것은 '그가 전쟁의 공포를 상징'한다는 (a)이다.

16.

stack n. 무더기

durable a. 내구성이 있는, 오래 가는

stylish a. 유행을 따른, 멋진

patented a. 개인(그룹)에 특징적인

no-scratch a. 긁히지 않은

padded a. 패드(보호대)를 댄

slot n. 자리, 구멍

16. ‖ 세부 사항 ★☆☆ ‖ 정답 (b)

Are you tired of the endless stacks of jewel cases from your CD collection taking up space? Or maybe your CDs are always getting scratched because you forget to put them back in the case. Our new portable CD holder from Music Solutions is durable, stylish, and specifically designed to protect your precious music. The nylon covering is waterproof and it comes with a one year guarantee. **Place your CDs in our patented no-scratch padded slots** and let it do all the work. You might even have more space for new music, too!

해석

공간을 차지하고 있는 끝 없이 쌓인 CD 케이스들에 질렸나요? 아니면 상자에 다시 넣어두는 것을 깜박하여, CD가 항상 긁히나요? Music Solutions의 새로운 휴대용 CD 보관함은 내구성 있고 유행을 따르며 특별히 여러분의 소중한 음악을 보호할 수 있도록 설계되었습니다. 나일론으로 제작된 커버는 방수이며 1년의 보증기간이 있습니다. **개인의 취향에 맞는 완충대를 댄 긁힘 없는 구멍들에 CD를 보관하시고,** 그것이 알아서 하도록 내버려 두세요. 새로운 음악을 위한 좀 더 많은 공간도 확보하게 될 것입니다.

Q: What product is being sold in this
advertisement?
(a) Waterproof nylon
(b) A CD holder
(c) Jewel cases
(d) A CD collection

질문: 광고에서 판매하고 있는 물건은?
(a) 방수 나일론
(b) CD 보관함
(c) 보석 상자
(d) CD 수집품

해설
광고에서 판매하는 물건이 무엇인지 묻는 세부 사항문제이다. 지문은 Music Solution에서 나온 물건에 대한 광고 글이다. 개인의 취향에 맞는 완충대를 댄 구멍들에 CD를 보관하라는 말을 통해 CD 보관함을 광고하고 있음을 알 수 있다. 따라서 광고에서 판매하고 있는 물건은 (b)이다.

17.

tremendous a. 엄청난

altitude n. (해발) 고도

trench n. 도랑, 해자(垓子)

tectonic a. (지질) 구조상의

exploration n. 탐사, 답사, 탐험

depression n. 움푹한 곳

17. 내용 일치 ★★★ 정답 (c)

The deepest location on Earth, the Mariana Trench, is located in the Pacific Ocean near Japan and the Mariana Islands. Its depth, a tremendous 36,201 feet, is more than the altitude of Mount Everest which is the tallest mountain at 29,305 feet. ①**The sides of the trench are formed by two tectonic plates or thick layers of Earth's outer shell, the Pacific Plate and the Mariana Plate. ②It is often used a passageway for submarines that want to travel from the North to the South.** Since the first survey in 1951, the Mariana Trench has become a fascinating place for underwater exploration and the discovery of new sea creatures.

해석
지구에서 가장 깊은 곳인 Mariana 해구는 일본과 마리아나 제도 근처의 태평양 연안에 위치하고 있습니다. 그 깊이는 36,201 피트이며, 이는 최고 높은 산인 에베레스트 산의 29,305 피트보다도 더 높습니다. ①도랑의 비탈은 2개의 구조판 또는 지표 외각의 두꺼운 층인 태평양 판과 Mariana 판에 의해 형성되었습니다. ②이곳은 종종 북쪽에서 남쪽으로 이동하고자 하는 잠수함을 위한 수로로 사용되고 있습니다. 1951년 처음 조사된 이후로 Mariana 해구는 수중 탐험과 새로운 바다 생물의 발견을 위한 놀라운 장소가 되어 왔습니다.

Q: Which of the following is correct about the Mariana Trench?
(a) It was created by a gigantic mountain.
(b) It is located directly underneath Japan.
(c) It is a depression in the Earth's surface.
(d) It contains very few fish species.

질문: Mariana 해구에 대한 내용으로 옳은 것은?
(a) 거대한 산에 의해 만들어졌다.
(b) 일본 바로 아래 위치해있다.
(c) 지구의 표면에 움푹한 곳이다.
(d) 물고기의 종류가 거의 없다.

해설
지문의 내용과 일치하는 것을 묻는 문제이다. 지문에서는 마리아나 해구에 대해 설명하고 있다. ①도랑의 비탈은 태평양 판과 마리아나 판에 의해 형성되었으며 ②잠수함을 위한 수로로 이용되고 있다는 말을 통해, 마리아나 해구는 바다 속 지표에 위치하고 있다는 것을 알 수 있다. 따라서 지문의 내용과 일치하는 것은 '지구의 표면에 움푹한 곳'이라는 (c)이다.

18.

recreation n. 레크리에이션, 오락

retention n. 보유(유지)

revenue n. 수익, 수입

18. 내용 일치 ★★★ 정답 (d)

Tim Douglas, founder and chief executive officer of Earwaves Entertainment, feels that

해석
Earwaves Entertainment의 창업주이자 CEO인 Tim Douglas는 재미있으면

a fun and relaxed working environment is key to increasing productivity. ①It is important that companies not only make a budget for office supplies and travel expenses, but **they should also have an allowance dedicated to recreation.** "A happy human being is a hard worker that is eager to please others and do their best," says Douglas. ②**Strategically placing games and toys designed to stimulate creativity around the workplace may motivate people to continue working.** Some other possible benefits of a pleasant atmosphere include worker retention, increased revenue, and less tension in the office.

Q: Which of the following is correct according to the passage?
(a) People are generally not comfortable at work.
(b) Managers should be eager to please other employees.
(c) The appearance of an office affects everyone's creativity.
(d) Entertainment at work can help employees concentrate.

서도 편안한 근무 환경이 생산성 증가에 중요한 점이라고 생각합니다. ①회사는 사무 용품과 여행 경비를 위한 예산뿐만 아니라 **오락을 위한 비용 또한 예산에 책정해 두어야 합니다.** "행복한 사람은 다른 사람을 기꺼이 즐겁게 만들고 최선을 다해 열심히 일하는 사람입니다"라고 Douglas는 이야기합니다. ②**통계학적으로 창의성을 자극하도록 설계된 게임과 장난감을 근무 환경 주위에 배치해 두는 것은 사람들에게 계속해서 일을 하도록 자극한다고 합니다.** 즐거운 환경이 가져다 줄 혜택으로는 근무자의 직업 유지, 증가된 수익, 사무실에서의 낮은 긴장감 등이 있습니다.

질문: 주어진 지문의 내용과 일치하는 것은?
(a) 사람들은 일반적으로 근무할 때 편안하지 않다.
(b) 관리자들은 다른 직원들을 기꺼이 즐겁게 만들어주어야 한다.
(c) 사무실의 외형은 모든 사람들의 창의성에 영향을 미친다.
(d) 근무 중의 오락거리는 직원들이 집중하는 데 도움이 된다.

해설
지문의 내용과 일치하는 것을 묻는 문제이다. 지문은 Tim Douglas의 즐거운 근무환경이 생산성을 증가한다는 의견을 시작으로, ①회사는 사원의 오락을 위한 예산도 미리 책정해 두어야 하며, ②사무공간에 게임과 장난감을 배치하면 직원의 지속적인 근무를 자극한다고 설명하고 있다. 따라서 주어진 지문의 내용과 일치하는 것은 '근무 중의 오락거리는 직원들이 집중하는 데 도움이 된다'라는 (d)이다.

Part III

19.

willingness n. 기꺼이 하는 마음
authority n. 지휘권, 권한
immoral a. 비도덕적인, 부도덕한
decoy n. 바람잡이, 유인
obedient a. 말을 잘 듣는, 순종적인

19. 일관성 ★★☆   정답 (b)

Psychologist Stanley Milgram identified a person's willingness to obey authority, suggesting that people will go against their conscience if told to do something immoral by an authority figure. (a) Many would disagree that they are blindly obedient; however Milgram's experiments had some shocking results. **(b) A similar experiment was conducted by psychologist Jerry Burger.** (c) During each trial, participants were convinced to electrically shock another participant whenever they answered a question wrong. (d) Although the

해석
심리학자 Stanley Milgram은 사람들은 권력을 지닌 자가 부도덕한 행위를 하라고 했을 경우 자신의 양심에 반하면서까지 이 명령에 따른다는 점을 지적하면서, 사람이 권력에 기꺼이 순종하는 점을 밝혔습니다. (a) 많은 사람들은 자신이 맹목적으로 복종적이라는 점에 반대하고 있지만, Milgram의 실험을 통해 몇 가지 놀라운 결과가 나타났습니다. **(b) 유사한 실험이 심리학자인 Jerry Burger에 의해 시행되었습니다.** (c) 각 실험에서 참여자들은 질문에 잘못 대답했을 때마다 다른 참여자에게 전기충격을 가하도록 하였습니다. (d) 비록 전기충격을 받은 사람은

person receiving the shock was actually a decoy pretending to be in pain, the other person was not aware of this and continued to hurt them on command.

실제로 통증이 있는 것처럼 바람잡이 역할을 했지만, 다른 사람들은 이것을 알지 못했고, 명령대로 계속해서 다른 실험자를 괴롭혔습니다.

해설

주어진 글을 읽고 흐름상 어색한 문장을 고르는 문제이다. 지문은 권력에 순응하는 인간의 심리에 대해 이야기하고 있다. (a) 많은 사람들은 자신이 맹목적으로 복종적이라는 사실에는 반대하지만, (c) 참여자가 질문에 잘못 대답했을 때마다 다른 참여자에게 전기로 충격을 가하는 시험에서, (d) 주어진 명령대로 계속해서 상대 실험자를 전기로 괴롭혔다는 시험 내용을 밝히고 있다. '유사한 실험이 Jerry Burger에 의해 시행되었다'는 (b)의 내용은 Milgram의 실험 내용이 계속해서 제시되는 가운데 어울리지 않는 문장이다. 따라서 정답은 (b)이다

20.

prevent from ~ing
　~하는 것을 금지하다, 막다
dramatic a. 극적인
distract v. 방해하다

20. 　일관성 ★★★　　　　　　　　　　　　정답 (a)

According to a study from the University of Utah, people who talk on cell phones while driving are just as dangerous as drunk drivers. **(a) There has been a dramatic increase in the number of teens that text while operating a vehicle.** (b) Many motorists do not realize that they are putting themselves and others in danger even with the use of hands-free cell phone devices. (c) The phone conversations distract the drivers and prevent them from paying attention to the road. (d) The impact is so significant that drivers on cell phones are over five times more likely to get in an accident when compared to concentrating drivers.

해석

Utah 대학의 연구에 따르면 운전하면서 휴대폰으로 통화하는 사람들은 음주 운전을 하는 것만큼이나 위험하다고 합니다. **(a) 차량을 운전하는 동안 문자 메시지를 보내는 10대의 수가 극적으로 증가해왔습니다.** (b) 많은 운전사들은 핸즈 프리 휴대 장치를 사용할 때조차 자기 자신과 다른 사람을 위험에 빠뜨리고 있다는 점을 알지 못합니다. (c) 전화 대화는 운전사의 정신을 산만하게 만들고 도로에 주의를 집중하지 못하게 합니다. (d) 그 영향은 너무나 커서 휴대폰으로 전화하는 운전사들은 주의를 집중하고 있는 운전사와 비교하여 사고를 일으킬 가능성이 5배 이상인 것으로 밝혀졌습니다.

해설

주어진 글을 읽고 흐름상 어색한 문장을 고르는 문제이다. 지문은 운전 중 휴대폰 사용의 위험성에 대해서 이야기하고 있다. 휴대폰 사용의 위험성에 대해 (b) 핸즈 프리를 사용할 때 조차 휴대폰 통화는 운전에 위험하며, (c) 전화통화는 도로에 집중하지 못하게 만들고, (d) 휴대폰 통화를 하는 운전사는 그렇지 않은 운전사에 비해 5배나 높은 사고가능성을 가지고 있다고 설명하고 있다. (a)는 운전 중 문자메시지를 보내는 십대에 대한 내용이므로, 휴대전화 통화의 위험성을 말하는 다른 문장과 무관하다.

Part I ~ III

1 **(d)**		2 **(c)**	
3 **(b)**		4 **(a)**	
5 **(a)**		6 **(b)**	
7 **(c)**		8 **(c)**	
9 **(b)**		10 **(d)**	
11 **(a)**		12 **(b)**	
13 **(d)**		14 **(c)**	
15 **(b)**		16 **(b)**	
17 **(a)**		18 **(a)**	
19 **(d)**		20 **(d)**	

1.

three-dimensional a. 삼차원의

installation n. 설치, 설비

modify v. 수정하다, 바꾸다

interact v. 소통하다, 교류하다

2.

underworld n. 지하 세계, 저승, 암
　흑가

afterlife n. 내세, 사후 세계

spiritual a. 종교의, 영혼의

alongside adv. ~와 함께, ~와 동시에

deem v. 여기다, 생각하다

Part I

1.　빈칸완성 – 결론 찾기 ★☆☆　　　　　　　　정답 **(d)**

Since the 1990s, Mexican artist Gabriel Orozco has broken the barrier between artwork and audience. ①**Many of his pieces are three-dimensional installations designed to engage the viewer mentally and physically.** ②**One of Orozco's works called "Ping Pong Table" from his games collection** is a modified ping pong table made for four players. People from all over the world have traveled to museums and galleries in order to _______________.

(a) view pieces from the 18th century
(b) research new painting materials
(c) learn more about popular sculptures
(d) play and interact with his art

해석

1990년대 이후로 멕시코 미술가 Gabriel Orozco는 예술과 관객 사이의 장벽을 무너뜨렸습니다. ①그의 많은 작품은 3차원 설치물인데, 정신적으로나 물질적으로 관객을 사로잡도록 설계되었습니다. ②Orozco 작품 중 하나는 그의 게임 수집품 가운데 "탁구대"라고 이름이 붙여졌는데, 4명의 선수를 위해 만들어진 변형된 탁구대입니다. 전 세계의 사람들은 <u>그의 예술과 함께 놀고 소통하기</u> 위해서 박물관이나 미술관에 방문해왔습니다.

(a) 18세기의 작품을 보기
(b) 새로운 미술 재료를 조사하기
(c) 인기 있는 조각품에 대해 좀 더 배우기
(d) 그의 예술과 함께 놀고 소통하기

해설

빈칸은 지문의 내용을 포괄할 수 있는 결론이 들어가는 자리이다. 지문은 멕시코 미술가 Gabriel Orozco에 대한 이야기이다. ①그의 작품은 정신적으로나 물질적으로나 관객을 사로잡는데, ②그의 게임 수집품 중 "탁구대"라는 작품이 있다고 설명하고 있다. 이 두 가지 설명을 통해 추론할 수 있는 내용으로 '그의 예술과 함께 놀고 소통하기'라는 (d)가 가장 적절하다.

2.　빈칸완성 – 주제문 ★★★　　　　　　　　정답 **(c)**

The jaguar, known as the ruler of the underworld, was _______________ in Mayan religion. It was believed that in the afterlife souls made a long and dangerous journey to the spiritual world alongside the jaguar. ①**The large cat was seen as a symbol of night and a communicator between the living and the dead.** ②**It also evoked a sense of protection and was often used as a guardian of the royal family.** All followers of the Mayan religion were granted an animal spirit for guidance; however, only the nobility were deemed worthy of the jaguar.

(a) worshipped as a god
(b) considered an enemy
(c) an important and noble symbol
(d) both feared and respected

해석

지하세계의 통치자로 알려진 재규어는 마야 지역에서 <u>중요하면서도 고귀한 상징물</u>이었습니다. 사후세계에서 영혼들은 재규어와 함께 영혼의 세계로의 길고 위험한 여행을 해야 한다고 믿었습니다. ①이 거대한 고양이는 밤의 상징이자 삶과 죽음 사이의 소통자로 여겨졌습니다. ②또한 보호의 감각을 불러 일으키고, 때로는 왕족의 수호자로 여겨졌습니다. 마야 종교를 따르는 모든 사람들은 안내자로 동물의 영혼을 부여 받았는데, 오직 귀족만이 재규어를 안내자로 부과될 자격이 있다고 여겨졌습니다.

(a) 신으로 추앙받는
(b) 적으로 여겨지는
(c) 중요하면서도 고귀한 상징물
(d) 두려우면서도 존경 받는

3.

pilgrimage n. 순례, 성지 참배

worshipper n. 숭배자

alternative a. 대체 가능한, 대안이 되는

medical a. 의학(의료)의

practitioner n. 종사자, 정기적으로 하는 사람

ritual n. 의식 절차, (제의적) 의례

legacy n. 유산

staff n. 지팡이

3.　빈칸완성 – 내용완성 ★★★　　　　정답 (b)

①In ancient Greece, people in need of treatment would _____________ **in order to participate in prayer and divine healing ceremonies led by a group known as Asclepiads, after the Greek god of healing. ②After these pilgrimages, or journeys, worshippers would make sacrifices and bathe in salts.** The Asclepiads were considered alternative medical practitioners while Greek doctors preferred more modern techniques. Although their spiritual rituals were not highly accepted among physicians, a part of their legacy remains in medicine today. The god Asclepius was known for carrying a large staff with a single snake wrapped around it, which is currently the symbol of medical professionals.

(a) carry ancient remedies in a bag
(b) travel long distances to temples
(c) bring gifts and food to the priest
(d) ask the gods for divine powers

해석
①고대 그리스에서 치료가 필요한 사람들은 그리스 치유의 신의 이름을 딴 Asclepiads으로 알려진 단체에 의해 집도된 기도와 이들의 신성한 치료의식에 참여하기 위해 <u>사원으로의 긴 거리를 여행했습니다.</u> ②이러한 순례 또는 여행 후 숭배자들은 제물을 바치고 소금에 목욕을 했습니다. 그리스의 의사들이 좀 더 근대적인 기술을 선호한 반면, Asclepiads는 대체 의학 집행자로 여겨졌습니다. 비록 이들의 종교 의식이 의사들 사이에서 크게 용인되지는 않았지만, 그들 유산의 일부는 오늘 날에도 의학계에 남아 있습니다. Asclepiads 신은 한 마리의 뱀으로 감싸인 거대한 지팡이를 가지고 다니는 것으로 알려져 있는데 이는 현재 의학적 프로정신의 상징이 되었습니다.

(a) 가방 안에 고대의 치료법을 가지고 다녔습니다.
(b) 사원으로의 긴 거리를 여행했습니다.
(c) 신부에게 선물과 음식을 가져왔습니다.
(d) 신성한 힘을 달라고 신에게 요청했습니다.

4.

necessity n. 필수품

incentives n. 상여금

electronics n. 전자 공학

in addition to ~에 더하여, ~일 뿐 아니라

shopping spree 흥청망청 쇼핑을 하기, 돈을 쓰기

be eligible to ~할 자격이 있다

4.　빈칸완성 – 주제문 ★★★　　　　정답 (a)

We believe our customers should not have to pay more for their groceries and everyday necessities. That is why we have started _____________________. ①**As a thank you for shopping with us, each customer that spends at least $100 a month will be**

해석
우리는 고객님들이 식료품과 생활 필수품에 더 많은 돈을 지불하지 않아야 한다고 생각합니다. 그러한 이유로 저희들은 **새로운 월간 우대 프로그램**을 시작하였습니다. ①저희 제품을 구매해 주신 것에 대한 감사한 마음으로 한 달에 최

eligible to win a $5000 shopping spree.
②**The money can be spent in one shopping
trip or used a little at a time until the end
of one full year.** We're always looking for new
ways to thank our customers for their loyalty.

(a) **a new monthly incentives program**
(b) offering lower prices and more products
(c) renovations on our many stores
(d) carrying electronics in addition to food

소 100달러 이상 구매해주시는 모든 고객 분들에게 5000달러 상당의 상품권을 신청할 자격을 제공할 것입니다. ② 이 돈은 올해 말일까지 단 한번 또는 한번에 조금씩 쇼핑 여행에 사용하실 수 있습니다. 저희는 항상 고객님의 충성심에 고마움을 표할 새로운 방법을 찾고 있습니다.

(a) 새로운 월간 우대 프로그램
(b) 더 낮은 가격과 더 많은 상품을 제공하기
(c) 많은 가게의 개조작업
(d) 음식에 전기를 통하게 하기

해설

지문은 식료품과 필수품 판매점의 특별 쇼핑 상품권에 대한 홍보이다. 빈칸 뒤의 내용을 보면 이 판매점에서 홍보하고 있는 새로운 우대 프로그램에 대한 내용이 언급되었으므로 빈칸에는 이를 포괄할 수 있는 주제어가 들어가야 한다. ①매달 1000달러 이상 구매 고객에게 기회를 제공하고, ②올해 말일까지 사용할 수 있는 상품권이라고 그 특징을 설명하고 있다. 따라서 '새 월간 프로그램'이라는 (a)가 가장 적절하다.

5.

be built on ~위에 만들어지다

propose v. 제안하다, 주장하다

sensory a. 감각의

5. **빈칸완성 – 논리적 흐름 ★★★** 　　　　　　　정답 (a)

①George Berkeley was an Irish philosopher
**who believed that only objects we
experience exist. ②Berkeley proposed
that all physical objects are created by
a collection of ideas.** For example, a tree
is composed of ideas about leaves, wood, the
color green, and branches. The tree exists as
long as someone is aware of its different parts. If
no one has ever experienced the tree with their
senses, then the tree is not an actual object.
③**Existence only comes from sensory
experience,** and this experience must
________________________ in order for
physical items to be perceptible.

(a) **be built on real ideas**
(b) be recorded in writing
(c) change the laws of nature
(d) represent the natural world

해석

①George Berkeley는 아일랜드의 철학자로써 **우리가 경험한 것만이 존재한다고 믿었습니다.** ②Berkeley는 모든 물리적인 물체가 생각의 집합체로부터 창조되었다고 주장했습니다. 예를 들어 나무는 잎, 목재, 초록의 색깔, 그리고 나뭇가지에 대한 생각으로 구성되어 있습니다. 그리고 그 나무는 누군가가 나무의 다른 부분을 인지할 때까지만 존재합니다. 만약 어떤 사람도 나무를 자신의 감각기관을 통해 경험하지 않았다면 나무는 실재의 사물이 아닌 것입니다. ③ **존재라는 것은 단지 감각적인 경험으로부터 나오는 것이며,** 물리적인 사물들이 인지되려면 이러한 경험은 **실재적인 사고를 바탕으로 만들어져야**만 합니다.

(a) 실재적인 사고를 바탕으로 만들어져야
(b) 글로 기록되어야
(c) 자연의 법칙을 변화시켜야
(d) 자연의 세계를 대신해야

해설

지문은 George Berkeley의 이론에 대한 설명으로, 논리적 흐름에 따라 알맞은 내용을 묻는 문제이다. 내용을 보면 ①그는 경험한 것만이 존재한다고 믿으며, ②모든 물리적 물체가 생각의 집합체로부터 창조되었고, ③존재는 실제적 경험을 통해서만 나오는 것이라고 설명하고 있다. 빈칸에는 이러한 이론의 종합적 설명이 들어가야 하므로, '현실적인 사고를 기반으로 만들어진다'는 (a)가 가장 적절하다.

6.

identifier n. 식별자

brass n. 황동

coil n. 고리

collarbone n. 쇄골

outcast n. 따돌림 받는 사람

6. 빈칸완성 – 논리적 흐름 ★★☆ 　　　　　　　정답 (b)

Few cultural identifiers are more memorable than the neck rings of the Kayan Lahwi tribe in Burma. Wrapped around the neck by hand, the brass coils "stretch" the neck by pushing down the collarbone. ①Although there are varying theories about the origin of the coils, **many of the Kayan women agree that it is a part of their identity.** ②**Some of the younger women have removed their neck rings while others prefer to**

_______________________.

(a) shorten their necks
(b) continue the tradition
(c) be outcasts in society
(d) teach the history of coiling

해석

Burma의 Kayan Lahwi 부족이 목에 걸고 있는 링들보다 문화 감별사들에게 더 기억에 남을만한 것은 없습니다. 손을 이용하여 목에 감은 황동 고리들은 쇄골을 아래로 밀어 내림으로써 목을 "늘어뜨립니다". ①이러한 고리의 기원에 대해서 다양한 이론이 존재하기는 하지만, **수많은 Kayan 부족 여성들은 그것을 자신의 정체성의 일부로 여깁니다.** ②어떤 이는 <u>전통을 고수하기</u>를 선호하는 반면 일부 어린 여성들은 자신의 목에 건 링을 없애기도 합니다.

(a) 목을 짧게 만들기
(b) 전통을 고수하기
(c) 사회에서 이단자가 되기
(d) 고리 감기의 역사를 가르치기

해설

지문은 Burma의 Kayan Lahwi 부족의 목에 건 링에 대한 내용이다. ①Kayan Lahwi 부족의 목 고리는 많은 부족 여성들에게 정체성의 일부로 여겨지지만, ②어린 여성들은 목 링을 없애기도 한다고 설명하고 있다. While(반면에)을 통해 빈칸에는 목의 링을 없애는 어린 여성에 반대되는 내용이 들어가야 하므로 '전통을 고수'한다는 (b)가 가장 적절하다.

7.

formulate v. 만들어 내다

participant n. 참가자

evidence n. 증거, 흔적

metabolism n. 신진(물질)대사

7. 빈칸완성 – 주제문 ★★★ 　　　　　　　정답 (c)

While the so-called "cookie diet," which asks the participant to eat specially formulated cookies full of healthy ingredients, may be gaining in popularity, the evidence suggests that _______________. ①**The goal here is to consume fewer calories than the body burns each day, which leads to weight loss.** ②However, the cookie diet includes so few calories that **the body changes how it burns fat altogether, putting the metabolism into a conversation mode.** ③The result is that the body burns fewer calories than normal, **potentially leading to even more weight gain.**

(a) only exercise is effective for weight loss
(b) they don't actually include healthy ingredients
(c) is more unhealthy than people realize
(d) regular cookies are just as effective

해석

일명 "쿠키 다이어트"라는 것은 참여자들로 하여금 건강에 좋은 재료를 가득 넣어 특별히 만든 쿠키를 먹도록 한 것으로 유행하고 있기는 하지만, <u>사람들이 아는 것보다 더 건강에 해롭다</u>는 증거가 제시되고 있습니다. ①쿠키 다이어트의 목적은 우리 신체가 매일 태워버리는 것보다 적은 칼로리를 섭취하고 결과적으로 체중 감소를 유도하는 것입니다. ②그렇지만 쿠키 다이어트는 너무 적은 칼로리를 포함하고 있어 **신진대사를 대화모드로 옮기면서 신체가 칼로리와 지방을 함께 태우는 방식을 변화시킵니다.** ③그 결과 신체는 보통보다 더 적은 칼로리를 태우고, **이 때문에 오히려 훨씬 더 많은 체중 증가를 초래할 수도 있습니다.**

(a) 오직 운동만이 체중감소에 효과적이다
(b) 쿠키들이 실제로 건강에 좋은 재료를 포함하고 있지 않다
(c) 사람들이 아는 것 보다 더 건강에 해롭다
(d) 보통의 쿠키들 만큼만 효과적이다

지문은 '쿠키 다이어트'에 대한 내용으로 빈칸에는 뒤에 이어지는 내용을 포괄할 수 있는 주제문이 들어가야 하는 자리이다. ①쿠키 다이어트의 목적은 적은 칼로리 섭취를 통해 체중 감소를 유도하는 것이지만, ②전문가들은 쿠키에 포함된 적은 칼로리로 인해 ③오히려 체중 증가를 초래한다고 설명하고 있다. 빈칸에는 쿠키 다이어트의 부정적인 결과가 들어가야 하므로 '생각한 것보다 건강에 해롭다'라는 (c)가 가장 적절하다.

8.

celebrity n. 유명 인사

testimonial n. 추천서, 추천의 글

endorsement n. (공개적인) 지지

idolize v. 숭배하다

deliberately adv. 고의로, 의도적으로

8. 빈칸완성 – 연결어 ★★★   정답 (c)

Most major product brands have used celebrity testimonials and endorsements to convince everyday people to buy their goods. One of the main reasons this technique works is that people are willing to trust someone that they idolize or admire. ①Also, **if the celebrity is considered cool or popular, owning products made by particular companies may increase the popularity of the consumer. __________, ②endorsements made on popular talk shows have resulted in a significant increase in sales.**

(a) Deliberately
(b) Rarely
(c) Frequently
(d) However

해석

대다수의 주요 상품 브랜드들은 유명인사들의 추천서나 공공연한 지지를 이용하여 평범한 사람들로 하여금 그 제품을 사도록 확신을 주고 있습니다. 이러한 기교가 효과적인 주된 이유 중 하나는 사람들은 자신이 숭배하거나 존경하는 누군가를 기꺼이 신뢰하기 때문입니다. ①또한 그 유명인사가 멋있거나 인기 있다고 생각하면, 특정 회사에서 생산된 물건을 소유하는 것은 자신의 인기도 증가시킬 수 있다는 것입니다. 종종, ②유명 토크 쇼에서 공개적 지지가 이루어질 경우 그 상품에 상당한 판매증가를 가져왔습니다.

(a) 고의로
(b) 드물게
(c) 종종
(d) 그러나

지문은 유명인사가 추천하는 상품 광고에 관한 내용이다. ①유명인사의 추천을 통해 물건에 대한 인기가 높아지며, ②토크쇼에서 언급하면 상품 판매가 상당히 증가한다고 그 효과에 대해 이야기하고 있다. ②는 앞의 내용에 대한 구체적인 예가 되므로, 빈칸에 들어가기에 적절한 연결사는 내용상 '종종, 자주'의 (c)이다.

Part II

9.

undergraduate n. (대학) 학부생

accumulate v. (서서히) 모으다, 축적하다

participate in 참여하다

portion n. 부분, 일부

grant n. 보조금

higher education institution 고등교육기관

9. 내용 일치 ★★☆   정답 (b)

①The Loan Replacement Grant (LRG) **prevents undergraduate students from accumulating too much debt while they try to cover the costs of their college education.** Students are not expected to repay the LRG; however they will have to participate in the Federal Work Study Program to earn a portion of the grant. ②**The LRG is designed for students and families with an annual income below $50,000.** Full-time students at approved higher education institutions are automatically considered for the grant after they submit their financial aid paperwork.

해석

①Loan Replacement Grant (LRG)는 학부학생들이 대학교 학비를 감당하기 위해 노력하는 동안 지나치게 많은 빚을 축적하지 않도록 방지합니다. 학생들은 LRG를 갚지 않지만, 보조금에 해당하는 돈을 벌기 위해 Federal Work Study 프로그램에 참여해야 합니다. ②LRG는 연수입이 5만달러 이하인 학생들과 가족들을 대상으로 하고 있습니다. 승인된 고등교육기관에 있는 학생들은 자동적으로 재정 보조관련 서류를 제출한 후 보조금에 대해 자동 고려될 것입니다.

Q: Which of the following is correct according to the passage?
(a) The grant has to be paid off within a full calendar year.
(b) The LRG is available to students with financial need.
(c) Graduate students are eligible for the LRG.
(d) Federal Work Study Program will cover the entire grant.

질문: 지문의 내용과 일치하는 것은?
(a) 보조금은 1년 안에 모두 갚아져야 한다.
(b) LRG는 재정 도움이 필요한 학생들이 이용 가능하다.
(c) 대학원생들은 LRG를 신청할 자격이 있다.
(d) Federal Work Study 프로그램은 보조금의 총액을 댈 것이다.

해설

지문의 내용과 일치하는 것을 묻는 문제이다. 지문은 LRG에 대한 내용으로 ①LRG의 목적은 학부생들이 학비로 인한 빚을 쌓아두게 하지 않기 위함이며, ②연 수입 5만달러 미만의 가정을 대상으로 하고 있다고 설명하고 있다. 따라서 지문의 내용과 일치하는 것은 LRG는 '재정 지원이 필요한 학생들을 위한 것'이라는 (b)이다.

10.

quarterly a. 분기별의
sponsor v. 후원하다
alumni association (남녀의) 동창회
turnout n. 참가자의 수, 투표자의 수
wrap up 총결산하다
defer v. 미루다, 연기하다

10. 세부 사항 ★★☆   정답 (d)

Dear Students,
①**The quarterly Final Exams Study Break sponsored by the Alumni Association will be held on December 10th this year on the third floor of the library in the study lounge.** We expect a large turnout, and there will be plenty of pizza, ice cream, doughnuts, and coffee to help you get through the night. As we wrap up another successful semester near the holiday season, the Alumni Association and the Student Class Gift Campaign would like to remind everyone about the spirit of giving. ② For this reason, **we are requiring a $2 or more donation to the Annual Class Gift Fund for admission.** All proceeds will go towards deferring the cost of textbooks for your fellow classmates.
Sincerely,
Donna Beck

Q: What does the letter ask students to do?
(a) Pay a student fee.
(b) Bring food to an event.
(c) Form study groups.
(d) Contribute to charity.

해석

친애하는 학생 여러분,
①연 4회 열리는 동창회 후원 Final Exams Study Break은 올해 12월 10일 도서관 3층 스터디 라운지에서 개최됩니다. 저희는 많은 참가자들을 기대하고 있으며, 밤 새며 공부하는 것을 돕기 위해 많은 피자, 아이스크림, 도넛, 커피가 준비될 예정입니다. 방학 시즌에 앞서 또 한번의 성공적인 학기를 마무리할 때 Alumni Association과 Student Class Gift Campaign에서는 모든 학생 분들에게 '나눔의 정신'을 상기시켜주고자 합니다. ②이러한 이유로 저희들은 **입장회비로 2달러 혹은 그 이상의 돈을 Annual Class Gift Fund에 기부하기를 요청하고 있습니다.** 모든 과정은 여러분의 학급 친구의 교재비 지불을 늦추는데 사용될 것입니다.
Donna Beck 드림

질문: 편지에서 학생들에게 하기를 요청한 것은?
(a) 학생 회비를 내라.
(b) 이벤트에 음식을 가져와라.
(c) 스터디 그룹을 형성하라.
(d) 자선단체에 기부하라.

해설

주어진 편지 글에서 학생들에게 요청한 내용을 묻는 문제이다. 편지에서 ①12월 10일 Alumni Association 이 열리는 것에 대해 알리면서, ②입장 회비로 Annual Class Gift Fund에 대한 기부를 해줄 것을 당부하고 있다. 따라서 편지를 통해 학생들에게 해주기를 요청하는 내용은 (d)이다.

political a. 정치와 관련된, 정치적인

cartoon n. 만화

in intent 의도적인

comic strip 만화

simplify v. 간소화하다, 단순화하다

convey v. 전달하다(전하다)

11. | 내용 일치 ★★★ | 정답 (a)

Political cartoons vary greatly from the typical children's cartoons or comic strips in intent and style. ①**While children's cartoons are meant to depict the world in a simplified way,** even the simplest political cartoons convey a strong opinion about an elected official or some aspect of government. Their goal is to call the public's attention to a particular point of view that interests the artist. ②**After choosing an issue or political figure to portray, the political cartoonist emphasizes their concept through symbolism and an exaggeration of their subject's personal traits.**

Q: Which of the following is correct according to the passage?
(a) **A political cartoonist does not depict reality.**
(b) A political cartoon has a style meant for kids.
(c) Politicians support political cartoonists.
(d) Most people agree with political cartoons.

해석

정치관련 삽화는 전형적인 어린이용 만화에서부터 의도적이면서도 세련된 만화에 이르기까지 다양합니다. ①어린이용 만화는 단순화된 방식으로 세상을 묘사하는 것을 의미하는데, 심지어 가장 단순한 정치적 만화들 조차도 선출된 공직자나 정부 기관에 대한 강력한 의견을 전달합니다. 이들의 목적은 예술가에게 흥미를 불러일으키는 특별한 관점으로 대중들의 주목을 끄는 것입니다. ②정치관련 만화가들은 보여줄 하나의 사건이나 정치적 인물을 택한 후 대상의 개인적 특징들을 상징화하거나 과장하는 과정을 통해 이들의 개념을 강조합니다.

질문: 다음 중 지문의 내용과 일치하는 것은?
(a) 정치관련 만화가는 현실을 묘사하지 않는다.
(b) 정치관련 만화는 아동을 위한 스타일을 가진다.
(c) 정치가들은 정치관련 만화가를 지지한다.
(d) 대다수의 사람들은 정치관련 만화가의 의견에 동의한다.

해설

지문의 내용과 일치하는 것을 묻는 문제이다. 지문은 정치관련 삽화에 대해 이야기하고 있다. ①어린이 대상 정치만화는 단순화된 방식으로 세상을 묘사하고, ②정치적 인물의 특징을 과장하거나 상징화하는 방식으로 표현하고 있다. 따라서 지문의 내용과 일치하는 것은 '현실을 그대로 묘사하지 않는다'는 (a)이다.

12.

in order to ~하기 위해

overcome v. 극복하다

predict v. 예측(예상)하다

school supplies 학교 물품

12. | 내용 일치 ★☆☆ | 정답 (b)

The students of our Achieve the Impossible program deserve the best resources available in order to overcome their circumstances. ① **So far we have done what we can, but it is difficult to teach over 50 children how to read with a limited supply of workbooks and computers.** ②**Parents and staff have donated time and money from their own pockets to support these future leaders; however, it is not enough.** The program is at risk of being shut down, but we do not want to disappoint the kids that we have worked so hard to help. Through Achieve the Impossible, 200 children have reached and surpassed their predicted reading level. ③**For all these**

해석

Achieve the Impossible 프로그램의 학생들은 자신들의 환경을 극복하기 위한 최고의 자원들을 이용할 수 있는 자격이 있습니다. ①지금까지 저희들은 할 수 있는 일을 해왔지만, 한정된 수량의 교과서와 컴퓨터를 이용하여 50명 이상의 아이들에게 읽는 것을 가르치기란 어려운 일이었습니다. ②미래를 이끌어갈 아이들을 지원하기 위해 부모님들과 직원들은 자비를 털어 시간과 돈을 기부해왔습니다. 그러나, 그것으로는 충분하지 않습니다. 이 프로그램은 문을 닫아야 할 위기에 처해 있지만, 저희들은 아이들을 돕기 위해 매우 열심히 노력해왔기에 실망시켜주고 싶지 않습니다. Achieve the Impossible 프로그램을 통해 200명의 아이들이 지금까지 기대된 읽기 수준을 달성했으며, 또한 그 이상으로 능가했습니다. ③이러한 이유로,

reasons, we hope you will consider our proposal for new school supplies in order to continue our reading program.

Q: Which of the following is correct according to the report?
(a) Parents and staff are tired of helping the program.
(b) The program has more students than books.
(c) The hospital needs new fundraising techniques.
(d) The program needs money to be reopened.

여러분들께서 저희가 읽기 프로그램을 계속해서 지속할 수 있도록 새 학교 물품에 관한 제안을 고려해주시기 바랍니다.

질문: 다음 중 지문의 내용과 일치하는 것은?
(a) 학부모님과 직원들은 이 프로그램을 돕는데 지쳤다.
(b) 프로그램은 책보다 더 많은 학생들이 있다.
(c) 병원은 새로운 기부금마련 기술이 필요하다.
(d) 프로그램은 재 오픈에 필요한 돈이 필요하다.

해설

지문의 내용과 일치하는 것을 묻는 문제이다. 지문은 Achieve the Impossible 프로그램에 대한 내용이다. ①제한된 수의 교과서와 컴퓨터는 아이들의 수에 비해 부족하고 ②부모님과 직원들이 자비를 털어도 재정이 부족하므로, ③학교 물품에 대한 지원을 호소하고 있다. 'limited supply of workbooks'를 통해 내용과 일치하는 것은 '책보다 학생이 더 많다'는 (b)이다.

13.

peculiar a. 이상한, 기이한

sac n. 주머니(-낭)

drought n. 가뭄

evaporation n. 증발(작용), 발산

blend in with 어우러지다, 잘 섞이다

---

13. 내용 일치 ★★☆   정답 (d)

Though there are many plants that can survive the extreme temperatures of the desert, few look as peculiar as lithops or "living stones". ①**The distinctive shape and size of the leaves resembles rocks, which prevents them from being eaten by hungry animals.** ②**Each leaf is a fluid filled sac designed to retain water in areas that experience droughts.** The round structure of the leaves minimizes evaporation and makes the perfect container. Lithops can flourish with very little water, but they need plenty of sunlight and air.

Q: Which of the following is correct about lithops?
(a) They do not need water.
(b) They are filled with nectar.
(c) They are as hard as rocks.
(d) They blend in with stones

해석

비록 극도로 기온이 높은 사막에서 살아남을 수 있는 식물이 많이 있기는 하지만, 리톱스(살아있는 돌)만큼이나 기이한 것은 드뭅니다. ①그 독특한 잎의 모양과 크기는 바위와 유사하며, 이를 통해 배고픈 짐승들에게 먹히지 않도록 만들어줍니다. ② 각 잎은 가뭄을 겪는 지역에서도 물을 유지할 수 있도록 주머니마다 물이 가득 차있습니다. 그 둥근 잎의 구조는 증발을 최소한으로 하고, 완벽한 저장용기를 만들어줍니다. 리톱스는 매우 적은 물로도 번성할 수 있지만, 많은 양의 태양빛과 공기를 필요로 합니다.

질문: 리톱스에 관한 내용으로 일치하는 것은?
(a) 리톱스는 물을 필요로 하지 않는다.
(b) 리톱스는 꿀로 가득 차 있다.
(c) 리톱스는 바위처럼 단단하다.
(d) 리톱스는 바위와 어우러진다.

해설

지문의 내용과 일치하는 것을 묻는 문제이다. 사막의 식물인 리톱스에 관한 내용으로 ①리톱스는 바위와 같은 모습으로 배고픈 짐승들로부터 자신을 보호하고, ②각 잎의 주머니에는 물이 가득 차 있어 가뭄에도 물을 유지할 수 있다고 설명하고 있다. 따라서 주어진 지문의 내용과 일치하는 내용은 '리톱스는 바위와 유사한 모양으로 한데 어울려져 보인다'는 (d)이다.

14.

homeowner n. 주택 보유자

lawn care 잔디 관리

dependably adv. 믿음직하게

mulch v. 뿌리 덮개를 덮어 주다

cleanup n. 대청소

better yet 더 좋게는, 더 좋은 것은

take advantage of 이용하다

---

14. 세부 사항 ★★★   정답 (c)

Dear new homeowner,
Since 1988, Greenwood Lawn Care has dependably served hundreds of families in your community, and today, we're proud to announce our new autumn premium package designed for property owners in the area. ① **This special offer includes mulching, leaf cleanup, and lawn trimming for $50 a month.** Call Greenwood Lawn Care for more information and to learn about our other monthly deals. ② **Better yet, take advantage of our 3 month free trial to help you decide for yourself.** Greenwood appreciates every opportunity to serve homeowners, and we look forward to serving you.

Q: What does the writer of this letter ask the reader to do?
(a) Read about his new premium package.
(b) Be aware of dishonest lawn care companies.
(c) Try his lawn care service for free.
(d) Submit a list of new homeowners.

해석
새로운 집주인께,
1988년부터 Greenwood 잔디 관리는 여러분의 지역사회에 있는 수백 가구에 신뢰할만한 서비스를 제공해왔으며, 오늘 저희는 이 지역 주택 소유자 분들을 대상으로 새로운 가을 프리미엄 패키지 상품을 소개해 드릴 수 있어 기쁘게 생각합니다. ①이번 특별 제공은 한 달에 50달러의 가격으로 뿌리 덮개 덮기, 잎의 대청소가 포함되어 있습니다. Greenwood 잔디 관리에 전화 문의를 통해 더 많은 정보를 얻으시거나 다른 월간 서비스 제품에 대해 확인하세요. ②더 좋은 점은 고객님의 선택을 도와드리고자 3개월 무료 시험 서비스를 이용해보세요. Greenwood사는 주택 소유자 분들에게 서비스를 제공할 수 있는 모든 기회에 감사 드리며, 저희 서비스를 제공할 수 있기를 고대하겠습니다.

질문: 편지의 필자가 독자에게 기대하는 행동은?
(a) 새로운 프리미엄 패키지에 관해 읽어라.
(b) 신뢰할 수 없는 잔디 관리 회사를 파악하라.
(c) 무료로 그의 잔디 관리 서비스를 이용해 보아라.
(d) 새로운 주택 소유자들의 명단을 제출하라.

해설
편지 글의 작가가 독자에게 요청하는 것을 묻는 세부 사항문제이다. 편지는 주택 소유자를 대상으로 한 Greenwood 잔디관리의 광고 내용이다. ①Greenwood의 특별 제공 상품은 다양한 서비스를 포함하여 한 달에 50불에 제공되며, ②고객의 선택을 용이하게 하기 위해 3달 무료 서비스를 제공하니 이용하도록 유도하고 있다. 따라서 독자에게 하기를 바라는 행동은 '무료 서비스를 이용해보라'는 (c)이다.

15.

versatility n. 다재 다능함

sole v. 밑창을 갈다

high-end a. 고급의

wardrobe n. 옷장, 옷

staple v. 스테이플러로 고정하다

practically adv. 사실상

---

15. 추론 ★★☆   정답 (b)

People all over the world enjoy the comfort and versatility of rubber soled shoes called sneakers. Since first being produced in the 1800s, sneakers have evolved simple footwear to popular fashion icons. ① **The endless possibilities in styles, colors, and designs have practically made them a necessity for all ages.** The perfect combination of appeal and support has only increased the sneaker's popularity in high-end and casual fashion. ② **However, despite its presence as a wardrobe staple, some people continue to wear the wrong size.**

해석
전 세계 사람들은 편안하고 다목적으로 활용 가능한 고무 밑창 신발인 스니커즈를 즐기고 있습니다. 1800년 대에 처음 만들어진 이후 스니커즈는 단순한 신발에서 인기 있는 패션 아이콘으로 진화하였습니다. ①스타일과 색, 디자인에서의 끝이 없는 가능성은 스니커즈를 사실상 모든 연령대에 필수품으로 만들었습니다. 매력과 지지의 완벽한 조화는 고급스러우면서도 캐주얼 한 패션으로 스니커즈의 인기를 증진시켰습니다. ②그러나 이러한 필수 의상품목으로써 존재함에도 불구하고 어떤 사람들은, 잘못된 신발 사이즈로 계속 신발을 신고 있습니다.

Q: What is most likely to follow this passage?
(a) When to buy a new pair of sneakers
(b) How to determine your shoe size
(c) Different ways to wear sneakers
(d) Where to find athletic footwear

질문: 주어진 글 다음에 이어질 내용으로 적절한 것은?
(a) 스니커즈를 새로 살 시기
(b) 신발 사이즈를 결정하는 방법
(c) 스니커즈를 신는 다양한 방법
(d) 운동선수용 신발을 찾을 수 있는 장소

해설

지문의 다음에 이어질 내용으로 적절한 것을 묻는 문제이다. 스니커즈의 기원과 유행에 대해 이야기하고 있다. 스니커즈는 ①끝이 없는 응용 가능성으로 인해 모든 연령대의 필수품이 되고 있으나, ②아직도 자신의 사이즈를 잘못 신고 있는 사람들이 있다는 말로 마무리되고 있다. 따라서 다음에 올 적당한 내용은 '사이즈'에 관련된 내용임을 추측할 수 있다. 정답은 '신발 사이즈를 결정하는 방법'이라는 (b)이다.

16.

administrator n. 관리자, 행정인

dismissal n. 해고

implement v. 시행하다

16. 추론 ★★☆   정답 (b)

Kraften parents are outraged after the release of national math test scores. ①**Though school administrators agree that the results were disappointing, ②they disagree with parents that are requesting the dismissal of teachers and planning lawsuits against the educational system.** The financial manager of the Kraften Public School System plans to recruit the assistance of volunteers to help local children with their reading skills and would like to implement a similar program for math.

Q: What can be inferred from the passage?
(a) Many of the parents have submitted lawsuits.
(b) Kraften students have low math scores.
(c) There aren't enough teachers in Kraften.
(d) Students in Kraften will be moved to new schools.

해석

Kraften시의 부모들은 국가 수학 시험 점수가 발표된 후에 화가 났습니다. ① 학교 행정당국은 시험 결과가 실망스럽다는 점에는 동의하지만, ②그들은 부모님들이 교사의 해임에 대한 요청과 교육 체제에 대해 소송을 계획하고 있다는 점에 대해서는 동의하지 않습니다. Kraften 공립 학교 체제의 재정 관리자는 지역 아이들의 독서 능력을 키우는데 도움을 줄 자원봉사자의 지원을 모집하고 있으며, 수학에도 유사한 프로그램을 시행하고자 합니다.

질문: 지문을 통해 추론할 수 있는 것은?
(a) 많은 수의 학부모들은 소송을 제출했다.
(b) Kraften 학생들은 낮은 수학점수를 받는다.
(c) Kraften는 충분한 수학교사가 없다.
(d) Kraften의 학생들은 새로운 학교로 전학 갈 것이다.

해설

지문을 통해 추론할 수 있는 것을 묻는 문제이다. 지문은 Kraften시의 국가 수학시험 결과에 대해 이야기하고 있다. ①학교 행정당국과 학부모는 모두 수학 점수에 만족하지 않으며, ②학부모는 교사 해임 요구와 함께 소송을 제출할 계획이라는 점을 밝히고 있다. 따라서 지문을 통해 추론할 수 있는 내용은 'Kraften 학생들이 수학 성적이 낮다'는 (b)이다.

17.

tweak n. 수정, 변경

bear v. 가지다, 참다

be tied up with ~에 걸리다

17. 내용 일치 ★★★   정답 (a)

When Julius Caesar reformed the Roman calendar, he didn't just give it a minor tweak. ①

해석

Julius Caesar가 로마 달력을 개혁했을 때, 그는 약간의 수정만 한 것이 아니었

He made the first month January whereas it had previously been March. ② However, the names of the months did not change, **which is why September, October, November, and December still bear the Latin words for seven, eight, nine, and ten.** Caesar also adjusted the calendar so that the months would line up properly with the seasons. This was important for not just agriculture but also religion, which was closely tied up with the calendar. In fact, Roman religion included many holidays that were connected with certain days and certain seasons.

Q: Which of the following is correct?

(a) **December contains the Latin word for ten.**
(b) January was always the first month of the Roman calendar.
(c) Julius Caesar was knowledgeable about astronomy.
(d) One month was added to the calendar by Julius Caesar.

습니다. ① 이전에는 3월이 첫 달이었는데 반해, 그는 첫 달을 1월로 만들었습니다. ② 그러나 달의 이름은 바꾸지 않았는데 그 **이유는** 9월(September), 10월(October), 11월(November), 12월(December)이 라틴어로는 7, 8, 9, 10이라는 의미를 가지고 있었기 때문입니다. Caesar는 또한 달들이 계절과 함께 적절하게 정렬 되도록 달력을 조정했습니다. 이것은 농업적인 이유뿐만 아니라 종교적인 의미에서도 중요했는데, 그것은 달력에 매우 얽매여 있었습니다. 사실 로마인의 종교는 많은 휴일을 포함하고 있었으며, 이것은 특정 날과 특정 계절과 연관이 되어 있었습니다.

질문: 지문의 내용으로 일치하는 것은?

(a) **12월은 라틴어로 10이라는 의미를 포함한다.**
(b) 1월은 로마 달력에서 항상 제일 첫 번째 달이다.
(c) Julius Caesar는 천문학에 대해 잘 알고 있었다.
(d) Julius Caesar는 달력에 한달을 더 추가했다.

해설
지문의 내용과 일치하는 것을 묻는 문제이다. Julius Caesar의 달력 개혁에 관한 내용으로 ①이전 달력이 3월부터 시작한 데 반해, Caesar의 달력은 1월부터 시작하고, ②라틴어로 9월, 10월, 11월, 12월은 각각 7, 8, 9, 10의 숫자를 의미한다고 설명하고 있다. 따라서 지문의 내용과 일치하는 것은 '12월이 라틴어로 10을 의미한다'라는 (a)이다.

18.

nitrate n. 질산염

compound n. 혼합물

nitrogen n. 질소

advantageous a. 이로운, 유리한

fertilizer n. 비료

marine ecosystem 해양 생태계

manure n. 거름, 천연 비료

impair v. 손상(악화)시키다

aquatic life 수상 생활

detrimental a. 해로운

algae n. 말, 조류

stunt v. 성장(발달)을 방해(저해)하다

in excess 극단적으로

monitor v. 추적 관찰하다

18.　추론 ★★☆　　　　　　　　　정답 (a)

①**Nitrate is a compound made of nitrogen and oxygen that has various advantageous uses in food and fertilizer.** However, it can also have some negative effects on marine ecosystems. ②**Manure and other fertilizers that contain nitrates often run off from farmland into underwater habitats and impair the health of aquatic life.** Improper use or overuse of manure causes an overgrowth of algae, stunts the growth of fish, and contaminates natural sources of drinking water. Nitrate is a necessary nutrient for plants, but in excess it can be detrimental. In order to maintain a well-balanced environment, farmers should monitor their use of chemicals near water sources.

Q: What can be inferred from the passage?

해석
①질산염은 질소와 산소로 이루어진 혼합물로서 음식과 비료에서 다양한 이로운 활용을 합니다. 그렇지만 질산염은 또한 해양 생태계에 부정적인 영향을 미치기도 합니다. ②질산염을 포함하고 있는 거름과 여타의 비료들은 농장으로부터 수중 서식지로 흘러 들어가서 수상 생명체의 건강에 악영향을 끼칩니다. 거름의 부적절한 사용 또는 과다 사용은 해조류의 과다 성장을 일으키고, 물고기의 성장을 저해하며, 식수의 천연 자원을 오염시키게 됩니다. 질산염은 식물을 위한 필수적인 영양분이기는 하지만, 과다하게 사용될 경우에는 해로울 수 있습니다. 잘 조화된 환경을 유지하기 위해서 농부들은 수자원 근처에서 화학물 사용을 관찰해야 합니다.

질문: 지문을 통해 추론할 수 있는 것은?

(a) The nitrate in fertilizers can be harmful.
(b) Farmers use manure to affect fish growth.
(c) The use of fertilizers should be banned.
(d) Fish adapt easily to an increase in algae.

(a) 비료에 함유된 질산염은 해로울 수 있다.
(b) 농부들은 물고기의 성장에 영향을 미칠 수 있는 거름을 사용한다.
(c) 비료의 사용은 금지되어야 한다.
(d) 물고기는 쉽게 해조류의 증가에 적응할 수 있다.

해설
주어진 지문을 통해 추론할 수 있는 것을 묻는 문제이다. 지문은 질산염에 관한 내용이다. 질산염은 ① 음식과 비료에 다양한 활용이 가능한 유용한 혼합물이지만, ② 질산염이 함유된 비료가 해양 생태계를 해롭게 할 수 있다고 주의하고 있다. 따라서 지문을 통해 추론할 수 있는 내용은 '비료에 함유된 질산염이 해로울 수 있다'는 (a)이다.

19.

impoverished a. 빈곤한, 저하된
Secretary of Labor 노동부 장관
advocate n. 옹호자, 변호사
trade union 노동 조합
strike v. 파업하다
in favor of ~에 찬성(지지)하여
alliance n. 동맹, 연합
in exchange for 교환으로
pledge n. 약속, 맹세, 서약
loyalty n. 충실, 충성
dispense v. 제공하다, 베풀다

19. 주제 찾기 ★★☆   **정답 (d)**

Before becoming the president of Argentina in 1946, ①**Juan Perón became an advocate of the impoverished as the Secretary of Labor.** He wanted to assist the working class because they had previously been left out of political decisions and were seeking true leadership. ②**Perón encouraged trade unions to strike, and later resolved them in favor of the laborers that supported him.** His first alliance was formed with the railroad unions. In exchange for a pledge of loyalty from railway workers, Perón began dispensing higher wages and welfare, and providing a voice for the poor in the government.

Q. What is the main topic of the passage?
(a) Perón's rise to power in 1946
(b) Railroad unions in Argentina
(c) The plight of poor workers
(d) Perón's aid to the lower class

해석
1946년 아르헨티나의 대통령이 되기 전 ①Juan Perón는 노동부 장관으로써 가난한 사람들의 대변인이 되었습니다. 그는 노동자 계급을 돕고 싶어했는데, 그 이유는 그들이 이미 정치적 결정에서 제외 되어 있었으며, 진정한 지도자를 찾고 있었기 때문입니다. ②Perón은 노동 조합이 파업하도록 격려했고 후에 그를 지지했던 노동자들을 위해 조합들을 결의했습니다. 그의 첫 동맹은 철도노동조합과 함께 조성되었습니다. 철도 노동자들로부터 충성의 맹세를 받은 데 대한 보답으로 Perón은 더 높은 봉급과 복지를 제공하고 정부에서 가난한 사람들을 대신하여 목소리를 내기 시작했습니다.

질문: 지문의 주제는 무엇인가?
(a) 1946년 Perón의 권력의 성장
(b) 아르헨티나 철도 조합
(c) 가난한 노동자들의 곤란
(d) Perón의 낮은 계급에 대한 도움

해설
지문의 주제를 묻는 문제이다. 내용은 아르헨티나의 전 대통령인 Perón에 대한 내용이다. Perón는 ① 가난한 노동자계급의 대변인으로써 이들의 권리를 위해 노력했고, ②아르헨티나의 철도노동조합을 조성하여 이들의 복지를 위해 애썼다고 설명하고 있다. 따라서 지문의 주제는 'Perón의 낮은 계급에 대한 도움'이라는 (d)가 가장 적절하다.

20.

intelligence n. 지능

prerequisite n. 전제 조건

complexity n. 복잡성, 복잡함

endeavor n. 노력, 시도

collaboration n. 공동 작업(연구)

frustration n. 불만, 좌절감

inherent a. 내재하는

focused a. 집중한, 집중적인

motivated a. 동기가 부여된

take over 넘겨 받다

---

20. 일관성 ★★★ 　　　　　　　　　　　　　　　　정답 (d)

While intelligence is an obvious prerequisite of success in science, many of the best scientific minds point to teamwork as an increasingly important element of any experiment. The increasing complexity of many scientific endeavors is a main reason for collaboration. (a) As more experiments require various stages covering plenty of different fields, multiple teams are often needed just to get the work done in a timely fashion. (b) Furthermore, teamwork can reduce the frustration inherent in the failure of an experiment. (c) Team members can support the work of one another, keeping everyone focused and motivated. **(d) Collaboration can also take place over the Internet, with scientists submitting data instantly to other teams all around the world.**

해석

지능이 분명 과학적 성공의 전제조건이기는 하지만, 수많은 최고의 과학자들은 실험의 매우 중요한 요소로 팀워크를 지목하고 있습니다. 많은 과학적 복잡성이 증가하는 것은 공동 작업의 주 이유가 되고 있습니다. (a) 더 많은 실험이 상당양의 다른 분야를 아우르는 다양한 단계를 요구하는 만큼 적절한 시기에 과업을 끝내는 데 여러 팀들이 필요합니다. (b) 게다가 팀워크는 실험의 실패에 있어서도 내재된 좌절감을 완화시켜줄 수 있습니다. (c) 팀의 일원들은 모든 사람들이 집중하면서도 동기화를 유지하며 서로가 서로를 지원해줄 수 있습니다. **(d) 공동 작업은 또한 세계의 다른 팀들과 즉각적으로 자료를 제시하는 과학자들과 함께 함으로써 인터넷을 대신할 수 있습니다.**

해설

주어진 글을 읽고 흐름상 어색한 문장을 고르는 문제이다. 과학적 성공의 중요 요소로 많은 과학자들이 팀워크를 강조하고 있다는 말을 시작으로, (a) 다양한 단계의 실험을 적절한 시기에 끝내는 데는 여러 팀이 필요하고, (b) 팀워크를 통해 실험의 실패로 인한 좌절감에서도 빨리 회복할 수 있으며, (c) 팀원들끼리 집중과 동기 유지를 하며 서로에게 도움이 될 수 있다고 팀워크를 통한 과학 실험이 지닌 이점에 대해 이야기하고 있다. (d) 공동작업이 인터넷을 통한 정보 검색을 대신할 수 있다는 것은 직접적인 팀워크의 인간적인 장점이 될 수 없으므로, 흐름상 어색한 문장은 (d)이다.

Part I ~ III

1 (a)	2 (b)
3 (d)	4 (d)
5 (b)	6 (c)
7 (a)	8 (d)
9 (a)	10 (a)
11 (c)	12 (d)
13 (c)	14 (d)
15 (b)	16 (a)
17 (c)	18 (a)
19 (b)	20 (c)
21 (b)	22 (c)
23 (d)	24 (c)
25 (d)	26 (b)
27 (c)	28 (d)
29 (a)	30 (c)
31 (c)	32 (c)
33 (d)	34 (d)
35 (a)	36 (c)
37 (a)	38 (b)
39 (b)	40 (a)

1.

exploit n. 위업, 공적

contemporary a. 동시대의

glimpse n. 잠깐(언뜻) 봄

stocky a. (체격이) 다부진

diminutive a. 아주 작은

height n. 높이, 키(신장)

stand out (~로서) 두드러지다

deformity n. 기형(인 상태)

physical disorder 신체 장애

proclaim v. 선언(선포)하다

demise n. 죽음, 사망

reign n. 통치기간

Part I

1. 빈칸완성 – 인과관계 ★★☆   정답 (a)

Most of Alexander the Great's exploits are quite well-known and have been written about in countless texts since his death in 323 BC. What is not so well-known, however, is _________ while he was alive. ①Gathered from sources contemporary to Alexander's reign, **there is list of physical adjectives that give people today a brief glimpse of the king. ②Stocky and rather tough, he was of a very diminutive height and unable to grow a full beard**—so allowed himself to stand out from the crowd by being clean-shaven. ③**Alexander also suffered from a physical deformity, twisting his neck and forcing his gaze always upward and outward.** It was this physical disorder that historians believe might be the cause of Alexander the Great's eventual mysterious death.

(a) how Alexander the Great probably looked
(b) why his reign was so short-lived
(c) when Alexander was proclaimed King
(d) who exactly benefited from his demise

해석

Alexander 대왕의 위대한 공적은 매우 잘 알려져 있으며, 그가 기원전 323년에 죽은 이후 수많은 책에 기록되어 왔습니다. 그러나 생전에 <u>Alexander대왕이 어떻게 생겼는지</u>에 대해서는 잘 알려져 있지 않습니다. ①Alexander 통치 시대에 관한 여러 자료들을 모아본 결과 오늘날의 사람들이 왕에 대해 간단히 짐작할 수 있는 일련의 신체관련 형용사 목록이 있습니다. ②체격이 다부지고 다소 거칠었던 그는 매우 작은 키에 수염이 많이 나지 않아서, 대중들 가운데에서 깨끗하게 면도한 모습으로 스스로를 도드라지게 만들었습니다. ③Alexander 대왕은 또한 목이 휘고 항상 시선을 위와 바깥 방향으로 향하게 하는 신체적 기형을 가지고 있었습니다. 역사학자들은 이러한 신체적 불균형으로 인해 결국에는 Alexander 대왕을 의문의 죽음에 이르게 했을 것으로 믿고 있습니다.

(a) Alexander대왕이 어떻게 생겼었는지
(b) Alexander대왕의 통치기간이 그렇게 짧았던 이유
(c) Alexander대왕이 왕으로 선언되었던 시기
(d) Alexander대왕의 죽음으로부터 누가 혜택을 받았는지

해설

빈칸에 들어가기에 적절한 말을 묻는 문제이다. ①여러 자료에서 Alexander 대왕의 신체에 관한 묘사가 남아 있는데, ②그는 작은 키에 깔끔하게 면도하였으며, ③신체적 기형도 있었다는 말로, Alexander 대왕의 외형에 대해 이야기하고 있다. 따라서 빈칸에는 이하의 실례를 아우르는 말이 들어가야 하므로, 'Alexander 대왕의 생김새'라는 (a)가 정답이 된다.

2. 빈칸완성 – 논리적 흐름 ★☆☆   정답 (b)

According to the Guinness Book of World Records, the tallest person in history was Robert Pershing Wadlow, who measured 2.72 meters tall. His condition was attributed to the manufacture of extraordinarily high levels of growth hormone in his body. Robert _________________ at a very early age; ①**when he was only four years old, Robert was measured at 1.63 meters. At 2.24 meters tall, ②he was the world's tallest Boy Scout**

해석

세계기록의 기네스북에 따르면 역사상 가장 키가 큰 사람은 Robert Pershing Wadlow로 신장이 2.72 미터로 기록되어 있습니다. 그의 신체 조건은 그의 몸 안에서 유달리 높은 수준의 성장 호르몬이 생산되었기 때문입니다. Robert는 매우 어린 나이일 때부터 <u>빠르게 성장하기 시작했으며,</u> ①겨우 4살이었을 때 키가 1.63 미터였습니다. 2.24 미터가 되었을 때에 ②그는 세계에서 가장 큰 13

2.

manufacture v. 제조(생산)하다

extraordinarily
   adv. 기이하게, 놀랍게도

gravely ill 심각하게 아픈, 병세가
   위중한

stunt v. 성장(발달)을 방해하다

at the age of 13. In his last years, Robert was forced to wear leg braces to walk and had little to no feeling in his legs and feet. During his lifetime, Robert Wadlow was a celebrity and a beloved member of society. When Robert died in 1940 at the young age of 22, more than 40,000 people attended his funeral.

(a) became a famous personality
(b) first began to rapidly grow
(c) tried to stunt the hormone's growth
(d) began to grow gravely ill

살의 보이스카우트였습니다. 삶 말년에 Robert는 걸을 때 다리 보조기를 부착해야만 했고, 다리와 발에 감각이 거의 남아있지 않았습니다. Robert Wadlow는 평생 유명인사였으며 사회적으로 사랑받는 사회의 일원이었습니다.
Robert가 1940년에 22살의 젊은 나이로 사망하였을 때 4만 명 이상의 사람들이 그의 장례식에 참여했습니다.

(a) 유명한 인물이 되었으며
(b) 빠르게 성장하기 시작했으며
(c) 호르몬의 성장을 방해하려고 노력했으며
(d) 심각하게 아프기 시작했으며

해설
지문은 기네스북에 가장 키가 큰 사람으로 기록된 Robert Pershing Wadlow에 관한 이야기이다. Robert는 ①4살 때 키가 1.63 미터이었으며, ②13살 때 2.24미터라고 설명하고 있다. 따라서 그가 매우 어린 나이 때부터 '빠르게 성장했다'는 내용의 (b)가 빈칸에 들어가기에 가장 적절하다.

3.

surrealist n. 초현실주의 화가,
   a. 초현실주의의

paint-on-canvas a. 캔버스에 물감으로 그린

iconic a. ~의 상징(아이콘)이 되는, 우상의

motif n. 주제

have a hand in ~에 관여(참가)하다

animate v. 만화 영화로 만들다

production n. (영화, 연극 등의) 제작

visionary n. 선지자

3.   빈칸 완성 – 주제문 ★★★   정답 (d)

The artist Salvador Dali is one of the most famous and celebrated surrealist painters in history. Most well-known for his paint-on-canvas masterpieces featuring such iconic motifs as the soft clock, elephants, and symbolic eggs, ①**Dali also had a hand in the movie industry, ________________.** ②**Perhaps his most widely familiar venture into film was his artistic work on a dream sequence in Alfred Hitchcock's Spellbound in 1945.** The following year Dali found himself employed by Walt Disney. ③**He was hired to help work on Disney's Destino, an animated production based on a song by Mexican songwriter Armando Dominguez.** Disney was unprepared for the amount of time and money Dali would spend on the project, however, and after eight months Destino was abandoned and never finally completed until 2003 without the aid of either visionary.

(a) making feature films based on his most famous artworks
(b) scripting biographical films for independent companies
(c) struggling for years to be respected and never finding success
(d) working with some of Hollywood's most renowned filmmakers

해석
미술가 Salvador Dali는 역사상 가장 유명하고 사랑 받는 초현실주의 작가들 중에 한 사람입니다. 녹아 흐르는 시계, 코끼리, 상징적 달걀과 같이 아이콘이 되는 디자인으로 특성화된 캔버스에 물감으로 그린 걸작들로 Dali는 가장 잘 알려져 있지만, ①그는 또한 Hollywood의 가장 유명한 영화 제작자들 중 몇명과 함께 일하면서 영화 산업에도 참여했습니다. ②아마도 그가 모험한 영화 중 가장 유명한 것은 Alfred Hitchcock 감독의 1945년 작품 – Spellbound에서 꿈의 여정에 관한 예술 작업일 것입니다.
그 이듬해 Dali는 Walt Disney사에 고용된 자신을 발견하게 됩니다. ③멕시코의 작곡가 Armando Dominguez의 노래를 기본으로 만든 Disney사의 영화 Destino에서 만화 영화 제작 일을 하게 되었습니다. Disney는 Dali가 그 프로젝트에 사용할 충분한 시간과 돈을 준비하지 못해, 8개월 후 Destino는 중도 포기되었으며, 2003년에 미래를 예견할 줄 아는 선지자의 도움을 얻을 때까지 미완성인 채 남아있었습니다.

(a) 가장 유명한 예술 작품들을 기반으로 장편 극영화를 만들면서
(b) 독립 회사들을 위한 전기 영화를 원고를 쓰면서
(c) 수년 동안 존경 받으려고 애썼지만 결코 성공하지 못하면서
(d) Hollywood의 가장 유명한 영화 제작자들 중 몇명과 함께 일하면서

해설
지문은 Salvador Dali에 대한 이야기이다. Dali는 초현실주의 작가이지만 ①영화 산업에도 참여했는데, ②Alfred Hitchcock의 영화와 ③Disney 사의 영화에서 일했다고 설명하고 있다. 빈칸에는 뒤의 제작사와의 작업에 대한 실례를 아우르는 내용이 들어가야 하므로, '유명 영화 제작자들과 일했다'는 (d)가 가장 적절하다.

4.

exhilarating
  a. 아주 신나는(즐거운)

roadster
  n. 로드스터 (지붕이 없고 좌석이 두 개인 자동차)

enamored a. 매혹된, 홀딱 반한

fascination n. (아주 강한) 매력

streamlined a. 유선형 디자인으로 된

precision n. 정확(성), 정밀(성), 신중함

become nothing short of ~로 부족하지 않다

affordable a. 감당할 수 있는

patriarch n. (가정의) 가장, (공동체의) 족장

obsession with ~에 집착

high performance 고성능의

4. 빈칸완성 – 논리적 흐름 ★★☆   정답 (d)

Though the term would not be used until after the end of the First World War, the very first "sports car" was introduced in Europe in 1910. ①**It wasn't until 1953, though, that the world became enamored enough with the exhilarating speed and luxury of such roadsters, that they began to be mass-produced.** What began as a mild fascination with exotic transportation had nearly half a century later become ___________________.
②**In 1953, the Corvette—a streamlined, two-seater built for speed and precision**—was unveiled to the public by General Motors and has since become nothing short of an American icon. Priced at just over $3,000, the 1953 Corvette was the fairly affordable patriarch of the first generation of sports car.

  (a) a total detachment to expensive luxuries
  (b) a short-lived and disappointing product
  (c) a focus on a younger population
  (d) an obsession with high performance

해석
1차 세계대전이 끝나기 전까지는 "스포츠카"라는 이름을 사용하지는 않았지만, 가장 최초의 "스포츠카"는 1910년 유럽에서 소개되었습니다. ①1953년이 되어서야 세계는 이러한 로드스터의 빠른 속도와 호화로움이라는 매력에 빠져, 이 차를 대량생산하기 시작했습니다. 이국적인 운송수단이라는 온화한 매력으로 시작된 이것은 약 반세기만에 고성능에 대해 집착하게 되었습니다. ②1953년에 속도와 정확성을 갖춘 유선형의 2인승 Corvette은 General Motors에 의해 대중에 소개되었고, 그 후로 미국의 아이콘이 되어 왔습니다. 3,000 달러를 조금 넘는 가격이었던 1953년 형 Corvette은 상당히 감당할 수 있을 만한 가격의 스포츠카 1세대 수장이 되었습니다.

(a) 값 비싼 명품에 대한 완전한 무관심
(b) 수명이 짧고 실망스러운 제품
(c) 더 어린 대중에 집중
(d) 고성능에 집착

해설
주어진 지문은 스포츠카의 시작에 대한 이야기이다. ①1953년에 들어서 대량 생산되기 시작한 스포츠카는 빠른 속도와 호화로움을 갖추고 있었고, ②속도와 정확성을 갖춘 2인승 Corvette은 미국의 상징적 아이콘으로 부상했다고 설명하고 있다. 빈칸에는 이국적 운송수단이라는 매력에서 발전하여 속도와 정확성을 갖춘 Corvette이 생산되기 전까지 변화의 모습이 들어가야 하므로 '고성능에 대해 집착하게 되었다'는 (d)가 적절하다.

5.

settlement n. 정착지

warfare n. 전투

deteriorate v. 악화되다, 더 나빠지다

strip v. (처벌로서 재산·명예를) 박탈하다

now and again 이따금, 때때로

excavation n. 발굴

ravage v. 황폐(피폐)하게 만들다, 유린(파괴)하다

approximate v. 비슷하다, 가깝다

unearth v. (땅 속에서) 파내다, 발굴하다

fortuitous a. 우연한, 행운의

5. 빈칸완성 – 주제문 ★★★   정답 (b)

Nobody knows exactly how many ancient villages and settlements have been lost to natural disasters, human warfare, or simply the deteriorating passage of time, but ①**the number must surely be greater than we can even imagine.** However, ______________.
Such was the case in 1850 when a major storm stripped the grass from a large mound on the west coast of a town called Mainland in Scotland and revealed the first glimpse in more than four thousand years of the Neolithic community now known as Skara Brae. It wasn't until another

해석
자연재해나 전쟁, 혹은 단순히 시간이 흐름에 따라 얼마나 많은 고대 도시와 정착지가 소실되었는지 아는 사람은 없습니다만, ①우리가 상상할 수 있는 것보다 훨씬 더 많은것은 확실합니다. 그러나 한때 사라졌던 고대 사회가 때때로 다시 발견되기도 합니다.
1850년에 심한 폭우로 스코틀랜드 Mainland 서부 해안 잔디가 상당히 유실되었을 때 현재 Skara Brae라고 알려져 있는 4천 년 전 이상의 신석기시대 마을이 그 모습을 드러냈습니다. 1925년

storm ravaged the site in 1925, damaging the few exposed structures, that Skara Brae came under the protection of the government and a professional excavation commenced. This once-buried settlement contained ten individual houses and was occupied from approximated 3100-2500 BC. ②It is Europe's most complete Neolithic village and **may never have been unearthed if not for the work of a fortuitous storm.**

(a) the number may be smaller than many historians have suspected

(b) an ancient society that was once lost may be rediscovered now and again

(c) islands are created by earthquakes and societies destroyed by volcanoes

(d) a modern city may be destroyed by the same natural or man-made catastrophes

에 또 다른 폭우로 인해 이 지역이 황폐화되고 그나마 발굴된 몇 안 되는 유물이 피해를 입기 전까지 정부 보호 하에 Skara Brae에 대한 전문적인 발굴이 진행되었습니다. 한때 땅 속에 묻혀 있던 이 마을에는 10개의 개별 주택이 있었고, 기원전 약 3,100년부터 2,500년까지 사람이 거주했습니다. ②이곳은 유럽에서 가장 완전히 복원된 신석기시대 마을이며 **우연한 폭우가 없었다면 아마도 땅 속에서 결코 발굴되지 않았을 것입니다.**

(a) 그 수는 많은 역사학자들이 예상한 것보다 더 적을 것입니다.

(b) 한때 사라져버린 고대 사회는 이따금 재발견 될 것입니다.

(c) 섬들은 지진과 화산에 의해 파괴된 사회로 만들어졌습니다.

(d) 근대 도시는 자연적으로나 인간에 의한 대재앙으로 파괴될 것입니다.

해설

지문은 신석기 시대 Skara Brae 마을의 발견에 대한 이야기이다. ①사라진 고대 마을들의 수가 생각보다 많고, ②폭우를 통해 우연히 발견되지 않았다면 Skara Brae도 영원히 발굴되지 않았을 것이라고 설명하고 있다. 빈칸에는 사라져버렸다가 다시 발견된 Skara Brae 마을에 대한 이야기를 이끌 수 있는 주제 문장이 들어와야 하므로 '한때 사라져버린 고대 사회는 이따금 재발견될 것입니다'라는 (b)가 정답이다.

6.

snow bank 눈 더미

troublesome a. 골칫거리인, 고질적인

trick n. 속임수, 장난

sprinkle v. 뿌리다

cat litter 고양이 배설용 상자에 까는 점토

traction n. (차량 바퀴 등의) 정지 마찰력

tow truck 견인차량

windshield n. (오토바이 등의) 바람막이 창

obstruction n. (도로 등의) 차단, 가로막음

6. 빈칸 완성 – 주제문 ★☆☆　　　　정답 (c)

Whether you've driven off the road into a snow bank or been hit with a particularly severe winter storm, ________________ can be troublesome at best. There are, however, a few tricks you can use. ①**If you do not have a shovel handy**—with which you might be able to dig your car out of the snow fairly easily—**try putting the floor mats directly in front of the car's driven wheels;** they'll probably be destroyed, but it may be a small price to pay for freedom. ②**If you have any of these handy, try sprinkling salt, sand, or cat litter in front of the driven tires to help melt the ice.** As a last resort, you may also try letting some air out of the tires to help them gain a little more traction. There's no need to waste money on a tow truck if you can use any of these simple methods to free your car from snow yourself.

(a) clearing obstructions from your windshield

(b) finding an alternate mode of transportation

(c) getting your vehicle free from snow

(d) keeping yourself calm and focused

해석

눈 더미 속에서 운전을 하거나 매우 심한 겨울 폭풍을 마주쳤을 때, **눈 속에서 차를 벗어나게 하는 것**은 기껏 해봐야 골칫거리만 될 것입니다. 그러나 활용할 만한 몇 가지 안이 있습니다. ①차를 눈 밖으로 파낼 때 삽이 훨씬 용이하지만 **만약 가까이에 삽이 없다면, 차 바퀴 앞에 있는 바닥 매트를 꺼내어 보세요.** 어쩌면 바닥 매트가 망가질 수도 있지만 자유에 대한 대가로 그것은 그리 크지 않은 비용일 것입니다. ②**만약 근처에 바닥에 뿌리는 소금이나 모래, 고양이 배설용 상자에 까는 점토가 있다면, 이것을 타이어 앞에 뿌려 눈을 녹이도록 합니다.** 최후의 방책으로, 타이어에서 바람을 조금 빼내어 정지 마찰력을 높입니다. 만약 이러한 단순한 방법만으로도 눈 속에서 혼자 힘으로 차를 벗어나게 만들 수 있다면, 견인트럭에 들이는 돈을 낭비하지 않아도 됩니다.

(a) 창에서 방해물을 제거하는 것

(b) 대체 운송 수단을 발견하는 것

(c) 눈 속에서 차를 벗어나게 하는 것

(d) 스스로 차분하고 집중하도록 유지하는 것

해설
지문은 눈 더미 속에서 차량을 빼는 방법에 대한 내용이다. 눈 더미 속에 운전하거나 폭풍을 마주쳤을 때는, ①삽이 없을 경우, 차량 바닥 매트를 이용하고, ②소금이나 모래, 고양이 배설 상자에 뿌리는 점토가 도움이 된다고 설명 하고 있다. 빈칸에는 매우 골칫거리인 경우가 들어가야 하므로, '눈 속에서 차량을 벗어나게 하는 것'이라는 (c)가 적절하다.

7.

rightly adv. 올바르게, 옳게, 제대로

assume v. (사실일 것으로) 추정하다

whopping a. 엄청 큰

---

7. 빈칸완성 – 주제문 ★★☆   정답 (a)

If asked, most people would rightly assume that Mount Everest is the tallest mountain on Earth. Measuring a whopping 29,029 feet above sea level, it certainly is the highest, but _______________. Mauna Kea, an inactive volcano located on the island of Hawaii is a fairly impressive 13,799 feet above sea level, ①but **if you were to measure it from its base on the sea bed, it would be 33,465 feet tall. ② A little more than three-quarters of a mile taller than Mount Everest, Mauna Kea is by far the world's tallest mountain.**

  (a) it actually doesn't come close to being the tallest
  (b) no one knows just how far it reaches underground
  (c) it's nearly impossible to accurately measure
  (d) its remarkable height isn't its only important feature

해석

만약 질문을 받는다면, 대부분의 사람들은 당연히 Everest 산이 가장 높은 산이라고 짐작할 것입니다. 해수면보다 29,029 피트 높이의 Everest 산이 확실히 가장 높기는 하지만, **실제로 가장 높은 것은 아닙니다.** Mauna Kea는 하와이 섬에 있는 휴화산인데, 해수면 기준으로 13,799 피트나 되는 매우 인상적인 높이를 기록하지만, ①만약 해저면을 기준으로 측정한다면 그 높이는 33,465 피트나 됩니다. ②Everest 산보다도 3/4 마일 정도 더 높은 Mauna Kea는 현재까지 세계에서 가장 큰 산입니다.

(a) 실제로 가장 높은 것은 아닙니다.
(b) 아무도 지하로 얼마나 깊은지는 알지 못합니다.
(c) 정확하게 측정하는 것이 거의 불가능합니다.
(d) 그 놀라운 높이만이 유일하게 중요한 특성은 아닙니다.

해설

지문은 Mauna Kea 산에 대한 이야기이다. ①Mauna Kea 산은 해저면 기준으로 Everest 보다 높고, ②따라서 Mauna Kea 산이 해저면 기준으로 세계에서 가장 높다고 설명하고 있다. 빈칸에는 Everest 산이 가장 높은 산이기는 하지만 사실은 Mauna Kea산이 더 높다는 이야기가 들어가는 것이 내용의 흐름상 자연스럽다. 따라서 '실제로 가장 높은 것은 아니다'라는 (a)가 적절하다.

8.

Hanging Gardens of Babylon 바빌론의 공중정원 (세계 7대 불가사의 중 하나)

be built up 만들어지다

tier n. 단계, 단

irrigation system 관개시설

verdant a. 신록의, 파릇파릇한

account n. 기술, 설명, 해석

correspond v. 일치하다, 부합하다

in regards to ~에 관해서(는)

faithfully adv. 충실히, 정확히

reprimand v. 질책하다

---

8. 빈칸완성 – 인과관계 ★★★   정답 (d)

The only living Wonder of the Ancient World was the Hanging Gardens of Babylon. Located in present-day Iraq, the gardens were built by King Nebuchadnezzar II in approximately 600 BC. According to the Greek historian Diodorus "the gardens were 100 feet long by 100 feet wide and built up in tiers so that it resembled a theatre." The gardens were also said to have been constructed with their very own irrigation system, using pumps to carry water from the river nearby. ①**A series of earthquakes in the 2nd century BC effectively destroyed the Wonder of the Ancient World. ②The verdant gardens were extremely well documented by many Greek historians, though several accounts _______________. ③To this day historians continue to debate whether**

해석

고대 세계의 불가사리 중 유일하게 남아 있는 것은 바빌론의 공중정원입니다. 지금의 이라크에 위치한 이 정원들은 기원전 약 600년에 Nebuchadnezzar 2세에 의해 건설되었습니다. 그리스의 역사학자 Diodorus는, "정원들은 넓이가 100피트, 길이가 100피트였으며, 여러 단으로 만들어져 있어 극장과 유사한 형태를 지녔다"고 설명하고 있습니다. 이 정원들은 또한 근처에 있는 강에서 물을 끌어들이기 위해 펌프를 사용하는 그들만의 관계시설을 갖추고 있었다고 합니다. ① 기원 전 2세기에 일련의 지진으로 인하여 이 고대 불가사의는 완전히 파괴되었습니다. ②비록 여러 문서들에서 **위치나 건축에 대해 다르게 나타나 있기는** 하지만, 이 신록의 정원은 많은 그리스 역사가들에 의해 매우 상세히 기록되어 있습

or not the Hanging Gardens of Babylon
were real or just a poetic creation of ancient
imaginations.

(a) correspond to scholarly Roman texts, as
    well
(b) agree they were too grand to faithfully
    describe
(c) reprimand the king for not building them
    bigger
**(d) differ in regards to location and
    construction**

니다. ③오늘 날까지 역사가들은 바빌론의 궁중 정원이 실제로 존재 했는지 아니면 고대 상상력의 시적 산물에 불과한 것인지에 대해 계속해서 논쟁 중에 있습니다.

(a) 또한 학문적인 로마의 교과서와 부합하기
(b) 정원이 너무 커서 정확하게 묘사하기가 어렵다는 점에 동의하기
(c) 정원을 더 크게 만들지 않은 점에 대해 왕을 질책하기
(d) 위치나 건축에 대해 다르게 나타나 있기

지문은 고대 세계의 불가사리인 바빌론의 공중정원에 대한 이야기이다. 바빌론의 공중정원은, ①2세기 때 지진으로 파괴되었지만 ②이 정원에 대한 많은 기록들이 남아있으며 ③역사가들은 그 존재 여부에 대해 여전히 논쟁 중이라고 설명하고 있다. 따라서 빈칸에는 바빌론의 공중 정원의 자세한 기록에 관한 내용이 들어가는 것이 자연스럽다. 주어진 보기 중에서 '위치나 건축에 대해 달랐다'는 (d)가 가장 적절하다.

9.

controversial a. 논란이 많은

famine n. 기근

epidemic n. 유행병

raid n. 습격, 급습

colonialism n. 식민주의, 식민지 건설

monolithic a. 거대한

millennium n. 1000년

cull v. (특정 동물을 그 수를 제한하기 위해) 도태시키다

quarry n. 채석장

torso n. 몸통

---

9. 빈칸 완성 – 논리적 흐름 ★☆☆   정답 (a)

Located more than two thousand miles west of continental Chile and bearing a rich and controversial history of famines, epidemic, civil war, slave raids, and colonialism, ①**Easter Island is still best-known today for the monolithic stone statues that have been erected on its land.** The moai number at 887 and were constructed in the first millennium CE. Nearly all of the statues were carved from volcanic ash culled from a single site. The heaviest was called "Paro" and weighs eighty-two tons. It took approximately two-hundred men to move each moai, and only a quarter of their number was ever installed, the rest being left in the quarry where they were constructed. ②**While the moai are generally referred to today as the "Easter Island Heads," the stone giants actually _______________ , ③ with the figures kneeling down with their hands on their stomachs.**

(a) represent complete torsos
(b) were made on another island
(c) don't depict any heads at all
(d) resemble giant island birds

칠레 대륙 서쪽으로 2천 마일 이상 떨어진 곳에 위치해 있으며 기근이나 전염병, 내란, 노예 습격, 식민지 건설이라는 풍성하면서도 논란 많은 역사를 겪어낸 ①**Easter 섬은 이 섬에 세워져 있는 거대한 돌 조각상 때문에 오늘 날에도 여전히 유명합니다.** 이 moai 상의 수는 887개이고, 서기 1000년에 세워졌습니다. 거의 모든 조각 상들은 한 장소에서만 한정 생산되는 화산재로 조각되어 있습니다. 가장 무거운 조각상은 "Paro"라고 이름이 붙여졌는데, 그 무게가 82톤에 이릅니다. 각 moai를 이동시키는 데는 약 2백 명의 인원이 필요하며, 전체의 1/4만이 이동 설치되었고 나머지는 조각상이 만들어진 채석장에 그대로 남겨져 있습니다. ②**요즈음 moai 상들에 대해 "Easter Island Heads(Easter 섬의 머리들)"라고 부르고 있지만 실제로 ③ 이 돌로 만들어진 거인상은 두 손을 배에 얹은 채 무릎을 꿇고 있는 모습의 완전한 몸통으로 표현되어 있습니다.**

(a) 완전한 몸통으로 표현되어 있습니다.
(b) 또 다른 섬에 만들어져 있습니다.
(c) 전혀 어떠한 머리도 묘사하지 않습니다.
(d) 거대한 섬 새를 닮았습니다.

지문은 Easter섬의 moai 상에 관한 내용이다. moai 상은 ①Easter 섬에 새워진 거대 돌 조각상으로 ②사람들은 Easter Island Heads라고 언급하지만 사실은 ③두 손을 배에 얹은 채 무릎을 꿇고 있는 모습이라고 설명하고 있다. 따라서 빈칸에는 'Head가 아니다'라는 내용이 들어가는 것이 자연스럽다. 따라서 주어진 보기 중에서 '완전한 몸통'이라고 설명하는 (a)가 가장 적절하다.

10.

nostril n. 콧구멍

embryo n. 배아

join up 합쳐지다

cleft palate 구개 파열 (입천장이 갈
　　라져 말을 제대로 할 수 없는 선천
　　성 기형)

What an average person thinks he knows about his own body could fill a book; what he doesn't know could fill a library. For instance, it is not too commonly known that ______________.
① **In fact, we were born with four of them.** To prove this theory, Chinese and Swedish scientists have pointed to a recently discovered fish called Kenichthys campbelli—a 395-million-year-old fossil that shows us where we went wrong. If the human being is evolved from a fish, of which most have two pairs of nostrils, then where do our extra two go? The answer, as revealed by the ancient underwater creature, is that they migrated to the mouth. ②**When the third and fourth nostrils, visible at an early stage in the embryo between the teeth,** fail to join up, the result is a cleft palate. Which all goes to show: the unbelievable mysteries of the universe begin within our very bodies.

(a) **we have more than just two nostrils**
(b) we are evolved from ancient fish
(c) people can breathe without noses
(d) fossils can teach us about our bodies

해석

일반적인 사람일 경우 자신의 몸에 대해 알고 있는 지식으로 책 한 권을 채울 수 있습니다. 하지만 자신이 모르는 지식으로는 도서관을 채울 만큼의 양이 됩니다. 예를 들어 **우리가 두 개 이상의 콧구멍을 가지고 있다는 것은** 흔히 알고 있는 지식이 아닙니다. ①**사실 우리는 4개의 콧구멍을 가지고 태어납니다.** 이러한 이론을 증명하기 위해 중국과 스웨덴의 과학자들은 최근에 발견된 3억 9천 5백만 년 된 Kenichthys campbelli라는 화석의 대다수에서 2쌍의 콧구멍이 있었음을 지적했습니다. 만약에 인간이 2쌍의 콧구멍을 가진 물고기로부터 진화했다면 그렇다면, 다른 2개의 콧구멍은 어디로 간 것일까요? 고대 수중 생물을 통해 드러났다시피, 그 답은 콧구멍들이 입으로 이동된다는 것입니다. ②**배아 초기 단계에 이빨 사이에 있는 3번째와 4번째 콧구멍이 합쳐지는 데** 실패하면 그 결과 구개 파열이 생깁니다. 이 모든 점으로부터 알 수 있듯이 우주에서 믿기 힘든 사실은 바로 우리의 몸에서부터 시작한다는 것입니다.

(a) **우리에게 두 개 이상의 콧구멍이 있다는 것**
(b) 우리가 고대 물고기에서 진화했다는 것
(c) 사람들이 코 없이도 호흡할 수 있다는 것
(d) 화석들이 우리의 몸에 대해 우리에게 가르쳐줄 수 있다는 것

해설

지문은 우리의 신체에 대한 내용이다. 우리 신체에 대해 모르고 있는 것이 많다는 말을 시작으로, ①사실 우리는 4개의 콧구멍을 가지고 있는데 ②배아 초기 단계에서 3, 4번째 콧구멍이 합쳐져서 결국 2개만 남게 된다고 설명하고 있다. 빈칸에는 우리가 흔히 잘 알고 있지 않는 신체에 관한 사실을 다루고 있는 내용이 들어가는 것이 자연스럽다. 따라서 '두 개 이상의 콧구멍을 가지고 있다'는 (a)가 빈칸에 가장 적절하다.

11.

preliminary a. 예비의

speculate v. 짐작하다

stray a. 길을 잃은, 주인이 없는

livestock n. 가축

discharge v. 떠나는 것을 허락하다

malfunction v. 오작동 하다

derail v. 탈선하다

countryside n. 전원 지대

During the early morning hours of Tuesday, September 22, a 3,000 foot-long passenger train______________. Though the official statement has yet to be released by local authorities, preliminary reports speculate that ①**a stray cow, or some other form of livestock, had wandered beyond the fenced enclosure of its owner's property and made its way to the train tracks.**

해석

9월 22일 화요일 이른 아침나절 3,000 피트 길이의 기차가 **전원지대에서 탈선했습니다.** 아직 현지 관계자에 의한 공식 발표가 나지 않았지만 예비 보고서에 따르면 ①**주인 잃은 소들과 여타의 가축들이 우리를 벗어나 돌아다니며, 기차 선로에까지 와 있다**고 합니다. ②**첫 5대의 차량이 기차 선로의 동쪽 방향에 있는**

②**The train was traveling at an estimated seventy miles per hour, causing the first five passenger cars to overturn into a shallow ditch on the eastern side of the tracks.** Fortunately, the train had recently discharged most of its passengers at a previous stop and so far no serious injuries have been reported.

(a) malfunctioned on the tracks
(b) crossed the border into France
(c) derailed in the countryside
(d) was robbed as it passed a station

얕은 도랑에 뒤집히도록 한 이 사고 기차는 시간 당 70마일의 속도로 이동하고 있었습니다. 다행스럽게도 바로 이전 정거장에서 대다수의 승객들이 내리고 난 후였고, 지금까지 사상자에 대한 보고는 없습니다.

(a) 선로 위에서 오작동했습니다.
(b) 프랑스로의 국경을 넘었습니다.
(c) 전원지대에서 탈선했습니다.
(d) 역을 지나칠 때 강도 당했습니다.

해설
지문은 기차 사고에 관한 내용이다. ①기차 선로 주변에 가축들이 돌아다니고 있고, ②5대의 차량이 도랑에 뒤집혀 있다고 보고하고 있다. 따라서 빈칸에는 기차 관련 사고에 대한 구체적 내용이 들어가는 것이 자연스럽다. 따라서 주어진 보기 가운데서 기차가 '시골에서 탈선했다'라는 (c)가 가장 적절하다.

12.

phrase v. 표현하다
illustrate v. 분명히 보여주다
connotation n. 함축
susceptible a. 예민한
frame of mind 마음의 상태
distance v. 관여(개입)하지 않다
subtle a. 교묘한, 영리한
far-reaching a. 지대한 영향을 가져올
familial a. 가족의
upbringing n. 양육, 훈육, (가정) 교육
interpersonal a. 대인관계에 관련된
reason v. 논리적으로 생각하다

12. 빈칸 완성 – 주제문 ★★★　　　　　　　　**정답 (d)**

The way in which we phrase our words _____ ___________. The most famous idiom to illustrate this point is to say that a glass is "half full" instead of "half empty." The positive connotations of a half-full glass allow for a more content and ①**susceptible frame of mind, as opposed to the negative distancing effect of considering a glass half-empty.** For instance, ②**more people are likely to buy a box of cookies that are advertised as being 75% fat free than a box that was simply 25% fat.** ③ **The subtle effects of carefully choosing our words are far-reaching and extraordinarily common.**

(a) is directly related to the region of our familial upbringing
(b) may be determined by our educational experience
(c) will affect our everyday interpersonal relationships
(d) has an enormous psychological impact on our reasoning

해석
우리들이 언어를 표현하는 방식은 **이성적인 판단을 하는데 심리적으로 큰 영향을 미칩니다.** 이러한 관점을 설명하는 데 가장 유명한 관용어로는 잔이 "반쯤 비워졌다"라고 말하는 대신 "반쯤 채워졌다"라고 말하는 것입니다. 반이 채워진 잔이라는 말에 담긴 긍정적인 함축은 ①잔의 반이 비워져 있다고 말의 부정적인 영향에 반대함으로써 더 많은 내용물과 섬세한 심리 상태를 고려하게 합니다. 예를 들어 ②단순히 25% 지방 함유라고 써있는 상자보다는 75% 무지방이라고 광고하는 과자 상자를 더 많은 사람들이 구매하는 이유와 마찬가지입니다. ③우리의 단어를 조심스럽게 선택하는 이 미묘한 효과들은 커다란 영향을 미치면서도 놀라울 정도로 흔한 것입니다.

(a) 가족 내 양육의 영역과 직접적으로 연관이 되어 있습니다.
(b) 교육적 경험에 의해 결정지어 집니다.
(c) 우리의 일상적인 대인관계에 영향을 미칩니다.
(d) 이성적인 판단을 하는데 심리적으로 큰 영향을 미칩니다.

해설
지문은 언어의 표현 방식에 따른 효과에 대한 내용이다. ①언어를 긍정적으로 표현하는 것은 섬세한 심리 상태를 고려한 것이며, ②긍정적인 문구 표현으로 상품 판매에도 영향을 미치는데, ③이러한 주의 깊은 단어사용의 효과는 매우 크다고 설명하고 있다. 빈칸에는 언어를 어떻게 표현하느냐에 따른 결과에 대한 설명이 들어가는 것이 내용의 흐름상 자연스럽기 때문에 '심리적으로 큰 영향을 미친다'는 (d)가 정답이다.

coastline n. 해안 지대

lighthouse n. 등대

landmark n. 주요 지형지물

revenue n. 수익(수입, 세입)

friction n. 마찰

bevy n. 무리

deteriorate v. 악화되다, 더 나빠지다

13. 빈칸완성 – 논리적 흐름 ★★☆   정답 (c)

The coastlines of Canada are home to some of the most beautiful lighthouses in the world. ①**These historical landmarks have been great for revenue as they attract a significant host of tourists.** Recently, however, quite a few of the lighthouses ___________________ because, believe it or not, they are polluted with mercury. Nearly every lighthouse built in the 19th and 20th centuries had a rotating lens system that sat in a pool of "liquid silver" to reduce friction. The ill effects of mercury vapors were unknown at the time of their construction, but now are considered extremely hazardous to a person's health. So, while there are still a bevy of gorgeous lighthouses along the Canadian coasts to admire today, ②**most of their doors are locked tight.**

(a) were completely demolished
(b) have become even more popular
(c) have had to be closed down
(d) seem to be physically deteriorating

해석

캐나다 해안 지대는 세계에서 가장 아름다운 등대들이 있는 곳입니다. ①이 역사적으로 중요한 건물들은 많은 관광객을 끌어 모음으로써 상당한 수익을 거두었습니다. 그러나 믿기 힘들겠지만 최근 수은 오염으로 인하여 일부 등대들이 **폐쇄되어야 했습니다.** 19세기에서 20세기 동안 건축된 대부분의 등대들은 마찰 저항을 줄이기 위하여 "액체 은(수은)"의 웅덩이 속에 회전 렌즈 시스템을 띄운 구조였습니다. 등대를 건설할 당시에는 수은 증기의 부작용에 대해 알려져 있지 않았지만, 지금은 이것이 신체에 극도로 해롭다고 여겨지고 있습니다. 그래서, 오늘 날에도 캐나다 해안을 따라 여전히 찬양을 받으며 멋진 등대들이 무리 지어 있지만, ②그 문들의 대부분은 단단히 잠겨 있습니다.

(a) 완전히 파괴되었습니다.
(b) 훨씬 더 인기를 얻고 있습니다.
(c) 폐쇄되어야 했습니다.
(d) 물리적으로 악화되고 있는 것처럼 보입니다.

해설

지문은 캐나다 해안 지대의 등대에 관한 이야기이다. ①등대가 관광객을 끌어들여 관광 수익을 많이 올렸으나, ②현재 대다수의 등대가 문을 닫았다고 설명하고 있다. 빈칸에는 수은 오염으로 인한 등대들의 영향에 관한 내용이 들어가는 것이 적절하므로 '폐쇄되어야 했다'는 (c)가 정답이다.

14.

insomnia n. 불면증

night terror 야간 공포, 야경증

restless leg syndrome 하지불안 증후군

clinical research trial 임상 조사 시험

forty winks 낮잠

optimal a. 최고의

consecutive a. 연이은

monetarily adv. 통화(화폐)적으로

pituitary gland 뇌하수체

14. 빈칸완성 – 내용 완성 ★☆☆   정답 (d)

Is it hard for you to remember the last time you had a good night's sleep? Do you suffer from insomnia, night terrors, or restless leg syndrome? Have you been trying every medication on the market to little or no effect? If your answer is yes, we want you to participate in a clinical research trial that may ___________________ . ①**A new medication for troubled sleepers has been developed that will relax your mind, body, and spirit and allow you the forty winks you need to operate at optimal level during the daylight hours.** Give us a call if you'd like to participate. ②**The testing will take place overnight for three consecutive nights and once more three months later.** Participant will be compensated monetarily.

(a) positively affect your pituitary gland

해석

마지막으로 숙면을 취하신 적이 언제인지 기억하기가 힘드시죠? 불면증, 야경증, 또는 하지불안증후군 때문에 고통받고 계신가요? 시중에 나와 있는 온갖 약을 시도해보았지만 거의 혹은 전혀 효과가 없으셨나요? 이 질문들에 대한 "네"라고 대답하셨다면 **여러분의 남은 인생 동안 잠버릇에 도움이 될** 임상조사실험에 참가해보시길 바랍니다. ①수면장애를 겪고 있는 사람들을 위한 새 약품은 여러분의 심리와 신체, 그리고 영혼을 안정시키고, 낮 시간 동안 최적의 상태로 일하기 위해 필요한 낮잠을 잘 수 있도록 개발되었습니다. 참여를 원하시면 전화해주세요. ②실험은 연속 3일 밤 동안 이루어질 것이며, 3달 후에 한번 더 진행될 것입니다. 참여자는 현금으로 보상받게 됩니다.

(b) help us catalog a list of rare sleeping disorders

(c) correct your lifelong sleeping mistakes

(d) benefit your sleep habits for the rest of your life

(a) 뇌하수체에 긍정적인 영향을 미칠

(b) 보기 드문 수면 장애의 목록을 작성 하는 데 도움이 될

(c) 평생 동안 수면 실수들을 고치는 데

(d) 여러분의 남은 인생 동안 잠버릇에 도움이 될

해설

지문은 수면 장애를 겪고 있는 사람들을 대상으로 임상조사 시험 참가를 권장하는 광고문이다. 내용을 보면 ①수면장애를 겪고 있는 치료법의 효과에 대한 설명과 함께, ②임상실험 참여 기간에 대해 설명하고 있다. 따라서 빈칸에는 임상조사 실험에 대한 설명문구가 들어가는 것이 자연스럽다. '잠버릇에 도움이 되는'이라는 (d)가 가장 적절하다.

15.

be prone to ~하기 쉽다
vegetarianism n. 채식주의
reproduction n. 복사, 복제
omnivore n. 잡식 동물
physiological a. 생리학적인

15. 빈칸 완성 – 연결어 ★★☆　　　정답 (b)

All over the world, statistics show that women are more prone to practice vegetarianism than men—in some countries up to 50% more—and **①one study showed that vegetarianism may actually lead to the reproduction of fewer men. __________, ②in 1996, a study conducted on 6,000 pregnant British women determined that fewer boys were born of vegetarians than omnivores.** Whether or not this may have an impact on the future of the world's population, if the current trend in vegetarianism continues, it certainly raises some interesting questions about the physiological effect of not eating meat.

(a) On the contrary
(b) For example
(c) Furthermore
(d) Therefore

해석

전 세계에 걸친 통계에 따르면 남성보다 여성이 더 채식주의를 시행하고 있고, 일부 국가의 경우 채식주의 여성 비율이 50%이상 더 많으며, ①한 연구에서는 실제로 채식주의로 인해 더 적은 수의 남성 번식을 유발할 수도 있다고 밝히고 있습니다. 예를 들어 ②1996년, 6,000명의 영국 임산부를 대상으로 한 연구에서 잡식성인 사람들에 비해 채식주의자들에게서 더 적은 수의 남자아이가 태어났다고 보고했습니다. 이 결과가 미래에 전 세계 인구에 영향을 미치건 미치지 않건, 채식주의에 대한 현재의 유행이 계속된다면, 고기를 먹지 않는 생리학적 영향에 대한 흥미로운 질문들을 유발하고 있습니다.

(a) 반면에
(b) 예를 들어
(c) 게다가
(d) 그리하여

해설

지문의 내용에 따라 빈칸에 들어가기에 적절한 연결어를 묻는 문제이다. 지문은 ①채식주의가 더 적은 남자의 번식을 유발할 수도 있다는 연구 내용을 시작으로, ②1996년 실험에서, 잡식성인 임산부보다 채식주의 임산부에게서 남자아이가 덜 태어났다고 설명하고 있다. 빈칸에는 연구의 결과와 그 구체적인 실례를 연결하는 접속사가 들어가는 것이 내용의 흐름상 적절하므로 예시를 언급할 때의 연결어 (b)가 정답이다.

16.

problematic a. 문제가 있는
afterthought n. 나중에 생각한(덧붙인) 것
funding n. 기금 모으기
hardship n. 어려움
livelihood n. 생계, 수단

16. 빈칸 완성 – 연결어 ★★☆　　　정답 (a)

In an age when the world's suffering economy is problematic on its best days, the advancement of the arts has become little more than an afterthought. ①The truth is, however, **that funding for artistic organizations is drying**

해석

세계적으로 혼란을 겪고 있는 경제상황이 한창 때에도 문제가 되는 시기에, 예술의 진보는 그저 나중에 생각해야 할 문제일 뿐이었습니다. ①그렇지만 사실, **경제적으로 어려운 이 시대에 예술 단체**

up in this era of financial hardship and the livelihoods of the artists themselves are in dire jeopardy. In England, ②**there is a campaign endorsed by two knights of the British theatre to appeal to parliament for greater tax incentives to contributors of the arts.** In the United States, donations to artistic organizations are tax deductible. ③ **For Britons at the turn of the last century, _____________, that concept was still rather foreign.**

    (a) however
    (b) above all
    (c) consequently
    (d) in other words

를 위한 기금 마련은 힘겨운 일이며, 예술들 본인의 생계 수단은 지독히도 어렵습니다. 영국에는 ②예술에 헌신한 사람들에게 더 많은 세금 우대 혜택을 주자고 의회에 간청하는 캠페인을 지지하는 영국 극장의 두 기사들이 있습니다. 미국에서는 미술 관련 기관에 기부를 하면, 소득 공제가 됩니다. **그러나 ③지난 세기가 바뀌는 시기에, 영국인들에게는 그러한 개념이 여전히 다소 이질적이었습니다.**

(a) 그러나
(b) 무엇보다도
(c) 결과적으로
(d) 다른 말로 하면

해설

지문은 예술 단체를 위한 기금마련에 관한 내용이다. ①예술 단체의 기금마련은 경제가 어려울 때 더 힘들며 ②영국에도 예술에 헌신한 사람에게 세금 혜택을 주고자 하는 캠페인이 있지만, ③19세기말 ~20세기초 영국에는 예술에의 투자를 도모하는 개념이 낯설었다고 설명하고 있다. 영국과 미국에서 예술기금혜택 내용을 들면서, 뒤에는 그러한 개념이 이질적이었다고 말하고 있으므로 역접의 접속사가 들어가는 것이 적절하다. 따라서 (a)가 정답이다.

Part II

17.

17.   **주제 찾기 ★★☆**   정답 (c)

Never wonder whose call you missed again! We will once and for all shed a light on those pesky private, unavailable, or unlisted numbers that try to contact you. ①**Re-Dial Pro can provide you with a caller's phone number, name, and even residential or business address.** For a one-time fee of $14.95 you can solve the mystery of the unknown caller and set your mind at ease. ②**Visit us online any time, day or night, and find your satisfaction.**

Q: What is being advertised here?
    (a) A phone plan for private or unlisted callers
    (b) A private detective agency
    (c) A website for looking up unfamiliar numbers
    (d) A caller ID repair service

해석

어떤 전화를 놓쳤는지 앞으로는 절대로 궁금해하지 마세요. 당신에게 걸려온 성가신 비공개 전화번호 또는 받지 못했거나 저장이 안된 전화번호를 명백하게 밝혀줄 것입니다. ①Re-Dial Pro는 발신자의 전화번호, 이름, 심지어 집 주소나 회사 주소를 제공해 줄 수 있습니다. $14.95의 일시불 가격으로, 발신자 정보를 밝히지 않은 전화에 대한 궁금함을 해결하고 마음을 안정시킬 수 있습니다. ②낮이나 밤이나 언제든지 저희 웹사이트를 방문하시고 만족감을 얻으세요.

질문: 주어진 글에서 광고하는 것은?
    (a) 비공개 전화나 저장되지 않은 발신자를 위한 전화 요금제
    (b) 사설 흥신소
    (c) 낯선 전화번호를 찾기 위한 홈페이지
    (d) 발신자 아이디 수리 서비스

해설

주어진 광고의 주제를 묻는 문제이다. Re-Dial Pro는 ①발신자 전화번호, 이름, 발신자 관련 주소에 대한 정보를 ②웹사이트에서 제공한다고 설명하고 있다. 따라서 광고는 '모르는 전화 발신자에 대한 정보를 홈페이지에서 찾는 서비스'에 대한 것이므로 광고의 주제로 적절한 것은 (c)이다.

18.

intricate a. 복잡한

mathematical a. 수학적

equation n. 방정식, 등식

stagger v. 깜짝 놀라게 하다

electron n. 전자

---

18. 주제 찾기 ★★★ 정답 (a)

The game of chess, in its modern form, has been played for hundreds of years. It is known as a game of wits, a game of intellect, and a game of immeasurable complexity. ①In recent years, however, **scientists have begun to attempt to measure its complexity through a series of intricate mathematical equations.** The results are simply staggering. ②It has been discovered that **the number of possible, unique chess games is far greater than the number of electrons in the entire universe.** There are an estimated 1079 electrons and a whopping 10120 games of chess. That means there is absolutely no chance that every possible game of chess will ever be experienced.

Q: What is the main topic of the passage?
- **(a) The remarkable number of unique chess games**
- (b) The history and development of the chess game
- (c) How games compare to the complexity of the universe
- (d) How intricate mathematical equations have evolved

해석

체스 게임은 그 현대적인 형태로 수백 년 동안 계속 되어 왔습니다. 체스는 지혜와 지력의 게임이자, 측정하기 힘든 복잡함을 지닌 게임으로 알려져 있습니다. ①그러나, 최근 몇 년간 **과학자들은 일련의 복잡한 수학 등식을 통해 그 복잡성을 측정하려는 시도를 시작했습니다.** 그 결과는 그저 깜짝 놀랄만한 것이었습니다. ②**독창적인 체스 경기의 경우의 수는 전 우주에 존재하는 전자 수보다도 더 크다**는 사실이 밝혀졌습니다. 추정된 전자 수는 1079개이며, 체스는 10120라는 엄청 큰 경우의 수로 추정되고 있습니다. 이것은 가능한 모든 체스 경기를 경험할 수 있는 기회는 절대적으로 없다는 것을 의미합니다.

질문: 지문의 주제는 무엇인가?
- **(a) 독창적인 체스 경기의 놀라운 수**
- (b) 체스 경기의 역사와 발전
- (c) 우주의 복잡성과 경기를 비교하는 방법
- (d) 복잡한 수학 방정식이 발달하는 방법

해설

지문의 주제를 묻는 문제이다. 내용을 보면 ①과학자들은 수학 등식을 통해 체스의 복잡성을 측정하려는 시도를 시작했고, ②체스의 경우의 수는 우주 전자 수보다도 더 크다고 설명하고 있다. 따라서 지문의 주제로 적절한 것은 '체스의 놀라운 경우의 수'라는 (a)이다.

19.

skeptical a. 회의적인

thermoception n. 온도 수용

nociception n. 통각

proprioception n. 자기 수용 감각

equilibrioception n. 균형감각

misconception n. 오해

faculty n. 능력

validity n. 타당성

---

19. 주제 찾기 ★★☆ 정답 (b)

①**Most people are skeptical of those that believe in the existence of a human sixth sense.** ②**The truth is, though, the human being has far more than six of them.** It is generally agreed that each person has at least nine senses, and ③**some scientists argue that we have as many as twenty-one.** After taste, touch, smell, sight, and hearing, there are such senses as thermoception (the sense of heat), nociception (the sense of pain), proprioception (body knowledge, or the unconscious ability to know where our body parts are at all times), and equilibrioception (the sense of balance). Others claim that hunger, thirst, depth, meaning, and language are all senses, too, but nearly everyone agrees that a man with only six senses isn't using all of his faculties.

해석

①대다수 사람들은 인간의 육감이 존재한다는 것을 믿는 데 회의적입니다. ②하지만 사실은 인간은 6개보다 훨씬 더 많은 감각을 가지고 있다는 것입니다. 일반적으로 사람에게 최소 9개의 감각이 있다는데 동의하고 있으며, ③일부 과학자들은 우리가 21가지나 되는 감각을 가지고 있다고 주장하고 있습니다. 맛보고, 만지고, 냄새 맡고, 보고, 듣는 것 이외에 온도 수용 감각(열 감각), 통각(통증감각), 자기 수용 감각(신체 지식, 또는 우리 신체의 부분이 항상 어디에 있는지를 무의식적으로 아는 능력), 그리고 균형감각(균형을 맞추는 감각)과 같은 것이 있습니다. 다른 과학자들은 배고픔, 갈증, 깊이, 의미, 언어 또한 모두 감각이라고 주장하고 있지만, 오직 6개

Q: What is the passage about?

(a) The ability of a human being to sense balance

(b) The misconception that we have only five senses

(c) Skeptics of people with a supernatural sixth sense

(d) The scientific validity of extra bodily senses

의 감각만을 지닌 사람은 자신의 능력 전부를 사용하고 있지 않다는 점에 거의 모든 사람들이 동의하고 있습니다.

질문: 지문의 주제는 무엇인가?

(a) 감각 균형에 대한 인간의 능력

(b) 우리는 오직 5개의 감각을 가지고 있다는 오해

(c) 미신적인 육감을 가지고 있는 사람들의 의심

(d) 여타의 신체적 감각의 과학적 타당성

해설

지문의 주제를 묻는 문제이다. 주어진 내용을 보면 ①인간이 지닌 육감의 존재에 대해 회의적인 사람들이 많이 있지만, ②사실은 인간은 육감 이상의 감각을 가지고 있다는 것이며, ③일부 과학자는 21개의 감각을 인간이 가지고 있다고 주장하고 있다고 설명하는 내용이다. '인간에게 오감만 있는 것이 아니다'라는 주장을 하고 있으므로, 주제로 적절한 것은 '우리는 오직 5개의 감각을 가지고 있다는 오해'라는 (b)가 가장 적절하다.

20.

warzone n. 교전 지역

affliction n. 고통, 고통의 원인

lumberjack n. 벌목꾼

deadly a. 생명을 앗아가는

20. 대의 파악 ★★★ 　　　　　　　　　정답 (c)

What could possibly be more dangerous than a warzone? How about earning a living? ① **Approximately two million people die each year from work-related accidents and afflictions, as opposed to the 650,000 people who die in war.** ②According to the United States Bureau of Labor Statistics in 2000, **the most dangerous job is that of the lumberjack, with 122 deaths for every 100,000 employed.** ③**The second most dangerous job is in fishing and the third is piloting an airplane with a death rate of 101 per 100,000.** More than alcohol, drugs, or even the battlefield, working has been proven to be the biggest killer of them all.

Q: What is the writer implying?

(a) War is less disastrous than work.

(b) People die for many different reasons.

(c) Labor is more deadly than most expect.

(d) Lumberjacks should be more careful.

해석

교전 지역보다 더 위험한 것이 무엇일까요? 생계를 유지하는 일은 어떨까요? ①전쟁으로 죽은 사람이 65만명인데 비해 약 200만의 사람들은 매해 직업과 관련된 사고나 고통으로 죽게 됩니다. ②2000년의 미국 노동청 통계에 따르면 가장 위험한 직업은 벌목꾼이며 10만명 중 122명이 죽고 있습니다. ③2번째로 위험한 직업은 어부이며, 3번째는 비행조종사로 10만명 당 101명의 사망률을 기록하고 있습니다. 알코올, 약물, 심지어 전쟁이 아닌 가장 많은 사망 원인이 직업에 종사하다가 죽는 것입니다.

질문: 글쓴이의 의도는 무엇인가?

(a) 전쟁은 일하는 것 보다 덜 처참하다.

(b) 사람들은 많은 다른 이유로 죽는다.

(c) 노동은 대다수의 생각보다 더 많은 죽음을 앗아간다.

(d) 벌목꾼은 좀 더 주의해야 한다.

해설

지문을 통해 알 수 있는 작가의 의도를 묻는 문제이다. ①전쟁에서의 사망률보다 직업관련 사고로 더 많은 사람들이 사망하며, ②가장 위험한 직업은 벌목꾼이고, ③그 다음은 각각 어부와 비행기 조종사라고 설명하고 있다. 따라서 글을 통해 글쓴이가 하고 싶은 주장은 '노동은 대다수의 생각보다 더 많은 죽음을 앗아간다'라는 (c)가 가장 적절하다.

21.

preventable a. 예방 가능한

voluntary a. 자발적인, 임의적인

susceptible a. 민감한

21. 내용 불일치 ★★☆ 　　　　　　　　　정답 (b)

According to the World Health Organization (WHO), the world's biggest killer in 2030 will

해석

세계 보건 기구(WHO)에 따르면 2030년

be something that is not only preventable, but voluntary. ①Today, the WHO says that **tobacco is the second major cause of death in the world, responsible for killing one in ten adults worldwide.** ②If the numbers continue to rise at the same rates, **tobacco and a number of smoking-related diseases will be the world's biggest killer in just two decades.** Developing countries are the most susceptible. Eighty-four percent of all smokers currently live in middle-to low-income countries, where tobacco use has been increasing since 1970. ③**Though many governments have taken measures to ban public smoking and educate young potential smokers of health hazards, until tobacco products are entirely prohibited, it will ultimately be up to the individual to choose to take the risk or not.**

Q: What is NOT true according to the passage?
  (a) Governments have taken action against tobacco use.
  (b) Most developing countries have banned public smoking.
  (c) Ten percent of the world's adult population is killed from tobacco.
  (d) Tobacco will eventually be the world's biggest killer.

에 전 세계적으로 가장 큰 사망원인은 예방할 수 없고, 자발적인 그 무엇이 될 것이라고 밝히고 있습니다. ①오늘날, WHO에서는 **담배가 세계 주요 사망 원인 중 2번째이며, 전 세계적으로 성인 10명 중 1명을 죽이는 원인이 된다고 말합니다.** ②만약 그 수가 같은 비율로 계속해서 증가하게 된다면, **20년 후에는 담배나 담배 관련 질병의 수가 세계 제1의 사망 원인이 될 것입니다.** 개발도상국은 가장 민감한 국가입니다. 현재 전체 흡연자의 84퍼센트가 중·저소득 국가에서 살고 있는데, 이 지역의 담배 사용은 1970년 이후 계속해서 증가하고 있습니다. ③비록 많은 정부에서 공공장소 흡연금지 정책을 시행하고 있고, 나이 어린 잠재적 흡연자들에게 건강 위험에 관한 교육을 실시해 왔지만, 담배 생산이 전체적으로 금지될 때까지 이 위험을 감수하거나 감수하지 않는 것에 대한 선택은 전적으로 개인에게 달려있습니다.

질문: 지문에 대한 내용으로 옳지 않은 것은?
  (a) 정부들은 담배 사용에 반대하는 조치를 취하고 있다.
  (b) 대다수의 개발도상국은 공공 장소 흡연을 금지해왔다.
  (c) 세계 성인의 10%가 담배로 인해 사망한다.
  (d) 담배는 결국 세계 제1의 사망원인이 될 것이다.

해설

지문의 내용과 일치하지 않는 것을 묻는 문제이다. WHO는 세계에서 가장 큰 사망 원인이 예방할 수 없는 자발적인 것이라는 말을 시작으로, ①흡연이 10명중 1명을 죽게 만들고 있는데, ②20년 후에는 제1의 사망원인이 될 것으로 추정하고 있으며, ③많은 국가에서 흡연방지 정책을 시행하고 있지만 담배를 피든 피지 않든 그 결정은 개인에게 달려있다고 설명한다. 본문 중 개발도상국에서의 공공장소 흡연 금지에 관한 언급은 없었으므로 내용 상 옳지 않은 것은 (b)이다.

22.

sole a. 유일한, 단 하나의

paperbound n. 페이퍼백
  (paperback, 종이 한 장으로 표지를 장정한, 싸고 간편한 책)

catch on 유행하다

craze n. 대유행

corner shop 구멍가게

advent n. 도래, 출현

dime store novel 싸구려 소설, 삼류 소설

---

22. 주제 찾기 ★★★   정답 (c)

①**In 1935, Penguin Books was created in England for the sole purpose of producing cheap, paperbound books that the masses could afford.** ②The idea caught on quickly in many developed countries of the Western world, **and in 1939, Pocket Books was formed in America.** Before then, most households could afford to own just a single book: the Holy Bible. It seemed that overnight, however, a new popular craze was born with the advent of the country's first paperback books. Corner shops and drug stores in cities and towns across the United Sates began selling books for the

해석

①1935년 Penguin Books는 대중이 살 수 있는 저렴한 가격의 페이퍼백 책을 생산하고자 하는 단 하나의 목적을 위해 영국에서 탄생하였습니다. ②이러한 생각은 서양의 많은 선진국 사이에서 유행하게 되었고, 1939년에 미국에서 Pocket Books가 설립되었습니다. 그전에는 대다수의 가정에는 오직 단 한 권의 책인 성경만을 살 여유밖에 없었습니다. 그러나 이 나라 최초의 페이퍼백 책이 출현하면서 순식간에 새로운 대유행이 시작되었습니다. 미국 전역에 걸쳐 도시와 시골 동네의 구멍가게와 약국에서 처음

first time and seeing a popular new market for economic growth. ③**In the beginning, all paperback books cost a mere "two bits" (twenty-five cents), so almost everyone could be a part of the new revolution of reading.**

Q: What is the passage mainly about?
  (a) The popularity of the Bible in America
  (b) The market growth of consumer products
  (c) The advent of the paperback book
  (d) The original price of a dime store novel

으로 책을 판매하기 시작했고, 경제 성장을 위한 새로운 유행시장을 접하게 되었습니다. ③초기에 모든 페이퍼백 책은 겨우 "2 비트"(25센트)에 불과했으며, 거의 모든 사람들은 독서의 새 혁명에 일조하였습니다.

질문: 지문의 주제는 무엇인가?
  (a) 미국에서 성경의 인기
  (b) 소비자 상품의 시장 성장
  (c) 페이퍼백 책 의 출현
  (d) 싸구려 삼류소설의 원 가격

해설
지문의 주제를 묻는 문제이다. 내용을 보면 ①1935년 저렴한 페이퍼백 도서 출판을 목적으로 Penguin Books가 영국에서 탄생하였고, ②미국에서는 1939년 같은 목적으로 Pocket Books가 설립되었으며 ③저렴한 가격으로 인해 모든 사람들이 독서의 새 혁명에 동참했다고 설명하고 있다. 따라서 주제로 적절한 것은 '페이퍼백 책의 출현'이라는 (c)가 가장 적절하다.

23.

commemoration n. 기념

Armistice Day
  (제1차 대전의) 휴전 기념일

Remembrance Day
  영령 기념일 (제1 · 2차 세계 대전의
  전사자를 추도함)

armistice n. 휴전

cease v. 중단시키다, 그치다

hostility n. 전투, 적대감

deem v. 여기다, 생각하다

23. 　　　　　　정답 (d)

In many parts of the world, there is a two-minute moment of silence on the morning of November 11 of each year. ①**The silence is in commemoration of Armistice Day, or Remembrance Day,** when the world put down their arms and stopped fighting the Great War. ②On November 11, 1918, at eleven o'clock in the morning, **an armistice was signed by the Allies of World War I and Germany at Compiegne, France, to cease hostilities on the Western Front. ③Though this is the day that world leaders have deemed to be the official end of the war, battles continued to rage** across the former Russian Empire and in regions of the old Ottoman Empire for a long time after.

Q: Which of the following is true according to the passage?
  (a) The armistice brought an end to all WWI fighting.
  (b) The Great War was won in Compiegne, France.
  (c) The Allies and Germany Surrendered at 11:00a.m.
  (d) Armistice Day honors the official end of the war.

해석
세계 많은 지역에서는 해마다 11월 11일 아침에 2분 동안 침묵의 순간이 있습니다. ①이 침묵은 세계가 자신의 무기를 내려 놓고 대전의 전투를 멈춘 휴전 기념일 또는 영령 기념일을 기리는 것입니다. ②1918년 11월 11일 아침 11시, 서부전선에 적대적 상황을 중단시키기 위하여 프랑스 Compiegne에서 제 1차 세계 대전 연합국과 독일 간 휴전이 이루어졌습니다. ③비록 이날 세계 정상들이 공식적으로 전쟁의 종결을 선언하기는 했지만 그 후로 오랫동안 구 러시아 제국과 옛 오스만 제국의 지역에서 전쟁이 맹렬하게 진행되었습니다.

질문: 지문의 내용으로 사실인 것은?
  (a) 휴전은 세계1차 대전의 종말을 가져왔다.
  (b) 대전은 프랑스의 Compiegne에서 승리했다.
  (c) 연합국과 독일은 오전 11시에 항복했다.
  (d) 휴전 기념일은 공식적인 전쟁의 종결을 기념한다.

해설
주어진 지문의 내용과 일치하는 것을 묻는 문제이다. 11월 11일 아침 2분 간 침묵의 순간이 있는데, 이 날은 ①제1차 대전의 휴전기념일이며, ②연합국과 독일 사이에 휴전을 체결한 날인데 ③공식적으로 전쟁 종결을 선언하기는 했지만 그 후에도 전쟁은 계속 진행되었다고 설명하고 있다. 따라서 주어진 보기 중에서 지문의 내용과 일치하는 것은 '휴전기념일은 공식적인 전쟁 종결을 기념한다'는 (d)이다.

24.

theatrical a. 연극(공연)의

revelry n. 흥청대며 먹고 마시는 파티, 흥청대며 놀기

Sabbath n. 안식일

observe v. 준수하다

rejoice v. 크게(대단히) 기뻐하다

worship v. 예배(숭배)하다

patron n. 후원자

communal a. 공동의(공용의)

tri-yearly a. 3년에 한 번씩 있는

veneration n. 존경, 숭배, 숭상

obligatory a. 의무적인, 필수의

patronage n. 후원

finance v. 자금을 대다

24. 주제 찾기 ★★★　　　　　　　　정답 (c)

Live theater in Ancient Greece was a cultural education available to every one of its citizens. ①Beginning in the 5th century BC **there were three theatrical festivals each year in Greece in honor of the Dionysus,** the god of wine, revelry, and the theater. The Greeks did not observe any holy days comparable to the Sabbath, so these festivals allowed the people the chance to publicly rejoice and worship. ② **Wealthy citizens were required by law to finance one play per festival** if their names were drawn, and it was considered an honor to be such a patron. ③**Citizens who could not afford to attend any of the three dramatic festivals were given monetary grants by the government to cover the expense.** Attending a show in ancient Greece was a truly communal experience — one that we very much lack today.

Q: What is the passage mainly about?
- (a) The financial politics of early dramatic festivals
- (b) The tri-yearly public veneration of the god Dionysus
- **(c) The collective experience of theatre in ancient Greece**
- (d) The obligatory patronage of the Greek upper class

해석

고대 그리스의 라이브 극장은 모든 시민이 이용할 수 있는 문화적 교육기관이었습니다. ① 기원전 5세기에 그리스에는 포도주 축제와 연극의 신인 Dionysus를 기리기 위하여 해마다 3개의 공연 축제들이 있었습니다. 그리스 사람들은 안식일과 비교할만한 어떠한 신성한 날도 준수하지 않았고, 그래서 이러한 축제들은 사람들에게 공식적으로 기뻐하고 숭배할 수 있는 기회를 제공했습니다. ②부유한 시민들은 만약 본인의 이름이 적혔다면 각 축제 당 하나의 연극을 재정적으로 지원하도록 법으로 정해져 있었고 이것은 후원자로서의 영예로 여겨졌습니다. ③3개의 공연 축제 중 어느 것에도 참석할 돈이 없는 시민들이라면 이 비용을 낼 수 있을 만한 금전적 기부금이 정부로부터 주어졌습니다. 고대 그리스에서 연극에 참석하는 일은 진정한 공동의 경험이었으며, 이것은 요즘에는 상당히 많이 부족한 것이기도 합니다.

질문: 지문은 무엇에 관한 것인가?
- (a) 초기 극적인 축제들의 재정 정책
- (b) 3년에 한번씩 있는 Dionysus 신에 대한 숭배
- **(c) 고대 그리스의 연극에 관한 집단적 경험**
- (d) 그리스 상류층의 의무적인 후원

해설

지문의 주제를 묻는 문제이다. 고대 그리스의 라이브 극장은 모든 사람들을 위한 문화적 교육기관이었다는 말을 시작으로, ①Dionysus 신을 기리기 위해 매년 3개의 연극이 공연되었고, ②부유한 사람들이 각 공연을 후원하도록 법적으로 정해져 있었으며, ③가난한 시민에게는 축제 참석 비용을 정부에서 지원했다고 설명하고 있다. 따라서 지문의 주제는 '돈 없는 사람이나 부자나 관계없이 모두가 즐기던 고대 그리스의 연극'이 가장 적절하다.

25.

value v. 소중하게(가치 있게) 생각하다

diplomat n. 외교관

contracted worker 계약직 사원

unfamiliar a. 지식(경험)이 없는, 잘 모르는

turn of phrase 표현 방식

virtually adv. 사실상, 거의

effortless a. 힘이 들지 않는

clientele n. 모든 의뢰인들

25. 세부 사항 ★★☆　　　　　　　　정답 (d)

Not everyone has the time to learn a foreign language before travelling abroad. For the diplomat, business person, or contracted worker who truly values the economy of speed and simplicity, there's the Speak Easy Corporation. ①**Speak Easy is an organization that provides interpreters** who will assist you with every new custom and unfamiliar turn of phrase wherever you go. ②**We currently employ interpreters who are fluent in ninety-two different languages and dialects and are familiar with ninety-seven percent of all the countries of the world.** ③**For an**

해석

외국 여행 하기 전에 모든 사람들이 외국어 배울 시간이 있는 것은 아닙니다. 속도와 단순함의 경제를 진심으로 소중하게 여기는 외교관이나 사업가, 또는 계약직 사원을 위해 Speak Easy Corporation이 있습니다. ①Speak Easy는 당신이 어디를 가더라도 익숙하지 않은 표현방식과 새로운 관습에 대해 당신을 지원해줄 통역관 파견 기관입니다. ②저희는 현재 92개의 각기 다른 언어와 방언을 유창하게 구사하고 전 세계 97 퍼센트의 나라에 익숙한 통역관을 보유하고 있습니다. ③매우 합리적인 가격으로 여러분이 어디를 가든, 누구를

extraordinarily reasonable price, you can rest assured that no matter where you, who you meet, and what you need to communicate, **the Speak Easy Corporation will make it virtually effortless.** The Speak Easy Corporation: the key to your success.

Q: What does the advertisement emphasize?
  (a) The lack of time management in modern business
  (b) The ethnic and geographic diversity of Speak Easy's clientele
  (c) The political benefits of employing a Speak Easy interpreter
  (d) The ease of communicating through Speak Easy

만나든, 그리고 무엇에 관해 의사소통을 하든 Speak Easy Corporation이 **그 일을 수월하게 만들어 드릴 것입니다.** Speak Easy Corporation는 당신의 성공의 열쇠입니다.

질문: 광고가 강조하고 있는 것은?
  (a) 현대 사업에서 시간 관리의 부족
  (b) 윤리적이고 지질학적인 다양성을 지닌 Speak Easy의 모든 의뢰인들
  (c) Speak Easy의 통역관을 고용하면 얻을 수 있는 정책적 혜택
  (d) Speak Easy를 통해 의사소통을 용이하게 하기

해설
주어진 광고에서 강조하고 있는 것을 묻는 문제이다. 광고를 통해 ①Speak Easy는 통역관을 파견하는 기관인데 ② 92개 언어를 유창하게 구사하고 97개 나라에 익숙한 통역관을 보유하고 있으며 ③합리적인 가격에 서비스를 제공한다고 강조하고 있다. 따라서 광고에서 강조하는 내용으로 'Speak Easy를 통해 의사소통을 용이하게 하기'라는 (d)가 가장 적절하다.

26.
gummy a. 고무진이 묻은
substance n. 물질
synthetic rubber 합성 고무
artificial flavor 인공(천연) 조미료

26. 추론 ★★☆   정답 (b)

The first chewing gum factory might have been a tire factory, if the creator had had his way. When Thomas Adams worked as a secretary to Mexican Leader Antonio Lopez de Santa Ana in the 1860s, he was introduced to chicle, a gummy substance made from Mexican sopadilla trees. ①**He tried very hard to transform chicle in a synthetic rubber to make tires.** When that didn't work, he tried to produce everything from toys to masks to rain boots from the chicle. ②**One day, he popped it into his mouth and began to chew.** He enjoyed the taste and knew that with the addition of artificial flavors, everyone else would enjoy it, too. He opened the world's first chewing gum factory shortly thereafter.

Q: Which of the following can be inferred about Adams?
  (a) He quit his job with Santa Ana to manufacture chewing gum.
  (b) He didn't set out to create chewing gum at first.
  (c) He eventually went into business selling chicle rain boots.
  (d) He was the founder of the most popular chewing gum brand.

해석
만약 창설자가 자기 마음대로 했다면, 최초로 껌을 만든 공장은 아마 타이어 공장이 되었을 것입니다. 1860년대에 Thomas Adams가 멕시코의 지도자인 Antonio Lopez de Santa Ana의 비서로 일했을 때, 그는 멕시코의 사포딜라 나무에서 채취하는 치클이라는 끈끈한 대용물질을 알게 되었습니다. ①**그는 합성 고무 속 치클을 변형하여 타이어를 만들기 위해 매우 열심히 노력했습니다.** 그러한 노력이 효과가 없었을 때 그는 장난감이나 마스크, 장화에 이르기까지 치클을 통해 모든 것을 만들려고 시도했습니다. ②**그러던 어느 날 그는 입 속에서 치클을 터트리며 씹기 시작했습니다.** 그는 그 맛을 즐겼으며, 인공 향미를 더하면 다른 모든 사람들도 즐길 수 있을 거라고 생각했습니다. 곧이어 그는 세계 최초의 껌 공장을 열었습니다.

질문: Adams에 대해 추론할 수 있는 내용으로 옳은 것은?
  (a) 그는 껌을 만들기 위해 Santa Ana와의 사업을 그만두었다.
  (b) 그는 처음에 껌을 만들려고 시작하지는 않았다.
  (c) 그는 결국 치클 장화를 판매하는 사업을 시작했다.
  (d) 그는 세계에서 가장 인기 있는 껌 제품의 창시자였다.

27.

centenarian n. 나이가 100세인
  (100세가 넘는) 사람
average lifespan 평균 수명

27. 내용 일치 ★★★   정답 (c)

According to the United States Census Bureau, the fastest growing age group of American citizens is the centenarian. In 2005, the Census Bureau estimated that there were approximately 79,000 Americans aged one hundred years or older. ①**The number of centenarians climbed to 129,000 just five years later.** Scientists claim this rise in number of one-hundred-year-olds has much to do with advances in the field of medical science and the growing awareness of nutritional needs. ②**Whether this growing trend will alter the statistics for the average lifespan of the human being in the United States still remains to be seen.**

Q: Which of the following is correct according to the passage?
  (a) The number of centenarian U.S. citizens will continue to rise indefinitely.
  (b) The rise in centenarians will surely affect the average duration of a human life.
  (c) **The U.S. Census Bureau projects a dramatic increase in centenarians by 2010.**
  (d) The centenarian has been the fastest growing age group for the past decade.

해석
미국 인구 조사국에 따르면, 미국 시민 그룹 중 가장 빠르게 성장하는 연령대는 100세 이상의 사람들이라고 합니다. 2005년, 미국 인구 조사국은 100세 이상의 연령 미국인이 약 79,000명이라고 추정했습니다. ①**100세가 넘은 사람들은 단 5년 만에 129,000명으로 증가했습니다.** 과학자들은 100세 이상 연령의 사람들 수가 이렇게 성장한 이유는 의학 분야의 진보와 영양의 필요성에 대한 인식이 성장했기 때문이라고 보고 있습니다. ②**이러한 증가 추세가 미국 인구의 평균 수명에 대한 통계치를 변경할 것인지에 대해서는 여전히 두고 봐야 할 문제입니다.**

질문: 지문의 내용과 일치하는 것은?
  (a) 미국의 100세 이상의 시민수는 무제한적으로 계속 증가할 것이다.
  (b) 100세 이상의 사람들이 증가하는 것은 분명 평균 수명에 영향을 미칠 것이다.
  (c) **미국 인구 조사국은 2010년까지 100세 이상의 사람수에 극적인 상승을 밝힌다.**
  (d) 100세 이상의 사람들은 지난 십 년간 가장 빠르게 성장하는 연령대였다.

28.

seniority n. 손위임, 연장자임
mogul n. 거물, 실력자
rise above 이상으로 올라가다
station n. 지위(신분), 위치
net worth 순자산
synonym n. 동의어, 유의어

28. 내용 일치 ★★☆   정답 (d)

Seniority can no longer be measured by age alone. Gone are the days when older meant more successful, more important, more financially responsible. In this era of Internet moguls and teenage politicians, everyone, no matter how young, has the ability to rise above his or her station and become self-made millionaire or, indeed, even billionaires. ①**According to a 2008 report on Forbes.com, Mark Zuckerberg, the CEO of social**

해석
연장자라는 말은 더 이상 나이만으로 측정될 수 없습니다. 나이가 더 든다는 것이 더 성공하고, 더 중요하며, 경제적으로도 더 책임감을 주는 그런 시절은 갔습니다. 인터넷 거물과 10대 정치인들의 시대에서, 나이가 아무리 어릴지라도 누구나 자신의 현재 위치 이상으로 올라갈 수 있으며, 자수성가하여 백만장자가 될 수도 있고 실제로는 억만장자가 되기도 합니다. ①Forbes.com에서 발행한

networking website Facebook.com, ②**had a net worth of approximately $1.5 billion. At just 23 years old, Zuckerberg is the youngest billionaire in history** and stands as living proof that "older" and "better" are not necessarily synonyms.

Q: Which of the following is correct about Mark Zuckerberg?
  (a) He is wealthier than all other internet businesspeople.
  (b) He became the world's youngest millionaire before 2008.
  (c) He was the sole creator of a social networking website.
  (d) He is the holder of a world record title for his net worth.

2008 보도자료에 따르면, 사회적 네트워킹 웹사이트인 Facebook.com의 CEO – Mark Zuckerberg는 약 15억 달러의 순자산을 보유하고 있다고 합니다. ②이제 23살인 Mark Zuckerberg는 역사상 가장 어린 억만장자이며, "나이가 더 든"이라는 말과 "더 나은"이라는 말이 꼭 동의어는 아닌 좋은 본보기가 되고 있습니다.

질문: Mark Zuckerberg에 대한 내용으로 사실인 것은?
  (a) 그는 인터넷 비즈니스 업에 종사하는 모든 사람들보다 더 부자이다.
  (b) 그는 2008년 이전에 세계에서 가장 어린 백만장자가 되었다.
  (c) 그는 사회적 네트워킹 웹사이트의 단독 창업자이다.
  (d) 그는 그의 순자산으로 인해 세계적 기록 보유자가 되었다.

해설
지문의 내용과 일치하는 것을 묻는 문제이다. '나이가 더 들었다'는 말이 경제적 성공과 동일시 되는 의미는 아니라는 말을 시작으로 ①2008년 보도자료에 따르면 Facebook.dom의 CEO인 Mark Zuckerberg의 순자산은 15억 달러이고, ②역사상 가장 어린 억만장자라고 설명하고 있다. 따라서 그에 관한 내용으로 사실인 것은 '그는 그의 순자산으로 인해 세계적 기록 보유자가 되었다'라는 (d)이다.

29.

poll v. 여론 조사하다
morale n. 사기, 의욕
consequently adv. 그 결과, 따라서
work efficiency 업무 효율성
in the hope of~ ~을 바라고

29. 제목 찾기 ★★☆   정답 (a)

When polled, most people say that they would much rather work from home than have to commute to an office setting or other workplace every weekday. ①**Many companies have begun to offer telecommuting options to their employees in the hopes of raising morale and, consequently, work efficiency.** Gartner Dataquest reported that 25% of all workers telecommuted in 2007 and that 27.5% have in 2009. ②People, especially parents of young children or caretakers of older family members, **appreciate the ability to do their work from home so that they can better allocate the hours of their day.** In response to the growing interest, a poll suggested that 31% of employers plan to offer more flexible work arrangements, including telecommuting, in the coming year.

Q: What is the best title of the passage?
  (a) The Telecommuter's Advantage
  (b) Think Twice Before Taking the Job
  (c) Enjoying Your Time Your Way
  (d) On-Site Workplace Efficiency

해석
여론 조사 결과, 대다수의 사람들은 매일 주중에 사무실이나 근무지로 출퇴근하는 것보다 집에서 일하는 것을 더 좋아한다고 합니다. ①많은 회사들은 사기 증진과 결과적으로 업무효율 상승이라는 기대 속에 직원들에게 재택근무에 대한 선택권을 제시해 왔습니다. Gartner Dataquest는 전 직원 중 25%가 2007년에 재택근무를 했고, 2009년에는 27.5%가 재택근무를 하고 있다고 보고 했습니다. ②사람들 중에서도, 특히 어린 자녀를 둔 부모나 노인 가족구성원을 돌봐야 하는 사람들은 집에서 일할 수 있는 것에 감사해 하고, 그로 인해 자신들의 시간을 업무에 더 잘 할애할 수 있습니다. 늘어가는 관심에 부응하며, 어느 설문조사에서는 고용주 중 31%가 내년에 재택근무를 포함한 좀더 유동적인 업무 일정을 제공할 계획이라고 밝혔습니다.

질문: 지문의 제목으로 적당한 것은?
  (a) 재택근무자의 이점
  (b) 직장을 갖기 전 숙고해보라.
  (c) 자신의 시간을 자신의 방식대로 즐기기
  (d) 현지 근무의 효율성

해설
지문의 제목을 묻는 문제이다. 여론 조사에서 대다수의 사람들이 직장 출퇴근하는 것보다 재택근무를 선호한다는 말을 시작으로 ①많은 회사에서 사기 증진과 업무 효율 증진을 위해 직원의 재택근무를 제안하고 있으며, ②재택근무 기회에 대한 감사의 마음으로 자신의 시간을 업무에 더 잘 할애한다고 설명하고 있다. 전반적으로 재택근무의 장점에 대해 이야기하고 있으므로, 제목으로 가장 적절한 것은 (a)이다.

30.

gifted a. 재능이 있는

a man of letters 문예가

prolific a. 다작하는, 많은

biography n. 전기

memoir n. 회고록

history n. 역사서

alongside prep. ~와 함께, ~와 동시에

oratory n. 웅변술

exalted a. 높은

30.　추론 ★★☆　　　　　　　　　　　정답 (c)

①Known mostly for his successful leadership of the United Kingdom during World War II, Sir Winston Churchill **was also a greatly gifted man of letters.** The future Prime Minister published his first book in 1898 and for the next fifty years his income was almost entirely earned from the prolific writing of volumes and opinions pieces for newspapers and magazines. Perhaps his most famous newspaper article appeared in the Evening Standard in 1936 and read as a warning of the dangers of Hitler's rise to power. ②**In all, Sir Winston penned one novel, two biographies, three memoirs, and several histories alongside his numerous newspapers contributions.** In 1953, Sir Winston Churchill was awarded the Nobel Prize in Literature "for his mastery of historical and biographical description as well as for brilliant oratory in defending exalted human values."

Q: What can be inferred from the passage?
(a) Churchill was a more talented writer than politician.
(b) England was first warned of Hitler's rise by Churchill.
(c) Churchill enjoyed writing in a variety of styles and genres.
(d) Most of Churchill's writing was done before he became Prime Minister.

해석

①제2차 세계대전 동안 영국의 가장 성공적인 지도자였던 Winston Churchill 경은 **매우 탁월한 문예가이기도 했습니다.** 장래 수상이 된 이 사람은 1898년 첫 번째 책을 출간하였고 그 이후 50년 동안 그는 수많은 책과 신문잡지에의 기고를 통해서 대부분의 수입을 얻었습니다. 아마도 그가 쓴 가장 유명한 신문 기사는 1936년 Evening Standard에 실린 내용이며, Hitler의 권력 성장에 대한 위험성을 경고하는 글이었습니다. ②**Winston 경은 수많은 신문 기고와 더불어, 총 1개의 소설과 2개의 자서전, 3개의 회고록, 그리고 여러 편의 역사서를 썼습니다.** Winston Churchill 경은 "높은 인간 가치들을 옹호하는 데 빛나는 웅변술만큼이나 역사와 전기적 묘사의 통달"에 대한 공으로 1953년 노벨 문학상을 수여 받았습니다.

질문: 지문을 통해 추론할 수 있는 것은?
(a) Churchill은 정치가라기 보다는 재능 있는 작가였다.
(b) Churchill은 Hitler의 부흥에 대해 처음으로 영국에 경고했다.
(c) Churchill은 다양한 문체와 장르의 글 쓰기를 즐겼다.
(d) Churchill의 글 중 대다수는 그가 수상이 되기 전에 완료되었다.

해설

지문을 통해 추론할 수 있는 것을 묻는 문제이다. ①Winston Churchill은 성공적인 지도자이자 탁월한 문예가라는 설명을 시작으로, ②신문기고와 소설, 자서전 회고록 및 역사서의 다양한 장르에 글을 썼다고 설명하고 있다. 따라서 지문을 통해 추론할 수 있는 내용은 'Churchill은 다양한 문체와 장르의 글 쓰기를 즐겼다'라는 (c)이다.

31.

poliomyelitis
　n. (척수성) 소아마비

polio n. (척수성) 소아마비

infantile a. 유아의, 어린 아이의

paralysis n. 마비

eradicate v. 근절하다, 뿌리뽑다

debilitate v. 약화시키다

31.　세부 사항 ★★☆　　　　　　　　　정답 (c)

Poliomyelitis, more commonly known as Polio or Infantile Paralysis, was one of the most feared childhood diseases of the early 20th century. ①**During the first half of the 1900s, Polio outbreaks reached epidemic levels, leaving thousands of children and adults paralyzed for the rest of their lives.** ②During the '50s and '60s, **Jonas Salk and Albert Sabin separately developed vaccines that virtually**

해석

소아마비 또는 유아 마비로 더 잘 알려져 있는 척수성 소아마비는 20세기 초반에는 가장 무서운 아동 질병 중 하나였습니다. ①1900년대 첫 50년 동안, 척수성 소아마비는 유행성 질병의 수준까지 이르렀고, 수천명의 아이들과 어른들이 평생 마비된 몸으로 살아가도록 했습니다. ②50-60년대 동안 Jonas Salk와 Albert Sabin은 선진국에서 이 쇠약하게

eradicated the debilitating and deadly disease in developed countries.** While associations like the World Health Organization, UNICEF, and The Rotary Foundation have made worldwide efforts to wipe out Polio in the rest of the world, ③ **it is still found principally in North Africa and some regions of Asia.**

Q: Which of the following is correct according to the passage?
  (a) Salk and Sabin's vaccines cured paralysis in Polio victims.
  (b) UNICEF has been developing new vaccines for Poliomyelitis.
  (c) People in the first half of the 20th century dreaded Infantile Paralysis.
  (d) Jonas Salk and Albert Sabin worked together on a cure for polio.

만드는 치명적인 질병을 사실 상 근절시킨 백신을 각각 개발하였습니다. 세계 보건기구, UNICEF, 로터리 기금과 같은 단체는 지구의 나머지 지역에서도 척수성 소아마비를 없애기 위한 전 세계적인 노력을 기울이고 있지만, ③특히 아시아의 일부 지역과 북아프리카에서는 여전히 척수성 소아마비가 발견되고 있습니다.

질문: 지문에 대한 내용으로 옳은 것은?
  (a) Salk and Sabin의 백신은 척수성 소아마비 환자들의 마비 현상을 치유했다.
  (b) UNICEF는 척수성 소아마비를 위한 새로운 백신을 개발해오고 있다.
  (c) 20세기 첫 50년 동안 사람들은 척수성 소아마비를 두려워했다.
  (d) Jonas Salk와 Albert Sabin은 척수성 소아마비의 치료법에 대해 함께 연구했다.

해설
지문의 내용과 일치하는 것을 묻는 문제이다. 척수성 소아마비는 20세기 초반 가장 무서운 아동질병의 하나였다는 설명을 시작으로, ①1900년대 첫 50년간 유행성 질병 수준으로 수 천명의 사망자를 냈으나, ②그 이후 백신 개발을 통해 사실상 병을 완전히 근절시켰지만, ③일부 국가에서는 여전히 척수성 소아마비가 발견되고 있다고 설명하고 있다. 따라서 지문의 내용과 일치하는 것은 '20세기 첫 50년 간 척수성 소아마비로 인해 두려워했다'는 (c)이다.

32.

half bathroom 욕조가 없는 화장실

country cottage 시골집

Mother Nature 대자연

washer n. 세탁기

golden years 노후

savor v. 음미하다, 감상하다

readily a. 준비가 된, 완성된

available a. 이용할 수 있는

luxury n. 호사로움, 사치

32.　내용 불일치 ★★★　　　　　　　정답 (c)

FOR SALE: ①A lovely three bedroom, two and a half bathroom **country cottage seven miles from the city** and sitting in the heart of Mother Nature herself. ②This 6,300 square-foot house comes **fully furnished**, with a king-sized bed in the master bedroom and two queen-sized beds in the others, and a complete living room and dining room set. Washer, dryer, dishwasher, and fireplace are ready for operation and the backyard is big enough for a large dog to have his exercise while the family volleyball game is played at the same time. ③**The peace and quiet of the home's rural location is perfect for both the retired couple looking to savor their golden years and the young couple who may need a retreat from urban workdays.** Never has luxury been so affordable and comfort so readily available.

Q: According to the passage, which is NOT true of the country cottage?
  (a) The loud sounds of the city are absent.
  (b) The home is perfect for family members of all ages.
  (c) It was built as a retreat for city commuters.

해석
판매: ①대자연의 한 가운데에 위치하고 **도시에서 7마일 떨어진 곳에**, 사랑스러운 침실 3개, 2와 1/2개의 화장실을 갖춘 시골집입니다. ②평방 6,300 피트의 이 주택은 **가구가 완전히 갖추어져 있는데** 안방에는 킹 사이즈 침대를, 그리고 다른 2개의 방에는 퀸 사이즈 침대가 구비되어 있고, 완전한 거실과 식당 가구 세트가 갖춰져 있습니다. 세탁기, 건조기, 세척기와 벽난로가 작동될 준비가 되어 있고, 뒷마당은 가족끼리 배구 경기를 하는 동안 동시에 큰 개가 운동을 할 수 있을 정도로 충분히 큽니다. ③**평화롭고 조용한 시골 집은 노후를 음미하려는 은퇴한 부부들이나 도시의 고된 근무로부터 휴식을 취하고 싶은 젊은 부부 모두에게 완벽한 장소입니다.** 이처럼 저렴하면서도 즉시 구할 수 있는 안락함을 갖춘 사치가 이전에는 결코 없었습니다.

질문: 지문에 따르면, 시골 집에 관하여 사실이 아닌 것은?
  (a) 시끄러운 도시의 소음이 없다.
  (b) 모든 연령대의 가족 구성원에게 완벽한 집이다.
  (c) 도시 출퇴근자를 위한 휴식처로 만들어졌다.
  (d) 모든 가구가 집에 포함되어 있다.

(d) All of the furniture is included with the house.

해설
해설
지문의 내용과 일치하지 않는 것을 묻는 문제이다. 광고 속 시골집은 ①도시에서 7마일 떨어져 있으며 ②모든 가구가 구비되어 있고, ③휴식을 취하고자 하는 노부부나 젊은 부부 모두에게 적합한 장소라고 소개하고 있다. 시골집은 도시와 7마일이나 떨어져 있으며 출퇴근을 하는 사람들에게 좋다는 내용은 언급되어 있지 않으므로, 시골집에 관해 사실이 아닌 것은 (c)이다.

33.

stomach ulcer 위궤양

pathologist n. 병리학자

debunk v. 밝히다, 틀렸음을 드러내다

---

33. **추론 ★★★** 정답 (d)

For nearly one hundred years, the medical community's advice on how to avoid stomach ulcers was limited to "reduce stress in your life" and "stay away from spicy foods." ①**In fact, it is still commonly believed today that stress and spice are the main factors in developing ulcers.** This couldn't be further from the truth. ②In the early 1980s, two Australian pathologists, **Barry Marshall and Robin Warren, discovered that ulcers are instead caused by a bacterial infection.** So, while staying happy and watching what you eat may lead to higher quality of life, they do not, unfortunately, save you from the possibility of developing an ulcer.

Q: What can be inferred from the passage?
  (a) The digestion of spicy foods used to cause stomach ulcers.
  (b) People refuse to believe that ulcers are caused by bacteria.
  (c) The medical community's advice should be questioned.
  (d) Marshall and Warren debunked a great medical myth.

해석
거의 백년 동안, 위궤양을 피하는 방법에 대한 의학계의 조언은 "생활에서 스트레스를 줄여라"와 "자극적인 음식을 피하라"로 한정되어 있었습니다. ①사실 스트레스와 자극적 양념이 궤양을 키우는 주 요인이라는 점은 오늘날에도 여전히 널리 믿어지고 있습니다. 이것은 사실과 완전히 다릅니다. ②1980년대 초, 2명의 호주 병리학자 Barry Marshall과 Robin Warren은 궤양이 박테리아의 감염에 의해 생긴다는 것을 발견했습니다. 그래서 행복한 상태를 유지하고, 자신의 식생활에 주의를 기울이는 일은 더 높은 삶의 질을 이끌 수는 있지만, 안타깝게도 위궤양의 발생 가능성으로부터 자신을 보호하지는 못합니다.

질문: 지문으로부터 추론할 수 있는 것은?
  (a) 자극적인 음식의 소화는 위궤양을 유발하는 요인이다.
  (b) 사람들은 위궤양이 박테리아에 의해 생긴다는 것을 믿지 않는다.
  (c) 의학계의 조언에 대해 의문을 가져봐야 한다.
  (d) Marshall과 Warren은 폭넓은 의학계 신화가 틀렸음을 밝혔다.

해설
지문을 통해 추론할 수 있는 것을 묻는 문제이다. ①널리 알려져 있는 일반적인 위궤양에 대한 조언은 사실과 다르며, ②Marshall과 Warren 박사는 궤양은 박테리아 감염에 의해 생긴다는 사실을 발견했다고 설명하고 있다. 따라서 지문으로부터 추론할 수 있는 내용은 'Marshall과 Warren은 폭넓은 의학계 신화가 틀렸음을 밝혔다'라는 (d)이다.

34.

functionality n. 기능성

boxy a. 상자 모양의

clutter n. 잡동사니, 어수선함

on the go 끊임없이 활동하여, 계속 일하여

fold-out a. 접는 방식의

pre-installed a. 사전에 설치된

last-minute a. 마지막 순간의, 막바지의

---

34. **세부 사항 ★★☆** 정답 (d)

All the speed and functionality of your desktop computer and none of the boxy clutter! The new Micro Comp from Charge Electronics is the latest must-have for the businessperson or student on the go. ①Featuring a **5.6-inch screen and a full-sized fold-out keyboard,** the Micro Comp is everything you need for

해석
데스크톱 컴퓨터의 모든 속도와 기능성을 갖추었지만 상자모양의 불필요한 본체는 없습니다! Charge Electronics사의 새로운 Micro Comp는 끊임없이 활동하는 사업가나 학생들에게 최신식 필수품입니다. ①5.6인치 스크린과 접는 방식의 풀 사이즈 키보드로 특화된 Micro

everywhere you go. ②**A 1.5 terabyte hard drive, 500 gigabyte memory, 56x speed DVD-ROM drive,** a next generation operating system, and all the software you'll ever need pre-installed, the Micro Comp is ready for use the moment you buy. Perfect for researching and writing term papers on the go or making last-minute changes for your presentation at this afternoon's board meeting, Charge Electronics gives you the answer to all your technological needs: the Micro Comp. Available now!

Q: Which is NOT mentioned about the Micro Comp?
  (a) The monitor's size in inches
  (b) How quickly the compact disc drive runs
  (c) How much storage space it has
  (d) The speed of its processor

Comp는 어디를 가시든지 간에 당신에게 필요한 전부입니다. ②**1.5 테라바이트 하드 드라이브, 500 기가바이트 메모리, 56x 스피드 DVD-ROM 드라이브,** 차세대 운용 시스템과 필요한 모든 소프트웨어 프로그램이 이미 설치되어 있는 Micro Comp는 구매하시자마자 바로 사용하실 수 있도록 준비되어 있습니다. Charge Electronics는 계속해서 조사를 하거나 학기말 과제를 작성할 때, 오늘 오후 이사회 발표의 최종 수정을 하실 때 모든 기술적 도움에 정답으로서 Micro Comp를 제시합니다. 지금 구매 가능합니다!

질문: Micro Comp에 대해 언급되지 않은 것은?
  (a) 인치로 제시된 모니터의 사이즈
  (b) 콤팩트 디스크 드라이브가 얼마나 빨리 작동되는지
  (c) 저장 공간이 얼마나 되는지
  (d) 실행 속도

해설
광고는 Charge Electronics사의 Micro Comp에 관한 내용이다. ①5.6인치 스크린과 접는 방식의 키보드를 갖추고 있으며 ②하드 드라이버의 500기가 저장 공간과 50x 속도의 DVD-ROM 디스크 드라이브를 장착하고 있다고 설명하고 있다. 하지만, 실행 속도에 대한 내용은 따로 설명하고 있지 않으므로 (d)가 정답이다.

35.

hassle n. 귀찮은(번거로운) 상황
the tip of the iceberg 빙산의 일각
in store 닥쳐올, 앞에 놓여 있는

35. 추론 ★☆☆   정답 (a)

The hassles of traveling by airplane are extraordinary. Waiting in lines, delaying or cancelling of flights, and missing pieces of luggage merely describe the tip of the iceberg of problems in store for the commercial airline passenger. So book a flight on Executive Air and avoid the trouble completely. ①**Designed for the globe-hopping business man or woman** who has no time for lines and lost bags, **Executive Air is a company that caters to executive schedules** and treats every passenger like a Fortune 500 CEO. ②**First-rate service and first-place class, Executive Air is the only way for your employees to travel.**

Q: Who is the most likely target of this advertisement?
  (a) Wealthy corporations
  (b) Family vacationers
  (c) Small business owners
  (d) Qualified commercial pilots

해석
비행기를 이용한 여행의 번거로운 상황들은 대단합니다. 줄 서서 기다리기, 비행기가 연착되거나 취소되는 일, 그리고 짐을 잃어버리는 일은 상업적 항공기를 탑승할 승객들에게는 그저 곧 닥쳐올 문제들에 비하면 빙산의 일각일 뿐입니다. 그래서 Executive Air의 항공을 예약하고 이러한 문제들을 완전히 피하십시오. ①Executive Air는 줄을 서거나 가방을 잃어버릴 시간이 없는 **전 세계를 돌아다니는 사업가들에게 특화된 스케줄의 서비스를 제공하고** 모든 승객을 Fortune지에서 선정한 500인의 CEO와 같이 대접해 드립니다. ②1등급 서비스와 1등급 좌석의 Executive Air는 여러분의 직원들이 여행할 만한 단 하나의 방법입니다.

질문: 광고는 누구를 대상으로 할 것 같은가?
  (a) 부유한 회사들
  (b) 가족단위 휴가 객
  (c) 소기업 사장들
  (d) 자격을 갖춘 직업적 비행기 조종사들

해설
주어진 광고의 대상을 묻는 문제이다. Executive Air 항공을 통해 ①전세계를 여행하는 사업가에게 특

화된 비행 스케줄의 서비스를 제공하고 ②1등급 서비스와 1등급 좌석을 직원들에게 제공한다고 홍보하고 있다. 따라서 Executive Air 항공을 이용하는 고객은 1등급 좌석을 본인 및 직원을 위해 구매할 만한 여유가 있는 사업주라는 것을 짐작할 수 있다. 따라서 정답은 '부유한 회사들'라는 (a)이다.

36.

in terms of ~면에서

as opposed to ~와는 대조적으로

investigative a. 조사(수사)의

journalist n. 기자

directly adv. 곧장, 똑바로

eliminate v. 없애다

36. 추론 ★★☆   정답 (c)

Generally, people tend to think of global warming in terms of its impact on the world around them, as opposed to the impact on them personally. There's plenty of talk among scientists and investigative journalists of rising sea levels and melting ice caps, ①**but there are even more immediate dangers to the human population's health.** ②Studies have shown that **if global warming does continue to raise temperatures worldwide, disease-carrying insects are apt to migrate to northern countries they may never have traveled to before.** ③Some specialists believe, in fact, that directly due to the effects of global warming, malaria has yet to be completely eliminated.

Q: Which discussion is likely to immediately follow the passage?
(a) How global warming is worsened by humans
(b) The alarming rate at which large glaciers are melting
(c) **The other effects global warming has on the world's health**
(d) The debate over global warming's validity

해석

일반적으로 사람들은 개인적인 측면에서 자신에게 영향을 미치는 것이 아니라 그들 주변 세계에 대한 영향이라는 관점에서 지구 온난화를 생각하는 경향이 있습니다. 과학자들과 탐사보도언론인들 사이에서 지구 온난화로 인한 해수면 상승과 빙하의 해빙에 관한 많은 회담이 있지만, ①**사실 그것들은 인류의 건강에 훨씬 더 즉각적인 위험을 끼치는 것들입니다.** ②연구에 따르면 지구 온난화로 인해 전 세계적으로 온도 상승이 계속되고 있고, 질병을 옮기는 벌레들이 전에는 결코 가지 않았던 북쪽 나라로 이동하는 현상이 일어나고 있다고 합니다. ③일부 전문가들은 사실 지구 온난화의 영향 때문에 말라리아가 완전히 사라지지 않는 것이라고 믿고 있습니다.

질문: 지문의 뒤에 올 토론의 내용으로 적합한 것은?
(a) 지구 온난화가 인간에 의해 얼마나 더 심각해졌는지에 대한 내용
(b) 큰 빙하가 녹는 무서운 속도
(c) **지구 온난화가 건강에 미치는 다른 영향**
(d) 지구 온난화의 타당성에 대한 토론

해설

주어진 지문의 다음에 올 수 있는 내용을 묻는 문제이다. 지구 온난화는 지구 전체보다 ①인류의 건강에 훨씬 더 즉각적인 위험을 미치며, ②기온 상승으로 인해 벌레들이 북쪽으로 이동하는 현상이 일어나고 있으며, ③이로 인해 말라리아가 완전히 사라지지 않는다고 설명하고 있다. 지문은 지구 온난화의 개인적이면서도 직접적인 영향에 대해 이야기하고 있으므로 이어지는 내용으로 적절한 것은 '지구 온난화가 건강에 미치는 다른 영향'이라는 (c)이다.

37.

conceive v. 상상하다

produce v. 생산하다

subscription n. (정기적으로 내는) 기부금

nothing short of 다름 없는

meteoric a. 유성의

ground-breaking a. 획기적인

37. 내용 불일치 ★★★   정답 (a)

Dear J. Kent,

I would like to take this opportunity to both congratulate and thank you for your support of the Valley Arts Theater this past season. With your financial support, the company has been able to conceive and produce the most successful shows this theater has ever seen. ① **The increase in single ticket sales has been astonishing (upwards of 175%) and the rise in season subscription sales has been nothing short of meteoric (nearly 400%).** No

해석

J. Kent님께

저는 이번 기회를 빌어 축하 드린다는 말씀과 함께 지난 시즌에서 Valley Arts Theater를 도와주신 데 대한 감사를 전하고자 합니다. 귀하의 재정적인 지원 덕분에 회사는 늘 꿈꿔왔던 가장 성공적인 쇼를 만들어낼 수 있었습니다. ① **티켓 판매의 증가(175% 상승)는 놀라울 정도였고 한 시즌의 회비 판매 상승(약 400%)은 마치 유성과 다름없었습니다.** 귀하의 지난 공헌이 크든 작든 우리는 귀하의 후원에 대해 매우 감사하고

matter how big or small your past contributions have been, we want you to know that your sponsorship is very well appreciated. ②**We are currently looking forward to another year of ground-breaking entertainment and would love to include you in the planning stages.** ③If you are generous enough to make a new donation to our company, **you will become a jury member who has the power to vote for your favorite play or musical to be included in the Valley Arts Theater's upcoming season.** Thank you so very much for your support.

Wishing you the best,
Patricia Hermann
Managing Director

Q: What is NOT true according to the letter?

(a) The donor intends to make the same contribution as last year.
(b) The theater will reward the sponsorship of the upcoming season.
(c) The managing director was pleased with last season's sales statistics.
(d) Valley Theater Arts is able to produce both plays and musicals.

있다는 점을 알아주셨으면 합니다. ②저희들은 현재 또 다른 한 해에도 획기적인 공연을 고대하고 있으며, 기획 단계에서 귀하를 포함시켜 드리고 싶습니다. ③만약 귀하께서 저희 회사에 새로운 기부금을 제시하실 만큼 관대하시다면, **귀하는 귀가 좋아하는 극이나 뮤지컬을 Valley Arts Theater의 다음 시즌에 포함시킬 수 있는 투표 권한을 보유한 배심원이 되실 것입니다.**

여러모로 도와주신 것에 대해 감사 드립니다.

상무이사
Patricia Hermann 드림

질문: 편지에 대한 내용으로 옳지 않은 것은?

(a) 기부자는 작년처럼 같은 공헌을 해줄 의도가 있다.
(b) 극장은 다음 시즌의 후원을 기대하고 있다.
(c) 상무이사는 지난 시즌 판매 통계에 만족했다.
(d) Valley Theater Arts은 극이나 뮤지컬을 만들 수 있다.

해설

지문의 내용과 일치하지 않는 것을 묻는 문제이다. 편지를 쓴 극단의 상무이사는 ①올해 티켓과 회비 판매 상승에 매우 만족하고 있고, ②편지를 받는 사람이 다음 시즌의 공연 기획에도 참여해주기를 바라면서 ③후원자가 되면 시즌에 공연할 극과 뮤지컬을 선택할 수 있다고 설명하고 있다. 기부자가 내년에도 기부를 해줄 것인지의 여부는 편지를 통해 알 수 없으므로, 따라서 편지의 내용으로 옳지 않은 것은 (a)이다.

Part III

38.

panic attack 패닉(공황) 발작
terrifying a. 겁나게 하는, 놀라게 하는
distinct a. 뚜렷이 다른
physical a. 육체적
cognitive a. 인식의, 인지의
abdominal a. 복부의
discomfort n. 통증
agony n. 극도의 통증
onset n. 시작
subconscious a. 잠재의식적인
fight or flight 투쟁 도주 반응
initiation n. 시작, 개시
saturate v. 흠뻑 적시다
internal disorder 내부의 혼란

38. 일관성 ★★★　　　　　　　　　　정답 (b)

Experiencing a panic attack can be the most intensely terrifying episodes of a person's life. (a) Panic attacks are sudden and distinct moments of incredible anxiety, fear, and abdominal discomfort that are particular to certain physical and cognitive symptoms. **(b) Some doctors recommend breathing into a paper bag to aid sufferers' agonies.** (c) The onset of these attacks is generally unexpected and may not have any obviously apparent cause. (d) Studies have shown that they are actually the initiation of the subconscious "fight or flight" instinct taken out of context, which in turn saturates the body with adrenaline, causing an intense feeling of panic and internal disorder.

해석

공황발작을 경험하는 것은 한 사람의 일생에서 가장 극심하게 무서운 사건이 될 수 있습니다. (a) 공황발작은 어떤 물리적 인지적 증상으로 극도의 걱정, 불안, 복부 통증을 동반하는 갑작스러우면서도 극단적인 순간을 말합니다. **(b) 일부 의사들은 환자의 고통을 완화시키기 위해 종이봉투로 호흡하는 것을 권장합니다.** (c) 이러한 발작의 시작은 보통 예측하기 어렵고 분명한 원인도 없습니다. (d) 연구에 따르면 이러한 발작은 전후 관계와 분리된 잠재의식적인 "투쟁 도주 반응" 본능의 개시이며, 공황과 내적 혼란의 극적인 감정을 불러일으키며 신체를 아드레날린의 포화 상태로 만든다고 밝히고 있습니다.

해설

주어진 글을 읽고 흐름상 어색한 문장을 고르는 문제이다. 공황발작은 개인에게 가장 무서운 사건이 될 수 있다는 내용을 시작으로, (a) 공황발작은 극도의 걱정, 불안, 복부 통증을 동반하는 물리적 인지적 증상이고, (c) 갑작스러운 증상이라 예측이 어렵고 그 분명한 원인도 없지만 (d) 연구를 통해 잠재의식적인 본능으로 인한 현상이라는 내용이 이어지고 있다. (b)는 공황발작 시 응급처치법에 대한 내용으로, 공황발작 자체의 정의와 원인에 관한 (a), (c), (d)와 동떨어진 내용이므로 글의 흐름과 어울리지 않는다.

39.

set out 시작하다

39. 일관성 ★★☆   정답 (b)

(a) Celebrated children's author Hans Christian Andersen was born in Denmark in 1802 as the son of a poor shoemaker. **(b) After his father's death, he set out to be an actor and singer without much success.** (c) Many of his fairy tales are about luckless but good-hearted people who eventually find their fortune. (d) Like a character from one of his own stories, Andersen was born of poverty and lived to become one of the world's most famous authors.

해석

(a) 유명한 아동작가인 Hans Christian Andersen은 1802년 Denmark에서 가난한 신발 제조사의 아들로 태어났습니다. **(b) 그의 아버지가 죽은 후 그는 큰 성공을 거두지 못하고 배우와 가수 일을 시작하였습니다.** (c) 그의 동화 중 많은 내용이 운은 없지만 착한 마음을 지녔으며 결국 자신의 재산을 찾는 사람들에 대한 이야기였습니다. (d) 자신의 이야기에 나오는 주인공처럼 Andersen은 가난하게 태어났지만 세계에서 가장 유명한 작가 중 한 사람이 되었습니다.

해설

주어진 글을 읽고 흐름상 어색한 문장을 고르는 문제이다. (a) Andersen은 Denmark의 신발 제조사의 아들로 태어났고, (c) 동화는 가난하고 운도 없지만 결국 큰 재산을 차지하는 사람들에 대한 이야기인데, (d) 그 역시도 동화 속 주인공처럼 가난하지만 결국 최고의 유명 작가가 되었다고 이야기하고 있다. (a), (c), (d)는 안데르센의 가난한 성장 배경과 동화 속 주인공과 그의 삶이 유사했던 점을 소개하고 있으나 (b)는 그가 작가가 아닌 다른 직업에 종사했던 사실을 이야기하고 있으므로 흐름상 어색한 문장이다.

40.

bolt of lightning 번개

rumble v. (우르르 거리는) 소리를 내다

40. 일관성 ★★★   정답 (a)

As long as you have a fairly elementary grasp of basic mathematics, you can effectively calculate your relative distance from a bolt of lightning. **(a) While sound travels through the air at about 330-350 meters per second, lightning does so at speeds of nearly 300,000,000 meters per second.** (b) When you see a flash of lightning, begin to count the number of seconds until you hear a rumble of thunder. (c) You then take that number and divide it by three to estimate the approximate number of kilometers away that bolt of lightning struck. (d) For instance, if you counted twelve seconds between seeing the lightning and hearing the thunder, then that bolt struck only four kilometers away from you.

해석

기초 수학에 대한 매우 기본적인 이해만 있어도 여러분은 상대적으로 번개가 얼마나 멀리 떨어져 있는지를 효과적으로 계산할 수 있습니다. **(a) 소리는 공기 중에서 초당 330-350 미터 정도를 이동하는 반면 빛은 초당 300,000,000 미터의 속도로 이동합니다.** (b) 번개의 섬광을 보았을 때 번개의 우르릉거리는 소리를 들을 때까지 몇 초인지 세기 시작합니다. (c) 그 다음 번개 친 곳이 약 몇 킬로나 떨어져 있는지를 추정하기 위해 그 수를 3으로 나눕니다. (d) 예를 들어 번개 빛을 본 것과 소리를 들은 것 사이에 12초를 세었다면, 그 번개는 당신이 있는 곳으로부터 겨우 4킬로 미터밖에 떨어져 있지 않은 것입니다.

해설

주어진 글을 읽고 흐름상 어색한 문장을 고르는 문제이다. 번개가 상대적으로 얼마나 멀리 떨어져 있는지 계산하는 것은 기본적인 수학지식으로도 가능하다는 말을 시작으로, (b)번개 섬광을 보고 소리가 들리기까지의 초를 세고 (c) 이때의 초를 3으로 나누면 번개 친 곳까지의 거리를 계산할 수 있으며, (d)에서는 그 예를 들고 있다. (b), (c), (d)는 천둥과 나와의 거리를 계산하는 방법에 대해 설명하고 있는데, (a)는 소리의 이동속도와 빛의 이동속도를 비교하고 있으므로, 내용의 흐름상 가장 어색한 문장이다.

Part I ~ III

1 (a)	2 (d)
3 (a)	4 (d)
5 (a)	6 (a)
7 (b)	8 (a)
9 (d)	10 (a)
11 (b)	12 (d)
13 (d)	14 (d)
15 (d)	16 (a)
17 (a)	18 (a)
19 (b)	20 (c)
21 (b)	22 (a)
23 (a)	24 (a)
25 (b)	26 (c)
27 (c)	28 (c)
29 (a)	30 (a)
31 (d)	32 (b)
33 (b)	34 (b)
35 (a)	36 (b)
37 (d)	38 (c)
39 (c)	40 (c)

1.

no-mess a. 정리된
pre-packaged a. 사전 포장된

2.

talented a. 재능 있는
distribute v. 배포하다
convince v. 확신을 주다

Part I

1.　빈칸완성 – 주제문 ★★☆　　　　　　　정답 (a)

Are you tired of the same old boring salad that you have every day? Try the ___________ from Stout's Salad Dressings. ①**Your salads will never be the same again after you've tried our many great mixtures,** from the traditional Italian and Herbs to the exciting Raspberry and Kiwi. ②**Best of all, you can be sure to find the exact taste that you're looking for, as we offer more than thirty different varieties to choose from.** So forget those plain salads and try Stout's Salad Dressings.

(a) exciting, bold flavors
(b) healthy low-calorie taste
(c) new no-mess bottle
(d) pre-packaged salads

해석
매일 먹는 늘 똑같은 방식의 지루한 샐러드에 질리셨나요? Stout's Salad Dressings의 **흥미로우면서도 선명한 맛**을 드셔보세요. ①전통적인 이탈리안 허브에서부터 흥미로운 라즈베리와 키위 맛에 이르기까지 **다양한 멋진 혼합 드레싱을 드신 후에 여러분의 샐러드는 결코 전과 같지 않을 것입니다.** ②무엇보다도 저희가 30가지 이상의 서로 다른 다양한 선택사항을 제공하기 때문에 여러분은 그 동안 찾고 계셨던 바로 그 맛을 확실히 발견하실 수 있습니다. 그래서 이전의 밋밋한 샐러드를 잊으시고, Stout Salad Dressings을 맛보세요.

(a) 흥미로우면서도 선명한 맛
(b) 건강에 좋은 저칼로리 맛
(c) 새로운 깔끔한 병
(d) 미리 사전 포장된 샐러드

해설
빈칸에 들어가기에 적절한 것을 묻는 문제이다. 내용을 보면 ①다양하고 풍성한 샐러드를 일단 먹어보면 샐러드가 전과 같지 않게 될 것이며, ②Stout Salad Dressings에서는 30가지 이상의 다양한 맛의 샐러드 드레싱을 제공한다고 설명하고 있다. 빈칸에는 Stout Salad Dressings의 특징을 나타내는 표현이 들어가는 것이 자연스럽기 때문에 '흥미로우면서도 선명한 맛'의 (a)가 가장 적절하다.

2.　빈칸완성 – 주제문 ★★★　　　　　　　정답 (d)

Although it has never been easy to become a successful writer, the Internet has become an important tool for ______________. ①**Even the most talented writers often have trouble finding a publishing company to print and distribute their work to the public.** In the past failing to convince a publisher to release a book meant the work would never be widely read. ②**However, today the Internet offers many opportunities for writers to publish work themselves and make it available to anyone connected to the World Wide Web.** Blogs are a popular example of this trend. ③**Aspiring authors can easily create a website that will allow them to let others read their work.**

(a) finding a publisher

해석
비록 성공한 작가가 되는 일이 쉬웠던 적은 없었지만, 인터넷은 **독자들과 작품을 공유하는** 데 중요한 도구가 되어 왔습니다.
①심지어 가장 재능 있는 작가들조차도 책을 출간하고 대중에 작품을 배포할 출판사를 찾는 데 종종 어려움을 겪습니다. 예전에는 책을 출판하도록 출판사를 설득하는 데 실패하게 되면, 이는 곧 이 책이 폭넓게 읽혀지지 않을 거라는 의미였습니다. ②그러나 오늘날 인터넷 덕분에 작가는 작품을 스스로 출판하고, World Wide Web으로 접속한 모든 사람들은 접할 수 있는 많은 기회를 갖게 되었습니다. 블로그들은 이러한 유행의 인기 있는 예가 됩니다. ③영감을 받은 작가는 자신의 작품을 다른 사람들이 읽을 수 있게 웹사이트를 쉽게 만들 수 있

(b) getting writing advice
(c) learning about new trends
(d) sharing work with readers

습니다.

(a) 출판사를 찾는
(b) 글쓰기 조언을 얻는
(c) 새로운 유행에 대해 배우는
(d) 독자들과 작품을 공유하는

해설

지문의 내용은 인터넷으로 인해 출판이 용이해졌다는 것이다. ①재능 있는 작가조차도 책 출간하는 데 어려움을 겪지만 ②인터넷 덕분에 작가의 작품 출판이 쉬워졌고 온라인 접속으로 많은 독자들이 책을 읽으며, ③웹사이트를 개설하여 자신의 작품을 다른 이들이 쉽게 읽을 수 있다고 설명하고 있다. 따라서 빈칸에는 인터넷이 중요한 도구가 되는 이유가 들어가는 것이 자연스럽기 때문에 '독자들과의 작품 공유'라는 (d)가 가장 적절하다.

3.

scratchy a. 긁는 듯한 소리가 나는
phonautograph n. 포노토그래프
etch v. 아로새기다
sound wave 음파
visually adv. 시각적으로, 눈에 보이게

---

3. 빈칸완성 – 주제문 ★★☆   정답 (a)

For years, Thomas Edison was believed to be the first person to _______________. However, researchers now say that honor belongs to a Frenchman named Edouard Leon Scott de Martinville. ①**Audio historians have discovered his scratchy recording of a woman singing lines from the folk song "Au Claire du Lune" that dates back to 1860.** ②**Edison's earliest known recording was made seventeen years later.** Interestingly, Scott's recordings were not meant to be heard. The phonautograph, which etched sound waves into ash-covered paper, was only intended to represent sound visually. Edison's phonautograph, however, was an invention specifically designed to play back sound to listeners.

(a) successfully record sound
(b) visually represent sound
(c) work with Scott de Martinville
(d) sell recordings to listeners

해석

수년 간 Thomas Edison은 **성공적으로 소리를 녹음**한 최초의 사람으로 여겨졌습니다. 그러나 연구원들은 이제 그 영광을 Edouard Leon Scott de Martinville이라는 이름의 프랑스 사람에게 돌려야 한다고 말합니다. ①오디오 역사학자들은 1860년에 민요인 "Au Claire du Lune"의 소절을 노래하는 어떤 여자의 긁는 듯한 그의 녹음을 발견했습니다. ②Edison의 최초 녹음은 그보다 17년 뒤에 만들어진 것이었습니다. 흥미롭게도 Scott의 녹음들은 누군가에게 들려지려는 의미는 아니었습니다. 그 포노토그래프는 재로 덮인 종이 속에 음파를 아로새긴 것이었는데 다만 소리를 시각적으로 제시하기 위한 의도였을 뿐입니다. 그러나 Edison의 포노토그래프는 특별히 청자에게 소리를 재생시키기 위해 설계된 발명품입니다.

(a) 성공적으로 소리를 녹음한
(b) 가시적으로 소리를 대신한
(c) Scott de Martinville와 함께 일한
(d) 청중에게 녹음한 것을 팔려는

해설

지문은 최초의 녹음인 포노토그래프에 관한 내용이다. ①Martinville은 1860년에 여성의 노래 소리를 녹음했으며, ②Thomas Edison은 이보다 17년 뒤에 최초 녹음을 했다고 설명하고 있다. 빈칸 뒤에 역접의 접속사 'however'가 있으므로 빈칸에는 Thomas Edison이 최초가 아니었다는 내용이 들어가야 하므로, '소리를 성공적으로 녹음'했다는 (a)가 정답이다.

4.

perk n. 특전
face-to-face 마주보는, 면대면의
hassle n. 골치아픈것, 혼란

---

4. 빈칸완성 – 논리적 흐름 ★★★   정답 (d)

Traveling to meet clients is _______________ _______. ①**That's why so many businesses are instead using video conferencing to keep in touch.** Using a computer with a camera and a high-speed Internet connection, business partners can be separated by thousands of miles but are still be able to see and talk to each other.

해석

의뢰인을 만나기 위한 여행은 **종종 불편하면서도 값이 비싼** 일입니다. ①그러한 이유로 그렇게나 많은 회사들이 연락을 취하기 위한 수단으로 화상 회의를 사용하고 있는 것입니다. 카메라와 고속 인터넷이 연결된 컴퓨터를 사용하여 수천 마일이나 떨어져 있는 사업 파트너들과

②Video conferencing offers all of the perks of meeting face-to-face without any of the hassles of leaving the office.

(a) easier in the Internet age
(b) important to any business
(c) a good way to maintain connections
(d) often inconvenient and expensive

서로를 보고 이야기를 나눌 수 있습니다. ②화상 회의는 사무실을 떠나는 번거로운 상황 없이 마주보는 회의의 장점을 모두 제공합니다.

(a) 인터넷 시대에 더 쉬운
(b) 어떤 사업에도 중요한
(c) 연락을 유지할 수 있는 좋은 방식의
(d) 종종 불편하면서도 값이 비싼

해설
지문은 화상 회의에 대한 내용이다. 빈칸 뒤에 이어지는 내용을 보면 ①많은 회사들이 의뢰인을 만나기 위해 화상 회의를 사용하며, ②화상 회의는 사무실을 벗어나지 않으면서도 면대면 회의의 장점을 갖추고 있다고 설명하고 있다. 빈칸은 의뢰인을 만나기 위한 여행의 단점에 대한 내용이 들어가는 것이 흐름상 자연스럽기 때문에 '불편하고 비싸다'라는 (d)가 정답이다.

5.

steady a. 꾸준한
packet n. 통, 갑, 곽
transcript n. 성적 증명서
recommendation n. 추천장
hopefully adv. 바라건대

5. 빈칸완성 – 인과관계 ★★☆　　　정답 (a)

Dear Prospective Student,
Thank you for your interest in The Mitchell School of Acting. ①Due to the steady increase in applicants over the past year, **we have decided to make our application process electronic.** Therefore, we will no longer ________________. Prospective students are encouraged to log on to our website at www.mitchellschool.edu/app. ②**From here, applicants will be able to enter all of their personal information as well as upload transcripts and request recommendations.** Hopefully, online applications will make the process easier and more efficient for everyone. If you have any questions that are not addressed on the website, please do not hesitate to call our admissions office at 1-888-555-5221.

(a) send paper application packets
(b) contact students via phone
(c) ask for personal information
(d) be accepting new applications

해석
입학을 희망하는 신청자 분께,
Mitchell School of Acting에 관심을 가져주셔서 감사합니다. ①지난해보다 꾸준히 상승하는 신청자 수로 인해, 저희는 신청과정을 전자적으로 만들기로 결정하였습니다. 그래서 저희는 더 이상 종이 입학서류를 보내지 않을 것입니다. 입학 신청자들은 웹사이트 www.mitchellschool.edu/app에 접속하세요. ②이곳에서 신청자 여러분들은 성적 증명서를 업로드하고, 추천서를 요청할 수 있을 뿐만 아니라 모든 개인 정보를 입력하실 수 있습니다. 바라건대 온라인 신청서들은 과정을 좀 더 용이하게 하고 모든 사람에게 더 효율적일 것입니다. 궁금한 점이 있으신 분은 웹사이트에 내용을 기제하지 마시고, 대학 입학처 1-888-555-5221로 전화 걸어 주시기 바랍니다.

(a) 종이 입학서류를 보내지
(b) 전화로 학생들과 연락을 취하지
(c) 개인 정보를 요청하지
(d) 새로운 적용을 받아들이지

해설
지문은 Mitchell School of Acting의 온라인 입학 신청 안내에 관한 내용이다. ①올해 신청과정은 전자적으로 변경되었으며 ②웹사이트에 접속하여 입학 신청을 하도록 안내하고 있다. 빈칸에는 온라인 신청 접수로 인한 변화가 언급되어야 하므로, '종이입학서류를 보내지 않는것'이라는 (a)가 정답이다.

6.

instinct n. 본능
deserve v. ~을 받을 만하다

6. 빈칸완성 – 주제문 ★★★　　　정답 (a)

When you set a goal, your first instinct may be to tell other people about it. ①However, **years of research shows that sharing your dreams might actually diminish the chances**

해석
목표를 정할 때, 본능적으로 떠오른 첫 번째 생각은 아마도 다른 사람들에게 이 목표에 관해 이야기하고 싶다는 것입니

of realizing them. New York University professor Peter Gollwitzer conducted tests on sixty-three people and found that subjects who announced their goals were less likely to achieve them than subjects who kept their dreams to themselves. Gollwitzer believes that having others acknowledge your goal gives you _____________________. ②**The brain confuses talking about a task with actually completing it.**

    (a) a false sense of accomplishment
    (b) the praise you worked to deserve
    (c) some time to make good plans
    (d) the pressure to avoid failure

다. ①그러나 **다년간의 연구를 보면 자신의 꿈을 공유하는 것은 실제로 그 꿈을 현실화할 기회를 감소시킵니다.** 뉴욕 대학교 Peter Gollwitzer 교수는 63명을 대상으로 실험을 했는데, 실험 대상자들은 그 꿈의 성취율에 있어 자신의 꿈을 혼자만 간직한 사람보다 꿈을 알린사람들이 그 목표를 덜 성취한다는 것을 확인했습니다. Gollwitzer 교수는 자신의 목표를 다른 사람이 아는 것은 **성취감의 잘못된 감각** 이라고 믿고 있습니다. ②**뇌는 과업에 대해 이야기하는 것과 그것을 실제로 달성하는 것을 혼동시킵니다.**

(a) 성취감의 잘못된 감각
(b) 열심히 했으니 받을만한 칭찬이라고
(c) 좋은 계획을 위한 시간이라고
(d) 실패를 피하기 위한 압박이라고

해설

지문은 자신의 목표를 타인과 공유하는 것에 관한 내용이다. 일반적으로 목표를 설정한 후 다른 사람과 공유하고 싶어한다는 말을 시작으로, ①Gollwitzer 교수의 연구에 따르면 꿈의 공유는 꿈의 현실화를 저해시키며, ②그 이유는 꿈에 대해 이야기하는 것과 그것의 실제 달성을 뇌는 혼동하기 때문이라고 설명하고 있다. 따라서 빈칸에는 자신의 목표를 다른 사람과 공유했을 때의 결과에 대한 내용이 들어가는 것이 자연스럽기 때문에 '성취감의 잘못된 감각'이라는 (a)가 가장 적절하다.

7.

fabulous a. 기막히게 좋은
bargain n. 싸게 사는 물건
bins n. 쓰레기통, 작은 상자
bore n. 지겨운 사람, 일
glamour n. 화려함, 매력

7. 빈칸완성 – 논리적 흐름 ★★★　　　　　　　　　　정답 (b)

Dear Fashionista Magazine,

I don't think I am the only reader who was disappointed by Erna de Luc's story "Cheap and Charming" (May). ①**I am certainly not someone who can afford to spend $10,000 on a pair of boots no matter how fabulous they are, but De Luc's story on bargain bins was a bore.** ②**Fashionista Magazine has always represented a sort of fantasy.** Although many of the readers may not necessarily rush to boutiques to buy the beautiful things shown in the magazine, opening the pages to such glamour every month is a way to _____________________. ③**De Luc's story failed.**

Sincerely,
Lisa Ferns

    (a) read about how to get the best deals
    (b) get away from everyday life for a
    **   while**
    (c) find out where popular boutiques are opening
    (d) learn about the trends for the season

해석

Fashionista Magazine 귀하,

저는 Erna de Luc의 글인 "저렴하면서도 매력적인"에 실망한 독자가 저 하나뿐일 거라고 생각하지 않습니다. ①저는 아무리 기막히게 좋은 부츠라도 한 켤레에 10,000달러를 소비할 만큼 돈 있는 사람은 분명 아니지만 물건을 싸게 사는것에 대한 De Luc의 기사는 식상한 내용이었습니다. ②Fashionista Magazine은 항상 일종의 환상을 표방해왔습니다. 비록 독자들 중 많은 수가 잡지 속에 나온 아름다운 물건들을 사기 위해 고급상점으로 달려갈 필요는 없지만, 매달 그런 화려함이 가득한 잡지를 펼쳐보는 것은 **일상 생활로부터 잠시나마 벗어날 수 있는** 방법이 됩니다. ③De Luc의 기사는 실패작입니다.

Lisa Ferns 드림

(a) 최고의 거래를 어떻게 하는 지에 관해 읽는
(b) 일상 생활에서 잠시나마 벗어날 수 있는
(c) 유명한 고급상점이 어디서 개장하는지 알기 위한
(d) 시즌에 유행에 대해 배우는

지문의 내용을 보면 Lisa Ferris는 Ema de Luc의 기사에 실망했다는 말을 시작으로 ①본인도 비싼 부츠를 살만한 돈은 없지만 De Luc의 기사는 식상했고 ②Fashionista Magazine은 항상 일종의 환상을 표방해왔는데, 그러한 이유로 ③저렴한 물품만 소개한 De Luc의 기사는 실패했다는 내용이다. 빈칸에는 일반적인 독자들이 화려함이 가득한 잡지에 보는 목적이 들어가야 하므로, '일상 생활에서 잠시나마 벗어나기 위해'라는 (b)가 내용의 흐름상 가장 자연스럽다.

8.

sign up for 등록하다

---

8. 빈칸완성–인과관계 ★☆☆   정답 (a)

I've always wanted to learn another language, so when I found out that Language Now center was opening in my area, I signed up for a Spanish class right away. ①Unlike most classes, **this one was taught entirely in Spanish, even on the first day.** This gave me the chance to _______ _______________________________.

②**As a result I learned quickly and became comfortable speaking in front of others.** ③**I would highly recommend this center to anyone who is interested in learning a new language.**

  (a) use the language right away
  (b) work with other students
  (c) choose the best instructor
  (d) decide which language to study

해석
저는 항상 또 다른 언어를 배우고 싶어했고, 그래서 제가 사는 지역에 Language Now 센터가 열린다는 사실을 알고, 당장 스페인 수업을 등록했습니다. ①다른 수업들과는 달리 **이 스페인 수업은 심지어 첫날부터 전적으로 스페인어만으로 가르쳐주었습니다.** 이 수업은 저에게 <u>언어를 당장 사용할 수 있는</u> 기회를 제공했습니다. ②그 결과 저는 빠르게 배웠고, 다른 사람들 앞에서 편안하게 이야기를 하게 되었습니다. ③저는 이 센터를 새로운 언어를 배우는 데 관심 있는 다른 사람들에게도 적극적으로 추천하고 싶습니다.

(a) 언어를 당장 사용할 수 있는
(b) 다른 학생들과 함께 공부할 수 있는
(c) 최고의 선생님을 선택하는
(d) 어떤 언어를 공부해야 할 지 결정하는

지문에서 글쓴이는 Language Now 센터에 스페인 수업을 등록했다는 말을 시작으로, ①첫날부터 전적으로 스페인어만을 이용해 가르쳐 주었고, ②그래서 빨리 배우고 다른 사람 앞에서도 편안하게 이야기할 수 있었으며, ③이 센터를 다른 사람에게도 추천한다고 하고있다. 따라서 빈칸에는 '첫 날부터 빠르게 배울 수 있었던' 언어 센터의 특징이 들어가는 것이 자연스럽기 때문에 '언어를 당장 사용할 수 있는'의 (a)가 정답이다.

9.

cater v. 음식을 공급하다
go out of business 폐업하다

---

9. 빈칸완성 – 결론 찾기 ★★☆   정답 (d)

There has been a lot of fear recently that, because of the rise of digital technologies, reading will become a thing of the past. ①**It is true that newspapers and book publishing companies have suffered because of the growing popularity of digital media.** ② **However, this does not mean that people will stop reading.** ③**It simply means that people will get reading materials in new ways** and publishers and newspapers will ____ _______________________________.

  (a) become more popular with time
  (b) most likely go out of business
  (c) cater only a small group of readers
  (d) have to change with the times

해석
최근 디지털 기술의 성장으로 인해 읽기가 과거의 것이 되어버릴지도 모른다는 두려움이 많이 있었습니다. ①신문사와 출판사가 디지털 매체의 커져가는 인기로 인하여 어려움을 겪은 것은 사실입니다. ②그렇지만 이것이 사람들이 읽기를 멈추게 될 것을 의미하지는 않습니다. ③그것은 단지 사람들이 읽기 자료를 새로운 방식으로 얻을 수 있다는 뜻이며, 출판사와 신문사는 <u>시대에 순응하도록 변화해야 한다</u>는 것을 의미할 뿐입니다.

(a) 시간이 지남에 따라 더 인기를 얻고 있다
(b) 폐업할 것 같다
(c) 적은수의 독자들에게만 서비스를 제공해야 한다
(d) 시대에 순응하도록 변화해야 한다

10.

authentic a. 진짜인, 정확한

nostalgic a. 불완전한, 결함이 있는

imperfection n. 미비점, 결함

slick a. 번드르르한(매끄러운)

해설

지문은 디지털 기술의 성장으로 인해 사람들이 느끼는 두려움에 대한 내용이다. ①신문사와 출판사가 어려움을 겪었지만, ②사람들은 읽기를 멈춘 것이 아니라, ③단지 새로운 방식으로 읽기 자료를 얻은 것 뿐이라고 설명하고 있다. 빈칸에는 디지털 시대의 출판사와 신문사가 취해야 하는 변화 내용이 들어가는 것이 적절하므로 '시대에 순응하도록 변화해야 한다'는 (d)가 적절하다.

10. 빈칸완성-주제문 ★★☆ 정답 (a)

Although MP3s are by far the most popular way to listen to songs, there are still ___________ ______________________. ①**They argue that although records are bulky and easily damaged, there is something about the sound quality that seems richer and perhaps more authentic than any other format.** ②**To them, the nostalgic imperfection of records is charming compared to the slick, clean sound of digital files.**

(a) music lovers who prefer records
(b) artists who release records
(c) people who download too often
(d) those who know little about the history of music

해석

비록 MP3가 음악을 듣는 데 단연코 가장 인기 있는 방법이기는 하지만, 여전히 <u>레코드를 선호하는 음악 애호가들</u>이 존재합니다. ①이들은 비록 레코드들이 크기가 크고 쉽게 손상되기는 하지만, 그 음향의 질에는 다른 형태의 어떤 음악보다 더 풍성하고 더 정확한 것 같은 특별한 무언가가 있다고 주장합니다. ② 디지털 파일의 번지르르하고 깔끔한 소리에 비교했을 때 레코드의 불완전한 미비함이 그들에게는 매력적입니다.

(a) 레코드를 선호하는 음악 애호가들
(b) 레코드를 발매하는 예술가들
(c) 너무 자주 다운로드를 받는 사람들
(d) 음악의 역사에 대해 거의 알지 못하는 사람들

해설

지문의 빈칸 뒤의 내용을 보면 여전히 레코드를 선호하는 사람들의 이유가 언급되어 있다. ①레코드가 단점이 있기는 하지만 음악의 질에 특별한 매력이 있고, ②디지털 파일에는 없는 불안전한 미비함이 매력이라고 설명하고 있다. 따라서 빈칸에 들어가기에 적절한 것은 '레코드를 선호하는 음악 애호가들'이다.

11.

thermometer n. 온도계

decline v. 감소하다

inaccurate a. 부정확한

11. 빈칸완성 – 논리적 흐름 ★★★ 정답 (b)

When the nurse takes your temperature, the number on the thermometer may also say something about your age. ①**Most people believe that 98.6 degrees Fahrenheit is the average body temperature.** However, there is reason to believe that ______________________. ②**Studies have shown that as people grow older, average body temperature declines slightly every ten years**. Over time, this drop can add up to two or more degrees of change in normal body temperature. In older people, this may mean that fevers go unnoticed when the thermometer reads a number close to the widely-accepted, but generally inaccurate, 98.6 degrees.

(a) body temperature remains constant
(b) aging may change this number
(c) doctors may not get an accurate reading
(d) fevers may be more serious previously thought

해석

간호사가 체온을 잴 때, 체온계의 숫자는 자신의 나이에 대해 무언가를 말해줄 수도 있습니다. ①대다수의 사람들은 화씨 98.6도가 평균 체온이라고 생각합니다. 그러나 <u>이 숫자는 나이에 따라 변하게 될지도 모른다</u>고 믿는 이유가 있습니다. ② 연구에 따르면 사람들이 나이가 듦에 따라 매 10년마다 평균 체온은 조금씩 낮아진다고 합니다. 시간이 지남에 따라 이러한 체온 하락은 평균 체온에 총 2도 이상의 변화를 가져올 수 있습니다. 평균체온이 98.6도라는 것은 폭넓게 받아들여지고 있지만 일반적으로는 부정확하며, 나이든 사람의 경우 98.6도에 가까운 수를 체온계에서 가리킬지라도, 열이 있는 것을 모르고 지나칠 수도 있습니다.

(a) 체온은 항상 유지된다.
(b) 이 숫자는 나이에 따라 변하게 될지도 모른다.
(c) 의사들은 정확하게 읽지 못할지도 모른다.
(d) 열은 이전에 생각한 것보다 더 심각할지도 모릅니다.

해설
지문은 체온계의 수치를 통해 자기 나이에 관한 무엇인가를 말해줄 지도 모른다는 내용을 시작으로, ①일반적으로 평균 체온이 화씨 98.6도라고 믿지만 ②사람들은 나이가 들어감에 따라 10년마다 평균 체온이 떨어진다는 연구 결과를 설명하고 있다. 따라서 빈칸의 내용으로 실례에 대한 주제가 나오는 것이 자연스럽기 때문에 '숫자는 나이에 따라 변하게 된다'는 (b)가 적절하다.

12.

academic a. 학구적인, 학문의

pursue v. 쫓다, 추구하다

lesson plan 수업 계획

biased a. 편향된, 선입견이 있는

---

12. 빈칸완성 – 결론 찾기 ★★★　　　　　정답 (d)

The best way to improve the academic success of girls may be to put boys in another classroom. ①A survey of over 20,000 female graduates from both co-ed and single sex high schools shows **that girls study harder when they are taught separately.** Not only did female students in single sex classes score higher on tests, they were also more likely to pursue careers in math and science than female students in co-ed classes. ②**Supporters say the success of single sex classrooms is based on the fact that girls and boys have different learning styles.** Separate classes give teachers an opportunity to＿＿＿＿＿＿＿.

(a) get to know each student individually
(b) make lesson plans less gender biased
(c) encourage girls not to compete with each other
(d) adapt to the particulars needs of each gender

해석

여학생들의 학문적 성공을 도모할 수 있는 가장 최고의 방법은 남학생들을 다른 교실에 두는 것일지도 모릅니다. ①남녀 공학과 여자 고등학교 출신 모두를 대상으로 20,000명이 넘는 여성 졸업생들을 조사한 결과, **남녀가 따로 교육을 받았을 경우 더 열심히 공부하는 것으로 나타났습니다.** 여자 고등학교 학생들은 시험에서 더 높은 성적을 얻었을 뿐만 아니라 남녀공학에서 수업을 받은 여학생들보다 더 많은 수의 학생들이 수학과 과학 관련 직업을 선택하는 것으로 밝혀졌습니다. ② **이러한 주장의 지지자들은 단일 성으로 구성된 교실이 성공하는 이유로 남자와 여자가 서로 다른 학습 스타일을 가지고 있다는 점에 그 근거를 두고 있습니다.** 성을 분리한 수업은 선생님들에게 <u>각각의 성이 필요로 하는 특정한 방식을 적용할 수 있는</u> 기회를 제공합니다.

(a) 각각의 학생을 개인적으로 알게 되도록 하는
(b) 성 차별을 덜 받는 수업 계획을 하도록
(c) 여학생들이 서로 경쟁하지 않도록 고무하는
(d) 각각의 성이 필요로 하는 특정한 방식을 적용할 수 있는

해설

지문은 여학생들의 학문적 성공을 위해 남학생과의 분리수업이 도움이 된다는 말을 시작으로, ①공학보다 단일 성으로 구성된 수업의 학습 결과가 더 좋았으며, ②이는 남자와 여자가 각각 다른 학습 스타일을 가지고 있다는 근거를 기초로 한다고 주장하고 있다. 빈칸에는 ②의 내용을 기반으로 선생님들이 제공하는 학습 기회의 특성이 들어가는 것이 자연스럽다. 따라서 정답으로 '각 성의 특징에 맞는 방식의 적용'의 (d)가 적절하다.

13.

sought-after a. 수요가 있는, 인기 있는

inventive a. 창의적인

---

13. 빈칸완성 – 논리적 흐름 ★★☆　　　　　정답 (d)

In the art world, the term "outsider" is hardly an insult. ①**Outsider Art, or works that were created by artists with no formal training, have become some of the most sought-after pieces galleries have to offer.** However, some of the most famous examples of the Outsider Art movement were not discovered until after their artists' deaths. Unlike mainstream artists, who may be driven by

해석

예술 세계에서 "아웃사이더"라는 말은 모욕이 되기 힘듭니다. ①정식 교육을 받지 않은 예술가에 의해 창조된 아웃사이더의 예술 또는 작품들은 미술관들이 제공해야 하는 가장 인기 좋은 작품들중 일부가 되어 왔습니다. 그러나 가장 유명한 아웃사이더 예술 운동의 실례는 예술가의 죽음 이후에까지 발견되지 않았습니다. 경쟁과 돈 또는 명성에 의해 움직이는 주류 예술

competition, money, or fame, Outsider artists
_________________________________. ②
Since they are self-taught, they are often inventive and their work is unique. To them, there is no "right" or "wrong" way to express themselves.

(a) often gain income in other ways
(b) wait for art critics to discover them
(c) sell their art for less than it's worth
(d) seem to create for their own pleasure

가들과 달리 아웃사이더 예술가들은 <u>자기 자신만의 즐거움을 위해 창작하는 것으로 보입니다.</u> ②그들이 독학을 했기 때문에 종종 창의적이며 이들의 작품은 독특합니다. 그들에게 스스로를 표현하는 데 "옳고" "그르다"는 방식은 없습니다.

(a) 종종 다른 방식으로 수입을 얻습니다.
(b) 비평가들이 그들을 발견하기를 기다립니다.
(c) 그 가치보다 더 낮은 가격으로 자신의 작품을 판매합니다.
(d) 자기 자신만의 즐거움을 위해 창작하는 것으로 보입니다.

해설
지문은 '아웃사이더 예술가들'에 대한 내용이다. ①그들의 작품은 미술관에서 인기를 얻고 있으며 ② 독학을 통해 창의적이고 독특한 예술활동을 하고 있다는 내용이다. 따라서 빈칸에는 '금전적 목표를 따르는' 주류 예술가와 비교하여, 아웃사이더 예술가들의 특징이 들어가는 것이 자연스럽기 때문에 '자신만의 즐거움을 위해 창작함'이라는 (d)가 가장 적절하다.

14.

cast v. 캐스팅을 하다
in a string of 일련의
sharp tongue 독설
starlet n. 신진 여배우
accommodate
　v. 공간을 제공하다
expectation n. 예상

14.　빈칸완성 – 논리적 흐름 ★☆☆　　　정답 (d)

Many of the qualities today's moviegoers admire about Katherine Hepburn gave her the title "box office poison" during her lifetime. For the first part of her acting career, Hepburn was cast in a string of successful movies. ①**However, she soon became famous for her sharp tongue and reluctance to give interviews. ②She also claimed to be more comfortable in pants and often was seen without makeup in public.** Hepburn was not the typical 1940s starlet. As a result, her movies _______________ _______________. No one believed she could make a comeback. However, Hepburn never changed who she was to accommodate people's expectations and today she's known as one of the greatest actors in movie history.

(a) were not immediately released
(b) attracted an unexpected audience
(c) were only reviewed by a few critics
(d) were considered box office failures

해석
요즈음 영화 보는 사람들이 Katherine Hepburn에 대해 존경하는 많은 특징들은 그녀가 생존한 동안에는 그녀에게 "박스 오피스의 독약"이라는 타이틀을 부여했습니다. 연기 경력 초반에 Hepburn은 일련의 흥행 영화들에 캐스팅 되었습니다. ①그러나 곧 그녀는 독설과 기자회견을 꺼리는것으로 유명해졌습니다. ②또한 그녀는 바지를 입는 것이 더 편안하다고 이야기하거나, 공적인 장소에도 화장을 하지 않고 나타나기도 했습니다. Hepburn은 1940년대의 전형적인 신진 여배우답지 않았습니다. 그 결과 그녀의 영화는 <u>박스 오피스 실패작으로 여겨졌습니다.</u> 아무도 그녀가 컴백할 수 있을거라고 생각하지 않았습니다. 그러나 그녀는 사람들의 기대에 부응하기 위한 어떠한 변화도 하지 않았고, 오늘날 영화 역사상 가장 훌륭한 여배우 중 한 사람으로 기억되고 있습니다.

(a) 즉각적으로 개봉되지 않았습니다.
(b) 기대하지 않았던 관중들을 끌어들였습니다.
(c) 많은 비평가들에 의해서 비평되었습니다.
(d) 박스 오피스 실패작으로 여겨졌습니다.

해설
지문은 Katherine Hepburn에 대한 내용이다. Katherine Hepburn은 ①독설과 기자회견을 못마땅해하는 태도로 유명해졌으며 ②바지를 입고, 화장도 하지 않는 등 신인 여배우답지 않은 행동을 해서, '박스오피스의 독약'이라는 별명을 얻었다고 설명하고 있다. 빈칸에는 Katherine Hepburn이 많은 흥행 영화에 출연한 것에 비해 ①과 ②의 행동으로 인해 그녀의 영화에 미친 부정적인 영향이 들어가는 것이 자연스럽다. 따라서 '박스 오피스 실패작'이라는 (d)가 가장 적절하다.

in response to ~에 응하여(답하여)
facial expression 얼굴의 표정
mimic v. ~처럼 보이다, ~을 모방하다
evolution n. (점진적인) 발전
innate a. 타고난

15. 빈칸완성 – 연결어 ★★★　　　　　　정답 (d)

Children learn a lot of things from their parents, but the use of facial expressions is not one of them. Scientists studied the expressions of both blind and sighted people in response to specific emotional situations. To do this, they looked at thousands of pictures of athletes after they had lost matches. ①**They found that there were no differences in the faces of athletes at these disappointing moments.** Scientists believe this means that humans do not mimic expressions they have seen in emotional situations. _______________, ②**facial expressions are innate** and are related to the evolution of the brain.

   (a) For example
   (b) In addition
   (c) Likewise
   (d) Rather

해석
아이들은 자신의 부모로부터 많은 것을 배우지만, 얼굴 표정의 사용에 대해서는 배우지 못합니다. 과학자들은 특정 감정적인 상황에 대하여 시각장애인들과 시력이 정상인 사람들의 반응을 모두 연구했습니다. 이 연구를 위해 과학자들은 경기에서 진 후에 수천 명의 선수들이 짓는 얼굴 표정을 관찰했습니다. ①그들은 이러한 실망스런 순간에 선수들의 얼굴에서 차이점을 발견하지 못했습니다. 과학자들은 이를 바탕으로 사람들은 감정적인 상황에서 보여지는 표정들을 모방하지는 않음을 의미한다고 믿고 있습니다. 더 정확히 말하면 ②얼굴 표정은 타고난 것이며, 두뇌의 진화에 관련 되어 있다는 뜻입니다.

(a) 예를 들어
(b) 게다가
(c) 또한
(d) 더 정확히 말하면

해설
지문에서 '아이들은 얼굴 표정만은 부모에게서 배울 수 없다'는 내용이 초반에 언급되었다. 그것에 대한 예로 빈칸 앞에서 ①경기에서 진 후 수천 명의 운동선수들이 지은 표정이 모두 똑같았다라는 내용이 나온다. 따라서 빈칸에는 ②얼굴표정은 타고난 것이다라는 결론을 이끌어주는 접속사가 들어가는 것이 자연스럽기 때문에 ①의 내용을 정리하는 '더 정확히 말하면'의 "Rather"가 정답이다.

16.

out of reach 도달 불가능한
　(=unattainable)
extended time 장기간
bother v. 고민하다, 걱정하다
hidden gem 감춰진 보석
conversely adv. 정반대로

16. 빈칸완성 – 연결어 ★☆☆　　　　　　정답 (a)

For many people, the possibility of travel seems out of reach. Either they can't afford to go on a vacation, or they don't have the option of spending an extended time away from work. Although these would-be travelers may not be able to fly thousands of miles away, ① **perhaps they should consider finding interesting destinations close to home.** ② **Most people never bother to explore the area around them.** _______________, ③ **they might be surprised to find that a little research may turn up short trips that are both inexpensive and fun.** Many of these local destinations are hidden gems. Once you find them, you'll definitely feel like you've had an interesting experience.

   (a) In addition
   (b) However
   (c) Overall
   (d) Conversely

해석
많은 사람들에게 여행 할 가능성이란 달성하기 어려운 것처럼 보입니다. 그들은 휴가를 갈만한 비용적 여유가 없거나, 마음대로 직장을 떠나 장기간 시간을 보낼 수가 없기 때문입니다. 비록 여행 계획이 있는 사람들일지라도 수천 마일이나 멀리 떨어진 곳으로 비행기를 타고 갈 수는 없기에, ①그들은 집에서 가까운 좋은 여행지를 찾아 보아야 합니다. ②많은 사람들은 근처 지역으로의 여행을 고민하지 않습니다. 게다가 ③약간의 조사만 해보면 비싸지 않으면서도 재미가 있는 단기 여행을 찾을 수 있을 거라는 사실을 안다면 놀랄지도 모릅니다. 이렇게 가까운 지역의 많은 여행지가 감춰진 보석입니다. 일단 이런 장소를 찾기만 한다면, 당신은 분명 흥미진진한 여행을 하게 되었다고 느껴지실 것입니다.

(a) 게다가
(b) 그러나
(c) 전반적으로
(d) 정반대로

해설
시간이나 비용상 장거리 여행이 어려운 사람들이 많다는 내용이 지문의 초반에 언급되었다. 이어지는
내용을 보면 ①이러한 경우 집에서 가까운 좋은 여행지를 찾아야 하는데 ②가까운 지역으로의 여행을
귀찮아할 사람은 없으며, ③약간만 조사해봐도 근처에 많은 좋은 여행지를 찾을 수 있다고 설명하고
있다. 장기간의 비싼 해외여행을 갈 수 있는 사람에게 가깝고도 좋은 여행지를 찾아보라는 조언 뒤에,
③조사해보면 근처에 좋은 여행지가 많다고 이야기하고 있으므로 빈칸에는 부가적인 내용을 연결하는
표현이 적절하다. 따라서 '게다가'의 뜻을 갖는 (a)가 정답이다.

Part II

17. 대의 파악 ★★☆   정답 (a)

①**Next year, the English department will be offering two new upper division courses.** "Advanced Nonfiction Writing" (Eng 511) is a workshop course for students intending to write nonfiction books and articles suitable for publication. Research skills and writing techniques will be stressed. "Editing" (Eng 505) will cover content and copy editing, coaching writers, as well as the ethical and legal issues in journalism. ②**Permission from instructors to register for both classes will be required.** ③**For prerequisites, please visit the department website.**

Q: What is the purpose of the announcement?
(a) **To tell students about upcoming English courses**
(b) To direct students to the English department website
(c) To show students how to prepare papers for publication
(d) To tell students that instructor permission is required for all classes

해석
①영문과는 내년에 2개의 상위 단계 새 학부 과정을 제공할 예정입니다. "고급 논픽션 작문"(영문과 교실 511)은 출판에 적합한 논픽션 책이나 기사를 쓰려는 계획 중인 학생들을 위한 워크숍 코스입니다. 조사 기술과 글쓰기 테크닉이 강조될 것입니다. "편집하기"(영문과 교실 505)는 저널리즘에서 윤리적이고 법적인 이슈들뿐만 아니라 목차와 교정 교열, 개인 교습 작가들을 포함하게 될 것입니다. ②두 수업을 등록하려면 강사들로부터의 허락이 필요합니다. ③전제조건에 대해 질문이 있으시면 학부 웹사이트를 방문해 주시기 바랍니다.

질문: 발표의 목적은 무엇인가?
(a) 곧 있을 영문과 수업에 대해 학생들에게 알려주기 위해
(b) 영문과 웹사이트에 학생들을 방문하게 만들기 위해
(c) 출판을 위한 논문을 준비하는 방법에 대해 학생들에게 알려주기 위해
(d) 모든 수업에 강사의 허락이 필요하다는 점을 학생들에게 알려주기 위해

해설
지문의 목적을 묻는 대의 파악 문제이다. ①영문과에는 내년에 2개의 과정이 새로 제공될 예정이며, ②수업 등록을 위해서는 강사의 허락이 필요하고 ③질문이 있으면 웹사이트를 방문하라고 안내하고 있다. 따라서 발표의 목적은 '곧 있을 영문과 수업 안내'임을 알 수 있다.

18. 제목 찾기 ★★☆   정답 (a)

Although clinical depression has become widely recognized as a legitimate illness, ① **sufferers may still have a difficult time getting support from the workplace.** Often this is not because resources are unavailable. Rather, it is because depressed employees do not seek them out. ②**Many people suffering from mental illness are reluctant to ask for**

해석
임상우울증이 적법한 질병으로 널리 인식되어왔지만, ①아직도 환자들은 직장에서 지원을 받는 데 힘든 시간을 보내야 할지도 모릅니다. 때때로 그 이유는 이러한 지원을 이용할 수 없기 때문이 아닙니다. 그보다는 우울증을 겪고 있는 직원들은 이러한 지원을 얻으려고 하지 않기 때문입니다. ②정신질환을 앓고 있는 많은

17.
workshop n. 연수회
nonfiction n. 소설, (이야기 외의) 산문 문학
publication n. 출판, 발행
copy editing 교정, 교열
prerequisite n. 전제, 조건
direct v. ~로 향하다

18.
clinical depression 임상 우울증
legitimate a. 정당한, 적당한
illness n. 병(질환)
employee assistance 근로자 지원

help because they feel doing so will affect their job. Others feel they will not be able to afford treatment. However, well over half of employers say they would be willing to find help for a depressed employee. ③Many companies already have employee assistance agencies in place to refer sufferers to mental health services covered by employee insurance.

Q: Which of the following is the best title for the passage?
(a) Depression Resources at Work
(b) Common Depression Symptoms
(c) Work-Related Mental Illness
(d) The Stigma of Depression

사람들의 경우, 이러한 지원을 받게 되면 자신의 직장에 영향을 미칠 수도 있다고 생각하기 때문에 도움을 청하는 것을 꺼려합니다. 또 다른 사람들은 회사가 치료에 필요한 금액을 감당할 수 없을 거라고 생각합니다. 그러나 고용주의 절반 이상은 우울증을 겪고 있는 환자를 도와줄 방법을 기꺼이 찾아 보겠다고 이야기하고 있습니다. ③많은 기업들은 환자들에게 고용 보험으로 비용이 충당되는 정신적 건강 서비스를 정신 질환을 겪고 있는 직원에게 제공하기 위해 근로자 지원 부서들을 이미 운영하고 있습니다.

질문: 지문의 제목으로 가장 적합한 것은?
(a) 우울증에 대한 직장 지원
(b) 일상적인 우울증 증상
(c) 일과 관련된 정신 질환
(d) 우울증의 오명

해설
지문의 제목을 묻는 문제이다. ①임상우울증 환자들은 직장에서 지원받기 어려운데, ②그 이유는 자신의 정신 질환이 직업에 영향을 미칠까 두려워서 도움을 청하지 못하기 때문이지만 ③보험을 통해 많은 기업들이 정신 건강에 관련된 비용을 충당할 수 있도록 지원하고 있다고 설명하고 있다. 따라서 지문의 제목으로는 '우울증에 대한 직장 지원'이라는 (a)가 적절하다.

19.

catch up 따라잡다, 따라가다
slim a. 빈약한, 보잘것없는
interfere with ~을 방해하다

19. 주제 찾기 ★★☆   정답 (b)

Just about everyone knows what it's like to look forward to a weekend of sleeping in after a hectic week. ①However, the possibility of "catching up" on sleep after a period of all-night homework marathons is slim. Studies show that subjects who slept little during the week did not recover normal reaction times and cognitive abilities even after sleeping a solid eight hours for two or more days. A better option is to sleep as much as possible before a busy week. ②Studies found that subjects who slept ten hours a night for a week recovered more quickly from the week of poor sleep that followed.

Q: What is the main topic of the article?
(a) Why sleeping more than ten hours is harmful
(b) How lack of quality sleep affects the mind
(c) How stress levels interfere with sleep patterns
(d) Why the amount of sleep needed changes with age

해석
바쁜 한 주를 보내고 주말에 잠자기를 고대한다는 것이 어떤 의미인지 거의 모든 사람들은 알고 있습니다. ①그렇지만 밤새도록 숙제를 하느라 잠을 못 잔 후 밀린 잠을 보충하는 일은 어렵습니다. 연구에 따르면 주중에 거의 잠을 자지 못한 실험 대상자들은 2일 이상의 기간 동안 8시간씩 수면을 취했음에도 불구하고 평균적인 반응 시간과 인지능력을 회복하지 못하는 것으로 나타났습니다. 더 나은 선택은 바쁜 한 주를 시작하기 전에 가능한 한 많이 수면을 취하는 것입니다. ②연구에서 일주일 동안 하루에 10시간을 잔 실험 대상자들은 그 이후 잠을 잘 못 자게 되는 주로부터 더 빠르게 회복된다는 사실을 확인했습니다.

질문: 지문의 주제는 무엇인가?
(a) 10시간 이상 자는 것이 해로운 이유
(b) 질적인 수면 부족이 심리에 미치는 영향
(c) 스트레스 수치가 수면 패턴을 방해하는 방법
(d) 수면시간이 나이와 함께 변해야 하는 이유

해설
지문의 주제를 묻는 문제이다. 지문의 내용을 보면 ①연속적으로 밤을 샌 뒤에 밀린 잠을 보충하는 것은 효과 없는 일이며, ②그보다는 바쁜 날을 보내기 전에 충분히 수면을 취하는 것이 더 빠른 회복에 좋다고 설명하고 있다. 따라서 지문의 주제는 '부족한 잠으로 인한 심리적 영향'이라는 (b)가 적절하다.

20.

footage n. 장면, 화면

nothing but 그저 ~일 뿐인

soothing music 마음을 달래주는 음악함

focus group 포커스 그룹 (시장 조사나 여론 조사를 위해 각 계층을 대표하도록 뽑은 소수의 사람들로 이뤄진 그룹)

bizarre a. 기이한, 특이한

---

20. 제목 찾기 ★★☆　　　　　　정답 (c)

In a world where thousands of channels are available, Dan FitzSimons still saw a gap. It annoyed him that when the show he was watching went to commercial and there was nothing entertaining to watch until it came back on. From this problem, The Puppy Channel was born. ①**For twenty-four hours a day, seven days a week, he proposed a channel that would show nothing but puppy footage set to soothing music.** Television executives rejected FitzSimon's idea. However, focus groups showed that audiences would love it. ②**In fact, 31% of those surveyed preferred it to a popular comedy channel and more than 40% said they would choose it over cable news.**

Q: Which of the following is the best title for the passage?
(a) Bizarre Business Incidents
(b) Why Animals Relieve Stress
(c) Channel Offers Pets Over Commercials
(d) Comedy Stations No Longer Popular

해석

수천 개의 채널이 이용 가능한 세상에서 Dan FitzSimons는 여전히 빈틈을 보았습니다. 보고 있던 쇼가 광고로 넘어 갔다가 다시 시작될 때까지 시청할 만한 흥미거리가 아무것도 없다는 사실에 그는 짜증이 났습니다. 이러한 문제로부터 Puppy Channel이 탄생되었습니다. ① 하루 24시간 일주일에 7일 동안 마음을 달래주는 음악에 맞춰 강아지 장면을 보여주는 채널을 그는 제안했습니다. 텔레비전 경영진들은 FitzSimon의 아이디어를 거절했습니다. 그러나 포커스 집단들을 통해 시청자들이 Puppy Channel을 좋아하게 될 것이라고 밝혔습니다. ② 실제로, 조사에 응한 사람들 중 31%는 인기 코미디 채널보다 Puppy Channel을 좋아했으며, 40%이상의 사람들이 케이블 뉴스 보다 Puppy Channel을 선택하겠다고 이야기했습니다.

질문: 지문의 제목으로 가장 적합한 것은?
(a) 기이한 비즈니스 사고들
(b) 동물들이 스트레스를 완화시키는 이유
(c) 광고보다 애완동물을 제공하는 방송
(d) 더 이상 인기가 없는 코미디 방송

해설

지문의 제목을 묻는 문제이다. ①Dan FitzSimons는 광고 대신 볼 수 있도록 여러 방송사에 음악을 배경으로 강아지 장면을 방영하는 Puppy Channel을 제안했고, ②설문조사에서 높은 비율로 인기 프로그램보다 강아지 방송 채널을 선호하는 것으로 밝혀졌다고 이야기하고 있다. 따라서 지문의 제목으로 적절한 것은 '광고보다 애완동물의 모습을 제공'한다는 (c)이다.

21.

haunt v. 귀신(유령)이 나타나다

ominous a. 불길한

Anubis 아누비스 (이집트 신화: 죽은 자의 신으로 죽은 자의 심장을 달아서 생전의 행위를 판정; 머리는 자칼이고 몸은 인간의 형상)

scale n. 저울

Ammit 암무트 (이집트 신화: 죽은 자를 먹는 여인)

gold-gilded a. 금박을 입힌, 도금을 한

---

21. 주제 찾기 ★★☆　　　　　　정답 (b)

In ancient Egypt, dogs and jackals were not family pets as they are today, but haunted the edges of the desert among the tombs and cemeteries. ①**Eventually the ominous black dog-creature was depicted as Anubis, the mythical "lord of the dead," with a half-human body.** ②**Anubis guarded and protected tombs, prepared physical remains for burial, and also guided the soul.** Using scales, he weighed the hearts of the dead and measured them against the weight of a feather. If the heart was lighter, the soul was led to the god Osiris. If it was heavier, Anubis would feed

해석

고대 이집트에서 개와 자칼은 오늘날과 같은 애완동물은 아니었지만 사막 끝에 무덤과 묘지 사이에서 출몰하였습니다. ①결국 불길한 검은 개는 반인 반수의 모습을 한 "죽은 자들의 신" Anubis의 형상으로 표현되었습니다. ②Anubis는 무덤을 지키며 보호하고 시체의 매장을 준비하며 또한 영혼을 안내했습니다. 저울을 사용하는 그는 죽은 자의 심장 무게를 측정하여, 깃털의 무게와 비교했습니다. 만약 깃털보다 심장이 더 가벼우면 영혼은 Osiris 신에게 인도되었습니다. 심장이 더 무거울 경우 Anubis는 그 영혼을 걸

the soul to Ammit the Devourer. The most famous depiction of Anubis is the beautiful black and gold-gilded statue of an all-canine body from the tomb of Tutankhamen.

Q: What is the main idea of the passage?
  (a) Most gods in ancient Egypt were half human and half animal.
  (b) Dogs developed into a mythological symbol in ancient Egypt.
  (c) Ancient Egyptians feared dogs because they thought they were gods.
  (d) Egyptian gods had jobs as well as animal characteristics.

신 Ammit에게 먹이로 주었습니다. 가장 유명한 Anubis의 묘사로는 Tutankhamen 묘지에서 나온 온통 개의 형상을 한 아름다운 검은색과 황금색으로 도금된 조각상입니다.

질문: 지문의 주제는 무엇인가?
  (a) 고대 이집트의 많은 신들은 반인 반수였다.
  (b) 개들은 고대 이집트에서 신화적 상징물이 되었다.
  (c) 고대 이집트 인들은 개들이 신이라고 생각했기 때문에 개를 두려워했다.
  (d) 이집트의 신들은 동물적 특성을 가졌을 뿐만 아니라 직업도 가졌다.

해설

지문은 주제를 묻는 문제이다. 지문의 전반적인 내용을 보면 ①고대 이집트에서 검은 개와 자칼은 신화 속 '죽은 자들의 신' Anubis으로 여겨졌으며, ②이들은 영혼을 인도하고 무덤을 지키는 존재였다고 설명하고 있다. 따라서 이 글의 주제는 '고대 이집트의 신화적 상징물이었던 개'라는 (b)가 정답이다.

22.

Brachial Plexus 상완신경총

intricate a. 복잡한

spinal cord 척수, 등골

traumatize v. 엄청난 충격을 주다

trauma n. 정신적 외상, 트라우마

extensive a. 광범위한

rehabilitation n. 사회 복귀, 재활치료

impaired a. 손상된, 제 기능을 못하는

---

22. 주제 찾기 ★☆☆　　　　　　　　　　정답 (a)

Sometimes a hand, arm or shoulder can become disabled even if it is not diseased or injured. The nerves and muscles of the shoulder, arm and hand are controlled by what is called the Brachial Plexus, a dense, intricate network of nerves originating from the spinal cord. ①**If the Brachial Plexus is traumatized, there can be partial or total loss of function in the limb, even if the shoulder, arm or hand itself is not directly damaged.** Symptoms include numbness, weakness, burning sensation, severe pain and complete loss of function. Mild traumas to the Brachial Plexus may heal on their own, ②**but serious injuries in which nerves are stretched or torn require extensive treatment and rehabilitation.**

Q: What is the main topic of the passage?
  (a) Some limbs can be impaired even it is not directly injured.
  (b) The surgery required for a Brachial Plexus injury is dangerous.
  (c) New surgical procedures have been developed for shoulder injuries.
  (d) Nerves can become stretched or torn very easily in humans.

해석

만약 병이 걸리지 않거나 다치지 않을지라도 때때로 손, 팔 또는 어깨는 못쓰게 될 수 있습니다. 어깨, 팔, 손의 신경과 근육은 상완신경총이라고 부르는 빽빽하고 복잡한 신경망에 의해 통제되며, 이 신경망은 척수로부터 옵니다. ①**심지어 어깨, 팔, 손 자체가 직접적으로 피해를 입지 않았을지라도 상완신경총이 엄청난 충격을 받게 될 경우 사지의 기능을 부분적 또는 전체적으로 상실할 수 있습니다.** 증상에는 무감증, 약함, 화끈거리는 느낌, 심한 고통과 완전한 기능 손실이 있습니다. 상완신경총에게 가해진 완만한 정신적 외상은 스스로 치유가 될 수 있지만 ②**이 부위의 신경이 늘어지거나 찢어진 심각한 부상일 경우 광범위한 치료와 재활 치료가 요구됩니다.**

질문: 지문의 주제는 무엇인가?
  (a) 사지의 일부분은 직접적으로 부상을 당하지 않았을지라도 제 기능을 못할 수 있다.
  (b) 상완신경총 손상으로 인한 수술은 위험하다.
  (c) 새로운 수술 과정들이 어깨 부상을 위해 개발 되고 있다.
  (d) 신경들은 신체 내에서 쉽게 늘어지거나 또는 찢어질 수 있다.

해설

지문의 주제를 묻는 문제이다. 지문의 내용을 보면 병에 걸리거나 다치지 않아도 손, 팔, 어깨는 못쓰게 될 수 있다는 말을 시작으로, ①이 부분의 근육은 충격을 받게 되면 기능을 상실할 수 있고 ②심각한 부상일 경우에는 적절한 치료가 필요하다고 설명하고 있다. 따라서 지문의 주제는 '사지의 일부분인 손, 팔, 어깨는 직접적인 부상이 아니라도 제 기능을 못할 수 있다'는 (a)가 가장 적절하다.

variant n. 변종, 이형

contagion n. 전염병

accelerate v. 가속화하다

troop n. 무리

necessitate v. ~을 필요하게 만들다

curtail v. 축소, 단축시키다

alarming a. 걱정스러운, 경고를 주는

devastating a. (대단히) 파괴적인

---

23. | 세부 사항 ★★★ | 정답 (a)

No one knows the precise origin of the 1918-1919 Spanish influenza variant that killed 20 to 40 million people across the world, but ① **historians agree that the biggest reason the contagion spread so quickly was accelerated ship and troop movements around the world necessitated by the needs of World War I.** In the spring of 1918, the first U.S. wave struck Kansas and spread throughout military training camps. It then moved through the busy port of Boston in September that same year on ships loaded with infected crews and soldiers. ②**The virus killed an alarming 200,000 in October, but after people amassed in huge crowds to celebrate the end of the Great War, one quarter of the US and one-fifth of the world were infected with the world's most devastating epidemic.**

Q: What contributed to the global spread of the Spanish Influenza?
  (a) **Troop and ship movements required by WWI**
  (b) The fact that no one curtailed the epidemic after the first wave
  (c) People gathering in large crowds to celebrate Armistice Day
  (d) Lack of sufficient vaccine in the early 1900s

해석

1918년에서 1919년 사이 전세계 2천에서 4천만 인구를 죽음에 이르게 한 스페인 독감 변종의 근본적인 원인을 아는 사람은 없지만 ①역사학자들은 그렇게도 빠르게 이 전염병이 확산한 가장 큰 요인으로 세계1차 대전 당시 배와 군사의 전 세계적인 이동을 꼽고 있습니다. 1918년 봄, 미국의 첫 타격은 Kansas를 강타했으며, 군사훈련 캠프를 통해 질병이 확산되었습니다. 그 후 같은 해 9월, 분주한 Boston 항구를 통해 감염된 승무원들과 군사들을 실은 배 위에서 독감이 확산되었습니다. ②10월에 이 바이러스는 200,000명이라는 무서울 정도의 많은 생명을 앗아갔는데, 이는 전쟁이 끝난 것을 축하하기 위해 대규모로 사람들이 모인 후 미국인의 1/4과 전 세계의 인구의 1/5이 세계적으로 가장 파괴적인 전염병에 감염되었습니다.

질문: 스페인 독감의 전 세계적 확산에 기여한 것은?
  (a) 세계 1차 대전으로 인한 군대와 전함의 이동
  (b) 첫 번째 병의 타격 이후 어떤 사람도 전염병을 축소시킬 수 없었던 것
  (c) 휴전 기념일을 축하하기 위해 대규모로 모였던 사람들
  (d) 1900년대 초기 충분한 백신의 부족

해설

지문은 스페인독감 변종의 확산 요인에 대한 내용이다. ①역사학자들은 스페인 독감의 확산 원인으로 제1차 세계대전 당시 전세계적으로 배와 군사를 이동해야 했던 일을 꼽고 있으며, ②1918년 10월 전쟁이 끝난 것을 축하하기 위해 수많은 사람이 모인 자리에서 감염이 확산되어 엄청난 규모의 인명을 앗아갔다고 설명하고 있다. 따라서 스페인 독감의 전 세계적 확산은 '전쟁을 위해 군대와 전함이 이동하는 과정 때문'이라는 (a)가 가장 적절하다.

24.

be afflicted with ~에 시달리다, ~을 앓다

double-athetoid 중복부 불수의운동

cerebral palsy 뇌성 마비

---

24. | 내용 일치 ★★☆ | 정답 (a)

One of the most remarkable figures in modern literature is Irish author Christy Brown, famous for his autobiography, My Left Foot, made into an Academy Award-winning film. Christy's mother noticed extraordinary awareness in her disabled child. Afflicted with double-athetoid cerebral palsy, damage to Christy's brain left him unable to speak or use his body. ①**Yet, at age 5, he miraculously picked up a piece of chalk with his toes. Excited, his mother taught him to write.** ②**His doctor became so inspired he introduced Christy**

해석

현대 문학의 가장 중요한 인물 중 한 사람은 자서전 '나의 왼발'로 유명한 아일랜드 작가 Christy Brown이며, '나의 왼발'은 아카데미 상을 수상한 영화로 만들어지기도 했습니다. Christy의 어머니는 장애를 가진 아이에게서 남과 다른 점이 있다는 것을 알아차렸습니다. 중복부 불수의운동을 앓은 Christy는 뇌 손상으로 인해 말을 하거나 몸을 사용할 수 없었습니다. ①그러나 5살 때 그는 기적적으로 발가락으로 분필 조각을 집어 들었습니다. 흥분한 엄마는 그에게 쓰는 것을 가르쳐

---

to established writers of his day, including **Cecil Day Lewis and Frank O'Connor.** Christy also displayed a talent for art, and painted over 250 works for the Disabled Artists Association. But he continually returned to literature, writing three more novels and three poetry collections, all of which have been published.

Q: According to the passage, which of the following is correct?
  (a) It was unusual that Christy Brown could pick up a piece of chalk.
  (b) Christy Brown made an Academy Award winning movie.
  (c) Christy Brown's doctor didn't really believe he could write.
  (d) Frank O'Connor was inspired by Christy Brown's work.

주었습니다. ②의사 선생님도 많은 영감을 얻어 Christy를 Cecil Day Lewis와 Frank O'Connor 같은 당 대 유명한 작가들에게 소개시켜 주었습니다. Christy는 또한 미술에 재능을 발휘하였는데, 장애인 화가 협회를 위해 250개 이상의 작품을 그렸습니다. 그러나 그는 계속 문학으로 회귀하여 세 개 이상의 소설과, 세 개의 시집을 썼으며, 이 모든 작품은 출판이 되었습니다.

질문: 지문의 내용으로 옳은 것은?
  (a) Christy Brown이 분필 조각을 잡은 것은 특이한 일이었다.
  (b) Christy Brown은 아카데미 상을 수상한 영화를 만들었다.
  (c) Christy Brown의 의사는 그가 쓸 수 있다는 사실을 정말 믿지 않았다.
  (d) Frank O'Connor는 Christy Brown의 작품으로 영감을 얻었다.

해설
지문의 내용과 일치하는 것을 묻는 문제이다. 지문의 내용을 보면 '나의 왼발'로 유명한 Christy Brown은 ①5살에 발가락으로 분필 조각을 집어 들어 엄마를 흥분시켰으며, ②의사선생님도 이를 통해 당 대 유명 작가를 소개시켜 주었다고 설명하고 있다. 따라서 주어진 보기 중에서 지문의 내용과 일치하는 것은 'Christy Brown이 분필 조각을 잡은 것은 범상치 않은 일이었다'는 (a)이다.

25.

aqueduct n. 송수로(교)
feat n. 위업, 개가
reinforce v. 보강하다
employ v. 사용하다
tiered a. 줄(단)로 배열된
arch n. 아치형 구조물
dependent on ~에 의존한(매달린)
trough n. 물통
gravity n. 중력, 중대성
archway n. 아치형 입구
ravine n. 산골짜기, 협곡
bore v. 구멍을 뚫다
cistern n. 물탱크, 수조
cubic meter 입방 미터

25.   세부 사항 ★★☆   정답 (b)

①**The aqueducts of Rome were a feat of engineering genius that employed the world's first reinforced concrete.** The Roman aqueducts were incredible system of tiered stone arches supporting a high trough that brought water from the mountains down into ancient Rome. ②**Entirely dependent on gravity, 230 miles of the 260-mile system** are not the high stone archways seen in photos, which **only served to move the water across ravines and low spots.** The majority of the aqueduct system had been bored through rock and hidden along hillsides. Water gradually descended into a ring of giant cisterns on the high ground around Rome, where it entered the city through vast networks of lead pipes. ③**Impressively, the ancient system delivered up to a cubic meter of water per person—more than cities usually supply today.**

Q: According to the passage, what is NOT a notable feature of the aqueducts?
  (a) They were constructed with reinforced concrete.
  (b) They delivered water from ravines into the city.

해석
로마의 송수로는 ①세계 최초의 강화 콘크리트를 사용한 설계 천재성의 위업이었습니다. 로마의 송수로는 산에서 고대 로마 안으로 물을 끌어오는 높은 여물통을 지탱하고 있는 줄로 배열된 돌 아치형 구조물의 놀라운 시스템입니다. ②전적으로 중력에 의존하고 있는 260마일에 이르는 이 시스템의 230마일은 사진으로 보는 높은 돌 아치형의 작품으로서가 아니라 산골짜기와 낮은 지역을 지나쳐서 이동하는 물의 흐름을 위한 것이었습니다. 송수로 시스템의 대부분은 돌을 뚫고 산비탈을 따라 숨겨진 채 설치되었습니다. 물은 점차적으로 로마의 높은 지대에 있는 거대한 수조의 원안으로 내려받아졌습니다. ③인상적이게도, 고대 시스템은 1인당 물 1입방 미터가 이송되었는데, 이는 오늘날의 일반적인 도시 공급량보다도 많은 양이었습니다.

질문: 지문에 따르면, 송수로의 뛰어난 특성이 아닌 것은?
  (a) 그들은 강화 콘크리트로 만들어졌다.
  (b) 그들은 협곡에서 도시로 물을 이동시켰다.
  (c) 그들은 물을 이동시키기 위해 중력에 완전히 의지했다.

(c) They relied solely on gravity to transport water.
(d) They supplied more water per person than most modern systems.

(d) 그들은 가장 현대적인 시스템보다도 1인당 더 많은 물을 제공하는 것이었다.

해설

지문은 로마의 송수로에 대한 내용이다. 로마의 송수로는 ①세계 최초 강화 콘크리트를 사용했으며, ② 전체적으로 중력에 의존했으며 단순한 작품이 아니라 물을 이동시키는 시스템이었고 ③1인당 물 공급량이 현대보다도 많았다고 설명하고 있다. 따라서 보기 중 물을 '협곡'이 아니라 '산'에서 로마 시내로 이동시킨 것이므로, 로마 송수로의 특징이 아닌 것은 (b)이다.

26.

platter n. 접시
mouth-watering a. 군침이 도는
breaded a. 빵가루를 묻힌
exceptional a. 특출한
entree n. 주요 요리, 앙트레
succulent a. 즙이 많은
sauté v. 기름에 살짝 튀기다
tie n. 동점, 무승부

26. 내용 일치 ★★☆　　　　정답 (c)

Tuscan Gardens is pleased to announce our new "Customers' Choice" dinner special. ① **As a result of our survey,** your choice for Appealing Appetizer this week is Lasagna Fritta: a platter of mouth-watering individually breaded lasagna bites with pork ravioli. ②**Your choice of Exceptional Entree is Sicilian Spiced Scampi: eight large, succulent shrimp sautéed in extra-virgin olive oil with wine, garlic, lemon and our new chef's special blend of Sicilian spices.** Thanks for your choice of a fine wine to accompany your meal: our own Tuscan Gardens Classic Pinot Grigio! There was a tie for Delicious Dessert, and we have decided to feature them both! ③**You can choose from our legendary Towering Tiramisu, or our exotic Cassata alla Siciliana, with custard, pudding, and ice cream.** Remember, when you're here, you're Italian! Benvenuto!

Q: Which of the following is correct about the special?
(a) Items are based on the new chef's special blends.
(b) The specials are for lunches as well as dinners.
(c) Items were all chosen by customers from a survey.
(d) Each of the dishes is served hot.

해석

Tuscan Gardens은 "고객의 선택"이라는 새로운 저녁식사 특별메뉴를 발표하게 되어 기쁘게 생각합니다. ①저희의 조사 결과, 이번 주 가장 매력 있는 애피타이저로 Lasagna Fritta가 선정되었는데, 이것은 돼지고기 라비올리와 군침이 돌게 만드는 각각의 빵 가루 묻힌 라자냐 조각을 곁들인 음식입니다. ②우수한 주 요리에 대한 고객의 선택인 Sicilian Spiced Scamp으로, 이것은 와인, 마늘, 레몬, 그리고 새로운 주방장의 특별 시실리안 양념 소스와 함께 엑스트라 버진 올리브 오일로 살짝 튀긴 8마리의 크고 즙 많은 새우요리입니다. 식사와 곁들이는 훌륭한 와인으로 저희가 보유하고 있는 Tuscan Gardens Classic Pinot Grigio를 선택해주신 점 감사합니다. 맛있는 디저트로는 무승부를 이뤘는데, 저희는 두 가지 음식을 모두 선정하기로 결정했습니다. ③고객 분들은, 저희의 전설적인 Towering Tiramisu와, 커스터드와 푸딩, 그리고 아이스크림을 곁들인 이국적인 Cassata alla Siciliana 중에서 선택하실 수 있습니다. 기억해주세요, 손님께서 이곳에 오실 때는 이탈리아인이 되신다는 점을요! Benvenuto!

질문: 특별 요리에 대한 내용으로 옳은 것은?
(a) 요리 품목들은 새 요리사의 특별 양념을 기초로 하고 있다.
(b) 특별 요리들은 저녁뿐만 아니라 점심식사 메뉴이기도 하다.
(c) 요리 품목들은 설문조사에서 고객들에 의해 모두 선정되었다.
(d) 각각의 요리는 뜨겁게 제공된다.

해설

지문의 내용과 일치하는 것을 묻는 문제이다. Tuscan Gardens는 새로운 저녁 특별 메뉴를 발표한다는 말을 시작으로 ①특별 메뉴는 고객의 선택에 관한 조사를 통해 선정되었는데, ②Sicilian Spiced Scamp은 주방장의 특별 양념소스가 함께 곁들어져 있으며, ③후식으로는 아이스크림을 곁들인 Cassata alla Siciliana와 Towering Tiramisu가 선택되었다고 설명하고 있다. 따라서 주어진 보기 중에서 특별요리에 대한 내용으로 옳은 것은 (c)이다.

solar panel 태양 전지판

compromise v. 타협하다, 절충하다

integrity n. 완전한 상태

curvaceous a. 곡선미가 있는

roofing n. 지붕공사

flexible a. 신축성 있는, 융통성 있는

laminate n. 합판 (얇은 판을 여러 장 붙여 만든 것)

adhere v. 들러붙다, 부착되다

polymer n. 중합체, 고분자

---

27. 세부 사항 ★★☆   정답 (c)

Many people like the idea of saving money on monthly electric bills by installing solar panels, but don't like compromising the look or integrity of their roofs. Sole Power now has award-winning curvaceous solar roofing sections that have the look of terra cotta tile. ①**Made of a flexible solar laminate adhered to a polymer base in the shape of traditional Mediterranean tiles, ②they can produce 10% to 15% more energy than solar panels.** A few sections can be installed, more can be added later, or the whole roof can be covered at once. ③**Monthly electrical bills can be cut up to 50% depending on the number of sections.** Stop by Dean's Roofing today for a computer calculation of cost versus savings, and a coupon for 25% off installation of same-day orders.

Q: According this ad, why are solar roofing tiles better than solar panels?
(a) Solar panels are much flatter than Mediterranean tiles.
(b) Solar tiles can reduce the cost of installing solar power.
(c) Solar tiles produce more energy than solar panels.
(d) Flexible solar laminate can only be adhered to a flat panel.

해석

많은 사람들은 태양 전지판의 설치를 통해 매달 전기사용 요금 지불 비용을 절약할 수 있다는 생각은 좋아하지만, 지붕에 외형이나 온전함과 타협하고 싶어하지 않습니다. Sole Power는 테라코타 타일처럼 보이는 곡선미 있는 태양 지붕 공사로 상을 받았습니다. ①전통적인 지중해 타일의 모양을 기본으로 고분자에 부착된 신축성 있는 태양 합판으로 만들어진 이것은 ②일반 태양 전지판보다 10%에서 15% 더 많은 에너지를 생산할 수 있습니다. 몇몇부분은 먼저 설치되고 나머지부분은 나중에 추가해도되며 혹은 한번에 지붕전체를 바꿀수도 있습니다. ③매달 지불하는 전기료는 그 설치 부분의 수에 따라 최고 50%까지 절약할 수 있습니다. 오늘 Dean's Roofing을 방문하셔서, 비용대비 절약 정도가 얼마인지 계산을 확인하시고, 당일 주문 시 25%의 할인 쿠폰을 받으세요.

질문: 광고에 따르면, 태양열을 이용한 곡선타일이 태양 전지판보다 나은 이유는?
(a) 태양 전지판은 지중해 타일보다 훨씬 더 납작하다.
(b) 태양열을 이용한 타일은 태양 전력 설치에 들어가는 비용을 줄일 수 있다.
(c) 태양열을 이용한 타일은 태양 전지판보다 더 많은 에너지를 생산할 수 있다.
(d) 신축성이 있는 태양열 합판은 납작한 합판에만 부착될 수 있다.

해설

지문은 태양 전자판에 대한 내용이다. 곡선미 있는 타일을 이용한 Sole Power는 ①전통적 지중해 타일 모양으로 일반 태양전지보다 더 많은 에너지를 생산할 수 있고 ②Sole Power 설치 면적에 따라 전기료는 최대 50%까지 절약할 수 있다고 설명하고 있다. 따라서 태양열을 이용한 곡선 타일이 태양 전지판보다 나은 이유로 적절한 것은 문장②의 내용을 담고있는 (c)이다.

28.

be replaced with ~로 교체하다

infrastructure n. 사회(공공) 기반 시설

civilian n. 민간인

official n. 관리, 임원

daunting a. 벅찬, 겁나는

mountainous a. 산악의

ecologically adv. 생태계(학)적으로

diverse a. 다양한

---

28. 요지 ★★★   정답 (c)

①**Strong empires have always needed a good system of well-engineered roads** because, eventually, military might has to be replaced with the business of governing. Governing requires infrastructure for more than the movement of soldiers. There must be the travel of civilian officials, of news, of traders, and the transport of gold, metals and agricultural goods. For the ancient Incas, building a good network of roads posed a

해석

①강력한 제국에는 군대가 통치 집단으로 교체되어야 했기 때문에 항상 잘 정비된 도로의 훌륭한 시스템이 필요했습니다. 국가를 통치하기 위해서는 군사를 이동시키는 것 이상의 사회적 공공시설이 요구됩니다. 민간 관리들과 뉴스, 무역들의 이동과 황금, 금속, 농산물의 이동이 그것일 것입니다. 고대 잉카인들에게는 도로망을 잘 건설하는 것은 벅찬 일이었습니다. 이 왕국은 생태학적으

terrain n. 지형, 지역

suspension bridge 현수교

solid a. 단단한

conquistador n. 정복자

thriving a. 번성(번영)하는

passage n. 통로, 길

daunting challenge. Their empire ruled millions of people spread over a vast area of South America's mountainous, ecologically diverse terrain, which also required the construction of reliable suspension bridges and solid cliff-side passages. Many of the roads the Incas built can still be traveled today. ② **Unfortunately, these grand highways were also beneficial to the Spanish Conquistadors, and ultimately contributed to the thriving empire's downfall.**

Q: What is the main idea of this passage?
- (a) A strong government is not effective without a strong military.
- (b) South America was a challenging area in which to build roads.
- **(c) Building good roads ironically contributed to the Incas' downfall.**
- (d) Suspension bridges were necessary to complete the network of roads.

로도 다양한 지역인 남아메리카의 산림의 광활한 지역에 걸쳐 수백만 명을 통치하고 있었는데 이곳 역시 의지할 만한 현수교와 절벽 가의 단단한 길의 건설이 필요했습니다. 잉카인들이 세운 도로중 많은 곳에 오늘날에도 여행할 수 있습니다. ②불행하게도 이러한 거대 도로는 또한 스페인 정복자들에게는 이점이 되었으며, 결국 번성하던 이 왕국이 멸망하는데 이바지하였습니다.

질문: 지문의 주제는 무엇인가?
- (a) 강력한 군대 없이는 강력한 정부가 효과 없다.
- (b) 남아메리카는 도로를 만들기에 도전적인 지역이었다.
- **(c) 좋은 도로를 만드는 것은 아이러니하게도 잉카의 멸망에 이바지했다.**
- (d) 현수교는 도로망을 완성하는 데 필수적이다.

해설

지문의 주제를 묻는 문제이다. ①강력한 제국에는 훌륭한 도로 시스템이 필요로 했으나 ②잉카인들의 잘 건설된 도로망은 스페인 정복자들의 침입을 도와 결국 잉카를 멸망하게 하였다고 설명하고 있다. 따라서 지문의 주제는 '좋은 도로가 오히려 잉카를 멸망하게 했다'는 (c)가 가장 적절하다.

29.

Graduate Assistant 대학원 조교

unrivaled a. 경쟁자(상대)가 없는

display v. 드러내다(보이다)

extraordinary a. 보기 드문, 비범한

warmth n. 따뜻함

lagging a. 뒤떨어지는, 늦는

academic advisor 지도 교수

community service 지역(사회) 봉사 활동

well-rounded a. 다재 다능한

29.　내용 일치 ★☆☆　　　　　　정답 (a)

To whom it may concern,
It is my honor to recommend Daniel Wentworth as a Graduate Assistant in your department. Daniel's consistently high G.P.A. has kept him at the top of his class, and his passion for pursuing a career in university teaching is unrivaled. ①**Daniel displayed extraordinary warmth, patience and ability in all levels of student teaching, bringing a significant number of lagging grades up to scholarship potential.** ② **In my capacity as mentor and academic advisor,** I have personally watched Daniel grow into a bright, intelligent leader with the focus necessary to be an asset to both students and colleagues. ③**Active in the tennis program and a number of community service projects,** Daniel has, in my opinion, proven himself to be a well-rounded, more-than-qualified candidate for your program.

Sincerely,
Lawrence Washington

해석

담당자님께,
귀하의 학과 조교로 Daniel Wentworth을 추천하는 점 영광스럽게 생각합니다. Daniel의 꾸준하게 높은 G.P.A는 그를 학급에서 1위로 항상 유지하게 했으며, 대학 강의 일을 찾고자 하는 그의 열정은 누구보다 뒤지지 않습니다. ①Daniel은 보기 드문 따뜻함과 인내심과 함께, 남보다 뒤쳐진 학생에서부터 장학금을 받을 만한 수준까지 다양한 수준의 많은 학생들을 가르칠 수 있는 능력을 보여주었습니다. ②멘토이자 지도 교수로써의 능력 안에서 저는 개인적으로 Daniel이 학생들과 동료들의 자산이 되는 사람이 되기에 필수적인 장점을 지닌 밝고 지적인 지도자로 성장하는 것을 지켜보았습니다. ③테니스 프로그램과 다양한 지역 사회 봉사 활동의 일원으로 활발히 활동하고 있는 Daniel은 제가 보기에 귀하의 프로그램에 다재 다능하면서도 기대 이상의 자격을 갖춘 후보자가 되기에 스스로를 증명해왔습니다.

Lawrence Washington 드림

Q: Which of the following is correct according to the letter?

(a) Daniel is not yet a graduate assistant.

(b) Lawrence Washington is the head of the graduate program.

(c) Daniel won a large number of tennis tournaments.

(d) Daniel had done a little bit of student teaching.

질문: 편지에 대한 내용으로 일치하는 것은?

(a) Daniel은 아직 대학 조교가 아니다.

(b) Lawrence Washington은 졸업 프로그램의 수장이다.

(c) Daniel은 대규모의 테니스 토너먼트에서 우승했다.

(d) Daniel은 학생을 가르치는 일을 약간 했다.

해설

지문의 내용과 일치하는 것을 묻는 문제이다. 지문의 주된 내용은 학과 조교로 Daniel을 추천한다는 것이다. 추천을 하는 세부적인 근거들을 살펴보면 ①Daniel은 다양한 수준의 학생들을 많이 가르쳤고, ②Lawrence Washington은 Daniel의 지도교수라고 자신을 밝히며, ③그가 테니스 프로그램에도 활발히 활동했다고 소개하고 있다. 따라서 편지 내용과 일치하는 것은 '그는 아직 대학 조교가 된 것은 아니다'라는 (a)가 답이다.

30.

prehistoric a. 선사 시대의

sophisticated a. 수준 높은, 지적인

antelope n. 영양

Lascaux 라스코 동굴 (Grotte de Lascaux)

celestial a. 하늘의, 천체의

constellation n. 별자리, 성좌

pinpoint v. 정확히 찾아 내다

Pleiades n. 묘성(昴星)

cluster n. 무리

corroborate v. 확증(입증)하다

artifact n. 인공물, 유물

30.　내용 일치 ★★☆　　　　　정답 (a)

Were our prehistoric ancestors 17,000 years ago more sophisticated than we thought? What if the paintings of bulls, horses and antelope in the prehistoric caves at Lascaux, in central France, contained drawings of celestial constellations? ①**A number of astronomers have been identifying recognizable constellations such as the stars of the Summer Triangle in the Shaft of the Dead Man, and the constellation Taurus.** Dr. Michael Rappenglueck of the University of Munich has pinpointed a map of the Pleiades star cluster above a bull near the entrance, corroborated by Spain's Dr. Luz Antequera Congregado. If this is true, what does it mean for us now? ②**Evidently we'll have to rethink many things we have assumed about early humans, and the difference between their technological ability to make artifacts and their intellect.**

Q: Which of the following is correct from evidence presented in the article?

(a) There are drawings in these caves that correspond with astronomy.

(b) It is strong proof that prehistoric astronomy existed as a science.

(c) It is proof that artists, even prehistoric, can also be astronomers.

(d) Constellations may have looked different in the past.

해석

17,000년 전 선사시대 선조들은 우리가 생각한 것보다 더 지적인 수준이 높았을까요? 프랑스 중부 Lascaux의 선사시대 동굴들 속에 소, 말, 영양의 그림이 하늘의 별자리에 관한 그림이 포함되어 있었다면 어떨까요? ①수많은 천문학자들이 'Shaft of the Dead Man' 벽화에 여름 대 삼각형 별자리 같은 성좌를 찾아 확인해 오고 있습니다. 뮌헨 대학의 Michael Rappenglueck 박사는 스페인의 Luz Antequera Congregado 박사에 의해 입증된 동굴 입구 근처 소 벽화 위쪽에 묘성의 별 무리에 관한 지도를 정확히 찾아냈습니다. 만약 그것이 사실이라면, 이것은 우리에게 무엇을 의미하는 것일까요? ②선사시대 선조들에 대해서 성각해왔던 것들과 공예품을 만들었던 그들의 기술적 능력과 지적인 능력 사이의 차이점에 관해 우리가 추정했던 많은 것을 분명 재고해 보아야 할 것입니다.

질문: 기사에서 제시된 증거에 대해 사실인 것은?

(a) 동굴 안에는 천문학과 일치하는 그림들이 존재한다.

(b) 선조시대 천문학이 과학처럼 존재했다는 강력한 증명이 된다.

(c) 심지어 선사시대에도 미술가가 천문학자도 될 수 있었음을 증명한다.

(d) 별자리들은 과거에 다르게 보였을 수도 있다.

해설

지문의 내용과 일치하는 것을 묻는 문제이다. 프랑스 Lascaux 선사시대 동굴의 그림을 보면, ①여름 대

삼각형 별자리 성좌를 볼 수 있는 데, ②이것은 그들의 지적인 능력이 우리가 생각했던 것보다 높을 수 있다는 것을 의미한다고 설명하고 있다. Lascaux 동굴 벽화를 통해 17000년 전의 선조들도 오늘날의 우리와 유사한 천문학적 지식을 가지고 있다는 것을 알 수 있으므로, 기사에 제시된 증거에 대한 내용 중 사실인 것은 (a)이다.

31.

aspiring a. 출세지향적인

economic downturn 경기의 내리막

staple n. 주식

immune system 면역 체계

kidney bean n. 강낭콩

lentil n. 편두, 렌즈콩

molybdenum n. 몰리브덴

enzyme n. 효소

detoxify v. 해독하다, 독성을 없애다

hydrocarbon n. 탄화수소

civilization n. 문명

upholstery n. 가구 덮개(시트)

disinfectants n. 소독약, 살균제

pesticides n. 살충제, 농약

fragrance n. 향기, 향

---

31. 세부 사항 ★★☆   정답 (d)

Whether people are starving students, aspiring actors, or in an economic downturn, at certain times it's necessary to learn a nutritious yet inexpensive way to eat. "Going cultural" can keep you full yet stretch a budget. ①**You can "go eastern," and use rice as your basic staple, or "go western," and use potatoes. ② But the most important consideration when on a budget diet is to keep the immune system strong. ③This means beans—black beans, kidney beans and lentils, the highest in molybdenum.** Molybdenum is the mineral necessary for the liver to produce the enzyme that detoxifies hydrocarbons, the by-products of civilization we can't escape—car exhaust, plastics, upholstery, cleaners, disinfectants, pesticides, fragrances. Eating canned or cooked beans every day will keep your immune system going strong until things improve.

Q: Which of the following does the writer NOT recommend?
(a) Eat beans every day to help your immune system.
(b) Rice can be used to many of your meals.
(c) Eat potatoes as one of your main foods.
(d) Try to cook more meals at home.

해석

배고픈 학생들이든, 출세지향적인 배우들이든, 또는 경기의 내리막을 겪고 있든 지 간에, 사람들은 어느 특정 시기에 영양은 풍부하지만 가격은 비싸지 않은 것을 필수적으로 알아야 합니다. "문화적으로 되기"는 배를 부르게 만들 수는 있으나 예산을 늘릴게 만듭니다. ①여러분은 "동양적"이 되어 쌀을 기본 주식으로 이용할 수도 있고, "서양적"이 되어 감자를 주식으로 사용할 수도 있습니다. ②그러나 가장 중요하게 고려해봐야 할 점은 예산에 맞는 식습관이 면역 체제를 건강하게 유지할 수 있는가입니다. 이 말은 ③몰리브덴이 높이 함유된 검정 콩, 강낭콩, 렌즈 콩 같은 콩 종류를 의미합니다. 몰리브덴은 우리가 피할 수 없는 문명의 부산물인 배기가스, 플라스틱, 가구 시트, 살균제, 농약, 향수에서 나오는 탄화수소의 독성을 없애는 효소를 생산하는 간에 필수적인 미네랄입니다. 매일 콩 통조림이나 조리된 콩을 먹는 것은 경제 상황이 나아질 때까지 면역체계를 강하게 유지할 것입니다.

질문: 다음 중 작가가 추천하지 않는 것은?
(a) 면역 체계에 도움이 되는 콩을 매일 먹어라.
(b) 쌀은 식사에서 많은 부분에 사용될 수 있다.
(c) 주 요리의 하나로 감자를 먹어라.
(d) 집에서 더 많은 음식을 요리하려고 노력하라.

해설

지문을 읽고 세부 사항을 파악하는 문제이다. ①쌀이나 감자를 주식으로 사용할 수도 있으나, ②중요한 것은 식습관이 면역 체제를 건강하게 유지할 수 있는 지 확인하는 것이며, ③이를 위해 몰리브덴이 높이 함유된 콩 종류를 섭취해야 한다고 설명하고 있다. '집에서 더 많은 음식을 요리하라'는 (d)의 내용은 지문에서 언급되지 않았으므로 정답은 (d)이다.

32.

commercial a. 상업의

oceanic a. 대양(바다)의

salvager n. 인양선, 구조선

shipwreck n. 난파선

levanter n. 지중해의 강한 동풍

strait n. 해협

warship n. 전함

standstill n. 정지

---

32. 내용 일치 ★☆☆   정답 (b)

Life for a commercial oceanic salvager can change the instant they locate a shipwreck full of treasure. ①**Such good luck happened when the biggest treasure in the history of the world was finally found a mile deep in**

해석

상업 대양선의 운명은 그들이 보물 가득한 난파선의 위치를 파악한 순간 변할 수 있습니다. ①이러한 행운은 세계 역사상 가장 큰 보물이 Gibraltar 지역의 해협 1마일 깊이에서 발견되었을 때 일어났습

the Straits of Gibraltar. ②It was the HMS
Sussex, a British warship headed for France
via the Mediterranean Sea in 1694 carrying
a secret cargo of gold and silver now worth
over a billion dollars. The ship got caught in
a "levanter," a fierce wind out of the western
Mediterranean so strong that, today it can bring
an eastward flying airplane to a near standstill.
③The treasure cannot be recovered until
British governmental archaeologists
reach an agreement with the commercial
salvagers, who have the technology to raise
the wreck.

Q: Which of the following is correct according to
the article?
  (a) The Sussex treasure was so deep it was
      difficult to salvage.
  **(b) The ship full of treasure is still at the
      bottom of the sea.**
  (c) The wreck cannot be salvaged due to
      strong winds at sea.
  (d) The wreckage of an airplane was found in
      the sea.

니다. ②난파선은 1694년 지금의 가치로
는 10억 달러 상당의 금과 은의 비밀 화
물을 싣고 지중해를 거쳐 프랑스로 향하
던 영국 전함 HMS Sussex였습니다. 이
배는 지중해 서쪽 외곽에서 부는 강한 바
람인 "levanter"를 맞았는데, 이 바람은
오늘날 동쪽으로 날던 비행기를 근처의
정거장으로 가져갈 만큼 매우 강한 것이
었습니다. ③보물은 영국 정부의 지질학
자들이 난파선을 끌어 올릴만한 기술을
가진 상업대양선과의 동의서를 작성할
때까지 발견할 수 없습니다.

질문: 기사의 내용으로 옳은 것은?
  (a) Sussex의 보물은 너무 깊이 있어
      인양하기가 어려웠다.
  **(b) 보물로 가득한 배는 여전히 바다
      의 바닥에 있다.**
  (c) 난파선은 바다의 강한 바람들 때
      문에 인양할 수 없었다.
  (d) 비행기의 난파는 바다에서 발견되
      었다.

해설
지문의 내용과 일치하는 것을 묻는 문제이다. ①상업 대양선이 세계 역사상 가장 큰 보물을 발견했는
데, ②이 보물을 싣고 있는 난파선은 영국 전함 HMS Sussex로, ③난파선 구조를 위해 영국 정부의
지질학자가 상업대양선과의 동의서 작성할 때까지는 바다 속에서 인양할 수 없다고 설명하고 있다. 아
직 배는 바닷속에서 금과 은을 실은 채 인양되지 않았으므로, '여전히 배가 바다 바닥에 있다'는 (b)가
일치하는 내용이다.

33.

write scores 악보를 쓰다

interpretation n. 해석, 이해

engage v. 고용하다

transcribe v. 편곡하다

composition n. 작품

melodic line 선율

soloist n. 독주자

concertmaster
  n. 수석 바이올린 연주자

conduct v. (특정 활동을) 하다

33. 세부 사항 ★☆☆   정답 (b)

Golden Tones Music Academy is now accepting
applications to fill the position of music director.
Job tasks include engaging services of composers
to write scores, and meet with them to discuss
interpretations of their work. The music
director must transcribe musical compositions
and melodic lines for adaptation to a particular
group or style. The music director must meet
with soloists and concertmasters in preparation
for performances, direct rehearsals, and in order
to conduct performances. ①In addition, the
music director must perform administrative
tasks which include developing budgets,
applying for grants, negotiating contracts,
and producing promotional materials.
②Minimal requirements are a BA or
MA in music and a minimum of 3 years
experience. Applications will be accepted by
mail, fax, or online.

해석
Golden Tones Music Academy에서
는 음악 감독을 담당할 지원자를 모집하
고 있습니다. 업무는 악보를 쓸 작곡가
를 초빙하고, 작품의 이해를 토론하기
위해 그들과 만나는 일을 포함합니다.
음악 감독은 특정 그룹이나 스타일에 적
용을 위해 뮤지컬 작품과 선율을 편곡할
수 있어야 합니다. 음악 감독은 공연 시
행을 위해 공연, 정확한 예행연습에서
독주자와 수석 연주자들과 함께 만나야
합니다. ①게다가 음악 감독은 예산 책
정, 보조금 요청, 계약 협의, 판촉물 제
작을 포함한 행정적인 업무들을 수행해
야 합니다. ②기본 조건은 음악 전공에
학사 또는 석사학위를 갖추고 있어야 하
며, 최소 3년의 경력이 필요합니다. 지원
서들은 메일, 팩스, 또는 온라인으로 접
수합니다.

Q: Which candidate would stand the best chance
of being hired?
(a) A candidate who knows accounting
**(b) A candidate who has been a music
director for 3 years**
(c) A candidate with a background in public
speaking
(d) A candidate who is good at marketing and
promotion

질문: 다음 중 가장 고용될만한 지원자
는?
(a) 회계를 아는 지원자
**(b) 3년 동안 음악 감독으로 일했던
지원자**
(c) 화술에 관련된 경험이 있는 지원
자
(d) 마케팅과 홍보를 잘하는 지원자

해설
Golden Tones Music Academy에서 음악 감독을 구하고 있다는 말을 시작으로, ①음악감독은 행정
적인 업무도 수행해야 하며 ②최소 3년간의 경력과 음악 전공 학사 또는 석사 학위를 기본으로 갖춰야
한다고 공고하고 있다. 따라서 가장 고용될만한 자는 '3년 동안 음악감독으로 일했던 지원자'인 (b)이
다.

34.

groom v. 다듬다
public a. 공공의
archery n. 활 쏘기
invent v. 발명하다
keep track of
~를 따라가다, 추적하다

34. 추론 ★★★　　　　　　　　　　　　　정답 (b)

①**When golf was invented hundreds of years
ago in Scotland, courses were nothing like
they are today.** The grass was only groomed by
sheep and rabbits. ②**Games had to be played
over, under, around and through the wild
and natural obstacles of the existing terrain.**
③In addition, golf in those days was played on
public land, which **meant sharing the course**
with strolling families, picnic blankets spread out
on the grass, and **other sometimes dangerous
sports events such as cricket, horse racing
and archery.** Golf bags weren't invented until
1870, so the original purpose of a caddy was
to keep track of balls, clear a path through
obstacles, and make sure his golfer didn't get
run down by a horse or hit by an arrow.

Q: What does the passage imply?
(a) The majority of golfers prefer to play on
private courses.
**(b) Golf originally had to utilize existing
natural terrain.**
(c) There were no laws in ancient Scotland
regarding public safety.
(d) Golf equipment today is much safer to
use than in the past.

해석
①스코틀랜드에서 수백 년 전에 골프가
발명되었을 때, 코스들은 오늘 날의 그것
과는 전혀 달랐습니다. 잔디는 그저 양과
토끼들에 의해서만 다듬어졌습니다. ②
당시 경기 중인 야생과 자연적인 장애물
의 위아래, 주변과 그 사이로 진행되었습
니다. ③게다가 당시의 골프는 공공 장
소에서 시행되었는데, 지나가는 가족들
과, 잔디 위에 펼쳐져 있는 소풍 담요, 그
리고 가끔은 크리켓이나 승마, 활 쏘기와
같은 위험한 운동들이 펼쳐지고 있는 장
소를 공유해야 한다는 것을 의미합니다.
골프 가방은 1870년이 될 때까지 개발되
지 않았는데, 그래서 캐디의 원래 목적은
볼을 따라가고, 장애물을 통해 길을 내
며, 골퍼가 말에 부딪히거나 화살에 맞지
않도록 하는 일이었습니다.

질문: 지문을 통해 추론할 수 있는 것은?
(a) 골퍼의 대다수는 개인적은 코스에
서 운동하는 것을 선호한다.
**(b) 골프는 원래 자연 지역을 그대로
이용해야 했다.**
(c) 대중의 안전을 위한 법이 고대 스
코틀랜드에는 존재하지 않았다.
(d) 오늘 날의 골프 장비들은 과거에
서 보다 사용하기가 더 안전하다.

해설
지문을 통해 추론할 수 있는 것을 묻는 문제이다. ①스코틀랜드에서 최초로 발명된 골프는 지금의 코
스와 전혀 달랐는데, ②코스는 야생의 자연적인 장애물 속에서 이루어졌고 ③크리켓과 승마, 활 쏘기
와 같이 위험한 경기와 한 공간에서 이루어졌다고 설명하고 있다. 따라서 지문을 통해 추론할 수 있는
내용은 (b)이다.

35.

painting n. (물감으로 그린) 그림

drawing n. 그림, 소묘

recognizable a. 알아볼 수 있는

border v. ~에 아주 가깝다

clichéd a. 상투적인 문구, 낡은 투의

immortalize v. 불멸하게 하다

35. 주제 찾기 ★★☆　　　　　　정답 (a)

①**Famous artist Vincent Van Gogh was considered a failure until long after his death.** ②His own mother threw many of his works away, **and out of some 900 paintings and 1100 drawings, only one piece was sold during his lifetime.** Today, Van Gogh is considered the greatest Dutch painter after Rembrandt, and one of the most creative geniuses of all time. Both his name and impressionist style are so recognizable they can border on clichéd, appearing in popular media as cartoons, One stationery, mugs, T-shirts, in advertising and have been immortalized in more than one popular song. One hundred years after the artist's death, Van Gogh's "Portrait of Dr. Cachet" became the fourth highest-priced painting ever sold.

Q: What is the main topic of this passage?

(a) Van Gogh's art was not appreciated in his time.
(b) Tastes in art haven't changed much in 100 years.
(c) Society disapproved of people who didn't paint in the accepted style.
(d) Van Gogh did not receive good enough art training.

해석

①유명한 미술가인 Vincent Van Gogh는 그가 죽은 이후까지 실패한 예술가로 여겨졌다. ②그의 어머니는 그의 작품 중 많은 것을 던져 버렸고, 그가 살아 있는 동안 물감으로 그린 900개의 작품과, 1100개의 소묘 작품 중 오직 단 한 작품만이 판매되었습니다. 오늘 날 Van Gogh는 Rembrandt 이후 가장 위대한 네덜란드 화가이자, 항상 가장 창의적인 천재 중 한 명으로 여겨지고 있습니다. 그의 이름과 인상주의파 스타일은 너무 잘 알아볼 수 있어서 학용품, 머그 잔, 티셔츠 위에 만화처럼 대중매체에서 등장하며 하나 이상의 유행가 속에서 불멸로 존재해 오고 있습니다. 예술가의 죽음 이후 100년간, Van Gogh의 "가셰박사의 초상화"는 네번째로 가장 높은 가격에 팔린 작품이었습니다.

질문: 지문의 주제는 무엇인가?

(a) Van Gogh의 예술은 그 당시에 인정받지 못했다.
(b) 예술의 취향은 100년 이상 변하지 않았다.
(c) 사회는 받아들여지는 스타일로 그림 그리지 않은 사람을 인정하지 않는다.
(d) Van Gogh는 충분한 미술 교육을 받지 않는다.

해설

지문의 주제를 묻는 문제이다. 지문은 Vincent Van Gogh에 관한 내용으로, ①그가 죽었을 때까지 실패한 예술가로 여겨졌으며, ②그의 수많은 작품 중 살아 생전 단 1작품만 판매되었다고 설명하고 있다. 따라서 지문의 주제는 'Van Gogh의 예술이 당대에 인정받지 못했다'는 (a)가 적절하다.

36.

flying buttress
　　(대형 건물 외벽을 떠받치는) 반 아
　　치형 벽돌 또는 석조 구조물

eliminate v. 없애다, 제거하다

36. 추론 ★★☆　　　　　　정답 (b)

If you've ever wanted to explore the cathedrals of Europe, but felt the price was out of reach, Joy Now Travel would like to change your mind. ①**This summer, we are offering students a specially priced "Cathedral Tour" a complete travel package** that includes airfare, hotel accommodations, and tickets to specially guided tours of Notre Dame Cathedral and the Sainte Chapelle in Paris, as well as the four magnificent cathedrals at Chartres, Rouen, Reims and Amiens! You will learn how the flying buttress eliminated the need for a solid structural wall, freeing the space for vast expanses of stained glass windows. ②**This**

해석

만약 당신이 유럽의 성당들을 둘러 보고 싶었지만, 그 비용이 너무 부담스럽다고 느꼈다면, Joy Now Travel이 여러분의 마음을 바꾸고 싶습니다. ①**이번 여름, 저희는 학생들에게 특별히 할인된 완전한 "성당 투어" 여행 패키지를 제공하고 있는데,** 여기에는 항공요금과 호텔 숙박, 프랑스의 Notre Dame 성당과 Sainte Chapelle 입장권 및, Chartres, Rouen, Reims, Amiens의 웅장한 성당 4곳의 입장권을 포함하고 있습니다. 여러분은 얼룩진 유리 창문의 광활한 확장을 위해 플라잉 버트레스 공간을 없애면서 단단한 구조적 벽의 필요성을 상실한

fantastic offer is only available for the next two weeks and is sure to go fast, so call us now to book early.

Q: What can be inferred from the advertisement?
  (a) It is less expensive to travel during the summer.
  (b) This package is only available to students.
  (c) After two weeks the package will cost more.
  (d) Joy Now Travel is a discount tour guide service.

방법에 대해 알게 될 것입니다. ②이 환상적인 제안은 오직 앞으로 2주 동안만 이용가능하며, 여행을 조속히 확정하시면 이른 예약을 하기 위해 지금 바로 전화주세요.

질문: 광고로부터 추론할 수 있는 것은?
  (a) 여름 동안 여행하는 것이 덜 비싸다.
  (b) 이 패키지는 학생들만 이용 가능하다.
  (c) 2주 후에 패키지는 더 비싸질 것이다.
  (d) Joy Now Travel은 투어가이드 서비스의 할인이다.

해설
지문을 통해 추론할 수 있는 것을 묻는 문제이다. Joy Now Travel은 ①이번 여름에 학생들에게 특별 할인된 성당 투어 여행 패키지를 제공하는데, ②이 패키지는 2주 동안만 이용 가능하다고 설명하고 있다. 따라서 주어진 보기 중에서 광고로부터 추론할 수 있는 내용은 '학생들만 이용가능'의 (b)이다.

37.

predominately adv. 지배적인
worldwide a. 전 세계적인
found v. 설립하다, 세우다
predominately
    adv. 두드러진, 뚜렷한
initially adv. 처음에, 초기에

37. 추론 ★★☆   정답 (d)

①**In the 1800's, Dr. James Naismith brought his 13 rules for a game of skill that could be played indoors to Massachusetts and named it "basketball."** The first game was played using a soccer ball and two peach baskets. ②**From there, the game swept the nation,** and the NBA was founded in 1949. ③**But many people don't know that basketball has grown even larger worldwide.** FIBA, the "Federation Internationale de Basketball Amateur," was founded in 1932, and entered the Olympics in 1936. A study in 1997 showed that 300 million people—11% of the world—were playing basketball. Ten years later, that number was 450 million.

Q: What can be inferred from this passage?
  (a) Basketball became a worldwide sport when FIBA was founded.
  (b) Most basketball players are still in the United States.
  (c) Basketball is predominately a 20th century sport.
  (d) Basketball was initially limited to one country.

해석
①1800년대 매사추세츠에서, James Naismith 박사는 실내경기에 필요한 13개의 경기 규칙을 세우고, "농구"라고 이름을 지었습니다. 첫 번째 경기는 축구공과 2개의 복숭아 망을 이용하여 이뤄졌습니다. ②그 이후 경기는 나라 전체에 확산되었고, 1949년 NBA가 설립되었습니다. ③그러나 많은 사람들은 농구가 훨씬 더 전세계적으로 퍼지게 될지 알지 못했습니다. FIBA(Federation Internationale de Basketball Amateur: 국제 아마추어 농구 연합)는 1932년에 설립되었고, 1936년에는 올림픽에 출전하게 되었습니다. 1997년에 실시된 연구에서 전세계 11%인 3억 인구가 농구를 즐기고 있다고 밝혔습니다. 10년 후 그 수는 4억 5천만 명으로 증가되었습니다.

질문: 지문을 통해 추론할 수 있는 것은?
  (a) 농구는 FIBA가 설립되었을 때 전 세계적인 운동이었다.
  (b) 대다수의 농구 선수는 여전히 미국에 있다.
  (c) 농구는 두드러진 20세기 스포츠이다.
  (d) 농구는 처음에 한 나라에 한정되어 있었다.

해설
지문을 통해 추론할 수 있는 것을 묻는 문제이다. 지문은 농구에 관한 이야기로, ①1800년대 James Naismith 박사에 의해 만들어진 '농구'는 ②미국전체에 유행하였지만 ③처음 농구는 전 세계적으로 퍼지게 될지 알지 못했다'라고 하였다. 따라서 지문을 통해 추론할 수 있는 내용은 '농구는 처음에 한 나라에 한정되었다'라는 (d)이다.

38.

spin thread 실을 잣다

abdomen n. 배, 복부

farm v. 기르다, 사육하다

milk v. 뽑아내다

cannibalistic
  a. 동족을 잡아먹는, 야만적인

polymer n. 중합체

feasible a. 실현 가능한

---

38. 일관성 ★★☆　　　　　　　　　정답 (c)

Trying to harvest the finely spun "silk" thread from the abdomens of spiders is extraordinarily expensive and difficult, even though the silk itself is one of the strongest fibers in nature and has potential commercial value. However, all attempts to "farm" and "milk" spiders has been tried and abandoned. (a) Spiders are cannibalistic and cannot be raised together in farms, and you need millions of them. (b) It's just not cost effective when it takes 70 people four years milking more than a million spiders to make a single 4' x 11' piece of cloth. **(c) The milking fortunately doesn't harm the spiders.** (d) Scientists find it more feasible to use genetic technology to recreate the spider silk by creating new polymers and fusion silk proteins.

해석

비록 실크 그 자체가 천성적으로 가장 강한 섬유 중 하나이며, 잠재적으로 상업적 가치를 가지고 있음에도 불구하고 거미 배에서 잘 지어진 "실크" 실을 내기 위한 노력은 큰 비용이 들면서도 어려운 일입니다. 그러나 "사육하고"와 "뽑아내는" 거미에 대한 모든 시도가 시행되었다가 포기되었습니다. (a) 거미들은 동족을 잡아먹고, 농장에서 함께 사육될 수 없고, 양육 시 수백만 마리의 거미가 필요합니다. (b) 그것은 단지 4' x 11' 크기의 천을 만들기 위해 백만마리 이상의 거미의 실을 뽑아내는데 70명의 사람이 4년간의 시간이 걸리는 것은 단지 비용 대비 효과가 없습니다. **(c) 다행히도 실을 뽑아내는 것은 거미를 해치지는 않습니다.** (d) 과학자들은 새로운 중합체와 비단 단백질의 결합을 만들어 냄으로써 거미 실크를 재창조하기 위해 유전학적 기술을 사용하는 것이 더 실현 가능하다는 것을 알았습니다.

해설

지문을 읽고 흐름상 어색한 문장을 고르는 문제이다. 지문의 내용을 보면 거미를 통해 실크를 짜는 일은 어렵고 비용이 많이 드는 일인데, 그 이유는 (a)동료를 잡아먹는 특성으로 한 자리에 키울 수 없고, (b)비용대비 생산량이 적기 때문에 (d)대신 과학자들은 새로운 기술 개발을 통해 실크 대체 섬유를 개발했다고 언급하고 있다. (a), (b), (d)는 거미를 이용한 실크 생산의 난점에 관계된 이야기인데 (c)는 실 뽑는 일이 거미를 죽이지는 않는다는 의미로 내용상 흐름과 무관하므로 정답은 (c)이다.

39.

pot n. 항아리, 통

epotter's wheel 돌림판

tactile n. 촉각(촉감)의, 촉각을 이용한

willingness n. 기꺼이 하는 마음

knead v. 치대다

patty n. 패티 (동글납작하게 빚은 것)

cylinder n. 원통, 원기둥

outward a. 겉보기의, 외형의

---

39. 일관성 ★☆☆　　　　　　　　　정답 (c)

Making a pot on a potter's wheel is a satisfying, tactile experience requiring balance, a little practice, and a willingness to get covered with mud. Start with an apron, a potter's wheel, and some clay. First, knead the clay to get all the air bubbles out, center the ball on the wheel and start it turning. Keeping the clay centered, add water and spread it out into a thick patty. (a) Form a hole and carefully raise the edges, leaving more thickness toward the bottom for support. (b) Shape the pot into a straight cylinder, or bowl it outward, or squeeze it inward as you desire. **(c) Many pots tend to crack or break during the firing process.** (d) Remove the pot from the wheel with a wire and let it harden overnight before finishing.

해석

돌림판 위에서 항아리를 만드는 일은 균형과 약간의 연습, 그리고 기꺼이 진흙으로 뒤덮이는 일을 하고자 하는 마음이 필요하면서도 만족감을 주는 기분 좋은 경험입니다. 앞치마와 돌림판, 그리고 약간의 진흙으로 시작하세요. 우선 진흙이 공기 방울을 내보낼 수 있도록 치대고, 돌림판의 가운데에 둥근 진흙을 올려 놓은 뒤 돌리기 시작합니다. 진흙이 가운데에 오도록 유지하면서 물을 더하고, 두꺼운 패티로 펼쳐냅니다. (a) 구멍 형태를 만들고, 지지를 위해 바닥 쪽을 좀 더 두껍게 남겨놓으면서 가장자리를 조심스럽게 세웁니다. (b) 똑바른 원기둥으로 항아리의 모양을 잡거나 외형상 접시처럼 만들거나 또는 원하는 대로

해설

지문을 읽고 흐름상 어색한 문장을 고르는 문제이다. 돌림판을 이용한 항아리 만드는 방법은 진흙을 두꺼운 패티로 펼친 후 (a)구멍 형태로 만든 뒤 조심스럽게 세운 다음 (b)원기둥 모양이나 접시 모양으로 형태를 잡고 (d)마지막으로 돌림판에서 제거 후 하루 동안 말린다고 설명하고 있다. (a), (b), (d)는 돌림판을 이용한 항아리 만드는 방법에 대한 설명인데, (c)는 굽는 과정상에 일어나는 상황을 설명하고 있으므로 흐름상 어색한 문장이다.

40.

tamer n. 조련사

porpoise n. 알락 돌고래, 쇠물 돼지

few and far between 흔하지 않은

hands-on a. 직접 해 보는

40. 일관성 ★★★   정답 (c)

If you are thinking about going back to school to make a career change, consider the excitement of working with wild and exotic animals. True, employment opportunities for an upcoming lion tamer, porpoise and dolphin trainer, or bear wrestler are few and far between, but if you stick to a step-by-step plan, success can be achieved. (a) Begin by going back to school to learn zoology or veterinary medicine with a focus on the types of animal you prefer. (b) Then get hands-on experience by volunteering and then becoming an intern at a zoo, circus, wild animal park or rescue facility. **(c) Rescue facilities often work closely with a large number of different animals.** (d) Lastly, develop a professional resume and distribute it to all the places you would like to work.

해석

만약 직업의 변화를 위해 학교로 되돌아 갈 생각을 하고 있다면, 야생의 이국적인 동물들과 함께 일할 수 있는 흥미진진함을 고려해보세요. 사실, 앞으로의 사자 조련사, 알락 돌고래와 돌고래 훈련가 또는 곰 레슬러가 될 수 있는 고용 기회는 매우 드물고 흔하지 않지만, 만약 한 단계 한 단계 계획을 고수한다면 성공은 달성될 수 있습니다. (a) 선호하는 동물의 종류에 집중하며 동물학 또는 수의학을 배우기 위해 학교로 돌아가는 일부터 시작하세요. (b) 그 다음에는 자원봉사를 통해 직접 체험해보고, 그 다음에는 동물원, 서커스, 야생동물 공원 또는 구조 시설에서 인턴으로서 일해보도록 합니다. **(c) 구조 단체들은 종종 대규모의 서로 다른 종류의 동물들과 매우 가까이에서 일할 수 있습니다.** (d) 마지막으로 직업적인 이력서를 작성하여, 일하고자 하는 모든 장소에 배포합니다.

해설

주어진 지문을 읽고 흐름상 어색한 문장을 고르는 문제이다. 직업을 변경하기 위해 다시 학교로 돌아간다면 동물 관련 직업을 고려해보라는 말을 시작으로 (a) 학교 전공으로 동물학이나 수의학을 선택하고, (b) 자원봉사나 인턴십 과정을 참여해본 뒤 (d) 이력서를 작성하여 직장에 배포하라고 조언하고 있다. (a), (b), (d)는 동물관련 직업을 갖는 순서에 대한 조언인데, (c)는 구조단체에 대한 이야기이므로 나머지 내용과 어울리지 않는다. 따라서 정답은 (c)이다.

Part I ~ III

1 **(a)**	2 **(b)**
3 **(c)**	4 **(b)**
5 **(c)**	6 **(a)**
7 **(b)**	8 **(a)**
9 **(c)**	10 **(b)**
11 **(c)**	12 **(a)**
13 **(b)**	14 **(d)**
15 **(d)**	16 **(b)**
17 **(d)**	18 **(b)**
19 **(c)**	20 **(d)**
21 **(b)**	22 **(c)**
23 **(a)**	24 **(d)**
25 **(d)**	26 **(a)**
27 **(d)**	28 **(c)**
29 **(b)**	30 **(c)**
31 **(d)**	32 **(c)**
33 **(c)**	34 **(c)**
35 **(d)**	36 **(c)**
37 **(d)**	38 **(c)**
39 **(a)**	40 **(d)**

1.

star v. 주연(주역)을 맡다

questionnaire n. 설문지

kiosk n. 설문지, 키오스크(신문, 음료 등을 파는 매점)

language arts n. 국어, 언어과목

commemorative a. 기념하는

encyclopedia n. 백과사전

2.

institution n. 제도, 관습

bond n. 유대, 합의, 계약

obscure a. 잘 알려져 있지 않은

Part I

1. 빈칸완성 – 주제문 ★★☆　　　　　　　　　정답 (a)

Getting your kids to read more has never been easier than with In Story Inc.'s ________________________________. ①**Picture the joy on your little one's face as she flips through pages that contain adventures starring her!** You simply fill out a questionnaire, giving In Story certain information about your child's name, age, hobbies, and favorite games, and we do the rest! The difficulty isn't in encouraging her to read, but rather trying to get her to put the book down. Available online and at In Story kiosks located in your local shopping center. ②**Make it personal, with a gift from In Story Inc. today!**

(a) **personalized children's books**
(b) fiction and language arts tutor
(c) classes for beginning booklovers
(d) commemorative encyclopedia set

해석

자녀로 하여금 더 많은 책을 읽게 하려면 In Story사의 **개별화된 어린이 책들**과 함께하기 쉬운 일은 없습니다. ①**여러분의 조그만 아이가 자신을 주인공으로 한 모험 이야기가 들어 있는 책장을 넘기면서 그 얼굴 가득 즐거움이 넘치는 것을 떠올려 보세요!** 여러분은 그저 In Story의 질문서에 자녀의 이름, 나이, 취미, 좋아하는 게임에 관한 정보를 채우시기만 하면 됩니다. In Story 사의 책이라면 자녀에게 책을 읽도록 하는 어려움을 겪는 대신, 책을 내려놓지 않으려는 아이를 말리는 것이 더 어려워질 것입니다. 온라인이나, 지역 쇼핑센터의 In Story 키오스크에서 이용 가능하십니다. ②**오늘 In Story사의 선물과 함께 이용해보세요.**

(a) **개별화 된 어린이 책들**
(b) 소설과 언어과목 교사
(c) 책을 사랑하는 사람이 되기 위한 수업들
(d) 기념하는 백과사전 세트

해설

지문의 빈칸에 들어가기에 적절한 말을 묻는 문제이다. In Story사와 함께라면 자녀가 책을 더 많이 읽게 만들 수 있다는 말을 시작으로 그것을 뒷받침 하는 내용으로 ①자신을 주인공으로 한 모험이야기가 책 속에 있으며, ②In story사를 이용하여 동화책을 개별화하라는 이야기로 따라서 빈칸에는 In story사에서 발간하는 책의 특성이 들어가야 흐름상 자연스럽다. 따라서 '개별화된 어린이 책'이라는 (a)가 적절하다.

2. 빈칸완성 – 논리적 흐름 ★★☆　　　　　　　　　정답 (b)

The institution of marriage has been around for thousands of years, uniting loved ones in a bond recognized equally by both social and legal systems. ①For as long as it's been used, however, **there are many obscure traditions** of the wedding day that brides and grooms take for granted as something they "need to do" without taking into consideration ________________________________. ②**For example, weddings generally end with a kiss because in ancient Rome, a kiss was a legal bond that sealed contracts.** And why do the bridesmaids typically dress in similar bride-like gowns? ③**It was believed in ancient times that this might confuse, distract, or**

해석

사회적으로나 법적인 체제하에 사랑하는 사람들을 하나의 유대 관계로 융합시키는 결혼 제도는 수 천년 동안 이루어져 왔습니다. ①그러나 결혼제도가 오래된 만큼이나 결혼식 날 신랑과 신부가 **처음에 왜 시작되었는지에 대한 이유도** 고려도 하지 않고 당연히 "해야 할" 무언가로 여기는 모호한 **전통이 많이 있습니다.** ②예를 들어, 고대 로마에서 키스는 계약을 봉인하는 법적인 합의였기 때문에 결혼식은 일반적으로 키스로 끝납니다. 그러면 왜 신부 들러리는 보통 신부와 유사한 옷을 입을까요? ③그것은 고대에 경쟁 구혼자들, 악령, 도둑의 악의적인 의도를 혼란 시키고, 주의를 다른

take for granted ~을 당연시하다

take ~ into consideration ~을 고려(참작)하다

be implemented in 들여 놓다
    ritual n. 의식, 절차

confuse v. 혼란 시키다

distract v. (주의를) 딴 데로 돌리다

dissuade v. (~을 하지 않도록) ~를 설득하다

vile a. 극도로 불쾌한(나쁜)

intention n. 의도, 목적

rival n. 경쟁자, 경쟁 상대

suitor n. 구혼자

dissuade the vile intentions of rival suitors, evil spirits, and thieves. It is simply amazing just how many aspects of our everyday lives are derived from ancient beliefs and traditional rituals.

(a) how precisely each of them are to be completed
(b) why they were implemented in the first place
(c) what may be gained by doing them at all
(d) which of these rituals should be concluded first

곳으로 돌리거나 또는 방해하지 못하도록 설득한다고 믿어졌습니다. 얼마나 많은 현대 생활의 경향들이 고대의 믿음과 전통적 의식에서 기인하고 있는지가 그저 놀라울 뿐입니다.

(a) 최초에 그들 각각이 왜 완료되는지
(b) 처음에 왜 시작되었는지에 대한 이유
(c) 그것들을 함으로써 얻어지는 것
(d) 의식들 중 처음 행해져야 하는 것이 무엇인지

해설
지문은 결혼제도의 전통에 대한 내용으로 ①오래 전부터 행해진 많은 결혼식 전통이 있는데, ②키스는 법적인 합의를 의미했기 때문에 결혼식은 키스로 마무리가 되고, ③신부 들러리는 악의적인 의도를 혼란 시키기 위해 신부와 동일한 드레스를 입는다고 설명하고 있다. 빈칸에는 우리가 당연히 따르는 결혼식 관련 전통에 대해 우리가 알지 못하는 내용이 들어가야 흐름상 자연스럽다. 따라서 '처음에 왜 시작되었는지에 대한 이유'라는 (b)가 정답이다.

3.

3.

anthropological a. 인류학의

have a set 세우다

criteria n. 기준

sub-intelligent a. 덜 지적인, 덜 똑똑한

akin to ~와 흡사한, 유사한

ape n. 유인원

빈칸완성 – 주제문 ★★☆   정답 (c)

Today's real estate buyer has many major concerns about potential homes, but one stands out above the rest: location. A three-year-long anthropological study in Great Britain suggests that our prehistoric, cave-dwelling ancestors

___________________________. ①
A survey of approximately 190 caves in the northern England Peak District and 230 in the Yorkshire Dales shows that **people living from 4,000-2,000 BC had a set of strict criteria when choosing a home. The caves tended to be of fairly high altitude** with an entrance facing either east or west, and there was generally a flat gathering space outside of the cave. ②**Interior design was apparently just as important, as most of the caves had rather large openings and deeper passages.** Cave dwellers are traditionally depicted as sub-intelligent creatures more akin to apes than modern humans, but perhaps this study will shed a brighter light on their intellectual advancements.

(a) were more interested in size
(b) had no sense of property ownership
(c) might have felt the same way
(d) may have never settled down

해석
오늘 날 부동산을 사려는 사람에게는 구입 가능성이 있는 집에 대해 많은 중요한 관심거리가 있지만, 그 중 한 가지가 나머지보다 두드러집니다. 그것은 바로 위치입니다. 영국에서 3년간에 걸친 인류학적 연구에서, 선사시대 동굴에서 거주한 선조들도 **같은 방식의 느낌을 가졌다**고 밝히고 있습니다. ①대략적으로 영국 북부의 Peak District에 있는 190개의 동굴과 Yorkshire Dales의 230개 동굴을 조사한 결과 **기원전 4,000년에서 2,000년 사이에 살았던 사람들은 집을 선택할 때 엄격한 기준을 세운 것으로 나타났습니다.** 동굴들은 아주 높은 고도에 있으며 입구는 동쪽이나 서쪽을 향하고, 일반적으로 동굴 외벽 공간을 모아주는 납작한 장소였습니다. ②**대다수의 동굴들이 다소 넓은 입구와 더 깊은 통로를 가진 것만큼이나 내부 디자인은 분명히 중요한 것이었습니다.** 동굴에 거주하는 사람들은 전통적으로 현대 인간들보다 유인원에 가까운 지능 낮은 생물체로 묘사되고 있지만, 아마도 이 연구는 그들의 지적인 진보에 대해 더 밝은 해결의 빛을 던질 것입니다.

(a) 규모에 있어 좀 더 흥미롭다고
(b) 재산에 대한 소유의 감각이 없다고
(c) 같은 방식의 느낌을 가졌다고
(d) 결코 정착하지 않았을지도 모른다고

해설
지문은 오늘날 부동산을 사려는 사람들에게 가장 중요한 요소로 인식되고 있는 것이 위치라는 내용으로 시작하고 있다. 내용을 보면 ①Peak District의 수백 개의 동굴을 살펴본 결과 기원전 4,000년에서

2,000년 전의 사람들도 집을 선택할 때 엄격한 기준을 세웠는데, 장소에 대한 공통적인 특징이 있었고, ②선사시대 조상들에게 내부 디자인도 중요한 것이었다고 설명하고 있다. 현대에 집을 사는 것의 중요 기준인 '장소'가 선사시대의 선조에게도 동일하게 중요했음을 이야기하고 있으므로, 빈칸에는 현대와 선사시대 집 고르는 것에 대한 공통된 특징이 들어가야 한다. 따라서 '같은 방식의 느낌을 가지다'는 (c)가 적절하다.

4. 빈칸완성 – 논리적 흐름 ★★☆   정답 (b)

Keeping up to date on the wide world of sports is just as easy as pushing a button. ①**From your cell phone, you will be able to view current scores, statistics, and schedules of every major sporting event, of every major sport, everywhere in the world.** From automobile racing to baseball to cycling, from Jujutsu to Sumo, all the current facts and figures _______ _______________________________. ②**The application is one hundred percent user-friendly, updated every ten seconds,** and absolutely free for a limited time! You'll never have to wait for the morning sports pages again, just pick up your phone and push a button. It's as easy as that!

    (a) are here in this weekly newsletter
    (b) are at your immediate disposal
    (c) won't ever concern you again
    (d) are difficult to keep track of

해석
넓은 스포츠의 세계에 대한 최신 정보를 얻는 일은 그저 단추 누르는 일만큼 쉽습니다. ①휴대폰으로 매일 전세계에서 펼쳐지는 주요 스포츠 관련 행사 및 모든 경기의 최신 승점과 통계, 일정에 관한 내용을 확인할 수 있습니다. 자동차 경주에서 농구에서 사이클로, 주지츠에서 스모에 이르기까지 모든 현 사실과 수치들이 즉각적인 이용이 가능합니다. ②이 응용 프로그램은 100% 사용자가 사용하기 편한 방식이며, 10초 마다 업데이트 되고, 제한된 기간 동안은 완전히 무료입니다. 다시는 아침 신문의 스포츠 면을 기다리실 필요가 없습니다. 그저 전화기를 들고 버튼만 눌러주세요. 그렇게나 쉬운 일입니다.

    (a) 이번 주간 신문이 여기 있습니다
    (b) 즉각적인 이용이 가능합니다
    (c) 다시는 당신을 걱정하게 하지 않을 것입니다
    (d) 최신 정보를 기록하기가 어렵습니다

해설
지문은 스포츠 세계에 대한 최신 정보를 유지하는 일이 아주 쉬워졌다고 하면서 ①휴대폰으로 스포츠의 최신 정보를 얻을 수 있고, ②이 응용 프로그램은 10초마다 업데이트 된다고 설명하고 있다. 빈칸에는 다양한 세계의 경기에 대한 정보를 휴대폰을 활용하여 어떻게 이용할 수 있는지에 대한 특징이 들어가야 하므로 '마음대로 즉각적인 이용 가능'이라는 (b)가 적절하다.

5. 빈칸완성 – 주제문 ★★☆   정답 (c)

To Harry J. Peabody,
In light of recent events concerning the _______ _______________________________,
I feel compelled to write to you. We have always endeavored to bring you the absolute best customer service possible and ①**I fear that you will discover in the near future that no one will treat you better.** Because you have been such a loyal and trustworthy customer in the past, ②**I feel obliged to extend you an offer in the hopes that you'll change your mind and re-open your account.** By responding to this letter in the affirmative within the next ten days, ③**I will personally see to it that you are given a two-month credit, free of charge,**

해석
Harry J. Peabody 님께,
저희 회사와의 계약을 취소하신 최근 사건에 비추어 저는 귀하께 글을 써야겠다고 생각했습니다. 저희는 귀하께 항상 최고의 고객 서비스를 제공해 드리기 위해 노력하고 있습니다. ①그리고 저는 고객님께서 가까운 미래에 더 나은 대우를 해드릴 업체가 없다는 사실을 깨닫게 되실 것 같아 염려스럽습니다. 고객님은 지난 과거에 신뢰할만한 우수 고객님이셨기에 ②고객님께서 마음을 바꾸셔서 다시 계좌를 개설하실 거라는 희망을 품고 제안을 드려야 한다고 생각했습니다. 다음 10일안에 긍정적으로 편지에 대답을 해주시면 ③저는 개인적으로 고객님

and a two-tier upgrade to your account with extended benefits. Call or write to us now to hear what those fantastic benefits include. Mr. Peabody, I truly hope you'll reconsider and rejoin our team soon.
Best Regards,
Carlton Cisneros
General Manager

> (a) achievements of your goals under our direction
> (b) significant changes to our company's bylaws
> **(c) cancellation of your contract with our company**
> (d) inclusion of an extra family member to your contract

에게 2개월의 신용거래를 무료로 제공하고, 확장된 혜택으로 계좌를 2단계 업그레이드시켜 드리겠습니다. 이러한 멋진 혜택에 무엇이 포함되어 있는지 듣고 싶으시다면, 저희에게 지금 전화나 편지를 주세요. Peabody 님, 꼭 재고해주시고, 저희 팀에 곧 다시 들어와주시길 진심으로 바랍니다.

(a) 저희 지도 하에 목표를 달성
(b) 저희 회사의 조례에 중요한 변화
(c) 저희 회사와의 계약을 취소
(d) 계약에 추가적인 가족 구성원을 포함

해설

지문의 내용을 보면 편지를 쓴 사람은 ①고객이 근 시일 내에 자사만큼 만족할 만한 업체가 없다는 것을 깨닫게 될 것이며, ②마음을 바꿔 계좌를 다시 개설하길 바라는 희망으로 ③새로운 서비스를 제공해주겠다고 알려주고 있다. 지금의 내용을 통해서 고객을 다시 설득해서 자회사로 돌아오게 만들려고 하고 있음을 알 수 있다. 따라서 빈칸에 들어갈 편지 글을 쓰게 된 이유가 들어가는 것이 적절하므로 고객이 '회사와의 계약을 취소'했기 때문이라는 (c)가 가장 적절하다.

6.

employee union 노동 조합
manual laborer 육체 노동자
blue collar worker 육체 노동자
unionize
> v. 노동 조합을 결성하다, 노동 조합에 가입하다
cubicle n. 좁은 방
up in arms over 매우 화나서 강하게 저항하는
ever-increasing
> a. 늘어가기만 하는
lay-off n. 인원감축
benefit n. 혜택, 이득
reduction n. 축소, 삭감
stance on ~에 대한 입장
associate with ~와 관련되다
recession n. 경제 불황

6.   빈칸완성 – 논리적 흐름 ★★☆   정답 (a)

①**It seems the employee unions are no longer for manual laborers or general blue collar workers.** In the United States, the near future may bring an era of unionizing cubicle inhabitants. ②**The white collar community has been up in arms over ever-increasing lay-offs, massive benefit reductions, and the near-extinction of overtime pay.** With the government administration's new, encouraging stance on the formation of unions, office workers may join their forces ___________________________________. Traditionally, white collar employees strayed from unionizing because of their general positive advancement through individual hard work, not feeling the need to sign up for career support groups such as unions. ③**Experts say that it is because of the current economic hardships associated with recession that have changed the minds of the office worker population.**

> **(a) to demand more workplace respect**
> (b) in the fight against unemployment
> (c) with the blue collar community
> (d) for an organized massive strike

해석

①노조는 더 이상 육체 노동자들 만의 것이 아닌 것 같습니다. 미국에는 근시일 내에 노동조합을 결성하는 주민 단체들의 시대가 올 지도 모릅니다. ②사무직 집단은 계속 늘어가는 인원 감축, 많은 복지 감소, 거의 없어진 야근 수당에 대해 매우 분노하여 강하게 저항해왔습니다. 조합 형성에 관한 새로우면서도 장려하는 정부 입회기관의 태도와 더불어, 사무직 근로자들은 <u>업무 현장에서의 존경심을 좀 더 요구하는데</u> 힘을 모을 것입니다. 전통적으로 사무직 근로자들은 일반적으로 조합 결성을 통해 직업 지원 단체를 결성할 필요를 느끼기 보다는 개별적인 노고를 통해 긍정적인 진보를 이루었기에 노동조합 결성과 거리가 멀었습니다. ③전문가들은 사무직 근로자의 마음을 바꾸게 만드는 경제 불황과 관련된 경제적 어려움 때문에 이와 같은 현상이 일어나고 있다고 밝히고 있습니다.

(a) 업무 현장에서의 존경심을 좀 더 요구하는데
(b) 실업자를 상대로 한 싸움에
(c) 육체노동자 단체와 함께
(d) 조직화된 대규모의 파업을 위해

해설
지문은 전반적으로 노동 조합에 대한 내용이다. ①노동 조합은 더 이상 육체노동자만의 것이 아니며
②사무직 집단의 직장에 대한 분노와 저항이 증가하고 있고, ③전문가들은 사무직 근로자들의 노조가
경제적 이유로 일어나고 있다고 설명하고 있다. 빈칸에는 사무직 근로자의 노력의 목적이 들어가야 하
므로, '업무 현장에서의 존경심을 좀 더 요구'라는 (a)가 가장 적절하다.

7.

be taken aback (~에) 깜짝 놀라다
  (충격을 받다)

savings bond 저축 채권

gratification n. 만족감

7. 빈칸완성 – 논리적 흐름 ★☆☆   정답 (b)

Dear Uncle Gerald,
Thank you so much for the birthday gift. ①**I
have to admit that I was a little taken aback
when I saw it was a savings bond,** but after
some consideration, I've realized that ________
____________________. Sure I would
have loved a new stereo—and the video games
I got will keep me happy for a while—but in the
long term, those things are pretty meaningless.
②Times are hard, I know, and **when I'm
older and looking to do something really
special with my life—like get a car or buy
a house—the gift you gave me will be so
appreciated.** ③**It's time for me to start
thinking about the future and let go of
instant gratification. Thank you so much for
giving me a push in the right direction.**

With lots of love,
Joseph

(a) it's not what I thought it was at first
**(b) it's probably the best present of them
all**
(c) I can trade it to my brother for a real gift
(d) it's okay because you don't really know
me

해석
Gerald 삼촌께,
생일 선물 보내주셔서 정말 너무 감사 드
려요. ①선물이 저축 채권이라는 것을 알
았을 때 저는 조금 놀랐다는 것을 인정하
지 않을 수가 없어요. 그렇지만 잠시 생
각해보니, 그 모든 선물 중 최고일 거라
는 생각이 들었어요. 물론 새로운 스테레
오였다면 너무 좋았을 것이고, 제가 가졌
던 비디오 게임이 한동안 저를 행복하게
만들어 주겠지만, 장기적으로 그러한 것
은 아주 의미가 없는 것이에요. ②힘든
때라는 거 저도 알아요, 그리고 제가 더
나이가 들고 무언가 제 삶에서 정말 특
별한 것을 고대할 때 – 예를 들어 자동차
를 사거나 집을 살 때처럼 – 삼촌이 제게
주신 선물은 너무나 감사할 만한 일이 될
거에요. ③제가 미래에 대한 생각을 시작
하고, 순간적인 만족감을 털어버려야 할
때가 되었어요. 올바른 길로 저를 인도해
주셔서 정말 감사합니다.

사랑을 가득 담아,
Joseph 올림

(a) 처음에 제가 생각한 것이 아니라는
(b) 그 모든 선물들 중 최고일 거라는
(c) 제가 진짜 선물을 위해 남동생이랑 교
   환할 수 있는
(d) 삼촌이 저를 진정 알지 못하시기 때문
   에 괜찮다는

해설
지문은 삼촌에게 보내는 조카의 편지로, 내용을 보면 ①저축 채권을 선물로 받았을 때 무척 놀랐지만
②나이가 더 들었을 때 삼촌이 준 선물은 매우 감사드릴 만한 최고의 선물이며 ③미래를 준비하기에
바른 길로 인도 해주어 감사하다고 이야기하고 있다. 빈칸에는 생일 선물로 인해 느낀 것을 포괄할 수
있는 내용이 들어가야 하므로 '선물 중 최고'라는 (b)가 가장 자연스럽다.

8.

outing n. 여행(견학), 야유회

be riddled with (특히 나쁜 것이) 가
  득하다

contrive v. 용케(어떻게든) ~하다

sentiment n. 정서, 감정

loathe v. 혐오하다

orchestrate v. (오케스트라 용으로)
  편곡하다

8. 빈칸완성-주제문 ★☆☆   정답 (a)

The latest outing by mega pop group Supreem
is an album so riddled with clichéd lyrics,
contrived sounds, and silly sentiment that ①**I
find it impossible to call it music.** ②**I even
loathe the idea of writing about it**—the only
reason I do so is to hopefully convince you to
____________________. Songs such

해석
메가 팝 그룹 Supreem의 최신 행보는
상투적인 가사와 억지스러운 사운드, 그
리고 어리석은 정서로 가득하여 ①제가
도저히 음악이라고 부르기가 힘들었습
니다. ②저는 심지어 그것에 관해 글을
쓰는 생각조차 혐오스러울 뿐입니다. 제
가 글을 쓰는 단 하나의 이유는 제가 가

as "I Love to Love You, Love" and "Battle Cry of Love" are so terribly orchestrated and arranged that I couldn't even manage to get through them during the first listening. Love Love Love is Supreem's seventh and, if everyone else is as unhappy with it as I am, probably last album. Don't even bother giving it a try; ③**my advice is just to forget it ever existed in the first place.**

(a) stay as far away from it as possible
(b) buy it for someone who will enjoy it
(c) continue reading my music reviews
(d) create your own music albums at home

해설
지문의 내용은 Supreem의 새 앨범에 대한 평가이다. ①그의 새 앨범은 도저히 음악이라고 부르기가 힘들며, ②그것에 관한 글을 쓰는 것조차 혐오스럽고 ③그저 이 앨범이 존재했다는 것조차 잊고 싶다고 악평하고 있다. 빈칸에는 이 글을 쓰는 이유가 들어가는 것이 자연스럽기 때문에 '가능한 한 그 앨범으로부터 멀리 떨어져 계시기를'이라는 (a)가 내용의 흐름상 가장 적절하다.

9.

sympathizer n. 동조자

swastika n. 어금꺾쇠 십자표지(卍)

Third Reich 제3제국

Rudyard Kipling (1865-1936) 영국의 단편 소설가 · 시인; 노벨 문학상 (1907)

publication n. 출판, 발행

prior to ~ 에 앞서, 먼저

undoubtedly adv. 의심할 여지없이, 확실히

adamantly adv. 요지부동으로, 단호하게

9.　빈칸완성 – 논리적 흐름 ★★★　　　　　정답 (c)

There were many readers during the middle of the 20th century who were under the mistaken impression that beloved children's book author Rudyard Kipling was a Nazi sympathizer. In many older editions of the British writer's books, there appears the swastika symbol on the front covers. ①**Since each of his books was written and published before 1920 — well before the rise of the Third Reich** — it should be quite clear that they are not in reference to Hitler's party. ②**The swastika is an old Indian representation of good luck** and well-being and at the time of Kipling's publications, was a common design in general use. ③**Even prior to the Nazis coming into power, Kipling ordered the symbol removed from all future prints of his children's stories.** He was, in truth, undoubtedly and adamantly ___________
___________________________.

(a) cherished by the German people
(b) sympathetic of Indian culture
(c) opposed to the Nazi movement
(d) respected by his child readers

해석
20세기 중반에 인기 있는 어린이 동화책 작가 Rudyard Kipling이 나치 동조자였다는 잘못된 인상을 가진 많은 독자들이 있었습니다. 이 영국 작가의 더 오래 전에 나온 많은 책들의 표지에 어금꺾쇠 십자표시(卍)가 나타나 있었습니다. ①그의 책들은 각각 1920년 전부터 씌어지고 출판되었으며 당시는 제3제국이 떠오르기 이전이었기 때문에 책들이 Hitler의 나치당과 관계가 없었다는 점을 분명히 해야 합니다. ②어금꺾쇠 십자표시(卍)는 오래된 인도의 상징으로 행운과 안위를 나타내며 Kipling의 출판물 시대에도 일반적으로 사용되는 디자인이었습니다. ③심지어 나치가 세력을 가지기에 앞서 Kipling은 이 표시를 앞으로 인쇄될 그의 어린이 책에서 없애기로 했습니다. 사실 그는 의심할 여지없이 단호하게 **나치의 움직임에 반대했습니다.**

(a) 독일 국민들에게 사랑을 받았습니다.
(b) 인도 문화에 동정적이었습니다.
(c) 나치의 움직임에 반대했습니다.
(d) 어린이 독자들에 의해 존경 받았습니다.

해설
지문은 나치 동조자로 오해 받은 Rudyard Kipling에 대한 내용이다. ①그의 책은 제3제국이 떠오르기 이전에 이미 출판되었고, ②卍 표시는 행운을 의미하는 오래된 인도 상징으로 ③나치가 세력을 가지기 전부터 자신의 책에 卍 표시를 없애기로 했다고 설명하고 있다. 빈칸에는 Kipling작가의 태도에 대한 내용이 지문의 흐름에 따라 자연스럽게 들어가야 하므로 '나치에 대해 반대'했다는 (c)가 적절하다.

10.

emerge v. 나오다(모습을 드러내다)

fascinating a. 대단히 흥미로운, 매력적인

baffle v. 완전히 당황하게 만들다

recollection n. 기억(력)

comparable a. 비슷한, 비교할 만한

malady n. 병

10. 빈칸완성-논리적 흐름 ★★☆　　정답 (b)

There has emerged in recent years a fascinating and rare psychological condition which has baffled the scientific community. ① **Called hyperthymestic syndrome (from the Greek "thymes", for memory, and "hyper", for above normal), the malady allows the patient to remember every single detail of his or her life over the course of an extended period of time. ② The first known case was Jill Price who, since 1980, has been unable to __________ __________________________.** While many claim that she is fortunate to have such an extraordinary memory, ③**Price calls the condition a curse that keeps her up at night with vivid recollections of every insult, bad decision, and embarrassing moment she's experienced.** Since the discovery of hyperthymestic syndrome, there have been five more comparable cases and 50 other "possibles."

(a) remember important events in her childhood

(b) forget every moment of her waking adult life

(c) express feelings about personal experiences

(d) learn and store information from observation

해석

최근 몇 년 간 놀라우면서도 보기 드문 정신분석학적 조건이 등장하였는데, 그것은 과학계를 완전히 당황스럽게 만들었습니다. ①초기억 신드롬이라고 불리는 (그리스어의 "thymes"는 '기억'을 의미하며, "hyper"는 '보통 이상의'란 뜻에서 비롯된) 이 병은 환자로 하여금 그 또는 그녀 삶의 모든 사소한 세부사항까지도 더 오랫동안 기억하게 만드는 것입니다. ②처음 알려진 케이스는 Jill Price로 1980년 이후로 깨어있는 성인의 삶의 모든 순간을 잊어버릴 수 없었던 사람입니다. ③그녀가 그렇게 특별한 기억력을 가진 것은 행운이라는 많은 주장이 있었지만, Price는 이러한 상태에 대하여 자신이 겪은 모든 모욕이나 나쁜 결정들, 그리고 창피스러운 순간들에 대해 선명하게 기억하게 함으로써 밤 새 깨어있게 만드는 저주라고 부르고 있습니다. 초기억 신드롬의 발견 이후에 5명의 좀 더 비교할만한 케이스와 함께 "가능성이 있는" 50명이 있었습니다.

(a) 어린 시절의 중요한 사건들을 기억할 수

(b) 깨어있는 성인의 삶의 모든 순간을 잊어버릴 수

(c) 개인적인 경험들에 관한 감정을 표현할 수

(d) 관찰을 통해 정보를 배우고 저장할 수

해설
지문은 초기억 신드롬에 대한 이야기이다. ①초기억 신드롬은 세세한 기억까지 잊지 않는 현상이며 ② Jill Price라는 여자의 케이스를 통해 처음 알려졌으며 ③Price는 이 상태가 저주라고 표현했다고 설명하고 있다. 빈칸에는 Jill Price가 할 수 없었던 것이 들어가는 것이 자연스럽기 때문에 '깨어있는 모든 순간을 잊지 못했다'는 (b)가 흐름상 가장 자연스럽다.

11.

monarchy n. 군주제

dictatorship n. 독재 정부

democracy n. 민주주의

cyberocracy n. 사이버 체제

address v. 고심하다, 다루다

no fly list 비행금지 승객 명단

11. 빈칸완성 – 주제문 ★★☆　　정답 (c)

Governments rise and governments fall, no matter if they're monarchies, dictatorships, or democracies. History has shown us that ________________________________. ①**There are constantly new forms of government being theorized and experimented with in the hopes of finding the perfect match**

해석

그들이 군주제든, 독재 정부이든, 또는 민주주의이든 정권들은 흥했다가 망하게 됩니다. 역사는 우리들에게 **통치의 거의 모든 스타일이 결국에는 실패한다**는 것을 보여주었습니다. ①완벽한 사회를 위한 조합을 발견하고자 하는 희망으로 끊임없이 새로운 형태의 정권이 이론화 되고 실

for society. ②**One of the more recent ideas is cyberocracy,** which is meant to rule by effective forms of communication. Using advanced computer software and the Internet, cyberocracy would theoretically be able to find, address, and fix problems of state immediately. Human contact would only ever be needed in extreme cases and the head of state would potentially be a being of artificial intelligence. While cyberocracy seems to be a thing of science fiction, it is already being used today in various ways, including airline "no fly lists" and online chat forums.

    (a) small governing groups are the most successful
    (b) governments aren't necessary
    (c) most styles of rule eventually fail
    (d) people don't want to be ruled by anyone

험화됩니다. ②**가장 최근의 아이디어 중 하나는 사이버 체제론인데,** 이것은 의사소통의 효과적인 형태에 의해 통치하는 것을 의미합니다. 진보된 컴퓨터 소프트웨어와 인터넷을 사용하는 사이버 체제론은 이론적으로 국가의 문제를 찾고, 고심하고, 해결할 수 있습니다. 인간의 접촉은 오직 극적인 경우에만 필요로 될 것이며, 국가의 수장은 잠재적으로 인공 지능을 가진 존재가 될 것입니다. 사이버 체제론은 과학적 허구의 일종인 것으로 보이지만, 항공의 비행금지 승객 명단이나 온라인 채팅 포럼을 포함하여 많은 다양한 방법으로 오늘날 사용되고 있습니다.

(a) 작은 관리 그룹이 더 성공적이다
(b) 정권들은 필수적이지 않다
(c) 통치의 거의 모든 스타일이 결국에는 실패한다
(d) 사람들은 어떤 사람에 의해 통치 받는 것을 원하지 않는다

해설
지문은 어떤 정권이든 흥하다가 망하게 된다는 내용을 시작으로, ①끊임없이 새 정권이 만들어지고 있으며 ②가장 최신의 아이디어는 사이버 체제론이라고 설명하고 있다. 내용상 빈칸에는 정권의 종류와 관련하여 우리가 역사를 통해 알 수 있는 내용이 들어가는 것이 자연스럽다. 따라서 '통치의 어떤 스타일이든 결국 실패한다'는 (c)가 가장 적절하다.

12.

become obsessed with ~에 심취하다

sleek a. 매끈한

arbitrary a. 임의적인, 제멋대로인

fleeting a. 순식간의, 잠깐 동안의

collective a. 집단의, 단체의

cochlear implant 인공 귀(artificial ear), 달팽이관 이식

acutely adv. 심각하게

amplify v. 증폭시키다

bypass n. 우회 혈관

auditory a. 청각의

falter v. 불안정해지다, 흔들리다

12.   빈칸완성 – 주제문 ★★☆   정답 (a)

①**Companies have become obsessed with creating products that are sleeker, faster, and smaller.** For the most part, these are fairly arbitrary adjectives that are meaningless outside of the fleeting desires of the collective consumer conscience. In some respects, however, _______ _______________________. ②**With the advancement of new medical technologies has come the cochlear implant: the next step in repairing the ability to hear in the acutely deaf.** The traditional hearing aid merely amplified sound, while the new implant actually bypasses the damaged parts of the ear and sends the signals directly to the auditory nerve of the brain. ③**This latest medical development has given the severely hard-of-hearing the ability to recognize warning sounds, understand environmental sounds, and even carry conversations over the phone.**

    (a) smaller truly is better
    (b) the collective is wrong
    (c) people choose big things
    (d) technology has faltered

해석
①기업들은 더 매끈하고, 더 빠르고, 더 작은 제품을 생산하는데 심취해 왔습니다. 대부분의 경우 이러한 표현은 집단적 고객 양심의 욕망 가장자리에 매우 잠시 머무르는 의미도 없고 임의적인 형용사들입니다. 그러나 어떤 측면에서는 **실제로 더 작은 것이 더 낫습니다.** ②새로운 의학기술의 발전은 달팽이관 이식을 개발했으며, 그 다음 단계는 실제로 귀가 들리지 않는 사람에게 듣는 기능을 회복하게 만드는 것입니다. 전통적으로 보청기는 새로운 이식이 실제로 귀의 손상된 부분을 우회하여 신호를 뇌의 청각기관으로 직접 전달하는 동안 그저 소리를 증폭시키는 것이었습니다. ③이 최신 의학 발전은 심각하게 듣기가 어려운 사람들에게 경고 소리를 인지할 수 있고 주위 환경 소리를 이해하며 심지어 전화를 통해 대화를 나눌 수 있는 능력을 제공합니다.

(a) 실제로 더 작은 것이 더 낫습니다.
(b) 단체는 잘못된 것입니다.
(c) 사람들은 큰 것들을 선택합니다.
(d) 기술은 불안정해졌습니다.

지문은 달팽이관 이식에 관한 내용이다. ①기업들의 더 작고, 더 빠른 제품 개발에 대한 심취는 보통 임시적이며 의미도 없었지만, ②의학적 측면에서는 작은 달팽이관 이식의 개발을 통해 귀가 들리지 않는 사람에게 듣는 기능을 회복시켜주고 있으며 ③추후에는 전화를 통한 대화가 가능하게까지 할 것이라는 기대를 제시하고 있다. 빈칸에는 일반 기업의 '작은 제품' 개발과 대조적으로 의학계의 '작은 제품'이 주는 의미가 들어가야 하므로 '더 작은 것이 더 낫다'는 (a)가 가장 적절하다.

13.

stride n. 진전

dire a. 대단히 심각한, 엄청난

bend-skin n. 벤드-스킨 (Cameroon의 인기 있는 음악의 한 종류)

discard v. 버리다, 폐기하다

soar v. 솟구치다

rise above 굴하지 않다

---

13. 빈칸완성 – 주제문 ★★☆　　　　　정답 (b)

Some of the greatest strides in the evolution of culture ___________________________.
①**In the African country of Cameroon, the style of popular music called bend-skin was formed during a terribly difficult economic depression.** ②**Played using only drums and maracas (usually made from empty and discarded soda cans) and accompanied by a vocalist who both sings and raps, bend-skin soared to popularity in the early 1990s.** ③ Though the urban community was struggling to put food on the table, and though there was hardly an aspect of life worth celebrating, **the people made music and rose above their troubles.**

(a) originate in the central part of Africa
(b) come amidst periods of dire hardship
(c) are made by people who aren't artists
(d) have yet to be made in Western Civilization

해석
문화의 진화 속에서도 가장 위대한 진전들 중 일부는 **대단히 엄청난 노고의 시간 중에 나타났습니다.** ①아프리카의 카메룬에서 벤드-스킨이라는 유행 음악 스타일은 끔찍하게 어려운 경제 불황 가운데 만들어졌습니다. ②오직 드럼과 마라카스 (보통 텅 빈 버려진 탄산음료 캔으로 만들어진)만으로 연주하고, 음악과 랩을 담당하는 보컬이 동반하는 벤드-스킨은 1990년 대 초반 인기를 끌었습니다. ③도시지역은 식생활을 유지하기 위해 고군분투하고, 생활의 가치 면을 기념하기는 어려웠지만 사람들은 음악을 만들고, 자신의 어려움에 굴하지 않았습니다.

(a) 아프리카의 중심 지역에서 기원하고 있습니다
(b) 대단히 엄청난 노고의 시간 중에 나타났습니다
(c) 예술가가 아닌 사람들에 의해 만들어졌습니다
(d) 서양 문명에는 아직 만들어지지 않았습니다

해설
지문은 카메룬의 벤드-스킨에 관한 이야기이다. ①벤드스킨은 몹시 힘든 경제 불황 속에서 나타났는데, ②드럼과 버려진 캔으로 만든 마라카스로만 구성된 밴드가 1990년대 초에 큰 인기를 이끌었으며, ③카메론 사람들은 음악을 통해 자신의 경제적 어려움에 굴하지 않았다고 설명하고 있다. 빈칸에는 카메론의 벤드-스킨을 예로 문화적 진보의 특성이 들어가는 것이 자연스럽다. 따라서 '힘든 시간 속에서 탄생했다'는 (b)가 적절하다.

14.

mysticism n. 신비주의

prominent a. 중요한, 유명한

psychic n. 심령술사, 초능력자, 영매

theologian n. 신학자

trance state 최면 상태

radical a. 근본적인, 철저한

descendant n. 자손, 후손, 후예

faction n. 파벌, 파당

rivalry n. 경쟁 (의식)

hoax n. 거짓말

speak for oneself 자신을 변호하다

pertain to ~와 관련되다

---

14. 빈칸완성 – 주제문 ★★☆　　　　　정답 (d)

Regarded by many to be the founder of New Age mysticism, Edgar Cayce was a prominent psychic and theologian of the early 20th century. ①**He claimed to be able to see the distant past and far future while in a trance state** and had some wildly radical ideas ___________________________. ②**According to Cayce, the ancient Egyptians were the descendants of the citizens of Atlantis, an advanced society dating back to the 10,000s**

해석
많은 사람들에 의해 뉴 에이지 신비주의의 창시자로 여겨지고 있는 Edgar Cayce는 20세기 초반 유명한 심령술사이자 신학자였습니다. ①그는 수면상태에서 먼 과거와 앞으로의 미래를 볼 수 있다고 주장하고 근대 문명의 기원에 대해서 광범위하게 근본적인 아이디어를 가지고 있었습니다. ②Cayce에 따르면 기원전 10,000년에 이전 고대 이집트인들은 자연 재해와 파벌 경쟁으로 인해

BCE that was destroyed by natural disaster and faction rivalry. Most people call his ability a hoax, but those who were fortunate enough to be physically healed by his presence say otherwise. Whether or not they were actually healed by Cayce's otherworldly powers is beside the point — the results speak for themselves.

(a) concerning the foundations of language
(b) that were widely regarded as accurate
(c) pertaining to psychological development
(d) about the origins of modern civilization

파괴된 진보 사회였던 아틀란티스의 시민들의 후손이었다고 합니다. 대다수의 사람들은 그의 능력을 거짓말이라고 부르지만, 그의 존재로 인해 신체적인 치유를 받을 만큼 운이 좋았던 사람들은 그 반대로 이야기하고 있습니다. 그들이 실제로 Cayce의 다른 세계의 능력으로 치유를 받았던 또는 그렇지 않던 그 결과는 자기 변호를 하고 있습니다.

(a) 언어의 기원에 대해
(b) 정확하다고 폭 넓게 여겨지는
(c) 심리학적 발전에 관련된
(d) 근대 문명의 기원에 대해서

해설
지문은 뉴에이지 신비주의 창시자인 심령술사 Edgar Cayce에 대한 이야기이다. 그에 대하여 언급한 내용을 보면 ①그는 수면상태에서 먼 과거를 볼 수 있다고 주장하고, ②기원전 10,000년에 고대 이집트인들이 아틀란티스 시민들의 후손이라고 주장했다고 설명하고 있다. 지문에서 언급된 Edgar Cayce은 수면상태에서 먼 과거를 볼 수 있다는 주장과 ②의 예를 통해 빈칸에 들어갈 말은 '근대 문명의 기원'이라는 (d)가 가장 적절하다.

15.

stretch v. 뻗다
significance n. 중요함
preserve v. 보호하다
namely adv. 즉, 다시 말해

15. 　　　　　정답 (d)

Many people visit Berlin, Germany as tourists, learning about the history of the city and experiencing what it offers today. ①**However, many people aren't aware that there's plenty to see below Berlin, as well.** ②**The Berlin Underworlds organization is hoping to change that by exploring and preserving the massive network of underground tunnels built beneath Berlin in the mid 20th century, which is estimated to stretch on all across the city.** ③Many of these tunnels have already been opened to tourists, and **guides can offer historical information about their use and significance in Germany's history.** ____________, anyone hoping to see a unique side of Germany's history should plan a trip to these tunnels.

(a) Namely
(b) Nevertheless
(c) First of all
(d) Therefore

해석
많은 사람들은 여행자로써 도시의 역사를 배우고 오늘날 역사를 통해 무엇이 제공되고 있는 지 경험하기 위해 독일 Berlin을 방문합니다. ①그러나 그만큼이나 Berlin 지하에도 볼만한 것이 많다는 것을 아는 사람들은 많지 않습니다. ②Berlin Underworlds 기관은 탐험하고 보존함으로써 20세기 중반 Berlin 아래에 건설된 지하 터널의 그 광범위한 터널 망이 변화하기를 희망하고 있으며, 이 터널들은 도시 전체를 가로질러 뻗어 있다고 추정됩니다. ③이 터널의 대다수는 이미 여행자들에게 공개되었고, 안내를 통해 터널의 사용과 독일 역사에서 지닌 중요성을 제공할 수 있습니다. 그래서 독일의 역사의 독특한 면을 보고자 하는 사람들은 이 터널로의 여행을 계획해야 합니다.

(a) 즉
(b) 그럼에도 불구하고
(c) 무엇보다도
(d) 그래서

해설
지문은 독일 Berlin Underworlds에 대한 이야기이다. ①Berlin의 지하에도 많은 볼 거리가 있는데, ②Berlin Underworlds라는 지하터널이 도시 전체에 뻗어 있고 ③터널 관광을 통해 독일 역사에 대한 정보를 제공한다고 설명하고 있다. 이러한 내용을 근거로 독일 관광 시 이 터널을 여행 계획에 포함시키라고 주장하고 있으므로, 인과관계 접속사 'Therefore'가 빈칸에 적절하다.

dadaist n. 허무주의적 예술가, 다다
이스트

convention n. 관습, 관례

capitalist n. 자본주의자

embrace v. 받아들이다, 수용하다

irrationality n. 불합리, 부조리

artistic a. 예술의

practitioner n. 전문직 종사자

16. 빈칸완성 – 연결어 ★★☆　　　　　정답 (b)

①In an effort to reject the very ideals that led people to battle with each other, the Dadaist movement was born in Zurich, Switzerland during the First World War. Dadaism was a social convention that denied the "reason" and "logic" of the capitalist society, for they thought that it was these very concepts that had led them into war. ②Embracing chaos and irrationality mostly through artistic means—literature, graphic arts, music, theatre, and dance—Dadaism was never consider art by its practitioners.

_______________, they described it as anti art. Whether it collapsed because of its own chaotic nature, or in spite of it, ③Dadaism went out of style six short years after it first emerged.

(a) For instance
(b) Rather
(c) Moreover
(d) Consequently

해석
①다다이스트 운동은 사람들을 서로 싸우게 만드는 이상주의를 거부하고자 하는 노력으로 1차 세계 대전 중 스위스의 Zurich에서 태어났습니다. 다다이즘은 "이성"과 "논리"가 전쟁을 일으키는 개념들이라고 생각했기 때문에 이를 부정하는 사회적 관습이었습니다. ②예술적 도구인 문학, 그래픽 아트, 음악, 연극, 춤을 통해 혼란과 부조리를 거의 모두 수용하는 다다이즘은 예술의 전문 종사자들에 의해 결코 예술로 여겨지지 않았습니다. 더 정확히 말하자면 그들은 다다이즘을 반예술로 묘사했습니다. 다다이즘 자체의 혼란성으로 인해 붕괴되었든 또는 그렇지 않든, ③결국 처음 등장한지 6년의 짧은 기간 후에 다다이즘은 사라졌습니다.

(a) 예를 들어
(b) 더 정확히 말하자면
(c) 게다가
(d) 결과적으로

해설
지문은 다다이즘에 대한 내용이다. ①이상주의가 전쟁의 원인이라고 생각하고 이를 거부하자는 노력으로 탄생한 다다이스트 운동은, ②모든 혼란과 부조리를 수용했지만, 정작 예술 종사자들에 의해 예술로 여겨지지 않았고 ③오히려 이러한 혼란성으로 인해 6년 만에 사라지게 되었다고 설명하고 있다. 전문직 종사자들은 '다다이즘을 예술로 여기지 않았다'와 '다다이즘을 반예술로 묘사했다'는 내용 사이에 들어갈 접속사가 필요하다. 따라서 반복을 통해 구체적인 정의를 이끄는 'Rather(더 정확히 말해서)'가 적합하다.

Part II

17. 글의 목적 ★★☆　　　　　정답 (d)

17.

thunderstorm n. 뇌우
freezing a. 영하의, 결빙의

①The 11th Annual Thurston County Family Softball Tournament has been delayed a week because of severe weather. We apologize for the inconvenience and we'd certainly rather be playing this weekend, but the forecast is for heavy rains, potential thunderstorms, and temperatures approaching freezing. We understand that some people will be prepared to play no matter what the weather may be, but ②we strive to create a family-fun atmosphere that everyone will enjoy, and the postponement of the tournament for one week seemed to be the best choice we could make. The teams, schedules, and field assignment will remain the same—only the date has changed. If you have any questions, feel free to contact Sheila at 555-4899 for more

해석
①11번째 연례 행사인 Thurston County Family 소프트볼 토너먼트는 심각한 날씨 상황으로 인해 일주일 간 지연되었습니다. 저희는 이러한 불편함을 끼친 것에 대해 사과 드리며, 이번 주말에 경기가 열리기로 했지만, 일기 예보로는 폭우, 뇌우의 가능성 및 영하의 기온이 예상되고 있습니다. 저희는 일부 사람들이 날씨가 어떻든지 간에 경기를 할 준비가 되어 있을 거라고 생각하지만, ②모든 사람이 즐길 수 있는 좋은 날씨를 만들기 위해 노력하고 있습니다. 그리고, 일주일 동안 토너먼트를 연기하는 것이 저희가 할 수 있는 최선의 선택으로 생각되었습니다. 그저 날짜만 바뀔 뿐 참여 팀들과, 일정, 필드 예약이 동일하게 진행될 것입니다. 질문이 있으시면 주저하지 마시고 Sheila에게 555-4899 전화

information. ③**We thank you so much for your understanding and hope you agree with the decision.** But come next week, let's play ball!

Q: What is the purpose of this announcement?
(a) To apologize for Sheila's scheduling error
(b) To encourage families to create softball teams
(c) To warn players against cold and rainy weather
(d) To give details about the change of the competition's date

로 연락주세요. ③**항상 이해해주시는 여러분들께 감사 드리며, 저희의 결정에 동의해 주시기를 희망합니다.** 다음 주에 오셔서 함께 경기를 참여해주세요!

질문: 발표의 목적은 무엇인가?
(a) Sheila의 일정 오류에 대해 사과하기 위해
(b) 소프트볼 팀들을 창단하기 위해 가족들을 설득하려고
(c) 춥고 비 오는 날씨에 대해 선수들에게 주의를 주기 위해
(d) 시합의 날짜 변경에 대한 세부 사항을 알려주려고

해설
지문의 목적을 묻는 문제이다. ①Thurston County Family가 날씨 때문에 일주일 간 지연되었는데, ② 일주일간 미룬 경기는 최선의 선택이었고 가족이 모두 즐길 수 있는 행사를 만들기 위해 노력하고 있으며, ③결정에 이해해주기를 희망한다고 설명하고 있다. 따라서 발표의 목적은 '시합 날짜 변경에 관한 세부 사항 전달'이라는 (d)가 가장 적절하다.

18.

liven v. 명랑(쾌활)하게 하다, 활기를 북돋우다

brisk a. 빠른, 바쁜

metabolism n. 신진(물질)대사

stroll n. 거닐기, 산책

mobile a. 이동하는

18. 제목 찾기 ★★☆   정답 (b)

If you work in an office and sit at a desk all day, it is important for you to find ways to exercise and keep your body active.
①**Stretch often**; even if you can't get away from your computer, just sit back and stretch. This helps liven your body and build energy. Also, try making your hour-long lunch break a health event. ②**If you go for a brisk walk before eating, you will not only get a nice workout for your heart and legs, but you will also significantly raise your metabolism, helping you to better digest the food you are about to eat.** Another way to stay lively in the workplace is to abandon those boring sit-down meetings and, ③**whenever you can, go for walk-and-talks,** where you conduct business while going for a stroll. There are so many ways to remain active in the office ? you just need to find them.

Q: Which of the following is the best title for the passage?
(a) A Guide to Mobile Meetings
(b) Staying Healthy at Work
(c) The Healthy Lunch Event
(d) How to Stretch Like a Pro

해석
사무실에서 근무하면서 하루 종일 책상 앞에 앉아 있는 당신이라면, 운동할 방법을 찾아 신체를 활동적으로 유지하는 일은 중요합니다. ①**틈틈이 스트레칭을 하세요.** 만약 컴퓨터에서 멀리 벗어날 수 없다면, 그냥 앉은 자리에서 몸을 뒤로 하고 스트레칭 하세요. 이러한 동작은 몸을 활기를 북돋우고 에너지를 만들어 줍니다. 또한, 점심 시간의 휴식 동안 건강관련 일을 할 수도 있습니다. ②**식사를 하기 전에 빠르게 걷기를 한다면, 심장과 다리를 위해 멋진 운동을 하게 되는 일일 뿐만 아니라, 신진대사를 활발하게 하고 섭취하려는 음식을 더 잘 소화시키는 데 도움이 되는 일이 되기도 합니다.** 근무지에서 생기 있게 있을 수 있는 또 다른 방법은 지루하게 앉아서 진행하는 회의를 그만두고, ③**가능할 때마다 걸으면서 이야기하는 회의를 하세요.** 사무실에서도 활동적일 수 있는 매우 많은 방법이 있습니다. 그저 찾아보기만 하면 됩니다.

질문: 지문의 제목으로 적합한 것은?
(a) 이동하는 회의에 대한 안내
(b) 사무실에서도 건강을 유지하기
(c) 건강한 점심시간 이벤트
(d) 프로답게 스트레칭하는 방법

해설
지문의 제목을 묻는 문제이다. 사무실에 앉아서 일하는 사람도 활동적으로 신체를 유지해야 하므로 ① 틈틈이 스트레칭을 하고 ②점심시간을 이용하여 빨리 걷기를 하며 ③걸으면서 이야기하는 회의를 하라고 조언하고 있다. 따라서 지문의 내용을 전반적으로 포함할 수 있는 제목으로 적절한 것은 '사무실에서도 건강을 유지하기'이다.

predictably adv. 예상대로

armed robbery 무장 강도

take refuge in ~에 피난하다

lieutenant n. 중위

hand-to-hand combat 백병전

instructor n. 강사

take a person into custody
~을 수감(구인)하다 (=arrest)

surge n. 급등(급증)

antics n. 익살스러운 행동

19. 주제 찾기 ★★☆   정답 (c)

Small-time thief Henry Bloodstone now ranks among the dumbest criminals in history after his terrible idea went predictably wrong. ①**It was at a hotel hosting a local convention for drug enforcement officers that Bloodstone decided to make an attempt at armed robbery.** ②He walked through the lobby—right past a sign welcoming all police officers—and **took refuge in the men's restroom where he waited to rob the next person who came in.** ③**Unfortunately for Bloodstone, it was Lieutenant Joseph Macready, a former Marine and hand-to-hand combat instructor, who opened the door.** Henry Bloodstone was, quite quickly, taken into police custody.

Q: What is the main topic of the article?
(a) The surge in hotel-related crimes
(b) The police force's legal troubles
(c) The antics of an unwise thief
(d) The benefits of military training

해석
짧은 시간 동안 도둑이었던 Henry Bloodstone은 그의 형편없는 아이디어가 너무 뻔하게 잘못되어버린 후, 역사상 가장 멍청한 범죄자 대열에 들게 되었습니다. ①Bloodstone이 무장 강도를 시도하려고 결심한 곳은 마약 단속반의 지역 회의가 열리고 있는 호텔이었습니다. ②그는 모든 경찰관들을 환영하는 사인을 바로 지나 로비로 걸어 들어가다가 다음 사람이 들어오면 강도 짓을 하려고 기다리면서 남성 전용 화장실에 숨어 있었습니다. ③Bloodstone에게는 안 된 일이지만, 전직 해군이자 백병전 강사인 Joseph Macready 중위가 문을 열게 되었습니다. Henry Bloodstone은 아주 빠르게 체포되었습니다.

질문: 기사의 주제는 무엇인가?
(a) 호텔 관련 범죄의 증가
(b) 경찰력의 법적 문제들
(c) 현명하지 않은 도둑의 익살스러운 행동
(d) 군대 훈련의 장점들

해설
지문의 주제를 묻는 문제이다. Henry Bloodstone는 가장 멍청한 범죄자 서열에 들게 되었는데, ①그가 강도를 시도하려고 들어간 곳은 경찰 모임이 있는 호텔이고 ②그가 범행을 하려고 기다린 남자 화장실에 ③훈련 강사인 해군 중위가 들어오게 되어 결국 그 자리에서 체포되었다고 설명하고 있다. 기사는 운이 나쁘게 경찰모임이 열리고 있는 호텔을 범죄장소로 선택하여 금방 체포된 Henry Bloodstone에 대한 내용이므로 주제로 가장 적절한 것은 (c)이다.

20.

document v. (상세한 내용을) 기록하다

trauma n. 정신적 외상

shrapnel n. 파편

air raid 공습

subsequently adv. 다음에, 차후에

ostracize v. 외면하다, 배척하다

analytical a. 분석적인

therapy n. 치료, 요법

comatose state 혼수상태 (=coma)

20. 제목 찾기 ★★☆   정답 (d)

There is an incredibly uncommon, but nonetheless documented, illness called Foreign Accent Syndrome. About 50 cases have been reported in all, ①**each of which concerns a person who, after undergoing a certain amount of psychological or physical trauma,** begins to speak with an accent that is not his or her own. ②**The most famous of these cases concerns a Norwegian woman** who had fallen into a coma after being struck by shrapnel during an air raid in 1941. Upon awakening, she spoke with a thick German accent and was subsequently ostracized by neighbors. Doctors aren't sure what exactly causes a patient to contract Foreign Accent Syndrome, but ③**it almost certainly is a psychological disorder best treated through analytical therapy.**

해석
외국인말투 증후군은 놀랍게도 특이하지만 그럼에도 불구하고 상세한 기록이 남겨진 질병입니다. ①전체적으로 약 50건이 보고 되었는데, 심리적으로나 신체적으로 상당한 충격을 경험한 후 사람들은 각각 자신의 것이 아닌 억양으로 말하기 시작합니다. ②가장 유명한 예는 1941년 공습 도중 파편을 맞은 후 의식불명 상태에 빠졌던 노르웨이 여성입니다. 깨어나자마자 그녀는 심한 독일 억양으로 말하기 시작했고, 그 이후 이웃들에 의해 배척당했습니다. 의사들은 환자가 외국인말투 증후군에 접촉된 원인을 정확히 확신할 수 없지만, ③분석적인 요법을 통해 가장 잘 치유되는 정신적 질환이라는 것은 거의 확실합니다.

Q: Which of the following is the best title for the passage?
(a) The Norway-Germany Conflict
(b) Lasting Effects of Shrapnel Damage
(c) Waking Up From a Comatose State
(d) Results of Trauma on the Voice

질문: 지문의 제목으로 가장 적합한 것은?
(a) 노르웨이와 독일의 갈등
(b) 파편 피해의 지속적인 영향
(c) 혼수상태에서 깨어나기
(d) 트라우마가 미치는 음성적 영향

해설

지문의 제목을 묻는 문제이다. ①외국인말투 증후군은 정신적으로나 신체적으로 강한 충격을 받은 사람에게 나타나는데 ②노르웨이 여성의 예가 가장 유명하고 ③분석적 요법을 통해 가장 잘 치유된다고 설명하고 있다. 외국인 말투 증후군은 강한 충격에 의해 쓰지 않던 외국인의 말투를 갑자기 하게 되는 현상임을 지문을 통해 알 수 있다. 따라서 지문의 제목으로 가장 적절한 것은 '충격적 경험으로 인한 음성적 영향'이라는 (d)이다.

21.

unbeknownst a. ~가 모르는, 은연 중에

circumnavigate v. (세계) 일주를 하다

embark v. 승선하다

---

21. 요지 찾기 ★★★   정답 (b)

①**In 1766, French explorer Louis Antoine de Bougainville became the fourteenth person, and the first Frenchman, to sail around the world.** But his trip was notable for another reason. ②**Unbeknownst to Bougainville, and everyone else on his ship, there was a woman on board, the first ever to circumnavigate the world.** ③**The woman, whose name was Jeanne Barè, disguised herself as a boy and was hired by one of Bougainville's officers.** This fact was not discovered until the ship reached Tahiti, which was when the islanders noticed that there was something different about one of Bougainville's sailors. Upon being forced to reveal her identity, Barè explained that she had wanted to embark on an adventure and knew that she would never be able to because she was a woman.

Q: What is the main idea of the passage?
(a) With help from the Tahitians, Bougainville was able to sail around the world.
(b) The first woman to circle the globe did so by taking on a different identity.
(c) In the 1700s, women could not sail around the world by themselves.
(d) Bougainville's officers made the mistake of hiring women to work on the ship.

해석

①1766년, 프랑스 탐험가 Louis Antoine de Bougainville는 전 세계를 항해한 14번째 사람이자 최초의 프랑스인이 되었습니다. 그러나 그의 여행은 또 다른 이유로 주목할만합니다. ②Bougainville과 배에 있던 다른 모든 사람들은 모르게 그의 배에 승선한 한 여성이 있었는데 그녀는 최초로 세계 일주를 하게 되었습니다. ③Jeanne Barè라는 이 여성은 남자 아이로 변장하고, Bougainville의 선원으로 고용되었습니다. 이 사실은 배가 Tahiti에 정박할 때까지도 밝혀지지 않았는데, 그곳에서 섬 사람들은 Bougainville의 선원 중 한 명이 무엇인가 다른 점이 있다는 것을 알아챘습니다. 그녀의 정체가 탄로나자마자 Barè는 그녀가 모험을 하고 싶어했던 점과 그녀가 여성이기 때문에 그럴 수 없었다는 점을 알았다고 이유를 설명했습니다.

질문: 지문의 주제는 무엇인가?
(a) Tahiti 사람들의 도움으로 인해, Bougainville는 전 세계를 항해할 수 있었다.
(b) 전세계를 여행할 수 있었던 최초의 여성은 다른 신분으로 변장함으로써 그렇게 할 수 있었다.
(c) 1700년 대의 여성들은 혼자 힘으로 전세계를 여행할 수 없었다.
(d) Bougainville의 선원들은 배에 일하는 사람으로 여성을 고용하는 실수를 저질렀다.

해설

지문의 주제를 묻는 문제이다. 지문의 내용을 보면 ①Louis Antoine de Bougainville은 전세계 항해에 성공한 최초의 프랑스이지만, 그의 여행이 주목할 만한 또 다른 이유는 ②Jeanne Barè 이라는 여성이 몰래 배에 승선하여 최초로 세계여행을 한 여성이었다는 점이며, ③남장을 하고 선원으로 고용되었다고 설명하고 있다. 따라서 주어진 보기 중에서 지문의 주제로 가장 적절한 것은 (b)이다.

convert v. 전환시키다, 개조하다
incurable a. 치유할 수 없는, 불치의
treatment n. 치료, 처치
prevention n. 예방, 방지

22. 주제 찾기 ★☆☆　　　　　　　정답 (c)

Diabetes prevents the body from regulating the amount of sugar in the bloodstream and converting it to energy, which causes a variety of problems in the body. ①**Though the disease is incurable, there are many treatments and prevention methods, one of which may be coffee. ②According to a new study, drinking four cups a day resulted in a 25% lower risk of developing diabetes. Furthermore, the risk decreased by another 7% with every additional cup.** Previous studies had found that caffeinated coffee could reduce the risk of diabetes, but in this study, subjects drank both caffeinated and decaffeinated coffee. ③**Researchers believe coffee contains other chemicals and nutrients that regulate sugar by releasing it into the bloodstream at a slower rate.**

Q: What is the main topic of the passage?
- (a) Scientists have discovered that coffee may help cure diabetes.
- (b) Caffeinated drinks do more to prevent diabetes than decaffeinated ones.
- **(c) Coffee drinkers are less likely to develop diabetes than non-drinkers.**
- (d) Chemicals in coffee may help the body convert sugar into energy.

해석

당뇨는 신체로 하여금 혈액 내 당 성분을 조정하여 열량으로 전환하지 못하게 하고, 이로 인해 신체에 많은 문제를 유발하게 만듭니다. ①비록 이 질병은 치유할 수 없지만 많은 치료법과 예방 방법이 있는데, 그 중 하나는 커피입니다. ②새로운 연구에 따르면, 하루에 4잔의 커피를 마시면, 당뇨병 발생 위험을 25% 더 낮출수있다고 합니다. 게다가 그 위험은 1잔을 더 마심으로써 또 다시 7%를 줄어 들게 됩니다. 이전의 연구에서는 카페인이 들어있는 커피가 당뇨병의 위험을 줄인다는 사실을 발견했지만, 이번 연구에서는 실험 대상자들이 카페인이 들어있는 커피와 들어 있지 않은 커피 모두 마셨습니다. ③연구자들은 커피에 더 낮은 속도로 혈액 속에 당을 보냄으로써 당을 조절하는 카페인 이외의 다른 화학물질과 영양소를 포함하고 있다고 믿습니다.

질문: 지문의 주제는 무엇인가?
- (a) 과학자들은 커피가 당뇨병 치료에 도움이 된다는 사실을 발견했다.
- (b) 카페인이 들은 음료는 카페인이 없는 음료보다 당뇨병 예방에 더 효과적이다.
- **(c) 커피를 마시는 사람들은 마시지 않는 사람보다 당뇨병이 덜 걸린다.**
- (d) 커피 속 화학물질은 신체가 당을 열량으로 변화시키는 데 도움이 될 것이다.

해설

지문의 주제를 묻는 문제이다. ①당뇨병의 예방법 중 하나는 커피 인데, ②하루 커피 4잔 이상을 마시면 당뇨 위험이 낮아지며, ③이는 커피 속에 들어 있는 화학 물질과 영양소 때문이라고 연구자들은 설명하고 있다. 따라서 이러한 내용을 포함할 수 있는 주제로 적절한 것은 (c)이다.

23.

well-meaning a. 선의의, 악의 없는
install v. 설치하다, 설비하다
well n. 우물

23. 세부 사항 ★★★　　　　　　　정답 (a)

①**Well-meaning organizations have invested millions of dollars to install wells so that the people of Africa can acquire clean drinking water.** However, much of this money has been thrown away, as 50,000 of these new wells are no longer functioning because they are not being maintained. When the wells were completed, the responsibility for maintaining them was handed over to the local communities. The intention was that the communities would charge small fees for use of the wells and use the money for operational and repair costs. ②However, **many of these wells were**

해석

①선의의 의도를 가진 단체들은 아프리카의 사람들이 깨끗한 식수를 마실 수 있도록 우물을 설치하는 데 수백만 달러의 돈을 투자해왔습니다. 그러나 이러한 돈의 상당수는 새로운 우물 중 50,000개가 유지되고 있지 않기 때문에 더 이상 제 기능을 발휘하지 못함으로써 그냥 낭비되어버렸습니다. 우물들이 설치 완료되었을 때 이를 유지하는 의무는 그 지역 사람들에게 넘겨졌습니다. 그 의도는 마을 사람들이 우물 사용에 약간의 돈을 지불하고, 그 돈을 운용과 수리 비용으로 사용하려는 것이었습니다. ②그러

poorly built, and they broke easily. ③The communities could not afford to fix them, and now the wells remain unused.

Q: What contributed to the wells in Africa becoming unusable?

(a) When they broke, communities lacked the means to repair them.
(b) The organizations that built them did not raise enough money for repairs.
(c) The local communities found alternate sources of clean water.
(d) The fees charged by organizations were too high for most local people.

나 이러한 우물의 대부분은 형편없이 만들어졌고, 쉽게 망가졌습니다. ③마을 사람들은 우물을 고치는 돈이 없었으며, 이제 그 우물은 사용하지 않은 채 남아 있습니다.

질문: 아프리카의 우물이 사용되지 않게 된 이유는 무엇인가?
(a) 망가졌을 때 마을 사람들은 우물을 수리할 방안이 부족했다.
(b) 우물을 만들어준 기관들은 수리에 드는 돈을 충분히 모으지 않았다.
(c) 지역 주민들은 깨끗한 물을 얻을 대체 방안을 발견했다.
(d) 기관들에 의해 부여된 비용이 대다수의 지역 주민들에게는 너무 비쌌다.

해설

지문에서 언급된 아프리카의 우물이 사용되지 않게 된 이유를 묻는 문제이다. ①많은 단체에서 수백만 달러를 투자해 아프리카에 우물을 개발했지만, ②형편없이 만들어진 우물은 쉽게 망가졌고, ③마을 사람들은 우물 고칠 돈이 없었기 때문에 우물의 대부분은 망가진 채 남아있다고 설명하고 있다. 따라서 아프리카의 우물이 사용되지 않은 이유는 '우물이 망가졌을 때 수리할 돈이 없어서'이므로, 보기 중 (a)가 적절하다.

24.

archaeology n. 고고학
prior to ~ 이전에
civilization n. 문명

24. | 내용 일치 ★★☆ | 정답 (d)

①Hello, my name is Julie Williams, and **I will be your archaeology professor** for the semester. I only recently joined teaching staff here at the university. ②**I have spent the last five years working for a university in China where I was able to do a lot of research and work at many ancient sites.** Most recently, my colleagues and I discovered the tomb of a Chinese general who ruled in the third century. ③**Prior to my work in China, I was part of a team that researched the ancient civilizations of Egypt.** I'm very excited to share my knowledge with you and hope that you will become as enthusiastic about archaeology as I am.

Q: According to the passage, which of the following is correct about Julie Williams?

(a) She is now employed by a university in China.
(b) Currently, her work involves Egyptian civilizations.
(c) She received her education from a school in Egypt.
(d) Much of her work is done at archaeology sites.

해석

①안녕하세요, 제 이름은 Julie Williams 이며, **이번 학기 여러분의 고고학 교수입니다.** 저는 최근에 이 대학의 교수진으로 함께하게 되었습니다. ②**저는 지난 5년 동안 중국의 대학교에서 근무하며, 많은 고대 유적지에서 수 많은 연구와 논문에 참여할 수 있었습니다.** 아주 최근까지 제 동료들과 저는 3세기에 통치한 중국 장군의 묘를 발견하였습니다. ③**중국에서 일하기 전 저는 이집트의 고대 문명지들에 대한 연구를 한 팀의 일원이었습니다.** 저의 지식을 여러분과 나눌 수 있어 매우 흥분되고, 저만큼 고고학에 열정을 가지실 수 있기를 희망합니다.

질문: 지문에 따르면, Julie Williams에 대한 사실로 옳은 것은?
(a) 그녀는 현재 중국의 한 대학의 직원이다.
(b) 최근 그녀의 일은 이집트 문명지를 포함한다.
(c) 그녀는 이집트의 한 학교에서 교육 받았다.
(d) 그녀 일의 대부분은 고고학 유적지에서 행해진다.

해설

지문의 내용과 일치하는 것을 묻는 문제이다. ①Julie Williams은 고고학 교수로, ②최근 5년간 중국의 대학에서 고대 유적지 관련 일을 했고, ③중국 이전에는 이집트의 고대 문명지에서 일했다고 자신을 소개하고 있다. Julie Williams에 대한 사실은 '그녀의 직업이 대부분 고고학에 관련된 일이었다'는 (d)이다.

25.

coral reef 산호초

stingray n. 노랑가오리

gorgeous a. 선명한, 화려한

angelfish n. 전자리 상어

swarm v. 떼(무리)를 지어 다니다

25. 세부 사항 ★★☆　　　　정답 (d)

①**Last summer, I went to Australia's Great Barrier Reef,** the largest coral reef system in the world. There is a variety of ways to see the reef. You can take a boat with a clear bottom, and you can even view it from a helicopter. ②**I wanted to get closer, so I went scuba diving. ③ The reef was swarming with fish and other animals, including a sea turtle, a stingray, gorgeous angelfish, and even a four-foot wide giant clam.** Of course, the best part was seeing the coral. I didn't get to touch it—doing so can damage this delicate creature—but it was definitely one of the most beautiful things I've ever seen.

Q: According to the passage, what did the writer do in Australia?

(a) She saw the Great Barrier Reef through the bottom of a boat.

(b) She went to museum exhibit about the Great Barrier Reef.

(c) She traveled to the Great Barrier Reef in a helicopter.

(d) **She swam amongst the creatures in the Great Barrier Reef.**

해석

①지난 여름 저는 세계에서 가장 큰 산호초 지역인 호주의 Great Barrier Reef에 갔습니다. 여러분은 투명한 바닥을 지닌 보트를 타고 가거나 헬리콥터에서 전망을 볼 수 있습니다. ②저는 가까이 다가가고 싶었기에, 스쿠버 다이빙을 했습니다. ③산호초는 물고기와 바다 거북이나 노랑가오리, 화려한 전자리 상어, 그리고 4 피트 넓이의 거대 조개와 같은 동물들과 함께 무리 지어 다니고 있었습니다. 물론 가장 좋았던 것은 산호를 보는 것이었습니다. 이러한 섬세한 생물이 망가질 수도 있는 행동이기에, 저는 만질 수는 없었지만 분명 제가 지금까지 본 것 중 가장 아름다운 것 중에 하나였습니다.

질문: 지문에 따르면, 호주에서 글쓴이는 무엇을 했나?
　(a) 그녀는 보트의 바닥을 통해 Great Barrier Reef를 보았다.
　(b) 그녀는 Great Barrier Reef에 관한 박물관에 갔다.
　(c) 그녀는 Great Barrier Reef로 헬리콥터를 타고 갔다.
　(d) 그녀는 Great Barrier Reef에서 다양한 생물체들 사이를 수영했다.

해설

지문을 통해서 알 수 있는 세부사항을 묻는 문제이다. 글쓴이는 ①지난 여름 호주의 Great Barrier Reef에 갔는데, ②스쿠버 다이빙을 통해 산호초에 접근했으며, ③바다 속에서 물고기와 거북이 등의 다양한 동물들을 보았다고 언급하고 있다. 따라서 주어진 보기 중에서 질문의 내용에 일치하는 것은 (d)이다.

26.

loftily adv. 고귀하게, 고결하게

to one s heart s content 마음껏, 실컷, 만족할 때까지

multi-task n. 다중 작업(처리), 동시에 여러 가지 일을 하는 능력

price point 기준 소매 가격

26. 내용 일치 ★★☆　　　　정답 (a)

Sonic Electronics has just announced the release of its newest cellular phone, the Visionary, a loftily named device that promises to do everything that other cell phones can't. With the Visionary, ①**you can download and store up to 32 gigabytes of music, movies and photos. ②With 50 hours of battery life, you can surf the internet to your heart's content,** and let's not forget that you can also make phone calls with the Visionary. ③**One of the Visionary's most attractive features is its ability to multi-task.** You can talk on the phone, surf the web, check your email, and send a text message all at once. In addition,

해석

Sonic Electronics는 최신 휴대폰 Visionary 출시를 발표했는데, 이 고귀한 이름을 가진 장치는 다른 휴대폰이 할 수 없는 모든 것을 할 수 있다고 장담하고 있습니다. Visionary를 이용하여,①32 기가 바이트 용량까지 음악, 영화, 사진을 다운로드 받고 저장할 수 있습니다. ②50 시간의 배터리 수명으로 마음껏 인터넷을 검색할 수 있으며, Visionary를 가지고 전화 통화를 할 수 있다는 사실을 잊지 마시기 바랍니다. ③Visionary의 가장 매력적인 특성 중 하나는 다중 작업이 가능하다는 점입니다. 핸드폰으로 전화를 하면서 웹 서핑을 하고, 이메일을 확인하

Sonic Electronics offers worldwide coverage at a variety of price points.

Q: Which of the following is correct about the advertised product?

(a) It can be used to make phone calls from anywhere in the world.

(b) You must wait for your downloads to finish before making a call.

(c) Its screen is much too small to use for viewing photographs.

(d) Surfing the internet will reduce the product's battery life.

고, 문자 보내는 일을 모두 동시에 할 수 있습니다. 게다가 Sonic Electronics는 기준 소매 가격의 다양성에 대한 전세계 범위를 제공합니다.

질문: 광고된 상품에 대해 옳은 것은?

(a) 세계 어디에서든 전화통화를 할 수 있도록 사용 가능하다.

(b) 전화를 하기 전에 다운로드가 끝나기를 기다려야 한다.

(c) 전화기 스크린은 너무 작아서 사진을 보기는 용도로 사용될 수 없다.

(d) 인터넷 서핑은 제품의 배터리 수명을 단축시킬 것이다.

해설

지문의 내용과 일치하는 것을 묻는 문제이다. Sonic Electronics에서 새로 출시한 휴대폰 Visionary에 대한 내용을 보면 ①32기가 바이트의 저장공간으로 영화, 사진 등을 이용 가능하고 ②50시간 배터리 수명으로 마음껏 인터넷 서핑을 할 수 있고 ③다양한 작업을 동시에 할 수 있는 다중 작업이 가능하다고 설명하고 있다. 광고된 상품에 대해 옳은 내용은 휴대폰의 기본 기능인 통화를 기본으로 한 '세계 어디서든 전화통화가 가능하다'는 (a)가 정답이다.

27.

cleaning formula 청소 기술

germ n. 미생물, 세균

surface n. 표면

delicate a. 연약한, 섬세한

27. | 세부 사항 ★★☆　　　　　　　　　　　　정답 (d)

We here at Ha We here at Hansen Household Products believe that it is our duty to help make the world a better place. For months, we have been researching and testing new, environmentally friendly cleaning formulas, and we are proud to say that our efforts have met with success. ①**Our most recent innovation is GreenClean, an all-purpose kitchen and bathroom cleaner that is our first completely natural product.** Like all our other products, ②**GreenClean has proven to remove 98% of germs from household surfaces,** and it's safe to use around children and animals. And, ③**at $3.99 each, the price of GreenClean is just right, so get your hands on a bottle today!**

Q: What makes GreenClean different from other Hansen Household products?

(a) It is safe to use on delicate surfaces.

(b) It is less expensive than the other products.

(c) It is more effective for destroying germs.

(d) It is not made with artificial chemicals.

해석

여기 Hansen Household Products의 직원으로써 세상을 더 나은 곳으로 만들기 위해 돕는 것이 저희들의 의무라고 믿고 있습니다. 몇 달 동안 저희들은 새로우면서도 환경 친화적인 청소 기술을 연구하고 실험하였는데, 우리의 노력이 결실을 맺었다는 점을 말씀 드리게 되어 자랑스럽습니다. ①**저희 회사의 가장 최신 혁명은 다목적 주방과 욕실 클리너인 GreenClean인데, 이것은 최초로 만들어진 완전한 천연 제품입니다.** ②저희 회사의 모든 다른 제품들처럼 GreenClean은 집안 내 표면의 **세균을 98% 제거하는 것으로 판명되었으며,** 아이들이나 애완동물 주변에서 사용해도 안전합니다. ③**각각 3.99달러이라는 가격은 GreenClean에게 매우 적절하며,** 그러니 오늘 한 병을 구매해 보세요.

질문: GreenClean가 다른 Hansen Household 제품과 다른 점은?

(a) 그것은 섬세한 표면에 사용해도 안전하다.

(b) 그것은 다른 제품에 비해 덜 비싸다.

(c) 그것은 세균 제거에 더 효과적이다.

(d) 그것은 인공 화학물질로 만들어지지 않았다.

해설

Hansen Household Products은 새롭고 환경 친화적인 청소기술에 대한 노력이 드디어 결실을 맺었다는 말을 시작으로 ①GreenClean은 천연 제품으로 ②가정 제품 표면에 98%의 세균 제거 효과가 있고 ③3.99달러라는 적절한 가격으로 판매한다고 설명하고 있다. 따라서 GreenClean의 차별성으로 주어진 보기 중에서 지문의 내용에서 알 수 있는 것은 '인공화학물질이 아닌 천연제품'이라는 (d)이다.

28. 내용 일치 ★★☆   정답 (c)

extravagance n. 화려함
disparity n. 차이
overthrow n. 타도
peasant n. 소작농

①As the queen of France, **Marie Antoinette set the trends for wealthy women of the late 1700s** by wearing the finest clothing and experimenting with complex hairstyles, which women were quick to copy. Her styles sometimes stood several feet tall, supported underneath by layers of padding. On the outside, they were dusted with white powder and decorated with feathers, jewels, fake birds, and small sculptures. ②**Many women carried it further by including models of French warships.** Although Marie Antoinette later transitioned into simpler styles, her earlier extravagances proved to be damaging. ③**They became symbols of the disparities between the rich and the poor, which contributed to the French Revolution and the overthrow of Marie Antoinette and her husband, King Louis XV.**

Q: Which of the following is correct according to the passage?
  (a) Clothing worn by French peasants was influenced by Marie Antoinette.
  (b) Marie Antoinette was known for including model ships in her hairstyles.
  (c) Marie Antoinette's clothing and hair caused anger among poor French citizens.
  (d) Before Marie Antoinette, wealthy French women wore simple clothes.

해석
①프랑스의 여왕으로서, Marie Antoinette는 가장 좋은 옷을 입고, 복잡한 헤어 스타일을 경험함으로써, 여성들이 빠르게 따라 하게 되어 1700년대 후반 부유한 여성들을 위한 유행을 만들어 냈습니다. 그녀의 헤어 스타일은 종종 몇 피트 높이로 솟아 있고, 여러 층의 패팅으로 속을 지지하였습니다. 외부에서 보면 그것들은 하얀 색 파우더로 뒤덮이고, 깃털과 보석, 가짜 새와 작은 조각으로 장식되어 있습니다. ②많은 여성들은 프랑스 전함의 모형을 포함하여 더 많은 것을 장식했습니다. 비록 후에 Marie Antoinette는 더 간소한 스타일로 변화했지만, 그녀의 초기 화려함은 치명적인 것으로 판명되었습니다. ③이 화려함은 부자와 가난한 사람들 간의 차이를 상징했고, 이것은 프랑스 혁명과 Marie Antoinette와 그의 남편인 Louis 15세의 타도에 원인이 되었습니다.

질문: 지문에 대한 내용으로 옳은 것은?
  (a) 프랑스 농민들이 입은 옷은 Marie Antoinette에서 영향을 받았다.
  (b) Marie Antoinette는 헤어 스타일에 전함의 모형도 포함시킨 것으로 알려져 있다.
  (c) Marie Antoinette의 의상과 머리는 가난한 프랑스 시민 사이에 분노를 불러 일으켰다.
  (d) Marie Antoinette 이전에 부유한 프랑스 여성들은 단순한 옷을 입었다.

해설
지문의 내용과 일치하는 것을 묻는 문제이다. ①프랑스 여왕 Marie Antoinette는 1700년 대 후반 부유층 여성들의 유행을 선도했으며, ②많은 여성들은 화려한 머리장식에 전함까지 더해 치장했고 이것으로 인하여 ③빈부의 격차를 상징하는 Marie Antoinette여왕의 화려함이 결국 프랑스 혁명과 여왕과 왕의 타도를 불러일으키게 되었다고 설명하고 있다. 따라서 지문에 언급된 내용으로 옳은 것은 (c)이다. 머리에 전함을 장식한 것은 Marie Antoinette여왕이 아니라 부유한 여성들이다.

---

29. 내용 일치 ★☆☆   정답 (b)

ballroom n. 무도회장
keynote n. (책·연설 등의) 주안점

Dear Ms. Walters,

I'd like to thank you for organizing the annual conference for the Arrow Research Company. Everything turned out perfectly. The service from the wait staff was excellent, as was the food. ①**And the excellent audio system ensured that everyone could hear our keynote speaker, even those seated in the back of**

해석
Walters 씨에게

저는 Arrow Research Company를 위한 연례 회의를 조직해 주신데 대해 귀하께 감사 드립니다. 모든 것은 완벽했습니다. 대기 직원들에게서 받은 서비스도 훌륭했고, 음식도 마찬가지였습니다. ①완벽한 음향 시설은 방 뒤 편에 앉아 있는 사람들을 포함해 모든 사람들이 연

the room. ②I am especially appreciative of your willingness to accommodate our last-minute request for a larger room. ③ **There were many more guests than we had originally estimated, and the Wilton Hotel ballroom was the perfect size for our group.** Again, thank you for your help, and I look forward to working with you on next year's conference.

Sincerely,
Allison Ritchel

Q: Which of the following is correct according to the letter?
  (a) Ms. Walters spoke at the annual conference.
  (b) Ms. Walters is employed by the Wilton Hotel.
  (c) Ms. Ritchel expects a larger crowd the next conference.
  (d) Ms. Ritchel sat in the back of the room during the speech.

설자의 말을 잘 들을 수 있도록 했습니다. ②저는 특히 마지막 순간에 더 큰 방으로 옮겨달라는 요청에 기꺼이 협조해 주신 귀하의 태도에 감사 드리고 싶습니다. ③저희가 원래 예상한 것보다 더 많은 손님들이 참석하게 되었고, Wilton 호텔의 연회장은 저희에게는 완벽한 크기였습니다. 다시 한번 도와 주신 점 감사 드리며, 내년 회의에도 귀하와 함께 일할 수 있기를 고대합니다.

Allison Ritchel 드림

질문: 편지의 내용으로 옳은 것은?
(a) Walters 씨는 연례 회의에서 연설하였다.
(b) Walters씨는 Wilton 호텔의 직원이다.
(c) Ritchel 씨는 다음 회의에 더 큰 사람이 참석하기를 기대한다.
(d) Ritchel 씨는 연설하는 동안 강당의 뒤에 앉아 있었다.

해설
지문의 내용과 일치하는 것을 묻는 문제이다. Allison Ritchel 씨의 Walter 씨에 대한 연례회의 조직 관련 감사의 말을 시작으로, ①음향시설이 완벽하여 뒤편에 앉은 사람에게도 잘 들렸고, ②특히 갑작스럽게 더 큰 방으로 옮겨달라는 요청을 수용해주어서 감사하며 ③예상보다 더 많이 온 참석자들에게 Wilton 호텔 무도회장이 완벽한 크기였다고 설명하고 있다. 따라서 편지 내용으로 일치하는 것은 '편지를 받는 사람인 Walter가 연례회의가 열렸던 Wilton 호텔 직원'이라는 (b)이다.

30.

logger n. 벌목꾼
take over 인수하다, 넘겨받다
rainforest n. (열대) 우림
retain v. 보유하다
abundant a. 풍성한
graze v. 방목하다
cattle n. 소떼
intact a. 온전한

30.   **내용 일치 ★★★**   **정답 (c)**

Farmers, factories, and commercial loggers are taking over rainforests, thinking that their activities will yield them more money than retaining and using the forests' natural resources would. However, rainforests are abundant in fruits, nuts, oils, chocolate, rubber, and plants that can be used to create prescription drugs. These resources give the land great economic value. ①**It is estimated that if rainforest land is razed and used to graze cattle, it is worth $60 an acre.** ②**Used for logging, it is worth $400 an acre.** ③**Leaving the forests intact and harvesting their natural resources would make each acre worth $2,400.** Therefore, saving our rainforests is much more economical than destroying them.

Q: Which of the following is correct about the economic value of the rainforest?

해석
농부들, 공장들, 상업적 벌목꾼들은 자신의 행위가 우림의 천연자원을 그대로 사용하고 보존하는 것보다 더 많은 돈을 벌 거라 생각하며 열대우림을 장악하고 있습니다. 그러나 열대우림에는 과일, 견과류, 오일, 초콜릿, 고무와 의약을 만드는 데 사용될 수 있는 식물들로 가득합니다. 이러한 자원들은 이 지역에 큰 경제적 가치를 부여합니다. ①만약 우림 지역이 완전히 파괴되어 소떼를 방목하는데 사용된다면, 1 에이커 당 60달러의 가치가 있는 것으로 추정됩니다. ②만약 벌목으로 사용되면 1 에이커 당 400 달러의 가치가 있습니다. ③우림이 온전하게 남겨진 채 천연 자원을 수확하게 된다면, 1 에이커 당 2,400 달러의 가치를 가진다고 합니다. 그래서 우리의 우림을 보존하는 것이 파괴하는 것보다 훨씬 더 경제적 가치가 있습니다.

질문: 열대 우림의 경제적 가치에 대해 옳은 것은?

(a) Cutting down trees to make prescription drugs makes it less valuable.
(b) Clearing rainforest land makes it more valuable for farmers.
(c) It is more valuable when its natural resources are available.
(d) The land is worth more to farmers than it is to loggers.

(a) 나무를 의약 개발을 위해 자르는 것은 덜 가치가 있다.
(b) 우림을 깨끗이 만드는 것은 농부들에게 더 가치 있게 한다.
(c) 천연 자원을 사용할 수 있을 때 더 가치가 있다.
(d) 땅은 벌목꾼에게 보다 농부들에게 더 가치가 있다.

해설

지문의 내용과 일치하는 것을 묻는 문제이다. 열대 우림의 경제적 가치는 1 에이커 당 ①소떼 방목일 경우 60달러이며, ②벌목 사용일 경우 400 달러이고, ③우림을 온전히 보호하고 천연자원을 활용한다면 2,400 달러라고 설명하고 있다. 따라서 열대 우림의 경제적 가치에 관해 옳은 것은 보기 중에 '천연 자원 활용 시 가치가 더 있다'는 (c)이다.

31.

innovator n. 혁신자

ambidextrous a. 양손잡이의, 양손을 다 잘 쓰는

unlock v. (비밀 등을) 드러내다

non-dominant a. 열성의

sloppy a. 엉성한, 대충 하는

barely adv. 간신히, 가까스로

legible a. 읽을(알아볼) 수 있는, 또렷한

31. 세부 사항 ★★☆   정답 (d)

While most people are left handed or right handed, innovators like Leonardo da Vinci and Michelangelo could use both hands with ease. Indeed, experts suggest that becoming ambidextrous leads to a balanced mind and body and unlocks creativity. ①**To become ambidextrous, start by doing simple tasks like brushing your teeth or holding a fork with your non-dominant hand. ②You could also write with your non-dominant hand, beginning with your name or simple words.** At first, your writing will probably look sloppy and barely legible, but as you practice, it will get better. ③**Then, you should start writing your thoughts.** Your non-dominant hand is connected to the non-dominant side of your brain, so using it could help you access new ideas and feelings.

Q: Which of the following does the writer recommend?
(a) Use the non-dominant side of the body to improve your balance.
(b) Use your non-dominant hand for simple tasks and the other for complex ones.
(c) Use the non-dominant side of your brain to improve your writing.
(d) Use your non-dominant hand more frequently to become ambidextrous.

해석

대부분의 사람들은 왼손잡이이거나 오른손잡이지만, Leonardo da Vinci나, Michelangelo와 같은 혁신자들은 양손을 편안하게 사용할 수 있었습니다. 실제로 전문가들은 양손잡이가 되는 것이 몸과 마음을 균형 있게 하고, 창의성을 열어주는 것이라고 제시하고 있습니다. ①양손잡이가 되기 위해서는 열성인 손으로 이를 닦거나, 포크를 잡는 것과 같이 단순한 일부터 시작하세요. ②여러분은 또한 열성인 손으로 이름이나 단순한 단어를 시작으로 글씨를 쓸 수 있습니다. 처음에 글쓰기는 매우 엉성하고, 간신히 알아볼 만하게 보일지도 모르지만, 연습할 수록 더 나아질 것입니다. ③그 다음 자신의 생각을 쓰는 것을 시작해보세요. 열성의 손은 열성의 뇌의 부분과 연결되어 있어서, 열성인 손을 사용함으로써 새로운 아이디어나 감정에 접근하는 것을 도울 수 있습니다.

질문: 글쓴이가 추천하고 있는 것은?
(a) 균형을 증진시키기 위해 열성인 신체 부위를 사용하라.
(b) 열성인 손으로 단순한 일을 하는 데 사용하고 우성인 손으로는 복잡한 일을 하는데 사용하라.
(c) 열성인 뇌의 부위를 글쓰기 증진에 사용하라.
(d) 양손잡이가 되기 위해 열성인 손을 좀 더 자주 사용하라.

해설

지문에서 작가가 추천하고 있는 것을 묻는 세부사항 문제이다. 전문가들은 양손잡이가 창의성을 열어주고 몸과 마음을 균형 있게 한다는 말을 시작으로, 양손잡이가 되기 위해서는 ①단순한 일부터 왼손을 사용하고 ②간단한 단어나 이름을 시작으로 글씨를 쓰도록 하며 ③왼손을 통해 자신의 생각을 작성해보도록 권장하고 있다. 따라서 지문의 내용을 통해서 글쓴이가 추천하고 있는 것은 보기 중 '양손잡이가 되기 위해 열성인 오른 손을 더 자주 사용하라'는 (d)이다.

32.

crash n. 충돌(사고), 부딪힘
  (= collision)

slow down 속도를 줄이다

slam v. 쾅(탁) 닫다

glitch n. 작은 문제, 결함

fatality n. 사망자

---

32.   정답 (c)

①The Brighton Transit Authority is trying to improve safety on it subway system after last week's crash, **which left three people dead and 58 injured.** The collision happened at about 5:30 p.m. on Tuesday. ②**The 506 train slammed into the 801 train, which had stopped at the Gramercy Street station** so that passengers could board. The crash occurred as the 506 train came around a corner. ③**Officials from the BTA say there is evidence that the driver slowed down, but did not have enough time to stop the train completely.** Brighton's subways are organized through electronic scheduling. ④**Officials say the two trains were scheduled to arrive at the Gramercy station at the same time because of a glitch in the system.**

Q: Which of the following is correct according to the article?
  (a) There were no fatalities in the accident.
  (b) The 801 train was moving when the accident occurred.
  (c) A mechanical problem caused the collision.
  (d) The driver of the 801 train didn't apply the brakes.

해석

①지난 주 3명의 사망자와 58명의 부상자를 낸 충돌 사고 이후 Brighton Transit Authority는 지하철 시스템에 안전성을 증진하고자 노력하고 있습니다. 이번 충돌 사고는 화요일 오후 5:30분 경에 발생하였습니다. ②506호 열차는 Gramercy Street 역에서 정차 후 승객들이 승차 중이던 801호 열차와 충돌했습니다. 충돌은 506호 기차가 코너를 돌면서 발생하였습니다. ③BTA 관계자들은 운전사가 속도를 줄였지만, 기차를 완전히 멈출 만큼 충분한 시간이 없었던 것으로 보이는 증거가 있다고 말하고 있습니다. Brighton의 지하철은 전자 스케줄링을 통해 운영되고 있습니다. ④관계자들은 시스템의 결함으로 인해 두 개의 열차가 동시에 Gramercy 역에서 도착할 예정이었다고 밝혔습니다.

질문: 지문의 내용으로 옳은 것은?
  (a) 사고에는 사망자는 없었다.
  (b) 801호 열차는 사건이 일어났을 때 움직이고 있었다.
  (c) 기계적 결함으로 인해 충돌이 발생했다.
  (d) 801호 열차의 운전사는 브레이크를 잡지 않았다.

해설

지문의 내용과 일치하는 것을 묻는 문제이다. 지난 주에 발생한 지하철 충돌사고에서 ①3명의 사망과 58명의 부상이 있었는데 ②정차해 있던 801호를 506호가 부딪혀서 일어난 사고이고, ③506 운전사가 속도를 줄이기는 했지만 완전히 멈출 만큼의 시간이 부족했고 ④사고의 원인은 전자 시스템의 결함 때문이라고 설명하고 있다. 따라서 주어진 보기 중에서 지문의 내용으로 옳은 것은 '충돌은 기계적 결함으로 발생했다'는 (c)이다.

33.

business administration 경영학

master's degree 석사

in-depth 철저하고 상세한, 면밀한

preference n. 선호(애호)되는 것

admissions committee 입학 심사
  위원회

trait n. 특성

---

33.   정답 (c)

The Tom Jennings School of Business Administration is accepting applications for its new graduate program in global finance. Students accepted into this program will be able to earn a master's degree in as little as two years. ①**The ideal candidate for this global finance program is a professional who is already working in the finance industry.** ②**Furthermore, since this program will require in-depth knowledge of business principles, preference will be given to those candidates who hold a bachelor's degree in an area of business.** Applications are available

해석

Tom Jennings School의 경영학에서는 세계 경제에 관한 새로운 대학원 프로그램에 지원자를 모집 중입니다. 이 프로그램에 참여한 학생들은 2년이라는 짧은 기간에 석사학위를 취득할 수 있습니다. ①이 세계 경제 프로그램에 적합한 지원자는 금융 산업분야에서 이미 근무하고 있는 전문가입니다. ②게다가 이 프로그램에는 경제 원리의 면밀한 지식이 요구되기 때문에 같은 분야에서 학사 학위를 보유하고 있는 지원자들을 선호합니다. 지원서는 www.nwsu.edu/globalfinance에서 온라인으로 가능합

online at www.nwsu.edu/globalfinance.

Q: Which of the following traits is NOT preferred
by the admissions committee?
(a) An undergraduate degree in business
(b) Experience in the finance industry
**(c) A professional degree in business
administration**
(d) Extensive knowledge of business
principles

니다.
질문: 입학 심사 위원회에서 선호하지
않는 특징은 무엇인가?
(a) 경영학 학사 학위
(b) 금융 산업에서의 경험
(c) 경영학 전문 박사 학위
(d) 경제 지식의 폭넓은 지식

해설

지문의 내용을 보면 경영학과 대학원에서 신입생을 모집한다는 말을 시작으로, ①프로그램에 적합한 지원자는 이미 금융 산업분야에서 근무하고 있는 사람이며, ②전문 경제 지식이 폭넓게 필요한 프로그램이라 경영학 학사 학위 졸업자를 선호한다고 설명하고 있다. 보기 (c)의 professional degree(전문 학위)는 석사 또는 박사 학위과정에서 취득할 수 있는 학위의 종류이고 지문에서는 경영학 학사학위를 선호한다고 설명하고 있다. 따라서 입학 심사 위원회에서 선호하지 않는 특징은 보기 중 (c)이다.

34.

stereotype v. 고정 관념을 형성하
다, 정형화 하다

notion n. 개념, 관념, 생각

rush v. (너무 급히) 서두르다

stress v. 압박하다

bitterness n. 쓰라림

34. 추론 ★★☆ 정답 (c)

①Young people—those who range in age from their teens to their 20s and 30s—are often stereotyped as being angrier than older people are, and a recent study of thousands of people from all age groups has actually confirmed this notion. ②There were several reasons for this, but the main factor was that younger people said they felt rushed and stressed out when handling work and family demands, which in turn led to feelings of anger and bitterness. Conflict at work and financial problems were two other major causes of anger in young people. ③The researchers pointed out that although older people had similar problems, they also had healthier ways of dealing with them.

Q: What does the passage imply?
(a) People are starting families at younger
ages.
(b) Unemployed people are not as angry as
older people.
**(c) Life experience helps people cope
with problems.**
(d) Young people have more problems than
older people.

해석

①10대에서 20~30대의 젊은 사람들은 공통적으로 나이든 사람들보다 더 화를 내는 것으로 보이며, 최근 모든 나이대에 걸쳐 수천 명의 사람들을 대상으로 한 연구를 통해 실제로 이러한 개념을 확정하였습니다. ②여기에는 몇 가지 이유가 있지만 그 주된 요인은 어린 사람들은 일과 가족들의 요구를 처리할 때 조급함과 압박감을 느낌을 갖는다고 이야기하는데 있습니다. 이러한 감정은 차례로 분노와 쓰라림의 감정을 이끌게 됩니다. 젊은 사람들에게 직장에서의 갈등과 경제적 문제들은 또 다른 분노의 요인이 됩니다. ③연구자들은 비록 더 나이 있는 사람들 역시 이와 같은 문제를 겪지만 이들은 문제를 처리하는 데 있어 더 건전한 방식을 가지고 있다고 지적했습니다.

질문: 내용을 통해 추론할 수 있는 것은?
(a) 사람들은 더 어린 나이에 결혼한
다.
(b) 무직 상태의 사람들은 더 나이든
사람만큼 화를 내지 않는다.
**(c) 삶의 경험은 사람들로 하여금 문
제를 해결하는 데 도움이 된다.**
(d) 젊은 사람들은 나이든 사람보다
더 많은 문제를 가지고 있다.

해설

지문을 통해 추론할 수 있는 것을 묻는 문제이다. ①10~30대의 젊은이는 더 나이 많은 사람보다 더 화를 내는 경향이 있고, ②이들에게 일과 가족들의 요구사항에서 오는 스트레스가 분노의 요인이 되는데, ③이들과 같은 문제를 고민하는 더 나이든 사람의 경우 젊은 사람보다 건전한 방식으로 화를 처리한다고 설명하고 있다. 따라서 지문을 통해 추론할 수 있는 것은 '삶의 경험을 통해 젊은 이보다 나이 많은 사람이 더 현명하게 문제 해결'한다는 (c)이다.

cubism n. 입체파, 큐비즘
Native American 북미 원주민
break apart 분리하다
reassemble v. 재조립하다
abstract a. 추상적인
fashion n. 유행하는 방식
cube n. 정육면체
sphere n. 구체
cylinder n. 원통, 원기둥
synthetic a. 합성한, 인조의
condense v. 응결시키다
distort v. 왜곡하다
representation n. 묘사

35. 추론 ★★☆   정답 (d)

The early 20th century saw the rise of Cubism. ①First popularized in Europe by artists like Pablo Picasso, Georges Braque and Juan Gris, **Cubism was influenced by Native American and African art, which Europeans were just beginning to discover.** Cubism takes a traditional, relatively simple image, breaks it apart and reassembles it in an abstract fashion. There were two types of Cubism. ② **In analytical Cubism, artists separated an image into parts and reassembled it across a wide space.** The image appeared to be stretched out and composed of many shapes, including cubes, spheres and cylinders. ③**Synthetic Cubism condensed images while distorting their shape and size. These images looked like crowded collages and were slightly less abstract than analytical images.**

Q: What can be inferred about Cubist painters?
  (a) They were descendants of Native Americans.
  (b) They discovered African art traditions.
  (c) They avoided abstract representation.
  (d) They belonged to one of two schools of Cubism.

해석

입체파는 20세기 초반에 등장했습니다. ①Pablo Picasso, Georges Braque와 Juan Gris와 같은 예술가들로 인해 유럽에서 처음 인기를 얻게 된 **입체파는 유럽인들이 이제 막 발견하기 시작한 북미 원주민과 아프리카 예술의 영향을 입었습니다.** 입체파는 전통적이고 비교적 단순한 이미지를 취하며, 형상을 분리하여 추상적인 방식으로 재조립하였습니다. 입체파는 2가지 종류가 있습니다. ②**분석학적 입체파에서 예술가들은 부분으로 하나의 이미지를 분리하고, 넓은 공간 속으로 그 분리된 형상을 재 조립했습니다.** 그 이미지는 뻗쳐져서 정육면체, 구, 원기둥을 포함한 다양한 형태로 구성되었습니다. ③**합성적 입체파는 자신의 형태와 크기를 왜곡하면서 이미지를 응결시켰습니다.** 이러한 이미지는 복잡한 콜라쥬처럼 보였고, 분석학적 이미지 보다는 약간 덜 추상적으로 보이기도 합니다.

질문: 입체파 화가들에 대해 추론할 수 있는 것은?
  (a) 그들은 북미 원주민의 후예였다.
  (b) 그들은 아프리카 예술 전통을 발견했다.
  (c) 그들은 추상적인 묘사를 회피했다.
  (d) 그들은 입체파의 2가지 학파 중 한 곳에 소속되었다.

해설

지문을 통해 추론할 수 있는 것을 묻는 문제이다. ①아프리카 예술에서 영향을 받은 20세기 입체파에는 2가지 종류가 있는데 ②분석학적 입체파는 하나의 이미지를 부분으로 분리하고, 분리된 형상을 재 조립했는데 ③합성적 입체파는 형태와 크기의 왜곡을 통해 덜 추상적인 콜라쥬처럼 보이는 형태를 취했다고 설명하고 있다. 따라서 입체파 화가들에 대하여 추론할 수 있는 것은 '입체파 화가들은 2가지 입체파 중 한가지에 속해있다'는 (d)이다.

showroom n. 전시장

merchandise n. 상품(제품)

36. 추론 ★★★　　　　　　　　정답 (c)

Are you looking for affordable yet high-quality furniture for your house? Then come to Jonestown Home Furnishings' annual showroom sale, where you are sure to find a great deal on a beautiful piece of furniture. ① **We are clearing out our sales floor to make room for our new furniture arrivals,** ② **which means that all of the dining room, living room and bedroom furniture in our store will be discounted 30 to 50 percent.** ③All furniture will be sold as is, and **must be picked up by the customer within 72 hours.** ④Don't miss this **once-a-year event!** The showroom sale will end on January 15th.

Q: What can be inferred from the advertisement?
(a) The store specializes in office furniture.
(b) The sale takes place several times a year.
(c) The store will have new merchandise after the sale.
(d) The sale will last for three days only.

해석

집을 위해 가격이 비싸지 않으면서도 고품질의 가구를 찾고 계신가요? 그렇다면 Jonestown Home Furnishings의 연례 전시상품 할인 판매에 참여하세요. 이곳에서 아름다운 가구를 멋진 가격에 찾으실 수 있을 거라 확신합니다. ①저희는 이번 할인 판매를 통해 새로운 가구가 도착에 앞서 공간 마련을 하려고 합니다. ②이것은 식당, 거실, 침실 가구의 전 제품이 30~50% 할인될 예정임을 의미합니다. ③모든 가구는 있는 그대로 판매될 것이며, 고객 분들은 72시간 안에 상품을 가져가셔야 합니다. ④일년에 한번 있는 이번 행사를 놓치지 마세요. 전시상품 할인판매는 1월 15일에 종료됩니다.

질문: 광고를 통해 추론할 수 있는 것은?
(a) 가게는 사무용 가구로 특화되어 있다.
(b) 할인 판매는 1년에 여러 번 진행된다.
(c) 가게는 할인 판매 후 새로운 제품이 들어올 것이다.
(d) 할인 판매는 단 3일 동안만 진행될 것이다.

해설

지문을 통해 추론할 수 있는 것을 묻는 문제이다. Jonestown Home Furnishings에서는 ①새로운 가구의 도착에 앞서 공간 마련을 위해 진행하고 있는데, ②식당과 거실, 침실 가구를 할인하고 있으며 ③고객은 가구 구입 후 72시간 안에 집으로 가져가야 하며 ④일년에 한번만 있는 행사이므로 반드시 참여하라고 홍보하고 있다. 따라서 광고를 통해 추론할 수 있는 내용은 '할인 판매 후 새 제품의 입고'라는 (c)이다.

37.

paleontologist n. 생물학자

emu n. 에뮤 (호주의 날지 못하는 새)

rhea n. 레아 (남아메리카산의 날지 못하는 새)

velociraptor n. 벨로키랍토르 (작은 공룡)

caregiver n. (병자 · 불구자 · 아이들을) 돌보는 사람

incubate v. (알을) 품다

37. 추론 ★★☆　　　　　　　　정답 (d)

①**Paleontologists have found yet another similarity between modern birds like the emu and rhea and their prehistoric ancestor the Velociraptor.** ②**There is evidence that eggs from one species of the Velociraptor, called the Trodon, were cared for by the father.** In most species, past and present, mothers are the primary caregivers. However, ③**researchers analyzed adult Trodon skeletons that had their legs folded, a position commonly taken when incubating recently laid eggs.** In many birds and dinosaurs, including the Trodon, females develop more bone tissue when they are getting

해석

①생물학자들은 emu나 rhea 같은 현대의 새들이 그들의 선조인 Velociraptor와의 유사성을 이미 발견했습니다. ② Velociraptor의 한 종인 Trodon의 알이 아비 새에 의해 보살핌을 받는다는 증거가 있습니다. 과거와 현재의 대다수의 종에서 어미 새들은 원천적으로 새끼를 돌보는 존재입니다. ③그러나 연구자들은 어른 Trodon의 골격을 분석한 결과, 갓 나온 알을 품을 때 취하는 자세로 다리가 접혀 있는 것을 발견했습니다. 많은 새들과 Trodon을 포함한 공룡들은 암컷이 알을 낳을 준비를 할 때 더 많은 뼈 조직을 만들어냅니다. ④Trodon 골

ready to lay eggs. ④**The Trodon skeletons did not have any evidence of this extra bone tissue, leading researchers to believe that they belonged to males.**

Q: What can be inferred from the passage?
  (a) Trodon males were able to lay eggs.
  (b) Female Trodon skeletons were found with folded legs.
  (c) Emus have existed since prehistoric times.
  (d) Baby rheas are cared for by their father.

격에는 이러한 추가적인 뼈 조직의 증거는 없고, 이를 통해 연구자들이 발견된 골격이 남성에 속해있는 거라는 믿음을 갖게 만듭니다.

질문: 지문을 통해 추론할 수 있는 것은?
  (a) Trodon 수컷은 알을 낳을 수 있다.
  (b) Trodon 암컷의 골격은 다리가 접힌 채 발견되었다.
  (c) Emu들은 선사시대부터 존재했다.
  (d) 어린 rhea들은 아버지에 의해 보살핌을 받는다.

해설
지문을 통해 추론할 수 있는 것을 묻는 문제이다. ①emu와 rhea와의 공통점을 Velociraptor에서 발견했는데, 그것은 ②Velociraptor의 한 종인 Trodon은 아비 새가 새끼를 품는다는 것이며, ③Trodon의 화석골격에서 새끼를 품을 때 나타나는 다리 굽은 자세를 발견했는데, ④이 골격은 아비 새의 것으로 추정하고 있다고 설명하고 있다. 따라서 ①과 ②의 내용을 근거로 주어진 보기 중에서 (d)를 추론할 수 있다.

Part III

38.   일관성 ★★☆   정답 (c)

38.

give way to something (특히 감정에) 못 이기다

disillusionment n. 환멸

be characterized by ~하는 것이 특징이다

heighten v. 고조되다(고조시키다)

existential a. 실존주의적인

critique v. 비평하다, 평론을 쓰다

linear a. (일련의 여러 단계가) 직선 모양의

disjoint v. 해체되다

In early 20th century literature, the optimism seen during the Victorian era gave way to a sense of disillusionment, borne of a society that was changing rapidly. This literary movement became known as modernism. (a) Modernist literature is characterized by the heightened sense of the self. (b) Influenced by existential philosophers like Frederick Nietzsche, authors increasingly created novels that focused on the internal struggles of key characters. **(c) The ideals of modernism were often critiqued as overly pessimistic.** (d) Furthermore, taking inspiration from abstract art, authors moved away from linear storylines. Instead, they presented stories with disjointed timelines.

해석
20세기 초 문학에서 빅토리아 시대에 나타났던 낙관주의는 빠르게 변화하는 시대를 통해 환멸의 감정으로 대체되었습니다. 이러한 문학적 움직임은 근대주의로 알려졌습니다. (a) 근대주의 문학은 자아에 대한 고조된 감정을 특징으로 하고 있습니다. (b) Frederick Nietzsche와 같은 실존주의 철학가들에 의해 영향을 받은 작가들은 점차 주요 등장인물들의 내적인 갈등에 초점을 맞춘 소설들을 만들어 내기 시작했습니다. **(c) 근대주의의 이상향은 종종 지나치게 비관적이라고 비판을 받았습니다.** (d) 게다가 추상 예술로부터 영감을 얻은 작가들은 일직선의 스토리라인에서 벗어나게 되었습니다. 대신 그들은 해체된 시간구조를 지난 이야기를 선보였습니다.

해설
글을 읽고 흐름상 어색한 문장을 고르는 문제이다. 빅토리아 시대의 낙관주의 문학이 20세기 초반에는 환멸감의 근대주의로 대체되었는데 (a) 근대주의 문학은 자아에 대한 고조된 감정을 특징으로 하고 있으며, (b) 실존주의 철학가에 영향을 받아 인물의 내적 갈등에 집중하였고 (d) 추상예술에서 영감을 받아 해체된 시간구조를 지닌 이야기를 선보였다. (a), (b), (d)는 근대주의의 특징에 대해 이야기하고 있는데, (c)는 근대주의 이상향에 대한 비판을 이야기하고 있으므로 내용상 어색한 것은 (c)이다.

39.

cave-dwelling a. 혈거(동굴) 생활을 하는

particle n. 입자, 조각

conger eel 붕장어

photoreceptor n. 광수용기(용체)

have a back-up 대체 계획이 있다

---

39. **일관성 ★★★** 정답 (a)

Unlike cave-dwelling fish, which tend to lose all eye function as a result of living in darkness, deep sea fish actually adapt in order to make use of what little light is available. **(a) As a result, plants are not able to grow in the deepest parts of the ocean and deep sea fish rely on particles of food that sink down from above.** (b) Biologists commonly observe that deep sea fish have very large eyes, which help them see even if only tiny amounts of light are available. (c) Furthermore, some deep sea fish have extra parts in their eyes. (d) For example, the conger eel has five layers of photoreceptors, which are sensitive to incoming light. That means if one layer is damaged, the eel has a back-up.

해석

집을 위해 가격이 비싸지 않으면서도 고동굴 생활을 하는 물고기의 경우 어두운 곳에 거주함으로써 눈의 모든 기능을 상실하는 것과는 달리, 심해의 물고기들은 실제 이용 가능한 약간의 빛을 사용하기 위해 적응되었습니다. **(a) 그 결과 바다 속 가장 깊은 지역에서 식물들은 살 수 없고, 심해의 물고기들은 위에서 가라앉는 음식 조각들에 의존하게 됩니다.** (b) 생물학자들은 일반적으로 심해의 물고기들이 매우 큰 눈을 가지고 있는 것으로 관찰되는데, 이것은 물고기들로 하여금 아주 적은 양의 빛일지라도 이용할 수 있도록 도와준다고 밝히고 있습니다. (c) 게다가 일부 심해 물고기는 눈에 추가적인 부분을 가지고 있습니다. (d) 예를 들어, 붕장어는 5개 층의 광수용기를 가지고 있는데, 이것은 들어오는 빛에 예민합니다. 즉 만약 1개의 층이 손상을 당하면, 붕장어는 대체할 다른 층들이 있습니다.

해설

글을 읽고 흐름상 어색한 문장을 고르는 문제이다. 심해의 물고기는 약간의 빛이라도 이용할 수 있도록 적응했는데, (b)심해의 물고기는 큰 눈을 가지고 있어 아주 적은 양의 빛이라도 이용할 수 있고 (c)심해 물고기 중 일부는 눈에 추가적 부분을 가지고 있는데 (d)그 예로 빛에 예민한 광수용기를 5개나 가진 붕장어를 들고 있다. (b), (c), (d)는 심해 물고기가 적은 양의 빛을 활용하기 위한 적응의 모습을 설명하는 반면 (a)는 심해 물고기가 수면 위에서 떨어진 음식에 의존해 살아가고 있다는 이야기를 하고 있으므로, 글의 흐름상 어색한 것은 (a)이다.

40.

strenuous a. 힘이 많이 드는, 격렬한

become certified in ~에 자격증을 취득하다(소지하다)

hopeful a. 희망을 품은, 성공을 바라는

written exam 필기 시험

---

40. **일관성 ★★☆** 정답 (d)

What does it take to become a firefighter? (a) First, candidates have to go through strenuous training in order to make sure that they are able to meet the high physical demands of the job. (b) In addition to training, they must undergo medical tests to confirm that they have no underlying medical conditions that would keep them from doing the best job possible. (c) Then, potential firefighters must become certified in CPR and other important life-saving techniques. **(d) CPR was first developed at Johns Hopkins University in the 1960s. Finally, hopefuls must take a written exam that tests their knowledge of various procedures.**

해석

소방관이 되기 위해서는 어떤 것이 필요한가요? (a) 우선, 소방관 지원자들은 직업에서 요하는 고도의 신체적 조건을 충족할 수 있는 지 확인하기 위해서, 몹시 힘겨운 훈련을 통과해야 합니다. (b) 훈련뿐만 아니라 지원자들은 자신들이 최고의 업무를 수행하지 못하게 하는 의학적 조건을 겪고 있지는 않은 지 확인하기 위해서 의학 검사를 통과해야 합니다. (c) 그 다음 예비 소방관들은 반드시 CPR과 다른 중요한 생명구조 기술에서 자격을 인정받아야 합니다. (d) CPR은 1960년대 Johns Hopkins 대학에서 최초로 개발되었습니다. 마지막으로 후보자들은 다양한 절차에 관한 지식을 확인하는 필기 시험을 보아야 합니다.

글을 읽고 흐름상 어색한 문장을 고르는 문제이다. 소방관이 되기 위한 조건으로 (a)소방관에 지원하는 사람은 신체 조건을 충족할 수 있는지 확인하기 위해 매우 힘겨운 훈련을 통과해야 하고, (b)의학 검사를 통과해야 하며 (c)여러 중요한 생명구조 기술에서의 자격을 인정받아야 한다고 설명하고 있다. (a), (b), (c)는 소방관이 되기 위해 통과해야 할 조건에 대해 이야기하고 있는 반면 (d)는 CPR의 첫 발명자에 대해 소개하고 있으므로 주어진 지문의 내용에 어울리지 않는다. 따라서 정답은 (d)이다.

Part I ~ III

1 (b)	2 (b)
3 (a)	4 (d)
5 (c)	6 (d)
7 (a)	8 (c)
9 (b)	10 (a)
11 (c)	12 (d)
13 (a)	14 (c)
15 (b)	16 (d)
17 (c)	18 (a)
19 (a)	20 (a)
21 (b)	22 (c)
23 (c)	24 (c)
25 (b)	26 (d)
27 (c)	28 (d)
29 (c)	30 (c)
31 (d)	32 (a)
33 (c)	34 (a)
35 (c)	36 (a)
37 (d)	38 (d)
39 (a)	40 (b)

1.

epicenter n. (활동의) 중심점, (문제의) 핵심

humped a. 혹이 있는, 혹 모양의

territorial a. 영토의

multinational a. 다국적의

countryman n. 동포, 같은 나라 사람

copious a. 엄청난 (양의), 방대한

piracy n. 해적 행위

buccaneer n. 해적

hunt down ~를 끝까지 찾아다니다

2.

loyalty n. 충실, 충성

Part I

1. 　빈칸완성 – 주제문 ★★★　　　정답 (b)

Discovered in 1493 during the first voyage of Christopher Columbus, Isla Tortuga quickly became a Caribbean epicenter of _______________. ①**Tortuga**—so called because its humped shape resembles a turtle—**was originally settled by the Spanish, but in the early 17th century, the English and French arrived and attempted to claim it for themselves, beginning a long battle for territorial rights.** While the multinational countrymen were fighting amongst themselves, ②**Tortuga became a neutral base of operations for pirates sailing the Caribbean seas** and a place to store their copious amounts of stolen valuables. It wasn't until 1684—long after the Spanish had fled the island's shores—and ③**the signing of the Treaty of Ratisbon that an end came to Tortuga piracy,** after which most buccaneers were hired out into the Royal services to hunt down their former pirate allies.

(a) natural disaster activity
(b) international conflict
(c) modern pop culture
(d) the tourism industry

해석

1493년 Christopher Columbus의 첫 항해기간 동안 발견된 Isla Tortuga는 캐리비안 지역 **국제 갈등** 문제의 핵심이 되었습니다. ①Tortuga는 그 혹이 있는 모양으로 인해 일명 거북이라고 불리기도 하는데, 원래 스페인에 의해 점령 당한 곳이었지만 17세기 초반 영국과 프랑스가 도착한 후 자신의 영토이라고 주장하기 시작했고, 이는 영토권을 위한 긴 전쟁을 이끌었습니다. ②다국적 동포들이 자기네들끼리 싸우는 동안 Tortuga는 캐리비안 해를 항해하는 해적들을 위한 중간 거점이 되었고, 방대한 양의 훔친 귀중품들을 보관하는 장소가 되었습니다. 이 섬에서 스페인이 물러난 지 오랜 후인 1684년에, ③Tortuga 해적 행위의 종결을 가져온 Ratisbon 조약 체결 후 대다수의 해적들은 해적 집단을 끝까지 추적하기 위해 왕국에 소속되었습니다.

(a) 자연 재해활동
(b) 국제 갈등
(c) 근대 팝 문화
(d) 여행 산업

해설
빈칸에 들어가기에 적절한 말을 묻는 문제이다. ①Tortuga는 원래 스페인이 점령했으나 17세기부터 영국과 프랑스의 영토분쟁이 시작되었고, ②해적들의 거점지역이 되기도 했으며, ③1684년 조약 체결 후 해적 행위는 종결되었다. 빈칸에는 캐리비안 지역에서 Tortuga가 갖는 의미가 들어가는 것이 자연스럽기 때문에 '국제갈등'이라는 (b)가 가장 적절하다.

2. 　빈칸완성 – 주제문 ★☆☆　　　정답 (b)

The Persian Empire was in control of 23 nations at the height of its reign in the 5th century BCE. Many historians attribute the success of the Persians to their foundation in one basic principle. ①**From the ages of five to twenty, Persian boys were instructed in three areas:** how to ride a horse, how to draw a bow, and, above all, to _______________. It was this loyalty to truth and justice, scholars believe, that gave the empire credibility to rule the world. ②**The most disgraceful thing in**

해석

페르시아 왕국은 기원전 5세기 왕국의 절정기에 23개의 나라를 통치했습니다. 많은 역사가들은 페르시아의 성공이 가장 기본적인 원칙을 그들이 세웠기 때문이라고 설명하고 있습니다. ①5세에서 20세의 페르시아 남자 아이들은 3개의 분야에서 교육을 받는데, 이는 말 타는 방법, 활 쏘는 방법, 그리고 그 무엇보다 **항상 진실만을 말하는 것**에 대한 교육이었습니다. 학자들은 이것이 진실과 정의에 대한 충성심이며, 왕국이 세계를 통

credibility n. 신뢰성
disgraceful a. 수치스러운

the world to the Persians was to tell a lie, for to tell an untruth was a cardinal sin in the eyes of the people and the King, and in certain cases it was punishable by death. ③"Truth for the sake of truth" was the universal motto of the Persian Empire.

(a) honor their elders
(b) always tell the truth
(c) educate their minds
(d) respect each other

치할 수 있었던 신뢰성을 부여했다고 설명합니다. ②페르시아 인들에게 가장 수치스러운 것은 거짓말을 하는 것이며, 진실하지 않은 것을 말하는 것은 사람들과 왕의 눈에는 해서는 안될 대죄로 여겨졌으며, 어떤 경우에는 사형으로 벌을 받기도 했습니다. ③"진실을 위한 진실"은 페르시아 왕국의 보편적인 모토였습니다.

(a) 어른을 공경하는 것
(b) 항상 진실만을 말하는 것
(c) 자신의 마음을 교육하는 것
(d) 서로를 존경하는 것

해설
지문은 5세기 페르시아 왕국에 관한 내용이다. ①페르시아 남자아이들은 3개의 분야에서 교육을 받았고, ②이중 거짓말을 말하는 것이 가장 수치스러운 죄이며, ③'진실을 위한 진실'은 페르시아의 모토였다고 설명하고 있다. 빈칸에는 페르시아 교육의 3가지 중 하나가 들어가야 하는데, 뒤에 이어지는 내용을 보면 '진실만을 말하기'라는 (b)가 적절하다.

3.

selfless a. 사심 없는, 이타적인

3. 빈칸완성 – 주제문 ★★☆　　　　　　　정답 (a)

The very moment I became a father for the first time, ______________________________.
I'd heard from friends and family that this would happen, but I never understood how exactly it could happen so quickly. I dismissed their stories as being overly emotional, but the moment I held my daughter in my arms, I knew they were all right. ①**No longer would I live just for myself; everything I did from that moment on was for my daughter's benefit.** To work hard for someone else's gain is a selfless activity that, while sometimes frustrating and sometimes painful, is rewarding beyond measure. ②**Now I tell my childless friends that they won't ever be the same when they become parents.** I know they don't believe me now, but when they are standing there holding a baby boy or girl for the first time, they'll know I was telling the truth.

(a) my entire life changed
(b) I looked for a second job
(c) I had to alter my dreams
(d) I had to be careful about money

해석
처음으로 아버지가 된 바로 그 순간 **제 인생 전체는 바뀌었습니다**. 친구들과 가족들로부터 이런 일이 일어날 거라는 소리를 들었지만 그것이 정확히 그렇게나 빨리 일어나게 될줄은 저는 결코 몰랐습니다. 그들의 이야기를 지나치게 감상적인 것이라고 흘려 들었지만, 제가 딸을 팔에 안은 순간 그들의 말이 모두 옳았다는 것을 알게 되었습니다. ①**저는 더 이상 저 혼자만의 삶을 살 지 않을 뿐만 아니라, 제가 그 순간 이후로 하는 모든 행위는 제 딸을 위한 것이었습니다.** 다른 누군가의 몫을 위해 열심히 일하는 것은 이타적인 행위입니다. 때로는 짜증스럽고 때로는 고통스러운 일이기는 하지만 그 보상은 측정이 불가능합니다. ②**이제 저는 아이가 없는 친구들에게 일단 부모가 되는 순간 그 전의 모습과 결코 같을 수 없을 거라고 말합니다.** 저는 그들이 지금 이순간에는 제 말을 믿지 않을 거라는 것을 알지만, 그들이 처음으로 자신의 아들 또는 딸을 안아 든 순간부터 제가 한 말이 사실이었음을 알게 될 것입니다.

(a) 제 인생 전체는 바뀌었습니다
(b) 저는 2번 째 직업을 찾았습니다
(c) 저는 제 꿈을 변경해야 했습니다
(d) 저는 돈에 대해 신중해져야 했습니다

해설
지문은 아이가 있는 아버지의 고백의 내용이다. ①아이가 태어난 후 모든 행위는 딸을 위한 것으로 바뀌었고, ②부모가 되는 순간 그 전의 모습과는 결코 같을 수 없다고 이야기하고 있다. 빈칸에는 아버지가 된 순간에 대한 자신의 변화가 들어가야 하므로 '인생 전체가 바뀌었다'는 (a)가 가장 자연스럽다.

Quantum Tunneling 양자 역학
bizarre a. 기이한, 특이한
prediction n. 예측, 예견

4. 빈칸완성 – 주제문 ★★★　　　　　정답 (d)

①Quantum Tunneling is a theory of Quantum Physics—**the science that succeeded the physics of Einstein—that deals with the probability that an object can pass through another** without _______________________. As far as bizarre predictions go, Quantum Tunneling is one of the strangest in modern science, stating that there is indeed a chance—albeit extremely small—that a particle trapped behind a barrier without the energy to overcome that barrier will sometimes disappear completely and reappear on the other side of the barrier, all without having touched it at all. ②In other words, if a man were in a jail cell, imprisoned behind immovable iron bars, there is a very small possibility that **he would suddenly appear on the outside of the cell without having broken the bars or even touched them.**

(a) becoming solid matter
(b) another object helping it
(c) actually going anywhere
(d) moving or destroying it

해석

①양자 역학은 Einstein의 물리학을 계승하는 과학인 양자 물리학의 이론으로 물질이 <u>이동하거나 파괴되는 일</u> 없이 다른 물질로 이동할 수 있다는 가능성을 다루고 있습니다. 특이한 예측이 계속 있는 만큼, 양자역학은 비록 그 가능성이 아주 적기는 하지만 에너지가 전혀 없이도 장애물 뒤에 있는 조각이 전혀 만지지 않고도 한 편에서 완전히 사라져서 장애물의 반대 편으로 다시 나타날 수 있다고 주장하며 그러한 이유로 근대 과학에서 가장 이상한 분야 중 하나로 취급 당하고 있습니다. ②다른 말로 하면, 어떤 사람이 감옥 안에서 움직일 수 없는 철제 바 뒤에 감금당했는데, 바를 부러뜨리거나 심지어 만지지도 않고 그가 감옥 밖에서 갑자기 나타날 수 있는 아주 작은 가능성이 있다는 의미입니다.

(a) 단단한 물질이 되는
(b) 그것을 돕는 다른 물질의
(c) 실제로 어디로든 가는
(d) 이동하거나 파괴되는 일

해설

지문은 양자역학에 관한 이야기이다. ①양자역학은 물질이 다른 물질로 이동할 수 있는 가능성을 다루고 있는데, ②양자역학에 의하면, 감옥에 갇힌 사람이 바를 부러뜨리거나 건드리지도 않고 감옥 밖으로 나올 수 있다고 설명하고 있다. 따라서 빈칸에는 양자역학에 관한 설명이 들어가는 것이 자연스럽기 때문에 (d)가 정답이다.

5.

sweepstakes n. 독점 내기 (건 돈을 이긴 한 사람이 다 차지하는 내기)
inclusive a. 일체의 경비가 포함된
patronage n. (화가 · 작가 등에 대한) 후원
take place on 발생하다
complimentary a. 무료의
competition n. 대회, 시합

5. 빈칸완성 – 논리적 흐름 ★☆☆　　　　　정답 (c)

To Our Valued Customer,
①**You have been invited to enter a sweepstakes drawing for the chance to win a trip for two on a twelve-day, all inclusive Caribbean cruise.** Because of your continued patronage to our establishment, we wanted to thank you by _______________________ _______. No purchase is necessary to enter; ②**all you must do is fill out the attached entry form, mail it to our corporate office, and wait for your name to be picked.** The drawing will take place on October 15 and the winner will be notified immediately. We hope you will take part in this complimentary competition and continue to support us through your generosity. We commit ourselves to quality

해석

소중한 고객님께,
①고객님께서는 경비 일체가 포함된 12일간의 2인용 카리브해 크루즈여행의 당첨기회를 얻으실 수 있는 그림 경매에 초대받으셨습니다. 저희 사에 대한 귀하의 지속적인 후원 덕분에, 저희들은 <u>이 환상적인 기회를 제공함</u>으로써 감사를 표하고 싶었습니다. 참여를 위해 구매를 하실 필요는 없습니다. ②고객님께서 해야 할 일은 그저, 동봉된 참가 신청서를 기입하셔서 저희 사무실로 우편 발송해 주시고, 성함이 선정되시기를 기다리시기만 하면 됩니다. 그림 경매는 10월 15일에 이뤄지며, 승자는 즉각적으로 통보될 것입니다. 이 무료 시합에 참가하셔서 관대함을 통해 저희를 지속적으로 지

service and low prices so that you won't have to shop anywhere else. We hope to see you back very soon!
Sincerely,
The Management

    (a) providing you with this free coupon
    (b) writing this letter of gratitude to you
    (c) giving you this fantastic opportunity
    (d) wishing you the happiest of holidays

원해주시기를 바랍니다. 저희는 질 좋은 서비스와 낮은 가격을 제공함으로써 고객님께서 다른 곳에서 쇼핑하지 않으셔도 되도록 노력하고 있습니다. 빠른 시기에 다시 뵙기를 희망합니다.

관리부 드림

(a) 이 무료 쿠폰을 제공함
(b) 고객님께 감사의 편지를 씀
(c) 이 환상적인 기회를 제공함
(d) 가장 행복한 휴일이기를 희망함

해설
지문은 고객에게 여행 응모에 참여하라는 안내문이다. 편지를 받는 사람은 ①크루즈여행 당첨기회를 얻을 수 있는 그림경매에 초대되었으며, ②동봉된 신청서를 작성하여 우편발송만 하면 된다고 설명하고 있다. 따라서 빈칸에는 고객에게 감사를 표하는 방법에 대한 내용이 들어가는 것이 자연스럽기 때문에 '환상적인 기회의 제공'라는 (c)가 정답이다.

6.

disillusion v. 환상을 깨뜨리다, 환멸을 느끼게 하다

discriminate v. 차별하다

ideological a. 이데올로기의

deviation n. 일탈, 탈선

inmate n. 수감자, 재소자

give in (~에게) 항복하다

renounce v. 포기를 선언하다

6. 빈칸완성 – 논리적 흐름 ★★☆   정답 (d)

①Cuban poet, playwright, and novelist **Reinaldo Arenas was once a supporter of the Cuban Revolution** but quickly became disillusioned when he was ___________ because of his writings and lifestyle. ②**In 1973, he was imprisoned for what the Cuban government called "ideological deviation,"** which is a way of saying that they didn't like him writing negative things about them. He tried to escape prison at one point but failed, and was severely punished. Arenas survived in prison by helping his fellow inmates write letters to their family and loved ones. ③**Eventually, he was so tortured by the government that he gave in to their demands that he renounce his own work.** He was released from prison in 1976 and escaped to America in 1980.

    (a) stricken with poverty
    (b) elected into public office
    (c) honored by other countries
    (d) discriminated against

해석
①쿠바의 시인이자 극작가 겸 소설가인 Reinaldo Arenas는 한 때 쿠바 혁명의 지지자였지만, 그의 글과 생활 스타일로 인해 **차별 받았을** 때 재빠르게 환상이 깨어졌습니다. ②1973년 그는 쿠바 정부가 "이데올로기적 일탈"이라고 부르는 것으로 투옥되었는데, 이것은 그가 정부에 관해 부정적인 내용을 쓰는 것이 마음에 들지 않는다는 표현방식이었습니다. 그는 한번은 감옥에서 탈출하려고 시도했다가 실패했으며, 이로 인해 심하게 벌을 받았습니다. Arenas는 그의 동료 재소자들이 가족이나 사랑하는 사람에게 편지 쓰는 일을 도와주면서 감옥에서 살아남았습니다. ③결국 그는 정부에 심하게 고문을 받아서 자신의 작품을 포기하라는 그들의 요구에 항복하고야 말았습니다. 그는 1976년 감옥에서 풀려난 뒤 1980년에 미국으로 탈출했습니다.

(a) 가난으로 인해 쓰러졌을
(b) 공직에 선출되었을
(c) 다른 나라들에서 존경을 받았을
(d) 차별 받았을

해설
지문은 쿠바 출신 소설가인 Reinaldo Arenas에 대한 이야기이다. ①처음 그는 쿠바 혁명의 지지자였지만 ②이데올로기적 일탈이라는 명목으로 투옥되었고, ③고문을 통해 글쓰기를 포기하도록 강요당했다고 설명하고 있다. 빈칸에는 그가 쿠바 혁명에 대한 환상이 깨진 이유가 들어가는 것이 자연스럽기 때문에 주어진 보기 중에서 '차별을 받았을 때'라는 (d)가 흐름상 가장 적절하다.

7.

cliché n. 판에 박은 문구, 진부한 표현

obscure a. 이해하기 힘든, 모호한

decipher v. 판독하다, 해독하다

7. | 빈칸완성 – 주제문 ★★☆ | 정답 (a)

①These days, most business meetings are full of industry clichés and obscure phrases that ___________________ unless you've had experience with them. For instance, "low hanging fruit" and "blue sky thinking" are often used in the planning stages of various products, and they refer to taking care of the easiest problems first and taking every idea into consideration. But unless you understand that from the start, you will more than likely find yourself wondering just what language everyone is speaking. ②You will do well to take the time to learn these often-used business phrases on your own, and if someone says something that makes no sense to you, never be afraid to ask for clarification. It is in everyone's interest that you all are on the same page.

(a) may be impossible to decipher
(b) won't be especially effective
(c) shouldn't be used by anyone
(d) can usually be fully ignored

해석
①요즈음 대다수의 경영관련 회의에는 산업관련 진부한 표현과 모호한 구절로 가득한데, 만약 그 전에 접해본 적이 없다면, **해독이 불가능할 지도 모릅니다**. 예를 들어 다양한 상품의 계획 단계에서 "쉽게 얻을 수 있는 과일"이나, "푸른 하늘의 생각"이라는 표현이 종종 사용되는데, 이 표현들은 '가장 쉬운 문제를 먼저 다루는 것'과 '모든 아이디어를 고려해보기'라는 뜻을 지니고 있습니다. 그러나 만약 처음부터 이 표현을 이해하지 못했다면 다른 모든 사람들이 이야기하고 있는 언어를 궁금해하는 자신을 발견하게 될 뿐입니다. ②시간을 두고 이렇게 자주 사용되는 경영 구절을 자신의 것으로 익히도록 하고, 만약 누군가가 당신이 이해하지 못하는 말을 했다면, 두려워하지 마시고 그 뜻을 물어보세요. 여러분 모두가 같이 이해하고 있다는 것이 모든 이의 공통된 관심사입니다.

(a) 해독이 불가능할 지도 모릅니다
(b) 특별히 효과적이지 않을 것입니다
(c) 아무에게도 사용되지 않아야 합니다
(d) 보통 완전히 무시될 수 있습니다

해설
지문은 경영회의 때 사용되는 관용구에 대한 이야기이다. ①경영관련 회의에는 모호한 구절이 가득한데, ②자주 쓰는 경영구를 오랜 시간에 걸쳐 익히고 모르면 그 뜻을 물어보도록 조언하고 있다. 빈칸에는 경영구의 모호한 구절에 대한 수식이 들어가야 하므로 '판독하기 불가능할지도 모른다'이라는 (a)가 적절하다.

8.

druid n. 드루이드 (고대 켈트족 종교였던 드루이드교의 성직자)

decline n. 감소

suppression n. 억제

alongside adv. ~옆에, 나란히

contemporary a. 동시대의

judge n. 판사, 심사위원

8. | 빈칸완성–인과관계 ★★☆ | 정답 (c)

①Little is known today about the teachings and practices of the druids of ancient Gaul, because it is believed by most scholars and historians that ___________________. With the decline and eventual suppression of the druidic culture in the 2nd century BC by the Romans, their traditions vanished alongside them. Most of what we know comes from Roman writers contemporary to the druids, who write that they were similar to the monks of the following Christian era, acting as priests, scholars, teachers, and judges. ②Apparently, all instruction was communicated orally in secret forest or cave locations. ③No druidic documents, if indeed there ever were any to begin with, have survived.

(a) they never really existed

해석
①오늘 날 고대 Gaul의 드루이드 교육 방식이나 연습방법에 대해 알려진 것은 거의 없는데, 그 이유는 대다수의 학자와 역사학자들은 **그들의 문화가 구전 문화라고** 믿기 때문입니다. 로마인들에 의해 드루이드 문화가 쇠퇴하고, 궁극적으로는 억압되었던 기원전 2세기에 그들의 전통도 함께 사라졌습니다. 드루이드와 동시대를 살았던 로마 작가들의 글을 통해 우리가 알 수 있는 것은 후의 서력기원의 수도승들과 유사했고, 성직자나 학자, 교사 또는 판사처럼 행동한 점입니다. ②분명한 것은 모든 교육이 비밀의 숲이나 동굴 속에서 구두로 진행되었다는 점입니다. ③만약 실제로 시작하려던 무엇이 있을지라도, 드루이드의 문서들은 어떤 것도 남아있지 않습니다.

(a) 그들은 결코 실제로 존재하지 않았

(b) they hid all their writings
(c) theirs was an oral culture
(d) the Romans destroyed their writing

다고
(b) 그들은 자신의 글을 모두 숨겼다고
(c) 그들의 문화가 구전 문화라고
(d) 로마인들이 그들의 글을 파괴했다고

해설
지문은 고대 드루이드들에 대한 이야기이다. ①그들의 교육 방식이나 연습 법에 대해 알려진 것은 거의 없지만, ②분명한 것은 모든 교육이 구두로 진행되었다는 점이며 ③그들에 관한 문서는 어떠한 것도 남아있지 않다고 설명하고 있다. 드루이드에 대한 문서가 없는 것에 대한 이유가 빈칸에 들어가야 하므로 '그들 문화는 구전 문화'라는 (c)가 가장 적절하다.

9.

interface n. 인터페이스

activate v. 작동시키다, 활성화시키다

command n. 명령

in a heartbeat 생각해 볼 것도 없이 당장

comprehensive a. 포괄적인, 종합적인

overhaul n. 점검, 정비

9. 빈칸완성 – 주제문 ★★☆   정답 (b)

Central Communications Unlimited is proud to announce ______________. ①
With all of the advanced capabilities of the Pocket-Puter line of cell phones, the Ro-Bo goes above and beyond all expectations. ② The next-generation interface is the closest to artificial intelligence that technology has thus far allowed. Voice activated commands for every Ro-Bo application makes it easier for you to get everything you need done in a heartbeat. Don't waste your time waiting for tomorrow when the future is already here. Central Communications Unlimited—smart phones for smart people.

(a) a new warranty plan for all phones
(b) the arrival of an exciting new product
(c) a comprehensive overhaul of our stores
(d) a special offer for loyal customers

해석
Central Communications Unlimited는 **흥미로운 신제품이 도착했음**을 알려드릴 수 있어 자랑스럽습니다. ① Pocket-Puter의 향상된 모든 기능을 겸비한 Ro-Bo는 모든 기대 그 이상입니다. ②차세대 인터페이스는 여태까지 허용되었던 인공지능에 가장 흡사한 것입니다. 모든 Ro-Bo의 응용프로그램을 위한 음성 활성화 명령은 여러분이 필요로 한 모든 것을 지금 당장 더 쉽게 시행하도록 만들어줍니다. 미래는 이미 이곳에 있는데, 내일까지 기다리느라 시간을 낭비하지 마세요. Central Communications Unlimited – 현명한 사람들을 위한 현명한 전화입니다.

(a) 모든 전화를 위한 새로운 보증 정책
(b) 흥미로운 신제품이 도착했음
(c) 점포의 종합적인 점검
(d) 충성스런 고객을 위한 특별 제공

해설
지문은 휴대폰 Ro-Bo에 대한 광고 글이다. Ro-Bo는 ①Pocket-Puter의 향상된 기능을 갖추고 있으며, ②지금껏 허용된 인공지능에 가장 흡사한 인터페이스라고 설명하고 있다. 빈칸에는 Ro-Bo휴대폰 회사인 Central Communications Unlimited에서 안내하는 것의 내용이 들어가야 하므로 '신제품 소개'라는 (b)가 가장 적절하다.

10.

uppercase a. 대문자의, 대문자로 짠

lowercase a. 소문자의, 소문자로 인쇄한

10. 빈칸완성 – 주제문 ★★☆   정답 (a)

A recent survey found that most Internet users have easy-to-guess passwords guarding their important personal information. In order to make sure ______________, there a few tips you should follow. Try to create a mix of uppercase and lowercase letters, numbers, and symbols for your passwords. ①
One technique that is used to great success is to form a password that looks like a random collection of letters and symbols but is really an abbreviation of a phrase you

해석
최근 조사에 따르면 대다수의 인터넷 사용자들은 자신의 중요한 개인 정보를 보호하는 데 쉽게 추측 가능한 비밀번호를 사용하고 있다고 합니다. **자신의 파일들을 온라인에서 안전하게 지키기** 위해 따라야 할 몇 가지 주의점이 있습니다. 대문자와 소문자, 숫자, 비밀번호를 위한 상징들을 혼합하여 만들도록 합니다. ①성공적인 비밀번호 생성에 사용되는 하나의 기술은 철자나 상징의 무작위 조합처럼 보이지만, 실제로는 쉽게

can easily remember. For example, if you can remember the phrase "when I was eight I had a dog named Trixie" then you should be able to remember this password: wIw8IhadnT. ②**That is a password that no one but you will ever be able to guess.**

(a) **your files are secure online**
(b) you don't forget your passwords
(c) you can access the Internet easily
(d) you understand your new computer

기억할 수 있는 문구의 축약으로 비밀번호를 만드는 것입니다. 예를 들어 만약 "when I was eight I had a dog named Trixie(내가 8살 때 나는 Trixie라는 이름의 개를 길렀다)"는 구절을 기억할 수 있다면 그 다음 이 비밀번호-wIw8IhadnT를 기억할 수 있어야 합니다. ②그것은 당신 이외에는 어떤 사람도 절대 떠올릴 수 없을 비밀번호가 됩니다.

(a) 자신의 파일들을 온라인에서 안전하게 하기
(b) 비밀번호를 잊지 않기
(c) 인터넷에 쉽게 접속할 수 있기
(d) 새로운 컴퓨터를 이해하기

해설
지문은 인터넷 사용자를 위한 비밀번호 생성 팁에 관한 내용이다. ①비밀번호 생성 시 철자나 상징의 무작위 조합처럼 보이지만 자신에게는 기억하기 쉬운 문구의 축약으로 만들라고 조언하고 있으며, ② 이는 나 이외에 어떤 사람도 떠올릴 수 없는 비밀번호가 될 것이라고 설명한다. 빈칸에는 이러한 비밀번호를 만들어야 하는 이유 또는 목적에 대한 내용이 들어가야 한다. 따라서 '파일들을 온라인에서 안전하게 만들기 위해'라는 (a)가 가장 적절하다.

11.

give credit to ~을 믿다
bent for ~에 대한 소질
succumb to ~에 굴복하다, 무릎을 꿇다
electrocution n. 감전사

11. 빈칸완성 – 주제문 ★★☆   정답 (c)

People endlessly debate the origins of rock and roll, giving credit to a variety of musicians and songwriters that worked all through the first half of the twentieth century. No matter who may or may not have written and performed the first rock and roll song, however, it was Les Paul who _______________. A jazz and country music musician with a bent for invention, ①**Paul nearly succumbed to electrocution on a number of occasions while working to create his signature instrument.** ②**Paul was a pioneer in the development of the single-body electric guitar for the Gibson Guitar Corporation.** Today, the Gibson Les Paul electric guitar is one of the most respected and popular instruments on the market, and without it, rock and roll as we know it wouldn't exist.

(a) sang the first true rock song
(b) discovered some of the greatest rock bands
(c) **made the genre's trademark sound possible**
(d) researched the origins of rock music

해석
20세기 첫 50년에 걸쳐 활동한 수많은 음악가와 작곡가들을 신뢰하며 락앤롤의 원조가 누구인지에 관해 사람들은 끊임없이 논쟁합니다. 처음으로 락앤롤 음악을 쓰고 연주를 한 사람이 누구든지 간에, <u>이 장르의 트레이드 마크인 사운드를 가능하게 만든</u> 사람은 Les Paul이었습니다. ①창작에 소질이 있던 재즈 및 컨트리 음악 뮤지션이었던 Paul은 자신의 이름을 딴 악기를 만들기 위해 수많은 연구에서 감전사로 인하여 거의 실패할 뻔했습니다. ②Paul은 Gibson Guitar Corporation 사의 일체형 전자 기타를 개발한 선구자였습니다. 오늘날 Gibson Les Paul 전자 기타는 시장에서 가장 존경 받으면서도 인기 있는 악기 중 하나이며, 이것이 없었다면 우리가 알고 있는 락앤롤도 존재하지 않았을 것입니다.

(a) 최초로 진정한 락노래를 부른
(b) 가장 위대한 몇 개의 락밴드를 발견한
(c) **이 장르의 트레이드 마크인 사운드를 가능하게 만든**
(d) 락음악의 기원을 조사한

해설
지문은 음악 뮤지션 Les Paul에 대한 내용이다. ①그는 수많은 감전사를 겪으면서 자신의 이름을 딴 악기를 만들기 위해 노력했으며 ②그 결과 단일 몸체 전자 기타를 개발했다고 설명하고 있다. 빈칸에는 Les Paul이 락앤롤 음악에 주는 상징적 의미가 들어가야 하므로 '이 장르의 특징인 사운드를 가능하게 만들었다'는 (c)가 가장 적절하다.

12.

authenticity n. 진짜임

dialect n. 방언, 사투리

spoken language 구어

astoundingly adv. 몹시 놀랍게도

resurgence n. 재기, 부활

12. 　빈칸완성 – 내용 완성 ★★★　　　　　　정답 (d)

Most scientists disagree on the exact number, but ①**there are approximately 5,000 different languages spoken in the world today.** ②**About 4% of the world's languages are spoken by 96% of the world's people,** with Mandarin Chinese being spoken by more than 885,000,000 people alone. There are almost 500 languages that are spoken by less than one hundred people, and ③**about 175 languages in the world that are spoken by less than ten people.** Though different people will debate the authenticity of various dialects and fight over which ones are still being spoken today, there is no doubt that

_______________________________.

(a) more people are seeking to learn second languages
(b) certain dialects are far more common than others
(c) many dialects are seeing a sudden resurgence
(d) the number of spoken languages is astoundingly high

해석

대다수의 과학자들은 그 정확한 수에 대해 의견을 일치하고 있지 않지만 ①오늘 날 전 세계적으로 약 5,000개의 각기 다른 언어가 존재합니다. ②전세계 사람들 중 96%는 전체 언어의 4%를 사용되고 있으며, 만다린 중국어는 단독으로 885,000,000명 이상의 사람들에 의해 사용되고 있습니다. 100명 이하의 사람들에 의해 사용되는 언어는 거의 500개에 다다르며, ③약 175개 언어는 10명 이하의 사람들에 의해 사용되고 있습니다. 비록 각기 다른 사람들이 다양한 방언의 진정성을 논하고, 오늘날 그 언어들이 여전히 사용되고 있는지에 대해 의견이 분분하지만, **구어의 수는 몹시 놀라울 정도로 많다**는 점은 의심할 바 없습니다.

(a) 더 많은 사람들이 제2 외국어를 배우려고 노력하고 있다
(b) 특정 방언들은 다른 것 보다 훨씬 더 일반적이다
(c) 많은 방언들은 갑작스러운 재기의 모습을 보이고 있다
(d) 구어의 수는 몹시 놀라울 정도로 많다

해설

지문은 전세계에 존재하는 언어의 수에 대해 이야기하고 있다. ①전 세계는 약 5,000개의 언어가 존재하는데, ②4%의 언어가 전 세계 사람들의 96%에 의해 사용되고 있고, ③175개 언어는 10명 이하의 소수의 사람들에 의해 사용되고 있다고 설명하고 있다. 빈칸에는 '언어의 수에 대한 의견이 분분함에도 불구하고'라는 조건 절 뒤에 올 수 있는 반의적 표현이 들어가야 하므로, '구어의 수가 매우 많다'는 (d)가 가장 적절하다.

13.

make-up n. 구성, 요소, 방식

Arctic Sea 북극해

diameter n. 지름

tentacle n. 촉수

regress v. 퇴행하다

virtually adv. 사실상, 거의

immortal a. 불후의, 불멸의

13. 　빈칸완성 – 주제문 ★★★　　　　　　정답 (a)

For an animal with no brain, blood, or nervous system, and whose make-up is more than 95% water, jellyfish are _______________________________. ①**Some 650 million years old, jellyfish outdate both the dinosaurs and sharks,** making them one of the oldest living beings on the face of the planet. ②Some jellyfish living in the Arctic Sea, North Atlantic Sea, and Northern Pacific Ocean can reach a diameter of 2.5 meters, **and their tentacles can grow more than 100 meters long.** Perhaps the most interesting of all the jellyfish, however, is Turritopsis nutricula, which is able, through a unique ability to physically regress when it reaches a certain age, to live a virtually immortal life.

(a) fantastically interesting creatures

해석

뇌와 피, 또는 신경계를 가지고 있지 않고 조직 구성의 95%가 물인 해파리는 **놀라울 정도로 흥미로운 생물체**입니다. ①약 6억 5천만년 된 해파리는 공룡이나 상어보다도 더 오래 되었고, 지구에서 가장 오래 살고 있는 생명체 중에 하나입니다. ②북극해, 남극해, 북태평양해에 살고 있는 해파리는 지름이 2.5미터에 달하며, **촉수는 100미터 길이 이상으로 뻗을 수 있습니다.** 그러나 해파리 중에서도 가장 흥미로운 것은 투리토프시스 누트리큘라(Turritopsis nutricula)로, 이 해파리는 일정 나이에 다다르면 신체적으로 퇴행하는 독특한 능력을 통해 사실상 불멸의 삶을 살 수 있습니다.

(a) 놀라울 정도로 흥미로운 생물체

(b) animals of very high intelligence
(c) less stable than most ocean creatures
(d) able to live in nearly any environment

(b) 매우 높은 지능을 지닌 동물
(c) 대다수의 바다 생물체보다도 덜 안정적
(d) 거의 모든 환경에서 살 수 있는

해설

지문은 해파리에 대한 내용으로, ①해파리는 공룡이나 상어보다도 더 오래된 생명체이며 ②100미터 이상으로 촉수를 뻗을 수 있고, ③투리토프시스 누트리큘라의 경우 불멸의 삶을 산다고 설명하고 있다. 지문은 해파리에 대한 놀라운 사실에 대해 설명하고 있고 빈칸에는 해파리의 특징이 들어가야 한다. 따라서 '놀라울 정도로 흥미로운 생물체'라는 (a)가 정답이다.

14.

on the go 끊임없이 활동하여, 계속 일하여

refrigerate v. 냉장 보관하다

precise a. 정확한, 정밀한

pre-set a. 미리 맞춰진, 미리 조정된

gourmet n. 미식가

complimentary a. 무료의

in a flash 즉시, 즉석에서

14. 빈칸완성 – 주제문 ★★☆   정답 (c)

The Milkaccino is a new product designed to make your espresso drinks easier and faster to prepare. Especially designed for the latte and cappuccino drinker on the go, the Milkaccino will _______________ in a matter of seconds. ①**Simply pour refrigerated milk into the top of the machine and wait less than ten seconds for it to come out steamed** to a precise, pre-set temperature and **topped with the richest and creamiest foam** you have ever seen. Stop spending five dollars for a drink at the local coffee shop and don't worry about leaving a tip; ②**with the Milkaccino, you'll have your very own gourmet coffee drink ready in a flash in the comfort of your own home.** Buy one today and receive a complimentary case of milk and two-pound bag of freshly-ground espresso.

(a) cool your drink
(b) grind an amount of beans
(c) create the perfect foam
(d) steam clean itself

해석

Milkaccino는 에스프레소를 더 쉽고 빠르게 만들도록 설계된 신상품입니다. 특히 일하면서 라테와 카푸치노를 마실 수 있도록 설계된 Milkaccino는 단 몇 초 만에 **완벽한 거품을 만들어 낼 것입니다**. ①그저 기계 위로 냉장된 우유를 부으신 후 미리 정확한 온도로 설정된 증기를 뿜으며 지금까지 본 것 중 가장 **풍성하고 크림이 가득한 거품이 올려진 커피가 만들어질 때까지 10초도 채 안 되는 시간 동안만 기다리시면 됩니다.** 근처 커피 점에 1잔당 5달러씩 돈을 쓰며 팁 주는 일까지 걱정하는 일은 이제 그만 두세요. ②Milkaccino와 함께라면 눈 깜짝할 사이에 집에서도 편안하게 쉬면서 나만의 맛있는 커피를 준비할 수 있습니다. 오늘 사시면, 우유 1통과 갓 갈은 에스프레소 2 파운드를 무료로 받으실 수 있습니다.

(a) 음료를 차갑게 식힐 것입니다
(b) 많은 양의 커피 콩을 갈게 될 것입니다
(c) 완벽한 거품을 만들어 낼 것입니다
(d) 스스로 증기청소를 할 것입니다

해설

지문은 커피 기계인 Milkaccino에 대한 광고 글이다. ①Milkaccino는 10초도 안 되는 시간 안에 풍성한 거품의 커피를 만들 수 있고 ②눈 깜짝할 사이에 집에서 편안하게 커피를 만들 수 있다고 강조하고 있다. 빈칸에는 짧은 시간 안에 가능한 Milkaccino의 장점을 소개하는 내용이 들어가는 것이 적절하므로 '완벽한 거품 만들기'라는 (c)가 정답이다.

15.

Dissociative Identity Disorder 해리성 정체감 장애

multiple personality 다중 인격

schizophrenia n. 정신 분열증

perpetual a. 빈번한, 빈번히 계속되는

misrepresentation n. 와전, 그릇된 설명

oftentimes adv. 종종

15. 빈칸완성 – 연결어 ★★★   정답 (b)

①**Often mistaken for Dissociative Identity Disorder, or multiple personalities, schizophrenia** is a severe disease that is well understood by medical professionals, but undeniably confused in the minds of the masses. ②**Thanks to the media's perpetual misrepresentation of the disease in news**

해석

①해리성 정체감 장애나 다중인격으로 자주 혼동되는 정신 분열증에 대해 의학 전문가들은 잘 이해하고 있지만, 대중들에게는 분명 혼돈을 주는 중증의 질병입니다. ②뉴스 보도, 텔레비전 쇼, 영화 속에서 매체는 이 질병에 대해 번번히 그릇된 설명을 한 덕에 대다수의 사

reports, television shows, and films, most people have the wrong idea about those who suffer from schizophrenia. They do not have split personalities, they are not all dangerous, and oftentimes people learn to live with the disease. _____________, ③in a survey of newspapers, Dr. Ken Duckworth of the National Alliance of Mental Illness found that 28% of all articles containing the word "schizophrenic" had nothing to do with the disease itself but rather used the term as a metaphor to describe erratic and chaotic behavior.

(a) However
(b) Indeed
(c) As a result
(d) Accordingly

람들은 정신 분열증을 앓고 있는 사람들에 대해 틀린 생각을 갖고 있습니다. 그들은 인격이 분열된 것도 아니고, 모두가 위험한 것도 아니며, 종종 사람들은 이 질병과 더불어 사는 법을 배웁니다. **실제로** ③정신질환 국가연합의 Ken Duckworth 박사는 신문을 대상으로 한 조사에서 "정신분열증"이라는 단어를 포함하고 있는 모든 기사의 28%는 실제로 이 질병과는 아무런 관계가 없으며, 변덕스럽고 혼란 상태의 행위를 묘사하기 위한 은유적인 표현으로서 사용되고 있다고 발표했습니다.

(a) 그러나
(b) 실제로
(c) 그 결과로
(d) 따라서

해설
지문은 정신분열증에 대한 이야기이다. ①정신분열증은 해리성 정체감 장애나 다중인격으로 착각되기도 하고 ②대중매체의 잘못된 설명으로 인해 사람들이 정신분열증에 대해 잘못된 생각을 갖게 했고, ③신문 대상의 조사에서 정신분열증이라는 단어가 실제와 관계 없이 사용되고 있다고 설명하고 있다. 빈칸에는 신문대상 조사의 실례를 이끄는 접속사가 들어가는 것이 적절하므로 '실제로'라는 표현의 'Indeed'가 정답이다.

16.

16. 빈칸완성 – 연결어 ★★★ 　　　　　　　　　　　　정답 (d)

The people of Millerville assembled on Main Street this afternoon for a grand parade in honor of the Millerville High School Girls' Gymnastics team. ①**Winning their school's first ever championship in any sport, the ladies were given the honor the day after they took first place.** Amidst the cheers and hollers of an adoring town, the team was driven down the street in the back seats of a number of classic automobiles while the Millville High marching band played behind them. ②**The championship meet, which was held on Friday, was a close battle with the Georgetown High School Grizzlies.** _____________, ③**the Millerville Mustangs had the talent and drive to come out on top.**

(a) Therefore
(b) For example
(c) Likewise
(d) Yet

해석
오늘 오후 Millerville 고등학교 여자 체조팀을 축하하기 위해 Main Street에 Millerville 사람들이 모였습니다. ①모든 경기를 통틀어 Millerville 고등학교에서 첫 번째 우승을 거둔 이 소녀들이 1위를 거둔 다음 날 이번 환영행사가 주어졌습니다. 매우 기뻐하는 사람들의 환호성과 고함소리 사이로 체조팀은 수많은 최고급 자동차의 뒷자리에 앉아 거리를 이동하였고, 그 동안 Millerville 고등학교 악단은 그 뒤를 따라 가며 연주했습니다. ②금요일에 열린 챔피언십 경기는 Georgetown 고등학교 회색 곰 팀과 막상막하의 접전이었습니다. 그러나 ③Millerville 고등학교 야생마 팀은 재능이 있었으며, 승리를 거두었습니다.

(a) 그래서
(b) 예를 들어
(c) 마찬가지로
(d) 그러나

해설
지문은 Millerville 고등학교 여자 체조팀의 우승 축하 행사에 관한 보도 내용이다. ①Millerville 고등학교는 모든 경기를 통틀어 첫 번째 우승을 거둔 것이며 ②Georgetown 고등학교와 막상막하의 접전을 벌였지만, ③Millerville 고등학교가 결국 승리했다고 설명하고 있다. 빈칸에는 ②와 ③의 내용을 연결시켜 주는 역접관계 접속사가 들어가는 것이 적절하므로 'Yet'이 정답이다.

Part II

17. 주제 찾기 ★★☆　　　　　　　　　정답 (c)

Icelandic anthropologist Vilhjalmur Stefansson lived with and studied a group of Inuit in the distant Northern Hemisphere in the 1920s to determine how they were able to survive so well on such low-carbohydrate diets. ①**He found that their non-traditional eating habits had no negative effect on their health or, indeed, on his own.** ②**He also discovered that the Inuit were able to get all the vitamins they needed from their "winter diet," which contained no plant life at all.** ③ **For instance, he found that they obtained a more than adequate amount of Vitamin C in their traditional raw meat meals of Ringed Seal liver and whale skin (or muktuk).** While many of his contemporaries refused to believe Stefansson's findings, they have since been proven correct in more recent studies.

Q: What is the main topic of the passage?
  (a) The importance of Icelandic anthropology
  (b) A disagreement over research methods
  (c) The notable eating habits of the Inuit
  (d) Peculiar sources of Vitamin C

해석

아이슬란드의 인류학자 Vilhjalmur Stefansson는 이뉴잇족이 그렇게 낮은 탄수화물 식생활을 유지하면서도 생존할 수 있는 방법을 알아내기 위하여 1920년대에 북반구에서 그들과 함께 살며 연구했습니다. ①그는 이뉴잇족의 남다른 식생활이 건강에 전혀 부정적인 영향을 미치지 않고 실제로 그 자신에게도 마찬가지였다는 것을 발견했습니다. ②또한 그는 이뉴잇족이 "겨울 식생활"을 통해 필요한 온갖 비타민을 다 얻을 수 있었다는 점을 알게 되었는데, 그것은 전혀 식물을 포함하지 않은 것이었습니다. ③예를 들어 이뉴잇족은 얼룩큰점박이 바다표범의 간과 돌고래 피부(또는 식용 고래 가죽)를 이용한 전통적인 생고기 식사를 통해 적절한 양 이상의 비타민 C를 섭취하고 있다는 것을 발견했습니다. 그와 동시대 사람들 중 많은 수가 Stefansson의 발견 내용을 믿지 않았지만, 최근 연구에서는 이 연구결과가 사실로 판명되고 있습니다.

질문: 지문의 주제는 무엇인가?
  (a) 아이슬란드 인류학자의 중요성
  (b) 연구 방식에 대한 불일치
  (c) 이뉴잇족의 주목할 만한 식습관
  (d) 비타민 C의 독특한 공급처

해설
지문의 주제를 묻는 문제이다. 지문은 이뉴잇족의 식습관에 대한 내용으로 ①이뉴잇족의 남다른 식생활이 이뉴잇족 뿐만 아니라 자신에게도 문제가 없었으며, ②겨울에도 비타민 부족을 겪지 않는데, 이는 식물을 통해서가 아니라 ③육식을 통해서 필요한 비타민을 섭취하기 때문이라고 설명하고 있다. 따라서 지문의 주제는 '이뉴잇족의 남다른 식습관'이라는 (c)이다.

17.
Icelandic a. 아이슬란드의
Northern Hemisphere 북반구
non-traditional a. 비전통적인, 종래와는 다른
Ringed Seal 얼룩큰점박이 바다표범
muktuk n. 식용 고래 가죽
peculiar a. 이상한, 기이한

---

18. 제목 찾기 ★★☆　　　　　　　　　정답 (a)

①**Biomimicry is the practice of developing sustainable technologies that are inspired by systems found in nature.** ②**The most common example of biomimicry is probably Velcro2®, which is based on the tiny hooks found at the end of burrs.** Perhaps the most fascinating case of biomimicry, however, is Gecko Tape. ③**The tape is a material that contains nanoscopic hairs that act the same way as those found on the bottom of gecko's feet.** Ever wanted to walk up walls or hang upside down from the ceiling? That just may be possible when Gecko Tape is

해석
①생체모방공학은 지속 가능한 발전기술의 실행인데, 이것은 자연에서 발견되는 체계들로부터 영감을 얻은 것입니다. ②가장 일반적인 생체모방공학의 예는 아마도 Velcro2®인데, 이는 껍질이 꺼끌꺼끌한 씨앗 끝에서 발견된 매우 작은 갈고리를 기초로 하였습니다. 그러나 아마도 가장 놀라운 생체모방공학의 경우는 Gecko 테이프입니다. ③이 테이프는 도마뱀붙이의 발 바닥에서 발견된 것과 같은 방식의 나노미터의 털을 포함하고 있는 물질입니다. 벽을 걸어 다니거나 천장에 거꾸로 매달려있고 싶으신가요? 그러

18.
biomimicry n. 생체모방공학
sustainable a. 지속 가능한
burr n. 껍질이 꺼끌꺼끌한 씨앗
gecko n. 도마뱀붙이

finally perfected.

Q: What is the best title of the passage?
(a) Inspired By Our Natural World
(b) The Gecko's Stunning Biology
(c) The Physics of Wild Burrs
(d) Finding Natural Energy

한 일은 Gecko Tape이 완전히 완벽하게 되었을 때 가능할 지도 모릅니다.

질문: 지문의 제목으로 가장 적절한 것은?
(a) 우리의 자연 세계에서 영감을 얻다
(b) 도마뱀붙이의 놀라운 생물학
(c) 껍질이 꺼끌한 야생 씨앗의 물리학
(d) 자연 에너지 찾기

해설
지문의 제목을 묻는 문제이다. 생체모방공학은 ①자연의 생명체에서 영감을 얻어 발전한 기술이며 ② 껍질이 꺼끌한 식물에서 영감을 얻어 Velcro2®를 만들어냈고, ③도마뱀붙이에서 영감을 얻어 Gecko 테이프가 개발되었다. 지문은 생체모방공학의 정의와 실례에 대해 이야기하고 있으므로 제목으로 적절한 것은 '우리의 자연 세계에서 영감을 얻다'라는 (a)이다.

19.

cardiovascular a. 심혈관의
alternative n. 대안
aerobic workout 유산소 운동
pastime n. 취미
schoolyard n. (학교) 운동장
awkward a. 어색한, 곤란한

19. 제목 찾기 ★★★   정답 (a)

Whereas jogging requires a long route to follow and may do long-term damage to your knees, jumping rope has few requirements and is an easy, ①**safe cardiovascular alternative to your aerobic workout.** ②What was once a favorite pastime of schoolyard children is **now a wonderful way to get fit for adults.** ③**All you need to get started are some comfortable shoes and a nice rope.** Some ropes come with weighted handles, designed to give you even more of a workout by strengthening your arm muscles while you jump. These ropes have positive benefits, but the ropes themselves are usually too awkward to be effective. Just a simple rope with a foam grip will work the best. Once you have your shoes on, your rope in hand, and an open area to do your workout, just jump. That is all there is to it.

Q: What is the best title for this passage?
(a) Jumping Your Way into Better Health
(b) The Best Schoolyard Activities
(c) Finding the Most Comfortable Shoes
(d) Weighted Handles and Their Benefits

해석
조깅이란 달려야 할 긴 거리를 필요하고 무릎에 장기적인 손상을 일으킬 수 있는 것에 비해, 줄넘기는 필요한 사항이 거의 없으며, ①**유산소 운동을 대체할 수 있는 쉽고 안전한 심혈관계 운동입니다.** ②한때는 학교 운동장에서 아이들이 좋아하는 취미였지만 이제는 **어른들이 건강을 유지하기 위한 훌륭한 방법이 되었습니다.** ③줄넘기를 시작하는데 필요한 것은 오직 편안한 신발과 괜찮은 줄넘기 뿐입니다. 일부 줄넘기에는 점프하는 동안 팔 근육 강화 운동을 좀 더 할 수 있도록 무게를 가중한 손잡이가 장착되어 있기도 합니다. 이러한 줄넘기는 긍정적인 장점이 있지만 줄 그 자체는 일반적으로 너무 불편하여 효과가 없습니다. 그저 고무 손잡이가 달린 단순한 줄넘기로 운동하는 것이 가장 좋을 것입니다. 일단 신발을 신은 후 양 손에 줄을 잡고 운동할 수 있을 만큼의 열린 공간에서 점프합니다. 그게 전부입니다.

질문: 지문의 제목으로 가장 적합한 것은?
(a) 줄넘기로 더 건강해 지는 길
(b) 가장 좋은 운동장 활동
(c) 가장 편안한 신발 찾기
(d) 무게가 가미된 손잡이와 그 효과

해설
지문의 제목을 묻는 문제이다. 조깅에 비해 줄넘기는 ①유산소 운동을 대체하는 쉽고 안전한 심혈관계 운동이며, ②어른들의 건강 유지를 위한 훌륭한 방법이고 ③줄넘기 하는데 필요한 것은 편안한 신발과 줄넘기뿐이라고 설명하고 있다. 따라서 지문의 제목은 '줄넘기로 더 건강해지는 길'라는 (a)가 가장 적절하다.

20.

reload v. 재배치하다, 재적재하다

fare n. (교통) 요금

flexible a. 융통성 있는

20. 　　　　　　　정답 (a)

If you're making a trip by plane, don't ever be satisfied with the first price you see. There are always ways to save money when flying, and here are a few tips to help you find the cheapest fares you possibly can. ①**Firstly, search the Internet for special deals on tickets.** This is especially effective if you are able to be flexible with your departure and arrival dates. Remember that airlines usually reload their computers at midnight, ②**so check with them as soon as you can after that time to see if any passengers have reserved seats but not paid for them.** Also, if you can manage to travel a short distance on your own, ③**try searching for flights departing from nearby cities**—it is often cheaper to fly from certain airports, depending on where you're going and when you're leaving.

Q: What does the writer recommend you do before buying a plane ticket?
  (a) Make the effort to search for the lowest price you can.
  (b) Take flights at less-common times such as at night.
  (c) Drive to the destination on your own and fly only one way.
  (d) Create a flexible schedule for yourself by traveling alone.

해석

비행기 여행을 하게 된다면, 처음 접한 가격에 만족하지 마세요. 비행기 여행 시 돈을 절약할 수 있는 방법들이 항상 존재합니다. 가능한 한 저렴한 요금을 찾을 수 있는 몇 가지 팁을 알려드리겠습니다. ①**우선, 인터넷을 통해 비행기 티켓에 대한 특가상품을 찾아보세요.** 이것은 출발이나 도착시간이 유동적인 경우 특히 효과적입니다. ②항공사들은 보통 자정에 컴퓨터의 항공 일정을 재배치하므로, **이 시간 이후 좌석을 예약만 하고 요금을 지불하지 않은 승객이 있는 지 최대한 빨리 확인해 보도록 합니다.** ③또한 만약 혼자서 단거리의 여행을 할 수 있다면, **가까운 도시들에서 출발하는 비행기들을 확인해 보세요.** 가는 곳과 출발하는 날짜에 따라 특정 공항에서 출발하는 것이 종종 더 저렴할 수 있습니다.

질문: 비행기 티켓을 구매하기 전에 글쓴이가 추천하는 일은?
  (a) 최대한 가장 낮은 가격을 찾는 데 노력을 기울여라.
  (b) 밤 시간같이 덜 보편적인 시간의 비행기 티켓을 구입하라.
  (c) 혼자서 목적지까지 운전해간 다음 편도로만 비행하라.
  (d) 자기 자신을 위해 혼자 여행하면서 유동적인 일정을 만들어라.

해설

비행기 표를 예약하기 전 돈을 절약할 수 있는 방법으로는 ①인터넷을 통해 특가상품을 찾아보고, ②자정 직후에 미처 돈을 지불하지 않은 취소된 예약 건을 확인하며 ③근처 지역에서 출발하는 저렴한 표가 있는 지 찾아보는 것이다. 따라서 지문의 내용을 통해서 알 수 있는 글쓴이가 추천하는 일은 (a)이다.

21.

strive for ~를 위해 노력하다

way of life 생활 방식

sustainability n. 지속성

dissident n. 반체제 인사

glassware n. 유리 제품

forgivable a. 용서할 수 있는, 용서할 만한

contaminate v. 오염시키다

21. 　　　　　　　정답 (b)

From the time we began to strive for a "greener" existence—one that is more conscience of the sustainability of our planet and way of life—there have been dissidents who claim that the positive actions we take are either counter-productive or entirely unnecessary. ①**Many of these people can't be bothered with recycling, as they cite news reports that say all the recycled items just get dumped anyway.** ②**The truth is, however, that while a portion of the discarded items we wish to recycle do get dumped, it is for a reason.** For instance, a single china dish or non-

해석

우리가 지구의 지속성과 생활 방식에 더 많은 양심을 갖자는 취지로 "더 푸른 지구"를 위해 노력을 시작한 이후 반대 의견을 가진 사람들은 우리의 긍정적인 행동들이 비 생산적이거나 완전히 불필요한 것이라고 주장해 왔습니다. ①이러한 사람들 중 상당수는 모든 재활용품들이 그냥 버려질 뿐이라는 뉴스 기사를 인용하며 재활용의 수고를 하지 않고 있습니다. ②그러나 사실 우리가 재활용을 하려던 물건들이 그냥 버려지는 데는 이유가 있습니다. 예를 들어 도자기 접시나 재활용이 되지 않는 유리 조각은 재

---

recyclable piece ofglassware can contaminate the entire load and make it unusable. But most loads end up being processed as advertised. ③**Being informed is the key to our continued existence, and that means getting all of the facts.**

Q: What is the main point the writer is making?
  (a) Recycling is a more complex process than everyone thinks.
  (b) Being fully informed is important for environmental decisions.
  (c) Dumping loads of recyclable glass is forgivable.
  (d) Learning a few facts is better than learning none.

활용품 전체를 오염시켜 사용할 수 없게 만들어 버립니다. 그러나 대다수의 재활용품은 광고된 바대로 처리됩니다. ③제대로 안내를 받는 것은 지구의 지속적인 존재성에 중요한 일이며, 이는 모든 정보를 수집하는 것을 의미합니다.

질문: 글쓴이가 주장하는 요점은 무엇인가?
  (a) 재활용은 사람들이 생각하는 것보다 좀 더 복잡하다.
  (b) 완전히 정보를 얻는 것은 환경 관련 결정에 중요하다.
  (c) 대량의 재활용 유리를 버리는 것은 용서받을 만하다.
  (d) 약간의 진실을 아는 것은 전혀 알지 못하는 것보다 낫다.

해설
지문의 주제를 묻는 문제이다. 글쓴이는 ①일부 사람들은 재활용품이 그냥 버려지고 있다며 재활용을 하지 않는데, ②버려지는 데는 정당한 이유가 있으므로, ③제대로 된 재활용 정보를 습득하여 지구의 영속성을 위해 노력하자고 주장하고 있다. 따라서 보기 중 (b)가 글쓴이의 주장으로 가장 적절하다.

22.

patron n. 고객

outstanding a. 뛰어난, 걸출한

enchilada n. 엔칠라다 (옥수수 빵에 고기를 넣고 매운 소스를 뿌린 멕시코 음식)

dislodge v. 빼내다

choking a. 숨 막히는

heroism n. 영웅적(대단히 용감한)행위

administer v. 시행하다

Heimlich maneuver 하임리크 구명법

dislodge v. 제자리를 벗어나게 만들다

22. 제목 찾기 ★★☆   정답 (c)

Patrons dining in El Gatita Mexican restaurant last night gave a standing ovation in the middle of their meals. It wasn't for the outstanding enchiladas or the great service, ①**but for Howard Middleton, a local businessman who noticed an elderly woman choking at a nearby table, and saved her life.** Mr. Middleton, who declined to comment on his act of heroism, noticed 74-year-old Marjorie Franklin clutching at her throat and making strange noises. ②**He immediately jumped to action, yelling for someone to call for medical help while he administered the Heimlich maneuver to Ms. Franklin.** ③ **The partially-chewed bit of food that was choking Ms. Franklin was quickly dislodged** and everyone in the restaurant, after a moment of shocked silence, got to their feet and applauded the bravery and decisive action of Howard Middleton.

Q: Which of the following is the best title for the news article?
  (a) Restaurant to Be Sued By Elderly Woman
  (b) The Heimlich Maneuver: Do You Know It?
  (c) Local Businessman Becomes Local Hero
  (d) How to Notice If Someone Is Choking

해석
지난밤 티 Gatita 멕시칸 레스토랑에서 저녁 식사를 하던 고객들은 식사 중 기립 박수를 쳤습니다. 기립 박수는 뛰어난 엔칠라다나 훌륭한 서비스 때문이 아니라 ①근처 테이블에서 숨이 막혀서 힘들어하는 어떤 나이든 여성의 생명을 구한 현지 사업가 Howard Middleton 씨를 위한 것이었습니다. 자신의 영웅적 행동에 대한 언급을 거절한 Middleton씨는 74세의 Marjorie Franklin씨가 목을 잡고 이상한 소리를 내고 있는 것을 알아챘습니다. ②그는 즉각적으로 행동에 옮기며 Franklin 씨에게 하임리크 구명법을 실시하는 동안 누군가에 소리쳐 의료 도움을 요청하였습니다. ③Franklin 씨를 숨 막히게했던 완전하게 씹히지 않고 삼킨 음식 조각은 재빨리 빠졌고 충격의 침묵이 흐른 후 레스토랑에 있던 사람들은 자리에서 일어나 Howard Middleton의 용기와 결단력 있는 행동에 박수를 보냈습니다.

질문: 기사의 제목으로 적절한 것은?
  (a) 나이든 여인에 의해 소송 당한 레스토랑
  (b) 하임리크 구명법: 당신은 알고 계시나요?
  (c) 현지 사업가가 지역의 영웅 되다
  (d) 누군가가 숨이 막혔을 때 알아차리는 방법

23.

interactive a. 상호적인, 상호작용을
  하는

full insurance 전액 보험

competitive salary 높은 급여

tailor v. 맞추다, 조정하다

---

23. 내용 일치 ★★☆ 정답 (c)

①Asea Cruise Lines is looking to hire a new Youth Program Director to help design and manage a series of age-appropriate activities for our youngest passengers that are fun, interactive, and educational. ②The qualified candidate will have experience managing a team of five or more individuals, caring for children of all ages, and working in a cruiseship environment. Benefits include full insurance, a competitive salary, and free room, board, and meals on the cruise ship while under contract. The new Youth Program Director will be contracted to work 10 out of 12 months of the year, andwill be expected to be present on the ship during that time. ③If interested, please send a resume and cover letter to the address listed below. No emails, please.

Q: Which of the following is correct about the passage?
  (a) Asea Cruise Lines is tailored specifically for younger passengers.
  (b) Candidates with no prior experience will receive paid training.
  (c) Youth Program Directors assist in the creation of educational activities.
  (d) Applicants should email a resume and cover letter to the listed address.

해석
①Asea Cruise Lines에서는 어린 승객들을 위한 재미를 주면서도 상호적이고 교육적인 일련의 연령적합 활동들을 설계하고 관리하는 일을 도와 줄 새로운 청소년 프로그램 담당자를 고용하려 합니다. ②자격을 갖춘 지원자는 5명 이상의 인원으로 구성된 팀을 운영해 보았고, 모든 연령대의 어린이를 돌보거나, 여객선에서 일한 경험이 있어야 합니다. 직원 혜택에는 계약 기간 동안 전액 보험과 높은 급여, 여객선 내 무료 숙식 제공이 포함되어 있습니다. 새로운 청소년 프로그램 담당자는 1년 12개월 중 10개월 동안 근무하도록 계약하게 되며, 이 기간 동안 배 위에서 근무하게 됩니다. ③관심 있으신 분께서는 아래 적힌 주소로 이력서와 커버레터를 보내주세요. 이메일은 접수하지 않습니다.

질문: 지문에 대한 내용으로 옳은 것은?
  (a) Asea Cruise Lines는 어린 승객을 위해 특별하게 맞춰져 있다.
  (b) 이전 경험이 없는 후보자들은 유급 교육을 받게 될 것이다.
  (c) 청소년 프로그램 담당자들은 교육적 활동 개발을 돕는다.
  (d) 지원자들은 적힌 주소로 이력서와 커버레터를 이메일로 보내야 한다.

24.

regular course 본과, 정식과정

integrate v. 통합시키다

protocol n. 초안, 원안

improper a. 부적절한

abbreviation n. 축약형

syntax n. 통사론

tutorial n. 사용 지침 프로그램

curb v. 억제(제한)하다

---

24. 내용 일치 ★★☆ 정답 (c)

①A general lack in basic knowledge of etiquette has led several high schools to include a study of manners in their regular course work. Integrated into computer science classes, in addition to the fundamental understanding of electronic communication, is a lesson in appropriate e-mail protocol.

해석
①보편적으로 에티켓에 관한 기초 지식이 부족하기 때문에 여러 고등학교에서는 정식 교과 과정에 예절 교육을 포함시켜 왔습니다. 컴퓨터 과학 수업과 통합하여 전자 커뮤니케이션의 기본적인 이해와 이메일에 대한 적절한 통신규약

②**In this age of text-speak — communicating via cell phone with improper abbreviations and slang words — students have become less and less concerned with traditional grammar and syntax.** The tutorial in e-mail etiquette is attempting to curb that attitude and instill a new appreciation for the written language in students. From rules about notwriting in all capital letters to the imperatives of always writing in complete sentences, these schools are doing what they can to ensure that future generations won't fall prey to the lingual dangers of text-speak.

Q: Which is correct according to the passage?
(a) Some schools are making etiquette training mandatory for all students.
(b) The written language is in danger of being replaced by text-speak.
(c) Children's grammar is suffering from the ease of cell phone texting.
(d) Only business-oriented e-mails need to be grammatically correct.

에 관하여 수업을 실시하고 있습니다. ②핸드폰을 통한 의사소통 방식으로 부적절한 축약형과 은어적 단어를 사용하는 문자 대화 시대에서 학생들은 전통적인 문법과 구문론에 대해 점점 더 신경 쓰지 않고 있습니다. 이메일 에티켓에 대한 사용 지침 프로그램은 이러한 태도를 제한하고, 학생들에게 문어체 언어에 대한 새로운 공감을 주입하기 위한 시도입니다. 모든 글을 대문자로만 쓰지 않는 규칙에서부터 문장을 항상 명령문으로 쓰는 것에 이르기까지 미래 세대가 문자형 대화의 언어적 위험의 포로가 되지 않도록 하기 위해 학교들은 조치를 취하고 있습니다.

질문: 지문에 대한 내용으로 옳은 것은?
(a) 일부 학교들은 모든 학생들에게 예절 교육을 의무적으로 시행하고 있다.
(b) 구어체 언어는 문자대화에 의해 대체되는 위험이 있다.
(c) 아이들의 문법은 휴대폰 문자 보내기의 용이함으로 인해 문제가 되고 있다.
(d) 업무 기반 이메일들만 문법적으로 정확해야 할 필요가 있다.

해설
지문의 내용과 일치하는 것을 묻는 문제이다. ①학생들이 일반적으로 에티켓이 부족하여 학교에서는 관련 교육을 실시하고 있는데 ②문자 대화에 익숙한 학생문화를 통해 문어체에 대한 문법들이 무너지고 있다는 내용이다. 따라서 주어진 보기 중에서 지문의 내용과 일치하는 것은 (c)이다.

25.

25. | 내용 일치 ★★☆ | 정답 (b)

①**Nearly 50% of the world's species of plants, animals, and microorganisms live in the rainforests.** At one time, such lush and verdant environments covered 14% of the earth's surface, ②**while now they only cover 6%.** Experts say that ifthey continue to be destroyed for the sake of development and industry, ③**the last of the rainforests will have disappeared in less than forty years, and with them goes a massive population of flora and fauna** that scientists have only just begun to observe and study.

Q: According to the passage, what is true of rainforests?
(a) Experts agree that they will be completely destroyed within 100 years.
(b) Approximately half of every species of animal lives in them.
(c) Long ago, 6% of the planet used to be covered by rainforests.

해석
①전 세계의 식물, 동물, 미생물 종의 약 50 퍼센트는 열대 우림에서 살고 있습니다. 한 때 이렇게 무성하게 우거진 신록의 환경이 지구 표면의 14 퍼센트를 덮었지만, ②지금은 겨우 6퍼센트에 불과합니다. 전문가들은 발전과 산업 때문에 이런 식으로 환경이 계속 파괴된다면 ③남은 열대 우림은 40년도 채 되지 않아 사라지게 될 것이며, 이 현상과 함께 과학자들이 이제 겨우 관찰하고 연구하기 시작한 대규모의 **식물군과 동물상들도 사라지게 될 것입니다.**

질문: 지문에 따르면, 열대 우림에 대한 내용 중 사실인 것은?
(a) 전문가들은 100년 안에 완전히 사라질 것으로 동의하고 있다.
(b) 동물 종의 절반이 열대 우림에서 살고 있다.
(c) 오래전에, 지구의 6 퍼센트는 열대 우림에 의해 덮여 있었다.

(d) Industrial development is harming 14% of the world's rainforests.

(d) 산업 발전은 세계 열대 우림의 14 퍼센트를 해치고 있다.

해설

지문의 내용과 일치하는 것을 묻는 문제이다. 지문을 통해 글쓴이는 ①전 세계 동식물과 미생물 중 50 퍼센트가 열대 우림에 살고 있는데, ②열대 우림이 현재 전 지구표면의 6퍼센트까지 줄어들었기 때문에 ③이러한 현상과 함께 식물과 동물들도 덩달아 사라지게 될 것이라고 우려하고 있다. 따라서 열대 우림에 관한 내용으로 사실인 것은 (b)이다.

---

26. 내용 일치 ★★☆   **정답 (d)**

Dear Professor James T. Lee,
I'm not sure if you remember me or not, but I wanted to sincerely thank you for changing my life. I was a student in your Introduction to Political Science course thirteen years ago. ①**My freshman year in college had been a very rough one for me, and I was considering either changing my major or dropping out of university entirely.** ②**But your enthusiasm for politics and your unceasing devotion to your students' success changed my mind.** ③**Because of you, your words, and your commitment to your profession, I went on to graduate at the top of my class and get my master's and doctorate degrees.** Last fall I ran for public office in my hometown and was elected by a landslide. I owe all of my present successes to you. Though you may not always believe it, what you do makes a great difference in this world. Thank you so very much.

Sincerely,
Patricia Mackey

Q: Which of the following is correct about the writer according to the letter?
(a) She wishes she had changed majors before taking Professor Lee's class.
(b) She's always wanted to be a politician, but didn't have the best grades.
(c) Her enthusiasm and devotion to political science inspired her classmates.
(d) She earned a professional degree from college after being taught by Lee.

해석

James T. Lee 교수님께,
교수님께서 저를 기억하실 지 모르겠지만, 저는 교수님께서 제 삶을 변화시켜 주신데 대해 진심으로 감사드리고 싶었습니다. 저는 13년 전에 교수님의 정치학 입문 과목의 학생이었습니다. ①대학 신입생이었던 그 해는 저에게 매우 힘겨운 시간이었고, 전공을 바꿔야 할지, 아니면 대학교를 완전히 자퇴해야 할지 고민하고 있었습니다. ②그렇지만 교수님의 정치학에 대한 열정과 학생들의 성공에 대한 계속된 헌신은 제 마음을 바꿨습니다. ③교수님과 교수님의 말씀, 그리고 직업에 대한 교수님의 헌신 덕분에 저는 계속해서 학과에서 1등으로 졸업했고, 석사와 박사 학위도 획득했습니다. 지난 가을 저는 제 고향에서 공직에 출마했고, 근소한 차이로 선출되었습니다. 교수님께서는 항상 믿지 않으실지도 모르지만 교수님께서 하신 일은 이 세상에 큰 변화를 이끌었습니다. 정말 감사 드립니다.

Patricia Mackey 드림

질문: 편지에 따르면, 글쓴이에 대한 내용으로 사실인 것은?
(a) 그녀는 Lee 교수의 수업을 듣기 전에 전공을 바꿨어야 했다고 바라고 있다.
(b) 그녀는 항상 정치인이 되고 싶었지만 가장 좋은 성적을 얻지는 못했다.
(c) 정치학에 대한 그녀의 열정과 헌신이 같은 학급 학생들에게 영감을 불러 일으켰다.
(d) 그녀는 Lee 교수의 가르침을 받은 이후 대학에서 학위를 받았다.

해설

지문의 내용과 일치하는 것을 묻는 문제이다. 교수님으로 인해 자신의 삶이 변했다는 감사의 말을 시작으로 ①신입생이던 해에 전공을 바꿔야 할 지, 자퇴할 지 고민하고 있었으나 ②교수님의 열정과 헌신으로 마음을 바꾸었고, ③우수한 성적으로 학부 졸업뿐 아니라 석사와 박사 학위도 획득했다고 설명하고 있다. Lee 교수의 수업을 계기로 자퇴하지 않고 졸업하게 되었고 이를 통해 학위를 수여 받았음을 짐작할 수 있으므로, 주어진 보기 중에서 사실인 것은 (d)이다.

26.

political science 정치학
drop out of 중퇴하다
commitment n. 헌신
profession n. 직업, 직종
public office 관공서, 관청

27.

Micro Sculptor 극소 조형가

dyslexia n. 난독증, 독서 장애

solace n. 위안, 위로

proportion n. 부분

a grain of sand 모래 알

surgical blade 외과 수술용 칼

shudder v. 몸을 떨다, 몸서리치다

twitch v. 씰룩거리다, 경련하다

involuntarily adv. 부지불식간에, 본
의 아니게

replica n. 모형, 복제품

---

27. 내용 일치 ★★★ 정답 (c)

"Micro Sculptor" Willard Wigan is famous for creating pieces of art so miniature that they can fit in the eye of a needle. Wigan began his artistic career at a very early age. ①**He suffered from dyslexia and other learning disabilities in school and found solace in creating art of such tiny proportions** that it virtually could not be seen by the naked eye. ②Now, the English-born **Wigan uses rice or grains of sand and a surgical blade, working in-between heartbeats so as not to ruin his masterworks by slightly shuddering or twitching involuntarily.** Perhaps his most famous sculpture is a replica of Michelangelo's statue of David, which sits easily on the head of a pin.

Q: Which of the following is correct about Wigan according to the passage?
(a) He used his surgical training to create very precise sculptures.
(b) His most famous pieces were constructed with grains of sand.
(c) He first began to create miniature sculptures while in school.
(d) His dyslexia caused him to only work in-between heartbeats.

해석
"극소 조형가" Willard Wigan은 너무 작아서 바늘 귀에 들어갈 만한 예술 작품을 만드는 것으로 유명합니다. Wigan은 매우 어린 나이에 예술경력을 시작했습니다. ①그는 난독증과 여타의 다른 학습장애로 인해 학교에서 고통을 받았고, 사실상 맨 눈으로는 보이지도 않을 만큼 작은 작품을 만드는 일에서 위안을 찾았습니다. ②이제 영국 출신 Wigan은 본의 아니게 약간이라도 몸을 떨거나 경련하게 되어 자신의 걸작품을 망치는 일이 없도록 심장 박동이 뛰지 않는 사이에 일하면서 쌀이나 모래 알, 외과 수술용 칼날을 사용합니다. 그의 가장 유명한 조각품은 Michelangelo의 David 상의 복제품이며, 이것은 핀 머리 위에 편안하게 앉혀져 있습니다.

질문: 지문에 따르면, Wigan에 대한 내용으로 옳은 것은?
(a) 그는 매우 엄밀한 조각을 만들어내기 위해 외과 교육을 받았다.
(b) 그의 가장 유명한 작품들은 모래 알로 만들어졌다.
(c) 처음 그는 학교에 다닐 때 아주 작은 조각상을 만들기 시작했다.
(d) 난독증으로 인해 그는 심장박동 사이에만 일해야 한다.

해설
지문의 내용과 일치하는 것을 묻는 문제이다. 극소 조형가 Willard Wigan은 ①학교에서의 학습장애로 인한 어려움을 겪었으나 작은 크기의 작품을 만들면서 위안을 찾았고, ②모래 알이나 외과 수술용 칼날 위에 작품을 만들고, 약간의 떨림도 조심하기 위해 심장박동 사이 사이에 작업한다고 설명하고 있다. 따라서 그에 대한 설명으로 옳은 것은 '학교 다닐 때부터 작은 조각상을 만들었다'는 (c)이다.

28.

pursue legal dispute 법정 다툼(소
송)을 하다

stratify v. 계층화하다

estow v. 수여, 부여하다

vocation n. 직업

crop n. 수확량

subjugate v. 예속시키다

irrigation n. 관개

citizenry n. 시민들

standing n. 지위

---

28. 내용 일치 ★★★ 정답 (d)

The equality of men and women in Ancient Egypt was modern in its liberty, ①**allowing both men and women to own and sell property, make contracts, and pursue legal disputes in a court of law.** The social structure of the general population, however, was highly stratified, bestowing worth upon people based on their families and vocations. ②**Most Ancient Egyptians were farmers and laborers, whose crops were not necessarily owned by themselves, but rather by the state, temple, or noble family who owned the land.** ③ **These agricultural workers—the lowest of the social strata—were also subjugated**

해석
고대 이집트에서 남자와 여자의 평등성은 그 자유에 있어서 현대적이었는데, ①남자나 여자 둘 다 재산을 소유하거나 판매하고, 계약을 하거나 법정에서 소송을 할 수 있었습니다. 그러나 일반 시민의 사회적 구조는 매우 계층화되어 있었고, 가족이나 직업을 기반으로 사람들의 가치를 부여했습니다. ②고대 이집트 사람들 중 대다수는 농부이거나 노동자였는데, 이들의 수확량은 본인이 소유하는 것이 아니라 나라, 사원, 또는 땅을 소유한 귀족들에 의해 소유되었습니다. ③이러한 농업관련 근로자들은 사회적 계층에서도 가장 낮은 수준이었는데, 노동

to labor taxes and were forced to work on local irrigation or construction projects.** The Ancient Egyptians were advanced in so many ways, but not, it seems, in the equal treatment of the majority of it citizenry.

Q: According to the passage, which of the following is correct about the Ancient Egyptians?
(a) Everyone was of equal standing except for farmers.
(b) They were undoubtedly technologically advanced.
(c) None of the farmers or laborers owned their own land.
(d) They allowed women to possess their own properties.

세금을 지불해야 하고, 지역 관개 개발이나 건설에 강제로 동원되었습니다. 고대 이집트인들은 매우 많은 부분에서 진보되어 있었으나, 대다수의 시민들의 동등한 처우에서는 그렇지 않았던 것으로 보입니다.

질문: 지문에 따르면, 고대 이집트인들에 대해 사실인 것은?
(a) 농부를 제외하고 모든 사람들이 동등한 지위를 가지고 있었다.
(b) 그들은 분명 기술적으로 진보되었다.
(c) 농부나 노동자의 누구도 자신의 땅을 소유하고 있지 않다.
(d) 그들은 여성이 자신의 재산을 소유하도록 허락했다.

해설
지문의 내용과 일치하는 것을 묻는 문제이다. 고대 이집트에서는 남녀 평등에 관해서는 현대적이었다는 내용을 시작으로 ①부자인 여성이 재산을 소유할 수 있었으나, ②고대 이집트 사람들의 대다수가 가난한 농부나 노동자였는데, 이들의 수확량은 자신들이 소유하지 못했으며 ③이들은 강제적인 세금 납부와 노역의 의무가 있었다고 설명하고 있다. 따라서 주어진 보기중 지문의 내용과 일치하는 것은 (d)이다.

29.

American Psychiatric sociation
미국 정신의학회
manifest v. 나타내다
traumatic a. 대단히 충격적인
egocentricity n. 자기 본위
persistent a. 끈질긴, 집요한
manipulative a. 조종하는
pharmaceutical a. 약학의, 제약의
psychoanalytical a. 정신 분석의

29. 주제 찾기 ★★☆ 　　　　　　　　　정답 (c)

The American Psychiatric Association defines Histrionic Personality Disorder, or HPD, as a condition with a pattern of excessive emotionality and attention-seeking. ①Though the cause is still unknown, most experts tend to believe that **HPD generally manifests itself in those who have experienced traumatic events during childhood.** The first symptoms of HPD usually appear in early adulthood, and may include an extreme need for approval, egocentricity, and persistent manipulative behavior. ②**While there is still no specific pharmaceutical treatment for HPD sufferers, it is recommended that they seek psychoanalytical help.**

Q: What is the main topic of the passage?
(a) The diagnoses of the American Psychiatric Association
(b) The effects of traumatic episodes during childhood
(c) A brief summary of Histrionic Personality Disorder
(d) How egocentricity affects those who suffer from HPD

해석
미국 정신의학회에서는 히스테리성 인격장애(Histrionic Personality Disorder, HPD)를 과도한 감정과 다른 사람의 주의를 끌려는 패턴을 지닌 상태로 정의하고 있습니다. ①원인에 대해서는 여전히 알려져 있지 않지만 대부분의 전문가들은 **HPD는 일반적으로 어린 시절에 큰 충격적인 경험을 한 사람들에게 나타난다고 믿고 있습니다.** HPD의 첫 번째 증상은 초기 성인 시절에 주로 나타나는데, 이러한 증상에는 인정받고 싶어하는 극심한 욕구, 자기 본위, 그리고 집요한 조종 행위가 포함되어 있습니다. ②HPD를 앓고 있는 사람들에 대한 특정 약물 치료는 존재하고 있지 않지만, 정신분석학적 도움을 구하도록 권장하고 있습니다.

질문: 지문의 주제는 무엇인가?
(a) 미국 정신의학회의 진단
(b) 어린 시절 충격적인 사건의 영향
(c) 히스테리성 인격장애의 짧은 요약
(d) HPD를 앓고 있는 사람들에 대한 자기 본위의 영향

30.

edifice n. 건물, 조직, 체계

façade n. 정면, 앞면

conventional a. 전통적인, 종래의

marvel n. 경이로운 결과, 업적

merge v. 어우러지다, 융합되다

incorporate v. 포함하다, 설립(창립)하다

rainwater n. 유거수, 땅 위를 흐르는 빗물

runoff n. 빗물

---

30. 내용 불일치 ★★★　　　　　정답 (c)

In an effort to preserve as much of the last natural land in Fukuoka City as possible, Emilio Ambasz & Associates designed the ACROS Fukuoka building to be a truly green structure. One side of the edifice has the standard glass wall façade of a conventional office building. ①The other side is an architectural marvel, featuring **garden terraces that start at the roof and merge with the wooded park below. ②The reach up to 60 meters above ground level and incorporate approximately 35,000 plants representing 76 different species. ③The green roof reduces the energy consumption of the building by keeping the temperature inside more constant and comfortable.** Also capturing rainwater runoff, the terraced garden supports the lives of countless insects and birds.

Q: Which of the following is NOT correct according to the passage?
(a) The ACROS Fukuoka building was constructed next to a park.
(b) The terraced garden extends to the office building's roof.
(c) The building conserves more energy than other downtown offices.
(d) Emilio Ambasz & Associates crafted an environmental-friendly structure.

해석
Fukuoka 시의 마지막 천연의 땅을 최대한 보존하고자 하는 노력으로 Emilio Ambasz & Associates는 진실로 자연친화적 구조가 될 수 있도록 ACROS Fukuoka 빌딩을 설계했습니다. 건물의 한 면은 전통적인 사무실 빌딩의 스탠다드 유리벽의 앞면을 가지고 있습니다. ①다른 면은 건축학적 경이로움이라고 할 수 있는데, 지붕에서 시작하여 아래로 나무가 울창한 공원으로 합쳐지는 가든 테라스를 특색으로 하고 있습니다. ②테라스들은 땅 바닥 위로 60 미터 높이까지 뻗어 있는데, 76가지의 서로 다른 종의 식물이 35,000개가 심어져 있습니다. ③초록 지붕은 건물 내부의 기온을 좀 더 변화 없이 안정적으로 잡아줌으로써 에너지 손실을 줄여줍니다. 또한 땅 위를 흐르는 빗물을 모아주는 테라스의 정원은 수많은 벌레와 새들이 살 수 있도록 지원하고 있습니다.

질문: 지문에 대한 내용으로 옳지 않은 것은?
(a) ACROS Fukuoka 빌딩은 공원 옆에 설립되었다.
(b) 테라스가 있는 정원은 사무 건물 지붕으로 뻗어 있다.
(c) 건물은 다른 지역 사무실보다 더 많은 에너지를 보존한다.
(d) Emilio Ambasz & Associates는 자연친화적인 구조를 만들었다.

해설
지문의 내용과 일치하지 않는 것을 묻는 문제이다. ACROS Fukuoka 는 자연을 최대한 보존하고자 하는 노력으로 설계되었다는 설명을 시작으로 ①가든 테라스와 울창한 공원으로 건물이 연결되었는데, ②지붕에서 시작하는 테라스에는 다양한 종류의 식물들이 많이 심어져 있고, ③이러한 초록 지붕이 에너지 손실을 줄여준다고 설명하고 있다. 지문에서 에너지 손실에 대한 내용에 대해 다른 사무실과 비교하고 있지 않으므로 지문의 내용으로 옳지 않은 것은 (c)이다.

31.

sphere n. 구체

spendthrift n. 돈을 헤프게 쓰는 사람

entry n. 출품작, 참가자 수

---

31. 내용 일치 ★☆☆　　　　　정답 (d)

The winners have been selected! The 11th Annual Tornado Press Poetry Competition has been the hardest yet to judge, with over 3,000 fantastic entries from 16 different countries, but the winning poems have been determined

해석
우승자가 선정되었습니다! 제11회 연례 Tornado Press Poetry Competition은 16개국에서 참여한 3,000명의 훌륭한 응모작들 가운데 선택하는 일이 매우 힘들

and the prizes have been given. ①**Third Place goes to John Barrow of London, England for his poem "Under the Moonlight."** ②**Martin Freeburg of Miami, Florida comes in Second Place with "Beyond the Sphere."** ③**And the First Place winner of the competition is Sean O'Neill of Dublin, Ireland with his poem "Spendthrift."** Congratulations to all the winners and thank you to everyone who participated in this year's contest. We'll keep in touch in the coming months and let you know when we're ready for your 12th Annual Tornado Press Poetry Competition poems!

Q: Which of the following is correct about the poetry competition according to the passage?
(a) The First and Second Place winners receive cash prizes.
(b) The prizes aren't given out until the winners are announced.
(c) Tornado Press received more entries this year than any other year.
(d) The three winners of the contest reside in different countries.

었습니다만 우승한 시들을 결정하였고, 상을 부여하게 되었습니다. ①3등은 "달빛 아래"라는 제목의 시를 쓴 영국, 런던의 John Barrow입니다. ②2등은 "구체를 넘어"를 쓴 마이애미 주, 플로리다에 사는 Martin Freeburg입니다. ③그리고 대회의 1등은 "돈 씀씀이가 헤픈 사람"이라는 시를 쓴 아일랜드 더블린의 Sean O'Neill이 뽑히게 되었습니다. 모든 당선자들에게 축하 말씀 전하며, 올해의 시합에 참여해주신 모든 분들께 감사의 말씀 드립니다. 앞으로도 여러분께 계속해서 소식을 전하게 될 것이며 제12회 Annual Tornado Press Poetry Competition에 여러분의 시를 맞을 준비가 되면 다시 알려드리겠습니다.

질문: 다음 중 시 대회에 대한 내용으로 옳은 것은?
(a) 1등과 2등 수상자는 현금으로 상을 받는다.
(b) 상들은 수상자가 발표될 때까지 주어지지 않는다.
(c) Tornado Press는 다른 해보다도 올해 더 많은 출품작을 접수받았다.
(d) 3명의 우승자는 다른 나라에 살고 있다.

해설
지문의 내용과 일치하는 것을 묻는 문제이다. 매해 열리는 Tornado Press Poetry Competition에 대한 우승자가 선정되었다는 말을 시작으로 ①3등은 영국 출신의 수상자, ②2등은 미국출신의 수상자, ③1등은 아일랜드 출신의 수상자가 각각 선정되었고 설명하고 있다. 상의 상품이나 전년도와 비교한 출품작의 수는 언급되지 않았고 수상자의 출신 국가가 각각 다르므로 주어진 보기 중 지문의 내용과 일치하는 것은 (d)이다.

32.

bloat v. 장식하다, 꾸미다
embellish v. 부풀게(붓게) 하다
bypass v. 우회하다
marauder n. 해적 (=pirate)
circumference n. 둘레

32. 세부 사항 ★☆☆　　　　　　　　　　정답 (a)

Credited with the discovery of the Americas at the end of the fifteenth century, Christopher Columbus and his exploits have become legendary. But like most legends, many of the "facts" are bloated, embellished, or just plain false. ①**Many people believe Columbus set sail to prove that the world was round.** In fact, by the time he set sail in 1492, the people of Western Civilization already knew that the Earth was shaped like a sphere. ②**Columbus was merely given the task of finding a safe route to India and China, bypassing the Arab marauders on land.** He underestimated the size by one-fourth and thought he had found India when he reached the West Indies!

해석
15세기 말 미국을 발견했다고 여겨지고 있는 Christopher Columbus와 그의 탐험가들은 전설이 되어왔습니다. 그러나 대다수의 전설과 마찬가지로, 이 '사실들' 중 상당수는 꾸며지거나 부풀어졌으며 단지 잘못된 것이었습니다. ①많은 사람들은 세계는 둥글다는 것을 증명하기 위해 Columbus가 항해를 시작했다고 믿고 있습니다. 사실 그가 항해를 시작한 1492년경 서양 문명의 사람들은 이미 지구가 구체 형태라는 것을 알고 있었습니다. ②Columbus는 단지 육지에서 마주치는 아랍 해적들을 우회하면서 인도와 중국으로 갈 수 있는 안전한 길을 찾고자 하는 임무가 주어졌을 뿐입니다. 그는 크기의 1/4로 과소평가했고 서인도제도에 닿았을 때 인도를 발견했다고 생각했습니다.

Q: What is the real reason that Columbus sail across the Atlantic?

(a) to discover a safer trade route to Asia
(b) to escape punishment on his native land
(c) to measure the earth's circumference
(d) to prove that the Earth was round

질문: Columbus가 대서양을 지나 항해한 진짜 이유는 무엇인가?

(a) 아시아로 가는 더 안전한 무역길을 찾기 위해
(b) 그의 본국에서 벌 받는 것을 회피하려고
(c) 지구의 둘레를 측정하려고
(d) 지구가 둥글다는 것을 증명하려고

해설

지문은 Christopher Columbus의 세계여행의 목적에 관한 내용이다. 글쓴이는 ①일반적으로 Christopher Columbus의 세계 여행 목적이 '지구는 둥글다'는 것을 증명하기 위해서라고 알고 있지만 ②그의 항해 목적은 사실 인도와 중국으로 가는 안전한 길을 탐험하기 위해서였다고 설명하고 있다. 따라서 Columbus가 항해한 진짜 이유를 언급한 것은 (a)이다.

33.

mugger n. 강도, 노상강도
hand over 건네다
assailant n. 공격을 가한 사람, 폭행범

33. 추론 ★★☆　　　　　　　　　　정답 (c)

When vacationing in a big city, it is never a good idea to be walking the streets alone after dark. There are, however, certain circumstances in which we can't avoid being out on our own at night. ①**Here are a few tips to help keep you and your money safe.** ②**Carry two wallets, keeping one empty of identification, credit cards, and cash, in case a mugger demands you hand it over.** Always walk along well lighted paths, making sure you stay well away from shadows that may be concealing a person or persons. ③If you have a cell phone and you are in a particularly dangerous neighborhood, **pretend to have a conversation on it while staying alert of your surroundings**—this may dissuade a potential assailant from attacking you if he thinks you can easily call the authorities.

해석

큰 도시에서 휴가를 보낼 때 날이 저문 후 거리를 혼자 걸어 다니는 것은 현명한 생각이 절대 아닙니다. 그러나 밤에 혼자서 외출하는 일을 피할 수 없는 경우가 있을 수 여기 있습니다. ①본인과 본인의 돈을 안전하게 지키는 데 도움이 될만한 몇 가지 팁이 있습니다. ②강도가 지갑을 건네달라고 요구할 때를 대비하여 두 개의 지갑을 가지고 다니는데, 이때 하나에는 신분증과 신용카드, 현금을 넣지 않은 채 비워두세요. 사람이나 여러 명의 사람들이 숨어있을 지도 모르는 음영으로부터 멀리 떨어져 있는지 확인하면서 항상 가로등 불이 잘 켜져 있는 길을 따라 걷도록 합니다. ③만약 휴대폰이 있고, 특히 위험스러운 지역에 있게 된다면, 길을 걷는 동안 **자신이 통화하고 있는 척 연기하면서 자신의 주변에 경고를 합니다.** 이것은 잠재적인 폭행 범으로 하여금 여러분이 쉽게 주변인들에게 전화 걸 수 있는 상황이라고 생각하게 만들어 공격하지 못하게 할 수 있습니다.

Q: What can be inferred from the instructions?
(a) Muggers won't look inside the wallet you give them.
(b) Vacationers are at high risk of being attacked on the street.
(c) Some large city neighborhoods can be dangerous after dark.
(d) People who talk on cell phones are hardly ever bothered.

질문: 지침을 통해 추론할 수 있는 것은?
(a) 강도들은 건네 준 지갑 안을 들여다보지 않을 것이다
(b) 휴가를 보내고 있는 사람들은 길거리에서 공격받을 위험이 높다.
(c) 일부 대도시 지역은 날이 저문 후에 위험할 수 있다.
(d) 휴대폰으로 통화하는 사람들은 거의 신경 쓰지 않는다.

해설

지문을 통해 추론할 수 있는 것을 묻는 문제이다. 큰 도시에서 휴가를 보낼 때 혼자 밤거리를 걷는 것은 현명한 일이 아니라는 말을 시작으로, ①밤 거리를 거닐 때 안전을 지킬 수 있는 몇 가지 팁이 있는데, ②지갑을 2개 가지고 다니거나 ③휴대폰 통화를 하는 척 연기하는 등의 내용을 조언하고 있다. 지침을 통해 추론할 수 있는 내용으로 적합한 것은 '대도시에서 밤에 돌아다니는 것은 위험할 수 있다'는 (c)이다.

accessible a. 접근할 수 있는
dusty a. 먼지투성이인

34. 추론 ★★☆   정답 (a)

When was the last time you went to the public library? Times have changed. ①**You can check out audio books, CDs in every musical genre, and even the latest films on DVD.** If you don't want to have to spend hours searching the shelves for something you may want, ② **you can always use the Internet.** Most public libraries are accessible via the web and you can even request items from other libraries and have them sent to any location. ③**Beyond all of that, libraries offer both adult and child classes in a variety of subjects, from yoga to cooking.** There is much more to your local library than dusty old shelves—there's a whole new world of entertainment and education.

Q: What can be inferred from the passage?
(a) **Modern libraries aren't just for checking out books.**
(b) Private libraries are more popular than public libraries.
(c) Most people don't know where the library is in their town.
(d) The Internet can be used for taking yoga classes.

해석

마지막으로 공공 도서관에 갔던 적이 언제인가요? 시대는 변하고 있습니다. ① 여러분은 오디오 북과, 모든 음악 장르의 CD를 확인할 수 있고 심지어 가장 최신 영화의 DVD도 찾을 수 있습니다. 만약 원하는 무언가를 찾기 위해 책꽂이를 찾는데 몇 시간씩 보내고 싶지 않다면 ②인터넷을 활용하면 됩니다. 대부분의 공공 도서관은 웹으로 접속 가능하고, 다른 도서관에서 물품을 요청할 수도 있고 어떤 지역으로 보내달라고 할 수도 있습니다. ③그 모든 것보다도 도서관에서는 요가에서 요리에 이르기까지 다양한 주제로 성인과 어린이 대상 수업을 제공하고 있습니다. 현지 도서관에는 먼지 긴 오랜 책꽂이 그 이상의 것인 완전히 새로운 엔터테인먼트와 교육의 세계가 있습니다.

질문: 지문을 통해 추론할 수 있는 것은?
(a) 현대 도서관은 책을 대출하는 장소만은 아니다.
(b) 개인 도서관들은 공공 도서관에 비해 더 인기가 좋다.
(c) 대부분의 사람들은 도서관이 자신의 동네에서 어디에 있는 지 모르고 있다.
(d) 인터넷은 요가 수업을 받는 데 이용될 수 있다.

해설

지문을 통해 추론할 수 있는 것을 묻는 문제이다. 지문은 공공도서관의 활용법에 대한 내용이다. 글쓴이는 공공도서관에서 ①음악과 영화를 즐길 수 있고 ②인터넷을 이용하여 도서관에 접속하여 자료를 찾을 수 있으며 ③다양한 연령대 별 많은 수업을 들을 수도 있다고 설명하고 있다. 따라서 지문을 통해 추론할 수 있는 내용으로 옳은 것은 (a)이다.

35.

pest n. 해충, 유해 동물
extermination n. 근절, 절멸
termite n. 흰개미
exclusively adv. 독점적으로

35. 추론 ★★★   정답 (c)

To Whom It May Concern,
I am writing this e-mail to inform you that I will no longer require your company's services in controlling the pest population in my home. One of your employees came to my house yesterday to begin the extermination of termites, stayed for three hours, and left again saying he would come back today to finish the job. While he was here, your employee made several personal calls on his cellular phone, asked if he could have a soda from my refrigerator, and once I even caught him falling asleep on the

해석

담당자님께,

저는 저희 집 해충 통제를 하는데 귀사의 서비스를 더 이상 요청하지 않겠다는 것을 알려주기 위해 이메일을 쓰고 있습니다. 귀사의 직원이 어제 저희 집에 와서 흰개미 박멸을 시작하여, 3시간 동안 머물렀고, 작업완료를 위하여 오늘 다시 오겠다는 말을 하고 갔습니다. 우리 집에 있는 동안 그 직원은 휴대폰으로 여러 통의 개인 전화를 하고, 냉장고에서 음료수를 요청했으며, 한번은 일하던 중에 잠을 자는 그를 발견하기도 했습니

job. ①**The lack of professionalism by your employees is astounding and I will not have anyone from your company back in my house. ②I have already made contact with another pest control firm and will work exclusively with them from now on.**

Regards,
Ms. Andrea Grimble

Q: What can be inferred about Ms. Grimble from the e-mail?
   (a) She frequently uses the services of pest control companies.
   (b) She has already paid for the company's services.
   (c) She still had a termite problem at the time she wrote it.
   (d) She is close friends with the company's owner.

다. ①귀사 직원의 전문성 결여는 놀라울 뿐이며, 저는 저희 집에 귀사 직원 중 어느 누구도 들이지 않겠습니다. ②저는 이미 다른 해충 박멸 통제 회사와 계약을 맺었고 앞으로는 그 회사와 독점적으로 일할 것입니다.

Andrea Grimble 드림

질문: 이메일에서 Grimble씨에 대해 추측할 수 있는 것은?
   (a) 그녀는 해충 박멸 회사의 서비스를 자주 이용한다.
   (b) 그녀는 그 회사의 서비스를 위해 이미 돈을 지불했다.
   (c) 그녀는 편지를 쓰고 있는 그 당시에도 여전히 흰개미 문제를 갖고 있다.
   (d) 그녀는 회사 소유주와 가까운 친구이다.

해설

지문을 통해 추론할 수 있는 것을 묻는 문제이다. 편지를 쓴 Grimble씨는 앞으로 흰개미 박멸을 위해 편지를 받는 회사의 서비스를 이용하지 않을 거라는 말을 시작으로 그 이유에 대해 ①어제 집을 방문한 직원의 전문성 결여에 대해 놀랐으며 ②다른 회사와 계약도 끝냈고, 앞으로 그 회사 서비스만 이용하겠다고 이야기하고 있다. 내용을 통해 흰개미가 박멸되지 않았기 때문에 다른 회사 서비스를 계속 이용하는 것이라는 사실을 추론할 수 있다. 따라서 정답은 (c)이다.

36.

lyrical a. 서정적인

adamant a. 요지부동의, 단호한

opponent n. 반대자

fascism n. 파시즘

denounce v. 맹렬히 비난하다

Third Reich 제 3제국

holocaust n. 대참사, 대 파괴

condemn v. 규탄하다

regime n. 정권

avid a. 열심인, 열렬한

36. 추론 ★★★   정답 (a)

Beloved children's author Dr. Seuss, born Theodor Seuss Geisel, is best known for the over sixty lyrical picture books he had published in his lifetime. ①**But Geisel wasn't limited to drawing just youth-oriented illustrations. ②An adamant opponent of fascism, he drew many political cartoons during World War II, urging America and the rest of the civilized world to denounce Hitler and his Third Reich.** In the early stages of the Holocaust, Geisel drew cartoons that condemned the discrimination of people based on race or religion. All throughout his career, Geisel never gave up proclaiming his ideals for a better tomorrow while continuing to create the children's books that made him a household name.

Q: What can be inferred about Theodor Seuss Geisel from the passage?
   (a) He wasn't afraid to speak his mind about the world around him.

해석

Theodor Seuss Geisel라는 본명의 인기 있는 어린이 작가 Seuss박사, 평생 동안 출판한 60권 이상의 서정적인 그림책으로 잘 알려져 있습니다. ①그러나 Geisel은 어린이를 대상으로 한 삽화를 그리는 것에 제한하지 않았습니다. ②파시즘의 강력한 반대자였던 그는 제2차 세계대전 기간에 미국과 나머지 문명국들이 Hitler와 제3제국을 맹렬히 비난하도록 촉구하면서 많은 정치관련 만화들을 그렸습니다. 2차 대전 대참사의 초기 단계에서 Geisel은 인종이나 종교를 기준으로 사람들을 차별하는 것을 규탄하는 만화들을 그렸습니다. 그의 전체 경력에서 Geisel은 자신의 이름을 각 가정에 떨치며 계속해서 어린이 책을 만들어내는 동안 더 나은 미래를 위한 이상을 분명히 보여주는 일을 결코 포기하지 않았습니다.

질문: Theodor Seuss Geisel에 대한 내용으로 추론할 수 있는 것은?
   (a) 그는 그 주위의 세계에 대한 자신

(b) His children's books were better received than his political cartoons.

(c) He was an avid follower of various fascist regimes throughout his life.

(d) He drew picture books under a false name to disguise his identity.

의 생각을 말하는 것을 두려워 하지 않았다.

(b) 그의 어린이 책들은 정치적 만화들 보다 더 인정받았다.

(c) 그는 평생 다양한 파시즘 정권의 열렬한 추종자였다.

(d) 그는 자신의 정체를 숨기고 가명 하에 그림 책을 그렸다.

해설

지문을 통해 추론할 수 있는 것을 묻는 문제이다. Seuss박사는 ①어린이를 대상으로 한 그림책만 그린 것이 아니라, ②2차 세계대전 동안 파시즘 반대 의견을 표현하기 위해 정치관련 만화를 그렸다고 소개하고 있다. 그는 자신의 정치적 의견을 주장하는 표현 방법으로 그림을 그렸다고 설명하고 있으므로, 그에 대한 바른 추론은 '주변에 자신의 생각을 말하는 데 주저하지 않았다'라는 (a)이다.

37.

influential a. 영향력 있는, 영향력이 큰

subconscious a. 잠재의식적인

psychoanalysis n. 정신 분석

co-founder n. 공동 창설(창립)자

37. | 내용 일치 ★★★ | 정답 (d)

Everyone knows that Sigmund Freud is the founder of psychology, but his daughter, though particularly influential in the same field, is much less well known. ①**Anna Freud, when not helping her father with his studies and his health, conducted her own experiments among the world's youth population while working as a school teacher. ②Unlike her father, who put so much importance on the subconscious, Anna focused more on the development of the ego in children, and the effects of trying to please others. ③Anna Freud never found herself stuck in her father's shadow, but rather lived to become renowned in her own right as the co-founder of child psychoanalysis.**

Q: Which of the following is true of Anna Freud according to the passage?

(a) She worked on most of Freud's experiments.

(b) She was a prominent school teacher.

(c) She focused on children's subconscious.

(d) She helped found a branch of psychology.

해석

Sigmund Freud가 심리학의 창시자라는 것을 모두 알고 있지만 그의 딸이 같은 분야에서 상당한 영향력을 가졌었다는 것은 그만큼 잘 알려져 있지 않습니다. ①아버지의 연구나 건강문제에 도움을 주지 않았던 Anna Freud는 학교 선생님으로 근무하며 세계 젊은이들 사이에서 자기 자신의 연구를 수행했습니다. ②잠재 의식에 훨씬 더 중요성을 부가한 아버지와는 달리 Anna는 어린이의 자아 발전과 다른 사람들을 기쁘게 만들기 위해 노력하는 영향에 좀 더 초점을 두었습니다. ③Anna Freud는 결코 아버지의 그림자 속에 자신을 얽매이지 않았지만, 아동 정신 분석의 공동 창설자로서 스스로의 힘으로 유명해졌습니다.

질문: Anna Freud에 대한 내용으로 사실인 것은?

(a) 그녀는 Freud 실험의 대부분을 연구했다.

(b) 그녀는 훌륭한 학교 선생님이었다.

(c) 그녀는 아이의 잠재의식에 초점을 맞추었다.

(d) 그녀는 심리학의 한 분야를 창설하였다.

해설

지문의 내용과 일치하는 것을 묻는 문제이다. Sigmund Freud의 딸 Anna Freud는 ①아버지의 연구와 건강문제를 돕지 않았으며 ②잠재의식을 연구한 아버지와 달리 어린이 자아 발전에 관심이 많았고 ③아동정신분석의 공동 창설자가 되었다고 설명하고 있다. Anna Freud는 심리학의 하나인 아동정신분석을 창설했으므로 그녀에 대한 내용으로 사실인 것은 (d)이다.

Part III

38. 일관성 ★★★   정답 (d)

(a) One of the most popular educational theories of the 20th century was progressivism, which stated that children were more likely to learn more in a non-traditional school setting. (b) Progressivism dictates that students discover by living, and that learning should be directly related to the interests of the child. (c) Progressive teachers are not meant to be figures of authority, but rather aides and guides on the child's educational journey. **(d) In 1896, John Dewey opened what he called "the laboratory" school to study his theories of progressivism in young children, and determined that they would work.**

해석

(a) 20세기 가장 유명한 교육학적 이론 중 하나는 진보주의인데, 진보주의에서는 어린이들은 비전통적인 학교 환경에서 더 많은 것을 배우고 싶어한다고 주장하였습니다. (b) 진보주의는 학습자들이 살면서 발견하고 이러한 교육은 아이들의 흥미와 직접적으로 관련되어야 한다고 지적했습니다. (c) 진보주의 교사들은 권위자로서 존재하는 것이 아니라 아이들의 교육적 행로의 도움을 주는 사람이나 안내자로써 존재합니다. **(d) 1896년 John Dewey는 아이들 사이에서 자신의 진보주의 이론을 연구하기 위해 "실험" 학교라고 부르는 교육기관을 열고 이론들이 효과가 있는 지 결정하였습니다.**

해설

글을 읽고 흐름상 어색한 문장을 고르는 문제이다. (a) 진보주의는 비전통적 학교의 환경에서 교육적 효과가 높다는 내용을 기본으로 한 교육이론이며 (b) 교육은 학습자의 흥미와 직접 관련이 되어야 한다고 믿었고 (c) 교사는 조언자이자 도움을 주는 사람으로 존재해야 한다고 주장하였다. (a), (b), (c)는 진보주의 이론에 대한 전반적인 설명을 하고 있는데, (d) 진보주의 대가인 John Dewey가 "실험" 학교를 개설한 배경을 이야기하고 있으므로 흐름상 어색한 문장은 (d)이다.

---

progressivism n. 진보주의
figure of authority 정계의 실권자
aid n. 도움

---

39. 일관성 ★★★   정답 (a)

Afflicting the Byzantine Empire from 541-542 AD, the Plague of Justinian was a deadly pandemic. **(a) The Byzantine Empire was also called the Eastern Roman Empire and lasted until the 13th century.** (b) Scholars tend to agree that its root cause was bubonic plague, which would later be blamed for the Black Death of the 14th century. (c) The Plague of Justinian was practically worldwide in its breadth, reaching central and south Asia, North Africa, Arabia, and Europe. (d) At its peak, the plague killed 5,000 people per day in Constantinople, ultimately being the cause of death of 40% of its citizens.

해석

기원 541~542년에 Byzantine 왕국에 피해를 입힌 것은 유스티니아누스 역병이라는 치명적인 유행병이었습니다. **(a) Byzantine 왕국은 또한 동로마 제국으로도 불렸는데, 13세기까지 계속 되었습니다.** (b) 학자들은 이 역병의 뿌리는 림프절 페스트이며, 14세기에 흑사병의 원인이 되었다는 것에 동의하는 경향이 있습니다. (c) 실제적으로 유스티니아누스 역병은 그 범위가 중남 아시아, 북아프리카, 아라비아, 유럽까지 이르는 전 세계적이었습니다. (d) 절정기에 이 전염병으로 Constantinople에 매일 5,000명의 사망자가 발생했으며, 궁극적으로 전 시민의 40%까지 죽게 만드는 원인이 되었습니다.

해설

글을 읽고 흐름상 어색한 문장을 고르는 문제이다. Byzantine 왕국은 유스티니아누스 역병으로 인해 큰 피해를 입었다는 말을 시작으로 (b) 이 역병의 뿌리는 림프절 페스트이고, (c) 그 피해 범위가 전 세계적이었으며 (d) 절정기 때는 Byzantine 왕국의 수도인 Constantinople 시민 중 40%를 사망하게 만들었다고 설명하고 있다. (b), (c), (d)는 유스티니아누스 역병 피해에 대한 내용인데 반해 (a)는 Byzantine 왕국에 대한 내용이므로 흐름상 어색한 문장은 (a)이다.

39.
afflict v. 괴롭히다, 피해를 입히다
pandemic n. 전국(전 세계)적인 유행병
bubonic plague 림프절 페스트
breadth n. 폭, 너비
ultimately adv. 궁극적으로

collapse n. 붕괴

modern-day a. 현대의, 현재의

faction n. 파벌, 파당

overpopulation n. 인구 과잉

overhunting n. 과다한 사냥

fauna n. 동물

---

40. 일관성 ★★★　　　　　　　　　　　정답 (b)

The collapse of the Mayan civilization of the lower southlands is still a topic of debate among historical experts. (a) When, at the height of its architectural glory, the city-centers were abandoned, one of the world's greatest mysteries was born. **(b) The lower southlands of the Mayan civilization are located in modern-day Mexico, Guatemala, Belize, El Salvador, and western Honduras.** (c) The expert debaters are generally split into two factions: the non-ecological and ecological groups. (d) The non-ecological group believes that the Mayan decline was due to overpopulation, foreign invasion, or peasant revolt, while the ecological group tends to agree that the root cause of the Mayan abandonment probably had more to do with disease, overhunting of fauna, or the exhaustion of natural resources.

해석

마야 문명의 중심지역이 몰락한 원인에 대해서는 역사 전문가들 사이에 여전히 논쟁거리가 되고 있습니다. (a) 건축학적 영광의 최고조인 시기에 도시 중심부가 버려졌을 때 세계적으로 가장 유명한 미스테리가 탄생하였습니다. **(b) 마야 문명의 중심 지역은 현대의 멕시코, 과테말라, 벨리즈, 엘살바도르, 그리고 서쪽 온드라스 사이에 위치하고 있습니다.** (c) 토론 전문가들은 일반적으로 비생태학적 부류와 생태학적 부류의 2가지로 그 논쟁의 부류를 나누고 있습니다. (d) 비생태학적 부류는 마야의 쇠퇴가 인구 과잉, 외국의 침입, 또는 농민들의 궐기 때문이라고 믿고 있으며, 반면에 생태학적 부류는 마야인들이 도시를 버린 근본 원인은 질병, 동물의 과다 사냥 또는 천연 자원의 고갈에 더 관련이 있다는 데 공감하고 있습니다.

해설

글을 읽고 흐름상 어색한 문장을 고르는 문제이다. (a) 마야인들이 문명의 중심지를 버리고 떠난 것은 세계적인 미스터리이며, (c) 이에 대한 토론 전문가 집단은 생태학적 부류와 비생태학적 부류로 나눠지는데 (d) 마야문명 멸망의 원인으로 비생태학적 부류는 인간에 관계된 이유를, 생태학적 부류는 자연에 관련된 이유를 꼽고 있다. (a), (c), (d)는 마야 문명의 멸망에 대한 내용인데 반해 (b)는 마야 문명의 위치에 대한 내용이므로 내용상 어색한 것은 (b)이다.

The TOP in TEPS

수험번호 Registration No.

성명 Name 한글 한자

문제지번호 Test Booklet No.

감독관확인란

청 해 Listening Comprehension

문 법 Grammar

어 휘 Vocabulary

독 해 Reading Comprehension

주 민 등 록 번 호 National ID No.

고사실란 Room No.

수 험 번 호 Registration No.

비밀번호 Password

좌석번호 Seat No.

서 약

본인은 필기구 및 기재오류와 답안지 훼손으로 인한 책임을 지고, 부정행위 처리규정을 준수할 것을 서약합니다.

답안작성시 유의사항

1. 답안 작성은 반드시 **컴퓨터용 싸인펜**을 사용해야 합니다.

2. 답안을 정정할 경우 수정테이프(수정액 불가)를 사용해야 합니다.

3. 본 답안지는 컴퓨터로 처리되므로 훼손해서는 안되며, 답안지 하단의 타이밍마크(∎∎∎)를 찢거나, 낙서 등으로 인한 훼손시 불이익이 발생할 수 있습니다.

4. 답안은 문항당 정답을 1개만 골라 ∎와 같이 정확히 기재해야 하며, 필기구 오류나 본인의 부주의로 잘못 표기한 경우에는 당 관리위원회의 OMR판독기의 판독결과에 따르며, 그 결과는 본인이 책임집니다.

Good ∎   Bad

5. 감독관의 확인이 없는 답안지는 무효처리됩니다.

The TOP in TEPS

성	영문	
명	서명	

응시일자 : 20 년 월 일

<부정행위 및 규정위반 처리규정>

1. 모든 부정행위 및 규정위반 적발 및 이에 대한 조치는 TEPS관리위원회의 처리규정에 따라 이루어집니다.

2. 부정행위 및 규정위반 행위는 현장 적발 뿐만 아니라 사후에도 적발될 수 있으며 모두 동일한 조치가 취해집니다.

3. 부정행위 적발 시 당해 성적은 무효화되며 사안에 따라 최대 5년까지 TEPS관리위원회에서 주관하는 모든 시험의 응시자격이 제한됩니다.

4. 문제지 이외에 메모를 하는 행위와 시험 문제의 일부 또는 전부를 유출하거나 공개하는 경우 부정행위로 처리됩니다.

5. 각 파트별 시간을 준수하지 않거나, 시험 종료 후 답안 작성을 계속할 경우 규정위반으로 처리됩니다.

성 명 (성·이름순으로 기재)

EX HONG GIL DONG

(A~Z 마킹란, EX: HONG GIL DONG)

단 체 구 분

학생	일반
◯	◯

질 문 란

1. 귀하의 TEPS 응시목적은?
   - ⓐ 입사지원
   - ⓑ 인사정책
   - ⓒ 개인실력측정
   - ⓓ 입시
   - ⓔ 국가고시 지원
   - ⓕ 기타

2. 귀하의 영어권 체류 경험은?
   - ⓐ 없다
   - ⓑ 6개월 미만
   - ⓒ 6개월 이상 1년 미만
   - ⓓ 1년 이상 3년 미만
   - ⓔ 3년 이상 5년 미만
   - ⓕ 5년 이상

3. 귀하께서 응시하고 계신 고사장에 대한 만족도는?
   - ⓐ 0점
   - ⓑ 1점
   - ⓒ 2점
   - ⓓ 3점
   - ⓔ 4점
   - ⓕ 5점

4. 최근 2년내 TEPS 응시횟수는?
   - ⓐ 없다
   - ⓑ 1회
   - ⓒ 2회
   - ⓓ 3회
   - ⓔ 4회
   - ⓕ 5회 이상

학 력 / 전 공 / 직 업

학 력		전 공	직 업
	재학 / 졸업		
초 등 학 교	◯	인 문 학 ◯	공 무 원 ◯
중 학 교	◯	사회과학·법학 ◯	고시준비 ◯
고 등 학 교	◯	경제학·경영학 ◯	교 사 ◯
전 문 대 학	◯	자 연 과 학 ◯	군 인 ◯
대 학 교	◯	의학·약학·간호학 ◯	의 료 인 ◯
대 학 원	◯	공 학 ◯	자 영 업 ◯
		교 육 학 ◯	학 생 ◯
		음악·미술·체육 ◯	회 사 원 ◯
		기 타 ◯	무 직 ◯
			기 타 ◯

직 종 / 직 책

직 종		직 책	
고 위 임 직 원	◯	무 역 ◯	임 원 ◯
전문직 (과학공학)	◯	외 환 ◯	부 장 ◯
전 문 직 (교육)	◯	자 금 ◯	차 장 ◯
전문직(법률.회계.금융)	◯	공 무 ◯	과 장 ◯
기 술 직		업 무 ◯	대 리 ◯
영 업		품 질 관 리 ◯	계 장 ◯
홍 보		전 산 ◯	사 원 ◯
총 무		행 정 직 ◯	인 턴 ◯
인 사		생 산 관 리 ◯	기 타 ◯
경 리		서 비 스 ◯	
기 획		기 타 ◯	
구 매	◯		

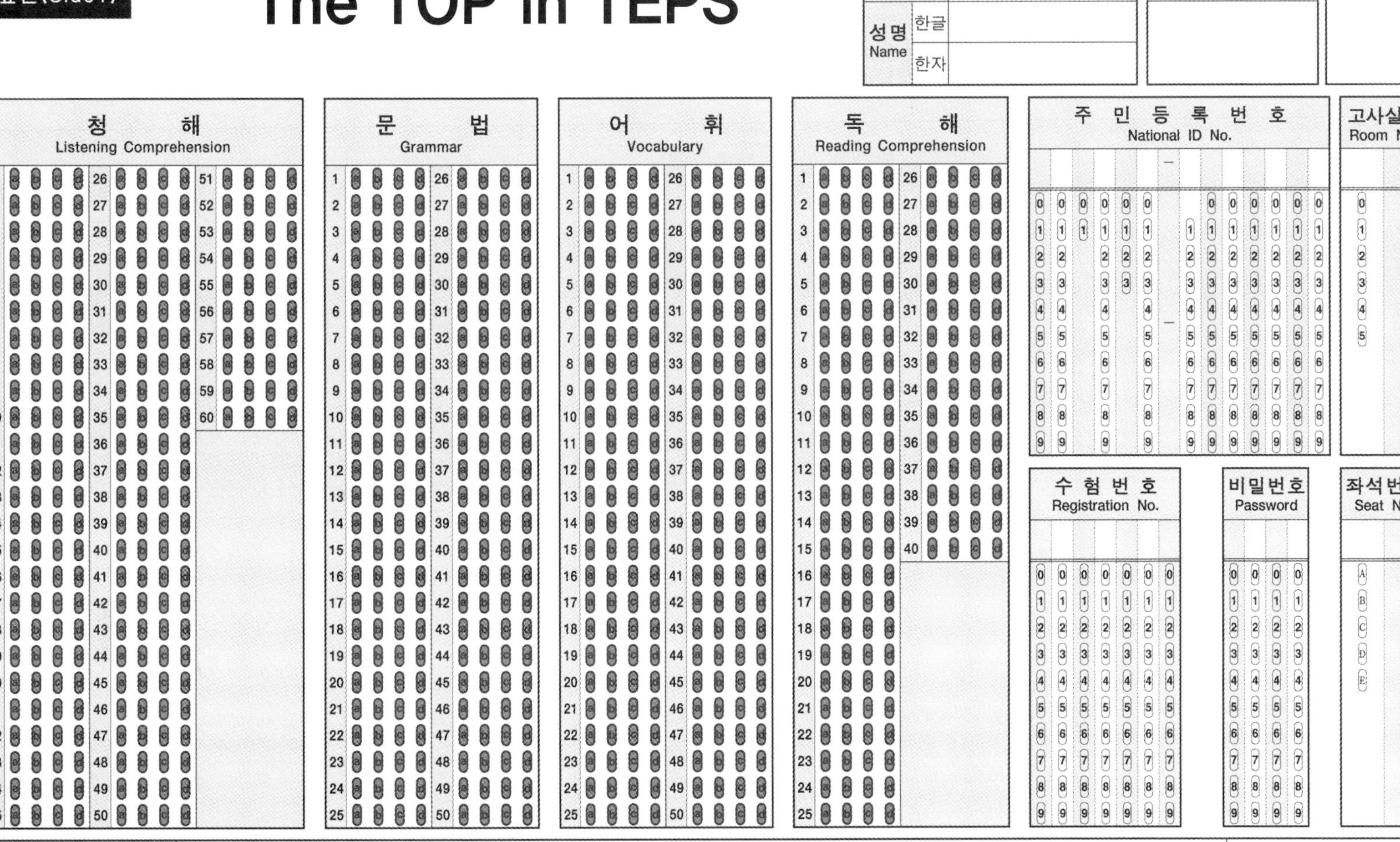

앞면(Side1)

The TOP in TEPS

수험번호
Registration No.
성 명
Name
한글
한자

문 제 지 번 호
Test Booklet No.

감독관확인란

청 해
Listening Comprehension

문 법
Grammar

어 휘
Vocabulary

독 해
Reading Comprehension

주 민 등 록 번 호
National ID No.

고사실란
Room No.

수 험 번 호
Registration No.

비밀번호
Password

좌석번호
Seat No.

서 약

본인은 필기구 및 기재오류와 답안지 훼손으로 인한 책임을 지고, 부정행위 처리규정을 준수할 것을 서약합니다.

답안작성시
유 의 사 항

1. 답안 작성은 반드시 컴퓨터용 싸인펜을 사용해야 합니다.
2. 답안을 정정할 경우 수정테이프(수정액 불가)를 사용해야 합니다.
3. 본 답안지는 컴퓨터로 처리되므로 훼손해서는 안되며, 답안지 하단의
타이밍마크(|||)를 찢거나, 낙서 등으로 인한 훼손시 불이익이 발생할 수 있습니다.

4. 답안은 문항당 정답을 1개만 골라 ■와 같이 정확히 기재해야 하며, 필기구 오류나 본인의 부주의로
잘못 표기한 경우에는 당 관리위원회의 OMR판독기의 판독결과에 따르며, 그 결과는 본인이 책임집니다.
Good ■   Bad
5. 감독관의 확인이 없는 답안지는 무효처리됩니다.

The TOP in TEPS

성	영문	
명	서명	

응시일자 : 20   년   월   일

<부정행위 및 규정위반 처리규정>

1. 모든 부정행위 및 규정위반 적발 및 이에 대한 조치는 TEPS관리위원회의 처리규정에 따라 이루어집니다.

2. 부정행위 및 규정위반 행위는 현장 적발 뿐만 아니라 사후에도 적발될 수 있으며 모두 동일한 조치가 취해집니다.

3. 부정행위 적발 시 당해 성적은 무효화되며 사안에 따라 최대 5년까지 TEPS관리위원회에서 주관하는 모든 시험의 응시자격이 제한됩니다.

4. 문제지 이외에 메모를 하는 행위와 시험 문제의 일부 또는 전부를 유출하거나 공개하는 경우 부정행위로 처리됩니다.

5. 각 파트별 시간을 준수하지 않거나, 시험 종료 후 답안 작성을 계속할 경우 규정위반으로 처리됩니다.

성   명 (성 · 이름순으로 기재)

EX HONG GIL DONG

(성명 마킹란: A B C D E F G H I J K L M N O P Q R S T U V W X Y Z)

단체 구분

학생	일반
○	○

질문란

1. 귀하의 TEPS 응시목적은?
   - ⓐ 입사지원
   - ⓑ 인사정책
   - ⓒ 개인실력측정
   - ⓓ 입시
   - ⓔ 국가고시 지원
   - ⓕ 기타

2. 귀하의 영어권 체류 경험은?
   - ⓐ 없다
   - ⓑ 6개월 미만
   - ⓒ 6개월 이상 1년 미만
   - ⓓ 1년 이상 3년 미만
   - ⓔ 3년 이상 5년 미만
   - ⓕ 5년 이상

3. 귀하께서 응시하고 계신 고사장에 대한 만족도는?
   - ⓐ 0점
   - ⓑ 1점
   - ⓒ 2점
   - ⓓ 3점
   - ⓔ 4점
   - ⓕ 5점

4. 최근 2년내 TEPS 응시횟수는?
   - ⓐ 없다
   - ⓑ 1회
   - ⓒ 2회
   - ⓓ 3회
   - ⓔ 4회
   - ⓕ 5회 이상

학 력

	재학	졸업
초등학교	○	
중 학 교	○	
고등학교	○	
전문대학	○	
대 학 교	○	
대 학 원	○	

전 공

인 문 학	○
사회과학 · 법학	○
경제학 · 경영학	○
자 연 과 학	○
의학 · 약학 · 간호학	○
공 학	○
교 육 학	○
음악 · 미술 · 체육	○
기 타	○

직 업

공 무 원	○
고시준비	○
교 사	○
군 인	○
의 료 인	○
자 영 업	○
학 생	○
회 사 원	○
무 직	○
기 타	○

직 종

고 위 임 직 원	○
전문직(과학.공학)	○
전 문 직 (교 육)	○
전문직(법률.회계.금융)	○
기 술 직	○
영 업	○
홍 보	○
총 무	○
인 사	○
경 리	○
기 획	○
구 매	○

직 책

무 역	○	임 원	○
외 환	○	부 장	○
자 금	○	차 장	○
공 무	○	과 장	○
업 무	○	대 리	○
품 질 관 리	○	계 장	○
전 산	○	사 원	○
행 정 직	○	인 턴	○
생 산 관 리	○	기 타	○
서 비 스	○		
기 타	○		

The TOP in TEPS

수험번호 Registration No.

성명 Name 한글 한자

문제지번호 Test Booklet No.

감독관확인란

청 해 Listening Comprehension

문 법 Grammar

어 휘 Vocabulary

독 해 Reading Comprehension

주 민 등 록 번 호 National ID No.

고사실란 Room No.

수 험 번 호 Registration No.

비밀번호 Password

좌석번호 Seat No.

서 약 본인은 필기구 및 기재오류와 답안지 훼손으로 인한 책임을 지고, 부정행위 처리규정을 준수할 것을 서약합니다.

답안작성시 유 의 사 항

1. 답안 작성은 반드시 **컴퓨터용 싸인펜**을 사용해야 합니다.

2. 답안을 정정할 경우 수정테이프(수정액 불가)를 사용해야 합니다.

3. 본 답안지는 컴퓨터로 처리되므로 훼손해서는 안되며, 답안지 하단의 타이밍마크(‖‖)를 찢거나, 낙서 등으로 인한 훼손시 불이익이 발생할 수 있습니다.

4. 답안은 문항당 정답을 1개만 골라 ●와 같이 정확히 기재해야 하며, 필기구 오류나 본인의 부주의로 잘못 표기한 경우에는 당 관리위원회의 OMR판독기의 판독결과에 따르며, 그 결과는 본인이 책임집니다.

Good ● 　 Bad ◖ ◔ ⊘ ✕ ✔

5. 감독관의 확인이 없는 답안지는 무효처리됩니다.

The TOP in TEPS

성 영문

명 서명

응시일자 : 20 년 월 일

〈부정행위 및 규정위반 처리규정〉

1. 모든 부정행위 및 규정위반 적발 및 이에 대한 조치는 TEPS관리위원회의 처리규정에 따라 이루어집니다.

2. 부정행위 및 규정위반 행위는 현장 적발 뿐만 아니라 사후에도 적발될 수 있으며 모두 동일한 조치가 취해집니다.

3. 부정행위 적발 시 당해 성적은 무효화되며 사안애 따라 최대 5년까지 TEPS관리위원회에서 주관하는 모든 시험의 응시자격이 제한됩니다.

4. 문제지 이외에 메모를 하는 행위와 시험 문제의 일부 또는 전부를 유출하거나 공개하는 경우 부정행위로 처리됩니다.

5. 각 파트별 시간을 준수하지 않거나, 시험 종료 후 답안 작성을 계속할 경우 규정위반으로 처리됩니다.

성 명 (성·이름순으로 기재)

EX HONG GIL DONG

A B C D E F G H I J K L M N O P Q R S T U V W X Y Z

단체구분

학생	일반
○	○

질문란

1. 귀하의 TEPS 응시목적은?
   - (a) 입사지원
   - (b) 인사정책
   - (c) 개인실력측정
   - (d) 입시
   - (e) 국가고시 지원
   - (f) 기타

2. 귀하의 영어권 체류 경험은?
   - (a) 없다
   - (b) 6개월 미만
   - (c) 6개월 이상 1년 미만
   - (d) 1년 이상 3년 미만
   - (e) 3년 이상 5년 미만
   - (f) 5년 이상

3. 귀하께서 응시하고 계신 고사장에 대한 만족도는?
   - (a) 0점
   - (b) 1점
   - (c) 2점
   - (d) 3점
   - (e) 4점
   - (f) 5점

4. 최근 2년내 TEPS 응시횟수는?
   - (a) 없다
   - (b) 1회
   - (c) 2회
   - (d) 3회
   - (e) 4회
   - (f) 5회 이상

학력 / 전공 / 직업

학력 (재학/졸업)	전공	직업
초등학교 ○○	인 문 학	공 무 원
중 학 교 ○○	사회과학·법학	고시준비
고등학교 ○○	경제학·경영학	교 사
전문대학 ○○	자 연 과 학	군 인
대 학 교 ○○	의학·약학·간호학	의 료 인
대 학 원 ○○	공 학	자 영 업
	교 육 학	학 생
	음악·미술·체육	회 사 원
	기 타	무 직
		기 타

직종 / 직책

직종	직책
고 위 임 직 원	임 원
전문직(과학.공학)	부 장
전 문 직 (교 육)	차 장
전문직(법률.회계.금융)	과 장
기 술 직	대 리
영 업	계 장
홍 보	사 원
총 무	인 턴
인 사	기 타
경 리	
기 획	
구 매	

무 역 / 외 환 / 자 금 / 공 무 / 업 무 / 품 질 관 리 / 전 산 / 행 정 직 / 생 산 관 리 / 서 비 스 / 기 타

THE TOP in TEPS

대한민국 TEPS 대표강사 Joseph Kim의

By Joseph Kim

950 실전편

독 READING 해

랭기지플러스

THE
대한민국 TEPS 대표강사 Joseph Kim의
TOP in
TEPS
950
실전편
독 READING 해
By Joseph Kim

랭기지플러스

문제집

THE
대한민국 TEPS 대표강사 Joseph Kim의
TOP in
TEPS
950
실전편
독 READING 해
문제집

The TOP in
TEPS

Reading Comprehension

Half TEST 01

1. The Enlightenment of the 18th century was considered a time of great advancement in science and philosophy. Scientists were beginning to experiment with electricity and genetics. Philosophers wrote treatises on human rights and government. Religion became less important to the everyday lives of people in Western Europe and the Americas as secular science and philosophy _________________________________.

    (a) gained in strength and viability
    (b) became more elitist and harder to access
    (c) denied the existence of the gods
    (d) promoted the rights of human beings

2. On January 1st, 2008, it became officially illegal to smoke cigarettes in restaurants, bars, and other public places in Paris, France. This was a very difficult measure for Parisians to accept, because smoking is such a large part of the Parisian social life. Of course, French people in general are very concerned with health and safety, so there were few protests regarding the ban. Parisians understood and respected the ban on smoking even if it was

    _________________________________.

    (a) unimportant to their daily lives
    (b) inconvenient for their habits
    (c) popular in the rest of Europe
    (d) expensive to implement

3. With over a decade of experience in wireless communications, OmniNet is your best bet for ______________.
We have millions of users worldwide who rely on us to access their data and connect with friends and coworkers
every day. We can help you update your status on all the major social networks, read and post blogs on any site,
and, of course, check your voicemail, text messages, and email in a snap!

    (a) taking control of the Internet
    (b) becoming popular with friends
    (c) getting your work done in a timely manner
    (d) staying connected to your resources

4. Dear Teachers,
The Office of International Student Affairs is currently looking for ________________________________. All
of these programs involve international travel with a group of 10-12 students, and many require knowledge of a
foreign language. Teachers who participate will receive an all-expenses-paid trip to the international destination,
as well as a stipend. We have established a forum on the Office's teacher Website where you can discuss the
experience with teachers who have previously worked in these programs. Please contact our Office for further
information.

Sincerely,
Dr. Joanne Smith
Director, Office of International Student Affairs, Gleeson University

    (a) linguists to help translate documents
    (b) students to participate in summer programs
    (c) Web developers to work on a forum site
    (d) volunteers to lead summer programs for students

5. The Greek philosopher Socrates developed a way of teaching that is now known as the Socratic Method. To put it very simply, the Socratic Method requires teachers to question students until a correct answer is brought about, without explicitly teaching students. The method is used most often in law schools, where students are required to read cases before class, and then answer questions from their professors. Many educators believe this is an ineffective way to teach students, as it does not facilitate exchanges between students, but instead _________________________________.

    (a) focuses solely on teacher-student interaction
    (b) prevents students from learning voluntarily
    (c) requires students to rely on their knowledge
    (d) emphasizes reading more than necessary

6. In recent years, universities have begun to offer e-learning or online education for students so that they can earn degrees or course credits without having to attend classes on campus. However, not all online learning institutions are as auspicious or trustworthy as they may seem. In order to debunk the online learning centers that call themselves universities but are actually more accurately called "diploma mills", various professors, journalists, and other civil servants have enrolled their pets in online courses. The result is that there are many cats and dogs with phony PhDs, and many online "universities" with a lot of explaining to do. Students should always make sure they are following courses from an accredited learning institution when they enroll in online learning, or risk losing their diplomas when _________________________________.

    (a) grades they get are too low
    (b) journalists investigate the school
    (c) learning center is found to be false
    (d) online learning is made illegal

7. Ernest Hemingway's novella *The Old Man and the Sea* is a story about enduring defeat and death and finding honor in the struggle. The main character, Santiago, is an old fisherman in Cuba who has not caught any fish in 84 days. The people in his village find him to be unlucky and his apprentice, Manolin, is forbidden by his parents to fish with Santiago for fear of catching the bad luck. Finally, Santiago sails far into the Gulf where he believes the biggest fish are, and hooks a marlin, an enormous opponent with which he struggles for several days. Even after subduing the giant fish, Santiago's troubles are not over — the sea is full of sharks that eat Santiago's catch until only the skeleton remains. Still, upon seeing the skeleton when Santiago returns to shore, his fellow villagers acknowledge his catch and honor his struggle, and Manolin promises to fish with him again. Even though Santiago did not get to sell the marlin and make a fortune off its flesh, he gained honor by enduring ____________________________.

    (a) many years of difficult training
    (b) the hateful remarks from his fellow villagers
    (c) the bad weather and storms out at sea
    (d) a struggle with such a worthy adversary

8. Preschool is an important part of a child's education. Studies have shown that children who attend interactive preschools rather than simple day care centers learn how to read faster, succeed better at social interaction, and have an easier time in elementary school. Even at the young age of three or four, children are establishing learning habits that will follow them for the rest of their lives. ____________________, in many areas, good preschools are either unavailable or prohibitively expensive, so many parents choose not to send their children to preschool at all.

    (a) Besides
    (b) Furthermore
    (c) Accordingly
    (d) However

Read the passage. Then choose the option that best answers the question.

9. Cats have a reputation for being cold pets that are incapable of being loyal to their masters. My grandfather, for instance, always maintained that he preferred dogs to cats. He always had dogs, mostly hunting breeds that lived outside in pens, but he said he would never have a cat. When my grandfather got older, though, a stray cat started visiting him in the evenings when he sat on the porch and eventually jumped on his lap. From then on, my grandfather would sit with the cat in his lap for several hours a night, stroking its fur and talking to it. He'd even leave food and milk out for the cat during the day. I think that cat changed my grandfather's opinions on the species, although he never did let the cat inside.

Q: Which of the following is the best title for the story?

(a) Cuddly Cats and Kittens
(b) A Sudden Change of Heart
(c) Are Cats the Best Pets?
(d) My Grandfather's Dog

10. To prevent heart disease, even in a person genetically predisposed to these illnesses, doctors recommend a diet rich in green, leafy vegetables, and at least one hour of vigorous exercise a day. In spite of how simple this advice sounds, many people find it extremely difficult to live by these rules. The high availability of inexpensive, processed foods and new jobs that require workers to sit down for eight hours a day both make it much easier to live a sedentary lifestyle than an active, healthy one. This is why coronary illnesses are the leading cause of death in most of the world today.

Q: Which of the following best summarizes the passage?

(a) Although preventable, many people still die of heart disease.
(b) Processed foods are convenient, but cost more than other foods.
(c) Many people want to work in jobs that allow them to exercise.
(d) It is hard to avoid heart disease if it's in your genes.

11. If you're like most people, your day is jam-packed with work, social activities, and family expectations from morning to midnight, and you probably find that you never seem to get everything done. The Get Things Done time management system may be the ideal way for you to take control of your time and actually get things done, just like its name suggests. Developed by consultant David Allen of Ojai, California in the 1980s, the GTD method requires you to create a written organization system wherein you group all of your tasks, projects, and ideas, and update the system every week. The idea is to keep your mind clear of the cluttered, crisis-style scheduling and prioritizing you probably do all day long, and make room for more creativity and relaxation.

Q: What is this passage mainly about?

(a) Learning to deal with crises in your life as they arise.
(b) Learning a new method to help manage your time.
(c) Learning how to cope with new job responsibility.
(d) Learning to balance social activities with family time.

12. Microwave oven technology wasn't always used to cook food. During World War II, microwaves, which are electromagnetic waves, were used by the British in their radar system to detect enemy planes. In 1945, an engineer named Percy Spencer accidentally discovered that microwaves could heat food. He was standing in front of a radar machine when he noticed that the microwaves had melted a chocolate bar that was in his pocket.

Q: Which of the following is true according to the passage?

(a) Microwaves were originally used as military weapons.
(b) Electromagnetic waves can be used to find enemy planes.
(c) Microwave ovens were later found to have military applications.
(d) A chef accidentally discovered the cooking ability of microwaves.

13. We would like to congratulate you on your purchase and let you know that your new phone is covered under a limited warranty for two years. If you should have any problems with your TripaPhone during this period, simply return it to a TripaPhone Service Center and we will either repair your phone or give you a new one. Please note that your TripaPhone warranty is void if the phone is completely submerged in liquid, and we cannot repair or replace phones that have been subjected to liquid damage.

Q: What is this passage about?

(a) The benefits of owning a new cell phone
(b) The return or replacement policy of a phone
(c) Common problems with cell phone repairs
(d) Why you should avoid liquid damage to phones

14. The United States Treasury recently has come under scrutiny from certain human rights organizations that deal with the rights of blind people. The U.S. is one of few countries in the world whose currency does not match the size of a bill or coin to its worth. This makes it difficult for blind people to discern the worth of their money by touch. In response to the recent scrutiny, U.S. Treasury officials have designed U.S. coins and bills that match size with value, but have not yet announced plans to release these bills into circulation.

Q: Which of the following is the best title for this article?

(a) U.S. Currency Dips in Value
(b) Problems With Human Rights Organizations
(c) U.S. Treasury Decides Size Matters in Currency
(d) Advocates for the Blind Criticize U.S. Currency

15. Government jobs are highly sought-after positions for various reasons. Hundreds of applicants may apply for one single job with the city or the state, and although it may take months to choose the right candidate, the selected applicant will enjoy a long career with plenty of benefits, regardless of economic hardship or their own performance. It is a notoriously difficult and highly bureaucratic process both to hire and fire anyone in the government sector, which is one reason job security in any government job is extremely high.

Q: Which of the following is a reason jobs in government are so popular?

(a) There are many options for advancement in government jobs.
(b) It is a bureaucratic process and wages are competitive.
(c) Government jobs provide benefits like childcare services.
(d) You're sure to have a long career regardless of performance.

16. Benjamin Franklin is an important and well-loved historical figure, and not just in his American homeland. It may surprise you to know that Franklin was highly admired in the court of France before the American Revolution, and many historians credit Franklin with winning the French king's financial support for the war. Franklin was also an inventor, scientist, and philosopher, and he is especially remembered for being a pioneer in human rights, who freed his own slaves later in life. Even today, the French hold Franklin in esteem with their important thinkers like Voltaire and Rousseau.

Q: Why is Benjamin Franklin important according to the passage?

(a) His inventions and philosophies impressed all of Europe.
(b) He was a pioneer in philosophy and human rights.
(c) He was admirable before the American Revolution.
(d) He helped make slavery illegal in the United States.

17. Dear Aunt Martha,

Thank you very much for the gold chain you sent for my birthday. I have been looking for a simple necklace to wear to my high school's formal dance next weekend, and your present has ended my search. The necklace goes perfectly with my new dress, and it is the perfect length to wear with any of my best clothes. I am very glad to have such a thoughtful, stylish aunt! I hope everything is going well in North Carolina. Please give my love to Uncle Russell.

Love,
Cynthia

Q: Which of the following is correct about Cynthia according to the letter?

(a) She wanted a gold necklace to wear to her birthday party.
(b) She wants her Aunt Martha to come to her party.
(c) She believes her Aunt Martha is a generous person.
(d) She is going to a formal dance in North Carolina.

18. The African Women Working Project is currently accepting applications for its new work grants, funded by contributions from a private donor. These grants have been earmarked for companies, industries, and employers who are ready to help women in Africa learn important skills that can facilitate self-sufficiency and increased safety. Special consideration will be given to health organizations, the sanitation industry, agricultural entities, and any company that is devoted to the well-being of women around the world.

Q: Which of the following is correct about the grants?

(a) They are available for African women who want to work.
(b) They are funded by an African corporation.
(c) They are meant to help African men be self-sufficient.
(d) They are meant for companies who are looking to help African women.

19. Holistic treatments have increased in popularity over the past few decades. (a) Many people with serious illnesses such as cancer or diabetes now turn to doctors who treat them via nutrition and lifestyle changes, rather than simple drugs. (b) Chinese medicine has a long tradition of using herbs, teas, exercises and massage to treat illnesses. (c) For weight loss, food allergies, and nutritional issues, holistic medicine is often ideal. (d) However, many doctors worry that holistic medicine distracts patients from life-saving treatment in the most serious cases of illness.

20. Some children's advocates believe the video gaming industry does not do enough to protect children from experiencing violent and disturbing videogames. (a) It is true that most video game consoles today provide parents with controls to lock their children out of adult-themed games. (b) Still, children's advocates argue that many parents either don't understand the controls or don't bother to use them. (c) The highest-selling video game of all time includes gun violence and gory, bloody imagery of war. (d) According to these advocates, the videogame industry should stop producing violent games, as children will play them with or without parental permission.

The TOP in
TEPS

Reading Comprehension

Half TEST 02

Read the passage. Then choose the option that best completes the passage.

1. In many societies, it is traditional for extended family members to live together, or close to each other. This means that grandparents, aunts, uncles, cousins, and everyone else see each other regularly and help each other with typical tasks. In some areas it is becoming common for children ________________________, which means that it is increasingly rare to see the large extended family unit that was once so common. Many people believe that this lack of close-knit extended families can be blamed for increases in crime and other problems in modern society.

    (a) to take jobs when they are very young
    (b) to move far away from their parents in adulthood
    (c) to move out of the house at a young age
    (d) to have their own children much later in life

2. The 17th century French playwright Molière is best known for his biting criticism of the French middle class, or bourgeoisie, and his satires about the hypocrisy of the leaders of the Catholic Church. These satires often brought Molière the ire of the church leaders and moralists, and he was greatly and often violently criticized by those he satirized. Nevertheless, his plays made the monarchs and aristocrats of his time laugh and eventually landed him the position as the writer of court entertainments for King Louis XIV. As a result, Molière ________ ________________________.

    (a) received criticism from royalty and bourgeoisie alike
    (b) was well-protected from even the worst critics of his time
    (c) never had to worry about being paid for his work
    (d) respected by critics and fans alike

3. Dexterity is the new members-only section of the Dexter Typing Company's web site. Anyone in a job that is Level II or higher is required to complete the Dexterity Employee Portal training session. This quick training session teaches employees about our latest sales and marketing efforts, specifically the new web platform for clients, and can be completed during office hours or at home, thanks to our convenient and secure member log in. Simply use your DTP email address and password to log in at www.dtp.com/dexterity. Soon our clients and customers will be able to use the new web platform as well, so we want all of our employees, especially our sales people and customer service representatives, ______________________________________.

    (a) to advertise a new employee training section
    (b) to help us design an upgrade to the program
    (c) to sell the program to our new clients and customers
    (d) to understand the program before its public launch

4. Many readers were dismayed when the publishers and editors of the Hudson City Times decided to ______________________________ this year. The publishers explained that in spite of their efforts to increase advertising sales, the costs of printing the newspaper and maintaining the online portion were never covered by these sales. The publishers and editors claim that they will make purchasing the newspaper even more fulfilling for the community by partnering with local businesses to offer discounts to subscribers, and by expanding online content for readers.

    (a) cease running an editorials section
    (b) raise the price of the newspaper
    (c) cut the page count of the paper in half
    (d) cease production of the print newspaper

5. Dear Jim and Nancy,

Thank you for your recent letter. I appreciate your _________________________________. I would like you to know that she is doing very well now. After several months of chemotherapy, the doctors have told us that they can find no trace of the cancer in any other part of her body. She'll have to continue taking certain medications, but she won't need radiation therapy or more chemo. Needless to say, we are all thrilled. Again, I appreciate your letter and I hope that this news settles any questions you may have had. Thank you for thinking of our family.

Yours truly,
Lydia

    (a) interest in learning about cancer
    (b) inquiries regarding chemotherapy
    (c) concern regarding my mother's health
    (d) understanding during this difficult time

6. In response to requests from parents regarding _________________________________ at the Del Marina Academy, our office of financial aid has put together a report summarizing the reasoning behind the changes. The report includes a history of our great high school, as well as notes about our investments and the state of the school's endowment. You will also find summaries of what each department has been doing over the past year, and predictions about what we will be able to do in the coming years. We believe that your participation in and complete understanding of your child's education is as important as the education itself, and will be mailing this report free of charge to every student's household next week.

    (a) the recent increase in tuition costs
    (b) the changes in staff hiring procedures
    (c) the upgrades to curriculum and books
    (d) the new construction projects

7. Cystic fibrosis is a genetic illness that causes an increase in mucus production in the lungs and digestive tracts of patients. There is no cure for cystic fibrosis, but patients can find relief from the mucus build-up in their lungs _______________________________. Recently, doctors have found that cystic fibrosis patients who surf tend to have healthier lungs than those who do not. The reason this is so, doctors believe, is because the surfing patients inhale salt water, which lines the lungs and helps the patient to expel more mucus when coughing. Thus, doctors decided to start administering highly concentrated salt water for cystic fibrosis patients to inhale every day, in order to receive the same benefits without going surfing.

> (a) by participating in vigorous exercise and by surfing
> (b) through breathing treatments and inhaled medicines
> (c) by eating proper foods and drinking plenty of water
> (d) by drinking salt water on a daily basis

8. Founded in 1610, Santa Fe, New Mexico is considered by some to be the oldest capital city in the United States. Santa Fe is home to the oldest continuously occupied government building built by Europeans that is still standing in the continental U.S. Santa Fe was also an important trading city and pathway to western territories even before New Mexico was part of the U.S. _______________, there are American cities that were established before Santa Fe, and New Mexico was not officially part of the U.S. until 1919, so it is important to specify that Santa Fe is the oldest capitol city in the U.S., rather than simply the oldest city in the country.

> (a) And
> (b) Likewise
> (c) Still
> (d) Moreover

Read the passage. Then choose the option that best answers the question.

9. Indo-Pakistani relations have been strained, to say the least, since both countries gained independence from Britain in 1947. Under British rule, from the late 18th century on, both India and Pakistan were actually considered the same territory. In the early part of the 20th century, various politicians and religious leaders recognized that the majority of the population of India practiced Hinduism, while there was a Muslim minority in the northwest region of the country. Thus, after World War II ended, treatises were drawn up to produce the Partition of India, which officially created the independent nations of India and Pakistan, technically called the Republic of India and the Islamist Republic of Pakistan respectively.

Q: Which of the following is correct according to the passage?

(a) People in India and Pakistan are members of the same religion.
(b) The British decided to separate India from Pakistan in the 18th century.
(c) India and Pakistan have been at war since the end of World War II.
(d) Pakistan became a country when India gained independence from Britain.

10. Recently, archaeologists were surprised to find that heart disease is not necessarily as modern a problem as many had originally thought. By using a CT scanning machine on 22 mummies at the National Museum of Antiquities in Cairo, researchers were able to study the hearts, arteries, or both in 16 of the mummies. They were surprised to find that 9 out of the 16 mummies showed signs of calcification or hardening of the arteries, a major health concern today that is attributed to the increase in sedentary lifestyles around the globe. Now scientists are looking at heart disease as a part of the broader history of humanity rather than as a relatively new concern.

Q: Why were the scientists surprised by their findings?

(a) Because evidence of heart disease disappears in corpses after a hundred years.
(b) Because the CT scanner doesn't usually pick up enough detail to show heart disease.
(c) Because heart disease is thought to be caused by modern lifestyle choices.
(d) Because Egyptians are not historically known to have heart disease.

11. Western Europe is home to many very famous art museums that contain some of the most treasured paintings, sculptures, and other pieces of art, both ancient and modern. The Uffizi Gallery in Florence, Italy, is home to Boticelli's famous painting *The Birth of Venus*. In Amsterdam, Holland, the Rijksmuseum, or national museum, houses the works of many Renaissance-era Dutch artists, such as Rembrandt and Vermeer. Perhaps the most famous of these museums is the Louvre in Paris, France, which is where DaVinci's extremely famous painting *La Joconde*, or *The Mona Lisa*, traditionally rests.

Q: Which of the following is correct according to the passage?

(a) The Louvre is home to one of the world's most famous paintings.
(b) The Rijksmuseum only showcases Dutch paintings.
(c) All of Boticelli's works are shown in the Uffizi Galleries.
(d) The Mona Lisa can be found at the Uffizi Galleries in Florence.

12. In the past 30 or 40 years, federally-run mental institutions and hospitals have closed their doors to patients due to a lack of funding. Now, instead of getting proper treatment or help, many mentally ill people, particularly schizophrenic people and those suffering from bipolar or manic-depressive disorders, are left to their own devices in society. Sadly, many mentally ill patients who have reached adulthood are incapable of caring for themselves, or do not have resources such as a fully devoted family to take care of them. Thus, the rates of homelessness and incarceration of the mentally ill are both extremely high, and it can be said that mental institutions run by the government have been replaced by prisons.

Q: Which of the following is correct according to the passage?

(a) Federally-run mental institutions deal with many homeless people.
(b) Many mentally ill people go to prison because there are few other options.
(c) Schizophrenic people are better served in prison than in mental institutions.
(d) Mentally ill people should be allowed to make their own life decisions.

13. The Lester Music Superstore is going out of business, and we must liquidate our entire inventory! Choose from dozens of guitars, pianos, and woodwind instruments at less than half the usual price! And don't forget the sheet music – find thousands of copies of your favorite music, from classical to jazz, and from opera to rock or pop, all at unbeatably low prices. But hurry; this sale ends Saturday.

Q: Which of the following is correct about the advertisement?

(a) The Lester Music Superstore sells jazz, classical, opera, rock, and pop albums.
(b) The regular price of musical instruments is half that of other stores.
(c) The Lester Music Superstore does not sell sheet music for folk music.
(d) During the sale, customers can buy a guitar for less than half-price.

14. It is important for parents to know that many of their prescription drugs can be misused by children or teenagers, whether accidentally or intentionally. Prescription medications should always be used exactly as prescribed and only by the person to whom they were prescribed. Even non-prescription drugs such as cough syrup or painkillers can cause serious harm or death when used incorrectly. Not only is drug misuse illegal, but it's also extremely dangerous.

Q: Which of the following is correct according to the passage?

(a) Over-the-counter drugs can be as dangerous as prescriptions.
(b) Children and teenagers should be monitored when taking pills.
(c) Parents should hide their medications from their children.
(d) Parents should avoid giving adult medications to children.

15. While at the art fair this Saturday in the park, my daughter, Jeanine, fell in love with a particular sculpture. Unfortunately, when Jeanine asked if we could take the sculpture home, I had to tell her that it would cost too much money. We went home in a pretty sad mood, in spite of the wonderful afternoon we'd had. Sunday morning, somebody rang our doorbell and ran away, and when we opened the door, there was a box on the doorstep. The sculpture was inside with a small note. Apparently, one of our neighbors had seen us at the event and decided to give us an anonymous surprise. Needless to say, both Jeanine and I were extremely pleased by the surprise.

Q: What can be inferred about the writer from the passage?

(a) He is unemployed and can't afford to buy a sculpture.
(b) He wanted the sculpture as much as Jeanine did.
(c) He expects people to take care of problems for him.
(d) He believes in prioritizing his needs in life.

16. Vampires seem to have exploded on the Western pop culture scene lately as new movies and books about the mythical species come out almost every weekend, but the idea of men and women who are cursed with unnatural hungers and a taste for blood is nothing new. In the Caribbean, for instance, the myth of the Loogaroo, a woman who must give the Devil blood every night in exchange for magical powers, has been around since the 17th century. Historians believe the Loogaroo legend evolved based on French werewolf and vampire mythology mixed with the rich folklore of demons and witchcraft in the Voodoo religion of the Caribbean. In spite of her long history, the Loogaroo is very similar to the vampires of today, as she hunts at night for her human prey and is incapable of surviving in the daylight.

Q: Which of the following is true according to the passage?

(a) Modern-day vampire stories differ greatly from historical stories.
(b) Werewolves and vampires originated in the Voodoo religion of the Caribbean.
(c) Vampire stories have a long history and are not a totally modern concept.
(d) The Loogaroo existed before the French first arrived in the Caribbean.

17. The recent discovery of ice on the moon is more than just an interesting scientific find based on years of research and tax-payer funding. The very existence of this ice may actually make space travel even more affordable than ever before. Because the moon has no plants, soil, or air, every visit to our planet's satellite has included extensive planning for bringing all the necessary resources along in the spaceship. Now, scientists believe they may be able to harness the ice on the moon to reduce the costs of hauling so much equipment so many millions of miles. Not only will future astronauts possibly be able to bring less water with them on journey to the moon, but scientists may be able to harness the hydrogen in the ice to create more fuel for returning spacecraft.

Q: Why is the scientists' discovery important?

(a) It means that humans may someday colonize the moon.
(b) It means tax-payers will no longer have to pay for space travel.
(c) It means space travel may someday be much less expensive.
(d) It means years of research finally paid off.

18. Although the Cold War is officially over, nuclear war is still a frightening possibility. True, the Armageddon envisioned by scientists and civilians in the 1980s is no longer likely, but even a single nuclear warhead could cause a large amount of damage and fatalities if detonated in a large city. For this reason, it is important for everyone, especially residents of large urban areas, to make and memorize a plan in case of nuclear emergency. Always keep at least two weeks' worth of non-perishable food and water ready in a small bag, and know where you would go to escape the dangerous fallout. Basements or fallout shelters are ideal during a nuclear crisis, but experts say the ninth floor of a building will do just as well if necessary. It is also important to keep a battery-operated radio on hand, so that you can follow important instructions from officials as they become available.

Q: Which of the following would the writer most likely agree with?

(a) There is no need for residents of rural areas to worry about nuclear weapons.
(b) The end of the Cold War brought an end to the threat of nuclear war.
(c) Governments should make an effort to prepare their citizens for nuclear war.
(d) It is everyone's responsibility to be prepared for a nuclear disaster.

19. Marathon runners are known for being dedicated, healthy people who have invested their love of exercise into a competitive and fulfilling pastime. However, many doctors compare the fervor some marathon runners have for their hobby to the desire that compulsive gamblers, drug addicts, or alcoholics have for theirs. Compulsive running may not sound as serious or as detrimental as other addictions a person can have, because after all, marathon runners are generally healthy people. Still, doctors believe that some people can become addicted to the "runner's high" that is achieved after finishing a marathon, particularly if the runner wins the race, and that these marathon addicts will continue to run, even if it threatens their health or well-being through fractures, stressed joints, or other dangers.

Q: What can be inferred about marathon runners based on the passage?

(a) They may not be as healthy as they appear to be.
(b) They are always healthier than the general population.
(c) They are highly dedicated to running no matter the cost.
(d) They are at far higher risk of injury than non-runners.

Part III **Questions 20**
Read the passage. Then identify the option that does NOT belong.

---

20. English has evolved as a language by borrowing from various, seemingly disparate languages. (a) When researching English etymologies, you will find that many English words come directly from French. (b) Other languages that have influenced the English we speak today include German, Latin, Greek, and Anglo-Saxon. (c) People who speak with an English accent are often considered more polite than those who do not. (d) It is interesting to note that today many of those root languages now borrow from English.

The TOP in
TEPS

Reading Comprehension

Half TEST 03

DIRECTIONS

This part of the exam tests your ability to comprehend reading passages. You will have 25 minutes to complete the 20 questions. Be sure to follow the directions given by the proctor.

1. Dear Mr. Palmer,

We are writing to inform you of _________________________________. We can now offer you 350 minutes of inclusive call time each month for a reduced fee of $25, plus unlimited texts for an additional $10. The offer is available to all customers willing to extend their current contract period for an additional year from the current date of termination. During the extended contract period you will still be able to upgrade your plan at any time for a pro-rated fee. For contract details and full details of the offer please contact the customer services at the number found on your last bill.

(a) an exciting promotional offer

(b) a mandatory change to your contract

(c) a reduction in the price of your plan

(d) recent payment activity on your account

2. By far, one of the most unusual insects in the world is the Monarch Butterfly. Like many birds, Monarch Butterflies ______________________. Monarchs from the east and Midwest part of the United States fly as far south as Mexico to escape winter— a round trip of thousands of miles. Western Monarchs fly to forests along California's seacoast. In spring, the females lay their eggs during their return journeys north, and then die, leaving their newly hatched offspring to complete the trip for them.

(a) have adaptations for living in the cold

(b) migrate south for the winter

(c) feed their young in remarkable ways

(d) show some strange mating behavior

3. The International Monetary Fund (IMF) issues details every year of how much money countries generate per citizen, called gross domestic product per person (GDP per capita). The 2008 list places Luxemburg at the top with a GDP per capita of $113,044, which is 138% more than that of the United States. Many experts have pointed to the many advancements in the financial sector as the main cause of the country's high GDP. These figures are a surprising reminder that ___________________________________.

    (a) the overall productivity of a country will depend on its GDP
    (b) Luxemburg has the world's most profitable financial sector
    (c) a country's productivity per person is not based on its size
    (d) GDP is not a good measure of a countries size

4. Though most people think of a family as consisting of a mom and dad and their children, the family unit ___________________________. Sometimes, and for many different reasons, grandparents can step in to provide care to their grandchildren. According to the 2000 US census, 2.5 million households had grandparents as guardians. The government even offers support to these families in much the same way as any other family, providing financial assistance through the welfare system. Also, children brought up by their grandparents are just as likely to succeed as when they are brought up by their parents.

    (a) thrives best with as many children as possible
    (b) usually consists more than two caregivers
    (c) can be made up of grandparents and grandchildren
    (d) is more accurately thought of without children at all

5. Nevada State Police have released a limited statement outlining the contents of thirty-eight white envelopes found in the lobby of the Palms Place Hotel in Las Vegas last week. Along with fifty carets of uncut diamonds were photos of an unnamed, high ranking army general and some very rare and valuable 7th century papyrus paper from Egypt. Though the police have two people in custody, it is not known _______________________________.

    (a) if the hotel will sell the diamonds
    (b) who the envelopes belong to
    (c) how much the diamonds are worth
    (d) what time the diamonds were found

6. The Irish author James Joyce was one of the greatest literary trendsetters of the 20th century. Some of his best-known works were the novels *Dubliners* and *Ulysses*, both of which contain _______________________________.
One of the techniques he developed was called "stream of consciousness," in which he ignored orderly sentence structure and attempted to reproduce the thoughts and feelings of a character. Although unusual, he is widely regarded as one of the most important writers in the English language.

    (a) plots that are similar in theme
    (b) an extremely large number of pages
    (c) strikingly realistic characters
    (d) radical experiments in writing style

7. To ensure the maximum life from your garments, it is essential that all washing and drying instructions are followed according to________________. Linen and cotton, being hardier fabrics may be washed at higher temperatures and for longer washes. Wool, however, will shrink if washed in even slightly warm water and may also lose its shape if not dried carefully. Silk should ideally be dry cleaned and never washed with other fabrics. If you are unsure of how the fabric will react to the wash cycle, always check the tag.

    (a) one simple guideline
    (b) the color of the item
    (c) how dirty the clothes are
    (d) the label found inside each garment

8. Tired of endless traffic jams and rising fuel costs? This week the government has announced a radical overhaul of the public transportation system that could revolutionize the way we all get about. The bill set forth in a press conference last night would mean lower travel cost and less traffic on the roads for everyone. It is hoped that the bill will chiefly target middle to low-income households where the use of a car accounts for such a large proportion of household income. ________________, the government has earmarked around $350 billion to improve the transport system.

    (a) Meanwhile
    (b) That is to say
    (c) In light of this
    (d) Otherwise

9. Practice makes perfect, or so the saying goes. But experts have been warning of the dangers of overtraining for many years. Symptoms include insomnia, depression and persistent muscle soreness. Overtraining can occur with anyone whose exercising is more intense than his or her recovery capacity can cope with. Treatment, however, is simple and effective. By taking regular and more prolonged breaks the body soon recovers, sufferers are also likely to see a marked improvement in their overall training.

Q: What is the main topic of the passage?

(a) Training without rest can increase strength.
(b) Sports training causes depression and insomnia.
(c) The treatments for overtraining are effective.
(d) Rest is an important part of improving training.

10. To Whom It May Concern,

I recently purchased a number of books using your online ordering service, totaling around $400. The listed delivery time stated that I could expect the books in no more than ten working days, but three of the books did not arrive for four weeks. When I questioned your call center about this, I was made to feel thoroughly unappreciated as a customer and told simply to wait for up to a month for the product. I then asked to speak to a manager but was told by the customer service representative that none were available and was then disconnected. I expect a personalized reply within 10 working days.

Yours,
Rodger P. Smithe

Q: What is the purpose of the letter?

(a) To request a refund for the books ordered
(b) To complain about the level of service
(c) To request to talk to a manager
(d) To request that books be sent faster

11. Starting March 29th, the company will be issuing eleven page monthly newsletters outlining current events and news. We are currently taking suggestions for five articles or features that employees would like to see included. If you would like to write a piece, ensure it under 200 words and email it to human resources by February 28th. Five of the best entries will be selected and winners will be given a $25 voucher for the staff cafeteria.

Q: Which of the following is correct according to the passage?

(a) There is a word limit on submissions.
(b) All employees will receive a $25 voucher.
(c) Articles must be submitted by February 27th.
(d) Each article should be eleven pages long.

12. Microscopic bacteria may someday move machinery. As surprising as this seems, several laboratories have produced experiments indicating that billions of swimming bacteria can work collectively to make a gear spin. At high concentrations, these tiny organisms push against the teeth of the gear, producing enough momentum to make it rotate. While the potential for using this information to develop hybrid biomechanical machines is great, the process is not yet perfect. One drawback is the fact that bacteria are alive, and therefore eventually die. Also, sometimes the little creatures simply stop pushing. The findings are promising enough, however, that scientists will continue to try to perfect the process.

Q: According to the paragraph, which of the following is true?

(a) Just a few bacteria create plenty of mechanical power.
(b) Bacteria are an ideal power source because they do not require food.
(c) Bacteria may be used to power machines in the future.
(d) Bacteria are currently used to continuously power machinery.

13. Upon the ending of World War I, the League of Nations was formed in the hope that the nations of the world would no longer resort to war to settle their differences. The League, which consisted of 58 countries at one point, existed to promote human welfare and arbitrate disagreements between countries, among other things. Although its intentions were worthy, the League had no way to ensure obedience from any misbehaving country. This became unavoidably obvious when Germany pulled out of the League after a conflict over human rights. That eventually brought about World War II, which proved to be the last nail in the coffin of the League of Nations.

Q: Which of the following is true of the League of Nations?

(a) It always consisted of every country in Europe.
(b) It had no power to compel countries to obey its decisions.
(c) It successfully prevented any more wars from taking place.
(d) One of its goals was to ensure the equal distribution of wealth.

14. In the wild, certain species of newborn birds have been known to kill their siblings. Evolutionarily, this is thought to ensure the survival of the strongest chick. But what about humans? Eighty-two percent of the children in the western world are raised with at least one sibling. Though sibling rivalry is far from ubiquitous, many families suffer great deals of stress and frustrations at the quarreling and competing of brothers and sisters. But research shows that far from being detrimental to individual personalities, the bickering can sharpen motor neuron and social skills, better preparing the child for later life.

Q: What is the passage mainly about?

(a) Sibling rivalry can help develop skills in individuals.
(b) Humans are a lot more similar to birds than we think.
(c) There is a simple and efficient way to be a better sibling.
(d) Living with a large family tends to be more successful.

15. An exciting position has now come available at Ottman Brothers Stores. We are looking for a dynamic, self-motivated individual with at least three years experience working with the general public to work as a customer service representative in our Main St. branch. The successful candidate will show an outgoing personality and love for challenging situations. Duties include monitoring an in-bound phone line and personally ensuring that the correct member of staff deals with each complaint.

Q: What qualities should the successful candidate have?

(a) They should enjoy challenges and have a sociable personality.
(b) They should have experience on in-bound phone lines.
(c) They should have an outgoing personality and love challenging people.
(d) They must have worked as a customer service representative before.

16. We've all attended firework displays and been dazzled by the bright, colorful lights. But behind the scenes of many of the larger displays are hours of planning using high-tech equipment and expert knowledge. The displays are first planned using computer software, which tells a pyrotechnician where each fireworks should be positioned. The fireworks are then set up on an electronic grid, which can remotely detonate them at just the right moment.

Q: According to the passage, which of the following is correct about fireworks?

(a) Modern displays are very dependent on technology.
(b) A computer is used to place the fireworks in the correct position.
(c) Their colors are controlled by an electronic grid.
(d) They are constructed by hand in factories.

17. Dear Mr. O'Connor,

Thank you for your recent help in arranging for the return of the defective modem that we purchased on January 14, 2009. As you suggested, I will repack the modem in its original box and ship it by express mail using the return invoice that you just emailed to me. I'll ship the modem to your return facility at:

Return Department

ABC Computer Company

123 Main Street

Anytown, CA 00000-0000

Thank you again for your help in resolving this issue so quickly. Please let me know if there is anything else I need to do at my end to complete the return transaction.

Q: What is the purpose of the letter?

(a) To make sure a record is accurate
(b) To ask for payment on account
(c) To thank the store for a good product
(d) To arrange the return of a product

18. Archaeologists believe they have found the remains of a 4,000-year-old stone doll on the Mediterranean island of Pantelleria, near Sicily. The doll's head was about 3 cm in size and has a primitively carved pair of eyes, a nose, mouth and curly hair. The doll was discovered amongst a tiny set of earthen cooking pans in the ruins of two huts at the site of a Bronze Age village. The archaeologists who uncovered the relics originally thought the doll's head to be a religious symbol. However, based on the location of the discovery in the children's living quarters of the hut, the scientists now believe that head was part of an ancient toy that belonged to the girls that lived in the village some 4,000 years ago.

Q: Why do the archaeologists believe the doll head was a toy?

(a) It was found near the remains of a young girl.
(b) It was discovered in the children's bedroom.
(c) The village was known to be the home of many children.
(d) The carvings on the head suggested it was a toy.

19. (a) Origami, or the art of paper folding, originated in Japan in the 6th century when Chinese monks carried paper to the Japanese islands. (b) The aim is to create accurate three-dimensional representations of objects by folding a square piece of paper, without making cuts or tears. (c) Though people who practice origami only use a few different types of folds, slight variations can create the most dramatic and exciting models. (d) The Japanese enjoy many other crafts, including flower arranging, calligraphy and papermaking.

20. (a) Regenerating urban areas, or urban renewal, began in the 19th century, though it didn't become popular until the 1940s. (b) It often meets with much opposition, as regenerative projects rebuild large areas of a city, sometimes forcing tenants from their homes and demolishing historic buildings. (c) The outskirts of a city, where land is far cheaper, can also be used for new housing or commercial properties. (d) Urban renewal, however, is an essential part of modernizing the city and using its space more efficiently.

The TOP in
TEPS

Reading Comprehension

Half TEST 04

Part I   Questions 1 ~ 8

Read the passage. Then choose the option that best completes the passage.

1. Imagine you live alone with a large dog called Daney and you go out to the store to buy him some dog treats. You make sure you leave him in the hallway, where his bed is and where he can't do any damage. When you come home you find the kitchen is a mess with food everywhere and broken dishes on the floor. It would be logical to assume that _______________________________________.

    (a) Daney prefers other brands of dog treats
    (b) the door to the kitchen was left slightly open
    (c) someone was in the kitchen all along and let Daney in
    (d) Daney likes being in the hallway

2. Mohandas Karamchand Gandhi was born in India in 1869. During his lifetime he successfully managed to bring about the independence of India from the British Empire without once resorting to or inciting violence. Though he staged a number of demonstrations against the British regime, under Gandhi's insistence, protesters would not actively undertake any aggressive action, though they would have to suffer brutal attacks from their oppressors. Gandhi himself would fast for weeks on end as a symbolic gesture of protest to the Indian people. He has come to symbolize how _______________________________________.

    (a) peaceful protest is the best way to bring about change
    (b) important India is in world history
    (c) different India was in the past
    (d) the British and Indians have integrated

3. When most people hear the word 'mummy', they think of Ancient Egypt. However, many other cultures also preserve corpses through mummification. For instance, in Western China, archaeologists have dug up several 4,000-year-old mummies that have distinctively un-Chinese facial features. These mummies have mystified scientists for decades because ________________________________. Some believe they may be part of a lost Indo-European tribe that once lived in the Xinjiang region, where they were found.

    (a) they are very poorly preserved
    (b) they are more than 4,000 years old
    (c) they appear to be of European origin
    (d) they have nothing in common with other mummies

4. Published novelist Robert Harris said in a recent newspaper article "Writing a novel – unlike operating a piece of heavy machinery – is not a skill that can be taught." Harris is suggesting that the writing process is naturally built into us from birth. Yet it cannot be denied that we learn how to write and that our writing ability gets better over time and with practice. When we are children we struggle to remain coherent and to follow a plot, by the time we are adults, these skills come so naturally they seem to be innate. Maybe Harris is suggesting that ____________________________________.

    (a) more authors should experiment with other styles
    (b) writing is more difficult than many other tasks
    (c) plots should be structured so that children can understand them
    (d) the brilliance needed to become published is innate

5. The following online database contains some 5 billion searchable documents from every legal proceeding brought before a law court in the last 125 years. It is designed to help students and lawyers research legal aspects of almost any given situation. We strongly recommend the use of the advanced search facility, available by selecting the 'advanced search' text under the main search button. We ask that users provide as much information as possible before a search. This will________________________________. Ensure all fields are filled out with any and all information the case provides.

   (a) ensure results are delivered faster
   (b) reduce the number of results generated
   (c) get broader, more generalized results
   (d) guarantee the server is not overrun

6. Dear Mr. Gillespie,

   Thank you for taking the time to write and share with us your impassioned feelings on the recently started highway running parallel to your property. As you no doubt have read, the new road will help 120,000 commuters avoid the overused roads in Neauville, where the local residents have been protesting for some years. Though we understand your anger at the levels of noise and disruption we cannot discontinue work on the road. Had you raised your concerns at the planning stage of the project we would have________________________________.

   Yours sincerely,
   Peter Mann
   Director of City Planning

   (a) been able to address them with more consideration
   (b) submitted a formal complaint to the city
   (c) sent an official review of your property's value
   (d) suggest an alternate travel route

7. *National Geographic* magazine has been published monthly since 1888. The magazine covers a broad variety of issues, becoming famous for its________________. Color photography was not featured in the magazine until the early 20th century, when color magazines were still rare. In 1959, the magazine started to place small photos on the front cover, which were subsequently enlarged to fit the entire page. Today it is recognized as exhibiting some of the highest-quality photojournalism in the world.

   (a) photographic coverage within articles
   (b) articles on photography
   (c) high-quality printing methods
   (d) coverage of the natural world

8. Federal discrimination laws have been in place for many years to ensure all citizens are treated as fairly as possible by employers. The *Americans with Disabilities Act* of 1990 prohibits all forms of discrimination for people who are qualified to do a job, including mental and physical disability. Individuals must be able to prove they are qualified for the position. ____________________, there would be no grounds for a paraplegic to bring a lawsuit if turned down to be a firefighter.

   (a) In addition
   (b) For example
   (c) Nevertheless
   (d) On the other hand

9. Scientists may have solved the mystery of how one Tyrannysaurous Rex died. Small, smooth holes in the jawbones of a T-Rex skeleton in Chicago have been a scientific mystery for years. Some researchers believed, for example, that the punctures resulted from the T-Rex fighting with other dinosaurs. However, a new study hints that the tiny holes were caused by something much smaller than another dinosaur. Researchers say the punctures might have come from infection by a tiny parasite that could very well have killed the great T-Rex.

   Q: Which of the following is correct according to the passage?

   (a) The T-Rex died from fighting with other dinosaurs.
   (b) All dinosaurs died from holes in their jaws.
   (c) The holes were too small to have killed the T-Rex.
   (d) The holes in the T-Rex's jaw were caused by a parasite.

10. Cancer, or malignant neoplasm, occurs when groups of cells start to grow uncontrollably, destroying nearby cells and sometimes spreading to other parts of the body. It affects every age group, in every animal species, in every corner of the world. In 2007 alone, cancer killed 7.6 million people worldwide: around 13% of all human deaths. Though environmental factors like tobacco smoke, radiation and chemicals may cause this dangerous cell abnormality, some cancers are caused genetically, the cancer lying dormant in our DNA from birth.

   Q: Which of the following is correct according to the passage?

   (a) Over one in ten of all human deaths were cancer related in 2007.
   (b) Cancer destroys the DNA of an affected person.
   (c) More people died of cancer in 2007 than any other year.
   (d) Most people with cancer have genetic predispositions toward it.

11. Dear Customer,

I am pleased to announce that our new winter supply of ski and snowboard gear is now available at Jim's Mountain Sports. In order to make room for these new products, we are having a blowout sale, with up to 75% off of this year's fall stock. The sale will be happening this weekend and next weekend, so be sure to stop in and take advantage of the wonderful items on offer, including ladies hiking boots, men's cargo shorts, summer socks and windbreakers. We at Jim's Mountain Sports truly appreciate your business and we hope to see you this week!

Sincerely,

Jim Lovett

Owner, Jim's Mountain Sports

Q: What does the letter suggest customers do?

(a) Buy ski and snowboard equipment.
(b) Return hiking boots and men's cargo shorts.
(c) Purchase older items on sale.
(d) Wait until next year's supply arrives.

12. Working with the most primitive tools around 5000 years ago, the Egyptians constructed colossal works of art and the largest architectural structures of the time. However, it would be wrong to associate these great accomplishments with perfection. As with most religions, the Egyptian Gods symbolized perfection, in sharp contrast with flawed humans. Thus, imitating their perfection was an act of sacrilege and ultimately punishable by the gods. Though the Pyramids appear mathematically perfect, they were always defaced in some way with the removal of stones, thus ensuring the Gods were not displeased.

Q: Which of the following is correct according to the passage?

(a) Egyptian architecture symbolized perfection.
(b) Egyptian works of art were purposely damaged.
(c) It is wrong to associate the Egyptian gods with perfection.
(d) The gods were often displeased with the Egyptians.

13. Good afternoon, everyone. I'd like to take this opportunity to thank you for participating in the Wendell Neighborhood Association's food drive. I'm happy to report that we have collected over two hundred food items, such as canned beans and frozen dinners. These items will be donated to Happy Hearts Food Bank for use in their holiday meal program for the homeless. Furthermore, donations amounting to two thousand dollars were made toward the Happy Hearts Food Bank, which is five hundred and forty dollars more than was raised last year. Thank you all so much for your help. Your warm hearts and generous spirits are much appreciated this holiday season.

Q: Which of the following is correct according to the report?

(a) The Wendell Neighborhood Association collected two hundred dollars.
(b) The food items will be donated to Happy Hearts Food Bank.
(c) Last year, the Association raised one thousand five hundred dollars.
(d) The Wendell Neighborhood Association only accepted money donations.

14. We're all told by dentists that brushing regularly fights bacteria that can harm our teeth, but what do these bacteria actually do? It's actually a long process that begins with one relatively harmless bacterium. This type of bacteria attaches to teeth, not causing any harm to the teeth directly, but instead allowing other, more damaging types of bacteria to grow on the teeth. As more and more bacteria grow within plaque, damage to teeth increases, leading to cavities. Dentists say that, with good oral hygiene, you can prevent the growth of both types of bacteria, keeping your teeth in good condition for life. In addition, scientists are looking for new ways to prevent the growth of bacteria.

Q: According to the passage, what is true of bacteria in the mouth?

(a) They cause harm to the teeth and gums.
(b) They are not all harmful to teeth.
(c) They lead to the growth of plaque.
(d) They make teeth weaker from the inside.

15. You will need to wear tough, durable clothes and safety glasses, you may also need gloves. The first consideration is safety. Make sure you do not operate any machinery without knowing exactly how it works. Taking down raw, uncut wood from the racks can be dangerous, seek help if needed. Cutting pieces to size can be done using the jigsaw, then be smoothed using the plainer and finished using hand sanders. Make sure familiarize yourself with all equipment instructions before using them. Make sure you replace all equipment where you found it.

Q: Who are these instructions most likely intended for?

(a) A safety inspector
(b) A construction worker
(c) A carpenter
(d) An electrician

16. When you picture a cafe, you likely think of a place that people go to drink coffee and perhaps sit with their laptop and browse the Internet. However, in the past, coffeehouses had a far more important function. They were places of great social interaction, with people from countries all around the world meeting together for lively discussion. Ideas were shared among some of the greatest thinkers of their time, including people who would later become famous authors. Today, however, coffee shops are reduced to quiet, anemic establishments where people remain in their own worlds, fearing to look away from their cups of coffee and acknowledge the people who surround them.

Q: Which statement best describes the writer's view toward coffeehouses?

(a) Today's version of the coffeehouse is far too unsociable.
(b) Coffee shops shouldn't allow people to use laptops.
(c) The coffee sold in most cafés is far too weak.
(d) Few people want to spend time in coffee shops anymore.

17. The recent discovery of the oldest known human ancestor, a small-brained, 110-pound female of the species Ardipithecus ramidus, has overturned a number of presumptions about our ancestors. 'Ardi', as the skeleton has been dubbed, lived 4.4 million years ago, a time when our ancestor was expected to be relatively close to our primate common ancestor. Yet Ardi is not chimp-like, which makes it unlikely our common primate ancestor was either. Thus, it has been suggested that humans are not evolved chimps at all, despite their genetic similarity.

Q: What will probably follow this passage?

(a) A discussion of other chimp species
(b) The likely course of evolution for chimps and humans
(c) An explanation of how the common primate ancestor was chimp-like
(d) A discussion of the genetic similarity between Ardi and her last ancestor

18. Chairing a meeting may seem like an easy task, but the skills involved can make the difference between a productive group session and a complete waste of time. Firstly, chairs should remain impartial; meetings should be a chance for employees to air their views without the fear of being overruled. That said, everyone in the meeting should get to speak and hence one should interject if an attendee becomes too overbearing. Similarly, if one topic begins to dominate the agenda, the chair might suggest that the debate is continued at a later time.

Q: What can be inferred from the passage?

(a) The topic of a discussion should take precedence over the agenda.
(b) A neutral, firm and encouraging chair will facilitate a better meeting.
(c) Chairs should allow everyone to talk without hindrance.
(d) Meetings should be strictly limited to small sizes.

19. Although Bill Gates became famous for being the head of the Microsoft Corporation and one of the richest men in the world, most of his time now is spent helping millions of people through the Gates Foundation. The charity spent and continues to spend a considerable amount of time money researching where its huge endowment is best allocated. Based on a number of studies and reports, Bill and Melinda Gates decided that the Foundation should target the growing difficulties developing countries face in providing adequate medical and educational facilities. This is implemented through underrepresented minority college scholarships, AIDS research, prevention and medication, and working in the third world to treat disease.

   Q: What can be inferred from the passage?

      (a) The Gates Foundation has donated money in many different fields.
      (b) The Microsoft Corporation has helped improve many people's lives.
      (c) It is necessary for charities to research where best to allocate donations.
      (d) Studies are ineffective in showing how charities use money.

Part III **Questions 20**

Read the passage. Then identify the option that does NOT belong.

20. (a) Autism affects around one or two people in every thousand, yet our understanding of this complex and often distressing condition has only received serious medical classification in the last seventy years. (b) Before Hans Asperger started using the term in lectures, autism was often diagnosed as a form of schizophrenia or even as possession by the Devil. (c) Many sufferers of the condition are left undiagnosed. (d) Though research continues into the causes of autism, no cure has yet been found.

The TOP in
TEPS

Reading Comprehension

Half TEST 05

1. Can consuming fast food actually lead to healthy weight loss? The American chain Taco Bell has become the second restaurant to launch an advertisement campaign touting the health benefits of regularly eating certain low-fat menu items. It even cites a woman named Christine as the poster child for successfully losing 54 pounds over two years. Dieticians, however, remain reluctant to conclude that having any fast food as the majority of one's diet is truly beneficial for health and long-term fitness. Despite some people's ________________________________, other factors, such as high sodium content, have an overall negative effect on the health of an individual.

   (a) concerns about weight gain
   (b) increased fast food consumption
   (c) loyalty to certain restaurant chains
   (d) documented weight loss

2. A New York architect designed a building which guarantees that everyone inside ____________________. Inspired by a friend's claim of having the best view of New York from his apartment, the architect created the Dynamic Tower. Upon construction, it will be an 80-floor building, composed of separate levels stacked upon one another which rotate 360 degrees. The residents of each floor will independently control the rotation, allowing them to view the entirety of their outside surroundings whenever they choose. Furthermore, wind turbines installed between each floor will produce enough electricity to keep the tower running, and may generate enough to power nearby buildings, so residents will enjoy the view and the energy costs.

   (a) can control the temperature
   (b) is safe during a disaster
   (c) has enough privacy
   (d) enjoys a beautiful view

3. Recently, a man with a life-threatening cancerous growth spent 43 hours in surgery in a final attempt to save his life. During the risky operation, doctors removed his entire liver, as well as portions of other organs, that had been engulfed in a ten-pound tumor. Then, they carefully cut away the cancerous tissue, and re-implanted it into the patient. Though the complicated procedure was successful, recovery will take a long time, and the man's long-term survival is not guaranteed. Despite this, the patient said that even if he only lives a few more years, the _______________________________ will have been worth it.

    (a) medication
    (b) surgery
    (c) hospitalization
    (d) chemotherapy

4. Developments in communication technology, such as state-of-the-art cellular phones, allow consumers to access information, but hidden drawbacks exist, particularly when it comes to disposing of out-of-date products. Discarded phones in landfills not only take up space, but also leak toxic chemicals into the environment. Since they contain such chemicals, not to mention loads of plastic, it is important to recycle them properly. Some phone companies offer this service, so all the consumer needs to do is return the old phone. In other cases, thrift stores or non-profit organizations will accept the phones after the contacts have been deleted and any covers have been removed. When phones are disposed of in these manners, _______________________________.

    (a) thrift stores benefit by reselling them at a high profit
    (b) cell phone companies are able to save money through the recycling process
    (c) consumers can be sure not to cause harm to the environment
    (d) the components can be taken out and reused in new products

5. Dreams that seemingly belong in the realm of science fiction are coming true, as the world's first commercial spacecraft V. S. S. *Enterprise* indicates. This reusable 18 meter long plane is designed to allow two pilots to take six passengers at a time into suborbital space. Though the flights will only last two and a half hours, they will present the first opportunity for untrained civilians ____________________. For example, they will float suspended in air as gravitational pull decreases, and view Earth's curvature and clouds from far away. This type of travel will allow those individuals who can afford tickets to experience a unique space adventure for the first time in history.

   (a) to sit at the controls of a space shuttle
   (b) to get a sense of what astronauts experience in space
   (c) to get a picture of the moon up close
   (d) to fly at speeds greater than any airplane can achieve

6. In Peru's Madre de Dios region, gold mining ____________________ the Amazon Rainforest. Miners drive heavy machinery to dig up tons of earth containing bits of the precious metal. Then it is sucked up through hoses and sprayed on thick carpets which trap the gold. A major pollutant comes into play here, as toxic mercury is used to extract the bits from the earth. Up to 40 tons of the chemical end up in Peru's waterways each year as a result of this process. Not only is the forest itself degraded with these practices, but the water quality in more remote areas decreases as well. Unfortunately, all this effort and destruction actually yields very little gold.

   (a) has some surprising benefits for
   (b) brings people from far away to
   (c) is of economic importance to
   (d) presents a major threat to

7. Voodoo magic has spread from its origins as an African religious tradition to popular consumer culture. Last spring, a canvas voodoo pencil case was sold in stores and marketed to children. The body-shaped case, which came with a space to put a photo of victim, as well as pins to stick into it, sparked a controversy between the company producing them and school teachers. Educators contended that the pencil case would encourage such negative acts as bullying and intimidation among students. On the other hand, the company maintained that the product was meant simply to be a fun toy _______________________________________.

    (a) that had important educational value
    (b) instead of a serious religious object
    (c) used to encourage cooperative play
    (d) rather than a tool to hurt people with

8. The Gamburtsev Mountains in Antarctica present considerable challenges to scientists wishing to study them. _______________________________________, the entire mountain range is completely covered by polar ice. The ice's depth ranges from just a few hundred meters to over 4,000. Secondly, the climatic conditions are extreme, as temperatures may fall below -80 C. Thirdly, they're huge; scientists estimate that their size is comparable to the Alps mountain range in Europe. Despite such difficulties, data collected from the Gamburtsevs will shed light on many scientific questions.

    (a) Unfortunately
    (b) First of all
    (c) Surprisingly
    (d) On the other hand

9. The Montessori Method of education centers on autodidactic learning, in which young children direct their own learning in a classroom shared with other students. They do so at their own pace after choosing a subject matter that interests them. In this setting, teachers take on the role of guides and observers, rather than task-givers. To evaluate performance, students are not given tests. It is through observation of the children and their work that teachers determine the students' academic achievement.

Q: According to the passage, which of the following is true?

(a) Grades are important in the Montessori system.
(b) Montessori teachers do not give students conventional exams.
(c) Montessori students have higher standardized test scores.
(d) Montessori teachers give students less freedom than other teachers.

10. Are you still looking for the perfect holiday gift for the person on your list who has everything? Search no more, as The Growing Company offers a wide selection of pre-packaged seeds for planting pleasure. Choose from colorful perennial and annual ornamental flowers, as well as heirloom varieties of nutritional fruits and vegetables. To ease the strain on your pocketbook, The Growing Company will even add one free seed packet of your choice for every three that you purchase! This season, seeds are the gift that keeps giving.

Q: According to the advertisement, which of the following is true?

(a) The seeds will be shipped overnight.
(b) Seeds include planting instructions.
(c) Food-producing seeds are available.
(d) Each packet includes a free extra packet.

11. For Takuo Toda, the number 30 presents a goal just out of reach. He is the world's premier paper-airplane flyer, and has been trying to beat his own record of 27.9 seconds of flight time with a traditional origami plane folded from a single sheet of paper. To send a paper plane flying for so long not only requires a carefully folded plane, but also a huge amount of throwing precision. Throwing conditions, such as air moisture, make a difference as well. All his skill and practice make Toda quite confident that reaching his goal of a 30 second flight is but a matter of time and patience.

Q: According to the article, which of the following is NOT true?

(a) Traditional origami planes take skill to construct.
(b) Toda already holds the record for longest paper plane flight.
(c) The thrower's skill is not the only factor affecting flight time.
(d) Toda has sent a paper plane flying for 30 seconds.

12. Cricket was invented by the British in the 16th century, and had become the national sport within 200 years. As the British Empire expanded during this period, so did the sport, and by the mid-19th century international matches were being held. In last couple of decades, however, the British team, although remaining competitive, has struggled to hold the top position, with international teams such as Pakistan, Australia and India taking the top places.

Q: What is the main point of the passage?

(a) Countries that invent a sport tend to be the best at it.
(b) Cricket was the most-played sport in the former British Empire.
(c) England is no longer the best cricket team.
(d) It is important to be the best at sports.

13. My name is Kate Bradey, and I live in Washington State. Last year I got a severe cold and since then, have been unable to control my sneezing. Some days are worse than others, and when it is really bad I sneeze around 15 times a minute. Doctors are unsure why this is happening to me and have performed all kinds of tests to see what's wrong. They think it might be psychological, but since there is no sure way of determining that, I may never know why I sneeze so much. It has been very debilitating, and even something as simple as eating can be really hard work.

Q: What is the main purpose of the passage?

(a) To give a personal account of an individual's sneezing problem
(b) To warn of the dangers of getting a severe cold
(c) To announce that there are tests available for people who sneeze a lot
(d) To point out that sneezing problems are usually psychological

14. While no one ever thinks that they'll be in a situation in which they might suffer from heatstroke, knowing what to do in such a situation can mean the difference between life and death. It's a common belief that cooling the outside of the body as quickly as possible will alleviate heatstroke, but this does more harm than good. When the skin encounters such a drastic change in temperature, blood vessels constrict, essentially trapping heat within the body. Instead, scientists suggest cooling the palms of the hands. When the body overheats, cooling the palms helps the body regulate its temperature, keeping you safe.

Q: Which of the following is true according to the article?

(a) Blood vessels naturally constrict when someone has heatstroke.
(b) The palms of the hands are most likely to overheat.
(c) Pouring cold water on a person with heatstroke is harmful.
(d) Heatstroke occurs when a person does not drink enough cold water.

15. Need a pick-me-up for those days you stay late at the office? Try Energy Plus protein bars! Like the name implies, Energy Plus bars are packed with the nutrients you need to keep up your strength when you can't get a full meal. They offer flavors like Berry Blast, Chocolate Milkshake, and Vanilla Cream. Each bar is packed with plenty of calcium and Vitamin C, as well as the perfect balance of protein and carbohydrates, so you're sure to get a boost. And did we mention each bar has just 150 calories? Pick up a box of Energy Plus protein bars at your local grocery store today!

Q: Which of the following is true of Energy Plus bars according to the advertisement?

(a) They contain both protein and carbohydrates.
(b) They can help people lose weight.
(c) They are only available at select stores.
(d) They are sold in over 150 flavors.

16. Perhaps the best place for modern tourists to experience Mayan ruins is the site of Uxmal, located in modern-day Yucatan, Mexico. Uxmal offers some of the most significantly restored ruins in the world, allowing visitors to see what the city might have been like during the time that it was inhabited. Furthermore, its proximity to other smaller sites such as Kabah and Sayil make it perfect for a day trip. Tourists to Uxmal will have the opportunity to experience the huge Governor's Palace, with twenty-four separate rooms and a beautiful courtyard.

Q: Which of the following is true according to the above passage?

(a) Parts of the ruins are still inhabited today.
(b) Uxmal is the largest Mayan ruin site.
(c) There are 24 buildings in the Uxmal ruins.
(d) Uxmal is near other popular Mayan ruins.

17. Dear Mr. Williams,

I am writing to thank you for recommending your friend, Mrs. Doyle, to me. She tirelessly stayed on the phone with me until I felt better, all while remaining gentle and attentive. Such generosity is hard to find these days. You are truly lucky to have Mrs. Doyle as a friend, and her patients are fortunate to have a doctor who is so well trained in counseling. I hope you will pass on my gratitude to her, and I thank you once again for all of your help during this difficult time.

Sincerely,
Amy Daniels

Q: What can be inferred from the letter?

(a) Ms. Daniels still feels upset.
(b) Mrs. Doyle is a bad listener.
(c) Mr. Williams has never met Mrs. Doyle.
(d) Mrs. Doyle is a therapist.

18. Today, giving birth to a child still has its risks, but it is much safer than it was two centuries ago. One major cause of maternal death was childbed fever. Doctors would see one delivering mother after another without washing up between visits, and the result was that many bacteria were spread quickly. Sadly, many women died not from birthing complications but from the disease that doctors were unwittingly transporting. When the reason for all these deaths was found to be invisible organisms, some doctors still resisted cleaning up in between deliveries, costing even more lives. Eventually, the medical community recognized the importance of cleanliness and today the risks of childbed fever are far lower than they once were.

Q: Which of the following is the best title of the above passage?

(a) A History of Giving Birth
(b) The Importance of Washing Your Hands
(c) The Spread of Childbed Fever
(d) Family Life in the Eighteenth Century

Part III **Questions 19 ~ 20**

Read the passage. Then identify the option that does NOT belong.

19. Acupuncture is one of the most well-known methods of alternative medicine and doctors have taken notice, looking to apply this knowledge to more fields. (a) Though it may be a little intimidating, acupuncture is generally not painful. (b) The National Center for Complementary and Alternative Medicine has studied acupuncture and found that it can be useful for relieving nausea in chemotherapy patients. (c) Also, it may have positive effects in patients with post-traumatic stress disorder or infertility. (d) It is likely that more uses of acupuncture will be discovered in the years to come.

20. Often, the first impression an employer gets of a potential employee comes from that person's resume. (a) Thus, job candidates should make sure their resumes represent their strengths and not their weaknesses. (b) Spelling, grammar, and punctuation errors can quickly give an employer a very bad impression. (c) In addition to proof-reading for correct mechanics, job candidates should make sure that their resumes highlight information that is pertinent to the specific job they are seeking. (d) Finally, employees should be confident yet cordial in their interviews.

The TOP in
TEPS

Reading Comprehension

Half TEST 06

Part I **Questions 1 ~ 8**

Read the passage. Then choose the option that best completes the passage.

1. Some schools have adopted the educational system known as "looping", which allows a group of students to move up several grade levels while keeping the same teacher for more than a single academic year. In theory, this long-term relationship creates an environment more conducive to learning. During this time, teachers get to know students' learning styles, including strengths and weaknesses, and therefore teach more effectively. Students gain more familiarity with each other and develop a sense of community. However, it is possible that a student might not get along with the assigned teacher. Despite this type of circumstance, the practice of looping provides a situation _________________________.

    (a) in which very positive student-teacher relationships develop

    (b) which may lead to higher test scores, as some studies suggest

    (c) which lets schools save money by hiring fewer teachers

    (d) in which students learn to work together

2. Dear Grandma,

It was lovely seeing you over the holidays. ___________________________ I really appreciate the clothes you brought for me. The cashmere sweater and matching socks you gave me are delightful. I love how soft they are and enjoy wearing them after a long day of work. The scarf helps to keep out the cold winter wind, and I've been told that the green brings out the color of my eyes!

Thank you again for helping to keep me warm this winter. I hope that Grandpa and the cat are doing well!

Love,
Your granddaughter Becky

    (a) The candy you sent was great.

    (b) Thank you for the gifts.

    (c) It was great that you came.

    (d) Christmas Eve was fun.

3. Saturn's moon Titan is the subject of much scientific interest, as it not only has a fully-developed atmosphere, but its surface is covered with _______________________. These bodies of water are fed by rivers which are a part of a methane cycle very similar to Earth's water cycle of evaporation, condensation, and precipitation. In order to find out more about the lakes' chemistry, NASA will send an unmanned boat to collect data from them sometime in the near future.

   (a) tall mountains capped in methane snow
   (b) hundreds of large, round craters
   (c) large icebergs similar to those on Earth
   (d) huge lakes of chemicals called hydrocarbons

4. Fig trees present a fascinating example of mutualism, the process in which specific two organisms interact in ways that benefit both. The fig tree's unique flowers _______________________. The female fig wasp finds a fig tree and burrows into the flower structure. Once inside, she inserts her egg-laying organ into the flower's reproductive organs, laying eggs inside while simultaneously pollinating the plant. The wasp larvae that hatch feed on the plant tissue, and eventually dig out of the fig to continue their life cycle. In the meantime, the pollinated fig is able to produce its seeds. The fig tree depends on the wasp for pollination, while the wasp larvae depend on it for food.

   (a) need certain temperatures to survive
   (b) require a specific insect to pollinate them
   (c) are valued in Asia as a food source
   (d) provide a home for many insects

5. In communities throughout the mid-western United States, the growth of the deer population has
_______________________________. The high number of deer is a nuisance to farmers because they eat
crops, as well as to ordinary citizens wishing to keep a garden. Deer also cause problems when they cross roads,
as the animals and cars frequently collide; the drivers then end up with injuries and damaged vehicles. Because
of these factors, some communities have instituted deer population control programs, in which trained hunters
kill a certain number of the animals in an effort to reduce the incidence of the aforementioned problems.

    (a) become a topic of great concern to various people
    (b) decreased dramatically over the last few years
    (c) brought about laws to protect angry farmers
    (d) increased the opportunities for hunting

6. Chili peppers are a very common food all over the world, but eating even a small amount of them can cause
the body to respond with watering eyes and sweating palms. This happens as a result of the chemical capsaicin,
which is what makes chilies spicy. However, it turns out that not only do people simply enjoy its spicy flavor, but
it actually _______________________________. This is because capsaicin excites the trigeminal nerve, which
in turn increases the body's receptiveness to the flavors of other food. Perhaps it is this combination of pain and
increased taste that leads to people all over enjoying chilies.

    (a) creates the red color in chili peppers
    (b) makes food taste better to those who consume it
    (c) causes a variety of serious medical problems
    (d) makes chilies useful in self-defense sprays

7. As most people age, their eyesight worsens considerably. Many see no alternative but to purchase eyeglasses, which may feel uncomfortable or risk getting misplaced. Fortunately, medical science has developed a new technology, designed to drastically improve vision without the use of glasses. It comes in the form of a flexible lens made of unpolymerized silicone, which is surgically placed in the eye and mimics the function of the biological lens, making the eye focus. It can be adjusted with great precision, and gives patients perfect vision. For those who can afford this expensive procedure, ____.

    (a) colorblindness will no longer hinder their vision
    (b) buying eyeglasses will no longer be necessary
    (c) the lenses risk being rejected by the body
    (d) further research may improve the procedure

8. Things seeming to be merely popular fads can sometimes prove very useful, as the US Geological Survey's use of new social networking sites suggests. The agency has discovered that users of this social networking system send many messages seconds after experiencing the tremors of an earthquake. These messages can supply immediate, useful, first-hand information on the effects and severity of an earthquake in an area. ___________________, the scientists from the USGS understand that Tweets will not completely replace other scientific earthquake reporting methods. Though a useful supplemental tool, the accuracy of the contents of messages sent from cell phones cannot be guaranteed.

    (a) Similarly
    (b) Furthermore
    (c) On the other hand
    (d) In fact

Read the passage. Then choose the option that best answers the question.

9. What could possibly make a scientist state that a cockroach is more biologically advanced than a human? Some scientists believe that cockroaches do have one important advantage over humans: running. While humans typically have trouble running at full speed over rocky and unstable terrain, a cockroach is surprisingly nimble. They have much faster reaction times than humans, can turn far more quickly, and instinctually react to obstacles and navigate them with ease. In fact, a team of researchers is using cockroaches as a model for a new type of robot that will be able to run across rocky ground quickly and safely.

Q: Which of the following is the best title of the above article?

(a) The Clumsy Cockroach
(b) Tracing the Origins of Robots
(c) How Cockroaches Survive
(d) Running like Cockroaches

10. Next time you're experiencing computer trouble, consider reaching for your screwdriver before calling the local computer shop. In many cases, minor computer problems such as a faulty DVD drive can be fixed easily, even by someone with minimal experience with computers. Most of the time, replacing a computer component only requires removing a few screws and rearranging some cables, and plenty of walkthroughs exist online for you to reference. So while those hard drive meltdowns may be better left to the professionals, don't be afraid to experiment with fixing minor problems yourself.

Q: Which of the following best summarizes the above passage?

(a) Broken DVD drives are one of the most common computer problems.
(b) Taking computers to professional repair shops is too expensive.
(c) Some minor computer problems are easier to fix than you think.
(d) Purchasing computer parts locally is a great way to save money.

11. In an office setting, disagreeing with a coworker – or worse, a boss – can be difficult for many people, but there are a few tips that employees can use to get their opinions across in a respectful manner. First, choose only important points to disagree about. Making a big deal out of the color of slide used in a presentation is likely a battle that you don't need to start. Meanwhile issues related to your ability to successfully perform your job or your happiness and comfort in the office should be broached. When the time does come to speak to someone about a problem, just remember to be as positive and concise as possible, focusing on the improvements you'd like to see rather than your unhappiness.

Q: Which of the following best summarizes the above passage?

(a) Be careful when disagreeing with your coworkers.
(b) Successful presentations require large teams.
(c) Always speak to your boss about problems in private.
(d) You will be happier at work if you agree with your coworkers.

12. Many know Mount Vesuvius as the volcano that erupted in 79 A.D., killing thousands in the Italian cities of Pompeii and Herculaneum. Vesuvius is still active today, and it has the potential to wreak havoc once again. Italian officials do not want to take any chances when it comes to another serious eruption. A plan is in place for evacuating citizens who live in the area immediately surrounding Vesuvius, yet the problem is knowing how to put that plan into action. Between the risks of not having enough warning time to evacuate and rumblings that don't lead to an eruption, there are no strict rules for when the area should be evacuated.

Q: Which of the following best summarizes the above passage?

(a) The eruption of Vesuvius was the worst eruption in history.
(b) Mount Vesuvius still poses a threat to some Italian areas.
(c) Scientists disagree about how dangerous Vesuvius is.
(d) The area around Vesuvius was damaged by a recent eruption.

13. Have you given up trying to learn to dance? Despair no more! On Your Toes Dancing Academy specializes in teaching people of all levels — even those who swear that they'll never learn to dance. We are located in downtown Houston and have many different class times to fit your busy schedule. Our instructors come from all different areas of dance, too, so you'll be sure to find the exact class that you want. If you sign up for a three-month series this week, you can get your first lesson free. Come on in to On Your Toes today!

Q: Which of the following can be inferred from the advertisement?

(a) On Your Toes offers a variety of dance classes.
(b) On Your Toes is for those who want to be professional dancers.
(c) Discounts are offered to all new customers at On Your Toes.
(d) On Your Toes is a nationwide chain of dance schools.

14. Tracing family history and genetics is a hobby of some people, and according to a recent study, many people's ancestries have become much clearer. The study suggests that a very large proportion of people from Southern Europe and Northern Africa — as much as one in every seventeen people — have a direct genetic link to the Phoenicians. Based on the history of the Phoenicians, this is unsurprising. The Phoenicians were a power seafaring culture that developed the first writing systems in its 1000-year history. It seems like the culture left a lasting impression not only on history, but also on the present.

Q: Which of the following best summarizes the above article?

(a) Genetic testing allows people to trace their ancestry.
(b) The Phoenicians explored most of the world via the sea.
(c) There are many different methods of genetic testing.
(d) Many modern people descended from the Phoenicians.

15. If most people were to draw a snowflake, it is unlikely that they'd depict it as being triangular in shape. Scientists have known for some time that triangular snowflakes exist, but they weren't sure how they formed until recently. The secret, according to one team of scientists, is in how the snowflake falls. Most flakes have six sides and fall to the ground without a problem, but a small number of flakes may collide with small pieces of dust, changing how the flake falls. As the wind blows against it and pushes more moisture into the flake, it will grow larger only on two sides, changing it into a triangular shape.

Q: Which of the following can be inferred from the above passage?

(a) People tend to draw snowflakes incorrectly.
(b) Scientists don't understand how snowflakes form.
(c) Most snowflakes have dust inside of them.
(d) Triangular snowflakes are very rare.

16. When it comes to fighting the flu, many people reach for a variety of flu remedies to help alleviate their symptoms. However, some of these medicines might actually increase the prevalence of flu. A team of researchers found that three rivers in Asia were contaminated with the ingredients of one popular flu remedy. Birds commonly ingest the flu remedies in the river water, and though they build up a resistance to some types of flu, it allows new, stronger flu strains to develop. These strains are often resistant to typical flu remedies, meaning that as more rivers become polluted with flu remedies, we may start to see more drug-resistant flu strains.

Q: Which of the following can be inferred from the passage?

(a) Contamination of rivers with flu remedies cannot be stopped.
(b) Birds don't usually get infected with the flu.
(c) Flu remedies cannot fight all types of flu.
(d) People should stop taking all flu remedies.

17. You always wanted to learn to play the piano, so why wait? Get your instruction the right way with a professional teacher at Happy Note School of Music. Whatever your musical desire, Happy Note is here for you. We offer classes in many different instruments at many different levels. For those on a budget, group classes start at just $15 a week. We also offer one-on-one classes so you're sure to find a way to fit some music into your schedule. Call us today, drop by and see us, or visit us online. And remember, always end on a happy note!

Q: Which of the following can be inferred from the advertisement?

(a) The school is offering a grand-opening special.
(b) Happy Note also sells new and used musical instruments.
(c) One-on-one lessons are more expensive than group lessons.
(d) Students are required to have some previous musical instruction.

18. Approximately every three years, the world looks to the skies and observes a blue moon, though strangely, there's nothing blue about it. Instead, the term "blue moon" is used to refer to an extra occurrence of a full moon in a year. While most years have twelve full moons that occur monthly, an extra full moon occurs every two to three years. So, what causes this thirteenth full moon? The calendar that we use doesn't perfectly match up with the cycle of the moon, which lasts for about 29.5 days. Because of this, there are occasionally two full moons in a single month.

Q: Which of the following can be inferred from the article?

(a) Most months experience one full moon.
(b) Blue moons always happen in the same month.
(c) The moon can sometimes appear to be blue.
(d) Blue moons look larger than most full moons.

19. The fertility rate in many European countries is dropping. While many African countries have rates of four, five, six, or even seven births per woman, Europe's rates fall under the population replacement rate of two births per woman. The implications of this are disturbing: Adults are getting older every day and there may not be enough children to take care of the numerous senior citizens. The problem is not just in Europe, either; the world rate is two and a half births per woman. If the numbers do not change soon, there may be a population crisis in many nations.

Q: Which of the following can be inferred from the article?

(a) Many European countries are trying to encourage larger families.
(b) Some countries need to increase their birth rates.
(c) People in European countries are living longer.
(d) More families are deciding that having a baby is too much work.

Part III **Questions 20**

Read the passage. Then identify the option that does NOT belong.

---

20. Despite all the connections technology has brought about through cell phones and social networking websites, it can be difficult for families to stay connected because of today's busy schedules. (a) Often, children have extra-curricular activities which disrupt the dinner hour or fill up the weekends. (b) Sometimes children's interests change, causing a shift in their activities. (c) Or adults may find themselves working late or bringing home work which keeps them away from their families. (d) In spite of hectic schedules, it's important for families to take time to relax together.

The TOP in
TEPS

Reading Comprehension

Half TEST 07

Part I   **Questions 1 ~ 8**

Read the passage. Then choose the option that best completes the passage.

1. As one of the Seven Wonders of the World, the Great Pyramid of Giza is often described as miraculous and astonishing. However, ________________________________ continue to add to its mystery and beauty. Some have proposed that aliens from outer space either constructed the pyramid or gave the ancient Egyptians some type of advanced technology that has been lost over time. Most researchers dismiss any supernatural explanations and believe that such heavy blocks had to be dragged along very long distances.

   (a) theories about its construction
   (b) new research into Egyptian culture
   (c) the discovery of more Egyptian tools
   (d) modern renovations and improvements

2. If you suffer from asthma, cancer, or some type of neurological disorder, the cause may be pollutants in your home. Many of these health issues were originally thought to be genetic and thus could not be prevented; however, new research indicates that there is a natural solution to illness prevention. Contaminants in the air from plastics and household chemicals can be removed by indoor plants. Certain plant species are better at ________________________________ than others. For example, English ivy may work for reducing allergens while asparagus fern does not.

   (a) resisting household chemicals
   (b) removing indoor pollutants
   (c) eliminating genetic changes
   (d) increasing the beauty of your home

3. Factory outlet stores, which offer goods sold to consumers directly from the manufacturer, give customers the opportunity to save money and follow the seasons' popular trends. If you prefer designer shoes and clothing, you might be impressed with the selection that is available. You'll find the latest fashions from the runways of Paris and New York, as well as the best prices. This makes factory outlet stores the obvious choice when you want to ____.

    (a) learn how to shop for trendy clothes
    (b) do all your shopping in one place
    (c) bargain hunt for unknown brands
    (d) purchase the newest styles for less

4. TAIPEI—The popular fast food restaurant chain Noble Burger may have to discard an element its natural Japanese influenced décor and adopt new, more stable structures that are less susceptible to corrosion or decay. Frequently, the restaurants are ornamented with wood, which needs to be treated with chemicals to minimize wear and tear. However, a recent survey released by the Environmental Protection Bureau indicates that the anti-corrosion solvents may be causing an increased level of formaldehyde, a preservative that has been linked to cancer. Regardless, there are no laws that require restaurants to reduce the use of dangerous materials. According to a Noble Burger representative, the restaurant will protect its customers' health and ____________

________________________.

    (a) submit suggestions to the bureau
    (b) choose alternate methods for treating wood
    (c) remove all decorations, except the wood
    (d) continue using formaldehyde in eating areas

5. One of the most unique characteristics of lammergeiers, a type of vulture, is its ability to eat and digest bones. Although they also eat meat, it was discovered that lammergeiers prefer bone over soft animal remains. In order to maintain such an unusual diet, they have a specialized digestive system that breaks down hard food. In most birds, the crop, which is a sac near the throat, and the stomach are used for grinding and storage; however, in the lammergeier, there is no well defined crop and the stomach is not large enough to hold bulky bones. Instead, the esophagus is responsible for _______________________________ during digestion.

    (a) softening tough meat
    (b) absorbing nutrients
    (c) storing big food items
    (d) secreting enzymes

6. Some researchers believe that _______________________________ is a possible cause of arthritis in middle-aged men and women. Although regular exercise is recommended for all adults, it does have its risks. Even people of a healthy weight have commonly experienced knee injuries and stiffness after increasing their workout level. Doctors suggest reducing high-impact exercises, such as running, and replacing them with swimming to prevent damage.

    (a) a low-impact workout
    (b) improper swimming
    (c) increased physical activity
    (d) slow stretching after exercise

7. During a time of economic decline, finance and accounting careers are experiencing a rise. Small companies that want to generate more income and save money are turning to financial analysts for help with their budgets and long term plans. On the other hand, businesses that already have large amounts of wealth and property may consult a tax accountant to guarantee that they are following government regulations. If you are looking for a high demand career with a competitive salary, consider _____________________________ in the corporate world.

    (a) learning from experienced workers
    (b) starting your own large business
    (c) advising companies about legislation
    (d) becoming a financial professional

8. Children as young as 12 months old can show signs of autism, a developmental disorder. They may initially develop normally before their symptoms become visible. Although autism is patterned differently in each individual, some common signs are sudden changes in social skills, loss of language function, and repetitive movements. Some of the indicators may be misdiagnosed as normal childhood behaviors. _____________________________, the child may be trying to communicate a hidden message.

    (a) Instead
    (b) Similarly
    (c) For example
    (d) Likewise

9. While it is important to study a subject that you enjoy, there are other factors that one must consider before choosing a major in college. It's important to understand your interests and skill level before making a decision. Your advisor may emphasize the personal aspects of choosing a major. Yet, be sure not to neglect the practical point of view, such as earning potential and job availability. If you have narrowed your choices down to a few, then you should consider completing internships in those fields. Finally, be sure you know exactly what you want out of life in the long run. In the end, remember that it's your decision and do not be afraid to be flexible.

Q: What is the main topic of the passage?

(a) Where to seek college advice
(b) Different college internships
(c) Making decisions in college
(d) How to choose a college major

10. Men's and women's brains initiate different responses in dangerous situations, which may shed some light on biological differences between the genders. Radiologist Andrzej Urbanik's study shows that men may have a more prominent "fight or flight response" that tells them to run or prepare for battle. In addition, men experienced more physical reactions, such as increased sweating and faster heart rate. On the other hand, women have a more emotional response that triggers pain. The female participants would either cry or become upset when exposed to stimuli associated with danger. The responses were measured using MRI scans that showed which part of the brain was activated during a negative stimulus.

Q: What is the best title for the passage?

(a) Physical Indicators of Fight or Flight
(b) How Men and Women Communicate
(c) Gender Specific Responses to Danger
(d) Applications of Radiology in Medicine

11. Despite the variety of colors and materials available during the Elizabethan era in England, the rich and the poor were restricted to certain styles and fabrics based on social class. These restrictions were enforced by the Sumptuary Laws which were designed to ensure that the class system was preserved. For example, only royalty and nobles could wear fur trimmed clothing; however the lowest ranking nobles were limited to fox fur. Of course, rare and valuable dyes, like indigo, were reserved for the king and queen.

Q: What is the best title for the passage?

(a) Animal Fur–Fit for a King or Queen
(b) Enforcing Fashion: Sumptuary Laws
(c) Queen Elizabeth's Hold on England
(d) Governing the Importation of Dyes

12. As much as parents would like to think that they are helping, direct instruction has very little effect on language acquisition among healthy infants. In fact, Infant-Directed Speech (IDS), better known as baby talk, is responsible for teaching children how to decipher and learn from long, continuous streams of adult speech. IDS is present in most cultures, and can be identified by a higher pitched voice. A child's parents may use this voice subconsciously in order to separate distinct sounds and assist the infant in comprehension. Several studies indicate that IDS increases speech perception because infants interpret language in smaller segments.

Q: What is the main idea of the passage?

(a) IDS helps children learn to talk.
(b) Adults adjust their voices to talk to babies.
(c) Parents can control when they use IDS.
(d) Adult speech is hard for children to understand.

13. Many magazines have unit specialization, which means they are specifically designed to target a particular audience. For example, some magazines created to appeal to adolescent girls with articles about fashion and boys. In these publications, advertisers try to promote products and ideas that are representative of the subscribers. Nowadays, companies can reach an infinite amount of different audiences in a variety of specialized magazines, ranging from animal lovers to doctors. Most of the mass appeal magazines have gone out of business, which emphasizes the importance of having a specialty.

Q: What is the passage about?

(a) Magazines read by teenage girls
(b) How to attract magazine readers
(c) How specialties are used in magazines
(d) The history of famous publications

14. Dogs love interacting with their environment using their tongues as their guide. If a dog licks a person excessively, they may be seeking approval or attention. Dogs can also use their tongues to sense others' hormones, determining their mood and stress levels. During exchanges with other canines, a dog may calmly lick another dog's lips to show dominance. If a dog is licking itself, then in most cases it is simply grooming.

Q: According to the passage, what is the function of a dog's tongue?

(a) To explore and communicate
(b) To attack submissive dogs
(c) To make others groom them
(d) To look for places to play alone

15. The ancient Greeks believed that Ares, the son of Zeus and Hera, was the god of war and an Olympian. He was often portrayed as a warrior carrying a bloody spear or sitting on a throne of human flesh. Ares did not represent the wisdom and strategies of war like Athena, but rather the chaos and dangers of war. Although he was a gory symbol of strength and force, he was often defeated in his battles with other gods. His failures in war and his savage behavior made him the least favorite god among the other Olympians.

Q: Which of the following is correct about Ares?

   (a) He embodies the horrors of war.
   (b) He was the brother of Athena.
   (c) He trained Greek soldiers for battle.
   (d) His throne was painted with blood.

16. Are you tired of the endless stacks of jewel cases from your CD collection taking up space? Or maybe your CDs are always getting scratched because you forget to put them back in the case. Our new portable CD holder from Music Solutions is durable, stylish, and specifically designed to protect your precious music. The nylon covering is waterproof and it comes with a one year guarantee. Place your CDs in our patented no-scratch padded slots and let it do all the work. You might even have more space for new music, too!

Q: What product is being sold in this advertisement?

   (a) Waterproof nylon
   (b) A CD holder
   (c) Jewel cases
   (d) A CD collection

17. The deepest location on Earth, the Mariana Trench, is located in the Pacific Ocean near Japan and the Mariana Islands. Its depth, a tremendous 36,201 feet, is more than the altitude of Mount Everest which is the tallest mountain at 29,305 feet. The sides of the trench are formed by two tectonic plates or thick layers of Earth's outer shell, the Pacific Plate and the Mariana Plate. It is often used a passageway for submarines that want to travel from the North to the South. Since the first survey in 1951, the Mariana Trench has become a fascinating place for underwater exploration and the discovery of new sea creatures.

Q: Which of the following is correct about the Mariana Trench?

(a) It was created by a gigantic mountain.
(b) It is located directly underneath Japan.
(c) It is a depression in the Earth's surface.
(d) It contains very few fish species.

18. Tim Douglas, founder and chief executive officer of Earwaves Entertainment, feels that a fun and relaxed working environment is key to increasing productivity. It is important that companies not only make a budget for office supplies and travel expenses, but they should also have an allowance dedicated to recreation. "A happy human being is a hard worker that is eager to please others and do their best," says Douglas. Strategically placing games and toys designed to stimulate creativity around the workplace may motivate people to continue working. Some other possible benefits of a pleasant atmosphere include worker retention, increased revenue, and less tension in the office.

Q: Which of the following is correct according to the passage?

(a) People are generally not comfortable at work.
(b) Managers should be eager to please other employees.
(c) The appearance of an office affects everyone's creativity.
(d) Entertainment at work can help employees concentrate.

 Questions 19 ~ 20

Read the passage. Then identify the option that does NOT belong.

19. Psychologist Stanley Milgram identified a person's willingness to obey authority, suggesting that people will go against their conscience if told to do something immoral by an authority figure. (a) Many would disagree that they are blindly obedient; however Milgram's experiments had some shocking results. (b) A similar experiment was conducted by psychologist Jerry Burger. (c) During each trial, participants were convinced to electrically shock another participant whenever they answered a question wrong. (d) Although the person receiving the shock was actually a decoy pretending to be in pain, the other person was not aware of this and continued to hurt them on command.

20. According to a study from the University of Utah, people who talk on cell phones while driving are just as dangerous as drunk drivers. (a) There has been a dramatic increase in the number of teens that text while operating a vehicle. (b) Many motorists do not realize that they are putting themselves and others in danger even with the use of hands-free cell phone devices. (c) The phone conversations distract the drivers and prevent them from paying attention to the road. (d) The impact is so significant that drivers on cell phones are over five times more likely to get in an accident when compared to concentrating drivers.

The TOP in
TEPS

Reading Comprehension

Half TEST 08

1. Since the 1990s, Mexican artist Gabriel Orozco has broken the barrier between artwork and audience. Many of his pieces are three-dimensional installations designed to engage the viewer mentally and physically. One of Orozco's works called "Ping Pong Table" from his games collection is a modified ping pong table made for four players. People from all over the world have traveled to museums and galleries in order to _______________________.

   (a) view pieces from the 18th century
   (b) research new painting materials
   (c) learn more about popular sculptures
   (d) play and interact with his art

2. The jaguar, known as the ruler of the underworld, was _______________________ in Mayan religion. It was believed that in the afterlife souls made a long and dangerous journey to the spiritual world alongside the jaguar. The large cat was seen as a symbol of night and a communicator between the living and the dead. It also evoked a sense of protection and was often used as a guardian of the royal family. All followers of the Mayan religion were granted an animal spirit for guidance; however, only the nobility were deemed worthy of the jaguar.

   (a) worshipped as a god
   (b) considered an enemy
   (c) an important and noble symbol
   (d) both feared and respected

3. In ancient Greece, people in need of treatment would _______________________________ in order to participate in prayer and divine healing ceremonies led by a group known as Asclepiads, after the Greek god of healing. After these pilgrimages, or journeys, worshippers would make sacrifices and bathe in salts. The Asclepiads were considered alternative medical practitioners while Greek doctors preferred more modern techniques. Although their spiritual rituals were not highly accepted among physicians, a part of their legacy remains in medicine today. The god Asclepius was known for carrying a large staff with a single snake wrapped around it, which is currently the symbol of medical professionals.

   (a) carry ancient remedies in a bag
   (b) travel long distances to temples
   (c) bring gifts and food to the priest
   (d) ask the gods for divine powers

4. We believe our customers should not have to pay more for their groceries and everyday necessities. That is why we have started _______________________________. As a thank you for shopping with us, each customer that spends at least $100 a month will be eligible to win a $5000 shopping spree. The money can be spent in one shopping trip or used a little at a time until the end of one full year. We're always looking for new ways to thank our customers for their loyalty.

   (a) a new monthly incentives program
   (b) offering lower prices and more products
   (c) renovations on our many stores
   (d) carrying electronics in addition to food

5. George Berkeley was an Irish philosopher who believed that only objects we experience exist. Berkeley proposed that all physical objects are created by a collection of ideas. For example, a tree is composed of ideas about leaves, wood, the color green, and branches. The tree exists as long as someone is aware of its different parts. If no one has ever experienced the tree with their senses, then the tree is not an actual object. Existence only comes from sensory experience, and this experience must _____________________ in order for physical items to be perceptible.

   (a) be built on real ideas
   (b) be recorded in writing
   (c) change the laws of nature
   (d) represent the natural world

6. Few cultural identifiers are more memorable than the neck rings of the Kayan Lahwi tribe in Burma. Wrapped around the neck by hand, the brass coils "stretch" the neck by pushing down the collarbone. Although there are varying theories about the origin of the coils, many of the Kayan women agree that it is a part of their identity. Some of the younger women have removed their neck rings while others prefer to _____________________.

   (a) shorten their necks
   (b) continue the tradition
   (c) be outcasts in society
   (d) teach the history of coiling

7. While the so-called "cookie diet," which asks the participant to eat specially formulated cookies full of healthy ingredients, may be gaining in popularity, the evidence suggests that _________________________________.
The goal here is to consume fewer calories than the body burns each day, which leads to weight loss. However, the cookie diet includes so few calories that the body changes how it burns fat altogether, putting the metabolism into a conversation mode. The result is that the body burns fewer calories than normal, potentially leading to even more weight gain.

    (a) only exercise is effective for weight loss
    (b) they don't actually include healthy ingredients
    (c) is more unhealthy than people realize
    (d) regular cookies are just as effective

8. Most major product brands have used celebrity testimonials and endorsements to convince everyday people to buy their goods. One of the main reasons this technique works is that people are willing to trust someone that they idolize or admire. Also, if the celebrity is considered cool or popular, owning products made by particular companies may increase the popularity of the consumer. _________________, endorsements made on popular talk shows have resulted in a significant increase in sales.

    (a) Deliberately
    (b) Rarely
    (c) Frequently
    (d) However

9. The Loan Replacement Grant (LRG) prevents undergraduate students from accumulating too much debt while they try to cover the costs of their college education. Students are not expected to repay the LRG; however they will have to participate in the Federal Work Study Program to earn a portion of the grant. The LRG is designed for students and families with an annual income below $50,000. Full-time students at approved higher education institutions are automatically considered for the grant after they submit their financial aid paperwork.

Q: Which of the following is correct according to the passage?

(a) The grant has to be paid off within a full calendar year.
(b) The LRG is available to students with financial need.
(c) Graduate students are eligible for the LRG.
(d) Federal Work Study Program will cover the entire grant.

10. Dear Students,

The quarterly Final Exams Study Break sponsored by the Alumni Association will be held on December 10th this year on the third floor of the library in the study lounge. We expect a large turnout, and there will be plenty of pizza, ice cream, doughnuts, and coffee to help you get through the night. As we wrap up another successful semester near the holiday season, the Alumni Association and the Student Class Gift Campaign would like to remind everyone about the spirit of giving. For this reason, we are requiring a $2 or more donation to the Annual Class Gift Fund for admission. All proceeds will go towards deferring the cost of textbooks for your fellow classmates.

Sincerely,
Donna Beck

Q: What does the letter ask students to do?

(a) Pay a student fee.
(b) Bring food to an event.
(c) Form study groups.
(d) Contribute to charity.

11. Political cartoons vary greatly from the typical children's cartoons or comic strips in intent and style. While children's cartoons are meant to depict the world in a simplified way, even the simplest political cartoons convey a strong opinion about an elected official or some aspect of government. Their goal is to call the public's attention to a particular point of view that interests the artist. After choosing an issue or political figure to portray, the political cartoonist emphasizes their concept through symbolism and an exaggeration of their subject's personal traits.

Q: Which of the following is correct according to the passage?

(a) A political cartoonist does not depict reality.
(b) A political cartoon has a style meant for kids.
(c) Politicians support political cartoonists.
(d) Most people agree with political cartoons.

12. The students of our Achieve the Impossible program deserve the best resources available in order to overcome their circumstances. So far we have done what we can, but it is difficult to teach over 50 children how to read with a limited supply of workbooks and computers. Parents and staff have donated time and money from their own pockets to support these future leaders; however, it is not enough. The program is at risk of being shut down, but we do not want to disappoint the kids that we have worked so hard to help. Through Achieve the Impossible, 200 children have reached and surpassed their predicted reading level. For all these reasons, we hope you will consider our proposal for new school supplies in order to continue our reading program.

Q: Which of the following is correct according to the report?

(a) Parents and staff are tired of helping the program.
(b) The program has more students than books.
(c) The hospital needs new fundraising techniques.
(d) The program needs money to be reopened.

13. Though there are many plants that can survive the extreme temperatures of the desert, few look as peculiar as lithops or "living stones". The distinctive shape and size of the leaves resembles rocks, which prevents them from being eaten by hungry animals. Each leaf is a fluid filled sac designed to retain water in areas that experience droughts. The round structure of the leaves minimizes evaporation and makes the perfect container. Lithops can flourish with very little water, but they need plenty of sunlight and air.

Q: Which of the following is correct about lithops?

(a) They do not need water.
(b) They are filled with nectar.
(c) They are as hard as rocks.
(d) They blend in with stones.

14. Dear new homeowner,

Since 1988, Greenwood Lawn Care has dependably served hundreds of families in your community, and today, we're proud to announce our new autumn premium package designed for property owners in the area. This special offer includes mulching, leaf cleanup, and lawn trimming for $50 a month. Call Greenwood Lawn Care for more information and to learn about our other monthly deals. Better yet, take advantage of our 3 month free trial to help you decide for yourself. Greenwood appreciates every opportunity to serve homeowners, and we look forward to serving you.

Q: What does the writer of this letter ask the reader to do?

(a) Read about his new premium package.
(b) Be aware of dishonest lawn care companies.
(c) Try his lawn care service for free.
(d) Submit a list of new homeowners.

15. People all over the world enjoy the comfort and versatility of rubber soled shoes called sneakers. Since first being produced in the 1800s, sneakers have evolved simple footwear to popular fashion icons. The endless possibilities in styles, colors, and designs have practically made them a necessity for all ages. The perfect combination of appeal and support has only increased the sneaker's popularity in high-end and casual fashion. However, despite its presence as a wardrobe staple, some people continue to wear the wrong size.

Q: What is most likely to follow this passage?

(a) When to buy a new pair of sneakers
(b) How to determine your shoe size
(c) Different ways to wear sneakers
(d) Where to find athletic footwear

16. Kraften parents are outraged after the release of national math test scores. Though school administrators agree that the results were disappointing, they disagree with parents that are requesting the dismissal of teachers and planning lawsuits against the educational system. The financial manager of the Kraften Public School System plans to recruit the assistance of volunteers to help local children with their reading skills and would like to implement a similar program for math.

Q: What can be inferred from the passage?

(a) Many of the parents have submitted lawsuits.
(b) Kraften students have low math scores.
(c) There aren't enough teachers in Kraften.
(d) Students in Kraften will be moved to new schools.

17. When Julius Caesar reformed the Roman calendar, he didn't just give it a minor tweak. He made the first month January whereas it had previously been March. However, the names of the months did not change, which is why September, October, November, and December still bear the Latin words for seven, eight, nine, and ten. Caesar also adjusted the calendar so that the months would line up properly with the seasons. This was important for not just agriculture but also religion, which was closely tied up with the calendar. In fact, Roman religion included many holidays that were connected with certain days and certain seasons.

Q: Which of the following is correct?

(a) December contains the Latin word for ten.
(b) January was always the first month of the Roman calendar.
(c) Julius Caesar was knowledgeable about astronomy.
(d) One month was added to the calendar by Julius Caesar.

18. Nitrate is a compound made of nitrogen and oxygen that has various advantageous uses in food and fertilizer. However, it can also have some negative effects on marine ecosystems. Manure and other fertilizers that contain nitrates often run off from farmland into underwater habitats and impair the health of aquatic life. Improper use or overuse of manure causes an overgrowth of algae, stunts the growth of fish, and contaminates natural sources of drinking water. Nitrate is a necessary nutrient for plants, but in excess it can be detrimental. In order to maintain a well-balanced environment, farmers should monitor their use of chemicals near water sources.

Q: What can be inferred from the passage?

(a) The nitrate in fertilizers can be harmful.
(b) Farmers use manure to affect fish growth.
(c) The use of fertilizers should be banned.
(d) Fish adapt easily to an increase in algae.

19. Before becoming the president of Argentina in 1946, Juan Perón became an advocate of the impoverished as the Secretary of Labor. He wanted to assist the working class because they had previously been left out of political decisions and were seeking true leadership. Perón encouraged trade unions to strike, and later resolved them in favor of the laborers that supported him. His first alliance was formed with the railroad unions. In exchange for a pledge of loyalty from railway workers, Perón began dispensing higher wages and welfare, and providing a voice for the poor in the government.

Q: What is the main topic of the passage?

(a) Perón's rise to power in 1946
(b) Railroad unions in Argentina
(c) The plight of poor workers
(d) Perón's aid to the lower class

Part III **Questions 20**
Read the passage. Then identify the option that does NOT belong.

20. While intelligence is an obvious prerequisite of success in science, many of the best scientific minds point to teamwork as an increasingly important element of any experiment. The increasing complexity of many scientific endeavors is a main reason for collaboration. (a) As more experiments require various stages covering plenty of different fields, multiple teams are often needed just to get the work done in a timely fashion. (b) Furthermore, teamwork can reduce the frustration inherent in the failure of an experiment. (c) Team members can support the work of one another, keeping everyone focused and motivated. (d) Collaboration can also take place over the Internet, with scientists submitting data instantly to other teams all around the world.

The TOP in
TEPS

Reading Comprehension

Actual TEST 01

Read the passage. Then choose the option that best completes the passage.

1. Most of Alexander the Great's exploits are quite well-known and have been written about in countless texts since his death in 323 BC. What is not so well-known, however, is _________________ while he was alive. Gathered from sources contemporary to Alexander's reign, there is a list of physical adjectives that give people today a brief glimpse of the king. Stocky and rather tough, he was of a very diminutive height and unable to grow a full beard — so allowed himself to stand out from the crowd by being clean-shaven. Alexander also suffered from a physical deformity, twisting his neck and forcing his gaze always upward and outward. It was this physical disorder that historians believe might be the cause of Alexander the Great's eventual mysterious death.

    (a) how Alexander the Great probably looked
    (b) why his reign was so short-lived
    (c) when Alexander was proclaimed King
    (d) who exactly benefited from his demise

2. According to the Guinness Book of World Records, the tallest person in history was Robert Pershing Wadlow, who measured 2.72 meters tall. His condition was attributed to the manufacture of extraordinarily high levels of growth hormone in his body. Robert _________________ at a very early age; when he was only four years old, Robert was measured at 1.63 meters. At 2.24 meters tall, he was the world's tallest Boy Scout at the age of 13. In his last years, Robert was forced to wear leg braces to walk and had little to no feeling in his legs and feet. During his lifetime, Robert Wadlow was a celebrity and a beloved member of society. When Robert died in 1940 at the young age of 22, more than 40,000 people attended his funeral.

    (a) became a famous personality
    (b) first began to rapidly grow
    (c) tried to stunt the hormone's growth
    (d) began to grow gravely ill

3. The artist Salvador Dali is one of the most famous and celebrated surrealist painters in history. Most well-known for his paint-on-canvas masterpieces featuring such iconic motifs as the soft clock, elephants, and symbolic eggs, Dali also had a hand in the movie industry, _______________________ . Perhaps his most widely familiar venture into film was his artistic work on a dream sequence in Alfred Hitchcock's *Spellbound* in 1945. The following year Dali found himself employed by Walt Disney. He was hired to help work on Disney's *Destino*, an animated production based on a song by Mexican songwriter Armando Dominguez. Disney was unprepared for the amount of time and money Dali would spend on the project, however, and after eight months *Destino* was abandoned and never finally completed until 2003 without the aid of either visionary.

    (a) making feature films based on his most famous artworks

    (b) scripting biographical films for independent companies

    (c) struggling for years to be respected and never finding success

    (d) working with some of Hollywood's most renowned filmmakers

4. Though the term would not be used until after the end of the First World War, the very first "sports car" was introduced in Europe in 1910. It wasn't until 1953, though, that the world became enamored enough with the exhilarating speed and luxury of such roadsters, that they began to be mass-produced. What began as a mild fascination with exotic transportation had nearly half a century later become _______________________ . In 1953, the Corvette — a streamlined, two-seater built for speed and precision — was unveiled to the public by General Motors and has since become nothing short of an American icon. Priced at just over $3,000, the 1953 Corvette was the fairly affordable patriarch of the first generation of sports car.

    (a) a total detachment to expensive luxuries

    (b) a short-lived and disappointing product

    (c) a focus on a younger population

    (d) an obsession with high performance

5. Nobody knows exactly how many ancient villages and settlements have been lost to natural disasters, human warfare, or simply the deteriorating passage of time, but the number must surely be greater than we can even imagine. However, _________________. Such was the case in 1850 when a major storm stripped the grass from a large mound on the west coast of a town called Mainland in Scotland and revealed the first glimpse in more than four thousand years of the Neolithic community now known as Skara Brae. It wasn't until another storm ravaged the site in 1925, damaging the few exposed structures, that Skara Brae came under the protection of the government and a professional excavation commenced. This once-buried settlement contained ten individual houses and was occupied from approximated 3100-2500 BC. It is Europe's most complete Neolithic village and may never have been unearthed if not for the work of a fortuitous storm.

(a) the number may be smaller than many historians have suspected
(b) an ancient society that was once lost may be rediscovered now and again
(c) islands are created by earthquakes and societies destroyed by volcanoes
(d) a modern city may be destroyed by the same natural or man-made catastrophes

6. Whether you've driven off the road into a snow bank or been hit with a particularly severe winter storm, _________________ can be troublesome at best. There are, however, a few tricks you can use. If you do not have a shovel handy — with which you might be able to dig your car out of the snow fairly easily — try putting the floor mats directly in front of the car's driven wheels; they'll probably be destroyed, but it may be a small price to pay for freedom. If you have any of these handy, try sprinkling salt, sand, or cat litter in front of the driven tires to help melt the ice. As a last resort, you may also try letting some air out of the tires to help them gain a little more traction. There's no need to waste money on a tow truck if you can use any of these simple methods to free your car from snow yourself.

(a) clearing obstructions from your windshield
(b) finding an alternate mode of transportation
(c) getting your vehicle free from snow
(d) keeping yourself calm and focused

7. If asked, most people would rightly assume that Mount Everest is the tallest mountain on Earth. Measuring a whopping 29,029 feet above sea level, it certainly is the highest, but _______________. Mauna Kea, an inactive volcano located on the island of Hawaii is a fairly impressive 13,799 feet above sea level, but if you were to measure it from its base on the sea bed, it would be 33,465 feet tall. A little more than three-quarters of a mile taller than Mount Everest, Mauna Kea is by far the world's tallest mountain.

> (a) it actually doesn't come close to being the tallest
> (b) no one knows just how far it reaches underground
> (c) it's nearly impossible to accurately measure
> (d) its remarkable height isn't its only important feature

8. The only living Wonder of the Ancient World was the Hanging Gardens of Babylon. Located in present-day Iraq, the gardens were built by King Nebuchadnezzar II in approximately 600 BC. According to the Greek historian Diodorus "the gardens were 100 feet long by 100 feet wide and built up in tiers so that it resembled a theatre." The gardens were also said to have been constructed with their very own irrigation system, using pumps to carry water from the river nearby. A series of earthquakes in the 2nd century BC effectively destroyed the Wonder of the Ancient World. The verdant gardens were extremely well documented by many Greek historians, though several accounts _______________. To this day historians continue to debate whether or not the Hanging Gardens of Babylon were real or just a poetic creation of ancient imaginations.

> (a) correspond to scholarly Roman texts, as well
> (b) agree they were too grand to faithfully describe
> (c) reprimand the king for not building them bigger
> (d) differ in regards to location and construction

9. Located more than two thousand miles west of continental Chile and bearing a rich and controversial history of famines, epidemic, civil war, slave raids, and colonialism, Easter Island is still best-known today for the monolithic stone statues that have been erected on its land. The *moai* number at 887 and were constructed in the first millennium CE. Nearly all of the statues were carved from volcanic ash culled from a single site. The heaviest was called "Paro" and weighs eighty-two tons. It took approximately two-hundred men to move each *moai*, and only a quarter of their number was ever installed, the rest being left in the quarry where they were constructed. While the *moai* are generally referred to today as the "Easter Island Heads," the stone giants actually _______________________________, with the figures kneeling down with their hands on their stomachs.

    (a) represent complete torsos
    (b) were made on another island
    (c) don't depict any heads at all
    (d) resemble giant island birds

10. What an average person thinks he knows about his own body could fill a book; what he doesn't know could fill a library. For instance, it is not too commonly known that _______________________. In fact, we were born with four of them. To prove this theory, Chinese and Swedish scientists have pointed to a recently discovered fish called Kenichthys campbelli — a 395-million-year-old fossil that shows us where we went wrong. If the human being is evolved from a fish, of which most have two pairs of nostrils, then where do our extra two go? The answer, as revealed by the ancient underwater creature, is that they migrated to the mouth. When the third and fourth nostrils, visible at an early stage in the embryo between the teeth, fail to join up, the result is a cleft palate. Which all goes to show: the unbelievable mysteries of the universe begin within our very bodies.

    (a) we have more than just two nostrils
    (b) we are evolved from ancient fish
    (c) people can breathe without noses
    (d) fossils can teach us about our bodies

11. During the early morning hours of Tuesday, September 22, a 3,000 foot-long passenger train_________________.
Though the official statement has yet to be released by local authorities, preliminary reports speculate that a stray
cow, or some other form of livestock, had wandered beyond the fenced enclosure of its owner's property and
made its way to the train tracks. The train was traveling at an estimated seventy miles per hour, causing the first
five passenger cars to overturn into a shallow ditch on the eastern side of the tracks. Fortunately, the train had
recently discharged most of its passengers at a previous stop and so far no serious injuries have been reported.

    (a) malfunctioned on the tracks

    (b) crossed the border into France

    (c) derailed in the countryside

    (d) was robbed as it passed a station

12. The way in which we phrase our words __________________. The most famous idiom to illustrate this point
is to say that a glass is "half full" instead of "half empty." The positive connotations of a half-full glass allow for a
more content and susceptible frame of mind, as opposed to the negative distancing effect of considering a glass
half-empty. For instance, more people are likely to buy a box of cookies that are advertised as being 75% fat
free than a box that was simply 25% fat. The subtle effects of carefully choosing our words are far-reaching and
extraordinarily common.

    (a) is directly related to the region of our familial upbringing

    (b) may be determined by our educational experience

    (c) will affect our everyday interpersonal relationships

    (d) has an enormous psychological impact on our reasoning

13. The coastlines of Canada are home to some of the most beautiful lighthouses in the world. These historical landmarks have been great for revenue as they attract a significant host of tourists. Recently, however, quite a few of the lighthouses _________________ because, believe it or not, they are polluted with mercury. Nearly every lighthouse built in the 19th and 20th centuries had a rotating lens system that sat in a pool of "liquid silver" to reduce friction. The ill effects of mercury vapors were unknown at the time of their construction, but now are considered extremely hazardous to a person's health. So, while there are still a bevy of gorgeous lighthouses along the Canadian coasts to admire today, most of their doors are locked tight.

    (a) were completely demolished
    (b) have become even more popular
    (c) have had to be closed down
    (d) seem to be physically deteriorating

14. Is it hard for you to remember the last time you had a good night's sleep? Do you suffer from insomnia, night terrors, or restless leg syndrome? Have you been trying every medication on the market to little or no effect? If your answer is yes, we want you to participate in a clinical research trial that may _________________ . A new medication for troubled sleepers has been developed that will relax your mind, body, and spirit and allow you the forty winks you need to operate at optimal level during the daylight hours. Give us a call if you'd like to participate. The testing will take place overnight for three consecutive nights and once more three months later. Participant will be compensated monetarily.

    (a) positively affect your pituitary gland
    (b) help us catalog a list of rare sleeping disorders
    (c) correct your lifelong sleeping mistakes
    (d) benefit your sleep habits for the rest of your life

15. All over the world, statistics show that women are more prone to practice vegetarianism than men — in some countries up to 50% more — and one study showed that vegetarianism may actually lead to the reproduction of fewer men. ____________, in 1996, a study conducted on 6,000 pregnant British women determined that fewer boys were born of vegetarians than omnivores. Whether or not this may have an impact on the future of the world's population, if the current trend in vegetarianism continues, it certainly raises some interesting questions about the physiological effect of not eating meat.

   (a) On the contrary
   (b) For example
   (c) Furthermore
   (d) Therefore

16. In an age when the world's suffering economy is problematic on its best days, the advancement of the arts has become little more than an afterthought. The truth is, however, that funding for artistic organizations is drying up in this era of financial hardship and the livelihoods of the artists themselves are in dire jeopardy. In England, there is a campaign endorsed by two knights of the British theatre to appeal to parliament for greater tax incentives to contributors of the arts. In the United States, donations to artistic organizations are tax deductible. For Britons at the turn of the last century, __________________, that concept was still rather foreign.

   (a) however
   (b) above all
   (c) consequently
   (d) in other words

17. Never wonder whose call you missed again! We will once and for all shed a light on those pesky private, unavailable, or unlisted numbers that try to contact you. Re-Dial Pro can provide you with a caller's phone number, name, and even residential or business address. For a one-time fee of $14.95 you can solve the mystery of the unknown caller and set your mind at ease. Visit us online any time, day or night, and find your satisfaction.

Q: What is being advertised here?

(a) A phone plan for private or unlisted callers
(b) A private detective agency
(c) A website for looking up unfamiliar numbers
(d) A caller ID repair service

18. The game of chess, in its modern form, has been played for hundreds of years. It is known as a game of wits, a game of intellect, and a game of immeasurable complexity. In recent years, however, scientists have begun to attempt to measure its complexity through a series of intricate mathematical equations. The results are simply staggering. It has been discovered that the number of possible, unique chess games is far greater than the number of electrons in the entire universe. There are an estimated 1,079 electrons and a whopping 10,120 games of chess. That means there is absolutely no chance that every possible game of chess will ever be experienced.

Q: What is the main topic of the passage?

(a) The remarkable number of unique chess games
(b) The history and development of the chess game
(c) How games compare to the complexity of the universe
(d) How intricate mathematical equations have evolved

19. Most people are skeptical of those that believe in the existence of a human sixth sense. The truth is, though, the human being has far more than six of them. It is generally agreed that each person has at least nine senses, and some scientists argue that we have as many as twenty-one. After taste, touch, smell, sight, and hearing, there are such senses as thermoception (the sense of heat), nociception (the sense of pain), proprioception (body knowledge, or the unconscious ability to know where our body parts are at all times), and equilibrioception (the sense of balance). Others claim that hunger, thirst, depth, meaning, and language are all senses, too, but nearly everyone agrees that a man with only six senses isn't using all of his faculties.

Q: What is the passage about?

(a) The ability of a human being to sense balance
(b) The misconception that we have only five senses
(c) Skeptics of people with a supernatural sixth sense
(d) The scientific validity of extra bodily senses

20. What could possibly be more dangerous than a warzone? How about earning a living? Approximately two million people die each year from work-related accidents and afflictions, as opposed to the 650,000 people who die in war. According to the United States Bureau of Labor Statistics in 2000, the most dangerous job is that of the lumberjack, with 122 deaths for every 100,000 employed. The second most dangerous job is in fishing and the third is piloting an airplane with a death rate of 101 per 100,000. More than alcohol, drugs, or even the battlefield, working has been proven to be the biggest killer of them all.

Q: What is the writer implying?

(a) War is less disastrous than work.
(b) People die for many different reasons.
(c) Labor is more deadly than most expect.
(d) Lumberjacks should be more careful.

21. According to the World Health Organization (WHO), the world's biggest killer in 2030 will be something that is not only preventable, but voluntary. Today, the WHO says that tobacco is the second major cause of death in the world, responsible for killing one in ten adults worldwide. If the numbers continue to rise at the same rates, tobacco and a number of smoking-related diseases will be the world's biggest killer in just two decades. Developing countries are the most susceptible. Eighty-four percent of all smokers currently live in middle-to low-income countries, where tobacco use has been increasing since 1970. Though many governments have taken measures to ban public smoking and educate young potential smokers of health hazards, until tobacco products are entirely prohibited, it will ultimately be up to the individual to choose to take the risk or not.

Q: What is NOT true according to the passage?

(a) Governments have taken action against tobacco use.
(b) Most developing countries have banned public smoking.
(c) Ten percent of the world's adult population is killed from tobacco.
(d) Tobacco will eventually be the world's biggest killer.

22. In 1935, Penguin Books was created in England for the sole purpose of producing cheap, paperbound books that the masses could afford. The idea caught on quickly in many developed countries of the western world, and in 1939, Pocket Books was formed in America. Before then, most households could afford to own just a single book: the Holy Bible. It seemed that overnight, however, a new popular craze was born with the advent of the country's first paperback books. Corner shops and drug stores in cities and towns across the United States began selling books for the first time and seeing a popular new market for economic growth. In the beginning, all paperback books cost a mere "two bits" (twenty-five cents), so almost everyone could be a part of the new revolution of reading.

Q: What is the passage mainly about?

(a) The popularity of the Bible in America
(b) The market growth of consumer products
(c) The advent of the paperback book
(d) The original price of a dime store novel

23. In many parts of the world, there is a two-minute moment of silence on the morning of November 11 of each year. The silence is in commemoration of Armistice Day, or Remembrance Day, when the world put down their arms and stopped fighting the Great War. On November 11, 1918, at eleven o'clock in the morning, an armistice was signed by the Allies of World War I and Germany at Compiegne, France, to cease hostilities on the Western Front. Though this is the day that world leaders have deemed to be the official end of the war, battles continued to rage across the former Russian Empire and in regions of the old Ottoman Empire for a long time after.

Q: Which of the following is true according to the passage?

(a) The armistice brought an end to all WWI fighting.
(b) The Great War was won in Compiegne, France.
(c) The Allies and Germany surrendered at 11:00 a.m.
(d) Armistice Day honors the official end of the war.

24. Live theater in Ancient Greece was a cultural education available to every one of its citizens. Beginning in the 5th century BC there were three theatrical festivals each year in Greece in honor of the Dionysus, the god of wine, revelry, and the theater. The Greeks did not observe any holy days comparable to the Sabbath, so these festivals allowed the people the chance to publicly rejoice and worship. Wealthy citizens were required by law to finance one play per festival if their names were drawn, and it was considered an honor to be such a patron. Citizens who could not afford to attend any of the three dramatic festivals were given monetary grants by the government to cover the expense. Attending a show in ancient Greece was a truly communal experience — one that we very much lack today.

Q: What is the passage mainly about?

(a) The financial politics of early dramatic festivals
(b) The tri-yearly public veneration of the god Dionysus
(c) The collective experience of theatre in ancient Greece
(d) The obligatory patronage of the Greek upper class

25. Not everyone has the time to learn a foreign language before travelling abroad. For the diplomat, business person, or contracted worker who truly values the economy of speed and simplicity, there's the Speak Easy Corporation. Speak Easy is an organization that provides interpreters who will assist you with every new custom and unfamiliar turn of phrase wherever you go. We currently employ interpreters who are fluent in ninety-two different languages and dialects and are familiar with ninety-seven percent of all the countries of the world. For an extraordinarily reasonable price, you can rest assured that no matter where you, who you meet, and what you need to communicate, the Speak Easy Corporation will make it virtually effortless. The Speak Easy Corporation: the key to your success.

Q: What does the advertisement emphasize?

(a) The lack of time management in modern business
(b) The ethnic and geographic diversity of Speak Easy's clientele
(c) The political benefits of employing a Speak Easy interpreter
(d) The ease of communicating through Speak Easy

26. The first chewing gum factory might have been a tire factory, if the creator had had his way. When Thomas Adams worked as a secretary to Mexican Leader Antonio Lopez de Santa Ana in the 1860s, he was introduced to chicle, a gummy substance made from Mexican sopadilla trees. He tried very hard to transform chicle in a synthetic rubber to make tires. When that didn't work, he tried to produce everything from toys to masks to rain boots from the chicle. One day, he popped it into his mouth and began to chew. He enjoyed the taste and knew that with the addition of artificial flavors, everyone else would enjoy it, too. He opened the world's first chewing gum factory shortly thereafter.

Q: Which of the following can be inferred about Adams?

(a) He quit his job with Santa Ana to manufacture chewing gum.
(b) He didn't set out to create chewing gum at first.
(c) He eventually went into business selling chicle rain boots.
(d) He was the founder of the most popular chewing gum brand.

27. According to the United States Census Bureau, the fastest growing age group of American citizens is the centenarian. In 2005, the Census Bureau estimated that there were approximately 79,000 Americans aged one hundred years or older. The number of centenarians climbed to 129,000 just five years later. Scientists claim this rise in number of one-hundred-year-olds has much to do with advances in the field of medical science and the growing awareness of nutritional needs. Whether this growing trend will alter the statistics for the average lifespan of the human being in the United States still remains to be seen.

Q: Which of the following is correct according to the passage?

(a) The number of centenarian U.S. citizens will continue to rise indefinitely.
(b) The rise in centenarians will surely affect the average duration of a human life.
(c) The U.S. Census Bureau projects a dramatic increase in centenarians by 2010.
(d) The centenarian has been the fastest growing age group for the past decade.

28. Seniority can no longer be measured by age alone. Gone are the days when older meant more successful, more important, more financially responsible. In this era of Internet moguls and teenage politicians, everyone, no matter how young, has the ability to rise above his or her station and become self-made millionaire or, indeed, even billionaires. According to a 2008 report on Forbes.com, Mark Zuckerberg, the CEO of social networking website Facebook.com, had a net worth of approximately $1.5 billion. At just 23 years old, Zuckerberg is the youngest billionaire in history and stands as living proof that "older" and "better" are not necessarily synonyms.

Q: Which of the following is correct about Mark Zuckerberg?

(a) He is wealthier than all other Internet businesspeople.
(b) He became the world's youngest millionaire before 2008.
(c) He was the sole creator of a social networking website.
(d) He is the holder of a world record title for his net worth.

29. When polled, most people say that they would much rather work from home than have to commute to an office setting or other workplace every weekday. Many companies have begun to offer telecommuting options to their employees in the hopes of raising morale and, consequently, work efficiency. Gartner Dataquest reported that 25% of all workers telecommuted in 2007 and that 27.5% have in 2009. People, especially parents of young children or caretakers of older family members, appreciate the ability to do their work from home so that they can better allocate the hours of their day. In response to the growing interest, a poll suggested that 31% of employers plan to offer more flexible work arrangements, including telecommuting, in the coming year.

Q: What is the best title of the passage?

(a) The Telecommuter's Advantage
(b) Think Twice Before Taking the Job
(c) Enjoying Your Time Your Way
(d) On-Site Workplace Efficiency

30. Known mostly for his successful leadership of the United Kingdom during World War II, Sir Winston Churchill was also a greatly gifted man of letters. The future Prime Minister published his first book in 1898 and for the next fifty years his income was almost entirely earned from the prolific writing of volumes and opinions pieces for newspapers and magazines. Perhaps his most famous newspaper article appeared in the Evening Standard in 1936 and read as a warning of the dangers of Hitler's rise to power. In all, Sir Winston penned one novel, two biographies, three memoirs, and several histories alongside his numerous newspapers contributions. In 1953, Sir Winston Churchill was awarded the Nobel Prize in Literature "for his mastery of historical and biographical description as well as for brilliant oratory in defending exalted human values."

Q: What can be inferred from the passage?

(a) Churchill was a more talented writer than politician.
(b) England was first warned of Hitler's rise by Churchill.
(c) Churchill enjoyed writing in a variety of styles and genres.
(d) Most of Churchill's writing was done before he became Prime Minister.

31. Poliomyelitis, more commonly known as Polio or Infantile Paralysis, was one of the most feared childhood diseases of the early 20th century. During the first half of the 1900s, Polio outbreaks reached epidemic levels, leaving thousands of children and adults paralyzed for the rest of their lives. During the '50s and '60s, Jonas Salk and Albert Sabin separately developed vaccines that virtually eradicated the debilitating and deadly disease in developed countries. While associations like the World Health Organization, UNICEF, and The Rotary Foundation have made worldwide efforts to wipe out Polio in the rest of the world, it is still found principally in North Africa and some regions of Asia.

Q: Which of the following is correct according to the passage?

(a) Salk and Sabin's vaccines cured paralysis in Polio victims.
(b) UNICEF has been developing new vaccines for Poliomyelitis.
(c) People in the first half of the 20th century dreaded Infantile Paralysis.
(d) Jonas Salk and Albert Sabin worked together on a cure for Polio.

32. FOR SALE: A lovely three bedroom, two and a half bathroom country cottage seven miles from the city and sitting in the heart of Mother Nature herself. This 6,300 square-foot house comes fully furnished, with a king-sized bed in the master bedroom and two queen-sized beds in the others, and a complete living room and dining room set. Washer, dryer, dishwasher, and fireplace are ready for operation and the backyard is big enough for a large dog to have his exercise while the family volleyball game is played at the same time. The peace and quiet of the home's rural location is perfect for both the retired couple looking to savor their golden years and the young couple who may need a retreat from urban workdays. Never has luxury been so affordable and comfort so readily available.

Q: According to the passage, which is NOT true of the country cottage?

(a) The loud sounds of the city are absent.
(b) The home is perfect for family members of all ages.
(c) It was built as a retreat for city commuters.
(d) All of the furniture is included with the house.

33. For nearly one hundred years, the medical community's advice on how to avoid stomach ulcers was limited to "reduce stress in your life" and "stay away from spicy foods." In fact, it is still commonly believed today that stress and spice are the main factors in developing ulcers. This couldn't be further from the truth. In the early 1980s, two Australian pathologists, Barry Marshall and Robin Warren, discovered that ulcers are instead caused by a bacterial infection. So, while staying happy and watching what you eat may lead to higher quality of life, they do not, unfortunately, save you from the possibility of developing an ulcer.

Q: What can be inferred from the passage?

(a) The digestion of spicy foods used to cause stomach ulcers.
(b) People refuse to believe that ulcers are caused by bacteria.
(c) The medical community's advice should be questioned.
(d) Marshall and Warren debunked a great medical myth.

34. All the speed and functionality of your desktop computer and none of the boxy clutter! The new Micro Comp from Charge Electronics is the latest must-have for the businessperson or student on the go. Featuring a 5.6-inch screen and a full-sized fold-out keyboard, the Micro Comp is everything you need for everywhere you go. A 1.5 terabyte hard drive, 500 gigabyte memory, 56x speed DVD-ROM drive, a next generation operating system, and all the software you'll ever need pre-installed, the Micro Comp is ready for use the moment you buy. Perfect for researching and writing term papers on the go or making last-minute changes for your presentation at this afternoon's board meeting, Charge Electronics gives you the answer to all your technological needs: the Micro Comp. Available now!

Q: Which is NOT mentioned about the Micro Comp?

(a) The monitor's size in inches
(b) How quickly the compact disc drive runs
(c) How much storage space it has
(d) The speed of its processor

35. The hassles of traveling by airplane are extraordinary. Waiting in lines, delaying or cancelling of flights, and missing pieces of luggage merely describe the tip of the iceberg of problems in store for the commercial airline passenger. So book a flight on Executive Air and avoid the trouble completely. Designed for the globe-hopping business man or woman who has no time for lines and lost bags, Executive Air is a company that caters to executive schedules and treats every passenger like a Fortune 500 CEO. First-rate service and first-place class, Executive Air is the only way for your employees to travel.

Q: Who is the most likely target of this advertisement?

    (a) Wealthy corporations
    (b) Family vacationers
    (c) Small business owners
    (d) Qualified commercial pilots

36. Generally, people tend to think of global warming in terms of its impact on the world around them, as opposed to the impact on them personally. There's plenty of talk among scientists and investigative journalists of rising sea levels and melting ice caps, but there are even more immediate dangers to the human population's health. Studies have shown that if global warming does continue to raise temperatures worldwide, disease-carrying insects are apt to migrate to northern countries they may never have traveled to before. Some specialists believe, in fact, that directly due to the effects of global warming, malaria has yet to be completely eliminated.

Q: Which discussion is likely to immediately follow the passage?

    (a) How global warming is worsened by humans
    (b) The alarming rate at which large glaciers are melting
    (c) The other effects global warming has on the world's health
    (d) The debate over global warming's validity

37. Dear J. Kent,

I would like to take this opportunity to both congratulate and thank you for your support of the Valley Arts Theater this past season. With your financial support, the company has been able to conceive and produce the most successful shows this theater has ever seen. The increase in single ticket sales has been astonishing (upwards of 175%) and the rise in season subscription sales has been nothing short of meteoric (nearly 400%). No matter how big or small your past contributions have been, we want you to know that your sponsorship is very well appreciated. We are currently looking forward to another year of ground-breaking entertainment and would love to include you in the planning stages. If you are generous enough to make a new donation to our company, you will become a jury member who has the power to vote for your favorite play or musical to be included in the Valley Arts Theater's upcoming season. Thank you so very much for your support.

Wishing you the best,
Patricia Hermann
Managing Director

Q: What is NOT true according to the letter?

(a) The donor intends to make the same contribution as last year.
(b) The theater will reward the sponsorship of the upcoming season.
(c) The managing director was pleased with last season's sales statistics.
(d) Valley Theater Arts is able to produce both plays and musicals.

38. Experiencing a panic attack can be the most intensely terrifying episodes of a person's life. (a) Panic attacks are sudden and distinct moments of incredible anxiety, fear, and abdominal discomfort that are particular to certain physical and cognitive symptoms. (b) Some doctors recommend breathing into a paper bag to aid sufferers' agonies. (c) The onset of these attacks is generally unexpected and may not have any obviously apparent cause. (d) Studies have shown that they are actually the initiation of the subconscious "fight or flight" instinct taken out of context, which in turn saturates the body with adrenaline, causing an intense feeling of panic and internal disorder.

39. (a) Celebrated children's author Hans Christian Andersen was born in Denmark in 1802 as the son of a poor shoemaker. (b) After his father's death, he set out to be an actor and singer without much success. (c) Many of his fairy tales are about luckless but good-hearted people who eventually find their fortune. (d) Like a character from one of his own stories, Andersen was born of poverty and lived to become one of the world's most famous authors.

40. As long as you have a fairly elementary grasp of basic mathematics, you can effectively calculate your relative distance from a bolt of lightning. (a) While sound travels through the air at about 330-350 meters per second, lightning does so at speeds of nearly 300,000,000 meters per second. (b) When you see a flash of lightning, begin to count the number of seconds until you hear a rumble of thunder. (c) You then take that number and divide it by three to estimate the approximate number of kilometers away that bolt of lightning struck. (d) For instance, if you counted twelve seconds between seeing the lightning and hearing the thunder, then that bolt struck only four kilometers away from you.

The TOP in
TEPS

Reading Comprehension

Actual TEST 02

1. Are you tired of the same old boring salad that you have every day? Try the _________________ from Stout's Salad Dressings. Your salads will never be the same again after you've tried our many great mixtures, from the traditional Italian and Herbs to the exciting Raspberry and Kiwi. Best of all, you can be sure to find the exact taste that you're looking, as we offer more than thirty different varieties to choose from. So forget those plain salads and try Stout's Salad Dressings.

   (a) exciting, bold flavors
   (b) healthy low-calorie taste
   (c) new no-mess bottle
   (d) pre-packaged salads

2. Although it has never been easy to become a successful writer, the Internet has become an important tool for _________________. Even the most talented writers often have trouble finding a publishing company to print and distribute their work to the public. In the past failing to convince a publisher to release a book meant the work would never be widely read. However, today the Internet offers many opportunities for writers to publish work themselves and make it available to anyone connected to the World Wide Web. Blogs are a popular example of this trend. Aspiring authors can easily create a website that will allow them to let others read their work.

   (a) finding a publisher
   (b) getting writing advice
   (c) learning about new trends
   (d) sharing work with readers

3. For years, Thomas Edison was believed to be the first person to _______________________. However, researchers now say that honor belongs to a Frenchman named Edouard Leon Scott de Martinville. Audio historians have discovered his scratchy recording of a woman singing lines from the folk song "Au Claire du Lune" that dates back to 1860. Edison's earliest known recording was made seventeen years later. Interestingly, Scott's recordings were not meant to be heard. The phonautograph, which etched sound waves into ash-covered paper, was only intended to represent sound visually. Edison's phonautograph, however, was an invention specifically designed to play back sound to listeners.

    (a) successfully record sound
    (b) visually represent sound
    (c) work with Scott de Martinville
    (d) sell recordings to listeners

4. Traveling to meet clients is _________________. That's why so many businesses are instead using video conferencing to keep in touch. Using a computer with a camera and a high-speed Internet connection, business partners can be separated by thousands of miles but are still be able to see and talk to each other. Video conferencing offers all of the perks of meeting face-to-face without any of the hassles of leaving the office.

    (a) easier in the Internet age
    (b) important to any business
    (c) a good way to maintain connections
    (d) often inconvenient and expensive

5. Dear Prospective Student,

Thank you for your interest in The Mitchell School of Acting. Due to the steady increase in applicants over the past year, we have decided to make our application process electronic. Therefore, we will no longer ________________________________. Prospective students are encouraged to log on to our website at www.mitchellschool.edu/app. From here, applicants will be able to enter all of their personal information as well as upload transcripts and request recommendations. Hopefully, online applications will make the process easier and more efficient for everyone. If you have any questions that are not addressed on the website, please do not hesitate to call our admissions office at 1-888-555-5221.

(a) send paper application packets
(b) contact students via phone
(c) ask for personal information
(d) be accepting new applications

6. When you set a goal, your first instinct may be to tell other people about it. However, years of research shows that sharing your dreams might actually diminish the chances of realizing them. New York University professor Peter Gollwitzer conducted tests on sixty-three people and found that subjects who announced their goals were less likely to achieve them than subjects who kept their dreams to themselves. Gollwitzer believes that having others acknowledge your goal gives you____________________. The brain confuses talking about a task with actually completing it.

(a) a false sense of accomplishment
(b) the praise you worked to deserve
(c) some time to make good plans
(d) the pressure to avoid failure

7. Dear Fashionista Magazine,

I don't think I am the only reader who was disappointed by Erna de Luc's story "Cheap and Charming" (May). I am certainly not someone who can afford to spend $10,000 on a pair of boots no matter how fabulous they are, but De Luc's story on bargain bins was a bore. Fashionista Magazine has always represented a sort of fantasy. Although many of the readers may not necessarily rush to boutiques to buy the beautiful things shown in the magazine, opening the pages to such glamour every month is a way to ________________. De Luc's story failed.

Sincerely,
Lisa Ferns

    (a) read about how to get the best deals
    (b) get away from everyday life for a while
    (c) find out where popular boutiques are opening
    (d) learn about the trends for the season

8. I've always wanted to learn another language, so when I found out that Language Now center was opening in my area, I signed up for a Spanish class right away. Unlike most classes, this one was taught entirely in Spanish, even on the first day. This gave me the chance to ________________. As a result I learned quickly and became comfortable speaking in front of others. I would highly recommend this center to anyone who is interested in learning a new language.

    (a) use the language right away
    (b) work with other students
    (c) choose the best instructor
    (d) decide which language to study

9. There has been a lot of fear recently that, because of the rise of digital technologies, reading will become a thing of the past. It is true that newspapers and book publishing companies have suffered because of the growing popularity of digital media. However, this does not mean that people will stop reading. It simply means that people will get reading materials in new ways and publishers and newspapers will ___________________________.

(a) become more popular with time
(b) most likely go out of business
(c) cater only a small group of readers
(d) have to change with the times

10. Although MP3s are by far the most popular way to listen to songs, there are still ___________________________. They argue that although records are bulky and easily damaged, there is something about the sound quality that seems richer and perhaps more authentic than any other format. To them, the nostalgic imperfection of records is charming compared to the slick, clean sound of digital files.

(a) music lovers who prefer records
(b) artists who release records
(c) people who download too often
(d) those who know little about the history of music

11. When the nurse takes your temperature, the number on the thermometer may also say something about your age. Most people believe that 98.6 degrees Fahrenheit is the average body temperature. However, there is reason to believe that _________________________. Studies have shown that as people grow older, average body temperature declines slightly every ten years. Over time, this drop can add up to two or more degrees of change in normal body temperature. In older people, this may mean that fevers go unnoticed when the thermometer reads a number close to the widely-accepted, but generally inaccurate, 98.6 degrees.

    (a) body temperature remains constant
    (b) aging may change this number
    (c) doctors may not get an accurate reading
    (d) fevers may be more serious previously thought

12. The best way to improve the academic success of girls may be to put boys in another classroom. A survey of over 20,000 female graduates from both co-ed and single sex high schools shows that girls study harder when they are taught separately. Not only did female students in single sex classes score higher on tests, they were also more likely to pursue careers in math and science than female students in co-ed classes. Supporters say the success of single sex classrooms is based on the fact that girls and boys have different learning styles. Separate classes give teachers an opportunity to_________________________.

    (a) get to know each student individually
    (b) make lesson plans less gender biased
    (c) encourage girls not to compete with each other
    (d) adapt to the particulars needs of each gender

13. In the art world, the term "outsider" is hardly an insult. Outsider Art, or works that were created by artists with no formal training, have become some of the most sought-after pieces galleries have to offer. However, some of the most famous examples of the Outsider Art movement were not discovered until after their artists' deaths. Unlike mainstream artists, who may be driven by competition, money, or fame, Outsider artists _______________________. Since they are self-taught, they are often inventive and their work is unique. To them, there is no "right" or "wrong" way to express themselves.

    (a) often gain income in other ways
    (b) wait for art critics to discover them
    (c) sell their art for less than it's worth
    (d) seem to create for their own pleasure

14. Many of the qualities today's moviegoers admire about Katherine Hepburn gave her the title "box office poison" during her lifetime. For the first part of her acting career, Hepburn was cast in a string of successful movies. However, she soon became famous for her sharp tongue and reluctance to give interviews. She also claimed to be more comfortable in pants and often was seen without makeup in public. Hepburn was not the typical 1940s starlet. As a result, her movies _______________________. No one believed she could make a comeback. However, Hepburn never changed who she was to accommodate people's expectations and today she's known as one of the greatest actors in movie history.

    (a) were not immediately released
    (b) attracted an unexpected audience
    (c) were only reviewed by a few critics
    (d) were considered box office failures

15. Children learn a lot of things from their parents, but the use of facial expressions is not one of them. Scientists studied the expressions of both blind and sighted people in response to specific emotional situations. To do this, they looked at thousands of pictures of athletes after they had lost matches. They found that there were no differences in the faces of athletes at these disappointing moments. Scientists believe this means that humans do not mimic expressions they have seen in emotional situations. _______________, facial expressions are innate and are related to the evolution of the brain.

    (a) For example
    (b) In addition
    (c) Likewise
    (d) Rather

16. For many people, the possibility of travel seems out of reach. Either they can't afford to go on a vacation, or they don't have the option of spending an extended time away from work. Although these would-be travelers may not be able to fly thousands of miles away, perhaps they should consider finding interesting destinations close to home. Most people never bother to explore the area around them. _______________, they might be surprised to find that a little research may turn up short trips that are both inexpensive and fun. Many of these local destinations are hidden gems. Once you find them, you'll definitely feel like you've had an interesting experience.

    (a) In addition
    (b) However
    (c) Overall
    (d) Conversely

17. Next year, the English department will be offering two new upper division courses. "Advanced Nonfiction Writing" (Eng 511) is a workshop course for students intending to write nonfiction books and articles suitable for publication. Research skills and writing techniques will be stressed. "Editing" (Eng 505) will cover content and copy editing, coaching writers, as well as the ethical and legal issues in journalism. Permission from instructors to register for both classes will be required. For prerequisites, please visit the department website.

Q: What is the purpose of the announcement?

(a) To tell students about upcoming English courses
(b) To direct students to the English department website
(c) To show students how to prepare papers for publication
(d) To tell students that instructor permission is required for all classes

18. Although clinical depression has become widely recognized as a legitimate illness, sufferers may still have a difficult time getting support from the workplace. Often this is not because resources are unavailable. Rather, it is because depressed employees do not seek them out. Many people suffering from mental illness are reluctant to ask for help because they feel doing so will affect their job. Others feel they will not be able to afford treatment. However, well over half of employers say they would be willing to find help for a depressed employee. Many companies already have employee assistance agencies in place to refer sufferers to mental health services covered by employee insurance.

Q: Which of the following is the best title for the passage?

(a) Depression Resources at Work
(b) Common Depression Symptoms
(c) Work-Related Mental Illness
(d) The Stigma of Depression

19. Just about everyone knows what it's like to look forward to a weekend of sleeping in after a hectic week. However, the possibility of "catching up" on sleep after a period of all-night homework marathons is slim. Studies show that subjects who slept little during the week did not recover normal reaction times and cognitive abilities even after sleeping a solid eight hours for two or more days. A better option is to sleep as much as possible before a busy week. Studies found that subjects who slept ten hours a night for a week recovered more quickly from the week of poor sleep that followed.

Q: What is the main topic of the article?

(a) Why sleeping more than ten hours is harmful
(b) How lack of quality sleep affects the mind
(c) How stress levels interfere with sleep patterns
(d) Why the amount of sleep needed changes with age

20. In a world where thousands of channels are available, Dan FitzSimons still saw a gap. It annoyed him that when the show he was watching went to commercial and there was nothing entertaining to watch until it came back on. From this problem, the Puppy Channel was born. For twenty-four hours a day, seven days a week, he proposed a channel that would show nothing but puppy footage set to soothing music. Television executives rejected FitzSimon's idea. However, focus groups showed that audiences would love it. In fact, 31% of those surveyed preferred it to a popular comedy channel and more than 40% said they would choose it over cable news.

Q: Which of the following is the best title for the passage?

(a) Bizarre Business Incidents
(b) Why Animals Relieve Stress
(c) Channel Offers Pets Over Commercials
(d) Comedy Stations No Longer Popular

21. In ancient Egypt, dogs and jackals were not family pets as they are today, but haunted the edges of the desert among the tombs and cemeteries. Eventually the ominous black dog-creature was depicted as Anubis, the mythical "lord of the dead," with a half-human body. Anubis guarded and protected tombs, prepared physical remains for burial, and also guided the soul. Using scales, he weighed the hearts of the dead and measured them against the weight of a feather. If the heart was lighter, the soul was led to the god Osiris. If it was heavier, Anubis would feed the soul to Ammit the Devourer. The most famous depiction of Anubis is the beautiful black and gold-gilded statue of an all-canine body from the tomb of Tutankhamen.

Q: What is the main idea of the passage?

(a) Most gods in ancient Egypt were half human and half animal.
(b) Dogs developed into a mythological symbol in ancient Egypt.
(c) Ancient Egyptians feared dogs because they thought they were gods.
(d) Egyptian gods had jobs as well as animal characteristics.

22. Sometimes a hand, arm or shoulder can become disabled even if it is not diseased or injured. The nerves and muscles of the shoulder, arm and hand are controlled by what is called the Brachial Plexus, a dense, intricate network of nerves originating from the spinal cord. If the Brachial Plexus is traumatized, there can be partial or total loss of function in the limb, even if the shoulder, arm or hand itself is not directly damaged. Symptoms include numbness, weakness, burning sensation, severe pain and complete loss of function. Mild traumas to the Brachial Plexus may heal on their own, but serious injuries in which nerves are stretched or torn require extensive treatment and rehabilitation.

Q: What is the main topic of the passage?

(a) Some limbs can be impaired even it is not directly injured.
(b) The surgery required for a Brachial Plexus injury is dangerous.
(c) New surgical procedures have been developed for shoulder injuries.
(d) Nerves can become stretched or torn very easily in humans.

23. No one knows the precise origin of the 1918-1919 Spanish influenza variant that killed 20 to 40 million people across the world, but historians agree that the biggest reason the contagion spread so quickly was accelerated ship and troop movements around the world necessitated by the needs of World War I. In the spring of 1918, the first U.S. wave struck Kansas and spread throughout military training camps. It then moved through the busy port of Boston in September that same year on ships loaded with infected crews and soldiers. The virus killed an alarming 200,000 in October, but after people amassed in huge crowds to celebrate the end of the Great War, one quarter of the U.S. and one-fifth of the world were infected with the world's most devastating epidemic.

Q: What contributed to the global spread of the Spanish Influenza?

(a) Troop and ship movements required by WWI
(b) The fact that no one curtailed the epidemic after the first wave
(c) People gathering in large crowds to celebrate Armistice Day
(d) Lack of sufficient vaccine in the early 1900s

24. One of the most remarkable figures in modern literature is Irish author Christy Brown, famous for his autobiography, *My Left Foot*, made into an Academy Award-winning film. Christy's mother noticed extraordinary awareness in her disabled child. Afflicted with double-athetoid cerebral palsy, damage to Christy's brain left him unable to speak or use his body. Yet, at age 5, he miraculously picked up a piece of chalk with his toes. Excited, his mother taught him to write. His doctor became so inspired he introduced Christy to established writers of his day, including Cecil Day Lewis and Frank O'Connor. Christy also displayed a talent for art, and painted over 250 works for the Disabled Artists Association. But he continually returned to literature, writing three more novels and three poetry collections, all of which have been published.

Q: According to the passage, which of the following is correct?

(a) It was unusual that Christy Brown could pick up a piece of chalk.
(b) Christy Brown made an Academy Award winning movie.
(c) Christy Brown's doctor didn't really believe he could write.
(d) Frank O'Connor was inspired by Christy Brown's work.

25. The aqueducts of Rome were a feat of engineering genius that employed the world's first reinforced concrete. The Roman aqueducts were incredible system of tiered stone arches supporting a high trough that brought water from the mountains down into ancient Rome. Entirely dependent on gravity, 230 miles of the 260-mile system are not the high stone archways seen in photos, which only served to move the water across ravines and low spots. The majority of the aqueduct system had been bored through rock and hidden along hillsides. Water gradually descended into a ring of giant cisterns on the high ground around Rome, where it entered the city through vast networks of lead pipes. Impressively, the ancient system delivered up to a cubic meter of water per person–more than cities usually supply today.

Q: According to the passage, what is NOT a notable feature of the aqueducts?

(a) They were constructed with reinforced concrete.
(b) They delivered water from ravines into the city.
(c) They relied solely on gravity to transport water.
(d) They supplied more water per person than most modern systems.

26. Tuscan Gardens is pleased to announce our new "Customers' Choice" dinner special. As a result of our survey, your choice for Appealing Appetizer this week is Lasagna Fritta: a platter of mouth-watering individually breaded lasagna bites with pork ravioli. Your choice of Exceptional Entree is Sicilian Spiced Scampi: eight large, succulent shrimp sautéed in extra-virgin olive oil with wine, garlic, lemon and our new chef's special blend of Sicilian spices. Thanks for your choice of a fine wine to accompany your meal: our own Tuscan Gardens Classic Pinot Grigio! There was a tie for Delicious Dessert, and we have decided to feature them both! You can choose from our legendary Towering Tiramisu, or our exotic Cassata alla Siciliana, with custard, pudding, and ice cream. Remember, when you're here, you're Italian! Benvenuto!

Q: Which of the following is correct about the special?

(a) Items are based on the new chef's special blends.
(b) The specials are for lunches as well as dinners.
(c) Items were all chosen by customers from a survey.
(d) Each of the dishes is served hot.

27. Many people like the idea of saving money on monthly electric bills by installing solar panels, but don't like compromising the look or integrity of their roofs. Sole Power now has award-winning curvaceous solar roofing sections that have the look of terra cotta tile. Made of a flexible solar laminate adhered to a polymer base in the shape of traditional Mediterranean tiles, they can produce 10% to 15% more energy than solar panels. A few sections can be installed, more can be added later, or the whole roof can be covered at once. Monthly electrical bills can be cut up to 50% depending on the number of sections. Stop by Dean's Roofing today for a computer calculation of cost versus savings, and a coupon for 25% off installation of same-day orders.

Q: According this ad, why are solar roofing tiles better than solar panels?

(a) Solar panels are much flatter than Mediterranean tiles.
(b) Solar tiles can reduce the cost of installing solar power.
(c) Solar tiles produce more energy than solar panels.
(d) Flexible solar laminate can only be adhered to a flat panel.

28. Strong empires have always needed a good system of well-engineered roads because, eventually, military might has to be replaced with the business of governing. Governing requires infrastructure for more than the movement of soldiers. There must be the travel of civilian officials, of news, of traders, and the transport of gold, metals and agricultural goods. For the ancient Incas, building a good network of roads posed a daunting challenge. Their empire ruled millions of people spread over a vast area of South America's mountainous, ecologically diverse terrain, which also required the construction of reliable suspension bridges and solid cliff-side passages. Many of the roads the Incas built can still be traveled today. Unfortunately, these grand highways were also beneficial to the Spanish Conquistadors, and ultimately contributed to the thriving empire's downfall.

Q: What is the main idea of this passage?

(a) A strong government is not effective without a strong military.
(b) South America was a challenging area in which to build roads.
(c) Building good roads ironically contributed to the Incas' downfall.
(d) Suspension bridges were necessary to complete the network of roads.

29. To whom it may concern,

It is my honor to recommend Daniel Wentworth as a Graduate Assistant in your department. Daniel's consistently high G.P.A. has kept him at the top of his class, and his passion for pursuing a career in university teaching is unrivaled. Daniel displayed extraordinary warmth, patience and ability in all levels of student teaching, bringing a significant number of lagging grades up to scholarship potential. In my capacity as mentor and academic advisor, I have personally watched Daniel grow into a bright, intelligent leader with the focus necessary to be an asset to both students and colleagues. Active in the tennis program and a number of community service projects, Daniel has, in my opinion, proven himself to be a well-rounded, more-than-qualified candidate for your program.

Sincerely,

Lawrence Washington

Q: Which of the following is correct according to the letter?

(a) Daniel is not yet a graduate assistant.
(b) Lawrence Washington is the head of the graduate program.
(c) Daniel won a large number of tennis tournaments.
(d) Daniel had done a little bit of student teaching.

30. Were our prehistoric ancestors 17,000 years ago more sophisticated than we thought? What if the paintings of bulls, horses and antelope in the prehistoric caves at Lascaux, in central France, contained drawings of celestial constellations? A number of astronomers have been identifying recognizable constellations such as the stars of the Summer Triangle in the Shaft of the Dead Man, and the constellation Taurus. Dr. Michael Rappenglueck of the University of Munich has pinpointed a map of the Pleiades star cluster above a bull near the entrance, corroborated by Spain's Dr. Luz Antequera Congregado. If this is true, what does it mean for us now? Evidently we'll have to rethink many things we have assumed about early humans, and the difference between their technological ability to make artifacts and their intellect.

Q: Which of the following is correct from evidence presented in the article?

(a) There are drawings in these caves that correspond with astronomy.
(b) It is strong proof that prehistoric astronomy existed as a science.
(c) It is proof that artists, even prehistoric, can also be astronomers.
(d) Constellations may have looked different in the past.

31. Whether people are starving students, aspiring actors, or in an economic downturn, at certain times it's necessary to learn a nutritious yet inexpensive way to eat. "Going cultural" can keep you full yet stretch a budget. You can "go eastern," and use rice as your basic staple, or "go western," and use potatoes. But the most important consideration when on a budget diet is to keep the immune system strong. This means beans — black beans, kidney beans and lentils, the highest in molybdenum. Molybdenum is the mineral necessary for the liver to produce the enzyme that detoxifies hydrocarbons, the by-products of civilization we can't escape — car exhaust, plastics, upholstery, cleaners, disinfectants, pesticides, fragrances. Eating canned or cooked beans every day will keep your immune system going strong until things improve.

Q: Which of the following does the writer NOT recommend?

(a) Eat beans every day to help your immune system.
(b) Rice can be used to many of your meals.
(c) Eat potatoes as one of your main foods.
(d) Try to cook more meals at home.

32. Life for a commercial oceanic salvager can change the instant they locate a shipwreck full of treasure. Such good luck happened when the biggest treasure in the history of the world was finally found a mile deep in the Straits of Gibraltar. It was the HMS Sussex, a British warship headed for France via the Mediterranean Sea in 1694 carrying a secret cargo of gold and silver now worth over a billion dollars. The ship got caught in a "levanter," a fierce wind out of the western Mediterranean so strong that, today it can bring an eastward flying airplane to a near standstill. The treasure cannot be recovered until British governmental archaeologists reach an agreement with the commercial salvagers, who have the technology to raise the wreck.

Q: Which of the following is correct according to the article?

(a) The Sussex treasure was so deep it was difficult to salvage.
(b) The ship full of treasure is still at the bottom of the sea.
(c) The wreck cannot be salvaged due to strong winds at sea.
(d) The wreckage of an airplane was found in the sea.

33. Golden Tones Music Academy is now accepting applications to fill the position of music director. Job tasks include engaging services of composers to write scores, and meet with them to discuss interpretations of their work. The music director must transcribe musical compositions and melodic lines for adaptation to a particular group or style. The music director must meet with soloists and concertmasters in preparation for performances, direct rehearsals, and in order to conduct performances. In addition, the music director must perform administrative tasks which include developing budgets, applying for grants, negotiating contracts, and producing promotional materials. Minimal requirements are a BA or MA in music and a minimum of 3 years experience. Applications will be accepted by mail, fax, or online.

Q: Which candidate would stand the best chance of being hired?

(a) A candidate who knows accounting
(b) A candidate who has been a music director for 3 years
(c) A candidate with a background in public speaking
(d) A candidate who is good at marketing and promotion

34. When golf was invented hundreds of years ago in Scotland, courses were nothing like they are today. The grass was only groomed by sheep and rabbits. Games had to be played over, under, around and through the wild and natural obstacles of the existing terrain. In addition, golf in those days was played on public land, which meant sharing the course with strolling families, picnic blankets spread out on the grass, and other sometimes dangerous sports events such as cricket, horse racing and archery. Golf bags weren't invented until 1870, so the original purpose of a caddy was to keep track of balls, clear a path through obstacles, and make sure his golfer didn't get run down by a horse or hit by an arrow.

Q: What does the passage imply?

(a) The majority of golfers prefer to play on private courses.
(b) Golf originally had to utilize existing natural terrain.
(c) There were no laws in ancient Scotland regarding public safety.
(d) Golf equipment today is much safer to use than in the past.

35. Famous artist Vincent Van Gogh was considered a failure until long after his death. His own mother threw many
of his works away, and out of some 900 paintings and 1100 drawings, only one piece was sold during his lifetime.
Today, Van Gogh is considered the greatest Dutch painter after Rembrandt, and one of the most creative
geniuses of all time. Both his name and impressionist style are so recognizable they can border on clichéd,
appearing in popular media as cartoons, on stationery, mugs, T-shirts, in advertising and have been immortalized
in more than one popular song. One hundred years after the artist's death, Van Gogh's "Portrait of Dr. Cachet"
became the fourth highest-priced painting ever sold.

Q: What is the main topic of this passage?

(a) Van Gogh's art was not appreciated in his time.
(b) Tastes in art haven't changed much in 100 years.
(c) Society disapproved of people who didn't paint in the accepted style.
(d) Van Gogh did not receive good enough art training.

36. If you've ever wanted to explore the cathedrals of Europe, but felt the price was out of reach, Joy Now Travel
would like to change your mind. This summer, we are offering students a specially priced "Cathedral Tour" a
complete travel package that includes airfare, hotel accommodations, and tickets to specially guided tours of
Notre Dame Cathedral and the Sainte Chapelle in Paris, as well as the four magnificent cathedrals at Chartres,
Rouen, Reims and Amiens! You will learn how the flying buttress eliminated the need for a solid structural wall,
freeing the space for vast expanses of stained glass windows. This fantastic offer is only available for the next two
weeks and is sure to go fast, so call us now to book early.

Q: What can be inferred from the advertisement?

(a) It is less expensive to travel during the summer.
(b) This package is only available to students.
(c) After two weeks the package will cost more.
(d) Joy Now Travel is a discount tour guide service.

37. In the 1800's, Dr. James Naismith brought his 13 rules for a game of skill that could be played indoors to Massachusetts and named it "basketball." The first game was played using a soccer ball and two peach baskets. From there, the game swept the nation, and the NBA was founded in 1949. But many people don't know that basketball has grown even larger worldwide. FIBA, the "Federation Internationale de Basketball Amateur," was founded in 1932, and entered the Olympics in 1936. A study in 1997 showed that 300 million people — 11% of the world — were playing basketball. Ten years later, that number was 450 million.

Q: What can be inferred from this passage?

(a) Basketball became a worldwide sport when FIBA was founded.
(b) Most basketball players are still in the United States.
(c) Basketball is predominately a 20th century sport.
(d) Basketball was initially limited to one country.

38. Trying to harvest the finely spun "silk" thread from the abdomens of spiders is extraordinarily expensive and difficult, even though the silk itself is one of the strongest fibers in nature and has potential commercial value. However, all attempts to "farm" and "milk" spiders has been tried and abandoned. (a) Spiders are cannibalistic and cannot be raised together in farms, and you need millions of them. (b) It's just not cost effective when it takes 70 people four years milking more than a million spiders to make a single 4' x 11' piece of cloth. (c) The milking fortunately doesn't harm the spiders. (d) Scientists find it more feasible to use genetic technology to recreate the spider silk by creating new polymers and fusion silk proteins.

39. Making a pot on a potter's wheel is a satisfying, tactile experience requiring balance, a little practice, and a willingness to get covered with mud. Start with an apron, a potter's wheel, and some clay. First, knead the clay to get all the air bubbles out, center the ball on the wheel and start it turning. Keeping the clay centered, add water and spread it out into a thick patty. (a) Form a hole and carefully raise the edges, leaving more thickness toward the bottom for support. (b) Shape the pot into a straight cylinder, or bowl it outward, or squeeze it inward as you desire. (c) Many pots tend to crack or break during the firing process. (d) Remove the pot from the wheel with a wire and let it harden overnight before finishing.

40. If you are thinking about going back to school to make a career change, consider the excitement of working with wild and exotic animals. True, employment opportunities for an upcoming lion tamer, porpoise and dolphin trainer, or bear wrestler are few and far between, but if you stick to a step-by-step plan, success can be achieved. (a) Begin by going back to school to learn zoology or veterinary medicine with a focus on the types of animal you prefer. (b) Then get hands-on experience by volunteering and then becoming an intern at a zoo, circus, wild animal park or rescue facility. (c) Rescue facilities often work closely with a large number of different animals. (d) Lastly, develop a professional resume and distribute it to all the places you would like to work.

The TOP in
TEPS

Reading Comprehension

Actual TEST 03

Part I **Questions 1 ~ 16**

Read the passage. Then choose the option that best completes the passage.

1. Getting your kids to read more has never been easier than with In Story, Inc.'s ___________________. Picture the joy on your little one's face as she flips through pages that contain adventures starring her! You simply fill out a questionnaire, giving In Story certain information about your child's name, age, hobbies, and favorite games, and we do the rest! The difficulty isn't in encouraging her to read, but rather trying to get her to put the book down. Available online and at In Story kiosks located in your local shopping center. Make it personal, with a gift from In Story, Inc. today!

    (a) personalized children's books
    (b) fiction and language arts tutor
    (c) classes for beginning booklovers
    (d) commemorative encyclopedia set

2. The institution of marriage has been around for thousands of years, uniting loved ones in a bond recognized equally by both social and legal systems. For as long as it's been used, however, there are many obscure traditions of the wedding day that brides and grooms take for granted as something they "need to do" without taking into consideration ___________________. For example, weddings generally end with a kiss because in ancient Rome, a kiss was a legal bond that sealed contracts. And why do the bridesmaids typically dress in similar bride-like gowns? It was believed in ancient times that this might confuse, distract, or dissuade the vile intentions of rival suitors, evil spirits, and thieves. It is simply amazing just how many aspects of our everyday lives are derived from ancient beliefs and traditional rituals.

    (a) how precisely each of them are to be completed
    (b) why they were implemented in the first place
    (c) what may be gained by doing them at all
    (d) which of these rituals should be concluded first

3. Today's real estate buyer has many major concerns about potential homes, but one stands out above the rest: location. A three-year-long anthropological study in Great Britain suggests that our prehistoric, cave-dwelling ancestors ___________________. A survey of approximately 190 caves in the northern England Peak District and 230 in the Yorkshire Dales shows that people living from 4,000-2,000 BC had a set of strict criteria when choosing a home. The caves tended to be of fairly high altitude with an entrance facing either east or west, and there was generally a flat gathering space outside of the cave. Interior design was apparently just as important, as most of the caves had rather large openings and deeper passages. Cave dwellers are traditionally depicted as sub-intelligent creatures more akin to apes than modern humans, but perhaps this study will shed a brighter light on their intellectual advancements.

   (a) were more interested in size
   (b) had no sense of property ownership
   (c) might have felt the same way
   (d) may have never settled down

4. Keeping up to date on the wide world of sports is just as easy as pushing a button. From your cell phone, you will be able to view current scores, statistics, and schedules of every major sporting event, of every major sport, everywhere in the world. From automobile racing to baseball to cycling, from Jujutsu to Sumo, all the current facts and figures ___________________. The application is one hundred percent user-friendly, updated every ten seconds, and absolutely free for a limited time! You'll never have to wait for the morning sports pages again, just pick up your phone and push a button. It's as easy as that!

   (a) are here in this weekly newsletter
   (b) are at your immediate disposal
   (c) won't ever concern you again
   (d) are difficult to keep track of

5. To Harry J. Peabody,

In light of recent events concerning the _________________________, I feel compelled to write to you. We have always endeavored to bring you the absolute best customer service possible and I fear that you will discover in the near future that no one will treat you better. Because you have been such a loyal and trustworthy customer in the past, I feel obliged to extend you an offer in the hopes that you'll change your mind and re-open your account. By responding to this letter in the affirmative within the next ten days, I will personally see to it that you are given a two-month credit, free of charge, and a two-tier upgrade to your account with extended benefits. Call or write to us now to hear what those fantastic benefits include. Mr. Peabody, I truly hope you'll reconsider and rejoin our team soon.

Best Regards,
Carlton Cisneros
General Manager

    (a) achievements of your goals under our direction
    (b) significant changes to our company's bylaws
    (c) cancellation of your contract with our company
    (d) inclusion of an extra family member to your contract

6. It seems the employee unions are no longer for manual laborers or general blue collar workers. In the United States, the near future may bring an era of unionizing cubicle inhabitants. The white collar community has been up in arms over ever-increasing lay-offs, massive benefit reductions, and the near-extinction of overtime pay. With the government administration's new, encouraging stance on the formation of unions, office workers may join their forces _________________. Traditionally, white collar employees strayed from unionizing because of their general positive advancement through individual hard work, not feeling the need to sign up for career support groups such as unions. Experts say that it is because of the current economic hardships associated with recession that have changed the minds of the office worker population.

    (a) to demand more workplace respect
    (b) in the fight against unemployment
    (c) with the blue collar community
    (d) for an organized massive strike

7. Dear Uncle Gerald,

Thank you so much for the birthday gift. I have to admit that I was a little taken aback when I saw it was a savings bond, but after some consideration, I've realized that _______________________. Sure I would have loved a new stereo — and the video games I got will keep me happy for a while — but in the long term, those things are pretty meaningless. Times are hard, I know, and when I'm older and looking to do something really special with my life — like get a car or buy a house — the gift you gave me will be so appreciated. It's time for me to start thinking about the future and let go of instant gratification. Thank you so much for giving me a push in the right direction.

With lots of love,
Joseph

    (a) it's not what I thought it was at first
    (b) it's probably the best present of them all
    (c) I can trade it to my brother for a real gift
    (d) it's okay because you don't really know me

8. The latest outing by mega pop group Supreem is an album so riddled with clichéd lyrics, contrived sounds, and silly sentiment that I find it impossible to call it music. I even loathe the idea of writing about it — the only reason I do so is to hopefully convince you to _______________________. Songs such as "I Love to Love You, Love" and "Battle Cry of Love" are so terribly orchestrated and arranged that I couldn't even manage to get through them during the first listening. Love Love Love is Supreem's seventh and, if everyone else is as unhappy with it as I am, probably last album. Don't even bother giving it a try; my advice is just to forget it ever existed in the first place.

    (a) stay as far away from it as possible
    (b) buy it for someone who will enjoy it
    (c) continue reading my music reviews
    (d) create your own music albums at home

9. There were many readers during the middle of the 20th century who were under the mistaken impression that beloved children's book author Rudyard Kipling was a Nazi sympathizer. In many older editions of the British writer's books, there appears the swastika symbol on the front covers. Since each of his books was written and published before 1920 — well before the rise of the Third Reich — it should be quite clear that they are not in reference to Hitler's party. The swastika is an old Indian representation of good luck and well-being and at the time of Kipling's publications, was a common design in general use. Even prior to the Nazis coming into power, Kipling ordered the symbol removed from all future prints of his children's stories. He was, in truth, undoubtedly and adamantly ___________________________ .

    (a) cherished by the German people
    (b) sympathetic of Indian culture
    (c) opposed to the Nazi movement
    (d) respected by his child readers

10. There has emerged in recent years a fascinating and rare psychological condition which has baffled the scientific community. Called hyperthymestic syndrome (from the Greek "thymes", for memory, and "hyper", for above normal), the malady allows the patient to remember every single detail of his or her life over the course of an extended period of time. The first known case was Jill Price who, since 1980, has been unable to ___________________________ . While many claim that she is fortunate to have such an extraordinary memory, Price calls the condition a curse that keeps her up at night with vivid recollections of every insult, bad decision, and embarrassing moment she's experienced. Since the discovery of hyperthymestic syndrome, there have been five more comparable cases and 50 other "possibles."

    (a) remember important events in her childhood
    (b) forget every moment of her waking adult life
    (c) express feelings about personal experiences
    (d) learn and store information from observation

11. Governments rise and governments fall, no matter if they're monarchies, dictatorships, or democracies. History has shown us that _______________________. There are constantly new forms of government being theorized and experimented with in the hopes of finding the perfect match for society. One of the more recent ideas is cyberocracy, which is meant to rule by effective forms of communication. Using advanced computer software and the Internet, cyberocracy would theoretically be able to find, address, and fix problems of state immediately. Human contact would only ever be needed in extreme cases and the head of state would potentially be a being of artificial intelligence. While cyberocracy seems to be a thing of science fiction, it is already being used today in various ways, including airline "no fly lists" and online chat forums.

(a) small governing groups are the most successful
(b) governments aren't necessary
(c) most styles of rule eventually fail
(d) people don't want to be ruled by anyone

12. Companies have become obsessed with creating products that are sleeker, faster, and smaller. For the most part, these are fairly arbitrary adjectives that are meaningless outside of the fleeting desires of the collective consumer conscience. In some respects, however, _______________________. With the advancement of new medical technologies has come the cochlear implant: the next step in repairing the ability to hear in the acutely deaf. The traditional hearing aid merely amplified sound, while the new implant actually bypasses the damaged parts of the ear and sends the signals directly to the auditory nerve of the brain. This latest medical development has given the severely hard-of-hearing the ability to recognize warning sounds, understand environmental sounds, and even carry conversations over the phone.

(a) smaller truly is better
(b) the collective is wrong
(c) people choose big things
(d) technology has faltered

13. Some of the greatest strides in the evolution of culture ________________________. In the African country of Cameroon, the style of popular music called bend-skin was formed during a terribly difficult economic depression. Played using only drums and maracas (usually made from empty and discarded soda cans) and accompanied by a vocalist who both sings and raps, bend-skin soared to popularity in the early 1990s. Though the urban community was struggling to put food on the table, and though there was hardly an aspect of life worth celebrating, the people made music and rose above their troubles.

    (a) originate in the central part of Africa

    (b) come amidst periods of dire hardship

    (c) are made by people who aren't artists

    (d) have yet to be made in Western Civilization

14. Regarded by many to be the founder of New Age mysticism, Edgar Cayce was a prominent psychic and theologian of the early 20th century. He claimed to be able to see the distant past and far future while in a trance state and had some wildly radical ideas ________________________. According to Cayce, the ancient Egyptians were the descendants of the citizens of Atlantis, an advanced society dating back to the 10,000s BCE that was destroyed by natural disaster and faction rivalry. Most people call his ability a hoax, but those who were fortunate enough to be physically healed by his presence say otherwise. Whether or not they were actually healed by Cayce's otherworldly powers is beside the point — the results speak for themselves.

    (a) concerning the foundations of language

    (b) that were widely regarded as accurate

    (c) pertaining to psychological development

    (d) about the origins of modern civilization

15. Many people visit Berlin, Germany as tourists, learning about the history of the city and experiencing what it offers today. However, many people aren't aware that there's plenty to see below Berlin, as well. The Berlin Underworlds organization is hoping to change that by exploring and preserving the massive network of underground tunnels built beneath Berlin in the mid 20th century, which is estimated to stretch on all across the city. Many of these tunnels have already been opened to tourists, and guides can offer historical information about their use and significance in Germany's history. _______________________, anyone hoping to see a unique side of Germany's history should plan a trip to these tunnels.

(a) Namely
(b) Nevertheless
(c) First of all
(d) Therefore

16. In an effort to reject the very ideals that led people to battle with each other, the Dadaist movement was born in Zurich, Switzerland during the First World War. Dadaism was a social convention that denied the "reason" and "logic" of the capitalist society, for they thought that it was these very concepts that had led them into war. Embracing chaos and irrationality mostly through artistic means — literature, graphic arts, music, theatre, and dance — Dadaism was never consider art by its practitioners. _______________________, they described it as anti art. Whether it collapsed because of its own chaotic nature, or in spite of it, Dadaism went out of style six short years after it first emerged.

(a) For instance
(b) Rather
(c) Moreover
(d) Consequently

17. The 11th Annual Thurston County Family Softball Tournament has been delayed a week because of severe weather. We apologize for the inconvenience and we'd certainly rather be playing this weekend, but the forecast is for heavy rains, potential thunderstorms, and temperatures approaching freezing. We understand that some people will be prepared to play no matter what the weather may be, but we strive to create a family-fun atmosphere that everyone will enjoy, and the postponement of the tournament for one week seemed to be the best choice we could make. The teams, schedules, and field assignment will remain the same — only the date has changed. If you have any questions, feel free to contact Sheila at 555-4899 for more information. We thank you so much for your understanding and hope you agree with the decision. But come next week, let's play ball!

Q: What is the purpose of this announcement?

(a) To apologize for Sheila's scheduling error
(b) To encourage families to create softball teams
(c) To warn players against cold and rainy weather
(d) To give details about the change of the competition's date

18. If you work in an office and sit at a desk all day, it is important for you to find ways to exercise and keep your body active. Stretch often; even if you can't get away from your computer, just sit back and stretch. This helps liven your body and build energy. Also, try making your hour-long lunch break a health event. If you go for a brisk walk before eating, you will not only get a nice workout for your heart and legs, but you will also significantly raise your metabolism, helping you to better digest the food you are about to eat. Another way to stay lively in the workplace is to abandon those boring sit-down meetings and, whenever you can, go for walk-and-talks, where you conduct business while going for a stroll. There are so many ways to remain active in the office — you just need to find them.

Q: Which of the following is the best title for the passage?

(a) A Guide to Mobile Meetings
(b) Staying Healthy at Work
(c) The Healthy Lunch Event
(d) How to Stretch Like a Pro

19. Small-time thief Henry Bloodstone now ranks among the dumbest criminals in history after his terrible idea went predictably wrong. It was at a hotel hosting a local convention for drug enforcement officers that Bloodstone decided to make an attempt at armed robbery. He walked through the lobby — right past a sign welcoming all police officers — and took refuge in the men's restroom where he waited to rob the next person who came in. Unfortunately for Bloodstone, it was Lieutenant Joseph Macready, a former Marine and hand-to-hand combat instructor, who opened the door. Henry Bloodstone was, quite quickly, taken into police custody.

Q: What is the main topic of the article?

    (a) The surge in hotel-related crimes
    (b) The police force's legal troubles
    (c) The antics of an unwise thief
    (d) The benefits of military training

20. There is an incredibly uncommon, but nonetheless documented, illness called Foreign Accent Syndrome. About 50 cases have been reported in all, each of which concerns a person who, after undergoing a certain amount of psychological or physical trauma, begins to speak with an accent that is not his or her own. The most famous of these cases concerns a Norwegian woman who had fallen into a coma after being struck by shrapnel during an air raid in 1941. Upon awakening, she spoke with a thick German accent and was subsequently ostracized by neighbors. Doctors aren't sure what exactly causes a patient to contract Foreign Accent Syndrome, but it almost certainly is a psychological disorder best treated through analytical therapy.

Q: Which of the following is the best title for the passage?

    (a) The Norway-Germany Conflict
    (b) Lasting Effects of Shrapnel Damage
    (c) Waking Up From a Comatose State
    (d) Results of Trauma on the Voice

21. In 1766, French explorer Louis Antoine de Bougainville became the fourteenth person, and the first Frenchman, to sail around the world. But his trip was notable for another reason. Unbeknownst to Bougainville, and everyone else on his ship, there was a woman on board, the first ever to circumnavigate the world. The woman, whose name was Jeanne Barè, disguised herself as a boy and was hired by one of Bougainville's officers. This fact was not discovered until the ship reached Tahiti, which was when the islanders noticed that there was something different about one of Bougainville's sailors. Upon being forced to reveal her identity, Barè explained that she had wanted to embark on an adventure and knew that she would never be able to because she was a woman.

Q: What is the main idea of the passage?

(a) With help from the Tahitians, Bougainville was able to sail around the world.
(b) The first woman to circle the globe did so by taking on a different identity.
(c) In the 1700s, women could not sail around the world by themselves.
(d) Bougainville's officers made the mistake of hiring women to work on the ship.

22. Diabetes prevents the body from regulating the amount of sugar in the bloodstream and converting it to energy, which causes a variety of problems in the body. Though the disease is incurable, there are many treatments and prevention methods, one of which may be coffee. According to a new study, drinking four cups a day resulted in a 25% lower risk of developing diabetes. Furthermore, the risk decreased by another 7% with every additional cup. Previous studies had found that caffeinated coffee could reduce the risk of diabetes, but in this study, subjects drank both caffeinated and decaffeinated coffee. Researchers believe coffee contains other chemicals and nutrients that regulate sugar by releasing it into the bloodstream at a slower rate.

Q: What is the main topic of the passage?

(a) Scientists have discovered that coffee may help cure diabetes.
(b) Caffeinated drinks do more to prevent diabetes than decaffeinated ones.
(c) Coffee drinkers are less likely to develop diabetes than non-drinkers.
(d) Chemicals in coffee may help the body convert sugar into energy.

23. Well-meaning organizations have invested millions of dollars to install wells so that the people of Africa can acquire clean drinking water. However, much of this money has been thrown away, as 50,000 of these new wells are no longer functioning because they are not being maintained. When the wells were completed, the responsibility for maintaining them was handed over to the local communities. The intention was that the communities would charge small fees for use of the wells and use the money for operational and repair costs. However, many of these wells were poorly built, and they broke easily. The communities could not afford to fix them, and now the wells remain unused.

Q: What contributed to the wells in Africa becoming unusable?

(a) When they broke, communities lacked the means to repair them.
(b) The organizations that built them did not raise enough money for repairs.
(c) The local communities found alternate sources of clean water.
(d) The fees charged by organizations were too high for most local people.

24. Hello, my name is Julie Williams, and I will be your archaeology professor for the semester. I only recently joined teaching staff here at the university. I have spent the last five years working for a university in China where I was able to do a lot of research and work at many ancient sites. Most recently, my colleagues and I discovered the tomb of a Chinese general who ruled in the third century. Prior to my work in China, I was part of a team that researched the ancient civilizations of Egypt. I'm very excited to share my knowledge with you and hope that you will become as enthusiastic about archaeology as I am.

Q: According to the passage, which of the following is correct about Julie Williams?

(a) She is now employed by a university in China.
(b) Currently, her work involves Egyptian civilizations.
(c) She received her education from a school in Egypt.
(d) Much of her work is done at archaeology sites.

25. Last summer, I went to Australia's Great Barrier Reef, the largest coral reef system in the world. There is a variety of ways to see the reef. You can take a boat with a clear bottom, and you can even view it from a helicopter. I wanted to get closer, so I went scuba diving. The reef was swarming with fish and other animals, including a sea turtle, a stingray, gorgeous angelfish, and even a four-foot wide giant clam. Of course, the best part was seeing the coral. I didn't get to touch it — doing so can damage this delicate creature – but it was definitely one of the most beautiful things I've ever seen.

Q: According to the passage, what did the writer do in Australia?

(a) She saw the Great Barrier Reef through the bottom of a boat.
(b) She went to museum exhibit about the Great Barrier Reef.
(c) She traveled to the Great Barrier Reef in a helicopter.
(d) She swam amongst the creatures in the Great Barrier Reef.

26. Sonic Electronics has just announced the release of its newest cellular phone, the Visionary, a loftily named device that promises to do everything that other cell phones can't. With the Visionary, you can download and store up to 32 gigabytes of music, movies and photos. With 50 hours of battery life, you can surf the Internet to your heart's content, and let's not forget that you can also make phone calls with the Visionary. One of the Visionary's most attractive features is its ability to multi-task. You can talk on the phone, surf the web, check your email, and send a text message all at once. In addition, Sonic Electronics offers worldwide coverage at a variety of price points.

Q: Which of the following is correct about the advertised product?

(a) It can be used to make phone calls from anywhere in the world.
(b) You must wait for your downloads to finish before making a call.
(c) Its screen is much too small to use for viewing photographs.
(d) Surfing the Internet will reduce the product's battery life.

27. We here at Hansen Household Products believe that it is our duty to help make the world a better place. For months, we have been researching and testing new, environmentally friendly cleaning formulas, and we are proud to say that our efforts have met with success. Our most recent innovation is GreenClean, an all-purpose kitchen and bathroom cleaner that is our first completely natural product. Like all our other products, GreenClean has proven to remove 98% of germs from household surfaces, and it's safe to use around children and animals. And, at $3.99 each, the price of GreenClean is just right, so get your hands on a bottle today!

Q: What makes GreenClean different from other Hansen Household products?

(a) It is safe to use on delicate surfaces.
(b) It is less expensive than the other products.
(c) It is more effective for destroying germs.
(d) It is not made with artificial chemicals.

28. As the queen of France, Marie Antoinette set the trends for wealthy women of the late 1700s by wearing the finest clothing and experimenting with complex hairstyles, which women were quick to copy. Her styles sometimes stood several feet tall, supported underneath by layers of padding. On the outside, they were dusted with white powder and decorated with feathers, jewels, fake birds, and small sculptures. Many women carried it further by including models of French warships. Although Marie Antoinette later transitioned into simpler styles, her earlier extravagances proved to be damaging. They became symbols of the disparities between the rich and the poor, which contributed to the French Revolution and the overthrow of Marie Antoinette and her husband, King Louis XV.

Q: Which of the following is correct according to the passage?

(a) Clothing worn by French peasants was influenced by Marie Antoinette.
(b) Marie Antoinette was known for including model ships in her hairstyles.
(c) Marie Antoinette's clothing and hair caused anger among poor French citizens.
(d) Before Marie Antoinette, wealthy French women wore simple clothes.

29. Dear Ms. Walters,

I'd like to thank you for organizing the annual conference for the Arrow Research Company. Everything turned out perfectly. The service from the wait staff was excellent, as was the food. And the excellent audio system ensured that everyone could hear our keynote speaker, even those seated in the back of the room. I am especially appreciative of your willingness to accommodate our last-minute request for a larger room. There were many more guests than we had originally estimated, and the Wilton Hotel ballroom was the perfect size for our group. Again, thank you for your help, and I look forward to working with you on next year's conference.

Sincerely,
Allison Ritchel

Q: Which of the following is correct according to the letter?

(a) Ms. Walters spoke at the annual conference.
(b) Ms. Walters is employed by the Wilton Hotel.
(c) Ms. Ritchel expects a larger crowd the next conference.
(d) Ms. Ritchel sat in the back of the room during the speech.

30. Farmers, factories, and commercial loggers are taking over rainforests, thinking that their bactivities will yield them more money than retaining and using the forests' natural resources would. However, rainforests are abundant in fruits, nuts, oils, chocolate, rubber, and plants that can be used to create prescription drugs. These resources give the land great economic value. It is estimated that if rainforest land is razed and used to graze cattle, it is worth $60 an acre. Used for logging, it is worth $400 an acre. Leaving the forests intact and harvesting their natural resources would make each acre worth $2,400. Therefore, saving our rainforests is much more economical than destroying them.

Q: Which of the following is correct about the economic value of the rainforest?

(a) Cutting down trees to make prescription drugs makes it less valuable.
(b) Clearing rainforest land makes it more valuable for farmers.
(c) It is more valuable when its natural resources are available.
(d) The land is worth more to farmers than it is to loggers.

31. While most people are left handed or right handed, innovators like Leonardo da Vinci and Michelangelo could use both hands with ease. Indeed, experts suggest that becoming ambidextrous leads to a balanced mind and body and unlocks creativity. To become ambidextrous, start by doing simple tasks like brushing your teeth or holding a fork with your non-dominant hand. You could also write with your non-dominant hand, beginning with your name or simple words. At first, your writing will probably look sloppy and barely legible, but as you practice, it will get better. Then, you should start writing your thoughts. Your non-dominant hand is connected to the non-dominant side of your brain, so using it could help you access new ideas and feelings.

Q: Which of the following does the writer recommend?

(a) Use the non-dominant side of the body to improve your balance.
(b) Use your non-dominant hand for simple tasks and the other for complex ones.
(c) Use the non-dominant side of your brain to improve your writing.
(d) Use your non-dominant hand more frequently to become ambidextrous.

32. The Brighton Transit Authority is trying to improve safety on it subway system after last week's crash, which left three people dead and 58 injured. The collision happened at about 5:30 p.m. on Tuesday. The 506 train slammed into the 801 train, which had stopped at the Gramercy Street station so that passengers could board. The crash occurred as the 506 train came around a corner. Officials from the BTA say there is evidence that the driver slowed down, but did not have enough time to stop the train completely. Brighton's subways are organized through electronic scheduling. Officials say the two trains were scheduled to arrive at the Gramercy station at the same time because of a glitch in the system.

Q: Which of the following is correct according to the article?

(a) There were no fatalities in the accident.
(b) The 801 train wasn't moving when the accident occurred.
(c) A mechanical problem caused the collision.
(d) The driver of the 801 train didn't apply the brakes.

33. The Tom Jennings School of Business Administration is accepting applications for its new graduate program in global finance. Students accepted into this program will be able to earn a master's degree in as little as two years. The ideal candidate for this global finance program is a professional who is already working in the finance industry. Furthermore, since this program will require in-depth knowledge of business principles, preference will be given to those candidates who hold a bachelor's degree in an area of business. Applications are available online at www.nwsu.edu/globalfinance.

Q: Which of the following traits is NOT preferred by the admissions committee?

(a) An undergraduate degree in business
(b) Experience in the finance industry
(c) A professional degree in business administration
(d) Extensive knowledge of business principles

34. Young people — those who range in age from their teens to their 20s and 30s — are often stereotyped as being angrier than older people are, and a recent study of thousands of people from all age groups has actually confirmed this notion. There were several reasons for this, but the main factor was that younger people said they felt rushed and stressed out when handling work and family demands, which in turn led to feelings of anger and bitterness. Conflict at work and financial problems were two other major causes of anger in young people. The researchers pointed out that although older people had similar problems, they also had healthier ways of dealing with them.

Q: What does the passage imply?

(a) People are starting families at younger ages.
(b) Unemployed people are not as angry as older people.
(c) Life experience helps people cope with problems.
(d) Young people have more problems than older people.

35. The early 20th century saw the rise of Cubism. First popularized in Europe by artists like Pablo Picasso, Georges Braque and Juan Gris, Cubism was influenced by Native American and African art, which Europeans were just beginning to discover. Cubism takes a traditional, relatively simple image, breaks it apart and reassembles it in an abstract fashion. There were two types of Cubism. In analytical Cubism, artists separated an image into parts and reassembled it across a wide space. The image appeared to be stretched out and composed of many shapes, including cubes, spheres and cylinders. Synthetic Cubism condensed images while distorting their shape and size. These images looked like crowded collages and were slightly less abstract than analytical images.

Q: What can be inferred about Cubist painters?

(a) They were descendants of Native Americans.
(b) They discovered African art traditions.
(c) They avoided abstract representation.
(d) They belonged to one of two schools of Cubism.

36. Are you looking for affordable yet high-quality furniture for your house? Then come to Jonestown Home Furnishings' annual showroom sale, where you are sure to find a great deal on a beautiful piece of furniture. We are clearing out our sales floor to make room for our new furniture arrivals, which means that all of the dining room, living room and bedroom furniture in our store will be discounted 30 to 50 percent. All furniture will be sold as is, and must be picked up by the customer within 72 hours. Don't miss this once-a-year event! The showroom sale will end on January 15th.

Q: What can be inferred from the advertisement?

(a) The store specializes in office furniture.
(b) The sale takes place several times a year.
(c) The store will have new merchandise after the sale.
(d) The sale will last for three days only.

37. Paleontologists have found yet another similarity between modern birds like the emu and rhea and their prehistoric ancestor the *Velociraptor*. There is evidence that eggs from one species of the *Velociraptor*, called the Trodon, were cared for by the father. In most species, past and present, mothers are the primary caregivers. However, researchers analyzed adult *Trodon* skeletons that had their legs folded, a position commonly taken when incubating recently laid eggs. In many birds and dinosaurs, including the Trodon, females develop more bone tissue when they are getting ready to lay eggs. The Trodon skeletons did not have any evidence of this extra bone tissue, leading researchers to believe that they belonged to males.

Q: What can be inferred from the passage?

(a) *Trodon* males were able to lay eggs.
(b) Female Trodon skeletons were found with folded legs.
(c) Emus have existed since prehistoric times.
(d) Baby rheas are cared for by their father.

Part III **Questions 38 ~ 40**

Read the passage. Then identify the option that does NOT belong.

38. In early 20th century literature, the optimism seen during the Victorian era gave way to a sense of disillusionment, borne of a society that was changing rapidly. This literary movement became known as modernism. (a) Modernist literature is characterized by the heightened sense of the self. (b) Influenced by existential philosophers like Frederick Nietzsche, authors increasingly created novels that focused on the internal struggles of key characters. (c) The ideals of modernism were often critiqued as overly pessimistic. (d) Furthermore, taking inspiration from abstract art, authors moved away from linear storylines. Instead, they presented stories with disjointed timelines.

39. Unlike cave-dwelling fish, which tend to lose all eye function as a result of living in darkness, deep sea fish actually adapt in order to make use of what little light is available. (a) As a result, plants are not able to grow in the deepest parts of the ocean and deep sea fish rely on particles of food that sink down from above. (b) Biologists commonly observe that deep sea fish have very large eyes, which help them see even if only tiny amounts of light are available. (c) Furthermore, some deep sea fish have extra parts in their eyes. (d) For example, the conger eel has five layers of photoreceptors, which are sensitive to incoming light. That means if one layer is damaged, the eel has a back-up.

40. What does it take to become a firefighter? (a) First, candidates have to go through strenuous training in order to make sure that they are able to meet the high physical demands of the job. (b) In addition to training, they must undergo medical tests to confirm that they have no underlying medical conditions that would keep them from doing the best job possible. (c) Then, potential firefighters must become certified in CPR and other important life-saving techniques. (d) CPR was first developed at Johns Hopkins University in the 1960s. Finally, hopefuls must take a written exam that tests their knowledge of various procedures.

The TOP in
TEPS

Reading Comprehension

Actual TEST 04

DIRECTIONS

This part of the exam tests your ability to comprehend reading passages. You will have 45 minutes to complete the 40 questions. Be sure to follow the directions given by the proctor.

1. Discovered in 1493 during the first voyage of Christopher Columbus, Isla Tortuga quickly became a Caribbean epicenter of ___________________. Tortuga — so called because its humped shape resembles a turtle — was originally settled by the Spanish, but in the early 17th century, the English and French arrived and attempted to claim it for themselves, beginning a long battle for territorial rights. While the multinational countrymen were fighting amongst themselves, Tortuga became a neutral base of operations for pirates sailing the Caribbean seas and a place to store their copious amounts of stolen valuables. It wasn't until 1684 — long after the Spanish had fled the island's shores — sand the signing of the Treaty of Ratisbon that an end came to Tortuga piracy, after which most buccaneers were hired out into the Royal services to hunt down their former pirate allies.

   (a) natural disaster activity
   (b) international conflict
   (c) modern pop culture
   (d) the tourism industry

2. The Persian Empire was in control of 23 nations at the height of its reign in the 5th century BCE. Many historians attribute the success of the Persians to their foundation in one basic principle. From the ages of five to twenty, Persian boys were instructed in three areas: how to ride a horse, how to draw a bow, and, above all, to ___________________. It was this loyalty to truth and justice, scholars believe, that gave the empire credibility to rule the world. The most disgraceful thing in the world to the Persians was to tell a lie, for to tell an untruth was a cardinal sin in the eyes of the people and the King, and in certain cases it was punishable by death. "Truth for the sake of truth" was the universal motto of the Persian Empire.

   (a) honor their elders
   (b) always tell the truth
   (c) educate their minds
   (d) respect each other

3. The very moment I became a father for the first time, _________________. I'd heard from friends and family that this would happen, but I never understood how exactly it could happen so quickly. I dismissed their stories as being overly emotional, but the moment I held my daughter in my arms, I knew they were all right. No longer would I live just for myself; everything I did from that moment on was for my daughter's benefit. To work hard for someone else's gain is a selfless activity that, while sometimes frustrating and sometimes painful, is rewarding beyond measure. Now I tell my childless friends that they won't ever be the same when they become parents. I know they don't believe me now, but when they are standing there holding a baby boy or girl for the first time, they'll know I was telling the truth.

    (a) my entire life changed
    (b) I looked for a second job
    (c) I had to alter my dreams
    (d) I had to be careful about money

4. Quantum Tunneling is a theory of Quantum Physics – the science that succeeded the physics of Einstein — that deals with the probability that an object can pass through another without _________________. As far as bizarre predictions go, Quantum Tunneling is one of the strangest in modern science, stating that there is indeed a chance – albeit extremely small – that a particle trapped behind a barrier without the energy to overcome that barrier will sometimes disappear completely and reappear on the other side of the barrier, all without having touched it at all. In other words, if a man were in a jail cell, imprisoned behind immovable iron bars, there is a very small possibility that he would suddenly appear on the outside of the cell without having broken the bars or even touched them.

    (a) becoming solid matter
    (b) another object helping it
    (c) actually going anywhere
    (d) moving or destroying it

5. To Our Valued Customer,

You have been invited to enter a sweepstakes drawing for the chance to win a trip for two on a twelve-day, all inclusive Caribbean cruise. Because of your continued patronage to our establishment, we wanted to thank you by ____________________. No purchase is necessary to enter; all you must do is fill out the attached entry form, mail it to our corporate office, and wait for your name to be picked. The drawing will take place on October 15 and the winner will be notified immediately. We hope you will take part in this complimentary competition and continue to support us through your generosity. We commit ourselves to quality service and low prices so that you won't have to shop anywhere else. We hope to see you back very soon!

Sincerely,
The Management

    (a) providing you with this free coupon
    (b) writing this letter of gratitude to you
    (c) giving you this fantastic opportunity
    (d) wishing you the happiest of holidays

6. Cuban poet, playwright, and novelist Reinaldo Arenas was once a supporter of the Cuban Revolution but quickly became disillusioned when he was ________________ because of his writings and lifestyle. In 1973, he was imprisoned for what the Cuban government called "ideological deviation," which is a way of saying that they didn't like him writing negative things about them. He tried to escape prison at one point but failed, and was severely punished. Arenas survived in prison by helping his fellow inmates write letters to their family and loved ones. Eventually, he was so tortured by the government that he gave in to their demands that he renounce his own work. He was released from prison in 1976 and escaped to America in 1980.

    (a) stricken with poverty
    (b) elected into public office
    (c) honored by other countries
    (d) discriminated against

7. These days, most business meetings are full of industry clichés and obscure phrases that __________
    unless you've had experience with them. For instance, "low hanging fruit" and "blue sky thinking" are often
    used in the planning stages of various products, and they refer to taking care of the easiest problems first and
    taking every idea into consideration. But unless you understand that from the start, you will more than likely
    find yourself wondering just what language everyone is speaking. You will do well to take the time to learn these
    often-used business phrases on your own, and if someone says something that makes no sense to you, never be
    afraid to ask for clarification. It is in everyone's interest that you all are on the same page.

    (a) may be impossible to decipher
    (b) won't be especially effective
    (c) shouldn't be used by anyone
    (d) can usually be fully ignored

8. Little is known today about the teachings and practices of the druids of ancient Gaul, because it is believed by
    most scholars and historians that ____________. With the decline and eventual suppression of the
    druidic culture in the 2nd century BC by the Romans, their traditions vanished alongside them. Most of what we
    know comes from Roman writers contemporary to the druids, who write that they were similar to the monks
    of the following Christian era, acting as priests, scholars, teachers, and judges. Apparently, all instruction was
    communicated orally in secret forest or cave locations. No druidic documents, if indeed there ever were any to
    begin with, have survived.

    (a) they never really existed
    (b) they hid all their writings
    (c) theirs was an oral culture
    (d) the Romans destroyed their writing

9. Central Communications Unlimited is proud to announce ____________________. With all of the advanced capabilities of the Pocket-Puter line of cell phones, the Ro-Bo goes above and beyond all expectations. The next-generation interface is the closest to artificial intelligence that technology has thus far allowed. Voice activated commands for every Ro-Bo application makes it easier for you to get everything you need done in a heartbeat. Don't waste your time waiting for tomorrow when the future is already here. Central Communications Unlimited – smart phones for smart people.

   (a) a new warranty plan for all phones
   (b) the arrival of an exciting new product
   (c) a comprehensive overhaul of our stores
   (d) a special offer for loyal customers

10. A recent survey found that most Internet users have easy-to-guess passwords guarding their important personal information. In order to make sure ____________________, there a few tips you should follow. Try to create a mix of uppercase and lowercase letters, numbers, and symbols for your passwords. One technique that is used to great success is to form a password that looks like a random collection of letters and symbols but is really an abbreviation of a phrase you can easily remember. For example, if you can remember the phrase "when I was eight I had a dog named Trixie" then you should be able to remember this password: wIw8IhadnT. That is a password that no one but you will ever be able to guess.

   (a) your files are secure online
   (b) you don't forget your passwords
   (c) you can access the Internet easily
   (d) you understand your new computer

11. People endlessly debate the origins of rock and roll, giving credit to a variety of musicians and songwriters that worked all through the first half of the twentieth century. No matter who may or may not have written and performed the first rock and roll song, however, it was Les Paul who ___________________. A jazz and country music musician with a bent for invention, Paul nearly succumbed to electrocution on a number of occasions while working to create his signature instrument. Paul was a pioneer in the development of the single-body electric guitar for the Gibson Guitar Corporation. Today, the Gibson Les Paul electric guitar is one of the most respected and popular instruments on the market, and without it, rock and roll as we know it wouldn't exist.

    (a) sang the first true rock song
    (b) discovered some of the greatest rock bands
    (c) made the genre's trademark sound possible
    (d) researched the origins of rock music

12. Most scientists disagree on the exact number, but there are approximately 5,000 different languages spoken in the world today. About 4% of the world's languages are spoken by 96% of the world's people, with Mandarin Chinese being spoken by more than 885,000,000 people alone. There are almost 500 languages that are spoken by less than one hundred people, and about 175 languages in the world that are spoken by less than ten people. Though different people will debate the authenticity of various dialects and fight over which ones are still being spoken today, there is no doubt that ___________________.

    (a) more people are seeking to learn second languages
    (b) certain dialects are far more common than others
    (c) many dialects are seeing a sudden resurgence
    (d) the number of spoken languages is astoundingly high

13. For an animal with no brain, blood, or nervous system, and whose make-up is more than 95% water, jellyfish are ___________________________. Some 650 million years old, jellyfish outdate both the dinosaurs and sharks, making them one of the oldest living beings on the face of the planet. Some jellyfish living in the Arctic Sea, North Atlantic Sea, and Northern Pacific Ocean can reach a diameter of 2.5 meters, and their tentacles can grow more than 100 meters long. Perhaps the most interesting of all the jellyfish, however, is Turritopsis nutricula, which is able, through a unique ability to physically regress when it reaches a certain age, to live a virtually immortal life.

(a) fantastically interesting creatures
(b) animals of very high intelligence
(c) less stable than most ocean creatures
(d) able to live in nearly any environment

14. The Milkaccino is a new product designed to make your espresso drinks easier and faster to prepare. Especially designed for the latte and cappuccino drinker on the go, the Milkaccino will ___________________ in a matter of seconds. Simply pour refrigerated milk into the top of the machine and wait less than ten seconds for it to come out steamed to a precise, pre-set temperature and topped with the richest and creamiest foam you have ever seen. Stop spending five dollars for a drink at the local coffee shop and don't worry about leaving a tip; with the Milkaccino, you'll have your very own gourmet coffee drink ready in a flash in the comfort of your own home. Buy one today and receive a complimentary case of milk and two-pound bag of freshly-ground espresso.

(a) cool your drink
(b) grind an amount of beans
(c) create the perfect foam
(d) steam clean itself

15. Often mistaken for Dissociative Identity Disorder, or multiple personalities, schizophrenia is a severe disease that is well understood by medical professionals, but undeniably confused in the minds of the masses. Thanks to the media's perpetual misrepresentation of the disease in news reports, television shows, and films, most people have the wrong idea about those who suffer from schizophrenia. They do not have split personalities, they are not all dangerous, and oftentimes people learn to live with the disease. ___________________, in a survey of newspapers, Dr. Ken Duckworth of the National Alliance of Mental Illness found that 28% of all articles containing the word "schizophrenic" had nothing to do with the disease itself but rather used the term as a metaphor to describe erratic and chaotic behavior.

    (a) However
    (b) Indeed
    (c) As a result
    (d) Accordingly

16. The people of Millerville assembled on Main Street this afternoon for a grand parade in honor of the Millerville High School Girls' Gymnastics team. Winning their school's first ever championship in any sport, the ladies were given the honor the day after they took first place. Amidst the cheers and hollers of an adoring town, the team was driven down the street in the back seats of a number of classic automobiles while the Millville High marching band played behind them. The championship meet, which was held on Friday, was a close battle with the Georgetown High School Grizzlies. ___________________, the Millerville Mustangs had the talent and drive to come out on top.

    (a) Therefore
    (b) For example
    (c) Likewise
    (d) Yet

17. Icelandic anthropologist Vilhjalmur Stefansson lived with and studied a group of Inuit in the distant Northern Hemisphere in the 1920s to determine how they were able to survive so well on such low-carbohydrate diets. He found that their non-traditional eating habits had no negative effect on their health or, indeed, on his own. He also discovered that the Inuit were able to get all the vitamins they needed from their "winter diet," which contained no plant life at all. For instance, he found that they obtained a more than adequate amount of Vitamin C in their traditional raw meat meals of Ringed Seal liver and whale skin (or muktuk). While many of his contemporaries refused to believe Stefansson's findings, they have since been proven correct in more recent studies.

Q: What is the main topic of the passage?

(a) The importance of Icelandic anthropology
(b) A disagreement over research methods
(c) The notable eating habits of the Inuit
(d) Peculiar sources of Vitamin C

18. Biomimicry is the practice of developing sustainable technologies that are inspired by systems found in nature. The most common example of biomimicry is probably Velcro2®, which is based on the tiny hooks found at the end of burrs. Perhaps the most fascinating case of biomimicry, however, is Gecko Tape. The tape is a material that contains nanoscopic hairs that act the same way as those found on the bottom of gecko's feet. Ever wanted to walk up walls or hang upside down from the ceiling? That just may be possible when Gecko Tape is finally perfected.

Q: What is the best title of the passage?

(a) Inspired By Our Natural World
(b) The Gecko's Stunning Biology
(c) The Physics of Wild Burrs
(d) Finding Natural Energy

19. Whereas jogging requires a long route to follow and may do long-term damage to your knees, jumping rope has few requirements and is an easy, safe cardiovascular alternative to your aerobic workout. What was once a favorite pastime of schoolyard children is now a wonderful way to get fit for adults. All you need to get started are some comfortable shoes and a nice rope. Some ropes come with weighted handles, designed to give you even more of a workout by strengthening your arm muscles while you jump. These ropes have positive benefits, but the ropes themselves are usually too awkward to be effective. Just a simple rope with a foam grip will work the best. Once you have your shoes on, your rope in hand, and an open area to do your workout, just jump. That is all there is to it.

Q: What is the best title for this passage?

(a) Jumping Your Way into Better Health
(b) The Best Schoolyard Activities
(c) Finding the Most Comfortable Shoes
(d) Weighted Handles and Their Benefits

20. If you're making a trip by plane, don't ever be satisfied with the first price you see. There are always ways to save money when flying, and here are a few tips to help you find the cheapest fares you possibly can. Firstly, search the Internet for special deals on tickets. This is especially effective if you are able to be flexible with your departure and arrival dates. Remember that airlines usually reload their computers at midnight, so check with them as soon as you can after that time to see if any passengers have reserved seats but not paid for them. Also, if you can manage to travel a short distance on your own, try searching for flights departing from nearby cities — it is often cheaper to fly from certain airports, depending on where you're going and when you're leaving.

Q: What does the writer recommend you do before buying a plane ticket?

(a) Make the effort to search for the lowest price you can.
(b) Take flights at less-common times such as at night.
(c) Drive to the destination on your own and fly only one way.
(d) Create a flexible schedule for yourself by traveling alone.

21. From the time we began to strive for a "greener" existence — one that is more conscience of the sustainability of our planet and way of life — there have been dissidents who claim that the positive actions we take are either counter-productive or entirely unnecessary. Many of these people can't be bothered with recycling, as they cite news reports that say all the recycled items just get dumped anyway. The truth is, however, that while a portion of the discarded items we wish to recycle do get dumped, it is for a reason. For instance, a single china dish or non-recyclable piece of glassware can contaminate the entire load and make it unusable. But most loads end up being processed as advertised. Being informed is the key to our continued existence, and that means getting all of the facts.

Q: What is the main point the writer is making?

(a) Recycling is a more complex process than everyone thinks.
(b) Being fully informed is important for environmental decisions.
(c) Dumping loads of recyclable glass is forgivable.
(d) Learning a few facts is better than learning none.

22. Patrons dining in El Gatita Mexican restaurant last night gave a standing ovation in the middle of their meals. It wasn't for the outstanding enchiladas or the great service, but for Howard Middleton, a local businessman who noticed an elderly woman choking at a nearby table, and saved her life. Mr. Middleton, who declined to comment on his act of heroism, noticed 74-year-old Marjorie Franklin clutching at her throat and making strange noises. He immediately jumped to action, yelling for someone to call for medical help while he administered the Heimlich maneuver to Ms. Franklin. The partially-chewed bit of food that was choking Ms. Franklin was quickly dislodged and everyone in the restaurant, after a moment of shocked silence, got to their feet and applauded the bravery and decisive action of Howard Middleton.

Q: Which of the following is the best title for the news article?

(a) Restaurant to Be Sued By Elderly Woman
(b) The Heimlich Maneuver: Do You Know It?
(c) Local Businessman Becomes Local Hero
(d) How to Notice If Someone Is Choking

23. Asea Cruise Lines is looking to hire a new Youth Program Director to help design and manage a series of age-appropriate activities for our youngest passengers that are fun, interactive, and educational. The qualified candidate will have experience managing a team of five or more individuals, caring for children of all ages, and working in a cruise ship environment. Benefits include full insurance, a competitive salary, and free room, board, and meals on the cruise ship while under contract. The new Youth Program Director will be contracted to work 10 out of 12 months of the year, and will be expected to be present on the ship during that time. If interested, please send a resume and cover letter to the address listed below. No emails, please.

Q: Which of the following is correct about the passage?

(a) Asea Cruise Lines is tailored specifically for younger passengers.
(b) Candidates with no prior experience will receive paid training.
(c) Youth Program Directors assist in the creation of educational activities.
(d) Applicants should email a resume and cover letter to the listed address.

24. A general lack in basic knowledge of etiquette has led several high schools to include a study of manners in their regular course work. Integrated into computer science classes, in addition to the fundamental understanding of electronic communication, is a lesson in appropriate e-mail protocol. In this age of text-speak — communicating via cell phone with improper abbreviations and slang words — students have become less and less concerned with traditional grammar and syntax. The tutorial in e-mail etiquette is attempting to curb that attitude and instill a new appreciation for the written language in students. From rules about not writing in all capital letters to the imperatives of always writing in complete sentences, these schools are doing what they can to ensure that future generations won't fall prey to the lingual dangers of text-speak.

Q: Which is correct according to the passage?

(a) Some schools are making etiquette training mandatory for all students.
(b) The written language is in danger of being replaced by text-speak.
(c) Children's grammar is suffering from the ease of cell phone texting.
(d) Only business-oriented e-mails need to be grammatically correct.

25. Nearly 50% of the world's species of plants, animals, and microorganisms live in the rainforests. At one time, such lush and verdant environments covered 14% of the earth's surface, while now they only cover 6%. Experts say that if they continue to be destroyed for the sake of development and industry, the last of the rainforests will have disappeared in less than forty years, and with them goes a massive population of flora and fauna that scientists have only just begun to observe and study.

Q: According to the passage, what is true of rainforests?

(a) Experts agree that they will be completely destroyed within 100 years.
(b) Approximately half of every species of animal lives in them.
(c) Long ago, 6% of the planet used to be covered by rainforests.
(d) Industrial development is harming 14% of the world's rainforests.

26. Dear Professor James T. Lee,

I'm not sure if you remember me or not, but I wanted to sincerely thank you for changing my life. I was a student in your Introduction to Political Science course thirteen years ago. My freshman year in college had been a very rough one for me, and I was considering either changing my major or dropping out of university entirely. But your enthusiasm for politics and your unceasing devotion to your students' success changed my mind. Because of you, your words, and your commitment to your profession, I went on to graduate at the top of my class and get my master's and doctorate degrees. Last fall I ran for public office in my hometown and was elected by a landslide. I owe all of my present successes to you. Though you may not always believe it, what you do makes a great difference in this world. Thank you so very much.

Sincerely,
Patricia Mackey

Q: Which of the following is correct about the writer according to the letter?

(a) She wishes she had changed majors before taking Professor Lee's class.
(b) She's always wanted to be a politician, but didn't have the best grades.
(c) Her enthusiasm and devotion to political science inspired her classmates.
(d) She earned a professional degree from college after being taught by Lee.

27. "Micro Sculptor" Willard Wigan is famous for creating pieces of art so miniature that they can fit in the eye of a needle. Wigan began his artistic career at a very early age. He suffered from dyslexia and other learning disabilities in school and found solace in creating art of such tiny proportions that it virtually could not be seen by the naked eye. Now, the English-born Wigan uses rice or grains of sand and a surgical blade, working in-between heartbeats so as not to ruin his masterworks by slightly shuddering or twitching involuntarily. Perhaps his most famous sculpture is a replica of Michelangelo's statue of David, which sits easily on the head of a pin.

Q: Which of the following is correct about Wigan according to the passage?

(a) He used his surgical training to create very precise sculptures.
(b) His most famous pieces were constructed with grains of sand.
(c) He first began to create miniature sculptures while in school.
(d) His dyslexia caused him to only work in-between heartbeats.

28. The equality of men and women in Ancient Egypt was modern in its liberty, allowing both men and women to own and sell property, make contracts, and pursue legal disputes in a court of law. The social structure of the general population, however, was highly stratified, bestowing worth upon people based on their families and vocations. Most Ancient Egyptians were farmers and laborers, whose crops were not necessarily owned by themselves, but rather by the state, temple, or noble family who owned the land. These agricultural workers — the lowest of the social strata — were also subjugated to labor taxes and were forced to work on local irrigation or construction projects. The Ancient Egyptians were advanced in so many ways, but not, it seems, in the equal treatment of the majority of it citizenry.

Q: According to the passage, which of the following is correct about the Ancient Egyptians?

(a) Everyone was of equal standing except for farmers.
(b) They were undoubtedly technologically advanced.
(c) None of the farmers or laborers owned their own land.
(d) They allowed women to possess their own properties.

29. The American Psychiatric Association defines Histrionic Personality Disorder, or HPD, as a condition with a pattern of excessive emotionality and attention-seeking. Though the cause is still unknown, most experts tend to believe that HPD generally manifests itself in those who have experienced traumatic events during childhood. The first symptoms of HPD usually appear in early adulthood, and may include an extreme need for approval, egocentricity, and persistent manipulative behavior. While there is still no specific pharmaceutical treatment for HPD sufferers, it is recommended that they seek psychoanalytical help.

Q: What is the main topic of the passage?

(a) The diagnoses of the American Psychiatric Association
(b) The effects of traumatic episodes during childhood
(c) A brief summary of Histrionic Personality Disorder
(d) How egocentricity affects those who suffer from HPD

30. In an effort to preserve as much of the last natural land in Fukuoka City as possible, Emilio Ambasz & Associates designed the ACROS Fukuoka building to be a truly green structure. One side of the edifice has the standard glass wall facade of a conventional office building. The other side is an architectural marvel, featuring garden terraces that start at the roof and merge with the wooded park below. The terraces reach up to 60 meters above ground level and incorporate approximately 35,000 plants representing 76 different species. The green roof reduces the energy consumption of the building by keeping the temperature inside more constant and comfortable. Also capturing rainwater runoff, the terraced garden supports the lives of countless insects and birds.

Q: Which of the following is NOT correct according to the passage?

(a) The ACROS Fukuoka building was constructed next to a park.
(b) The terraced garden extends to the office building's roof.
(c) The building conserves more energy than other downtown offices.
(d) Emilio Ambasz & Associates crafted an environmentally-friendly structure.

31. The winners have been selected! The 11th Annual Tornado Press Poetry Competition has been the hardest yet to judge, with over 3,000 fantastic entries from 16 different countries, but the winning poems have been determined and the prizes have been given. Third Place goes to John Barrow of London, England for his poem "Under the Moonlight." Martin Freeburg of Miami, Florida comes in Second Place with "Beyond the Sphere." And the First Place winner of the competition is Sean O'Neill of Dublin, Ireland with his poem "Spendthrift." Congratulations to all the winners and thank you to everyone who participated in this year's contest. We'll keep in touch in the coming months and let you know when we're ready for your 12th Annual Tornado Press Poetry Competition poems!

Q: Which of the following is correct about the poetry competition according to the passage?

(a) The First and Second Place winners receive cash prizes.
(b) The prizes aren't given out until the winners are announced.
(c) Tornado Press received more entries this year than any other year.
(d) The three winners of the contest reside in different countries.

32. Credited with the discovery of the Americas at the end of the fifteenth century, Christopher Columbus and his exploits have become legendary. But like most legends, many of the "facts" are bloated, embellished, or just plain false. Many people believe Columbus set sail to prove that the world was round. In fact, by the time he set sail in 1492, the people of Western Civilization already knew that the Earth was shaped like a sphere. Columbus was merely given the task of finding a safe route to India and China, bypassing the Arab marauders on land. He underestimated the size by one-fourth and thought he had found India when he reached the West Indies!

Q: What is the real reason that Columbus sail across the Atlantic?

(a) to discover a safer trade route to Asia
(b) to escape punishment on his native land
(c) to measure the earth's circumference
(d) to prove that the Earth was round

33. When vacationing in a big city, it is never a good idea to be walking the streets alone after dark. There are, however, certain circumstances in which we can't avoid being out on our own at night. Here are a few tips to help keep you and your money safe. Carry two wallets, keeping one empty of identification, credit cards, and cash, in case a mugger demands you hand it over. Always walk along well lighted paths, making sure you stay well away from shadows that may be concealing a person or persons. If you have a cell phone and you are in a particularly dangerous neighborhood, pretend to have a conversation on it while staying alert of your surroundings — this may dissuade a potential assailant from attacking you if he thinks you can easily call the authorities.

Q: What can be inferred from the instructions?

(a) Muggers won't look inside the wallet you give them.
(b) Vacationers are at high risk of being attacked on the street.
(c) Some large city neighborhoods can be dangerous after dark.
(d) People who talk on cell phones are hardly ever bothered.

34. When was the last time you went to the public library? Times have changed. You can check out audio books, CDs in every musical genre, and even the latest films on DVD. If you don't want to have to spend hours searching the shelves for something you may want, you can always use the Internet. Most public libraries are accessible via the web and you can even request items from other libraries and have them sent to any location. Beyond all of that, libraries offer both adult and child classes in a variety of subjects, from yoga to cooking. There is much more to your local library than dusty old shelves — there's a whole new world of entertainment and education.

Q: What can be inferred from the passage?

(a) Modern libraries aren't just for checking out books.
(b) Private libraries are more popular than public libraries.
(c) Most people don't know where the library is in their town.
(d) The Internet can be used for taking yoga classes.

35. To Whom It May Concern,

I am writing this e-mail to inform you that I will no longer require your company's services in controlling the pest population in my home. One of your employees came to my house yesterday to begin the extermination of termites, stayed for three hours, and left again saying he would come back today to finish the job. While he was here, your employee made several personal calls on his cellular phone, asked if he could have a soda from my refrigerator, and once I even caught him falling asleep on the job. The lack of professionalism by your employees is astounding and I will not have anyone from your company back in my house. I have already made contact with another pest control firm and will work exclusively with them from now on.

Regards,
Ms. Andrea Grimble

Q: What can be inferred about Ms. Grimble from the e-mail?

(a) She frequently uses the services of pest control companies.
(b) She has already paid for the company's services.
(c) She still had a termite problem at the time she wrote it.
(d) She is close friends with the company's owner.

36. Beloved children's author Dr. Seuss, born Theodor Seuss Geisel, is best known for the over sixty lyrical picture books he had published in his lifetime. But Geisel wasn't limited to drawing just youth-oriented illustrations. An adamant opponent of fascism, he drew many political cartoons during World War II, urging America and the rest of the civilized world to denounce Hitler and his Third Reich. In the early stages of the Holocaust, Geisel drew cartoons that condemned the discrimination of people based on race or religion. All throughout his career, Geisel never gave up proclaiming his ideals for a better tomorrow while continuing to create the children's books that made him a household name.

Q: What can be inferred about Theodor Seuss Geisel from the passage?

(a) He wasn't afraid to speak his mind about the world around him.
(b) His children's books were better received than his political cartoons.
(c) He was an avid follower of various fascist regimes throughout his life.
(d) He drew picture books under a false name to disguise his identity.

37. Everyone knows that Sigmund Freud is the founder of psychology, but his daughter, though particularly influential in the same field, is much less well known. Anna Freud, when not helping her father with his studies and his health, conducted her own experiments among the world's youth population while working as a school teacher. Unlike her father, who put so much importance on the subconscious, Anna focused more on the development of the ego in children, and the effects of trying to please others. Anna Freud never found herself stuck in her father's shadow, but rather lived to become renowned in her own right as the co-founder of child psychoanalysis.

Q: Which of the following is true of Anna Freud according to the passage?

(a) She worked on most of Freud's experiments.
(b) She was a prominent school teacher.
(c) She focused on children's subconscious.
(d) She helped found a branch of psychology.

38. (a) One of the most popular educational theories of the 20th century was progressivism, which stated that children were more likely to learn more in a non-traditional school setting. (b) Progressivism dictates that students discover by living, and that learning should be directly related to the interests of the child. (c) Progressive teachers are not meant to be figures of authority, but rather aides and guides on the child's educational journey. (d) In 1896, John Dewey opened what he called "the laboratory" school to study his theories of progressivism in young children, and determined that they would work.

39. Afflicting the Byzantine Empire from 541-542 AD, the Plague of Justinian was a deadly pandemic. (a) The Byzantine Empire was also called the Eastern Roman Empire and lasted until the 13th century. (b) Scholars tend to agree that its root cause was bubonic plague, which would later be blamed for the Black Death of the 14th century. (c) The Plague of Justinian was practically worldwide in its breadth, reaching central and south Asia, North Africa, Arabia, and Europe. (d) At its peak, the plague killed 5,000 people per day in Constantinople, ultimately being the cause of death of 40% of its citizens.

40. The collapse of the Mayan civilization of the lower southlands is still a topic of debate among historical experts. (a) When, at the height of its architectural glory, the city-centers were abandoned, one of the world's greatest mysteries was born. (b) The lower southlands of the Mayan civilization are located in modern-day Mexico, Guatemala, Belize, El Salvador, and western Honduras. (c) The expert debaters are generally split into two factions: the non-ecological and ecological groups. (d) The non-ecological group believes that the Mayan decline was due to overpopulation, foreign invasion, or peasant revolt, while the ecological group tends to agree that the root cause of the Mayan abandonment probably had more to do with disease, overhunting of fauna, or the exhaustion of natural resources.